Richter · Schwarz-Seeberger · Lenders
Praxishandbuch Mitarbeitervertretungsgesetz
Evangelische Kirche

Richter · Schwarz-Seeberger · Lenders

Praxishandbuch Mitarbeitervertretungsgesetz Evangelische Kirche

von

Achim Richter
Gabriele Schwarz-Seeberger
Dirk Lenders

1. Auflage

Luchterhand Verlag 2013

Zitiervorschlag: *Bearbeiter*, Musterlayout Handbuch, Rn. xxx

Bibliografische Information der Deutschen Nationalbibliothek

Die Deutsche Nationalbibliothek verzeichnet diese Publikation in der Deutschen Nationalbibliografie; detaillierte bibliografische Daten sind im Internet über http://dnb.d-nb.de abrufbar.

ISBN: 978-3-472-07686-5

www.wolterskluwer.de
www.luchterhand-fachverlag.de

Alle Rechte vorbehalten.
© 2013 Wolters Kluwer Deutschland GmbH, Luxemburger Straße 449, 50939 Köln.
Luchterhand – eine Marke von Wolters Kluwer Deutschland GmbH.

Das Werk einschließlich aller seiner Teile ist urheberrechtlich geschützt. Jede Verwertung außerhalb der engen Grenzen des Urheberrechtsgesetzes ist ohne Zustimmung des Verlages unzulässig und strafbar. Das gilt insbesondere für Vervielfältigungen, Übersetzungen, Mikroverfilmungen und die Einspeicherung und Verarbeitung in elektronischen Systemen.

Verlag und Autor übernehmen keine Haftung für inhaltliche oder drucktechnische Fehler.

Umschlagkonzeption: Martina Busch Grafikdesign, Homburg Kirrberg
Druck und Weiterverarbeitung: Poligrafia Janusz Nowak, Posen, Polen

Gedruckt auf säurefreiem, alterungsbeständigem und chlorfreiem Papier.

Vorwort

Einleitung

Die Evangelische Kirche und ihre Diakonie ist ein bedeutender Arbeitgeber. Das gilt sowohl für die Zahl der Arbeitsverhältnisse als auch für die gesellschaftspolitische Bedeutung der übernommen Aufgaben und Tätigkeiten.

Wie für alle Bereiche des (Wirtschafts-) Lebens ist festzustellen, dass sich die Beziehungen mehr und mehr verrechtlichen. Das gilt auch für das kirchliche Arbeitsrecht im Allgemeinen und das Mitarbeitervertretungsrecht im Besonderen.

Dabei ist zu beachten, dass das staatliche Arbeitsrecht nur eingeschränkt gilt. Das Grundgesetz räumt in Art. 140 GG den Kirchen das Recht ein, ihre Angelegenheiten selber zu regeln. Das MVG.EKD ist die Betriebsverfassung der evangelischen Kirche.

Mit diesem Buch möchten wir Führungskräften und Mitarbeitervertretungen eine praktische Hilfe geben, das MVG.EKD rechtssicher anzuwenden. Mit dem Praxis-Handbuch verzichten wir bewusst auf eine »Kommentierung« im klassischen Sinne, die das Kirchengesetz von A bis O erläutert.

Wir möchten vielmehr praxisorientiert an den Problemen vor Ort anknüpfen und die Rechtsfragen am Thema orientiert klären. An den Bedürfnissen der Praktiker orientieren sich der Aufbau und die Darstellung. Sollte diese Schrift darüber hinaus eine praktische Hilfe für Rechtsanwälte, Gewerkschaftssekretäre und andere Berater sein, würden wir uns freuen.

Für die logistische Unterstützung bei der Erstellung dieses Buches danken wir unserer Kollegin Frau Annett Gamisch und den Mitarbeiterinnen des IPW – Institut für PersonalWirtschaft GmbH in Fulda sowie den Mitarbeiterinnen der Anwaltskanzlei Lenders.

Den Leserinnen und Lesern dieses Buches möchten wir eine schnelle und zuverlässige Hilfe an die Hand geben. Ausschließlich im Interesse der Lesefreundlichkeit verwenden wir deshalb die männliche Sprachform.

Achim Richter	Dirk Lenders	Gabriele Schwarz-Seeberger
Mönchengladbach/Fulda	St. Augustin	Nürnberg

Inhaltsverzeichnis

Vorwort V
Inhaltsverzeichnis VII
Abkürzungsverzeichnis XIII
Literaturverzeichnis XIX

A.	**Das kirchliche Arbeitsrecht**	1
I.	Die Evangelische Kirche in Deutschland	1
II.	Zwischen Verkündigungsauftrag und Marktteilnahme	1
III.	Die kirchliche Betriebsverfassung	2
IV.	Das kirchliche Amt der MAV	3
V.	Das System der Rechtsordnung	4
VI.	Das MVG.EKD	7
VII.	Der kirchliche Arbeitgeber	7
VIII.	Die Entwicklung des Mitarbeitervertretungsrechts	8
B.	**Das Mitarbeitervertretungsgesetz**	10
I.	Das »Betriebsverfassungsrecht der Kirche«	10
II.	Geltungsbereich	12
III.	Andere Kirchengesetze	16
IV.	Rechtsweg	17
C.	**Die Mitarbeitervertretung (MAV)**	19
I.	Die Bildung der MAV	19
II.	Gemeinsame MAV	20
III.	Gesamt-MAV	23
IV.	Gesamt-MAV im Dienststellenverbund	27
V.	Besondere Konstellation der Neubildung einer MAV	29
VI.	Zusammensetzung der MAV	30
VII.	Besondere Mitarbeitergruppen	32
VIII.	Gesamtausschuss	40
D.	**Die Wahl der MAV**	44
I.	Allgemeine Hinweise	44
II.	Wahltermine, Amtszeit der MAV	44
III.	Bildung der MAV	45
IV.	Zusammensetzung der MAV	47
V.	Der Mitarbeiterbegriff des Mitarbeitervertretungsgesetzes	47
VI.	Wahlberechtigung und Wählbarkeit	47
VII.	Aufgaben und Bildung des Wahlvorstandes	51
VIII.	Das Wahlverfahren	52

Inhaltsverzeichnis

IX.	Ablaufschema für eine MAV-Wahl	52
X.	Wahlschutz und Wahlkosten	57
XI.	Anfechtung der Wahl	59
XII.	Besondere Fallkonstellationen	62

E.	**Das Amt der MAV**	**66**
I.	Allgemein	66
II.	Amtszeit der MAV	66
III.	Die Ersatzmitgliedschaft	67
IV.	Rechte und Pflichten der MAV	71
V.	Ehrenamt, Behinderungs- und Begünstigungsverbot, Arbeitsbefreiung	76
VI.	Freistellung der Mitglieder der MAV	84
VII.	Der besondere Schutz der Mitglieder der MAV (§ 21 MVG.EKD)	88
VIII.	Die Geschäftsführung der MAV (§§ 23 bis 27 und 29 MVG.EKD)	91
IX.	Die Kosten der Mitarbeitervertretungsarbeit	106

F.	**Die Mitarbeiterversammlung**	**113**
I.	Vorbereitung für eine Mitarbeiterversammlung (§ 31 MVG.EKD)	113
II.	Durchführung der Mitarbeiterversammlung	117

G.	**Das System der Beteiligung im Überblick**	**124**
I.	Die Auslegung des MVG.EKD	124
II.	Konkurrierende Beteiligungsrechte	126
III.	Alleinige Rechte des Arbeitgebers/der Dienststellenleitung	127
IV.	Informationsrechte der MAV	132
V.	Anhörung	133
VI.	Mitberatung	133
VII.	Mitbestimmung	134
VIII.	Initiativrecht	135
IX.	Unterlassungsanspruch	136
X.	Alleinige Rechte der MAV	136

H.	**Die Information der MAV**	**137**
I.	Grundsätze	137
II.	Die MAV und die Kommunikation mit dem Mitarbeiter	140
III.	Allgemeine Zuständigkeiten	146
IV.	Ein Exkurs: Kommunikation und Verhandlung	147

I.	**Formen und Verfahren der Mitbestimmung und Mitberatung**	**169**
I.	Grundsatz der vertrauensvollen Zusammenarbeit (§ 33 MVG.EKD)	169
II.	Verfahren der Mitberatung (§ 45 MVG.EKD)	172
III.	Verfahren der Mitbestimmung (§§ 38, 44 MVG.EKD)	176

Inhaltsverzeichnis

IV.	Ausnahmen von der Beteiligung in Personalangelegenheiten (§ 44 MVG.EKD)	184
V.	Zustimmungsverweigerungsgründe der MAV (§ 41 MVG.EKD)	185
VI.	Inhalte und Grenzen des Initiativrechts der MAV (§ 47 MVG.EKD)	189
VII.	Dienstvereinbarungen (§ 36 MVG.EKD)	192
J.	**Mitbestimmung bei allgemeinen personellen Maßnahmen (§ 39 MVG.EKD)**	199
I.	Von der Beurteilung zum Qualitätsmanagement	199
II.	Praxisbeispiel: Personalfragebogen	200
III.	Leistungsbewertung	205
IV.	Leistungskontrolle	208
V.	Zeugnis	208
VI.	Checkliste Personalfragebogen und Beurteilungsgrundsätze	208
VII.	Aus-, Fort- und Weiterbildung (§ 39 Buchst. c) MVG.EKD)	209
VIII.	Teilnehmerauswahl (§ 39 Buchst. d) MVG.EKD)	210
K.	**Organisatorische und soziale Angelegenheiten (§ 40 MVG.EKD)**	212
I.	Bestellung und Abberufung von Vertrauens- und Betriebsärzten sowie Fachkräften für Arbeitssicherheit (§ 40 Buchst. a) MVG.EKD)	212
II.	Maßnahmen zur Verhütung von Unfällen und gesundheitlichen Gefahren (§ 40 Buchst. b) MVG.EKD)	213
III.	Errichtung, Verwaltung und Auflösung von Sozialeinrichtungen ohne Rücksicht auf ihre Rechtsform (§ 40 Buchst. c) MVG.EKD)	215
IV.	Beginn und Ende der täglichen Arbeitszeit, Pausen sowie die Verteilung der Arbeitszeit auf die einzelnen Wochentage sowie Festlegung der Grundsätze für die Aufstellung von Dienstplänen (§ 40 Buchst. d) MVG.EKD)	217
V.	Aufstellen von Grundsätzen für den Urlaubsplan (§ 40 Buchst. e) MVG.EKD)	224
VI.	Aufstellung von Sozialplänen (insb. bei Auflösung, Einschränkung, Verlegung und Zusammenlegung von Dienststellen oder erheblichen Teilen von ihnen) einschließlich Plänen für Umschulung zum Ausgleich oder zur Milderung von wirtschaftlichen Nachteilen und für die Folgen von Rationalisierungsmaßnahmen, wobei Sozialpläne Regelungen weder einschränken noch ausschließen dürfen, die auf Rechtsvorschriften oder allgemein verbindlichen Richtlinien beruhen (§ 40 Buchst. f) MVG.EKD)	225
VII.	Grundsätze der Arbeitsplatzgestaltung (§ 40 Buchst. g) MVG.EKD)	226
VIII.	Einführung grundlegend neuer Arbeitsmethoden (§ 40 Buchst. h) MVG.EKD)	229
IX.	Maßnahmen zur Hebung der Arbeitsleistung und zur Erleichterung des Arbeitsablaufs (§ 40 Buchst. i) MVG.EKD)	231
X.	Einführung und Anwendung von technischen Einrichtungen der Mitarbeiterkontrolle (§ 40 Buchst. j) MVG.EKD)	235
XI.	Weitere Fälle der Mitbestimmung in organisatorischen und sozialen Angelegenheiten	238
XII.	Grundsätze über das betriebliche Vorschlagswesen (§ 40 Buchst. o) MVG.EKD)	238
XIII.	Einführung und Anwendung von Maßnahmen der Mitarbeiterkontrolle (§ 40 Buchst. j), 1. Alt. MVG.EKD)	238

Inhaltsverzeichnis

XIV.	Ordnung in der Dienststelle (§ 40 Buchst. k) MVG.EKD)................	240

L. Personelle Einzelmaßnahmen der Arbeitnehmer – ohne Kündigung.. 246
I. Einstellung (§ 42 Buchst. a) MVG.EKD)............................. 246
II. Eingruppierung (§ 42 Buchst. c) MVG.EKD)........................ 254
III. Übertragung einer höher oder niedriger bewerteten Tätigkeit von mehr als drei Monaten Dauer (§ 42 Buchst. d) MVG.EKD)......................... 261
IV. Zulagen (§ 42 Buchst. e) MVG.EKD) 265
V. Umsetzung (§ 42 Buchst. f) MVG.EKD)............................. 266
VI. Versetzung (§ 42 Buchst. g), 1. Alt. MVG.EKD)..................... 267
VII. Abordnung (§ 42 Buchst. g), 2. Alt. MVG.EKD)..................... 268
VIII. Freiheit der Wahl der Wohnung (§ 42 Buchst. i) MVG.EKD)............. 269
IX. Versagung und Widerruf Nebentätigkeit (§ 42 Buchst. j) MVG.EKD)........ 269
X. Ablehnung Teilzeit (§ 42 Buchst. k), 1. Alt. MVG.EKD)................ 271
XI. Ablehnung Beurlaubung (§ 42 Buchst. k), 2. Alt. MVG.EKD) 273

M. Kündigung (§ 42 Buchst. b), § 46 Buchst. b), c) MVG.EKD)........ 275
I. Mitberatung und Mitbestimmung................................. 275
II. Ordentliche Kündigung während der Probezeit........................ 276
III. Ordentliche Kündigung nach der Probezeit............................ 277
IV. Außerordentliche Kündigung 279
V. Kündigung des Unkündbaren 281
VI. Kündigung von MAV-Mitgliedern................................. 282
VII. Das ordnungsgemäße Verfahren 283
VIII. Fehler bei der Unterrichtung.. 297
IX. Checklisten 301

N. Fälle der eingeschränkten Mitbestimmung in Personalangelegenheiten der Mitarbeiter in öffentlich-rechtlichen Dienstverhältnissen (§ 43 MVG.EKD) 306
I. Die Einstellung von Beamten (§ 43 Buchst. a) MVG.EKD)................ 306
II. Anstellung (§ 43 Buchst. b) MVG.EKD)............................. 308
III. Umwandlung des Kirchenbeamtenverhältnisses in ein solches anderer Art (§ 43 Buchst. c) MVG.EKD) 309
IV. Ablehnung eines Antrags auf Ermäßigung der Arbeitszeit oder Beurlaubung in besonderen Fällen (§ 43 Buchst. d) MVG.EKD) 309
V. Ablehnung Beurlaubung in besonderen Fällen (§ 43 Buchst. d), 2. Alt. MVG. EKD) 310
VI. Beteiligung der MAV bei Verlängerung der Probezeit (§ 43 Buchst. e) MVG. EKD) 312
VII. Beförderung (§ 43 Buchst. f) MVG.EKD)............................ 314
VIII. Übertragung eines anderen Amts, das mit einer Zulage ausgestattet ist (§ 43 Buchst. g) MVG.EKD) 315

IX.	Übertragung eines anderen Amts mit höherem Endgrundgehalt ohne Änderung der Amtsbezeichnung oder Übertragung eines anderen Amts mit gleichem Endgrundgehalt mit Änderung der Amtsbezeichnung (§ 43 Buchst. h) MVG. EKD)	316
X.	Zulassung zum Aufstiegsverfahren, Verleihung eines anderen Amts mit anderer Amtsbezeichnung beim Wechsel der Laufbahngruppe (§ 43 Buchst. i) MVG. EKD)	317
XI.	Beteiligung der MAV bei dauernder Übertragung eines höher oder niedriger bewerteten Dienstpostens (§ 43 Buchst. j) MVG.EKD)	318
XII.	Umsetzung innerhalb der Dienststelle bei gleichzeitigem Ortswechsel (§ 43 Buchst. k) MVG.EKD)	319
XIII.	Mitbestimmung bei Versetzung, Zuweisung oder Abordnung vom mehr als drei Monaten Dauer (§ 43 Buchst. l) MVG.EKD)	322
XIV.	Beteiligung der MAV bei dem Hinausschieben des Eintritts in den Ruhestand (§ 43 Buchst. m) MVG.EKD)	324
XV.	Beteiligung bei Anordnungen, welche die Freiheit in der Wahl der Wohnung beschränken (§ 43 Buchst. n) MVG.EKD)	325
XVI.	Beteiligung bei der Versagung sowie Widerruf der Genehmigung einer Nebentätigkeit (§ 43 Buchst. o) MVG.EKD)	326
XVII.	Beteiligung bei der Entlassung von Beamten aus dem Kirchenbeamtenverhältnis auf Probe oder auf Widerruf (§ 43 Buchst. p) MVG.EKD)	327
XVIII.	Beteiligung bei vorzeitiger Versetzung in den Ruhestand gegen den Willen des Kirchenbeamten (§ 43 Buchst. q) MVG.EKD)	328
XIX.	Beteiligung bei der Versetzung in den Wartestand oder einstweiligen Ruhestand gegen den Willen des Kirchenbeamten (§ 43 Buchst. r) MVG.EKD)	329

O.	**Mitberatung (§ 46 MVG.EKD)**	331
I.	Organisation und Outsourcing	331
II.	Personalbemessung	334
III.	Stellenplanentwurf	334
IV.	Schadensersatzansprüche	335
V.	Außerordentliche Kündigung sowie ordentliche Kündigung innerhalb der Probezeit	336
VI.	Ordentliche Kündigung innerhalb der Probezeit	338
VII.	Versetzung und Abordnung	338

P.	**Kirchengerichte**	340
I.	Die Zuständigkeit der Kirchengerichte	340
II.	Das Verfahrensrecht	342
III.	Mitarbeitervertretungsrechtliches Beschlussverfahren	345
IV.	Beschwerde zum KGH.EKD	350
V.	Einstweilige Verfügungen	351
VI.	Muster Antragsschrift	351
VII.	Anschriften der Kirchengerichte	352

Inhaltsverzeichnis

Q.	**Anhang**.	359
I.	Werkstättenmitwirkungsverordnung	359
II.	Checkliste – Vereinfachte Wahl nach § 12 EKD-Wahlordnung	381
III.	Muster 1-13.	385

Schlussbetrachtung 400

Stichwortverzeichnis. 401

Abkürzungsverzeichnis

Abs.	Absatz
AG	Aktiengesellschaft
AG	Arbeitgeber
AGG	Allgemeines Gleichbehandlungsgesetz
AiB	Arbeitsrecht im Betrieb (Zeitschrift)
allg.	allgemein
Alt.	Alternative
AN	Arbeitnehmer
Anm.	Anmerkung
AnwG	Anwaltsgericht
AP	Arbeitsrechtliche Praxis, Nachschlagewerk des Bundesarbeitsgerichts (Zeitschrift)
ArbG	Arbeitsgericht
ArbGG	Arbeitsgerichtsgesetz
ArbPlSchG	Arbeitsplatzschutzgesetz
ArbSchG	Arbeitsschutzgesetz
ArbStättV	Arbeitsstättenverordnung
ArbZG	Arbeitszeitgesetz
Art.	Artikel
ASiG	Arbeitssicherheitsgesetz
ATG	Altersteilzeitgesetz (Artikel 1 des Gesetzes zur Förderung eines gleitenden Übergangs in den Ruhestand)
AuA	Arbeit und Arbeitsrecht (Zeitschrift)
Aufl.	Auflage
AuR	Arbeit und Recht, Zeitschrift für Arbeitsrechtspraxis (vormals: ArbuR)
AusfG	Ausführungsgesetz
AVR	Richtlinien für Arbeitsverträge in den Einrichtungen des deutschen Caritasverbandes
b+p	Betrieb und Personal (Zeitschrift)
BAG	Bundesarbeitsgericht
BAGE	Entscheidungen des Bundesarbeitsgerichts
BAT	Bundesangestelltentarifvertrag
BAT-O	Bundesangestelltentarifvertrag Ost
BayVGH	Bayerischer Verwaltungsgerichtshof
BB	Betriebs-Berater (Zeitschrift)
BBesG	Bundesbesoldungsgesetz
BBG	Beitragsbemessungsgrenze
Bd.	Band
BeamtStG	Beamtenstatusgesetz
BeckRS	Beck-Rechtssachen (Online-Zeitschrift)
BEEG	Bundeselterngeld- und Elternzeitgesetz
Bekl.	Beklagte/r
Beschl. v.	Beschluss vom
Beschl.	Beschluss
BetrVG	Betriebsverfassungsgesetz

Abkürzungsverzeichnis

BGB	Bürgerliches Gesetzbuch
BGBl. I	Bundesgesetzblatt Teil 1 (Gesetze und Verordnungen des Bundes)
BGBl.	Bundesgesetzblatt
BPersVG	Bundespersonalvertretungsgesetz
BR-Drucks.	Bundesrats-Drucksache
bspw.	beispielsweise
Buchst.	Buchstabe
BVerfG	Bundesverfassungsgericht
BVerfGG	Bundesverfassungsgerichtsgesetz
BVerwG	Bundesverwaltungsgericht
BVerwGE	Entscheidungen des Bundesverwaltungsgerichts (amtliche Sammlung)
BW	Baden-Württemberg, baden-württembergisch
bzgl.	bezüglich
bzw.	beziehungsweise
ca.	circa
DB	Der Betrieb (Zeitschrift)
DIN	Deutsche Industrienorm
DNeuG	Dienstrechtsneuordnungsgesetz (Gesetz zur Neuordnung und Modernisierung des Bundesdienstrechts)
DÖD	Der Öffentliche Dienst (Zeitschrift)
DV	Datenverarbeitung
DVBl	Deutsches Verwaltungsblatt (Zeitschrift)
DW	Diakonisches Werk
e. V.	eingetragener Verein
EFZG	Entgeltfortzahlungsgesetz (Gesetz über die Zahlung des Arbeitsentgelts an Feiertagen und im Krankheitsfall) (auch EntgFG)
EG	Europäische Gemeinschaft
EK	Evangelische Kirche
EKD	Evangelische Kirche in Deutschland
etc.	et cetera
EuGH	Europäischer Gerichtshof
ev.	evangelisch
evtl.	eventuell
EzA	Entscheidungssammlung zum Arbeitsrecht
f.	folgende (Seite u. Ä., = eine folgende Seite)
FAZ	Frankfurter Allgemeine Zeitung
ff.	fortfolgende
gem.	gemäß
GewO	Gewerbeordnung (Deutschland)
GG	Grundgesetz
ggf.	gegebenenfalls
gGmbH	gemeinnützige Gesellschaft mit beschränkter Haftung

Abkürzungsverzeichnis

ggü.	gegenüber
GmbH	Gesellschaft mit beschränkter Haftung
Grds.	Grundsatz
grds.	grundsätzlich
GrO	Grundordnung des kirchlichen Dienstes im Rahmen kirchlicher Arbeitsverhältnisse der katholischen Kirche
Halbs.	Halbsatz
Hess.	Hessen/hessisch
HGB	Handelsgesetzbuch
i. d. R.	in der Regel
i.R.d	im Rahmen des/der
i. S. d.	im Sinne des/der
i. S. v.	im Sinne von
i. Ü.	im Übrigen
i. V. m.	in Verbindung mit
insb.	insbesondere
ISO	Internationale Organisation für Normung (engl. International Organization for Standardization)
IT	Informationstechnologie
juris	Juristisches Informationssystem
Kap.	Kapitel
kath.	katholisch
KBG	Kichenbeamtengesetz
Kfz	Kraftfahrzeug
KG	Kirchengericht
KGH	Kirchengerichtshof (z. B. KGH.EKD)
Kl.	Klage/Kläger
KO	Konkursordnung (jetzt: Insolvenzordnung)
KrPflG	Krankenpflegegesetz
KSchG	Kündigungsschutzgesetz
LAG	Landesarbeitsgericht
LAGE	Amtliche Sammlung der Entscheidungen der Landesarbeitsgerichte
LPVG	Landespersonalvertretungsgesetz
Ls.	Leitsatz
LSA	Land Sachsen-Anhalt
m. w. N.	mit weiteren Nachweisen
MAV	Mitarbeitervertretung(en)
MAVO	Mitarbeitervertretungsordnung der katholischen Kirche
max.	maximal
Mio.	Million/en
MTArb	Manteltarifvertrag für Arbeiterinnen und Arbeiter des Bundes und der Länder

XV

Abkürzungsverzeichnis

MuSchG	Mutterschutzgesetz
MV	Mecklenburg-Vorpommern
MVG	Mitarbeitervertretungsgesetz der evangelischen Kirche
n. v.	nicht veröffentlicht
Nds.	Niedersachsen, niedersächsisch
nF	neue Fassung
NJW	Neue Juristische Wochenschrift (Zeitschrift)
Nr.	Nummer
NW	Nordrhein-Westfalen
NZA	Neue Zeitschrift für Arbeitsrecht (Zeitschrift)
NZA-RR	Neue Zeitschrift für Arbeitsrecht
o. ä.	oder ähnliche(s)
o. g.	oben genannt/e/er/es
OVG	Oberverwaltungsgericht
PC	Personal Computer
PersR	Der Personalrat (Zeitschrift)
PersV	Die Personalvertretung (Zeitschrift)
PersVG	Personalvertretungsgesetz
PflegeZG	Pflegezeitgesetz
Pkw	Personenkraftwagen
PV	Prozessvergleich
Rdn.	Interne Randnummer
RiA	Recht im Amt. Zeitschrift für den öffentlichen Dienst
RL	Richtlinie(n)
Rn.	Externe Randnummer
Rs.	Rechtssache (des EuGH)
Rspr	Die Rechtsprechung der Oberlandesgerichte auf dem Gebiete des Zivilrechts (aufgegangen in: Höchstrichterliche Rechtsprechung)
S.	Seite(n)
s.	siehe
s. o.	siehe oben
s. u.	siehe unten
SchwbG	Schwerbehindertengesetz (jetzt SGB IX)
SGB	Sozialgesetzbuch (derzeit Bücher I-XII)
SGB	Sozialgesetzbuch
SprAuG	Sprecherausschussgesetz
StGB	Strafgesetzbuch
str.	strittig
TV-L	Tarifvertrag für den öffentlichen Dienst der Länder
TVöD	Tarifvertrag für den öffentlichen Dienst (Bund und Kommunen)
TVöD	Tarifvertrag für den öffentlichen Dienst
TzBfG	Teilzeit- und Befristungsgesetz

Abkürzungsverzeichnis

u. a.	unter anderem
u. U.	unter Umständen
Urt. v.	Urteil vom
Urt.	Urteil
usw.	und so weiter
VG	Vermögensgegenstände
VGH	Verwaltungsgerichtshof (Oberverwaltungsgericht in Baden-Württemberg, Bayern und Hessen)
vgl.	vergleiche
WfBM	Werkstatt für behinderte Menschen
WMVO	Werkstätten-Mitwirkungsverordnung (nach SGB IX)
WRV	Weimarer Reichsverfassung
Württ	Württemberg
WVO	Werkstättenverordnung
www	World Wide Web
z. B.	zum Beispiel
z. T.	zum Teil
ZBR	Zeitschrift für Beamtenrecht
zit.	zitiert
ZMV	Die Mitarbeitervertretung, Zeitschrift für die Praxis der Mitarbeitervertretungen in Einrichtungen der katholischen und evangelischen Kirche
ZPO	Zivilprozessordnung
ZTR	Zeitschrift für Tarifrecht

Literaturverzeichnis

Altvater, L./Baden, E./Kröll, M.	Bundespersonalvertretungsgesetz mit Wahlordnung und ergänzenden Vorschriften, 7. Auflage, Frankfurt a. M. 2011 Zit.: *Altvater/Baden/Kröll* BPersVG
Andelewski, U./Küfner-Schmitt, I./Schmitt, J.	Berliner Kommentar zum Mitarbeitervertretungsgesetz der Evangelischen Kirche in Deutschland, Stuttgart/München/Hannover/Berlin/Weimar/Dresden 2007
Andelewski, U./Steinbring, K.	Möglichkeiten der Mitarbeitervertretung zur Durchsetzung Individualrechtlicher Ansprüche von Mitarbeitern, ZMV 2011, 294-298
Andelewski, U./Stützle, N.	Die Einstellung von Leiharbeitnehmern und das kirchliche Arbeitsrecht, NZA 2007, 723-730
Bader, P./Creutzfeldt, M./Friedrich, H.-W.	Kommentar zum Arbeitsgerichtsgesetz: ArbGG, zit.: *Bader/Creuzfeldt/Friedrich* ArbGG 2012
Baumann-Czichon, B./Dembski, M./Germer, L.	Mitarbeitervertretungsgesetz der Evangelischen Kirche in Deutschland, 3. Auflage Bremen/Boston 2009
Belling, D.	Kirchliches Arbeitsrecht und kirchliche Arbeitsgerichtsbarkeit, NZA 2006, 1132-1135
Berkowski, W.	Die personen- und verhaltensbedingte Kündigung, München 2005
Bingener	Fusion ins Ungewisse, Frankfurter Allgemeine Zeitung (FAZ) 21.02.2012, 1
Blens, D.	Aufgaben der Mitarbeitervertretung im Schwerbehindertenrecht bei der Stellenausschreibung, ZMV 2010, 61-64
Breier, A./Dassau, A./Kiefer, K.-H.	Tarifvertrag für den öffentlichen Dienst (TVöD), Loseblatt, 2012
Bühring-Uhle, C./Eidenmüller, H./Nelle, A.	Verhandlungsmanagement, München 2009
Daniels, W.	Personalvertretungsgesetz Berlin, Frankfurt a. M. 2010 Zit.: *Daniels* PersVG
Däubler, W./Kittner, M./Lörcher, K.	Internationale Arbeits- und Sozialordnung, 1994
Diakonisches Werk (Hrsg.)	Kommentar zu den Arbeitsvertragsrichtlinien, 5. Auflage Stuttgart 2008 Zit.: *Diakonisches Werk* 2008
Dörner, H.-J.	Der befristete Arbeitsvertrag, 2. Auflage München 2011
Dütz, W.	Gesetzgebung und Autonomie im Kirchenarbeitsrecht, NZA 2008, 1383-1385
Fey, D.	Dienstvereinbarungen im Mitarbeitervertretungsrecht der evangelischen Kirche und ihrer Diakonie ZMV 1996, 117, 118

Literaturverzeichnis

Fey, D.	Richtlinie über Anforderungen der beruflichen Mitarbeit in der evangelischen Kirche in Deutschland und ihrer Diakonie, AuR 2005, 349 ff.
Fey, D.	Notlagenregelung in der Evang. Kirche und ihrer Diakonie, ZMV 2006, 113
Fey, D.	Strukturveränderungen innerhalb der Evangelischen Kirche in Deutschland, ZMV 2008, 116-119
Fey, D./Rehren, O.	MVG.EKD, PraxisKommentar, Stuttgart, Stand April 2012; zit.: *Fey/Rehren* MVG.EKD
Fischer, A./Goeres, H.-J./Gronimus, A.	Gesamtkommentar Öffentliches Dienstrecht, Band V: Personalvertretungsrecht des Bundes und der Länder, Loseblattwerk, Berlin 2012
Fisher, R./Ury, W./Patton, B.	Das Harvard-Konzept, Frankfurt a. M./New York 2004
Fitting, K.	Betriebsverfassungsgesetz, 26. Auflage München 2012 Zit.: *Fitting* BetrVG
Freiburger Kommentar	MAVO, Freiburg, Stand 2012
Frohning, W./Simon, M.	Betriebsbedingte Kündigungen in caritativen und Kirchlichen Einrichtungen, Freiburg 2006
Gehm, T.	Kommunikation im Beruf, 4. Aufl. 2006
Gröner, H./Fuchs-Brüninghoff, E.	Lexikon der Berufsausbildung, München 2004
Haft, F.	Verhandlung und Mediation, 2. Auflage München 2000
Hammer, U.	Kirchliches Arbeitsrecht, Frankfurt a. M. 2002
Heinig	Wenn die Diakonie streikt, Frankfurter Allgemeine Zeitung vom 22.03.2012, 8
Herkert, J./Töltl, H.	Berufsbildungsgesetz, Regensburg 2012
Hess, H./Schlochauer, U./Worzalla, M.	Kommentar zum Betriebsverfassungsgesetz, 8. Auflage Köln 2012 Zit.: *Hess/Schlochauer/Worzalla* BetrVG
Ilbertz, W./Widmaier, U./Sommer, S.	Bundespersonalvertretungsgesetz, 12. Auflage Stuttgart 2012 Zit.: *Ibertz/Widmaier/Sommer* BPersVG
Joussen, J.	Zur Unterrichtung der Mitarbeitervertretung vor einer Kündigung, ZMV 2006, 116 ff.
	KR – Gemeinschaftskommentar zum Kündigungsschutzgesetz und zu sonstigen kündigungsschutzrechtlichen Vorschriften, 10. Aufl. Zit.: KR/*Bearbeiter*
Lenders, D.	Hessisches Personalvertretungsgesetz, Basiskommentar mit Wahlordnung, Frankfurt a. M. 2012; zit.: *Lenders* HPVG
Lenders, D.	Beamtenstatusgesetz, Siegburg 2012
Lenders, D./Richter, A.	Die Personalvertretung, Köln 2010

Literaturverzeichnis

Lenders, D./Peters, C./Weber, K.	Das neue Dienstrecht des Bundes, Köln 2009
Leser, P.	Informationsanspruch in wirtschaftlichen Angelegenheiten nach §§ 23a und 34 MVG.EKD, ZMV 2004, 161-166
Lindemann, A./Simon, O.	NZA 2002, 365 ff.
Lorenzen, U.	Bundespersonalvertretungsgesetz, Kommentar Zit.: *Lorenzen* BPersvG
Niebler, M./Biebl, J./Ross, C.	Arbeitnehmerüberlassungsgesetz, Berlin 2003
Repkewitz, U./Richter, A.	Personalrecht A-Z, Köln 2012
Quasdorff, R.-G.	Wie Diakonieunternehmen erfolgreich am Markt bestehen können, Neukirchen-Vluyn 2005
Richardi, R.	Arbeitsrecht in der Kirche, 6. Auflage München 2012 Zit.: *Richardi* 2009
Richardi, R.	Betriebsverfassungsgesetz, 13. Auflage München 2012 Zit.: *Richardi* BetrVG
Richardi, R.	Die Mitbestimmung bei Kündigungen im kirchlichen Arbeitsrecht, NZA 1998, 113-118
Richardi, R.	Geltungsbereich des kirchlichen Arbeitsrechts, ZMV 2005, 5-9
Richardi, R.	Staatlicher und kirchlicher Gerichtsschutz für das Mitarbeitervertretungsrecht der Kirchen, NZA 2000, 1305-1311
Richardi, R./Dörner, H.-J./Weber C.	Personalvertretungsrecht, 4. Auflage München 2012
Richardi, R./Wlotzke, O./Wissmann, H./Oetker, H.	Münchener Handbuch zum Arbeitsrecht, Band I: Individualarbeitsrecht, Band II: Kollektives Arbeitsrecht, Arbeitnehmerschutz, Arbeitsgerichtsverfahren, 3. Auflage 2009
Richter, A.	Die Kündigung im Mitarbeitervertretungsgesetz der Evangelischen Kirche, 2. Aufl. 2009 Zit.: *Richter* 2009
Richter, A./Gamisch, A.	Das Stelleninterview zur Eingruppierung, 2. Aufl., Regensburg 2011; Zit.: *Richter/Gamisch,* Stellinterview 2011
Richter, A./Gamisch, A.	Die Alternative zum Stelleninterview – Das Training und Coaching der Führungskräfte, RiA 2010, 97-103
Richter, A./Gamisch, A.	Die Führungskraft im Vorstellungsgespräch, RiA 2009, 145-152
Richter, A./Gamisch, A.	Grundlagen der Eingruppierung TVöD und TV-L, 3. Aufl., Regensburg 2012 Zit.: *Richter/Gamisch,* Grundlagen
Richter, A./Gamisch, A.	Die Mitbestimmung als Grenze des Weisungsrechts, DÖD 2011, 1-4
Richter, A./Gamisch, A.	Die Stellenbewertungskommission als Instrument der Eingruppierung, RiA 2007, 241-246

Literaturverzeichnis

Richter, A./Gamisch, A.	Eingruppierung AVR.Diakonie in der Praxis, Regensburg 2008; Zit.: *Richter/Gamisch* 2008
Richter, A./Gamisch, A.	Meine Rechte beim neuen Leistungslohn, Regensburg/Berlin 2007 Zit.: *Richter/Gamisch* 2007
Richter, A./Gamisch, A.	Stellenbeschreibung für den öffentlichen und kirchlichen Dienst, 5. Auflage Regensburg 2012 Zit.: *Richter/Gamisch* StB 2012
Richter, A./Gamisch, A.	Tarifliche Ansprüche auf Weiterbildung: Wachsendes Problembewusstsein für das neue Rechtsgebiet „Bildungsrecht", AuA 2/2007, 95-98
Richter, A./Gamisch, A.	TV-L Kompaktkommentar – Tarifvertrag der Länder, Regensburg 2012 Zit.: *Richter/Gamisch* TV-L
Richter, A./Gamisch, A./ Heil, E.	Der Wirtschaftsausschuss in kirchlichen Einrichtungen, Köln 2011
Richter, A./Gamisch, A./ Henseleit, E.	Die neuen AVR. Diakonie Bayern, Regensburg 2008
Richter, A./Kaufmann, M.	Die lernende Organisation - Herausforderung auf Dauer, AuA 1/2004, 30-32
Richter, A./Lenders, D.	Personalaktenrecht für den öffentlichen Dienst, 2. Aufl., Regensburg 2012
Rosenkötter, M.	Anforderungen an die berufliche Mitarbeit in der Evangelischen Kirche und ihrer Diakonie, ZMV 2005, 1-4
Schliemann, H.	Die Aufgabe(n) der Schlichtungsstellen der evangelischen Kirchen in Deutschland und ihr(e) Verfahren, NZA 2000, 1311
Schliemann, H.	Die neue Ordnung der Kirchengerichtsbarkeit in der Evangelischen Kirche in Deutschland, NJW 2005, 392-396
Schliemann, H./Ascheid, R.	Das Arbeitsrecht im BGB
Schmitz	Zustimmung der Mitarbeitervertretung im Rahmen der Anhörung vor Ausspruch einer Kündigung, ZMV 2006, 121, 122
Schneider, N.	Stern 03/2011, 71 ff.
Schulz von Thun, F.	Miteinander reden 1., Störungen und Klärungen: allgemeine Psychologie der Kommunikation, 46. Aufl. Reinbek bei Hamburg 2008
Schwarz-Seeberger, G.	Erlaubnis und Grenzen von Nebentätigkeiten, ZMV 2011, 195, 197
Schwarz-Seeberger, G.	Mitbestimmung der MAV bei der Einstellung von Leiharbeitnehmern/innen im Bereich des MVG.EKD, ZMV 2011, 141-142
Senge, P.	Die fünfte Disziplin, Stuttgart 1999, 22

Literaturverzeichnis

Sievers, J.	Kommentar zum Teilzeit- und Befristungsgesetz, 3. Auflage Köln 2010
Stumper, K./Lystander, S.	Strategie und Taktik, Frankfurt a. M. 2006
Thiel, A.	Das Personalgespräch des Dienstgebers mit dem Mitarbeiter und die Teilnahme eines Dritten, ZMV 2004, 215-219
Thiel, A./Fuhrmann, M./ Jüngst, M.	MAVO – Kommentar zur Rahmenordnung für eine Mitarbeitervertretungsordnung, 6. Auflage Köln 2011 Zit.: *Thiel/Fuhrmann/Jüngst* MAVO
Thüsing, G.	Kirchliches Arbeitsrecht, Tübingen 2006 Zit.: *Thüsing* 2006
Vogelsang, K./Bieler, F./Kleffner, M.	Landespersonalvertretungsgesetz Mecklenburg-Vorpommern, Berlin 2011
von Roetteken, T./Rothländer. C.	Hessisches Bedienstetenrecht - HBR, München 2012
von Roetteken, T.	PersR 2000, 299 ff.
Weisbach, C. R.	Professionelle Gesprächsführung: Ein praxisnahes Lese- und Übungsbuch, München 2003
Wensierski, P.	Heuschrecken unterm Kreuz, Der Spiegel 25/2007, 56
Winter, J.	Staatskirchenrecht der Bundesrepublik Deutschland, 2. Auflage Köln 2008

A. Das kirchliche Arbeitsrecht

I. Die Evangelische Kirche in Deutschland

Die Evangelische Kirche in Deutschland ist in Bewegung: Veränderte gesellschaftliche und politische Rahmenbedingungen, Mitgliederschwund und neue (europa-)rechtliche Bewertungen stellen eine Herausforderung dar. Die Landeskirchen fusionieren (vgl. *Bingener* FAZ 21.01.2012, 1), Gleiches gilt für die Diakonie. Nach wie vor sind die evangelische Kirche und ihre Diakonie aber bedeutende Arbeitgeber innerhalb der Volkswirtschaft. Für die Zukunft stellen sich wichtige Fragen (vgl. *Heinig* FAZ 22.03.2012, 8): 1

Im Kern geht es darum, ob die Kirche ihre in Art. 140 GG verankerte Position mit besonderen, verfassungsrechtlich garantierten Rechten – z. B. dem MVG.EKD als eigener Betriebsverfassung – behaupten kann. 2

Die Evangelische Kirche in Deutschland hat rund 24,5 Mio. Mitglieder in ca. 16.000 Kirchengemeinden, in über 20.000 diakonischen Einrichtungen, in ungefähr 750 Kirchenkreisen, Dekanaten und Propsteien und gliedert sich in 22 Landeskirchen. Sie beschäftigt über 650.000 Menschen in kirchlichen Dienst- und Arbeitsverhältnissen: ca. 225.000 in der verfassten Kirche (vgl. EKD-Statistik, www.ekd.de/statistik; *Fey* ZMV 2008, 116 ff.). 3

A. Das kirchliche Arbeitsrecht

4 Die Evangelische Kirche in Deutschland

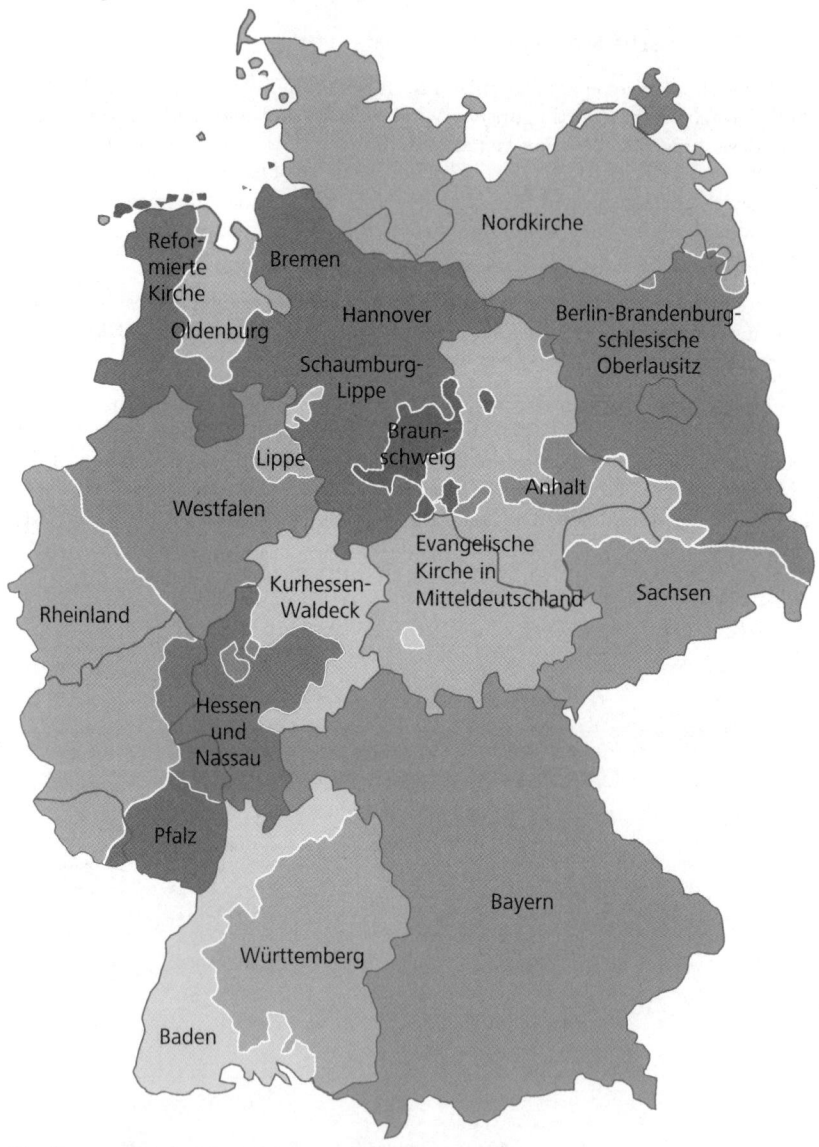

(Quelle: www.ekd.de; Hervorhebungen durch den Verfasser)

II. Zwischen Verkündigungsauftrag und Marktteilnahme

So stellt die evangelische Kirche mit ihrer Diakonie eine beachtliche »Branche« dar, die aber vor gewaltigen Umwälzungen und Veränderungen steht (vgl. *Fey* ZMV 2008, 116 ff.). Das gilt vor allem für die »Dienststellen« der Diakonie, die sich als »Unternehmen am Markt behaupten müssen« (vgl. *Quasdorff* 2005). Denn ökonomische Aspekte gewinnen im Sozial- und Gesundheitswesen zunehmend an Bedeutung (vgl. *Fey/Rehren* MVG.EKD § 23a Rn. 10). In diesem Zusammenhang stellen sich sowohl Sinnfragen, z. B. nach dem »Gewinnstreben«, als auch Umsetzungsfragen: »Kirchliche Krankenhäuser, Alters- und Pflegeheime werden radikal auf Wirtschaftlichkeit getrimmt – allen frommen Sozialworten der Kirchenoberen zum Trotz« (*Wensierski* Der Spiegel 25/2007, 56 f.).

III. Die kirchliche Betriebsverfassung

Das MVG.EKD stellt in diesem Zusammenhang die »Betriebsverfassung« der Evangelischen Kirche dar. Bei der Anwendung des Kirchengesetzes wird in der Praxis offen und/oder verdeckt auf Rechtsnormen und Rechtsansichten zum BetrVG Bezug genommen.

▶ **Praxistipp:**

Das MVG.EKD ist aber eine eigenständige kirchliche Kodifikation (= System von Rechtsnormen), das aus der kirchengesetzlichen Perspektive ausgelegt und angewendet werden muss. Das BetrVG gilt nicht, Analogien sind grds. unzulässig!

Am Beispiel des Wirtschaftsausschusses hat das höchste evangelische Kirchengericht, der KGH.EKD, ausgeführt:

»… Es kann dahingestellt bleiben, ob und in welcher Weise die betriebsverfassungsrechtlichen Vorschriften zum Wirtschaftsausschuss entsprechende Ansprüche vorsehen. **Die kirchenrechtlichen Regelungen** zur Mitarbeitervertretung **sind eigenständig und nicht aus der Perspektive des Betriebsverfassungsrechts auszulegen.**«

(KGH.EKD, Beschl. v. 01.10.2007 – I-0124/N29-07; Hervorhebungen durch den Verfasser)

Seiner Struktur nach gleicht es sowohl dem BetrVG der Privatwirtschaft als auch dem BPersVG des Bundes, was für die Auslegung von Bedeutung ist (s. u.). Dementsprechend stellen die Beteiligungsrechte eine Mischung dar: Viele Beteiligungsrechte gleichen dem staatlichen Recht (z. B. das Mitbestimmungsrecht Eingruppierung; vgl. § 42 Buchst. a) MVG.EKD, § 99 Abs. 1 BetrVG, § 75 Abs. 1 Nr. 1 BPersVG. Einzelne Vorschriften existieren so nur im BetrVG (z. B. der Wirtschaftsausschuss gem. § 23a MVG.EKD, § 106 BetrVG) oder BPersVG (z. B. die Hebung der Arbeitsleistung gem. § 40 Buchst. i), 1. Alt. MVG.EKD, § 76 Abs. 2 Nr. 5, 1. Alt. BPersVG). Diese Mischung macht die Arbeit mit dem MVG.EKD so anspruchsvoll, insb. wenn eine ausdrückliche Rechtsprechung der Kirchengerichte fehlt.

A. Das kirchliche Arbeitsrecht

10 Aber nicht nur der Inhalt der Beteiligungsrechte stellt eine Durchmischung dar. Diese spiegelt sich zudem in der Struktur: Das MVG.EKD folgt dem staatlichen Personalvertretungsrecht, indem es anstelle des »Betriebes« die »Dienststelle« zum Bezugspunkt der Beteiligung der MAV macht. Anders als das BPersVG werden aber nicht nur MAV und Gesamt-MAV – entsprechend dem Personalrat und Gesamtpersonalrat – gebildet. Vergleichbar dem BetrVG werden mit der Gesamt-MAV im Dienststellenverbund gem. § 6a MVG.EKD auch Konzernstrukturen abgebildet.

11 Neben die »MAV des Kirchenkreises« tritt so eine »Konzern-MAV« einer großen Diakonie. Das Kirchengesetz erfasst also sowohl die »klassische Verwaltung«, die dem öffentlichen Dienst gleicht, als auch Unternehmensstrukturen, die § 3 BetrVG gleichen. So wird deutlich, dass das MVG.EKD ein Spannungsverhältnis zwischen »Verwaltung und Konzern« aushalten muss.

IV. Das kirchliche Amt der MAV

12 Vor diesem Hintergrund ist die MAV eine »Hüterin der Dienstgemeinschaft«, die die Verantwortung des kirchlichen Dienstes betont bzw. betonen soll. An dieser Stelle wird deutlich, dass die MAV mehr ist als eine »Interessenvertretung der Beschäftigten«. Im Unterschied zum Personalrat, und mehr noch zum Betriebsrat, spricht man von einem Amt:

> »... 4. Vorliegend handelt es sich nicht um eine Streitigkeit aus dem Arbeitsverhältnis zwischen Arbeitgeber und Arbeitnehmer. **Es geht allein um die Frage, ob welche Anforderungen die Religionsgesellschaften an Arbeitnehmer stellen dürfen, die zu einem kirchl. Amt gewählt werden sollen.**
>
> a) Das Diakonische Werk der Evangelischen Kirche in Deutschland und damit auch der ihm angeschlossene Arbeitgeber **sieht in der Mitarbeitervertretung ein kirchl. Amt.** Nach dem Selbstverständnis der evangelischen Landeskirchen geschieht Diakonie »wie aller kirchl. Dienst unter der Verheißung und dem Auftrag des Evangeliums und setzt vertrauensvolle Zusammenarbeit auch bei verschiedenartigen Dienst- und Lebensformen voraus«. **Nach kirchl. Verständnis wird durch diese Zusammenarbeit eine »Dienstgemeinschaft« begründet** (vgl. Präambel zur Ordnung für die Mitarbeitervertretungen in diakonischen Einrichtungen i. d. F. vom 8. 10. 1982). Nach § 28 MVO soll die Mitarbeitervertretung die Verantwortung für die Aufgaben der Einrichtung mittragen. Jedes Mitglied dieser Vertretung soll bei den Mitarbeitern das Verständnis für den Auftrag der Diakonie stärken. **Der Arbeitgeber hat damit zu erkennen gegeben, dass er in der Mitarbeitervertretung nicht nur eine Interessenvertretung der Arbeitnehmer sieht, sondern auch ein durch Aufgaben und Verantwortung hervorgehobenes innerkirchl. Amt.** Die Regelungen über das passive Wahlrecht in den Mitarbeitervertretungsordnungen im Bereich der kath. Kirche machen dies noch deutlicher. Nach § 8 Abs. 2 Nr. 3 der Rahmenordnung für eine Mitarbeitervertretungsordnung (MAVO) vom 24. 1. 1977 sind nicht wählbar zu Mitarbeitervertretungen die Mitarbeiter, die nicht die Fähigkeit besitzen, ein kirchl. Wahlamt einnehmen zu können.«

(BAG, Beschl. v. 11.03.1986 – 1 ABR 26/84, AP Nr. 25 zu Art. 140 GG; Hervorhebungen durch den Verfasser)

13 Dieser Amtscharakter wird von »Dienststellenleitungen«, die sich (immer mehr) als »Unternehmensleitungen« verstehen, zuweilen als Veränderungssperre empfunden.

Aspekte der Wirtschaftlichkeit treten in den Vordergrund (zum Wirtschaftsausschuss s. *Richter/Gamisch/Heil*). In Anbetracht des tatsächlichen Handels geht die Presse zuweilen hart ins Gericht: Der Stern titelt »Hauptsache, billig, billig, billig« (*Schneider* Stern 3/2011, 71 ff.).

▶ **Praxistipp:** 14

(Auch) vor diesem Hintergrund hat das LAG Hamm kirchlichen Arbeitnehmern in einer umstrittenen Entscheidung das Streikrecht eingeräumt.

(LAG Hamm, Urt. v. 13.01.2011 – 8 Sa 788/10, NZA-RR 2011, 185).

V. Das System der Rechtsordnung

Dabei gelten im Arbeitsrecht nach wie vor besondere verfassungsrechtliche Vorgaben. 15

1. Das Grundgesetz

Die Kirchen haben gem. Art. 140 GG i. V. m. Art. 136 ff. Weimarer Reichsverfassung (WRV) ein Selbstbestimmungsrecht: Die Rechtsverhältnisse der Mitarbeiter in den evangelischen Landeskirchen, ihren Zusammenschlüssen und den diakonischen Werken können entweder als öffentlich-rechtliches Dienstverhältnis (Pfarrer, Kirchenbeamte) oder als privatrechtliches Arbeitsverhältnis begründet werden. Auf dieser Grundlage haben die Kirchen auch das Recht, sich kirchliche Regeln der Mitbestimmung im Betrieb zu geben. Denn die kollektivrechtlichen, staatlichen Vorschriften des BetrVG sind nicht »ein für alle geltendes Gesetz«. Dementsprechend bestimmen § 118 BetrVG und § 112 BPersVG, dass diese Gesetze auf kirchliche Dienststellen keine Anwendung finden. Das gilt gem. § 1 Abs. 3 Nr. 2 Sprecherausschussgesetz (SprAuG) auch für das Recht der leitenden Angestellten. 16

▶ **Praxistipp:** 17

Der Staat hat also eine Exemtion des kirchlichen Sektors vorgenommen (vgl. BVerfG, Beschl. v. 11.10.1977 – 2 BvR 209/76, AP Nr. 1 zu Art. 140 GG; BAG, Beschl. v. 06.12.1977 – 1 ABR 28/77, AP Nr. 10 zu § 118 BetrVG 1972; s. *Dütz* NZA 2008, 1383; zum Staatskirchenrecht *Winter*):

«1. Nach Art. 140 GG in Verbindung mit Art. 137 Abs. 3 WRV sind nicht nur die organisierte Kirche und die rechtlich selbständigen Teile dieser Organisation, sondern alle der Kirche in bestimmter Weise zugeordneten Einrichtungen ohne Rücksicht auf ihre Rechtsform Objekte, bei deren Ordnung und Verwaltung die Kirche grundsätzlich frei ist, wenn sie nach kirchlichem Selbstverständnis ihrem Zweck oder ihrer Aufgabe entsprechend berufen sind, ein Stück Auftrag der Kirche in dieser Welt wahrzunehmen und zu erfüllen. 18

2. Das Betriebsverfassungsgesetz selbst erweist sich, indem es zugunsten der Religionsgemeinschaften und ihrer karitativen und erzieherischen Einrichtungen unbeschadet deren Rechtsform in § 118 Abs. 2 einen ausdrücklichen Vorbehalt macht, nicht als ein für alle geltendes Gesetz. Es nimmt vielmehr mit diesem Vorbehalt auf das verfassungsrechtlich Gebotene Rücksicht.«

(BVerfG, Beschl. v. 11.10.1977 – 2 BvR 209/76)

19 «1. Eine Stiftung des privaten Rechts ist eine karitative Einrichtung einer Religionsgemeinschaft im Sinne von § 118 Abs. 2 BetrVG, wenn die von ihr wahrzunehmenden Aufgaben sich als Wesens- und Lebensäußerung der Kirche darstellen. Anstalten der Inneren Mission, die auf allen Gebieten der geschlossenen, halboffenen und offenen Fürsorge tätig sind, sind Einrichtungen der evangelischen Kirche und unterfallen damit dem § 118 Abs. 2 BetrVG.

2. § 118 Abs. 2 BetrVG widerspricht nicht dem Grundsatz der Sozialstaatlichkeit. ...«

(BAG, Beschl. v. 06.12.1977 – 1 ABR 28/77)

20 Das MVG.EKD orientiert sich sowohl an den Vorgaben des staatlichen Betriebsverfassungsgesetzes (zum BetrVG s. *Fitting* BetrVG; *Hess/Schlochauer/Worzalla* BetrVG; *Richardi* BetrVG) als auch denen des Personalvertretungsrechts (zum Personalvertretungsrecht *Altvater/Baden/Kröll*; *Ilbertz/Widmaier/Sommer*; *Richardi/Dörner/Weber*). Auch Parallelen zum Mitarbeitervertretungsrecht der katholischen Kirche sind nur mit Vorsicht zu ziehen (zum Mitarbeitervertretungsrecht der katholischen Kirche *Thiel/Fuhrmann/Jüngst* MAVO; *Freiburger Kommentar* MAVO).

2. Staatliches und kirchliches Arbeitsrecht

a) Die mittelbare Kontrolle

21 Das kirchliche Arbeitsrecht ist aber nicht gänzlich der Kontrolle staatlicher Gerichte entzogen. Wird das Privatrecht gewählt, gilt das staatliche Arbeitsrecht (vgl. BVerfG, Beschl. v. 04.06.1985 – 2 BvR 1703/83, 2 BvR 1718/83, 2 BvR 856/84, AP Nr. 24 zu Art. 140 GG):

22 «1. Die Verfassungsgarantie des kirchlichen Selbstbestimmungsrechts gewährleistet den Kirchen, darüber zu befinden, welche Dienste es in ihren Einrichtungen geben soll und in welchen Rechtsformen sie wahrzunehmen sind. **Die Kirchen können sich dabei auch der Privatautonomie bedienen, um ein Arbeitsverhältnis zu begründen und zu regeln. Auf dieses findet das staatliche Arbeitsrecht Anwendung**, hierbei bleibt das kirchliche Selbstbestimmungsrecht wesentlich. Das ermöglicht den Kirchen, in den Schranken des für alle geltenden Gesetzes den kirchlichen Dienst nach ihrem Selbstverständnis zu regeln und die spezifischen Obliegenheiten kirchlicher Arbeitnehmer verbindlich zu machen.«

(BVerfG, Beschl. v. 04.06.1985 – 2 BvR 1703/83, 2 BvR 1718/83, 2 BvR 856/84; Hervorhebung durch den Verfasser)

23 Die richtige Anwendung arbeitsrechtlicher Vorschriften durch den kirchlichen Arbeitgeber unterliegt so einer umfassenden arbeitsgerichtlichen Überprüfung.

24 ▶ Praxistipp:

Das gilt auch für die korrekte Anwendung des Mitarbeitervertretungsrechts: Die wichtigsten Fragen des MVG.EKD – und das gilt gerade für Kündigungen – werden auf diesem Wege auch durch staatliche Gerichte geklärt (vgl. Hess. LAG, Urt. v. 26.10.2004 – 1 Sa 868/04, ZMV 2005, 104 ff.; s. *Hammer*, S. 568).

Zudem kommen die Richter der Kirchengerichte zum großen Teil aus der Arbeitsgerichtsbarkeit. Um an deren berufliche Handlungskompetenz anknüpfen zu können, bestimmt § 62 MVG.EKD, dass vor dem Kirchengericht die Vorschriften des ArbGG gelten, sofern kirchengesetzlich nichts anderes bestimmt ist. Das Rechtsmittel der Beschwerde gegen einen Beschluss des Kirchengerichts zum KGH.EKD ist insb. gem. § 63 Abs. 2 Satz 2 Nr. 3 MVG.EKD anzunehmen, wenn ... 25

> «... der Beschluss (eines Kirchengerichts; die Verfasser) von ... einer Entscheidung eines Obersten Landesgerichts oder eines Bundesgerichts abweicht und auf dieser Abweichung beruht ...». 26

▶ **Praxistipp:** 27

> Die staatliche Rechtsprechung hat also einen erheblichen Einfluss auf das kirchliche Arbeitsrecht, sowohl unmittelbar als auch mittelbar.

b) Individualarbeitsrecht

Dem kirchlichen Arbeitnehmer steht es immer offen, das staatliche ArbG anzurufen. Das Gericht wendet das kirchliche Tarifrecht an, das in (Kirchen-) Gesetzen, Tarif(verträg)en und Arbeitsverträgen geregelt ist (zum kirchlichen Arbeitsrecht s. *Hammer* 2002; *Richardi* 2012; *Thüsing* 2006; zu den AVR.Diakonie *Diakonisches Werk* 2008). Ein Rechtsschutzbedürfnis zur Anrufung staatlicher Gerichte besteht lediglich dann nicht, wenn ein kirchlicher Rechtsweg geschaffen ist und in ihm ein effektiver Rechtsschutz zu erwarten ist. 28

▶ **Praxistipp:** 29

> Für die Klage des Arbeitnehmers auf Entfernung einer Abmahnung aus der Personalakte ist das staatliche ArbG zuständig (Hess. LAG, Urt. v. 26.10.2004 – 1 Sa 868/04, ZMV 2005, 104).

c) Kollektives Arbeitsrecht

Demgegenüber bestimmt sich das kollektive Arbeitsrecht nach dem Kirchenrecht. Die staatlichen Arbeits- bzw. Verwaltungsgerichte sind für Streitigkeiten, die sich aus der Anwendung des MVG.EKD ergeben, nicht zuständig. 30

d) Verhältnis Individualarbeitsrecht und Kollektives Arbeitsrecht

Der Arbeitgeber muss also erst prüfen, ob seine Maßnahme nach Maßgabe des Individualarbeitsrechts (Verhältnis Arbeitgeber-Arbeitnehmer) rechtmäßig ist. Ist dies der Fall muss er ferner prüfen, ob die Maßnahme nach Maßgabe des kollektiven Arbeitsrechts (Dienststellenleitung-MAV) beteiligungspflichtig ist. 31

A. Das kirchliche Arbeitsrecht

32 ▶ **Beispiele:**

Individualarbeitsrecht	Kollektives Arbeitsrecht
Umsetzung ohne Dienstortwechsel gem. § 106 GewO	Keine Mitbestimmung
Umsetzung mit Dienstortwechsel	Mitbestimmung gem. § 42 Buchst. f) MVG.EKD
Anordnung der Vorlage einer Arbeitsunfähigkeitsbescheinigung ab dem ersten Tag der Erkrankung gem. § 5 EntgFG	Im Einzelfall keine Mitbestimmung, sofern mehr als ein Mitarbeiter betroffen ist Mitbestimmung gem. § 40 Buchst. k) MVG.EKD
Versetzung aufgrund einer Vereinbarung im Arbeitsvertrag ausgeschlossen	Beteiligungsrechte laufen ins Leere, weil die Versetzung bereits unzulässig ist
Arbeitnehmer wünscht selber die Versetzung	Gleichwohl Mitbestimmungsrecht gem. § 42 Buchst. g), 1. Alt. MVG.EKD und Mitberatung gem. § 46 Buchst. d), 1. Alt. MVG.EKD

33 ▶ **Praxistipp:**

Der Mitarbeiter kann grds. nicht auf die Beteiligung der MAV verzichten. Etwas anderes gilt nur, wenn das MVG.EKD dies ausdrücklich bestimmt (z. B. § 46 Buchst. g) MVG.EKD).

VI. Das MVG.EKD

34 Die Synode der Evangelischen Kirche in Deutschland hat im Jahr 1992 das »Kirchengesetz über MAV in der Evangelischen Kirche in Deutschland (Mitarbeitervertretungsgesetz – MVG) vom 06.11.1992« erlassen (ABl.EKD S. 445; s. u.).

35 ▶ **Praxistipp:**

Das MVG.EKD gilt nicht automatisch in den Gliedkirchen der EKD.

36 Vielmehr müssen die evangelischen Landeskirchen die (modifizierte) Anwendung des MVG.EKD gesondert beschließen. Nicht alle Landeskirchen wenden dieses Kirchengesetz an, sondern haben abweichende oder eigenständige Regelungen (s. u.).

VII. Der kirchliche Arbeitgeber

37 Zuweilen ist in der Praxis umstritten, unter welchen Voraussetzungen ein »kirchlicher« Arbeitgeber vorliegt, der dann als Dienststelle i. S. d. § 1 MVG.EKD das Kirchengesetz anwendet. Das BAG hat ausgeführt:

»1. Das Betriebsverfassungsgesetz findet keine Anwendung auf Religionsgemeinschaften und die ihnen zugeordneten karitativen und erzieherischen Einrichtungen. Die Zuordnung i. S. d. § 118 Abs. 2 BetrVG setzt eine institutionelle Verbindung zwischen der Kirche und der Einrichtung voraus, auf Grund derer die Kirche über ein Mindestmaß an Einflussmöglichkeiten verfügt, um auf Dauer eine Übereinstimmung der religiösen Betätigung der Einrichtung mit kirchlichen Vorstellungen gewährleisten zu können.

2. Das erforderliche Mindestmaß an Einflussmöglichkeiten der Evangelischen Kirche auf die religiöse Tätigkeit in der Einrichtung wird nicht allein durch die Mitgliedschaft der Einrichtung oder ihres Rechtsträgers im Diakonischen Werk der Evangelischen Kirche begründet. Dies ist nur der Fall, wenn das Diakonische Werk seinerseits über entsprechende Einflussmöglichkeiten gegenüber der Einrichtung oder ihrem Rechtsträger verfügt.«

(BAG, Beschl. v. 05.12.2007 – 7 ABR 72/06, AP Nr. 82 zu § 118 BetrVG 1972 = NZA 2008, 653 = ZTR 2008, 454)

Maßgebliches Abgrenzungskriterium ist also die Kirchlichkeit einer Dienststelle, für die drei Kriterien erfüllt sein müssen, nämlich die:
- die Wahrnehmung einer Grundfunktion der Kirche nach deren Selbstverständnis
- Absicherung durch den Willen der Verbandsmitglieder, d. h. die Satzung und die
- Verbindung mit Amtsträgern der Kirche (vgl. *Richardi* ZMV 2005, 5, 6).

▶ **Praxistipp:**

So ist z. B. eine in der Rechtsform einer GmbH betriebene Einrichtung der (katholischen) Kirche gem. § 118 Abs. 2 BetrVG vom Geltungsbereich des (staatlichen) BetrVG ausgenommen. Das Selbstbestimmungsrecht der Kirchen bezieht sich nicht nur auf die organisierte Kirche und ihre rechtlich selbstständigen Teile, sondern auch auf die ihnen zugeordneten Objekte, soweit sie ein Mindestmaß an Einflussmöglichkeiten auf diese Einrichtungen haben, um eine Übereinstimmung in der religiösen Betätigung zu gewährleisten (vgl. BAG, Beschl. v. 23.10.2002 – 7 ABR 72/06, NZA 2004, 334).

Der kirchliche Arbeitgeber kann seine Kirchlichkeit aufgeben. In diesem Fall findet das staatliche Arbeitsrecht Anwendung (vgl. *Dütz* NZA 2008, 1383, 1385).

VIII. Die Entwicklung des Mitarbeitervertretungsrechts

Seit seinem Inkrafttreten ist das MVG.EKD mehrfach geändert worden. Für maßgebliche Neuregelungen hat insb. das Vierte Änderungsgesetz vom 06.11.2003 gesorgt (ABl.EKD, S. 408; s. *Schliemann* NJW 2005, 392 ff.).

Die Gerichtsförmigkeit des Verfahrens wurde gestärkt, was sich auch sprachlich ausdrückt: Aus »Schlichtungsstellen« wurden »Kirchengerichte« und aus dem »Verwaltungsgericht für mitarbeitervertretungsrechtliche Streitigkeiten der EKD« (VerwG. EKD) der »Kirchengerichtshof der Evangelischen Kirche in Deutschland« (KGH. EKD). Die Anwendung der Verwaltungsgerichtsordnung wurde zugunsten des ArbGG aufgegeben.

Bei der Darstellung der älteren (kirchen-)gerichtlichen Entscheidungen und der Zitation der älteren Literatur sind diese Neuregelungen zu beachten.

A. Das kirchliche Arbeitsrecht

44 ▶ **Praxistipp:**

Z.T. werden (noch) ältere Bezeichnungen verwendet. So erlaub §56 Satz 2 MVG.EKD ausdrücklich, dass die Kirchengerichte erster Instanz anders bezeichnet werden dürfen, z. B. als Kirchengerichtliche Schlichtungsstelle oder Schiedsstelle. Der Sache nach handelt es sich aber um Kirchengerichte erster Instanz gem. § 56 Satz 1 MVG.EKD, die nicht mit anderen Schlichtungsstellen verwechselt werden dürfen. So regelt z. B. § 44 AVR.Diakonie, dass Schlichtungsstellen gebildet werden dürfen, die bei Meinungsverschiedenheiten zwischen Arbeitgeber und Arbeitnehmer angerufen werden können (vgl. *Diakonisches Werk* 2008, § 44 Anm. 1 ff.). Diese sind keine Kirchengerichte i. S. d. MVG.EKD.

B. Das Mitarbeitervertretungsgesetz

I. Das »Betriebsverfassungsrecht der Kirche«

1. Die Exemtion

Das BetrVG gilt also nicht für kirchliche Dienststellen. Das folgt für die verfasste Kirche zunächst aus § 130 BetrVG: 45

»Dieses Gesetz findet keine Anwendung auf Verwaltungen und Betriebe des Bundes, der Länder, der Gemeinden und sonstiger Körperschaften, Anstalten und Stiftungen des öffentlichen Rechts.« (zur kirchlichen Einrichtung mit dem Status einer Körperschaft des öffentlichen Rechts s. BAG, Beschl. v. 30.07.1987 – 6 ABR 78/85, AP Nr. 3 zu § 130 BetrVG 1972)

Darüber hinaus wird in § 118 Abs. 2 BetrVG geregelt: 46

»(2) Dieses Gesetz findet keine Anwendung auf Religionsgemeinschaften und ihre karitativen und erzieherischen Einrichtungen unbeschadet deren Rechtsform.«

Dementsprechend ist in § 112 BPersVG bestimmt: 47

»Dieses Gesetz findet keine Anwendung auf Religionsgemeinschaften und ihre karitativen und erzieherischen Einrichtungen ohne Rücksicht auf ihre Rechtsform; ihnen bleibt die selbständige Ordnung eines Personalvertretungsrechtes überlassen.«

Der staatliche Gesetzgeber stellt durch den ausdrücklichen Wortlaut klar, dass die Rechtsform ohne Bedeutung ist. 48

In diesem Zusammenhang ist zu betonen, dass die MAV – anders als im staatlichen Recht – nicht nur eine Interessenvertretung der Mitarbeiter ist, sondern darüber hinaus auch ein kirchliches Amt (vgl. BAG, Beschl. v. 11.03.1986 – 1 ABR 26/84, AP Nr. 25 zu Art. 140 GG): 49

»... 4. Vorliegend handelt es sich nicht um eine Streitigkeit aus dem Arbeitsverhältnis zwischen Arbeitgeber und Arbeitnehmer. **Es geht allein um die Frage, ob welche Anforderungen die Religionsgesellschaften an Arbeitnehmer stellen dürfen, die zu einem kirchlichen Amt gewählt werden sollen.**

a) Das Diakonische Werk der Evangelischen Kirche in Deutschland und damit auch der ihm angeschlossene Arbeitgeber **sieht in der Mitarbeitervertretung ein kirchliches Amt.** Nach dem Selbstverständnis der evangelischen Landeskirchen geschieht Diakonie »wie aller kirchlicher Dienst unter der Verheißung und dem Auftrag des Evangeliums und setzt vertrauensvolle Zusammenarbeit auch bei verschiedenartigen Dienst- und Lebensformen voraus«. **Nach kirchlichem Verständnis wird durch diese Zusammenarbeit eine »Dienstgemeinschaft« begründet** (vgl. Präambel zur Ordnung für die Mitarbeitervertretungen in diakonischen Einrichtungen i. d. F. vom 8. 10. 1982). Nach § 28 MVO soll die Mitarbeitervertretung die Verantwortung für die Aufgaben der Einrichtung mittragen. Jedes Mitglied dieser Vertretung soll bei den Mitarbeitern das Verständnis für den Auftrag der Diakonie stärken. **Der Arbeitgeber hat damit zu erkennen gegeben, dass er in der Mitarbeitervertretung nicht nur eine Interessenvertretung der Arbeitnehmer sieht, sondern auch ein durch Aufgaben und Verantwortung hervorgehobenes innerkirchliches Amt.** Die Regelungen über das passive Wahlrecht in den Mitarbeitervertretungsordnungen im Bereich der kath. Kirche machen dies noch deutlicher. Nach § 8 Abs. 2 Nr. 3 der Rahmenordnung für eine Mitarbeitervertretungsordnung

(MAVO) vom 24. 1. 1977 sind nicht wählbar zu Mitarbeitervertretungen die Mitarbeiter, die nicht die Fähigkeit besitzen, ein kirchliches Wahlamt einnehmen zu können.«

(BAG, Beschl. v. 11.03.1986 – 1 ABR 26/84, AP Nr. 25 zu Art. 140 GG; Hervorhebungen durch den Verfasser)

50 Kollektives Arbeitsrecht

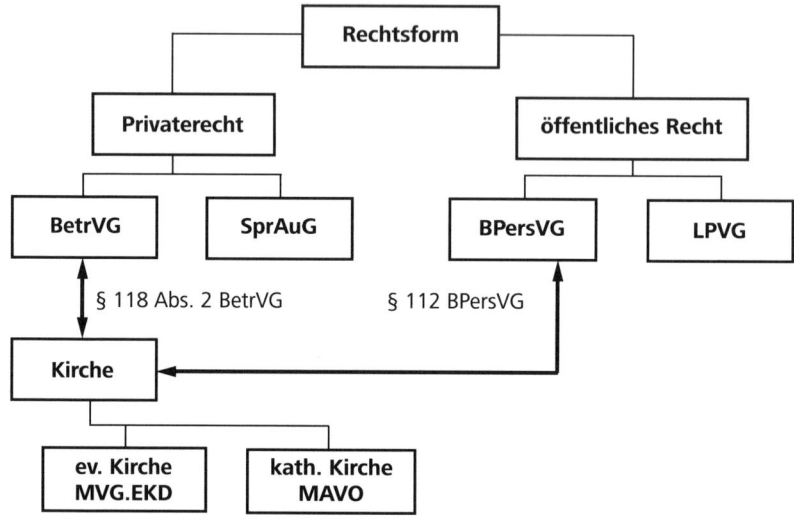

Quelle: IPW – Institut für PersonalWirtschaft GmbH

51 ▶ Praxistipp:

Bei der ordentlichen Kündigung nach Ablauf der Probezeit (§ 42 Buchst. b) MVG.EKD) steht der evangelischen MAV ein weitaus stärkeres Beteiligungsinstrument zu als einem Betriebs- bzw. Personalrat oder einer katholischen MAV.

2. Dienstgemeinschaft

52 Diese Herausnahme aus dem staatlichen Recht erfolgt auch vor dem Hintergrund des Prinzips der Dienstgemeinschaft. Dieser Begriff steht im Zentrum des kirchlichen Arbeitsrechts (vgl. Präambel des MVG.EKD; s. a. Präambel BAT-KF, § 1 AVR.Diakonie, § 1 AVR.Bayern):

53 Arbeitgeber und Arbeitnehmer verfolgen gemeinsam den Auftrag, das Evangelium Jesu Christi in Wort und Tat zu bezeugen. Aus kirchlichem Verständnis heraus werden deshalb (von wenigen Ausnahmen in der evangelischen Kirche abgesehen) keine Tarifverträge vereinbart, die im Zweifel durch einen Arbeitskampf erzwungen werden können (*Richardi* 2012 § 4 Rn. 10 ff.; *Hammer* 2002, S. 174 ff.; zu den AVR.Diakonie s. *Diakonisches Werk* § 1 Anm. 2).

II. Geltungsbereich

Auf diesem Weg soll der (Interessen-) Gegensatz zwischen Arbeitgeber und Arbeitnehmer bzw. Arbeitgeber und Arbeitnehmervertretung – ein Stück weit – aufgelöst werden, indem beide Parteien die Dienstgemeinschaft bilden. Zur Betonung der Kirchlichkeit des Arbeitsverhältnisses verwenden das MVG.EKD, die AVR bzw. der BAT-KF besondere Formulierungen: Der Arbeitgeber wird »Dienstgeber«, der Arbeitnehmer »Dienstnehmer« bzw. »Mitarbeiter« oder »Mitarbeitender« genannt. Anstelle vom »Arbeitsvertrag« wird vom »Dienstvertrag« gesprochen. In der Sache folgen aus diesen sprachlichen Besonderheiten keine inhaltlichen Abweichungen. An dieser Stelle werden die im Arbeitsrecht allgemein üblichen Bezeichnungen verwendet. 54

▶ **Praxistipp:** 55

Ansprechpartner der MAV ist die Dienststellenleitung des Arbeitgebers bzw. Dienstherrn.

II. Geltungsbereich

1. Dienststelle

Im kollektiven Arbeitsrecht des BetrVG wird auf den Betrieb abgestellt. Darunter versteht die Rechtsprechung des BAG »die organisatorische Einheit, innerhalb derer ein Arbeitgeber allein oder mit seinen Arbeitnehmern mit Hilfe von technischen und immateriellen Mitteln arbeitstechnische Zwecke fortgesetzt verfolgt« (*Fitting* BetrVG § 1 Rn. 63 m. w. N. auf die Rechtsprechung). Der personalvertretungsrechtliche Begriff der Dienststelle entspricht dem Begriff des Betriebes im BetrVG (vgl. *Altvater/Baden/Kröll*, § 6 Rn. 2). Das MVG.EKD knüpft an den insoweit deckungsgleichen Dienststellenbegriff des Personalvertretungsrechts an. 56

▶ **Praxistipp:** 57

Betrieb = Dienststelle

Arbeitgeber = Dienststellenleitung

2. Persönlicher Geltungsbereich

Das MVG.EKD gilt nur, wenn der Beschäftigte »Mitarbeiter« i. S. d. Kirchengesetzes ist. Mitarbeiter sind gem. § 2 Abs. 1 MVG.EKD diejenigen, die in einem öffentlich-rechtlichen Dienstverhältnis, privatrechtlichen Dienst- und Arbeitsverhältnis oder einem Berufsausbildungsverhältnis stehen. 58

Die Beschäftigung bzw. Ausbildung darf nicht überwiegend der Heilung, Wiedereingewöhnung, der beruflichen oder sozialen Rehabilitation oder der Erziehung dienen. Das ist der Fall, wenn das Interesse des Dienstgebers an den Ergebnissen der Beschäftigung nicht überwiegt (vgl. VerwG.EKD, Beschl. v. 29.10.2002 – I-0124/G8-02, ZMV 2003, 129). Teilnehmer an Maßnahmen der beruflichen und sozialen Rehabilitation sind keine Mitarbeiter, auch wenn ein Arbeitsverhältnis zur Dienststelle besteht (vgl. VerwG.EKD, Beschl. v. 09.03.2000 – 0124/D32-99, ZMV 2000, 132). 59

60 Die Mitwirkungsrechte behinderter Menschen in Werkstätten regelt sich gem. § 52a MVG.EKD nach der Diakonie-Werkstättenmitwirkungsverordnung (DWMV) vom 04.06.2005 (vgl. *Andelewski/Küfner-Schmitt/Schmitt* § 52a; *Baumann-Czichon/ Dembski/Germer* § 52a; *Fey/Rehren* MVG.EKD § 52a).

61 Im kirchlichen Sektor wird seit langer Zeit mit Gestellungsverträgen gearbeitet. Personen, die aufgrund eines Gestellungsvertrages beschäftigt werden, gelten gem. § 2 Abs. 3 MVG.EKD als Mitarbeiter; die Beschäftigung von Leiharbeitnehmern unterliegt der Mitbestimmung (vgl. KGH.EKD, Beschl. v. 29.01.2007 – II-0124/M38-06, ZMV 2007, 197). Mit diesen Personen besteht aber kein Arbeitsvertrag, sodass eine Beteiligung der MAV wegen einer Kündigung nicht infrage kommt (s. a. *Niebler/ Biebl/Ross*). Das Beteiligungsverfahren ist also bei Arbeitnehmern und Auszubildenden durchzuführen.

62 ▶ **Praxistipp:**

Mitarbeiter, für die die MAV uneingeschränkt zuständig ist, sind nur die in § 4 Abs. 1, 3 MVG.EKD genannten Personen. Ein Beteiligungsrecht der MAV ist aber nicht daran gebunden, dass die Person Mitarbeiter i. S. d. MVG.EKD ist.

63 Deshalb ist auch die Einstellung von Leiharbeitnehmern, sog. Ein-Euro-Jobbern und ehrenamtlich Tätigen eine mitbestimmungspflichtige Einstellung (s. u.).

3. Leitende Mitarbeiter

64 Für den kirchlichen Arbeitgeber handelt im kollektiven Arbeitsrecht die »Dienststellenleitung«. Im Folgenden werden die Begriffe aus sprachlichen Gründen synonym verwendet.

65 Dienststellenleitung sind gem. § 4 Abs. 1 MVG.EKD die nach Verfassung, Gesetz oder Satzung leitenden Organe oder Personen der Dienststelle. Zur Dienststellenleitung gehören gem. § 4 Abs. 2 MVG.EKD auch die mit der Geschäftsführung beauftragten Personen und ihre ständigen Vertreter. Darüber hinaus sind ihr diejenigen Personen zuzurechnen, die allein oder gemeinsam mit anderen Personen ständig und nicht nur in Einzelfällen mitbestimmungs- bzw. mitberatungspflichtige Angelegenheiten entscheiden.

66 ▶ **Praxistipp:**

Das ist z. B. die Entscheidung über den Ausspruch einer Kündigung.

67 Es genügt, dass dem Mitarbeiter ein Vetorecht zusteht, ein »bloßes Mitreden« reicht aber genauso wenig (vgl. *Fey/Rehren* MVG.EKD § 4 Rn. 3) wie die Teilnahme an Vorbereitungshandlungen (vgl. VerwG.EKD, Beschl. v. 13.01.2000 – 0124/D34-99, ZMV 2000, 134).

68 «... aa) Nach § 4 Abs. 2 Satz 2 MVG.EKD gehören zur Dienststellenleitung die Personen, die allein oder gemeinsam mit anderen Personen ständig und nicht nur in Einzelfällen zu Entscheidungen befugt sind, die nach diesem Kirchengesetz der Mitberatung oder

II. Geltungsbereich B.

Mitbestimmung unterliegen. Nach Sinn und Zweck dieser Bestimmung ist erforderlich, dass sich diese Befugnis nicht auf nur marginale Angelegenheiten bezieht. Ferner genügt es für die Befugung nicht, wenn lediglich Vorentscheidungen getroffen werden dürfen, jedoch die definitive Entscheidung, die der Mitwirkung oder Mitbestimmung unterliegt, einem anderen obliegt, auch wenn diese Vorentscheidungen die endgültigen Entscheidungen maßgeblich beeinflussen. **Ob die Voraussetzungen des § 4 Abs. 2 Satz 2 MVG.EKD gegeben sind, läßt sich nicht schematisch beantworten.** Entscheidend sind vielmehr die tatsächlichen Umstände des Einzelfalles, vor allem die tatsächlich erteilten Befugnisse und deren tatsächliche Handhabung, nicht aber die rechtliche Einordnung durch die Beteiligten.«

(VerwG.EKD, Beschl. v. 13.01.2000 – 0124/D34-99, ZMV 2000, 134; Hervorhebung durch den Verfasser)

Die Leitungstätigkeit muss also »prägend« sein (vgl. *Baumann-Czichon/Dembski/Germer* § 4 Rn. 5 m. w. N.), was aus der im kirchlichen Arbeitsrecht vorzuhaltenden Stellenbeschreibung entnommen werden kann (vgl. *Richter/Gamisch* StB 2012). 69

Dienststellenleitung (§ 4 MVG.EKD) 70

Leitende Organe oder Personen gem. Verfassung, Gesetz, Satzung
Geschäftsführer/ständiger Vertreter

Personen, die
+ ständig
+ nicht nur in Einzelfällen
+ Entscheidungen treffen, die der
  • Mitberatung
  • Mitbestimmung
  unterliegen

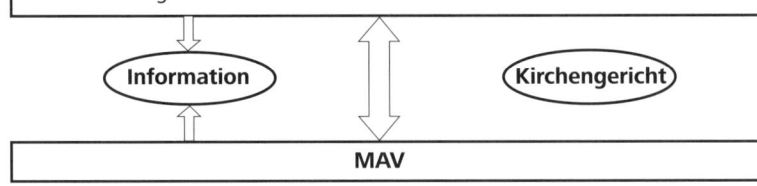

(Information)   (Kirchengericht)

MAV

Quelle: IPW – Institut für PersonalWirtschaft GmbH

▶ **Praxistipp:** 71

Nicht ausreichend ist, dass die Personen kurzfristig Leitungstätigkeiten ausüben, insb. als Abwesenheitsvertreter (vgl. *Andelewski/Küfner-Schmitt/Schmitt* § 4 Rn. 5 m. w. N.).

▶ **Praxistipp:** 72

Die MAV hat Anspruch darauf, dass die Dienststellenleitung i. S. d. § 4 Abs. 1 MVG.EKD sie nicht nur darüber unterrichtet, welche Personen zur Dienststellenleitung gehören, sondern auch, aus welchem Grunde diese der Dienststellenleitung

i. S. d. § 4 Abs. 2 Satz 2 MVG.EKD zuzurechnen sind (vgl. VerwG.EKD, Beschl. v. 05.08.2002 – I-0124/F43-01).

73 ▶ **Praxistipp:**

Bei Mitgliedern der Dienststellenleitung ist die MAV bei Personalangelegenheiten gem. § 44 MVG.EKD grds. nicht zuständig. Eine Ausnahme besteht aber für die von der MAV (!) nach Gesetz oder Satzung in leitende Organe entsandten Mitarbeiter.

74 Bei einer außerordentlichen Kündigung eines Mitarbeiters, der – ohne Mitwirkung der MAV – in den Kirchenvorstand gewählt worden ist, wird kein Mitberatungsverfahren gem. § 46 Buchst. b) MVG.EKD durchgeführt (vgl. VerwG.EKD, Beschl. v. 10.06.1999 – 0124/D5-99).

75 «1. Zur außerordentlichen Kündigung eines Mitarbeiters, der in den Kirchenvorstand gewählt worden ist, ist die Mitarbeitervertretung gemäß § 44 MVG.EKD nicht anzuhören. ...

II. Die ... Beschwerde ist nicht begründet. Die Schlichtungsstelle hat den Antrag zu Recht abgelehnt. Die Antragsgegnerin hat hinsichtlich der Beteiligung der Mitarbeitervertretung (Antragstellerin) vor Ausspruch der außerordentlichen Kündigung nicht gegen § 46 lit. b), § 45 Abs. 1 MVG.EKD verstoßen. **Eine Mitberatung der Mitarbeitervertretung vor Ausspruch der außerordentlichen Kündigung gegenüber Herrn S. hatte nach § 44 Satz 1 MVG.EKD von Gesetzes wegen nicht stattzufinden.** Dies hatte die Schlichtungsstelle richtig erkannt.

1. Eine Beteiligung in Personalangelegenheiten der Personen nach § 4 MVG.EKD mit Ausnahme der von der Mitarbeitervertretung nach Gesetz oder Satzung in leitende Organe entsandten Mitglieder findet nach § 44 Satz 1 MVG.EKD nicht statt. Herr S. zählt zu den Personen i. S. des § 4 Abs. 1 MVG.EKD; er gehört der Dienststellenleitung der Antragsgegnerin als gewähltes Mitglied des Kirchenvorstandes an. **Der Kirchenvorstand ist in seiner Gesamtheit Dienststellenleitung; ihm gehören neben den Pastoren auch hauptamtliche Mitarbeiter der Kirchengemeinde an** (Art. 14 Abs. 1, Art. 16 Verfassung NEK). Darauf, welches Mitglied des Kirchenvorstandes gegenüber der Mitarbeitervertretung in Angelegenheiten des Mitarbeitervertretungsrechts auftritt, kommt es für die §§ 4 Abs. 1, 44 Satz 1 MVG.EKG nicht an.

2. Ein sich aus den §§ 45, 46 lit. b) MVG.EKD ergebendes Mitberatungsrecht der Mitarbeitervertretung an der in Rede stehenden außerordentlichen Kündigung lässt sich auch nicht aus § 12 Abs. 3 KGMVG.NEK i. d. F. vom 31. Mai 1996 herleiten. Diese Bestimmung befasst sich nur mit Personen i.S. des § 4 Abs. 2 MVG.EKD. Sie ermöglicht zudem kein Mitberatungsverfahren gemäß den §§ 45, 46 MVG.EKD, sondern nur ein Beteiligungsrecht gemäß den §§ 42, 43 MVG.EKD.

3. Es besteht auch keine Gesetzeslücke, die derart zu füllen wäre, daß die außerordentliche Kündigung eines Mitarbeiters einer Kirchengemeinde in der Nordelbischen Evangelisch-Lutherischen Kirche, der zugleich in den Kirchenvorstand gewählt worden ist, in entsprechender Anwendung des § 12 Abs. 3 KGMVG.NEK der Mitberatung nach den §§ 4, 46 lit. b) MVG.EKD unterliegen könne. Die Erwägungen der Antragstellerin finden im geltenden Recht keine rechtliche Grundlage.»

(VerwG.EKD, Beschl. v. 10.06.1999 – 0124/D5-99, ZMV 1999, 232; Hervorhebungen durch den Verfasser)

▶ **Praxistipp:**

Das Beteiligungsrecht besteht aber, wenn einem mit der Geschäftsführung beauftragten Mitarbeiter, der gem. § 4 Abs. 2 MVG.EKD zur Dienststellenleitung gehört, die für den Ausschluss des Beteiligungsrechts maßgeblichen Aufgaben (Einstellung und Entlassung von Mitarbeiter) entzogen werden. Die Nichtbeteiligung der MAV führt in diesem Fall zur Unwirksamkeit der Kündigung (vgl. LAG Düsseldorf, Urt. v. 30.11.2000 – 11 Sa 1180/00, ZMV 2001, 201).

III. Andere Kirchengesetze

Das MVG.EKD findet für große Teile der Evangelischen Kirche in Deutschland und der Diakonie Anwendung. Es gilt aber zuweilen mit Abweichungen und nicht in jedem Fall. Zur Wahrung ihrer Unabhängigkeit haben verschiedene Landeskirchen eigenständige Regelungen getroffen. Zudem wenden einzelne Freikirchen das Kirchengesetz an (s. www.ekd.de/mitarbeitervertretungsrecht).

(Modifizierte) Übernahme des MVG.EKD

Übernahme	Übernahme mit Modifikationen	Andere Regelung in Anlehnung
Diakonisches Werk der EKD	Ev. Kirche von Kurhessen-Waldeck	MVG.Kon für
		Ev.-luth. Landeskirche in Braunschweig
		Ev.-luth. Landeskirche Hannovers
		Ev.-luth. Kirche in Oldenburg
		Ev.-luth. Landeskirche Schaumburg-Lippe
Evangelische Landeskirche Baden	Ev. Landeskirche in Württemberg	
Evangelisch-Lutherische Kirche in Bayern		
Evangelische Kirche in Berlin-Brandenburg-schlesische Oberlausitz		
Bremische Evangelische Kirche		
Lippische Landeskirche		
Evangelisch-Lutherische Landeskirche Mecklenburg		

Nordelbische Evangelisch-Lutherische Kirche		
Evangelisch-reformierte Kirche		
Evangelische Kirche der Pfalz		
Evangelische Kirche im Rheinland		
Evangelisch-Lutherische Landeskirche Sachsens		
Union Ev. Kirchen für		
Ev. Landeskirche Anhalts		
Pommersche Ev. Kirche		
Evangelische Kirche von Westfalen		**Eigenständige Regelung ohne Anlehnung**
Evangelische Kirche in Mitteldeutschland		Mitarbeitervertreterinnen- und Mitarbeitervertretungsordnung
		Diakonische Werke der Ev. Kirche in Hessen und Nassau
Vereinigte Evangelisch-lutherische Kirche Deutschlands		MVG.Hessen und Nassau

(s. *Andelewski/Küfner-Schmitt/Schmitt* Einleitung; *Fey/Rehren* MVG.EKD Einleitung)

IV. Rechtsweg

1. Arbeitnehmer

79 Für Streitigkeiten aus dem Arbeitsverhältnis zwischen dem Arbeitgeber und Arbeitnehmer sind die staatlichen ArbG zuständig. Der Zugang zum ArbG kann dem Arbeitnehmer nicht verwehrt werden. Auch nicht über arbeitsvertragliche Klauseln, wonach (zunächst) eine (interne) Schlichtung durchgeführt werden muss (vgl. BAG, Urt. v. 21.11.2006 – 9 AZR 176/06, NZA 2007, 446).

2. Kirchenbeamte

80 Zu den Kirchenbeamten s. u. Rdn. 1582 ff.

3. Kirchengerichte

81 Die Kirchengerichte sind ausschließlich für Streitigkeiten zuständig, die sich aus der Anwendung des MVG.EKD ergeben (§§ 56 ff. MVG.EKD; Adressen s. u. Rdn. 1865).

IV. Rechtsweg   B.

▶ **Praxistipp:**   82

Die Entscheidungen des KGH.EKD bzw. VerwG.EKD können vollständig im Internet unter http://www.kirchenrecht-ekd.de heruntergeladen werden.

Jüngere Entscheidungen des BAG werden unter www.bundesarbeitsgericht.de veröffentlicht.

Darüber hinaus bauen die Justizverwaltungen Internetportale auf, aus denen wichtige Entscheidungen kostenfrei abgerufen werden können, z. B. www.nrwe.de.

Der Luchterhand-Verlag stellt eine (kostenpflichtige) Online-Ressource für (kirchen-)gerichtliche Entscheidungen unter www.jurion.de zur Verfügung.

C. Die Mitarbeitervertretung (MAV)

I. Die Bildung der MAV

83 § 5 Abs. 1 MVG.EKD enthält die Verpflichtung, dass MAVs zu bilden sind. Dadurch soll sichergestellt werden, dass kein Mitarbeiter ohne Interessenvertretung bleibt. Ab einer Dienststellengröße von »in der Regel« mindestens fünf wahlberechtigten Mitarbeitern, von denen mindestens drei wählbar sind, ist somit zwingend eine MAV zu bilden. Besteht noch keine MAV, so sind die Dienststellenleitung und die Gesamt-MAV nach § 7 Abs. 1 Satz 1 MVG.EKD zur unverzüglichen Einberufung einer Mitarbeiterversammlung zur Bildung eines Wahlvorstandes verpflichtet (§ 7 Abs. 1 MVG.EKD). Die Bildung einer MAV kann jedoch nicht erzwungen werden, da kein Mitarbeiter verpflichtet werden kann, ein Amt als Mitglied der MAV zu übernehmen (*Fey/Rehren* MVG.EKD § 5 Rn. 3; *Andelewski/Küfner - Schmitt/Schmitt* § 5 Rn. 2).

84 ▶ Praxistipp:

Zum Mitarbeiterbegriff s. § 2, zur Wahlberechtigung s. § 9 und zur Wählbarkeit s. § 10, zum Begriff der Dienststelle s. § 3 MVG.EKD.

85 Die Bildung der MAV ist abhängig von der regelmäßigen Zahl der tatsächlich beschäftigten wahlberechtigten Mitarbeiter zum Zeitpunkt der Wahl oder des Wahlausschreibens. Diese Anzahl ist durch einen Rückblick auf die Anzahl der in der Vergangenheit in der Dienststelle wahlberechtigten bzw. wählbaren Mitarbeiter und durch eine Vorausschau auf die künftige zu erwartende Mitarbeiterentwicklung der Dienststelle zu treffen. Die Zahl der regelmäßig wahlberechtigten Mitarbeiter ergibt sich somit nicht aus dem Stellenplan, da dieser nichts über die tatsächliche Besetzung von Stellen und eventuell nach § 9 Abs. 3 MVG.EKD erhebliche Beurlaubungen aussagt. Teilzeitbeschäftigte Wahlberechtigte zählen dabei voll. Ebenso Mitarbeiter, welche aufgrund einer Arbeitsbeschaffungsmaßnahme nach § 260 SGB III angestellt sind. Keine Berücksichtigung finden Mitarbeiterinnen, die sich im Mutterschutz oder in der Elternzeit befinden sowie Mitarbeiter, die sich in der Freistellungsphase des Blockmodells der Altersteilzeit befinden. Ebenso nicht berücksichtigt werden Arbeitnehmer von Fremdfirmen, Leiharbeitnehmer und Personen in Arbeitsgelegenheiten nach § 16 Abs. 2 SGB II (sog. Ein-Euro-Jobber) sowie Personen, die i. R. d. »Bürgerarbeit« sowie des »Bundesfreiwilligendienstes« eingesetzt sind.

86 Die Zahl der regelmäßig beschäftigten Mitarbeiter und der somit wählbaren Personen ist dem Wahlvorstand von der Dienststellenleitung mitzuteilen.

87 Sind die Voraussetzungen des § 5 Abs. 1 Satz 1 MVG.EKD nicht erfüllt, kann keine MAV gebildet werden. Ebenso entfällt die Fähigkeit, in der Dienststelle eine MAV zu haben, wenn die Mindestvoraussetzungen im Laufe der Wahlperiode auf Dauer wegfallen (*Fitting* BetrVG § 1 Rn. 269). In einem solchen Fall endet das Amt der Mitglieder der MAV. § 5 Abs. 1 MVG.EKD eröffnet den Gliedkirchen die Möglichkeit, für einzelne Gruppen von Mitarbeitern gesonderte MAV zu bilden. Hiermit sind jedoch anders als im BetrVG und in den PersVG nicht die Gruppe der Arbeiter, Angestellten

und Beamten gemeint, sondern durch andere Kriterien abgrenzbare Gruppen (z. B. für alle Kirchenkreissozialarbeiter) (*Andelewski/Küfner-Schmitt/Schmitt* § 5 Rn. 10 ff.).

§ 5 Abs. 1 MVG.EKD

88

»In Dienststellen, in denen die Zahl der wahlberechtigten Mitarbeiter und Mitarbeiterinnen in der Regel mindestens fünf beträgt, von denen mindestens drei wählbar sind, sind Mitarbeitervertretungen zu bilden. Das gliedkirchliche Recht kann bestimmen, dass für einzelne Gruppen von Mitarbeitern und Mitarbeiterinnen gesonderte Mitarbeitervertretungen zu bilden sind.«

II. Gemeinsame MAV

Die Bildung einer Gemeinsamen MAV für mehrere Dienststellen ermöglicht § 5 Abs. 2 MVG.EKD. Von dieser Möglichkeit kann Gebrauch gemacht werden, wenn zu wenige Mitarbeiter in einer Dienststelle beschäftigt sind, um eine eigene MAV zu bilden oder um eine Verbesserung der Interessenvertretung für alle Mitarbeiter der beteiligten Dienststellen zu gewährleisten.

89

▶ **Praxistipp:**

90

Eine solche Gemeinsame MAV ist dann sinnvoll, wenn ihr ein größeres Durchsetzungsvermögen ermöglicht wird, weil eine größere Zahl den vertretenen Mitarbeitern mehr Gewicht verleiht bzw. die jeweiligen Dienststellen vergleichbare Strukturen haben (*Fey/Rehren* MVG.EKD § 5 Rn. 9).

Der Antrag auf Bildung einer Wahlgemeinschaft kann sowohl vonseiten der Mitarbeiterschaft als auch von der Dienststellenleitung gestellt werden. Nach § 5 Abs. 4 MVG.EKD soll die Dienststellenleitung sogar rechtzeitig vor Beginn des Wahlverfahrens bei einer benachbarten Dienststelle den Antrag auf Bildung einer Gemeinsamen MAV stellen, soweit die Voraussetzungen für die Bildung einer MAV nach § 5 Abs. 1 MVG.EKD nicht vorliegen. Eine Wahlgemeinschaft zur Bildung einer Gemeinsamen MAV setzt daneben das Einvernehmen aller Beteiligten voraus (VerwG.EKD, Beschl. v. 05.08.2002 – II-0124-G2/02, ZMV 2003, 192).

91

▶ **Praxistipp:**

92

Die Zustimmung der Mitarbeiterschaft ist zunächst durch offene Abstimmung in einer Mitarbeiterversammlung möglich oder auf Antrag durch schriftliche, geheime Abstimmung.

Die Bildung einer Gemeinsamen MAV erfordert somit mindestens das Bestehen von zwei benachbarten Dienststellen. Es muss sich dabei um Dienststellen i. S. v. § 3 Abs. 1 MVG.EKD handeln. Rechtlich selbstständige Dienststellenteile i. S. v. § 3 Abs. 2 MVG.EKD können keine Gemeinsame MAV bilden (VerwG.EKD, Beschl. v. 23.06.2003 – I-0124/H3-03, ZMV 2003, 295 ff.). Das Erfordernis der »benachbarten« Dienststellen bezieht sich auf eine gewisse räumliche Nähe. Es muss gewährleistet sein, dass die Mitarbeiter der einzelnen Dienststellen ordnungsgemäß betreut werden können.

93

94 Die Mitarbeiterversammlung bzw. die Abstimmung in der Mitarbeiterschaft sind von der MAV zu initiieren, ansonsten von der Dienststellenleitung. Die Dienststellenleitung entscheidet autonom über die Erteilung des Einvernehmens. Die Entscheidung der Dienststellenleitung über ihr Einvernehmen ist keine Ermessensentscheidung, sondern erfolgt in freier Willensbildung (KGH.EKD, Beschl. v. 04.11.2004 – I-0124/ K21-04, ZMV 2005, 204). Somit ist die Zustimmung der Dienststellenleitung nicht kirchenrechtlich erzwingbar (VerwG.EKD, Beschl. v. 23.06.2003 – I-0124/H3-03, ZMV 2003, 295). Sollte sich die Mitarbeiterschaft oder die Dienststellenleitung gegen eine Gemeinsame MAV aussprechen, kann diese Dienststelle nicht Mitglied der Wahlgemeinschaft werden (VerwG.EKD, Beschl. v. 05.08.2002 – II-0124/G2-02, ZMV 2003, 192).

95 Eine Mehrheit für die Bildung einer Gemeinsamen MAV besteht, wenn mehr als die Hälfte der Mitarbeiter der Dienststelle für die Bildung einer Gemeinsamen MAV gestimmt haben. Lediglich die abgegebenen Stimmen sind für die Bildung einer Gemeinsamen MAV nicht ausreichend (*Andelewski/Küfner-Schmitt/Schmitt* § 5 Rn. 24).

96 ▶ Praxistipp:

> Aus Beweisgründen und um Unklarheiten zu vermeiden, ist die Bildung einer Gemeinsamen MAV schriftlich festzulegen.

97 Das Einvernehmen der beteiligten Dienststellenleitungen und der jeweiligen Mehrheiten der Mitarbeiter kann nach § 5 Abs. 6 MVG.EKD für die nächste Amtszeit widerrufen werden. Der Widerruf hat dabei zwingend schriftlich zu erfolgen und muss spätestens bis zur Einleitung des Wahlverfahrens erfolgen. Der Widerruf unterliegt ebenso wie das Erzielen des Einvernehmens zur Bildung der Gemeinsamen MAV keinen besonderen Anforderungen. Es bedarf somit nicht eines besonderen Grundes (*Fey/ Rehren* MVG.EKD § 5 Rn. 23).

98 Da die Gemeinsame MAV alle Mitarbeiter aus mehreren Dienststellen vertritt, ist ihr Gegenüber die jeweilige Dienststellenleitung der angeschlossenen Dienststelle. Die Beteiligungsrechte stehen somit der Gemeinsamen MAV zu, die Entscheidungskompetenz über die beabsichtigte Maßnahme hat (SchlSt.Baden v. 17.10.2000 – 1 Sch 1/2000, ZMV 2001, 82).

99 ▶ Praxistipp:

> Nach 60 Abs. 1 MVG.EKD ist das Kirchengericht zuständig für alle Streitigkeiten, auch im Zusammenhang mit der Bildung der MAV. Nicht kirchengerichtlich ersetzt werden kann dagegen die Erteilung des Einvernehmens zur Bildung einer Gemeinsamen MAV (VerwG.EKD, Beschl. v. 05.08.2002 – II-0124/G2-02, ZMV 2003, 192).

100 In § 5 Abs. 3 MVG.EKD befindet sich eine Öffnungsklausel für die Gliedkirchen. Diese können bestimmen, dass für Dienststellen von Kirchenkreisen, Dekanaten, Dekanatsbezirken, Kirchenbezirken oder in anderen Bedarfsfällen Gemeinsame MAV

gebildet werden. Hier kann auch von den Voraussetzungen des § 5 Abs. 1 Satz 1 MVG.EKD abgewichen werden.

Von der Möglichkeit, durch gliedkirchliche Regelungen Gemeinsame MAV zu bilden, haben folgende Gliedkirchen Gebrauch gemacht: **101**

Evang. Landeskirche in Baden (Art. 2 Nr. 2 AnwG)

Evang.-Luth. Kirche in Bayern (Art. 2 Nr. 1 AnwG)

Evang. Kirche in Berlin-Brandenburg-Schlesische Oberlausitz (§ 3 AnwG)

Evang.-Luth. Landeskirche Mecklenburg (§ 2 AnwG)

Nordelbische Ev.-Luth. Kirche (§ 4 AnwG)

Ev. Kirche der Pfalz (§ 3 AnwG)

Ev.-Luth. Landeskirche Sachsen (§ 3 AnwG)

Ev. Kirche von Westfalen (§ 3 AnwG)

Union Ev. Kirche (§ 3 AnwG)

Föderation Ev. Kirchen in Mitteldeutschland (§ 3 AnwG für die Teilkirche Thüringen)

Ev. Landeskirche in Württemberg (§ 5a MVG.ELKWü)

Evang. Kirche Deutschlands (EKD) und Vereinigte Evangelisch-Lutherische Kirche Deutschlands (VELKD) bilden eine gemeinsame MV.

(*Fey/Rehren* MVG.EKD § 5 Rn. 16).

Zwei wichtige Kriterien bei der Bildung einer Gemeinsamen MAV sind zu beachten: **102**
– Beachtung der Vertretung der Mitarbeiterschaft der kleinen Dienststellen.
– Durch Bildung von eigenständigen MAV'en wird verhindert, dass sich bei den verbleibenden Dienststellen eine durchsetzungspflichtige Gemeinsame MAV bilden kann.

§ 5 Abs. 2-6 MVG.EKD **103**

»... (2) Unabhängig von den Voraussetzungen des Abs. 1 kann im Rahmen einer Wahlgemeinschaft eine Gemeinsame Mitarbeitervertretung für mehrere benachbarte Dienststellen gebildet werden. Wenn im Einvernehmen zwischen allen beteiligten Dienststellenleitungen und den jeweiligen Mehrheiten der Mitarbeiter und Mitarbeiterinnen dies auf Antrag eines der beteiligten schriftlich festgelegt worden ist.

(3) Die Gliedkirchen sowie die gliedkirchlichen Zusammenschlüsse können bestimmen, dass für Dienststellen von Kirchenkreisen, Dekanaten, Dekanatsbezirken, Kirchenbezirken oder in anderen Bedarfsfällen Gemeinsame Mitarbeitervertretungen gebildet werden; hierbei kann von den Voraussetzungen des Abs. 1 Satz 1 abgewichen werden.

(4) Liegen bei einer dieser Dienststellen die Voraussetzungen des Abs. 1 nicht vor, so soll die Dienststellenleitung rechtzeitig vor Beginn des Wahlverfahrens bei einer der benachbarten Dienststellen den Antrag nach Abs. 1 stellen.

(5) Die Gemeinsame Mitarbeitervertretung ist zuständig für alle von der Festlegung betroffenen Dienststellen. Partner der Gemeinsamen Mitarbeitervertretung sind die beteiligten Dienststellenleitungen.

(6) Entscheidungen nach Abs. 2 über die Bildung einer Gemeinsamen Mitarbeitervertretung können für die Zukunft mit Beginn der nächsten Amtszeit widerrufen werden. Der schriftliche Widerruf durch einen der Beteiligten muss spätestens bis zur Einleitung des Wahlverfahrens erfolgen.«

III. Gesamt-MAV

104 Bestehen bei einer kirchlichen Körperschaft, Anstalt, Stiftung, einem Werk oder bei einer Einrichtung der Diakonie mehrere MAV (mindestens zwei), ist auf Antrag der Mehrheit dieser MAV eine Gesamt-MAV zu bilden. Bestehen lediglich zwei MAV, genügt der Antrag einer MAV.

105 ▶ Praxistipp:

Bei dem jeweiligen Rechtsträger müssen somit mindestens zwei MAV für Dienststellenteile i. S. v. § 3 Abs. 2 MVG.EKD bestehen.

106 Die Antragstellung erfordert einen Beschluss der antragstellenden MAV i. S. v. § 26 MVG.EKD über die Zustimmung zur Errichtung einer Gesamt-MAV. Der Antrag ist an die anderen MAV zu richten. Die Errichtung einer Gesamt-MAV ist nicht zwingend vorgeschrieben. Es ist den einzelnen MAV zu überlassen zu beurteilen, ob die Bildung einer Gesamt-MAV für sie notwendig und sinnvoll ist (*Baumann-Czichon/Dembski/ Germer* § 6 Rn. 1 ff.).

107 ▶ Praxistipp:

Eine Gesamt-MAV kann auf Ebene der Gesamtleitung bessere Kenntnisse und Gesamtzusammenhänge und damit bessere Argumentations- und Einflussmöglichkeiten erwerben. Es ist abzuwägen, dass andererseits eine Einzel-MAV die Belange ihrer Dienststelle aufgrund genauerer Detailkenntnisse besser in Einzelverhandlungen mit der Gesamtleitung durchführen kann. Es bleibt somit den MAV überlassen, ob ein entsprechender Antrag als sinnvoll erachtet wird.

108 Der Antrag wirkt über die Dauer der Wahlperiode zur MAV hinaus fort; er muss somit nicht wiederholt werden. Jede einzelne MAV kann jederzeit den Antrag widerrufen. Eine entsprechende Befragung der Mitarbeiterschaft in Form einer Mitarbeiterversammlung ist hier nicht erforderlich (*Fey/Rehren* MVG.EKD § 6 Rn. 6). Die Dienststellenleitung hat darüber hinaus keine Möglichkeit, die Bildung einer Gesamt-MAV zu verhindern oder durchzusetzen, da der Empfänger des Antrages die weiteren MAV sind. Die Dienststellenleitung ist über das Ergebnis lediglich zu informieren.

1. Zuständigkeit und Aufgaben der Gesamt-MAV

109 Die Gesamt-MAV ist zuständig für alle Aufgaben der MAV (§§ 33 bis 48 MVG.EKD), soweit sie Mitarbeiter aus mehreren oder allen rechtlich selbstständigen

Dienststellenteilen i. S. v. § 3 Abs. 2 MVG.EKD betreffen. In diesem Fall wird sie wie eine MAV tätig.

Beispiele: 110
- Angelegenheiten, die Mitarbeiter mehrerer oder aller Teildienststellen betreffen, z. B. gemeinsame Sozialeinrichtung,
- wenn die Gesamtleitung mit Wirkung für mehrere Dienststellenteile Anordnungen trifft, z. B. Arbeitszeitregelungen,
- wenn die Leitungen aus mehreren Dienststellenteilen gemeinsame Regelungen treffen, z. B. gemeinsame Hausordnung.

Keine Zuständigkeit ist gegeben: 111
- wenn die Gesamtleitung nur für eine Dienststelle tätig wird, z. B. bei personellen Einzelmaßnahmen nach § 42 MVG.EKD,
- wenn eine mitbestimmungspflichtige Maßnahme, z. B. die Vergabe von Werkmietwohnungen gem. § 40n MVG.EKD nur Mitarbeiter aus einer Dienststelle betrifft (VerwG.EKD, Beschl. v. 24.02.2003 – I-0124/F41-01, ZMV 2003, 195),
- wenn die Mitarbeiter mehrerer Dienststellen betroffen sind, diese aber im Rahmen einer Wahlgemeinschaft eine Gemeinsame MAV haben (Fey/Rehren § 6 Rn. 12).

Die Gesamt-MAV ist gem. § 6 Abs. 2 Satz 2 MVG.EKD daneben für Dienststellenteile 112
i. S. v. § 3 Abs. 2 MVG.EKD zuständig, in denen vorübergehend keine MAV oder kein Wahlvorstand besteht.

Falls eine Neuwahl der MAV nach § 16 MVG.EKD erforderlich ist, nehmen entweder 113
die verbleibenden Mitglieder der MAV nach § 16 Abs. 2 MVG.EKD oder der Wahlvorstand die Aufgaben der MAV wahr. Das vertretungsweise Eintreten der Gesamt-MAV endet damit mit Bildung des Wahlvorstandes (*Fey/Rehren* MVG.EKD § 6 Rn. 12b).

Nach § 7 Abs. 1 Satz 1 MVG.EKD hat die Gesamt-MAV im Fall des Nichtbestehens 114
einer MAV i. S. v. § 3 Abs. 2 MVG.EKD unverzüglich eine Mitarbeiterversammlung zur Bildung eines Wahlvorstandes einzuberufen. Sollte in einer Mitarbeiterversammlung kein Wahlvorstand gebildet werden und somit kein Interesse an der Wahl einer MAV bestehen, endet das Mandat der Gesamt-MAV mit der gescheiterten Wahl zum Wahlvorstand oder mit der gescheiterten Wahl zur MAV. Die zeitliche Grenze für das vertretungsweise Eintreten der Gesamt-MAV ist ebenso wie für den Wahlvorstand nach § 17 Abs. 2 MVG.EKD und für die bisherige MAV nach § 15 Abs. 4 MVG.EKD die geltende Frist von sechs Monaten.

> **▶ Praxistipp:** 115
>
> Einzelne MAV können die Gesamt-MAV nicht beauftragen, für sie in ihren eigenen Angelegenheiten und ihrem eigenen Zuständigkeitsbereich zu handeln.

Der Verhandlungs- und Ansprechpartner der Gesamt-MAV ist die Gesamtleitung 116
der Dienststelle. Auch die zwischen Gesamt-MAV und Gesamtleitung der Dienststelle abgeschlossenen Dienstvereinbarungen gelten nach den §§ 6 Abs. 6, 36 Abs. 3 MVG.EKD unmittelbar und zwingend. Die Gesamt-MAV ist dabei jedoch nicht den

einzelnen MAV übergeordnet. Die im MVG geregelten Zuständigkeiten der MAV, der Gemeinsamen MAV, der Gesamt-MAV und Gesamt-MAV im Dienststellenverbund schließen sich grds. gegenseitig aus (VerwG.EKD, Beschl. v. 09.03.2000 – 0124/ D32-99, ZMV 2002, 132). Vereinbarte Regelungen zwischen Gesamtleitung und Gesamt-MAV gelten für alle Dienststellenteile, in denen eine MAV gebildet ist. Bei einem mitarbeitervertretungslosen Dienststellenteil gelten die von der Gesamt-MAV getroffenen Regelungen und Dienstvereinbarungen jedoch nicht (BAG, Urt. v. 16.08.1983 – 1 AZR 544/81, AP Nr. 5 zu § 50 BetrVG 1972; Urt. v. 21.03.1996 – 2 AZR 559/95, AP Nr. 81 zu § 102 BetrVG 1972 zur bis zum 28.07.2001 geltenden Rechtslage im BetrVG, a. A. *Fey/Rehren* § 6 Rn. 15).

2. Bildung der Gesamt-MAV

117 Gem. § 6 Abs. 3 Satz 1 MVG.EKD wird die Gesamt-MAV aus den MAV nach § 6 Abs. 1 MVG.EKD gebildet, die je ein Mitglied in die Gesamt-MAV entsenden. Die Entsendung erfolgt regelmäßig für die jeweilige Amtszeit der MAV. Jedes Mitglied der MAV hat unabhängig von der Anzahl der von ihm repräsentierten Mitarbeiter eine Stimme (§ 6 Abs. 6 MVG.EKD i. V. m. § 26 Abs. 2 MVG.EKD). Ruht oder erlischt die Mitgliedschaft in der MAV (§ 18 MVG.EKD), endet oder ruht auch die Mitgliedschaft in der Gesamt-MAV.

118 Die Zahl der Mitglieder der Gesamt-MAV kann abweichend auch durch Dienstvereinbarung geregelt werden. In der Dienstvereinbarung können auch Regelungen über die Zusammensetzung der Gesamt-MAV getroffen werden. Eine solche Dienstvereinbarung ist nicht erzwingbar.

119 ▶ Praxistipp:

Wichtig ist, dass bei einer abweichenden Regelung der Anzahl der Mitglieder in der Gesamt-MAV durch Dienstvereinbarung zwingend jedoch alle MAV zu berücksichtigen sind.

120 Der Ausschluss einer MAV ist nicht möglich. Die Gesamt-MAV kann somit nur durch die gemeinsame Entsendung eines Mitglieds durch mehrere MAV verkleinert werden. Im Übrigen sind in der Art und Weise der Vergrößerung und Verkleinerung der Gesamt-MAV Dienststellenleitung und Gesamt-MAV frei in ihren Entscheidungsmöglichkeiten.

121 In der Dienstvereinbarung kann auch die Arbeitsweise der Gesamt-MAV geregelt werden. Grds. gelten für die Arbeit der Gesamt-MAV nach § 6 Abs. 6 MVG.EKD die allgemeinen Regelungen für die MAV, insb. die Vorschriften der Geschäftsführung (§§ 23 bis 30 MVG.EKD) und die Aufgaben und Befugnisse (§§ 33 bis 48 MVG.EKD) (*Fey/ Rehren* MVG.EKD § 6 Rn. 19 ff.).

3. Die konstituierende Sitzung (§ 6 Abs. 4 MVG.EKD)

122 Haben mehr als die Hälfte der MAV die Bildung einer Gesamt-MAV beschlossen oder bei zwei MAV wurde der Antrag von einer MAV gestellt, hat die MAV des

Dienststellenteils mit der größten Zahl von wahlberechtigten Mitarbeitern zur Sitzung der Gesamt-MAV einzuladen. Der Vorsitzende der MAV mit der größten Anzahl von Wahlberechtigten leitet die Sitzung, bis die Gesamt-MAV über ihren Vorsitz entschieden hat.

4. Teilnahme anderer Interessenvertretungen an den Sitzungen

123 Gem. § 6 Abs. 5 Satz 1 MVG.EKD haben die Vertretung der Jugendlichen und Auszubildenden (§ 49 MVG.EKD), die Vertrauensperson der schwerbehinderten Mitarbeiter (§§ 50 bis 52a MVG.EKD) sowie der Vertrauensmann der Zivildienstleistenden (§ 53 MVG.EKD) das Recht, an den Sitzungen der Gesamt-MAV teilzunehmen. Es gelten die gleichen Voraussetzungen wie bei der Teilnahme an den Sitzungen der MAV.

124 Bestehen mehrere Interessenvertretungen gleicher Mitarbeitergruppen, so wählen diese aus ihrer Mitte eine Person für die Teilnahme und regeln deren Stellvertretung (§ 6 Abs. 5 Satz 2 MVG.EKD). Das Teilnahmerecht endet durch Abberufung oder durch Beendigung des Mandats als Interessenvertreter. Die besonderen Interessenvertretungen können dabei nicht aus jedem Dienststellenteil eine Person in die Gesamt-MAV entsenden, sondern müssen ihrerseits eine Person als »Gesamtvertretung« wählen.

125 Das Recht zur Sitzungsteilnahme besteht nur insoweit, als die Interessen der jeweiligen Interessengruppen betroffen sind. Das bedeutet im Einzelnen, dass die Mitberatung nur bei entsprechenden Tagesordnungspunkten erfolgt (§§ 49 Abs. 1 Satz 1, 53 MVG.EKD). Die Vertrauensperson der Schwerbehinderten hat hingegen uneingeschränktes Teilnahmerecht gem. § 51 Abs. 5 Satz 1 MVG.EKD (*Baumann-Czichon/Dembski/Germer* § 6 Rn. 14).

5. Entsprechende Anwendung von einzelnen Bestimmungen

126 In § 6 Abs. 6 MVG.EKD ist geregelt, dass für die Gesamt-MAV alle Bestimmungen anzuwenden sind entsprechend denen der MAV. Es gelten somit
– die Vorschriften der Rechtsstellung der Mitglieder,
– die Geschäftsführung,
– Aufgaben und Befugnisse der MAV,

entsprechend auch für die Gesamt-MAV. Lediglich die Freistellungsregelung des § 20 Abs. 2 bis 4 MVG.EKD ist nicht entsprechend anzuwenden. Dadurch soll vermieden werden, dass Freistellungen kumuliert werden.

127 Über Streitigkeiten der jeweiligen Zuständigkeiten der MAV, Gemeinsamen MAV, Gesamt-MAV oder Gesamt-MAV im Dienststellenverbund, der Gesamtleitung oder Leitung der Dienststelle entscheidet gem. § 60 Abs. 1 MVG.EKD auf Antrag der Beteiligten das Kirchengericht. Die Entscheidungen der MAV über die Errichtung und Auflösung einer Gesamt-MAV ist hingegen kirchengerichtlich nicht überprüfbar (*Andelewski/Küfner-Schmitt/Schmitt* § 6 Rn. 29).

§ 6 Gesamtmitarbeitervertretungen

»(1) Bestehen bei einer kirchlichen Körperschaft, Anstalt, Stiftung oder einem Werk oder bei einer Einrichtung der Diakonie mehrere Mitarbeitervertretungen, ist auf Antrag der Mehrheit dieser Mitarbeitervertretungen eine Gesamtmitarbeitervertretung zu bilden; bei zwei Mitarbeitervertretungen genügt der Antrag einer Mitarbeitervertretung.

(2) Die Gesamtmitarbeitervertretung ist zuständig für die Aufgaben der Mitarbeitervertretung, soweit sie Mitarbeiter und Mitarbeiterinnen aus mehreren oder allen Dienststellen nach Abs. 1 betreffen. Darüber hinaus übernimmt die Gesamtmitarbeitervertretung die Aufgaben der Mitarbeitervertretung, wenn vorübergehend in einer Dienststelle i.S. des § 3 Abs. 2 eine Mitarbeitervertretung oder ein Wahlvorstand nicht vorhanden ist.

(3) Die Gesamtmitarbeitervertretung wird aus den Mitarbeitervertretungen nach Abs. 1 gebildet, die je ein Mitglied in die Gesamtmitarbeitervertretung entsenden. Die Zahl der Mitglieder der Gesamtmitarbeitervertretung kann abweichend von Satz 1 durch Dienstvereinbarung geregelt werden. In der Dienstvereinbarung können auch Regelungen über die Zusammensetzung und Arbeitsweise der Gesamtmitarbeitervertretung getroffen werden.

(4) Zur ersten Sitzung der Gesamtmitarbeitervertretung lädt die Mitarbeitervertretung der Dienststelle mit der größten Zahl der wahlberechtigten Mitarbeiter und Mitarbeiterinnen ein. Der Vorsitzende oder die Vorsitzende dieser Mitarbeitervertretung leitet die Sitzung, bis die Gesamtmitarbeitervertretung über den Vorsitz entschieden hat.

(5) Die nach den §§ 49 – 53 Gewählten haben das Recht, an den Sitzungen der Gesamtmitarbeitervertretung teilzunehmen, wie an den Sitzungen der Mitarbeitervertretung. Bestehen mehrere Interessenvertretungen gleicher Mitarbeitergruppen, wählen sie aus ihrer Mitte eine Person für die Teilnahme und regeln die Vertretung.

(6) Für die Gesamtmitarbeitervertretung gelten im Übrigen die Bestimmungen für die Mitarbeitervertretung mit Ausnahme des § 20 Abs. 2 – 4 sinngemäß.«

IV. Gesamt-MAV im Dienststellenverbund

Viele diakonische Einrichtungen haben in den letzten Jahren verstärkt einzelne Arbeitsbereiche ausgegliedert, insb. in Form von (gemeinnützigen) GmbHs. So entstanden teilweise sog. Holdingstrukturen.

Nach § 6a MVG.EKD ist es möglich, eine Gesamt-MAV im Dienststellenverbund zu bilden, welche als Interessenvertretung der Mitarbeiterschaft für mehrere Dienststellen verschiedener Rechtsträger zuständig ist, soweit diese verschiedenen Rechtsträger unter einer einheitlichen und beherrschenden Leitung stehen.

Ein Dienststellenverbund liegt vor, wenn die einheitliche und beherrschende Leitung einer Mehrzahl rechtlich selbstständiger diakonischer Einrichtungen bei einer dieser Einrichtungen liegt. Dies ist nur dann gegeben, wenn die gegründeten gGmbHs von der Holdingmutter (meist eine e.V.) beherrscht werden. Diese einheitliche Leitung muss auch tatsächlich ausgeübt werden, wobei nicht alle Leitungsfunktionen durch die beherrschende Einrichtung wahrgenommen werden müssen. Entscheidend ist, ob wesentliche Leitungsfunktionen von der beherrschenden Leitung wahrgenommen werden (*Andelewski/Küfner-Schmitt/Schmitt* § 6a Rn. 5).

IV. Gesamt-MAV im Dienststellenverbund

▶ **Praxistipp:**

Eine einheitlich herrschende Leitung ist dann in der Praxis oft gegeben, wenn die Mitglieder der Dienststellenleitung sowie die nach § 4 Abs. 2 MVG.EKD zur Dienststellenleitung gehörenden Personen auch für mehrere Einrichtungen des Dienststellenverbundes bestimmt sind und diese Entscheidungen i. R. d. Geschäftspolitik, der Finanzausstattung usw. treffen.

Für die Bildung der Gesamt-MAV im Dienststellenverbund gelten die gleichen Bestimmungen wie für die Bildung der Gesamt-MAV nach § 6 MVG.EKD. Die Bildung der Gesamt-MAV im Dienststellenverbund ist ebenfalls nicht zwingend vorgeschrieben. Auf Antrag der Mehrheit der MAV eines Dienststellenverbundes ist die Gesamt-MAV zu bilden, bei zwei MAV genügt der Antrag einer MAV (Abs. 2). Die Stellung des Antrags erfordert, wie bei § 6, eine Beschlussfassung der beantragenden MAV i. S. v. § 26 MVG.EKD (*Fey/Rehren* MVG.EKD § 6a Rn. 4).

Die Dienststellenleitungen sind über das Verfahren in Kenntnis zu setzen.

Die Gesamt-MAV im Dienststellenverbund ist zuständig für alle Aufgaben der MAV (§§ 33 bis 48 MVG.EKD) soweit die Mitarbeiter aus mehreren oder allen Dienststellen des Dienststellenverbundes betroffen sind. Ansprech- und Verhandlungspartner der Gesamt-MAV im Dienststellenverbund ist somit die Leitung des Dienststellenverbundes. Dies ist in der Praxis meist der Vorstand eines eingetragenen Vereins. Die Zuständigkeiten, auch der Gesamt-MAV im Dienststellenverbund, sind entsprechend der Zuständigkeiten der MAV oder der Gesamt-MAV getrennt zu betrachten. Sollte eine Dienstvereinbarung zwischen Gesamt-MAV im Dienststellenverbund und Leitung des Dienststellenverbundes abgeschlossen werden, gilt diese nur für Dienststellen im Dienststellenverbund, in welchen auch eine MAV gebildet wurde (*Andelewski/Küfner-Schmitt/Schmitt* § 6a Rn. 14).

§ 6a Gesamtmitarbeitervertretung im Dienststellenverbund

»(1) Ein Dienststellenverbund liegt vor, wenn die einheitliche und beherrschende Leitung einer Mehrzahl rechtlich selbstständiger diakonischer Einrichtungen bei einer dieser Einrichtungen liegt. Eine einheitliche und beherrschende Leitung ist insbesondere dann gegeben, wenn Mitarbeiter und Mitarbeiterinnen für Funktionen nach § 4 für mehrere Einrichtungen des Dienststellenverbundes bestimmt und Entscheidungen über die Rahmenbedingungen der Geschäftspolitik und der Finanzausstattung für den Dienststellenverbund getroffen werden.

(2) Auf Antrag der Mehrheit der Mitarbeitervertretungen eines Dienststellenverbundes ist eine Gesamtmitarbeitervertretung zu bilden; bei zwei Mitarbeitervertretungen genügt der Antrag einer Mitarbeitervertretung.

(3) Die Gesamtmitarbeitervertretung des Dienststellenverbundes ist zuständig für die Aufgaben der Mitarbeitervertretung, soweit sie Mitarbeiter und Mitarbeiterinnen aus mehreren oder allen Dienststellen des Dienststellenverbundes betreffen.

(4) Für die Gesamtmitarbeitervertretung des Dienststellenverbundes gelten im Übrigen die Vorschriften des § 6 Absätze 3 bis 6 sinngemäß.«

C. Die Mitarbeitervertretung (MAV)

V. Besondere Konstellation der Neubildung einer MAV

137 Durch § 7 MVG.EKD soll gewährleistet werden, dass in allen Dienststellen, in welchen keine MAV besteht, eine solche gebildet wird. Die Dienststellenleitung und, falls vorhanden, die Gesamt-MAV sind verpflichtet, unverzüglich eine Mitarbeiterversammlung zur Bildung eines Wahlvorstandes einzuberufen. Wird auf einer entsprechenden Mitarbeiterversammlung kein Wahlvorstand gewählt, so ist spätestens **nach Ablauf eines Jahres** eine neue Mitarbeiterversammlung mit dem Zweck der Bildung eines Wahlvorstandes einzuberufen. Werden weder Gesamt-MAV noch Dienststellenleitung aktiv und es unterbleibt die Einladung zu einer Mitarbeiterversammlung zur Bildung eines Wahlvorstandes, können auch drei wahlberechtigte Mitarbeiter einen Antrag an die Gesamt-MAV bzw. Dienststellenleitung richten und diese auffordern, eine Mitarbeiterversammlung einzuberufen. Diese Initiative der Mitarbeiterschaft besteht jedoch erst dann, wenn Dienststellenleitung oder Gesamt-MAV es versäumt haben, eine Mitarbeiterversammlung zur Bildung eines Wahlvorstandes einzuberufen.

138 ▶ Praxistipp:

In den Abs. 2 und 3 des § 7 MVG.EKD ist das sog. Übergangsmandat bzw. Restmandat der MAV geregelt.

1. Übergangsmandat

139 Dies soll verhindern, dass Zeiten ohne Bestehen einer MAV vorliegen. Das Übergangsmandat besteht bei einer Neuentstehung einer Dienststelle durch Abspaltung und Zusammenlegung. In diesen Fällen bleibt die bisherige MAV auch für die neue Dienststelle zuständig, bis dort eine eigene MAV gewählt worden ist (VerwG.EKD, Beschl. v. 19.02.1998 – 0124/B23-97, ZMV 1998, 191). Das Übergangsmandat ist zeitlich befristet, für längstens sechs Monate. Mit Bekanntgabe des Wahlergebnisses der MAV-Wahl und bei Rücktritt der MAV (VerwG.EKD, Beschl. v. 19.12.2001 – I-0124/F27-01, ZMV 2005, 37) endet das Übergangsmandat. Da die Vorschrift des Mitarbeitervertretungsrechtes nicht zur Disposition von MAV und Dienststellenleitung steht, ist es unzulässig, in einem sog. Personalüberleitungsvertrag ein Übergangsmandat der bisherigen MAV für einen längeren Zeitraum als sechs Monate zu vereinbaren (VerwG. EKD, Beschl. v. 23.08.2001 – I-0124/F10-01, ZMV 2002, 76).

2. Restmandat

140 Dieses sog. Restmandat ist ein »nachwirkendes« Mandat zur Wahrnehmung der mit der Abwicklung der Dienststelle verbundenen mitarbeitervertretungsrechtlichen Rechte. Es ermöglicht die Vertretung der Mitarbeiter für die Fälle, in denen Dienststellen durch Stilllegung, Abspaltung oder Zusammenlegung untergehen (eine besondere Bedeutung hat dieses Restmandat somit bei Aufstellung und Abwicklung eines Sozialplanes nach § 40f MVG.EKD) (*Andelewski/Küfner-Schmitt/Schmitt* § 7 Rn. 15).

▶ **Praxistipp:** 141

Das Restmandat soll gewährleisten, dass die zur Abwicklung der Auflösung einer Dienststelle erforderlichen betrieblichen Regelungen auch tatsächlich noch getroffen und umgesetzt werden (BAG, Beschl. v. 14.08.2001 – 1 ABR 52/00, DB 2001, 2611, 2612).

Eine unverzüglich durchzuführende Wahl zur MAV findet dann statt, wenn eine neue Dienststelle durch Abspaltung oder Zusammenlegung entsteht. In § 9 Abs. 1 Satz 2 MVG.EKD und § 10 Abs. 1 Satz 2 MVG.EKD gibt es für diese Fälle Ausnahmeregelungen in Bezug auf vorgesehene Mindestzeiten der Dienststellenzugehörigkeit für das aktive und passive Wahlrecht. 142

Bei einer Ausgründung einer rechtlich selbstständigen Teildienststelle unter Aufrechterhaltung ihrer Identität hat dies keine Auswirkung auf den Bestand der MAV (*Fitting* BetrVG § 1 Rn. 135). 143

Kommt es zur Übernahme eine Betriebes nach dem BetrVG oder einer Dienststelle nach Personalvertretungsrecht oder durch einen kirchlich-diakonischen Rechtsträger so endet die Amtszeit des Betriebs- und Personalrates mit dem Zeitpunkt des Übergangs auf den kirchlichen-diakonischen Rechtsträger, da das staatliche Betriebsverfassungs- sowie Personalvertretungsrecht aufgrund der §§ 118 Abs. 2 BetrVG und § 112 BPersVG keine Anwendung findet. Sollte ein Betriebsübergang einer Teildienststelle aufgrund eines nichtkirchlichen oder diakonischen Rechtsträgers stattfinden, so endet das Amt der MAV zum Zeitpunkt des Übergangs (*Fey/Rehren* MVG.EKD § 7 Rn. 3, 3a). 144

§ 7 Neubildung von Mitarbeitervertretungen 145

»(1) Sofern keine Mitarbeitervertretung besteht, hat die Dienststellenleitung, im Falle des § 6 die Gesamtmitarbeitervertretung, unverzüglich eine Mitarbeiterversammlung zur Bildung eines Wahlvorstandes einzuberufen. Kommt die Bildung einer Mitarbeitervertretung nicht zu Stande, so ist auf Antrag von mindestens drei Wahlberechtigten und spätestens nach Ablauf einer Frist von jeweils längstens einem Jahr erneut eine Mitarbeiterversammlung einzuberufen, um einen Wahlvorstand zu bilden.

(2) Wird die Neubildung einer Mitarbeitervertretung dadurch erforderlich, dass Dienststellen gespalten oder zusammengelegt worden sind, so bleiben bestehende Mitarbeitervertretungen für die jeweiligen Mitarbeiter und Mitarbeiterinnen zuständig, bis die neue Mitarbeitervertretung gebildet worden ist, längstens jedoch bis zum Ablauf von sechs Monaten nach Wirksamwerden der Umbildung.

(3) Geht eine Dienststelle durch Stilllegung, Spaltung oder Zusammenlegung unter, so bleibt die Mitarbeitervertretung solange im Amt, wie dies zur Wahrnehmung der mit der Organisationsänderung im Zusammenhang stehenden Mitwirkungs- und Mitbestimmungsrechte erforderlich ist.«

VI. Zusammensetzung der MAV

In § 8 MVG.EKD wird je nach Größe der jeweiligen Einrichtung die Anzahl der Mitarbeitervertreter festgelegt. Welche genaue Zahl von Mitarbeitervertretern zu wählen 146 ist, stellt der Wahlvorstand zum Zeitpunkt des Wahlausschreibens fest. Veränderungen zwischen dem Zeitpunkt des Erlasses des Wahlausschreibens und der Durchführung der Wahl haben keinen Einfluss auf die Anzahl der zu wählenden Mitarbeitervertreter. Die Zahl der Mitglieder in der MAV bestimmt sich nach der »in der Regel« in der Einrichtung beschäftigten Wahlberechtigten. Es handelt sich dabei um die im Allgemeinen Beschäftigten in der jeweiligen Dienststelle (BAG, Urt. v. 16.11.2004 – 1 AZR 642/03, AP Nr. 58 zu § 111 BetrVG 1972; BAG, Beschl. v. 07.05.2008 – 7 ABR 17/07, NZA 2008, 1142). Der Wahlvorstand muss jedoch zukünftige, mit Sicherheit eintretende Veränderungen bei der Anzahl der Mitarbeiter, welche aufgrund konkreter Entscheidung der Dienststellenleitung zu erwarten ist, mit berücksichtigen.

147 ▶ Praxistipp:

Veränderungen in der Zahl der Wahlberechtigten während der Amtszeit haben keinen Einfluss auf die Zahl der Mitglieder der MAV. Dies gilt auch, wenn die Zahl der Wahlberechtigten in erheblichem Umfang zu- oder abnimmt (*Andelewski/Küfner-Schmitt/Schmitt* § 8 Rn. 10).

148 Bei einer Gemeinsamen MAV ergibt sich die Zahl der zu wählenden Mitglieder der MAV aus der Gesamtzahl der Wahlberechtigten in den jeweiligen Dienststellen.

149 Bei der Zusammensetzung der MAV sind die Wahlberechtigten zu berücksichtigen (§ 9 MVG.EKD).

150 Teilzeitbeschäftigte Wahlberechtigte sind voll zu berücksichtigen.

151 Nicht zu berücksichtigen sind:
– Mitarbeiterinnen im Mutterschutz oder in der Elternzeit, soweit für sie ein Vertreter eingestellt worden ist. Werden für einen freien Arbeitsplatz zwei teilzeitbeschäftigte Arbeitnehmer zur Vertretung eingestellt, so ist nur ein Wahlberechtigter zu berücksichtigen (Lindemann/Simon NZA 2002, 365, 369),
– Mitarbeiter in der Freistellungsphase der Altersteilzeit,
– gekündigte Wahlberechtigte sind nicht zu berücksichtigen, wenn ihr Arbeitsplatz nicht mehr besetzt wird,
– Leiharbeitnehmer,
– Arbeitnehmer von Drittunternehmen, die im Rahmen von Werk- und Dienstverträgen beschäftigt sind.

152 **Umstritten** ist, ob Abweichungen der in § 8 Abs. 1 MVG.EKD aufgelisteten Anzahl der Wahlberechtigten möglich sind, um sicherzustellen, dass eine funktionierende MAV in der jeweiligen Dienststelle vorhanden ist. Dies wird überwiegend bejaht (*Fey/Rehren* MVG.EKD § 8 Rn. 2, *Baumann-Czichon/Dembski/Germer* § 8 Rn. 2, *Bleistein/Thiel* § 6 Rn. 8 ff.).

153 ▶ Praxistipp:

Bevor die Wahl der MAV daran scheitert, ist es möglich, die nächst niedrigere Staffel des § 8 Abs. 1 MVG.EKD anzuwenden. Ausgenommen sind Dienststellen mit fünf oder 15 Wahlberechtigten (*Baumann-Czichon/Dembski/Germer* § 8 Rn. 2, *Andelewski/Küfner-Schmitt/Schmitt* § 8 Rn. 8, *Fey/Rehren* MVG.EKD § 8 Rn. 2).

§ 8 Zusammensetzung

154

»(1) Die Mitarbeitervertretung besteht bei Dienststellen mit in der Regel

5- 15 Wahlberechtigten aus einer Person,

16- 50 Wahlberechtigten aus drei Mitgliedern,

51- 150 Wahlberechtigten aus fünf Mitgliedern,

151- 300 Wahlberechtigten aus sieben Mitgliedern,

301- 600 Wahlberechtigten aus neun Mitgliedern,

601-1.000 Wahlberechtigten aus elf Mitgliedern,

1.001-1.500 Wahlberechtigten aus dreizehn Mitgliedern,

1.501-2.000 Wahlberechtigten aus fünfzehn Mitgliedern.

Bei Dienststellen mit mehr als 2.000 Wahlberechtigten erhöht sich die Zahl der Mitglieder für je angefangene 1.000 Wahlberechtigte um zwei weitere Mitglieder.

(2) Veränderungen in der Zahl der Wahlberechtigten während der Amtszeit haben keinen Einfluss auf die Zahl der Mitglieder der Mitarbeitervertretung.

(3) Bei der Bildung von Gemeinsamen Mitarbeitervertretungen (§ 5 Absatz 2) ist die Gesamtzahl der Wahlberechtigten dieser Dienststellen maßgebend.«

VII. Besondere Mitarbeitergruppen

1. Vertretung der Jugendlichen und der Auszubildenden

a) Zweck

Die Aufgabe der Interessenvertretung der Jugendlichen und Auszubildenden besteht darin, die besonderen Belange der Jugendlichen und der Auszubildenden ggü. der Dienststellenleitung zu vertreten. Jugendliche, Auszubildende und andere, die zum Zweck der Berufsausbildung beschäftigt werden, können nach § 10 Abs. 2c MVG.EKD nicht in die MAV gewählt werden. Die MAV zieht die gewählte Vertretung der Jugendlichen und Auszubildenden beratend hinzu soweit Angelegenheiten die Interessen dieser Beschäftigten betreffen.

155

▶ Praxistipp:

156

In der Praxis muss der Vorsitzende der MAV nach § 24 Abs. 2 MVG.EKD prüfen, ob die Interessenvertretung der Jugendlichen und Auszubildenden zum jeweiligen Tagesordnungspunkt zu den Sitzungen der MAV zu laden ist.

Die Interessenvertretung der Jugendlichen und Auszubildenden kann auch auf Antrag die Einberufung einer Sitzung der MAV verlangen, wenn Angelegenheiten, welche jugendliche Beschäftigte betreffen, vorhanden sind. Werden die Rechte der

157

C. Die Mitarbeitervertretung (MAV)

Interessenvertretung der Jugendlichen und Auszubildenden verletzt, führt dies grds. nicht zur Unwirksamkeit des Beschlusses der MAV. Es besteht hier jedoch die Möglichkeit der Anrufung des Kirchengerichtes nach § 60 Abs. 1 MVG.EKD (*Baumann-Czichon/Dembski/Germer* § 49 Rn. 6).

b) Die Voraussetzungen für die Wahl

158   Mitarbeiter unter 18 Jahre, die Auszubildenden sowie die weiteren zu ihrer Berufsausbildung Beschäftigten wählen die Vertretung der Jugendlichen und Auszubildenden. Voraussetzung ist, dass in einer Dienststelle mindestens fünf Mitarbeiter, die das 18. Lebensjahr noch nicht vollendet haben oder Mitarbeiter, die zu ihrer Berufsausbildung beschäftigt werden, vorhanden sind.

159   – Auszubildende sind Personen, die sich in einem Ausbildungsverhältnis nach dem Berufsbildungsgesetz befinden (*Baumann-Czichon/Dembski/Germer* § 49 Rn. 2),
– Zu den weiteren zu ihrer Berufsausbildung Beschäftigten gehören die Krankenpflegeschüler, weil deren Ausbildungsverhältnis sich nicht nach dem Berufsbildungsgesetz, sondern nach dem Krankenpflegegesetz richtet,
– Hinzu können auch noch weitere zu ihrer Berufsausbildung Beschäftigte kommen, soweit ein Vertrag vorliegt, der eine Ausbildung zum Gegenstand hat. Dies betrifft alle Verträge, die berufliche Kenntnisse, Fertigkeiten und Erfahrungen vermitteln (*Andelewski/Küfner-Schmitt/Schmitt* § 49 Rn. 11).

160   Schüler während eines Betriebspraktikums, Studenten deren Praktikum in einer Studienordnung vorgeschrieben ist, Umschüler und Rehabilitanden zählen nicht zu dem Personenkreis.

c) Wahlberechtigung und Wählbarkeit

161   Wahlberechtigt sind Mitarbeiter unter 18 Jahren, Auszubildende und die weiteren zu ihrer Berufsausbildung Beschäftigten. Wählbar sind alle Mitarbeiter, die das 16. Lebensjahr vollendet haben, der Dienststelle seit mindestens drei Monaten angehören und Glieder einer christlichen Kirche oder Gemeinschaft sind, die der Arbeitsgemeinschaft Christlicher Kirchen in Deutschland angeschlossen ist (*Fey/Rehren* MVG.EKD § 49 Rn. 5).

162   Eine Jugendlichen- und Auszubildendenvertretung ist dann erst zu wählen, wenn mindestens fünf Jugendliche bzw. Auszubildende in der Dienststelle beschäftigt werden. Die Amtszeit der Vertreter der Jugendlichen und Auszubildenden ist auf zwei Jahre begrenzt. Dies ergibt sich daraus, dass durch Überschreitung der Altersgrenze oder Beendigung der Berufsausbildung eine sehr hohe Fluktuation des Personenkreises besteht (*Baumann-Czichon/Dembski/Germer* § 49 Rn. 5).

163   Die Rechtsstellung der Jugendlichen und Auszubildenden entspricht weitgehend der der Mitglieder der MAV. In § 49 Abs. 4 MVG.EKD wird auf die Vorschriften des Wahlverfahrens verwiesen, der Neuwahl der Vertretung vor Ablauf der Amtszeit, Ausschluss eines Vertretungsmitgliedes oder Auflösung der Vertretung, Erlöschen und Ruhen der Mitgliedschaft, Ersatzmitgliedschaft, Ehrenamt, Behinderungs- und

VII. Besondere Mitarbeitergruppen   C.

Begünstigungsverbot sowie Arbeitsbefreiung und Abordnungs- und Versetzungsverbot, Kündigungsschutz und Schweigepflicht.

d) Weiterbeschäftigungsanspruch

Beantragt ein Vertreter der Jugendlichen und Auszubildenden spätestens einen Monat vor Beendigung des Ausbildungsverhältnisses schriftlich die Weiterbeschäftigung, so kann die Dienststellenleitung, wenn weitere Auszubildende weiterbeschäftigt werden, den Antrag des Vertreters nur mit Zustimmung der MAV ablehnen. 164

▶ Praxistipp: 165

Diese Regelung soll vermeiden, dass Mitglieder der Vertretung der Jugendlichen und Auszubildenden bei der Weiterbeschäftigung nach der Ausbildung aufgrund ihrer Tätigkeit als Vertreter benachteiligt werden.

Das Ausbildungsverhältnis endet grds. mit bestandener Abschlussprüfung nach § 14 Berufsbildungsgesetz (BBiG) automatisch und bedarf keiner besonderen Kündigung. Bei der Berechnung der Monatsfrist für die Beantragung ist jedoch darauf zu achten, dass das Ausbildungsverhältnis mit Ablauf der Ausbildungszeit endet (§ 14 Abs. 1 BBiG). Ist die Ausbildungszeit noch nicht abgelaufen, ist jedoch das Bestehen der Abschlussprüfung nach § 14 Abs. 2 BBiG ausschlaggebend. Somit ist der Zeitpunkt der Bekanntgabe des Prüfungsergebnisses von Bedeutung (BAG, Urt. v. 31.10.1985 – 6 AZR 557/84, AP Nr. 15 zu § 78a BetrVG). 166

▶ Praxistipp: 167

Der Weiterbeschäftigungsanspruch setzt voraus, dass in der Dienststelle andere Auszubildende »gleichzeitig« weiterbeschäftigt werden. Die Weiterbeschäftigungspflicht ist nach dem Wortlaut der Vorschrift erst gegeben, wenn »weitere Auszubildende« weiterbeschäftigt werden, d. h. mindestens zwei.

Strittig ist, ob bei der Vergleichbarkeit mit den gleichzeitig weiterbeschäftigten Auszubildenden die berufliche Ausrichtung der Berufsausbildung und der Zeitraum des Abschlusses der Berufsausbildung berücksichtigt werden muss. Da keine entsprechende Regelung im Gesetz vorhanden ist, kann dies im Einzelnen nicht vorausgesetzt werden (*Andelewski/Küfner-Schmitt/Schmitt* § 49 Rn. 27). 168

e) Ablehnung des Antrages auf Weiterbeschäftigung und Zustimmung der MAV

Die Zustimmung der MAV ist erforderlich, wenn ein Mitglied der Vertretung der Jugendlichen und Auszubildenden entgegen seinem Antrag **nicht** weiterbeschäftigt werden soll. Die MAV muss sich hierzu schriftlich erklären. 169

§ 49 Vertretung der Jugendlichen und der Auszubildenden 170

»(1) Die Mitarbeiter und Mitarbeiterinnen unter 18 Jahren, die Auszubildenden sowie die weiteren zu ihrer Berufsausbildung Beschäftigten wählen ihre Vertretung, die von der

Mitarbeitervertretung in Angelegenheiten der Jugendlichen und Auszubildenden zur Beratung hinzuzuziehen ist. Wählbar sind alle Wahlberechtigte nach Satz 1, die am Wahltag
a) das 16. Lebensjahr vollendet haben,
b) der Dienststelle seit mindestens drei Monaten angehören und
c) Glieder einer christlichen Kirche oder Gemeinschaft sind, die der Arbeitsgemeinschaft Christlicher Kirchen in Deutschland angeschlossen ist; eine anderweitige Regelung bleibt den Gliedkirchen unter Berücksichtigung ihrer Besonderheiten vorbehalten.

Gewählt werden eine Person bei Dienststellen mit in der Regel 5 – 15 Wahlberechtigten; drei Personen bei Dienststellen mit in der Regel mehr als insgesamt 15 Wahlberechtigten.

(2) Die Amtszeit beträgt zwei Jahre.

(3) Beantragt ein Mitglied der Vertretung spätestens einen Monat vor Beendigung seines Ausbildungsverhältnisses für den Fall des erfolgreichen Abschlusses seiner Ausbildung schriftlich die Weiterbeschäftigung, so bedarf die Ablehnung des Antrages durch die Dienststellenleitung der Zustimmung der Mitarbeitervertretung, wenn die Dienststelle gleichzeitig weitere Auszubildende weiterbeschäftigt. Die Zustimmung kann nur verweigert werden, wenn der durch Tatsachen begründete Verdacht besteht, dass die Ablehnung der Weiterbeschäftigung wegen der Tätigkeit als Mitglied der Vertretung erfolgt. Verweigert die Mitarbeitervertretung die Zustimmung, so kann die Dienststellenleitung innerhalb von zwei Wochen das Kirchengericht anrufen.

(4) Für Mitglieder der Vertretung nach Absatz 1 gelten, soweit in den Absätzen 1 bis 3 nichts Anderes bestimmt ist, die §§ 11, 13, 14, 15 Absätze 2 bis 4 und §§ 16 bis 22 entsprechend.«

2. Vertrauensperson der Schwerbehinderten

171   In § 50 Abs. 1 MVG.EKD ist geregelt, dass in Dienststellen, in denen mindestens fünf schwerbehinderte Mitarbeiter nicht nur vorübergehend beschäftigt sind, eine Vertrauensperson und mindestens ein Stellvertreter gewählt werden. **Die Vertrauensperson der schwerbehinderten Mitarbeiter ist somit kein Mitglied der MAV, sondern ein eigenes Amt.** Eine Doppelfunktion als Vertrauensperson und als Mitglied der MAV ist zulässig (*Fey/Rehren* MVG.EKD § 50 Rn. 1). Bei der Definition von schwerbehinderten Mitarbeitern ist das Sozialgesetzbuch IX (SGB IX) heranzuziehen. Gem. § 2 Abs. 2 SGB IX sind Menschen i. S. d. Teil II dieses Gesetzes (besondere Regelungen zur Teilhabe schwerbehinderter Menschen – Schwerbehindertenrecht) schwerbehindert, wenn bei ihnen ein Grad der Behinderung von mindestens 50 vorliegt und sie ihren Wohnsitz, ihren gewöhnlichen Aufenthalt oder ihre Beschäftigung auf einen Arbeitsplatz i. S. d. § 73 SGB IX regelmäßig im Geltungsbereich dieses Gesetzes haben. Zu den Mitarbeitern zählen aber auch Personen, die nach § 2 Abs. 2 SGB IX Schwerbehinderten gleichgestellt sind, also einen Grad der Behinderung von weniger als 50, aber mindestens 30 haben.

172   Die Rechtsstellung der Vertrauensperson der schwerbehinderten Mitarbeiter im kirchlich-diakonischen Bereich bestimmt sich ausschließlich nach den Bestimmungen des Mitarbeitervertretungsgesetzes der EKD (KGH.EKD, Beschl. v. 05.08.2004 – I-0124/H43-03, ZMV 2004, 306).

VII. Besondere Mitarbeitergruppen C.

▶ **Praxistipp:** 173

Bei der Berechnung der in der Dienststelle oder Einrichtung beschäftigten schwerbehinderten Mitarbeiter sowie Gleichgestellten ist darauf zu achten, dass nur vorübergehend beschäftigte schwerbehinderte Mitarbeiter oder Gleichgestellte nicht berücksichtigt werden. Dies sind insb. Mitarbeiter innerhalb der Probezeit.

a) Die Wahl der Vertrauensperson sowie des Stellvertreters

Die Wahl der Vertrauensperson und der Stellvertreter erfolgt in einer Versammlung der 174
schwerbehinderten Mitarbeiter. Für die Wahl gelten die §§ 11, 13 und 14 MVG.EKD, insb. für das Wahlverfahren die Bestimmungen über das vereinfachte Verfahren nach § 11 MVG.EKD i. V. m. § 12 EKD-Wahlordnung. Es gelten somit die gleichen Grundsätze wie bei der Wahl der MAV, insb. auch die Vorschriften des Wahlschutzes und die Möglichkeit der Anfechtung.

Nach § 50 Abs. 3 MVG.EKD sind alle in der Dienststelle oder Einrichtung beschäf- 175
tigten schwerbehinderten oder diesen gleichgestellte Mitarbeiter wahlberechtigt (§ 9 MVG.EKD). Die Wählbarkeit richtet sich nach § 10 MVG.EKD (*Andelewski/Küfner-Schmitt/Schmitt* § 50 Rn. 2 ff.).

§ 50 Vertrauensperson der schwerbehinderten Mitarbeiter und Mitarbeiterinnen 176

»(1) In Dienststellen, in denen mindestens fünf schwerbehinderte Mitarbeiter und Mitarbeiterinnen nicht nur vorübergehend beschäftigt sind, werden eine Vertrauensperson und mindestens ein Stellvertreter oder mindestens eine Stellvertreterin gewählt. Für das Wahlverfahren finden die §§ 11, 13 und 14 entsprechende Anwendung.

(2) Für die Amtszeit der Vertrauensperson und der sie stellvertretenden Personen gelten die §§ 15 bis 18 entsprechend.

(3) Wahlberechtigt sind alle in der Dienststelle beschäftigten schwerbehinderten Mitarbeiter und Mitarbeiterinnen.

(4) Für die Wählbarkeit gilt § 10 entsprechend.«

b) Die Aufgaben der Vertrauensperson der schwerbehinderten Mitarbeiter

Bei § 51 MVG.EKD treffen staatliches und kirchliches Recht aufeinander. In Abs. 1 177
wird auf die Anwendung des staatlichen Rechtes verwiesen. Die Vertrauensperson der Schwerbehinderten hat somit identische Aufgaben wie die Schwerbehindertenvertretung nach §§ 94 ff. SGB IX. Nach § 95 Abs. 1 SGB IX fördert die Vertrauensperson die Eingliederung schwerbehinderter Menschen in den Betrieb oder die Dienststelle, vertritt ihre Interessen und steht ihnen helfend und beratend zur Seite.

Dies geschieht dadurch, dass die Vertrauensperson darüber wacht, dass die in § 95 178
Abs. 1 SGB IX geregelten Aufgaben:
– die zugunsten der schwerbehinderten Menschen geltenden Bestimmungen durchgeführt, insb. auch die dem Arbeitgeber nach den §§ 71, 72 und 81 bis 84 SGB IX obliegenden Verpflichtungen erfüllt werden;

- Maßnahmen, die den schwerbehinderten Menschen dienen, insb. auch präventive Maßnahmen, bei den zuständigen Stellen beantragt;
- Anregungen und Beschwerden von schwerbehinderten Menschen entgegennimmt und, falls sie berechtigt erscheinen, durch Verhandlungen mit dem Arbeitgeber auf eine Erledigung hinwirkt, wobei sie die schwerbehinderten Menschen über den Stand und das Ergebnis der Verhandlungen unterrichtet,

beachtet werden.

179 Die Schwerbehindertenvertretung unterstützt Beschäftigte auch bei Anträgen an die für die Durchführung des Bundesversorgungsgesetzes zuständigen Behörden und Feststellung einer Behinderung ihres Grades und einer Schwerbehinderung sowie bei Anträgen auf Gleichstellung. Diese generelle Aufgabenzuweisung ist im Staatlichen Recht noch durch speziellere Vorschriften geregelt, z. B. durch § 83 Abs. 1 SGB IX. Die Vertrauensperson der Schwerbehinderten kann zum Schutz der schwerbehinderten Mitarbeiter darüber hinaus Maßnahmen anregen und beantragen.

180 Weitere Aufgaben sind die Überwachung der Einhaltung der Schutzvorschriften für schwerbehinderte Menschen, z. B.
- Mindestbeschäftigungsquote für Schwerbehinderte (§ 71 SGB IX),
- bei der Besetzung freier Arbeitsplätze ernsthaft und sorgfältig prüfen, ob diese mit Schwerbehinderten besetzt werden können (§ 81 Abs. 1 SGB IX),
- den Sonderkündigungsschutz Schwerbehinderter beachten (§§ 85 ff. SGB IX),
- die besonderen Schutzrechte der Schwerbehinderten beachten.

181 Zusammen mit der Dienststellenleitung ist die Vertrauensperson und die MAV Vertragspartner beim Abschluss der sog. Integrationsvereinbarung nach § 83 SGB IX. Die Vertrauensperson kann auch bei den zuständigen Stellen alle Maßnahmen beantragen, die den schwerbehinderten Mitarbeitern dienen. Die Dienststellenleitung hat darüber hinaus die Vertrauensperson frühzeitig bei allen Präventionsmaßnahmen nach § 84 SGB IX zu beteiligen, insb. wenn von Personen verhaltens- oder betriebsbedingte Schwierigkeiten im Dienstverhältnis vorliegen. In der Praxis kann die Vertrauensperson jederzeit auch mündlich und schriftlich vorgebrachte Anregungen und Beschwerden von schwerbehinderten Mitarbeitern annehmen und diesbezüglich Informationen weitergeben. Hält die Vertrauensperson eine Anregung und eine Beschwerde für berechtigt, so wird sie unter Einschaltung der MAV zusammen mit der Dienststellenleitung die Erledigung bzw. Umsetzung versuchen zu erwirken (*Fey/Rehren* MVG.EKD § 51 Rn. 5 ff.; *Andelewski/Küfner-Schmitt/Schmitt* § 51 Rn. 2-12).

c) Stellvertretung

182 In Dienststellen mit i. d. R. mindestens 200 schwerbehinderten Mitarbeitern kann die Vertrauensperson nach Unterrichtung der Dienststellenleitung die mit der höchsten Stimmzahl gewählte stellvertretende Person zu bestimmten Aufgaben heranziehen. Als Stellvertretung kommt jedoch nur eine Person in Betracht, welche bei der Wahl die nächst höhere Stimmzahl erreicht hat.

VII. Besondere Mitarbeitergruppen — C.

d) Unterrichtung und Anhörung

Nach § 51 Abs. 3 MVG.EKD bestehen umfangreiche Informations- und Anhörungsrechte der Vertrauensperson. **Diese Informations- und Anhörungsrecht sind** u. a. gegeben bei: 183
- ordentlicher/außerordentlicher Kündigung Schwerbehinderter (§§ 85 ff., 91 SGB IX),
- Arbeitszeitregelung,
- Arbeitsplatzgestaltung,
- Umsetzung, Abordnung oder Versetzung,
- Besetzung von Arbeitsplätzen mit schwerbehinderten Mitarbeitern oder nicht behinderten Mitarbeitern (§ 81 Abs. 1 Satz 1 SGB IX).

Die Dienststellenleitung ist darüber hinaus verpflichtet, alle relevanten Entscheidungen der Vertrauensperson der schwerbehinderten Mitarbeiter mitzuteilen. 184

e) Einsicht in die Personalakte (§ 51 Abs. 4 MVG.EKD)

Macht eine schwerbehinderte Person ihr Recht auf Einsicht in ihre Personalakte geltend, so ist sie nach § 51 Abs. 4 MVG.EKD berechtigt, die Vertrauensperson der Schwerbehinderten mit hinzuzuziehen. 185

f) Recht der Teilnahme an der Sitzung der MAV

Die Vertrauensperson der Schwerbehinderten ist zu **jeder** Sitzung der MAV, unabhängig vom Gegenstand der Tagesordnung einzuladen. Sie hat somit ein umfassendes Teilnahmerecht (*Baumann-Czichon/Dembski/Germer* § 51 Rn. 10). 186

Sollten durch einen Beschluss der MAV wichtige Interessen der schwerbehinderten Mitarbeiter erheblich beeinträchtigt werden, kann auf Antrag der Beschluss von der Vertrauensperson der Schwerbehinderten auf die Dauer von einer Woche vom Zeitpunkt der Beschlussfassung an ausgesetzt werden. Die Aussetzung dient dem Versuch der Einigung zwischen MAV und Vertrauensperson. Sollte sich eine solche Einigung nicht erzielen lassen, besteht die Möglichkeit, den Rechtsweg zum Kirchengericht nach § 60 Abs. 1 MVG.EKD zu beschreiten. 187

g) Versammlung der schwerbehinderten Mitarbeiter

Die Vertrauensperson hat nach § 51 Abs. 6 MVG.EKD das Recht, mindestens einmal im Jahr eine Versammlung aller schwerbehinderten Mitarbeiter in der Dienststelle durchzuführen. Die Vorschriften der §§ 31 und 32 MVG.EKD gelten entsprechend. Die Vertrauensperson ist verpflichtet, einmal im Jahr einen Bericht über die von ihr geleistete Arbeit zu geben. 188

§ 51 Aufgaben der Vertrauensperson der schwerbehinderten Mitarbeiter und Mitarbeiterinnen 189

»(1) Die Vertrauensperson der schwerbehinderten Mitarbeiter und Mitarbeiterinnen nimmt die Aufgaben der Schwerbehindertenvertretung nach staatlichem Recht gemäß § 95 Absatz 1

Sozialgesetzbuch IX für die schwerbehinderten Mitarbeiterinnen und Mitarbeiter der Dienststelle nach § 2 wahr.

(2) In Dienststellen mit in der Regel mindestens 200 schwerbehinderten Mitarbeitern und Mitarbeiterinnen kann die Vertrauensperson nach Unterrichtung der Dienststellenleitung die mit der höchsten Stimmenzahl gewählte stellvertretende Person zu bestimmten Aufgaben heranziehen.

(3) Die Vertrauensperson ist von der Dienststellenleitung in allen Angelegenheiten, die einzelne Schwerbehinderte oder die Schwerbehinderten als Gruppe berühren, rechtzeitig und umfassend zu unterrichten und vor einer Entscheidung zu hören; die getroffene Entscheidung ist der Vertrauensperson unverzüglich mitzuteilen.

(4) Schwerbehinderte Mitarbeiter und Mitarbeiterinnen haben das Recht, bei Einsicht in die über sie geführten Personalakten die Vertrauensperson hinzuzuziehen.

(5) Die Vertrauensperson hat das Recht, an allen Sitzungen der Mitarbeitervertretung beratend teilzunehmen. Erachtet sie einen Beschluss der Mitarbeitervertretung als erhebliche Beeinträchtigung wichtiger Interessen der schwerbehinderten Mitarbeiter und Mitarbeiterinnen, so ist auf ihren Antrag der Beschluss auf die Dauer von einer Woche vom Zeitpunkt der Beschlussfassung an auszusetzen. Die Aussetzung hat keine Verlängerung einer Frist zur Folge.

(6) Die Vertrauensperson hat das Recht, mindestens einmal im Jahr eine Versammlung der schwerbehinderten Mitarbeiter und Mitarbeiterinnen in der Dienststelle durchzuführen. Die für die Mitarbeiterversammlung geltenden Vorschriften der §§ 31 und 32 gelten dabei entsprechend.«

h) Die Rechtsstellung der Vertrauensperson der schwerbehinderten Mitarbeiter

190 Die Rechtsstellung der Vertrauensperson der schwerbehinderten Mitarbeiter entspricht im Großen und Ganzen der eines Mitglieds der MAV (§ 52 MVG.EKD).

191 ▶ **Praxistipp:**

Somit gelten folgende Vorschriften:
- Ehrenamt, Behinderungs- und Vergünstigungsverbot, Arbeitsbefreiung (§ 19, § 20 MVG.EKD),
- das Abordnungs- und Versetzungsverbot sowie der Kündigungsschutz (§ 21 MVG.EKD),
- die Schweigepflicht (§ 22 MVG.EKD).

192 Aufgrund der Verweisung auf § 20 MVG.EKD gilt bei einer Beschäftigung von mehr als 151 schwerbehinderten Mitarbeitern auch ein Freistellungsanspruch. Die Vertrauensperson der schwerbehinderten Mitarbeiter hat darüber hinaus auch die Möglichkeit der Teilnahme an den Sitzungen der Gesamt-MAV (§ 6 MVG.EKD) und der Gesamt-MAV im Dienststellenverbund (§ 6a MVG.EKD).

193 Gem. Abs. 2 stehen die Räume und der Geschäftsbedarf, die der MAV zu Sitzungen, Sprechstunden und laufenden Geschäftsführung zur Verfügung gestellt werden, für die gleichen Zwecke auch der Vertrauensperson offen, soweit ihr hierfür nicht eigene Räume und Geschäftsbedarf zur Verfügung gestellt werden. Somit hat die Vertrauensperson das Recht, die Räumlichkeiten und Sachmittel mitzubenutzen, welche die

Dienststellenleitung der MAV zur Verfügung gestellt hat (*Baumann-Czichon/Dembski/ Germer* § 52 Rn. 2).

§ 52 Persönliche Rechte und Pflichten der Vertrauensperson der schwerbehinderten Mitarbeiter und Mitarbeiterinnen 194

»(1) Für die Rechtsstellung der Vertrauensperson der schwerbehinderten Mitarbeiter und Mitarbeiterinnen gelten die §§ 19 bis 22, 28 und 30 entsprechend.

(2) Die Räume und der Geschäftsbedarf, die der Mitarbeitervertretung für deren Sitzungen, Sprechstunden und laufende Geschäftsführung zur Verfügung gestellt werden, stehen für die gleichen Zwecke auch der Vertrauensperson offen, soweit ihr hierfür nicht eigene Räume und Geschäftsbedarf zur Verfügung gestellt werden.«

3. Werkstätten

Nach § 52a MVG.EKD regelt die Mitwirkungsrechte behinderter Menschen in Werkstätten der Rat der Evang. Kirche in Deutschland durch Rechtsverordnung. Er kann auch für weitere Gruppen von Beschäftigten, die nicht Mitarbeiter nach § 2 MVG.EKD sind, Mitwirkungsrechte durch Rechtsverordnung regeln. 195

Aufgrund der Verordnungsermächtigung des § 44 Abs. 2 SGB IX hat der Bundesminister für Arbeit und Sozialordnung die Werkstättenmitwirkungsverordnung erlassen. Die Verordnung regelt die Mitwirkungsrechte der in Behinderteneinrichtungen tätigen behinderten Menschen, die nicht unter den Beschäftigtenbegriff des Betriebsverfassungs- bzw. Personalvertretungsrechtes fallen. Der Rat der EKD hat von seiner Verordnungsermächtigung i. S. d. § 52a MVG.EKD Gebrauch gemacht und die Diakoniewerkstättenmitwirkungsverordnung (v. 04.06.2004, APl EKD 2004, 529) in Kraft gesetzt. 196

Von einer weiteren Verordnung für Mitwirkungsrechte weiterer Gruppen, z. B. Auszubildende in den Berufsbildungswerken, wurde bisher kein Gebrauch gemacht. 197

Im Anhang: Text der Diakonie-Werkstättenmitwirkungsverordnung (DWMV) sowie Begründung zur Diakonie-Werkstättenmitwirkungsverordnung. 198

VIII. Gesamtausschuss

Die Gliedkirchen können in ihren Regelungen vorsehen, dass für den Bereich einer Gliedkirche, des jeweiligen Diakonischen Werkes oder für beide Bereiche gemeinsam ein Gesamtausschuss der MAV im kirchlichen und diakonischen Bereich gebildet wird. Strittig wird beurteilt, ob die Gliedkirchen ein sog. Entschließungsermessen haben, d. h. ob sie entscheiden können ob und in welcher Form ein Gesamtausschuss zu bilden ist (dafür: *Andelewski/Küfner-Schmitt/Schmitt* § 54 Rn. 2; a. A. *Fey/Rehren* MVG.EKD § 54 Rn. 1; *Baumann-Czichon/Dembski/Germer* § 54 Rn. 1). Nach der entgegengesetzten Auffassung, welche von *Fey/Rehren* und *Baumann-Czichon/Dembski/Germer* vertreten wird, eröffnet § 54 Abs. 1 MVG.EKD nur die Möglichkeit der Differenzierung einer Bildung des Gesamtausschusses für Kirche und Diakonie. 206

C. Die Mitarbeitervertretung (MAV)

207 In folgenden Gliedkirchen existieren Gesamtausschüsse:
   a) Evang. Landeskirche in Baden (Art. 2 Nr. 9 MVG – AnwG)
   b) Evang. Kirche in Berlin-Brandenburg (Art. 14 MVG – AnwG)
   c) Bremische E. Kirche (§ 54 MVG.Bremen)
   d) E. Kirche der Kirchenprovinz Sachsen (KG über die Bildung von Gesamtausschüssen)
   e) Konföderation Ev. Kirchen in Niedersachsen (§ 56 MVG.Konförderation)
   f) E. Kirche von Kurhessen-Waldeck (§ 54 MVG.EKKW)
   g) Ev.-Luth. Landeskirche Mecklenburgs (Art. 1 § 5 ÜbernG)
   h) Nordelbische E.-Luth. Kirche (§ 7 KG.MVG)
   i) Ev. Kirche der Pfalz (§ 6 MVG-Pfalz)
   j) Ev.-ref. Kirche (§ 5 EG.MVG)
   k) Ev.Luth. Landeskirche Sachsens (§ 6 MVG – AnwG)
   l) Kirche der Schlesischen-Oberlausitz (§ 2a ÜbernVO)
   m) Ev.-Luth. Kirche in Thüringen (§ 5 AusfG MVG)
   n) Ev. Landeskirche in Württemberg (§ 54 MVG.Württ)

(*Fey/Rehren* MVG.EKD § 54 Rn. 6)

208 Das Mitarbeitervertretungsgesetz sieht anders als die Mitarbeitervertretungsordnung der Katholischen Kirche nicht die Bildung der Arbeitsgemeinschaften der MAV bzw. Gesamtausschüsse vor. Es besteht jedoch eine Bundeskonferenz der Arbeitsgemeinschaften der MAV/Gesamtausschüsse.

209 Die Rechtsstellung der Mitglieder des Gesamtausschusses entspricht der der Mitglieder der MAV, abgesehen von der Freistellungsregelung des § 20 MVG.EKD. Mitglieder des Gesamtausschusses dürfen somit weder benachteiligt noch begünstigt werden. Sie sind für die Wahrung ihrer Aufgaben von ihren arbeitsvertraglich geschuldeten Tätigkeiten unter Fortzahlung der Vergütung freizustellen. Sie haben Anspruch auf Teilnahme an Lehrgängen und Schulungen. Die Übernahme der Kosten des Gesamtausschusses ist durch die kirchliche Regelung zu bestimmen.

210 Über Streitigkeiten im Zusammenhang mit der Bildung von Gesamtausschüssen entscheidet das Kirchengericht nach § 60 Abs. 1 MVG.EKD.

211 ▶ **Praxistipp:**

Der Gesamtausschuss wird im Bereich der Verfassten Kirche als landeskirchliche MAV bezeichnet. Im Bereich der Diakonie ist die Bezeichnung Arbeitsgemeinschaft der MAV üblich.

212 Strittig wird beurteilt, ob die Mitgliedschaft in einer MAV für die Mitgliedschaft in einem Gesamtausschuss zwingende Voraussetzung ist (so: *Fey/Rehren* § 54 Rn. 7; a. A. *Andelewski/Küfner-Schmitt/Schmitt* § 54 Rn. 7).

VIII. Gesamtausschuss C.

> ▶ **Praxistipp:** 213
>
> Der Gesamtausschuss übt in erster Linie Beratungsfunktionen ggü. der MAV aus und wirkt in einigen Gliedkirchen bei der Bildung der Arbeitsrechtlichen Kommission mit. § 55 MVG.EKD enthält eine nicht abschließende Aufzählung der Aufgaben des Gesamtausschusses.

Nicht Aufgabe des Gesamtausschusses ist es, persönliche Angelegenheit einzelner Mitarbeiter zu vertreten. 214

> ▶ **Praxistipp:** 215
>
> Der Gesamtausschuss ist Ansprechpartner und Berater für die MAV.

Er hat nicht die Aufgabe, Beteiligungsrechte der MAV nach dem Mitarbeitervertretungsgesetz wahrzunehmen (VerwG.EKD, Beschl. v. 14.03.1996 – 0124/13-95, RsprB zum ABl.EKD 1997, 31). Der Gesamtausschuss kann somit zu Informationszwecken Rundschreiben und »Rund-E-Mails« verfassen, Seminare und Veranstaltungen organisieren. Der Gesamtausschuss hat damit die Aufgabe des Informationsaustausches zwischen den einzelnen MAV sowie die Förderung von Fort- und Weiterbildung (*Baumann-Czichon/Dembski/Germer* § 55 Rn. 4). 216

> ▶ **Praxistipp:** 217
>
> Der Gesamtausschuss hat daneben arbeits-, dienst- und mitarbeitervertretungsrechtliche Fragen von grundsätzlicher Bedeutung zu erörtern sofern hierfür nicht andere Stellen zuständig sind. Das bedeutet z. B. die Frage der Übernahme des Tarifrechtes des öffentlichen Dienstes (TVöD, TV-L).

Sollte der Gesamtausschuss an der Bildung der Arbeitsrechtlichen Kommission beteiligt sein, kann er Stellungnahmen zu beabsichtigten Neuregelungen des kirchlichen Arbeitsrechtes abgeben, d. h. es werden Fragen der Reform der AVR-DW-EKD sowie weiterer Neuregelungen des kirchlichen Arbeitsrechtes behandelt (*Fey/Rehren* MVG.EKD § 55 Rn. 3, 4). 218

Bei Streitigkeiten über den Umfang der Aufgaben des Gesamtausschusses entscheidet das Kirchengericht nach § 60 Abs. 1 MVG.EKD auf Antrag des Gesamtausschusses. 219

> **§ 54 Bildung von Gesamtausschüssen** 220
>
> »(1) Die Gliedkirchen können in ihren Regelungen vorsehen, dass für den Bereich einer Gliedkirche, des jeweiligen Diakonischen Werks oder für beide Bereiche gemeinsam ein Gesamtausschuss der Mitarbeitervertretungen im kirchlichen und diakonischen Bereich gebildet wird. Einzelheiten über Aufgaben, Bildung und Zusammensetzung des Gesamtausschusses regeln die Gliedkirchen.
>
> (2) Für die Gesamtausschüsse gelten im Übrigen die Bestimmungen dieses Kirchengesetzes mit Ausnahme des § 20 sinngemäß.«

§ 55 Aufgaben des Gesamtausschusses

»(1) Dem Gesamtausschuss sollen insbesondere folgende Aufgaben zugewiesen werden:
a) Beratung, Unterstützung und Information der Mitarbeitervertretungen bei der Wahrnehmung ihrer Aufgaben, Rechte und Pflichten,
b) Förderung des Informations- und Erfahrungsaustauschs zwischen den Mitarbeitervertretungen sowie Förderung der Fortbildung von Mitgliedern der Mitarbeitervertretungen,
c) Erörterung arbeits-, dienst- und mitarbeitervertretungsrechtlicher Fragen von grundsätzlicher Bedeutung, sofern hierfür nicht andere Stellen zuständig sind.

(2) Sofern der Gesamtausschuss an der Bildung der Arbeitsrechtlichen Kommission beteiligt ist, kann er Stellungnahmen zu beabsichtigten Neuregelungen des kirchlichen Arbeitsrechts abgeben.«

D. Die Wahl der MAV

I. Allgemeine Hinweise

Der Ablauf der Wahlen zu den MAV und zu den Vertretungen der Jugendlichen und der Auszubildenden und den Vertrauenspersonen der schwerbehinderten Mitarbeiter bestimmt sich nach den Vorschriften des Mitarbeitervertretungsgesetzes der EKD und der Wahlordnung der EKD bzw. den in den jeweiligen Gliedkirchen und ihrer Diakonie geltenden Mitarbeitervertretungsgesetzen. 221

Wie sich aus § 5 MVG.EKD ergibt, zielt das Mitarbeitervertretungsgesetz darauf ab, dass i. S. d. gemeinsamen Verantwortung von Dienststellenleitungen und Mitarbeiterschaft für alle kirchlichen und diakonischen Dienststellen MAV zu bilden sind. Daraus folgt die Verpflichtung aller Beteiligten, d. h. der Dienststellenleitungen, der bestehenden MAV wie auch der Mitarbeiterschaft, für das Zustandekommen einer MAV Sorge zu tragen. 222

Die Frage, ob dafür der Weg der Bildung von Einzel-MAV oder von Gemeinsamen MAV gewählt werden soll, ist im Hinblick auf die Vielzahl der hierfür bedeutsamen Gesichtspunkte sorgsam abzuwägen. 223

Für die Bildung von Einzel-MAV sprechen die größere Ortsnähe u. a. mit der Folge eingehender Kenntnis der Mitarbeiterschaft und leichterer Betreuung, erhöhter Detailkenntnis, schnellerer Erreichbarkeit der MAV wie auch der Dienststellenleitung und Erleichterung des Zusammentritts der MAV. 224

Für die Bildung von Gemeinsamen MAV benachbarter Dienststellen sprechen u. a. die Möglichkeit der Entwicklung gesteigerter Sachkompetenz der MAV durch ein größeres Kandidatenreservoir und die mögliche Spezialisierung von Einzelmitgliedern, Erleichterung der Arbeitsorganisation in der MAV und – auch unter Einbeziehung der Entlastungs- und Freistellungsregelungen – Steigerung der Effektivität der MAV. 225

Die Vorbereitung und die Durchführung der genannten Wahlen obliegt dem Wahlvorstand (§ 1 Abs. 1 EKD-Wahlordnung), der von einer Mitarbeiterversammlung gewählt wird (§ 2 Abs. 1 EKD-Wahlordnung), es sei denn, die MAV wird in einem vereinfachten Wahlverfahren gem. § 12 EKD-Wahlordnung (s. Checkliste zur vereinfachten Wahl im Anhang, Kapitel Q. II.) gewählt. 226

II. Wahltermine, Amtszeit der MAV

1. Wahltermin

Die allgemeine Amtszeit der MAV endet am 30.04. des jeweiligen Wahljahres. Die somit erforderlichen Neuwahlen der MAV finden in der Zeit vom 01.01. bis 30.04. statt. Mit der Festlegung eines mehrmonatigen Wahlzeitraums soll die Berücksichtigung der besonderen Verhältnisse der jeweiligen Dienststelle bei der Festsetzung des Wahltages ermöglicht werden. 227

228 Die Termine für die Wahl der MAV sowie ggf. die Wahl der Vertretung der Jugendlichen und der Auszubildenden (§ 49 Abs. 1 MVG.EKD) und ggf. die Wahl der Vertrauensperson der schwerbehinderten Mitarbeiter (§ 50 Abs. 1 MVG.EKD) setzt der Wahlvorstand auf die Zeit zwischen dem 01.01. und dem 30.04. fest. Sie dürfen nicht später als drei Monate nach der Bildung des Wahlvorstandes liegen (§ 15 Abs. 2 MVG.EKD, § 5 Abs. 1 EKD-Wahlordnung).

229 Steht der Termin der Wahl der Vertretung der Jugendlichen und der Auszubildenden zeitlich im Zusammenhang mit dem allgemeinen Wahltermin, erfolgt die Wahl der Vertretung der Jugendlichen und der Auszubildenden in einem gesonderten Wahlgang (§ 14 Abs. 1 EKD-Wahlordnung). Für die Wahl der Vertrauensperson der schwerbehinderten Mitarbeiter gelten die Vorschriften über die Wahl der MAV entsprechend (§ 15 Abs. 2 Satz 1 EKD-Wahlordnung).

230 Bei der Festsetzung der Wahltermine ist in entsprechender Anwendung des § 24 Abs. 4 Satz 2 MVG.EKD auf die dienstlichen Notwendigkeiten Rücksicht zu nehmen.

2. Amtszeit

231 Die Amtszeit der MAV beträgt vier Jahre (§ 15 Abs. 1 MVG.EKD).

III. Bildung der MAV

1. Vorverfahren

232 § 1 Abs. 1 MVG.EKD bestimmt, dass in den Dienststellen MAV zu bilden sind.

233 Dienststellen sind die rechtlich selbstständigen Körperschaften, Anstalten, Stiftungen und Werke sowie die rechtlich selbstständigen Einrichtungen der Diakonie innerhalb der Evangelischen Kirche in Deutschland (§ 3 Abs. 1 MVG.EKD).

234 Als Dienststellen i. S. v. § 3 Abs. 2 MVG.EKD gelten auch Dienststellenteile, die durch Aufgabenbereich und Organisation eigenständig oder räumlich weit entfernt vom Sitz des Rechtsträgers sind und bei denen die Zahl der wahlberechtigten Mitarbeiter i. d. R. mindestens fünf beträgt, von denen mindestens drei wählbar sind, wenn
a) die Mehrheit ihrer wahlberechtigten Mitarbeiter dies in geheimer Abstimmung beschließt und
b) darüber Einvernehmen mit der Dienststellenleitung herbeigeführt wird (§ 3 Abs. 2 Satz 1 MVG.EKD).

235 Dienststellenteile sind ausgegliederte Organisationseinheiten, die einen besonderen Aufgabenbereich in organisatorischer Selbstständigkeit wahrnehmen. Voraussetzung ist allerdings, dass solche Dienststellenteile im Verhältnis zur Gesamtdienststelle wesentliche Entscheidungen in personalrechtlichen und sozialen Angelegenheiten zugeordnet sind. In einem Dienststellenteil besteht zwar im Gegensatz zur selbstständigen (Haupt-) Dienststelle keine umfassende eigene Leitung, der die Entscheidungshoheit vor allem in personellen und sozialen Angelegenheiten obliegt. Voraussetzung für eine

Teildienststelle ist, dass in ihr ein den Arbeitseinsatz festlegendes Leitungsorgan existiert, das das Weisungsrecht des Dienstgebers letztendlich ausübt.

In rechtlich selbstständigen Einrichtungen der Diakonie mit mehr als 2.000 Mitarbeitern können Teildienststellen durch Dienstvereinbarung gebildet werden (§ 3 Abs. 2 Satz 3 MVG.EKD). 236

Dienststellenleitungen und Mitarbeitende solcher Dienststellenteile werden hiermit ausdrücklich auf die Notwendigkeit der Durchführung dieses Vorverfahrens hingewiesen. Die Wirkung des Beschlusses über die Verselbstständigung eines Dienststellenteils ist nicht auf die Amtszeit der daraufhin zu wählenden MAV beschränkt. Der Widerruf des Verselbstständigungsbeschlusses bedarf der Mehrheit der der Teildienststelle angehörenden wahlberechtigten Mitarbeiter (VerwG.EKD, Beschl. v. 31.01.2002 – I-0124/F37-01, ZMV 2003, 126). Der Widerruf wirkt für die nächste Amtszeit (§ 3 Abs. 3 MVG.EKD). 237

2. Bildung von MAV

MAV sind in allen Dienststellen zu bilden, in denen i. d. R. mindestens fünf wahlberechtigte Mitarbeiter beschäftigt sind, von denen mindestens drei wählbar sein müssen (§ 5 Abs. 1 i. V. m. §§ 9, 10 MVG.EKD). 238

3. Bildung von Gemeinsamen MAV auf Antrag

Im Rahmen einer Wahlgemeinschaft kann gem. § 5 Abs. 2 MVG.EKD für benachbarte Dienststellen auch unterschiedlicher Rechtsträger – nicht jedoch für Dienststellenteile i. S. v. § 3 Abs. 2 MVG.EKD – unter den folgenden **Voraussetzungen eine Gemeinsame MAV gebildet werden:** 239
a) Entsprechender Beschluss der Mehrheit der Mitarbeiter in den jeweiligen Dienststellen.
b) Einvernehmen zwischen allen beteiligten Dienststellenleitungen.
c) Schriftliche Festlegung der Bildung einer Gemeinsamen MAV auf Antrag eines der Beteiligten.

Die Bildung von Wahlgemeinschaften erfolgt i. Ü. unabhängig von der Anzahl der in einer Dienststelle beschäftigten wahlberechtigten und wählbaren Mitarbeiter (§ 5 Abs. 2 MVG.EKD) und ermöglicht deshalb auch den Mitarbeitern in Kleindienststellen (z. B. Kirchengemeinden mit weniger als fünf wahlberechtigten Mitarbeitenden) die Beteiligung an der Wahl sowie eine ortsnahe Vertretung.

4. Gemeinsame MAV kraft Gesetzes

In Gesamtkirchengemeinden kann anstelle der Wahl von MAV in den einzelnen Kirchengemeinden für alle angeschlossenen Kirchengemeinden kraft Gesetzes eine Gemeinsame MAV gebildet werden. Die Gliedkirchen können dies entsprechend regeln. 240

5. Keine MAV

241   Wenn aufgrund von § 5 Abs. 1 MVG.EKD zwar eine MAV hätte gebildet werden können, aber keine zustande kam, z. B. weil sich die Mitarbeitenden dagegen aussprachen, dann ist die Dienststelle ohne Interessensvertretung.

IV. Zusammensetzung der MAV

242   Die MAV besteht gem. § 8 Abs. 1 MVG.EKD bei Dienststellen mit i. d. R.

5	–	15	Wahlberechtigten aus einer Person,
16	–	50	Wahlberechtigten aus drei Mitgliedern,
51	–	150	Wahlberechtigten aus fünf Mitgliedern,
151	–	300	Wahlberechtigten aus sieben Mitgliedern,
301	–	600	Wahlberechtigten aus neun Mitgliedern,
601	–	1000	Wahlberechtigten aus elf Mitgliedern,
1001	–	1500	Wahlberechtigten aus dreizehn Mitgliedern,
1501	–	2000	Wahlberechtigten aus fünfzehn Mitgliedern.

V. Der Mitarbeiterbegriff des Mitarbeitervertretungsgesetzes

243   Mitarbeiter i. S. d. Mitarbeitervertretungsgesetzes sind alle in öffentlich-rechtlichen Dienst- oder privat-rechtlichen Dienst- und Arbeitsverhältnissen oder zu ihrer Ausbildung Beschäftigten einer kirchlichen oder diakonischen Dienststelle, soweit die Beschäftigung oder Ausbildung nicht überwiegend ihrer Heilung, Wiedereingewöhnung, beruflichen oder sozialen Rehabilitation oder ihrer Erziehung dient (§ 2 Abs. 1 MVG.EKD). Bei Erstellung der Wählerlisten (§ 4 Abs. 1 EKD-Wahlordnung) ist somit der weite und umfassende Mitarbeiterbegriff des Mitarbeitervertretungsgesetzes zu beachten.

VI. Wahlberechtigung und Wählbarkeit

1. Das aktive Wahlrecht (Wahlberechtigung)

244   Wahlberechtigt sind alle Mitarbeiter nach § 2 MVG.EKD, die am Wahltag das 18. Lebensjahr vollendet haben. Wer zu einer anderen Dienststelle abgeordnet ist, wird dort nach Ablauf von drei Monaten wahlberechtigt; zum gleichen Zeitpunkt erlischt das Wahlrecht in der bisherigen Dienststelle für die Dauer der Abordnung (§ 9 Abs. 1, 2 MVG.EKD).

245   **Nicht wahlberechtigt** sind Mitglieder der Dienststellenleitung und die Personen nach § 4 Abs. 2 MVG.EKD, es sei denn, dass sie nach Gesetz oder Satzung als Mitarbeiter in die leitenden Organe gewählt oder entsandt worden sind (§ 9 Abs. 3 MVG.EKD).

VI. Wahlberechtigung und Wählbarkeit D.

Es sind dies gem. § 4 Abs. 1 MVG.EKD zum einen die nach Verfassung, Gesetz oder Satzung leitenden Organe oder Personen der Dienststellen, zum anderen nach § 4 Abs. 2 Satz 1 MVG.EKD auch die mit der Geschäftsführung beauftragten Personen und ihre ständigen Vertreter. Daneben gehören schließlich diejenigen Personen zur Dienststellenleitung, die allein oder gemeinsam mit anderen Personen ständig und nicht nur in Einzelfällen zu Entscheidungen in Angelegenheiten befugt sind, die nach dem Mitarbeitervertretungsgesetz der Mitberatung oder Mitbestimmung unterliegen (§ 4 Abs. 2 Satz 2 MVG.EKD). Dies sind insb. auch die Mitglieder des Kirchenvorstandes. 246

▶ **Praxistipp:** 247

Personen der Dienststellenleitung i. S. d. § 4 Abs. 1, 2 MVG.EKD sind i. Ü. aufgrund des § 4 Abs. 2 Satz 3 MVG.EKD – nicht erst im Zusammenhang mit den Neuwahlen – der MAV zu benennen.

Nicht wahlberechtigt sind Mitarbeiter, die am Wahltag seit mehr als drei Monaten beurlaubt sind. Der Grund der Beurlaubung ist dabei ohne Bedeutung. Die Elternzeit hat dabei die gleiche Wirkung wie eine Beurlaubung. Besteht während der Elternzeit eine Teilzeitbeschäftigung, so handelt es sich um ein normales Dienstverhältnis. Während der Beschäftigungsverbote nach dem Mutterschutzgesetz bleibt jedoch die Wahlberechtigung erhalten. Auch die Pflegezeit nach § 4 PflegeZG ist eine Beurlaubung. Mitarbeiter, welche krankheitsbedingt für eine längere Zeit ausfallen haben dennoch ihre Wahlberechtigung (*Fey/Rehren* MVG.EKD § 9 Rn. 17). 248

Während der Freistellungsphase bei Altersteilzeit im Blockmodell entfällt die Wahlberechtigung. Ebenso wenn Mitarbeiter eine befristete Rente wegen voller Erwerbsminderung nach § 33 Abs. 3 Nr. 2 SGB VI erhalten (*Andelewski/Küfner-Schmitt/Schmitt* § 9 Rn. 23). 249

Nicht wahlberechtigt sind nach § 9 Abs. 3 Satz 2 MVG.EKD die Mitglieder der Dienststellenleitung nach § 4 Abs. 1 MVG.EKD sowie die Personen, die nach § 4 Abs. 2 MVG.EKD der Dienststellenleitung zugerechnet werden. Üben Mitarbeiter kirchliche Ehrenämter aus, ist dies nur dann von Bedeutung, wenn sie dadurch Teil der eigenen Dienststellenleitung werden (Mitgliedschaft im Kirchenvorstand). 250

Diakonieschwestern, die aufgrund des Gestellungsvertrages in der Dienststelle tätig werden, sind nicht wahlberechtigt, wenn sie ggü. ihrem Mutterhaus einer Lebensordnung unterstehen, die das ausdrücklich ausschließt (VerwG.EKD, Beschl. v. 07.03.2002 – II-0124/F32-01, ZMV 2003, 127). 251

Leiharbeitnehmer besitzen ebenfalls keinen Mitarbeiterstatus nach § 2 MVG.EKD. Da sie nicht in einem Dienstverhältnis zur Dienststelle stehen, sind sie somit auch nicht wahlberechtigt. 252

D. Die Wahl der MAV

2. Das passive Wahlrecht (Wählbarkeit)

253 **Wählbar** sind nach § 10 Abs. 1 MVG.EKD alle voll geschäftsfähigen und gem. § 9 MVG.EKD wahlberechtigten Mitarbeiter, die am Wahltag
– der Dienststelle seit mindestens sechs Monaten angehören und
– einer der Arbeitsgemeinschaft Christlicher Kirchen in Deutschland angeschlossenen Religionsgemeinschaft angehören.

254 **Nicht wählbar** sind gem. § 10 Abs. 2 MVG.EKD wahlberechtigte Mitarbeiter, die
– infolge Richterspruchs die Fähigkeit, Rechte aus öffentlichen Wahlen zu erlangen, nicht besitzen,
– am Wahltag noch für einen Zeitraum von mehr als sechs Monaten beurlaubt sind,
– zu ihrer Berufsausbildung beschäftigt werden oder
– als Vertretung der Mitarbeiter in das kirchengemeindliche Leitungsorgan gewählt worden sind.

255 § 10 MVG.EKD regelt das sog. passive Wahlrecht, d. h. wer ist bei Wahlen zur MAV wählbar. Wichtig ist, dass die Voraussetzungen der Wählbarkeit für die gesamte Dauer der Kandidatur als Mitglied der MAV und dann auch während der Mitgliedschaft in der MAV erfüllt bleiben.

256 ▶ **Praxistipp:**

Die Wählbarkeit des § 10 MVG.EKD setzt voraus:
1) Die Wahlberechtigung nach § 9 MVG.EKD.
2) Die mindestens sechsmonatige Zugehörigkeit zur Dienststelle.

257 ▶ **Beispiel:**

Hat das Beschäftigungsverhältnis am 15.02. begonnen, besteht es am 15.08. seit sechs Monaten. Am 15.08. besteht somit das aktive Wahlrecht und damit auch die Wählbarkeit nach § 10 MVG.EKD.

258 Nach § 10 Abs. 1 Satz 2 MVG.EKD besteht für neu gebildete Dienststellen eine Ausnahme von der allgemeinen Regelung. Besteht die Dienststelle bei Erlass des Wahlausschreibens noch nicht länger als drei Monate, so sind auch diejenigen wählbar, die zu diesem Zeitpunkt Mitarbeiter der Dienststelle sind.

259 Die **Mitgliedschaft in einer ACK-Kirche** ist eine weitere Voraussetzung für die Wählbarkeit. Das bedeutet, dass der Mitarbeiter Mitglied einer kirchlichen Kirche oder Gemeinschaft ist, die der Arbeitsgemeinschaft Christlicher Kirchen in Deutschland angeschlossen ist. Zur Arbeitsgemeinschaft Christlicher Kirchen mit ihren jeweiligen regionalen Untergliederungen gehören:
– Evang. Kirche in Deutschland (EKD)
– Römisch-katholische Kirche
– Deutsche Bischofskonferenz (DBK)
– Arbeitsgemeinschaft anglikanisch-ebiskopale Gemeinden in Deutschland
– Arbeitsgemeinschaft menonitischer Gemeinden in Deutschland

VI. Wahlberechtigung und Wählbarkeit D.

- Armenisch-Apostolische Orthodoxe Kirche in Deutschland
- Äthiopisch-orthodoxe Kirche in Deutschland
- Bund Evang.-Freikirchlicher Gemeinden in Deutschland (BEFG)
- Die Heilsarmee in Deutschland
- Evang.-Altreformierte Kirche in Niedersachsen
- Evang. Brüder-Unität – Herrnhuter Brüdergemeinde
- Evang.-Methoditische Kirche (EmK)
- Kath. Bistum der Alt-Katholiken in Deutschland
- Orthodoxe Kirche in Deutschland
- Orthodoxe Bischofskonferenz (OBKiD)
- Koptisch-Orthodoxe Kirche in Deutschland
- Mülheimer Verband Freikirchlich-Evangelischer Gemeinden
- Selbstständige Evang.-Luth. Kirche (SeLk)
- Syrisch-Orthodoxe Kirche von Antiochien

Ständigen Gaststatus in der ACK-Kirche haben: 260
- Gemeinschaft der Siebten-Tags-Adventisten
- Bund Freier Evang. Gemeinden
- Apostelamt Jesu Christi
- Christlicher Gemeinschaftsverband Mühlheim a.d. Ruhr GmbH
- Religiöse Gesellschaft der Freunde (Quäker)

(s. *Fey/Rehen* MVG.EKD § 10 Rn. 6a ff.).

Nicht zur ACK-Kirche gehören: 261
- Christliche Wissenschaft (Christian Science)
- Kirche Jesu Christ der Heiligen der letzten Tage (Mormonen)
- Neuapostolische Kirche
- Jehovas Zeugen
- Scientology Kirche Deutschland

(s. *Fey/Rehen* MVG.EKD § 10 Rn. 10).

Die Regelung der »ACK-Klausel« ist ein sehr umstrittenes Problem im Zusammen- 262
hang mit dem Mitarbeitervertretungsrecht. In der Rechtsprechung ist anerkannt,
dass die Regelung von der im Grundgesetz verankerten Kirchenautonomie abgedeckt ist (Art. 140 GG i. V. m. Art. 137 Abs. 3 Weimarer Reichsverfassung; vgl. BAG,
11.03.1986 – 1 ABR 26/84, AP Nr. 25 zu Art. 140 GG). In einer kontroversen Diskussion ist jedoch nicht geklärt, ob die Regelung der »ACK-Klausel« für das passive
Wahlrecht angemessen und sachgerecht ist (s. *Fey/Rehren* MVG.EKD § 10 Rn. 12 ff.,
Baumann-Czichon/Dembski/Germer § 10 Rn. 3).

§ 10 Abs. 2 MVG.EKD enthält insgesamt vier Ausnahmen vom passiven Wahlrecht. 263

Diese sind: 264
- **Nicht wählbar** ist, wer infolge Richterspruchs nicht die Fähigkeit besitzt, Rechte aus öffentlichen Wahlen zu erlangen (§ 10 Abs. 2 Buchst. a) MVG.EKD). Eine solche Entscheidung kann gem. Art. 18 GG i. V. m. Art. 29

Abs. 2 Bundesverfassungsgerichtsgesetz (BVerfGG) im Verfahren über das Verwirken von Grundrechten oder nach § 45 Abs. 1 Satz 1 StGB, d. h. nach strafrechtlichen Bestimmungen getroffen werden.
- **Nicht wählbar** sind nach § 10 Abs. 2 Buchst. b) MVG.EKD Mitarbeiter, die am Wahltag noch für einen Zeitraum von mehr als sechs Monaten beurlaubt sind. Auch die Inanspruchnahme von Elternzeit wird als Beurlaubung betrachtet sowie die Freistellung eines Mitarbeiters aufgrund Sonderurlaubs.
- Nach § 10 Abs. 2c MVG.EKD sind **von der Wählbarkeit ausgeschlossen** Personen, die zu ihrer Berufsausbildung beschäftigt werden. Für Auszubildende ist dabei eine besondere Interessenvertretung vorgesehen (Vertretung der Jugendlichen und Auszubildenden, § 49 MVG.EKD). Auszubildende stehen aufgrund ihrer zwei- bis dreijährigen Ausbildungszeit nicht für die gesamte Amtszeit der MAV zur Verfügung. Darüber hinaus haben sie häufig Abwesenheitszeiten u. a. aufgrund des Besuches des Berufsschulunterrichtes und externer Praktika. Beschäftigte in Berufsausbildungen sind z. B. Auszubildende in Ausbildungen nach dem Berufsbildungsgesetz (BBiG) und sog. Vorpraktikanten (Erzieher). Keine Berufsausbildung ist die Beschäftigung von Assistenzärzten, die in der Vorbildung zum Facharzt stehen sowie Ärzte im sog. »praktischen Jahr« (*Fey/Rehren* MVG.EKD § 10 Rn. 21, 23).
- Nach § 10 Abs. 1 Buchst. d) MVG.EKD sind **nicht wählbar** Personen, die als Vertretung der Mitarbeiter in das kirchengemeindliche Leitungsorgan gewählt worden sind. Sie gehören zur Dienststellenleitung und besitzen damit kein passives Wahlrecht (*Baumann-Czichon/Dembski/Germer* § 10 Rn. 8).

VII. Aufgaben und Bildung des Wahlvorstandes

265 Die Vorbereitung und die Durchführung der Wahlen obliegt dem Wahlvorstand (§ 1 Abs. 1 EKD-Wahlordnung), der von einer Mitarbeiterversammlung gewählt wird (§ 2 Abs. 1 EKD-Wahlordnung), es sei denn, die MAV wird in einem vereinfachten Wahlverfahren gem. § 12 EKD-Wahlordnung gewählt (s. Checkliste unter D. XIII). Dann übernimmt der Versammlungsleiter die Aufgaben des Wahlvorstandes.

266 ▶ **Praxistipp:**

Die vereinfachte Wahl ist in Dienststellen mit i. d. R. nicht mehr als 100 Wahlberechtigten durchzuführen, es sei denn, die Wahlversammlung beschließt, dass das vereinfachte Wahlverfahren nicht stattfindet (§ 12 Abs. 1 i. V. m. Abs. 3 EKD-Wahlordnung). Unter das vereinfachte Wahlverfahren fallen zahlreiche Dienststellen und Dienststellenteile i. S. v. § 3 Abs. 1, 2 MVG.EKD.

Der Wahlvorstand besteht im nicht vereinfachten Verfahren aus drei Mitgliedern. Gleichzeitig soll eine entsprechende Zahl von Ersatzmitgliedern bestellt werden (§ 1 Abs. 2 EKD-Wahlordnung).

267 Der Wahlvorstand wird spätestens drei Monate vor Ablauf der regelmäßigen Amtszeit der MAV in einer von der amtierenden MAV einzuberufenden Mitarbeiterversammlung (§ 31 MVG.EKD) durch Zuruf und offene Abstimmung gebildet, sofern nicht

mindestens ein Drittel der Wahlberechtigten eine geheime Abstimmung beantragt (§ 2 Abs. 1 EKD-Wahlordnung).

Sofern keine MAV besteht (s. a. § 7 Abs. 1 Satz 1 MVG.EKD), hat die Dienststellenleitung, im Fall des § 6 MVG.EKD die Gesamt-MAV, unverzüglich eine Mitarbeiterversammlung zur Bildung eines Wahlvorstandes einzuberufen. 268

Kommt die Bildung einer MAV nicht zustande, so ist auf Antrag von mindestens drei Wahlberechtigten und spätestens nach Ablauf einer Frist von jeweils längstens einem Jahr erneut eine Mitarbeiterversammlung einzuberufen, um einen Wahlvorstand zu bilden (§ 7 Abs. 1 Satz 2 MVG.EKD). 269

VIII. Das Wahlverfahren

Die Mitglieder der MAV werden in gleicher, freier, geheimer und unmittelbarer Wahl gemeinsam und nach den Grundsätzen der Mehrheitswahl (Persönlichkeitswahl) gewählt. 270

Für Dienststellen mit i. d. R. nicht mehr als 100 Wahlberechtigten ist ein vereinfachtes Wahlverfahren (Wahl in der Versammlung der wahlberechtigten Mitarbeiter) vorgesehen. Einzelheiten der Wahl und des Wahlverfahrens regelt die Wahlordnung der EKD (§ 11 MVG.EKD). 271

Bei Wahlvorschlägen soll angestrebt werden, Frauen und Männer sowie Mitarbeiter der verschiedenen in der Dienststelle vertretenen Berufsgruppen und Arbeitsbereiche entsprechend ihrer Anteile in der Dienststelle angemessen zu berücksichtigen. Diese Regelung hat jedoch nur appellativen Charakter und wendet sich sowohl an diejenigen die Wahlvorschläge abgeben als auch an die Wahlberechtigten selbst. 272

IX. Ablaufschema für eine MAV-Wahl

Schritt 1: 273

Liegen die Voraussetzungen des § 3 Abs. 2 Satz 1 MVG.EKD vor und wird erstmals die Bildung einer eigenständigen MAV in rechtlich unselbstständigen Dienststellenteilen angestrebt, so sollte frühzeitig, noch vor dem allgemeinen Wahlzeitraum 01.01. bis 30.04., der in geheimer Abstimmung getroffene entsprechende Beschluss der Mehrheit der wahlberechtigten Mitarbeiter sowie das Einvernehmen der Dienststellenleitung hierzu vorliegen. Ist die erstmalige Bildung einer Gemeinsamen MAV i. R. d. Wahlgemeinschaft beabsichtigt, sollte ein entsprechender Beschluss der Mehrheit der Mitarbeiter in den jeweiligen Dienststellen getroffen worden sein und das Einvernehmen zwischen allen beteiligten Dienststellenleitungen sowie die schriftliche Festlegung der Bildung einer Gemeinsamen MAV auf Antrag eines der Beteiligten vorliegen (§ 5 Abs. 2 MVG.EKD).

Die von der amtierenden MAV einberufene Mitarbeiterversammlung wählt die drei Mitglieder des Wahlvorstandes sowie möglichst noch drei Ersatzmitglieder. Der Wahlvorstand wird durch Zuruf und offene Abstimmung gebildet, sofern nicht mindestens 274 ein Drittel der Wahlberechtigten eine geheime Abstimmung beantragt (§ 2 Abs. 1 i. V. m. § 1 Abs. 2 EKD-Wahlordnung). Die Mitglieder und Ersatzmitglieder müssen die Wählbarkeit i. S. d. § 10 MVG.EKD besitzen und dürfen der bestehenden MAV der Dienststelle nicht angehören (§ 1 Abs. 3 EKD-Wahlordnung). Im Hinblick auf § 1 Abs. 3 Satz 2 EKD-Wahlordnung sollen nur solche Mitarbeiter für den Wahlvorstand kandidieren, die nicht die Absicht haben, sich als Wahlbewerber aufstellen zu lassen. Lassen sie sich dennoch später als Wahlbewerber aufstellen, so scheiden sie aus dem Wahlvorstand aus und das Ersatzmitglied mit der nächst niedrigen Stimmzahl rückt nach. Sofern keine MAV besteht (§ 7 MVG.EKD) hat die Dienststellenleitung im Fall des § 6 MVG.EKD die Gesamt-MAV unverzüglich in der Mitarbeiterversammlung zur Bildung des Wahlvorstandes einzuberufen.

275 Schritt 2:

Der Wahlvorstand wählt aus seiner Mitte den Vorsitzenden sowie den Schriftführer. Hierzu beruft das älteste Mitglied den Wahlvorstand binnen sieben Tagen nach seiner Wahl ein (§ 3 Abs. 1 EKD-Wahlordnung).

276 Schritt 3:

Der Wahlvorstand erstellt für die Wahl eine Liste der nach § 9 MVG.EKD Wahlberechtigten und der nach § 10 MVG.EKD Wählbaren. Beide Listen (Muster 1 a, 1b; für die Muster 1-13 s. Anhang, Kapitel Q. III.) sind mindestens vier Wochen vor der Wahl in der Dienststelle zur Einsicht auszulegen oder den Wahlberechtigten in anderer geeigneter Weise zur Verfügung zu stellen (§ 4 Abs. 1 EKD-Wahlordnung). In den Fällen des § 5 Abs. 2 MVG.EKD sind die Wählerlisten mit dem Wahlausschreiben den Wahlberechtigten zu übersenden oder sonst in geeigneter Weise bekannt zu geben (z. B. durch Aushang am »schwarzen Brett« aller Dienststellen, für die die Gemeinsame MAV gebildet werden soll oder durch Einstellen der Listen ins Intranet, wenn alle Mitarbeitenden Zugriff haben).

277 Jeder Mitarbeiter sowie die Dienststellenleitung kann innerhalb einer Frist von 2 Wochen nach Auslegung oder Zurverfügungstellung der Listen gegen die Eintragung oder Nichteintragung von Mitarbeitern Einspruch einlegen. Der Wahlvorstand entscheidet unverzüglich über den Einspruch und erteilt darüber einen schriftlichen Bescheid (§ 4 Abs. 2 EKD-Wahlordnung). Die Dienststellenleitung und andere kirchliche Stellen haben bei der Aufstellung der Wählerlisten Amtshilfe zu leisten (§ 4 Abs. 3 EKD-Wahlordnung).

278 Schritt 4: Erstellung und Bekanntgabe des Wahlausschreibens

Das Wahlausschreiben muss sämtliche in § 5 Abs. 2 EKD-Wahlordnung angeführten Angaben enthalten (Muster 2). In den Fällen der Gemeinsamen MAV gem. § 5 Abs. 2 MVG.EKD wird das Wahlausschreiben i. d. R. durch Zusendung bekannt gegeben. Nach sorgfältiger Prüfung durch den Wahlvorstand kann auch eine andere geeignete Art der Bekanntmachung gewählt werden. Es ist jedoch darauf zu achten, dass das Wahlausschreiben stets zusammen mit der Liste der Wählbaren und der Wahlberechtigten zugesandt und sonst in geeigneter Weise bekannt gemacht wird.

IX. Ablaufschema für eine MAV-Wahl   D.

Schritt 5: 279

Die Mitarbeiter werden aufgefordert, binnen zwei Wochen nach Auslegung oder Zurverfügungstellung des Wahlausschreibens einen Wahlvorschlag beim Wahlvorstand einzureichen, der von mindestens drei Wahlberechtigten unterzeichnet sein muss (§ 6 Abs. 1 EKD-Wahlordnung). Bei den Wahlvorschlägen soll angestrebt werden, Frauen und Männern sowie Mitarbeiter der verschiedenen in der Dienststelle vertretenen Berufsgruppen und Arbeitsbereiche entsprechend ihrer Anteile in der Dienststelle angemessen zu berücksichtigen (§ 12 MVG.EKD).

Der Wahlvorstand sollte jedem Wahlberechtigten zusammen mit dem Wahlausschreiben Formblätter für die Wahlvorschläge (Muster 3) ggf. für die Wahlvorschläge betreffend die Wahl der Vertrauensperson der schwerbehinderten Mitarbeiter (Muster 4), für die Wahl der Jugendlichen und Auszubildenden (Muster 5) und für die Beantragung der Briefwahlunterlagen (Muster 6) aushändigen. 280

Der Wahlvorstand prüft unverzüglich die Ordnungsmäßigkeit der Wahlvorschläge und die Wählbarkeit der Vorgeschlagenen. Er überzeugt sich, dass die Vorgeschlagenen mit ihrer Nominierung einverstanden sind. Auch hier ist es zweckmäßiger und sinnvoll, ein Formblatt zu verwenden (Muster 7). Beanstandungen sind dem ersten Unterzeichner des Wahlvorschlages unverzüglich mitzuteilen. Sie können innerhalb der Einreichungsfrist behoben werden (§ 6 Abs. 2 EKD-Wahlordnung). 281

Schritt 6: Bekanntmachung des Gesamtwahlvorschlages (Muster 8) 282

Der Wahlvorstand stellt alle gültigen Wahlvorschläge zu einem Gesamtvorschlag zusammen und führt darin die Namen der Vorgeschlagenen in alphabetischer Reihenfolge auf. Art und Ort der Tätigkeit der Wahlbewerber sind anzugeben. Der Gesamtvorschlag soll wenn möglich mindestens doppelt so viele Namen enthalten wie Mitglieder der MAV zu wählen sind. Er ist den Wahlberechtigten spätestens eine Woche vor der Wahl durch Aushang am »Schwarzen Brett« oder schriftliche Mitteilung bekannt zu geben (§ 7 Abs. 2, 3 EKD-Wahlordnung).

Schritt 7: Briefwahl 283

Wahlberechtigte, die im Zeitpunkt der Wahl verhindert sind, ihre Stimme persönlich abzugeben (z. B. Dienstreise, Urlaub, Krankheit), können ihr Wahlrecht im Wege der Briefwahl ausüben. Der möglichst schriftliche Antrag muss dem Wahlvorstand eine Woche vor der Wahl vorliegen. Wer den Antrag für einen anderen Wahlberechtigten stellt, muss nachweisen, dass er dazu berechtigt ist. Eine Ablehnung ist dem Antragsteller unverzüglich mitzuteilen. Im Wege der Briefwahl abgegebene Stimmen können nur berücksichtigt werden, wenn sie bis zum Ende der Wahlhandlung beim Wahlvorstand eingegangen sind. Ein Wahlbrief ist ungültig, wenn er erst nach Beendigung der Wahlhandlung eingegangen ist (§ 9 EKD-Wahlordnung).

Schritt 8: Durchführung der Wahl (§ 8 EKD-Wahlordnung) 284

Der Wahlvorstand hat rechtzeitig für die Herstellung der Stimmzettel zu sorgen (Muster 9, 10, 11). Die Stimmzettel sind dem Gesamtvorschlag entsprechend zu gliedern.

Schwarz-Seeberger   55

Sie müssen in Größe, Farbe, Beschaffenheit und Beschriftung identisch sein und die Zahl der zu wählenden Mitglieder der MAV muss darauf angegeben werden (§ 7 Abs. 3 EKD-Wahlordnung).

285 Die Wahl findet in Anwesenheit von mindestens zwei Mitgliedern des Wahlvorstandes statt. Diese führen die Liste der Wahlberechtigten und vermerken darin die Stimmabgabe. Vor Beginn der Stimmabgabe hat der Wahlvorstand festzustellen, dass die Wahlurnen leer sind, sie sind bis zum Abschluss der Wahlhandlung verschlossen zu halten. Das Wahlrecht wird durch Abgabe des Stimmzettels ausgeübt, der zusammengefaltet in die verschlossene Wahlurne eingeworfen wird. Es können auch Wahlumschläge für die Wahlzettel ausgegeben werden. Vor der Ausgabe des Stimmzettels ist festzustellen, ob der Wähler wahlberechtigt ist. In Bedarfsfällen können mehrere Stimmbezirke eingerichtet werden. In diesem Fall kann der Wahlvorstand seine Ersatzmitglieder zur Durchführung der Wahl heranziehen. In jedem Stimmbezirk müssen zwei Mitglieder des Wahlvorstandes oder ein Mitglied und ein Ersatzmitglied anwesend sein. Für die nötigen Arbeiten im Wahlraum kann der Wahlvorstand Wahlhelfer hinzuziehen.

286 Auf dem Stimmzettel dürfen höchstens so viele Namen angekreuzt werden, wie Mitglieder in die MAV zu wählen sind. Die unbeobachtete Kennzeichnung der Stimmzettel ist zu gewährleisten. Körperlich behinderte Wahlberechtigte können sich einer Person ihres Vertrauens bedienen.

287 Im Wege der Briefwahl abgegebene Stimmen können nur berücksichtigt werden, wenn sie bis zum Ende der Wahlhandlung beim Wahlvorstand eingegangen sind. Der Wahlvorstand sammelt die eingehenden Wahlbriefe und bewahrt sie bis zum Schluss der Wahlhandlung gesondert auf. Er vermerkt die Stimmabgabe in der Liste der Wahlberechtigten, in der auch die Aushändigung des Wahlbriefes zu vermerken ist. Nach Abschluss der Wahlhandlung öffnet der Wahlvorstand alle bis dahin vorliegenden Wahlbriefumschläge, entnimmt ihnen die Wahlumschläge und legt diese in die Wahlurne. Ein Wahlbrief ist ungültig, wenn er erst nach Beendigung der Wahlhandlung eingegangen ist. Ein ungültiger Wahlbrief ist samt seinem Inhalt auszusondern und zu den Wahlunterlagen zu nehmen (§ 9 Abs. 3, 4, 5 EKD-Wahlordnung).

288 **Schritt 9: Feststellung des Wahlergebnisses, Stimmauszählung, Protokoll**

Nach Beendigung der Wahl stellt der Wahlvorstand unverzüglich fest, wie viele Stimmen auf die einzelnen Vorgeschlagenen entfallen sind und ermittelt ihre Reihenfolge nach der Stimmenzahl. Das Ergebnis ist in einem Protokoll festzuhalten, das vom Wahlvorstand zu unterzeichnen ist (Muster 12). Die Auszählung der Stimmen ist für die Wahlberechtigten öffentlich. Sind mehrere Stimmbezirke eingerichtet, so stellt der Wahlvorstand erst nach Abschluss der Wahlhandlung in allen Stimmbezirken das Gesamtergebnis fest (§ 10 Abs. 1, 2 EKD-Wahlordnung). Bei der Stimmenauszählung hat der Wahlvorstand insb. die Bestimmungen des § 10 Abs. 5 EKD-Wahlordnung über die Ungültigkeit von Stimmzetteln zu beachten.

289 Als Mitarbeitervertreter sind die Vorgeschlagenen gewählt, auf welche die meisten Stimmen entfallen. Ersatzmitglieder sind die Vorgeschlagenen, auf welche die in der Reihenfolge nächstniedrigere Zahl der Stimmen entfällt oder die bei der Feststellung

X. Wahlschutz und Wahlkosten · D.

der gewählten Mitglieder der MAV durch Los ausgeschieden sind (§ 10 Abs. 3, 4 EKD-Wahlordnung). Bei Stimmengleichheit entscheidet jeweils das Los.

Schritt 10: Bekanntgabe des Wahlergebnisses (§ 11 EKD-Wahlordnung) 290

Der Wahlvorstand gibt das Wahlergebnis unverzüglich der Dienststellenleitung und den Wahlberechtigten in geeigneter Weise bekannt und benachrichtigt die Gewählten schriftlich (Muster 13). Die Wahl gilt als angenommen, sofern sie nicht binnen einer Woche nach Zugang der Benachrichtigung dem Wahlvorstand ggü. schriftlich abgelehnt wird. Wird die Wahl abgelehnt, tritt an die Stelle des oder der Gewählten der oder die Vorgeschlagene mit der nächstniedrigeren Stimmenzahl.

Sämtliche Wahlunterlagen, insb. Niederschriften, Listen der Wahlberechtigten und der 291 Wählbaren, Wahlausschreiben, Wahlvorschläge, Stimmzettel, sind von der MAV fünf Jahre lang aufzubewahren (§ 13 EKD-Wahlordnung).

Wahl der Vertretung der Jugendlichen und der Auszubildenden (§ 14 EKD-Wahl- 292
ordnung)

Sofern die Vertretung der Jugendlichen und der Auszubildenden zu wählen ist (§ 49 MVG.EKD) erfolgt die Wahl unter Leitung des Wahlvorstandes in einem gesonderten Wahlgang, soweit die Wahl zeitlich im Zusammenhang mit dem allgemeinen Wahltermin fällt. Wahlvorschläge können von Mitarbeitern abgegeben werden, die berechtigt sind, die Vertretung der Jugendlichen und der Auszubildenden zu wählen. Von den Wahlberechtigten können jeweils so viele Stimmen abgegeben werden, wie Personen in die Vertretung der Jugendlichen und der Auszubildenden zu wählen sind. Für das Wahlverfahren gelten die Bestimmungen der EKD-Wahlordnung entsprechend.

Wahl der Vertrauensperson der schwerbehinderten Mitarbeiter (§ 15 EKD-Wahl- 293
ordnung)

Hier sind alle in der Dienststelle beschäftigten schwerbehinderten Mitarbeiter und Personen wahlberechtigt, die gem. § 68 Abs. 2 SGB IX schwerbehinderten Menschen gleichgestellt sind. Für die Wahl der Vertrauensperson der schwerbehinderten Mitarbeiter gelten die Vorschriften über die Wahl der MAV entsprechend. Nach § 50 Abs. 4 MVG.EKD sind auch nicht schwerbehinderte Mitarbeiter wählbar.

X. Wahlschutz und Wahlkosten

Durch § 13 MVG.EKD soll die ungehinderte Durchführung der Wahl zur MAV ge- 294
schützt werden. Jede mittelbare und unmittelbare Beeinträchtigung ist ausgeschlossen.

▶ Beispiel: 295

– Vorenthaltung der für die Aufstellung von Wählerlisten notwendigen Angaben und Unterlagen,
– Benutzung des Telefons,
– Hinderung am Betreten des Wahllokals,
– Nicht-Zurverfügungstellung von Sachmitteln und Wahlräumen

Schwarz-Seeberger 57

D. Die Wahl der MAV

(*Fey/Rehren* MVG.EKD § 13 Rn. 1).

296 Verboten ist daneben auch jede Art von Begünstigung oder Benachteiligung, z. B. das Gewähren von Vorteilen bezüglich des Entgelts, Beförderung, Versetzung auf besondere Arbeitsplätze sowie Zufügen oder Androhung von Nachteilen, schlechtere Arbeitsbedingungen usw.

297 Ein Verstoß gegen § 13 Abs. 1 Satz 1 MVG.EKD wäre auch dann möglich, wenn eine zulässige Wahlwerbung erschwert oder gestört wird. Dieses Verbot, dass die Wahlen weder behindert noch beeinflusst werden dürfen, richtet sich zunächst an die Dienststellenleitung, aber auch an andere Mitarbeiter. Fälle der Wahlbehinderung können zur Anfechtung der Wahl führen oder sogar zur Nichtigkeit (*Baumann-Czichon/Dembski/Germer* § 13 Rn. 6).

298 In § 13 Abs. 2 EKD-Wahlordnung ist der Schutz vor Versetzung und Abordnung in Bezug auf die Mitglieder des Wahlvorstandes und der Wahlbewerber geregelt. Versetzung ist dabei eine auf Dauer angelegte Beschäftigung in einer anderen Dienststelle, wobei die Zuordnung zur bisherigen Dienststelle erlischt. Die Abordnung ist eine vorübergehende Übertragung einer anderen Tätigkeit in einer anderen Dienststelle (*Fey/Rehren* MVG.EKD § 13 Rn. 4). Der Schutz bezieht sich hier sowohl auf die Mitglieder des Wahlvorstandes als auch auf die Wahlbewerber.

299 ▶ Praxistipp:

Für die Mitglieder des Wahlvorstandes beginnt der geschützte Zeitraum mit der Bildung des Wahlvorstandes und endet nach Ablauf von sechs Monaten nach Bekanntgabe des Wahlergebnisses. Für die Wahlbewerber beginnt der Versetzungs- und Abordnungsschutz mit der Einreichung des Wahlvorschlages gem. § 6 EKD-Wahlordnung und endet, ebenso wie für die Mitglieder des Wahlvorstandes, mit dem Ablauf von sechs Monaten nach Bekanntgabe des Wahlergebnisses (*Andelewski/Küfner-Schmitt/Schmitt* § 13 Rn. 15, 16).

300 Für die Mitglieder des Wahlvorstandes und die Wahlbewerber ist in § 13 Abs. 3 MVG.EKD ein besonderer Kündigungsschutz geregelt. Ordentliche Kündigungen von Mitgliedern des Wahlvorstandes sowie der Wahlbewerber sind danach generell ausgeschlossen. Nicht ausgeschlossen ist dagegen die außerordentliche Kündigung von Mitgliedern des Wahlvorstandes sowie von Wahlbewerbern nach § 626 BGB. Da eine außerordentliche Kündigung eine sehr schwere Pflichtverletzung voraussetzt, muss diese nach wie vor möglich sein. Der Kündigungsschutz für Wahlvorstände besteht ab dem Beginn der Amtsannahme bis sechs Monate nach Bekanntgabe des Wahlergebnisses. Dieser Sonderkündigungsschutz würde nur dann entfallen, wenn durch eine kirchengerichtliche Entscheidung der Wahlvorstand aus seinem Amt abberufen werden sollte. Bei den Wahlbewerbern beginnt der Kündigungsschutz mit dem Zeitpunkt der Ausstellung des Wahlvorschlages. Von der Bekanntgabe des Wahlergebnisses dauert der Kündigungsschutz weitere sechs Monate an soweit nicht der besondere Sonderkündigungsschutz nach § 21 Abs. 2 MVG.EKD greift.

X. Wahlschutz und Wahlkosten D.

Dieser Schutz der Mitglieder des Wahlvorstandes und der Wahlbewerber wird dadurch verstärkt, dass die Zustimmung der MAV eine ausdrückliche Kündigungsvoraussetzung ist. Bei Verletzung des Beteiligungsgebots ist die Kündigung nichtig (*Fey/Rehren* MVG.EKD § 13 Rn. 8). Bei Verweigerung der Zustimmung durch die MAV muss die Dienststellenleitung das Zustimmungsersetzungsverfahren vor dem Kirchengericht nach § 38 Abs. 4 i. V. m. § 60 Abs. 5 MVG.EKD durchführen. 301

Gem. § 13 Abs. 4 MVG.EKD trägt der Dienstgeber die Kosten der Wahl. Dazu gehören alle durch die Vorbereitung und Durchführung der Wahl entstehenden Sachkosten z. B. Zurverfügungstellung eines Raumes für den Wahlvorstand, Telefonanschluss, Büroausstattung, Material für die Wahlausschreibung, Wahlzettel, Wahlurnen usw. (*Baumann-Czichon/Dembski/Germer* § 13 Rn. 12). Die Dienststellenleitung muss daneben auch die erforderlichen Personalkosten tragen, d. h. der Wahlvorstand muss die Durchführung seiner Aufgaben wahrnehmen können unter Fortzahlung seiner Vergütung. Die Dienststellenleitung muss auch die Kosten für die Teilnahme an Schulungsveranstaltungen übernehmen. Bei der Wahl zu einer gemeinsamen MAV werden die Kosten auf die beteiligten Dienststellen umgelegt. Nach § 13 Abs. 5 MVG.EKD haben Mitglieder des Wahlvorstandes für die Teilnahme an Schulungsveranstaltungen, welche die für ihre Tätigkeiten erforderlichen Kenntnisse vermitteln, Anspruch auf Arbeitsbefreiung bis zu zwei Arbeitstagen ohne Minderung ihrer Bezüge. Teilzeitbeschäftigte Mitglieder des Wahlvorstandes haben Anspruch auf Anrechnung der tatsächlichen Schulungsdauer als Arbeitszeit begrenzt auf die Arbeitszeit als vollbeschäftigtes Mitglied (§ 19 Abs. 3 MVG.EKD) (*Fey/Rehren* MVG.EKD § 13 Rn. 13). 302

§ 13 Wahlschutz, Wahlkosten 303

»(1) Niemand darf die Wahl der Mitarbeitervertretung behindern oder in unlauterer Weise beeinflussen. Insbesondere dürfen Wahlberechtigte in der Ausübung des aktiven oder des passiven Wahlrechts nicht beschränkt werden.

(2) Die Versetzung, Zuweisung oder Abordnung eines Mitgliedes des Wahlvorstandes oder eines Wahlbewerbers oder einer Wahlbewerberin ist ohne seine oder ihre Zustimmung bis zur Dauer von sechs Monaten nach Bekanntgabe des Wahlergebnisses unzulässig.

(3) Die Kündigung eines Mitgliedes des Wahlvorstandes ist vom Zeitpunkt seiner Bestellung an, die Kündigung eines Wahlbewerbers oder einer Wahlbewerberin vom Zeitpunkt der Aufstellung des Wahlvorschlages an nur zulässig, wenn Tatsachen vorliegen, die den Dienstgeber zur außerordentlichen Kündigung berechtigen. Satz 1 gilt für eine Dauer von sechs Monaten nach Bekanntgabe des Wahlergebnisses entsprechend. Die außerordentliche Kündigung bedarf der Zustimmung der Mitarbeitervertretung. § 38 Absätze 3 bis 5 gelten mit der Maßgabe entsprechend, dass die Dienststellenleitung die Frist bis auf drei Arbeitstage verkürzen kann. Der besondere Kündigungsschutz nach Satz 1 gilt nicht für Mitglieder eines Wahlvorstandes, die durch kirchengerichtlichen Beschluss abberufen worden sind.

(4) Die Dienststelle trägt die Kosten der Wahl; bei der Wahl einer Gemeinsamen Mitarbeitervertretung werden die Kosten der Wahl auf die einzelnen Dienststellen im Verhältnis der Zahlen ihrer Mitarbeiter und Mitarbeiterinnen umgelegt, sofern keine andere Verteilung der Kosten vorgesehen wird.

(5) Mitglieder des Wahlvorstands haben für die Teilnahme an Schulungsveranstaltungen, die ihnen für ihre Tätigkeit erforderliche Kenntnisse vermitteln, Anspruch auf Arbeitsbefreiung von bis zu zwei Arbeitstagen ohne Minderung der Bezüge.«

XI. Anfechtung der Wahl

304 In § 14 MVG.EKD sind die Voraussetzungen einer Wahlanfechtung wegen Verstößen gegen wesentliche Bestimmungen über die Wahlberechtigung und das Wahlverfahren geregelt. Die Vorschrift findet auch Anwendung bei der Wahl zur Gemeinsamen MAV, der Wahl zur Vertretung von Jugendlichen und Auszubildenden und der Wahl der Vertrauensperson der Schwerbehinderten (§§ 49 Abs. 4, 50 Abs. 1 MVG.EKD). Die Wahl kann nur innerhalb von 2 Wochen, vom Tag der Bekanntgabe des Wahlergebnisses angerechnet, erfolgen. Welche der Form der Bekanntgabe der Wahlvorstand gewählt hat, kann dieser entscheiden. Üblicherweise erfolgt ein Aushang am »schwarzen Brett«. Sollte das Wahlergebnis in verschiedenen Teilen einer Dienststelle an unterschiedlichen Tagen bekannt gegeben werden, beginnt die Frist mit dem Tag der letzten Bekanntgabe (VerwG.EKD, Beschl. v. 13.01.2000 – 0124/D34-99, ZMV 2000, 134). Auch die Zusendung an auswärtig beschäftigte Wahlberechtigte ist eine Möglichkeit der Bekanntgabe. Die Anfechtungsgründe müssen ebenfalls innerhalb der Frist dargelegt werden (KGH.EKD, Beschl. v. 25.02.2008 – II-0124/N64-07, ZMV 2008, 255). Die Berechnung der Zwei-Wochen-Frist erfolgt nach den §§ 187 Abs. 2, 188 Abs. 2 BGB.

305 ▶ Beispiel:

Erfolgt die Bekanntmachung des Wahlergebnisses z. B. am Donnerstag, den 10.03., reicht die Anfechtungsfrist bis zum Donnerstag den 24.03.

306 Mit dem Ablauf der Frist erlischt das Anfechtungsrecht, auch wenn das Wahlverfahren an wesentlichen Mängeln gelitten hat (VerwG.EKD, Beschl. v. 14.12.1995 – 0124/8-95, ZMV 1996, 100).

1. Anfechtungsberechtigung

307 Nach § 14 Abs. 1 Satz 1 MVG.EKD sind zur Anfechtung berechtigt entweder mindestens drei Wahlberechtigte oder die Dienststellenleitung. Sollte die Wahl von drei wahlberechtigten Mitarbeitern angefochten werden, müssen sie während des gesamten Anfechtungsverfahrens einschließlich eines eventuellen erstinstanzlich kirchlichen Verfahrens und auch Beschwerdeverfahrens vorhanden sein (VerwG.EKD, Beschl. v. 10.04.1997 – 0124/B1-97, ZMV 1997, 188; *Fey/Rehren* MVG.EKD § 14 Rn. 2).

308 Auch die Dienststellenleitungen sind bei einer Gemeinsamen MAV anfechtungsberechtigt. Kein Anfechtungsrecht haben:
– einzelne Mitarbeiter,
– der Wahlvorstand als Gremium,
– Gesamtausschüsse von MAV nach § 54 MVG.EKD (VerwG.EKD, Beschl. v. 16.03.1996 – 0124/13-95, ZMV 1996, 193).

XI. Anfechtung der Wahl   D.

Die Anfechtungserklärung muss gem. § 14 Abs. 1 Satz 1 MVG.EKD schriftlich erfol- 309
gen. Sie ist ausschließlich an das Kirchengericht zu richten, um die Zwei-WochenZwei-
Wochen-Frist zu wahren.

2. Anfechtungsgründe

Ein Anfechtungsgrund ist nur dann gegeben, wenn gegen wesentliche Bestimmungen 310
über
– **die Wahlberechtigung**
– **die Wählbarkeit**
– **das Wahlverfahren**

verstoßen wurde. Entscheidend ist, ob durch den Verstoß das Wahlergebnis verändert
oder sonst beeinflusst werden konnte (BAG, Beschl. v. 21.02.2001 – 7 ABR 41/99,
NZA 2002, 282).

▶ Beispiele: 311

– Zulassung eines Nichtwahlberechtigten zur Wahl bzw. Nichtzulassung von
  wahlberechtigten Mitarbeitern,
– Zulassung von nichtwählbaren Mitarbeitern als Wahlbewerber bzw. deren
  Nichtzulassung,
– Wesentliche Verstöße gegen das Wahlverfahren: Verletzung von Vorschriften
  über die Bildung des Wahlvorstandes,
– Nachträgliche Änderung oder Streichung von Wahlvorschlägen,
– Verstöße gegen die Wahlgrundsätze des § 11 MVG.EKD,
– Wahl im vereinfachten Verfahren nach § 12 EKD-Wahlordnung in Dienststel-
  len mit mehr als 100 Wahlberechtigten,
– Verletzung der Anwesenheitspflicht des Wahlvorstandes bei der Stimmabgabe,
– Öffnen der Wahlurne während der Wahl,
– Wahl ohne Wahlausschreiben und ohne ausreichende, korrekt abgegebene
  Wahlvorschläge,
– Nichteinhaltung der Fristen der Wahlordnung zur Einrichtung von Wahlvor-
  schläge,
– Fehlen einer Wählerliste,
– schuldhaft verzögerte Auszählung der abgegebenen Stimmen,
– Verkennung des Dienststellenbegriffes nach § 3 MVG.EKD.

In diesem Fall ist in rechtswidriger Art und Weise für einen Teilbereich einer Dienst- 312
stelle eine MAV gewählt worden. Hier bleibt die MAV während der gesamten Amtsperiode im Amt, wenn die Anfechtungsfrist des § 40 MVG.EKD verstrichen sein sollte
(VerwG.EKD, Beschl. v. 07.03.2002 – II-0124/F32-01, ZMV 2003, 83, *Fey/Rehren*
MVG.EKD § 14 Rn. 4 ff., *Andelewski/Küfner-Schmitt/Schmitt* § 14 Rn. 16 ff.).

Da die Wahlanfechtung darauf gerichtet ist, dass Wahlergebnis für ungültig zu erklären 313
und damit der gewählten MAV die Legitimation zu entziehen, ist Antragsgegner der

D. Die Wahl der MAV

Wahlanfechtung die neu gewählte MAV (VerwG.EKD, Beschl. v. 13.01.2000 – 0124/ D34-99, ZMV 2000, 134).

314 ▶ **Praxistipp:**

Die neue gewählte MAV kann sich im Fall einer Wahlanfechtung konstituieren. Die MAV verliert erst ihr Amt mit der Rechtskraft der Entscheidung des Kirchengerichtes. Das Kirchengericht hat durch Beschluss die Wiederholung der gesamten Wahl anzuordnen. Die Kosten der Wahl trägt die Dienststellenleitung.

315 Neben der Wahlanfechtung gibt es noch **zwei andere Möglichkeiten**, gegen das fehlerhafte Verfahren vorzugehen:
– **Einspruch gegen die Wählerliste**

316 Nach § 4 Abs. 2 EKD-Wahlordnung besteht die Möglichkeit, dass jeder Mitarbeiter sowie die Dienststellenleitung Einspruch gegen die Eintragung oder Nichteintragung von Mitarbeitern in die Wählerliste einlegt. So können schon während des Wahlverfahrens Bestimmungen über die Wahlberechtigung und Wählbarkeit korrigiert werden und eine spätere Anfechtung ist überflüssig.
– **Feststellung der Nichtigkeit der Wahl**

317 Eine Nichtigkeit ist dann anzunehmen, wenn gegen wesentliche Grundsätze des Wahlverfahrens und des Wahlrechts in so großem Maße verstoßen wurde, dass nicht einmal mehr der Anschein einer dem Gesetz entsprechenden Wahl vorliegt. Diese Feststellung der Nichtigkeit der Wahl kann auch nach Ablauf der Zwei-Wochen-Frist des § 14 Abs. 1 MVG.EKD erfolgen (*Andelewski/Küfner-Schmitt/Schmitt* § 14 Rn. 29 ff., *Baumann-Czichon/Dembski/Germer* § 14 Rn. 9 ff.).

318 **§ 14 Anfechtung der Wahl**

»(1) Die Wahl kann innerhalb von zwei Wochen, vom Tag der Bekanntgabe des Wahlergebnisses an gerechnet, von mindestens drei Wahlberechtigten oder der Dienststellenleitung bei dem Kirchengericht schriftlich angefochten werden, wenn geltend gemacht wird, dass gegen wesentliche Bestimmungen über die Wahlberechtigung, die Wählbarkeit oder das Wahlverfahren verstoßen und der Verstoß nicht behoben worden ist.

(2) Wird kirchengerichtlich festgestellt, dass durch den Verstoß das Wahlergebnis beeinflusst oder geändert werden konnte, so ist das Wahlergebnis für ungültig zu erklären und die Wiederholung der Wahl anzuordnen.«

XII. Besondere Fallkonstellationen

1. Neu- und Nachwahl der MAV vor Ablauf der Amtszeit

319 § 16 MVG.EKD regelt die außerplanmäßige Neuwahl einer MAV bei besonderen Fallkonstellationen. Die bisherige MAV ist entweder nicht mehr voll handlungsfähig oder sie existiert nicht mehr. In § 16 MVG.EKD wird in Abs. 1 die Neuwahl einer MAV vor dem Ende der regelmäßigen Amtszeit etwa dann durchgeführt, wenn die MAV ihren Rücktritt beschlossen hat.

XII. Besondere Fallkonstellationen   D.

Für diesen **Rücktrittsbeschluss** bedarf es der Mehrheit der Mitglieder der MAV, d. h.   320
z. B. bei einer Dienststelle von 301–600 Wahlberechtigten muss der Rücktrittsbeschluss mindestens fünf von neun Mitgliedern umfassen. Bei einer »Einmann-Mitarbeitervertretung« ist zu unterscheiden, ob dieser sein Amt niedergelegt hat oder nach § 16 Abs. 1 Buchst. b) MVG.EKD zurückgetreten ist. Bei Niederlegung des Amtes rückt zunächst das Ersatzmitglied (§ 18 Abs. 3 MVG.EKD) nach. Bei einem Rücktritt muss nach § 16 Abs. 2 MVG.EKD unverzüglich eine Neuwahl stattfinden (*Fey/Rehren* MVG.EKD § 16 Rn. 3).

Ebenso sind Neuwahlen unverzüglich durchzuführen, wenn die **MAV** nach § 17   321
MVG.EKD aufgelöst wurde. Nach § 16 Abs. 2 MVG.EKD wird der Wahlvorstand als kommissarische MAV tätig. Längstens für den Zeitraum von sechs Monaten, soweit nicht die Wahl im vereinfachten Verfahren durchgeführt wird, nimmt der Wahlvorstand die Aufgaben der MAV wahr. Besteht eine Gesamt-MAV, nimmt diese nach § 6 Abs. 2 MVG.EKD die Geschäfte der MAV wahr, bis im jeweiligen Dienststellenteil ein Wahlvorstand sein Amt aufgenommen hat (*Fey/Rehren* MVG.EKD § 16 Rn. 7, 8).

▶ Praxistipp: 322

§ 16 Abs. 3 MVG.EKD sieht die Nachwahl zwingend für die Fälle vor, in denen die Zahl der Mitglieder der MAV nach Eintreten sämtlicher Ersatzmitglieder um mehr als ein Viertel gesunken ist. Bei einer Drei-Personen-MAV ist somit schon beim Ausscheiden eines Mitglieds eine Neuwahl erforderlich. Bei einer Fünf-Personen-MAV erst beim Ausscheiden von zwei Mitgliedern.

▶ Beispiel: 323

Eine MAV mit neun Mitgliedern ist für die Amtsperiode vom 01.04.2011 bis 31.03.2015 gewählt worden. Es stehen drei Ersatzmitglieder zur Verfügung. Bis zum Oktober 2012 scheiden drei Mitglieder aus der Dienststelle und damit aus der MAV aus, für die Ersatzmitglieder nachrücken. Zum 01.01.2013 scheidet ein weiteres Mitglied aus. Die MAV besteht mit acht Mitgliedern fort. Am 31.03.2013 erklären zwei weitere Mitglieder ihren Rücktritt, wobei die Mitgliederzahl um mehr als ein Viertel ggü. der gesetzlichen Mitgliedszahl nach § 8 MVG.EKD nunmehr gesunken ist.

Die drei frei gewordenen Sitze sind durch **Nachwahl** zu ergänzen. Die verbleibenden sechs Mitglieder bleiben im Amt. Hier sollte auch eine entsprechende Anzahl von Ersatzmitgliedern durch Nachwahl bestimmt werden.

▶ Praxistipp: 324

Eine Nachwahl findet dann nicht statt, wenn bei Absinken der Anzahl der Mitarbeitervertreter um mehr als ein Viertel die MAV bereits länger als drei 3 Jahre im Amt ist, hier ist dann eine Neuwahl durchzuführen.

Wichtig: Für die Durchführung der Nachwahl gelten die Vorschriften der §§ 11,   325
12 MVG.EKD sowie die EKD-Wahlordnung. Zuständig für die Nachwahl ist der

D.   Die Wahl der MAV

Wahlvorstand der letzten MAV-Wahl. Sollte dieser nicht mehr vorhanden sein, muss ein neuer Wahlvorstand gebildet werden (*Fey/Rehren* MVG.EKD § 16 Rn. 11).

326   **§ 16 Neu- und Nachwahl der Mitarbeitervertretung vor Ablauf der Amtszeit**

»(1) Die Mitarbeitervertretung ist vor Ablauf ihrer Amtszeit unverzüglich neu zu wählen, wenn
a) (weggefallen)
b) die Mitarbeitervertretung mit den Stimmen der Mehrheit der Mitglieder ihren Rücktritt beschlossen hat,
c) die Mitarbeitervertretung nach § 17 aufgelöst worden ist.

(2) In den Fällen des Absatzes 1 ist unverzüglich das Verfahren für die Neuwahl einzuleiten. Bis zum Abschluss der Neuwahl nimmt der Wahlvorstand die Aufgaben der Mitarbeitervertretung wahr, längstens aber für einen Zeitraum von sechs Monaten, soweit nicht die Wahl im vereinfachten Verfahren durchgeführt wird.

(3) Die Mitarbeitervertretung ist vor Ablauf ihrer Amtszeit durch Nachwahl auf die nach § 8 Absatz 1 erforderliche Zahl der Mitglieder unverzüglich zu ergänzen, wenn die Zahl ihrer Mitglieder nach Eintreten sämtlicher Ersatzmitglieder um mehr als ein Viertel der in § 8 Absatz 1 vorgeschriebenen Zahl gesunken ist. Für die Nachwahl gelten die Vorschriften über das Wahlverfahren entsprechend. Hat die Amtszeit der Mitarbeitervertretung im Fall von Satz 1 bereits mehr als drei Jahre betragen, so findet anstelle einer Nachwahl eine Neuwahl statt.«

2. Ausschluss eines Mitglieds oder Auflösung der MAV

327   § 17 MVG.EKD regelt die Möglichkeit von Sanktionen ggü. der MAV insgesamt sowie gegen einzelne Mitglieder der MAV. Vorausgesetzt werden grobe Pflichtverletzungen bzw. ein grober Missbrauch von Befugnissen.

328   Ein Viertel der Wahlberechtigten, die MAV oder die Dienststellenleitung sind antragsberechtigt. Kein Antragsrecht hat eine in der Dienststelle vertretene Gewerkschaft. Der Antrag muss schriftlich an das Kirchengericht gerichtet werden und ist entsprechend zu begründen.

329   **Voraussetzung: Grober Missbrauch von Befugnissen/grobe Pflichtverletzung.** »Grober Missbrauch von Befugnissen« und »grobe Pflichtverletzung« sind sog. unbestimmte Rechtsbegriffe. Der Verstoß bzw. Missbrauch muss objektiv erheblich und offensichtlich so schwerwiegend sein, dass zur Sicherung der mitarbeitervertretungsrechtlichen Ordnung eine Auflösung bzw. Abberufung notwendig erscheint (BAG, Beschl. v. 22.06.1993 – 1 ABR 62/92, AP Nr. 22 zu § 13 BetrVG). Eine Beurteilung kann somit nur im Einzelfall erfolgen, wobei die Gegebenheiten der jeweiligen Dienststelle beurteilt werden müssen.

330   Der Ausschluss von Mitgliedern der MAV ist bei grober Verletzung der Amtspflichten bzw. **bei grobem Missbrauch der Amtsbefugnisse** möglich. Die können u. a. die §§ 19, 20, 22, 33, 35 und 37 ff. MVG.EKD sein. Strittig ist, ob ein schuldhaftes Verhalten vorliegen muss (*Fey/Rehren* MVG.EKD § 17 Rn. 6; Verschulden als Voraussetzung *Baumann-Czichon/Dembski/Germer* § 17 Rn. 7). In der Praxis wird jedoch i. d. R. auch ein schuldhaftes Verhalten gegeben sein.

XII. Besondere Fallkonstellationen   D.

▶ **Beispiel:** 331
– Weitergabe oder Veröffentlichung von vertraulichen Informationen.
– Verletzung der Schweigepflicht, wenn sie wiederholt erfolgt (Fitting BetrVG § 23 Rn. 19).
– »Mobbing«, d. h. Belästigung von Mitarbeitern i. R. d. Amtsausübung (Vorteilsnahme zur Beeinflussung der Amtsführung).
– Handgreiflichkeiten ggü. anderen MAV-Mitgliedern.
– Weitere Beispiele (*Andelewski/Küfner-Schmitt/Schmitt* § 17 Rn. 9; *Fey/Rehren* MVG.EKD § 17 Rn. 4).

Ein **grober Pflichtverstoß** liegt regelmäßig vor, wenn bei verständiger objektiver Würdigung das Mitglied oder die MAV insgesamt die vom Mitarbeitervertretungsgesetz auferlegten Pflichten nicht oder nur willkürlich beachtet. Eine mangelnde Kompromissbereitschaft der MAV sowie das Ausschöpfen der mitarbeitervertretungsrechtlichen Befugnisse in einer sachlichen Auseinandersetzung stellen keinen Ausschlussgrund dar (Schlichtungsstelle Rheinland v. 27.09.2007, EkA Mitarbeitervertretung, Ausschluss [1]). Ebenso liegt kein grober Pflichtverstoß vor z. B. bei Kommunikationsproblemen zwischen Dienststellenleitung und MAV sowie bei pauschalen Vorwürfen von Unfähigkeit und Konzeptlosigkeit (VerwG.EKD, Beschl. v. 28.04.2003 – II-0124/H6-03, ZMV 2003, 244 und Beschl. v. 28.04.2003 – II-0124/H7-03, ZMV 2004, 136). 332

(unbelegt) 333

▶ **Beispiel:** 334
Eine grobe Pflichtverletzung ist etwa:
– Öffentliche bewusste Diffamierung der Dienststellenleitung oder von Mitgliedern der MAV;
– Verletzung der Schweigepflicht, z. B. Weitergabe von Bewerbungsunterlagen an Dritte (AG Wesel, Beschl. v. 16.10.2008 – 5 BV 34/08, NZA 2009, 221);
– Wiederholte unentschuldigte Nichtteilnahme an Sitzungen der MAV;
– Der vorsätzliche Abschluss einer rechtswidrigen Dienstvereinbarung (AG Marburg, Beschl. v. 07.08.1996 – 1 BV 6/96, 1 BV 10/96, NZA 1996, 1331).

Verstöße gegen arbeitsvertragliche und gegen MAV-Verpflichtungen sind grds. zu trennen. Verletzt ein Mitglied der MAV ausschließlich seine Amtspflichten nach dem MVG, so kommt die Abberufung nach § 17 MVG.EKD als Folge in Betracht. Eine Kündigung, Abmahnung oder andere Disziplinarmaßnahme ist ausgeschlossen (*Baumann-Czichon/Dembski/Germer* § 17 Rn. 1 ff.). 335

Rechtsfolgen des Ausschlusses des Mitglieds der MAV oder der Auflösung der MAV: 336
Bei einem Ausschluss eines Mitglieds der MAV rückt das Ersatzmitglied nach. Für das Mitglied entfällt der Sonderkündigungsschutz gem. § 21 Abs. 2 Satz 3 MVG.EKD. Bei Verlust des Amtes in der MAV führt dies ebenso zu einem Verlust des Mandates in der Gesamt-MAV und im Gesamtausschuss (§ 54 MVG.EKD).

337 § 17 Ausschluss eines Mitgliedes oder Auflösung der Mitarbeitervertretung

»Auf schriftlichen Antrag eines Viertels der Wahlberechtigten, der Mitarbeitervertretung oder der Dienststellenleitung kann kirchengerichtlich der Ausschluss eines Mitgliedes der Mitarbeitervertretung oder die Auflösung der Mitarbeitervertretung wegen groben Missbrauchs von Befugnissen oder wegen grober Verletzung von Pflichten, die sich aus diesem Kirchengesetz ergeben, beschlossen werden.

E. Das Amt der MAV

I. Allgemein

Die MAV ist die betriebliche Interessenvertretung der Mitarbeiter in kirchlichen und diakonischen Einrichtungen. Bei der Mitbestimmung der MAV geht es nicht um eine wirtschaftliche (unternehmerische) Mitbestimmung. Die MAV hat also keinen Einfluss auf unternehmerische Planung, Personalplanung oder Gewinnerwirtschaftung. Sie hat somit eine Schutzfunktion ggü. der Belegschaft. Sie hat Rechte und Aufgaben, die unabhängig von Weisungen und Kontrollrechten des Dienstgebers bestehen. Die MAV kann nur dann ihre Aufgaben gut bewältigen, wenn sie anstehende Sachverhalte kennt und anhand der konkreten Situation in der Dienststelle ein eigenes Selbstverständnis entwickelt. Der notwendige Rückhalt in der Belegschaft kann nur dann gewährleistet werden, wenn die MAV als Gremium weiß, was sie erreichen möchte und wofür sie steht. Die MAV muss sich als Gremium selbst organisieren, damit ihre Arbeit erfolgreich durchgeführt werden kann. Die Aufgabenstellung und die daraus resultierenden Anforderungen ggü. den Mitgliedern der MAV sind somit sehr komplex. Damit die MAV die Interessen der Mitarbeiter in der Dienststelle vertreten kann, ist der Kontakt zur Belegschaft ein zentrales Element ihrer Arbeit. Darüber hinaus ist entscheidend, dass auch das Verhältnis zum Dienstgeber den Grundsätzen nach § 33 MVG.EKD entspricht, d. h. zwischen MAV und Dienststellenleitung eine partnerschaftliche und vertrauensvolle Zusammenarbeit erfolgt. MAV und Dienststellenleitung sind verpflichtet, sich gegenseitig bei der Erfüllung ihrer Aufgaben zu unterstützen und über die Angelegenheiten, welche die Dienstgemeinschaft, die Dienststelle oder die Mitarbeiter betreffen, zu informieren. Eine gute Kommunikation zwischen MAV und Dienststellenleitung ist somit sehr wichtig und Voraussetzung für eine gute und erfolgreiche Arbeit der MAV.

338

II. Amtszeit der MAV

Die Amtszeit der MAV nach § 15 MVG.EKD beträgt vier Jahre. Die Amtszeit einer MAV in Dienststellen, in denen es bisher keine MAV gab, beginnt mit der Bekanntgabe des Wahlergebnisses (§ 11 EKD-Wahlordnung). § 15 Abs. 2 MVG.EKD regelt den Zeitraum für das Stattfinden der MAV-Wahl vom 01.01. bis 30.04. Das regelmäßige Ende der Amtsperiode der bisherigen MAV wird auf den 30.04. festgesetzt. Eine Wahl, die vor dem 01.01. und nicht durch die Tatbestände des § 16 Abs. 1 MVG.EKD bedingt wurde, ist ungültig, da die Voraussetzungen der ordnungsgemäßen Wahlzeit nicht eingehalten sind. Ein Überziehen der MAV-Wahlen über den 30.04. hinaus ist rechtswidrig, aber wirksam (*Fey/Rehren* MVG.EKD § 15 Rn. 2, 3).

339

Findet außerhalb der allgemeinen Wahl der MAV eine Wahl statt, so ist unabhängig von der Amtszeit der MAV dennoch in der nächsten allgemeinen Wahlzeit zu wählen, es sei denn, dass die MAV am 30.04. des Jahres der regelmäßigen MAV-Wahl noch nicht ein Jahr im Amt ist. In diesem Fall verlängert sich die Amtszeit um die nächste regelmäßige Amtszeit. § 15 Abs. 3 MVG.EKD schützt damit eine kontinuierliche

340

E.   Das Amt der MAV

MAV-Wahl zugunsten der Mitarbeiter durch Gewährung eines entsprechend verlängerten Zeitraumes (*Andelewski/Küfner-Schmitt/Schmitt* § 15 Rn. 13).

341   Sollte zum 30.04. keine MAV gewählt worden sein, werden die **Geschäfte** durch die bisherige MAV **kommissarisch** fortgeführt. Die Fortführung kann jedoch höchstens **sechs Monate** erfolgen. Anschließend hat die Dienststellenleitung oder die Gesamt-MAV nach § 7 MVG.EKD unverzüglich Maßnahmen zur Bildung einer neuen MAV zu ergreifen.

342   **§ 15 Amtszeit**

»(1) Die Amtszeit der Mitarbeitervertretung beträgt vier Jahre.

(2) Die regelmäßigen Mitarbeitervertretungswahlen im Geltungsbereich dieses Kirchengesetzes finden alle vier Jahre in der Zeit vom 1. Januar bis 30. April statt; die Amtszeit der bisherigen Mitarbeitervertretung endet am 30. April.

(3) Findet außerhalb der allgemeinen Wahlzeit eine Mitarbeitervertretungswahl statt, so ist unabhängig von der Amtszeit der Mitarbeitervertretung in der nächsten allgemeinen Wahlzeit erneut zu wählen. Ist eine Mitarbeitervertretung am 30. April des Jahres der regelmäßigen Mitarbeitervertretungswahl noch nicht ein Jahr im Amt, so ist nicht neu zu wählen; die Amtszeit verlängert sich um die nächste regelmäßige Amtszeit.

(4) Die bisherige Mitarbeitervertretung führt die Geschäfte bis zu deren Übernahme durch die neu gewählte Mitarbeitervertretung weiter, längstens jedoch sechs Monate über den Ablauf ihrer Amtszeit hinaus. Alsdann ist nach § 7 zu verfahren.«

III. Die Ersatzmitgliedschaft

343   § 18 MVG.EKD regelt zum einen das Erlöschen der Mitgliedschaft des einzelnen Mitglieds der MAV und das Ruhen der Mitgliedschaft, zum anderen den Eintritt des Ersatzmitglieds in die MAV. In Abs. 5 wird die Rückgabe von Unterlagen bei Beendigung der Mitgliedschaft in der MAV geregelt.

1. Erlöschen der Mitgliedschaft

a) Ablauf der Amtszeit

344   Die Amtszeit ist der Zeitraum, in welchem die MAV als Kollegialorgan besteht. Dies ist im Normalfall nach § 15 Abs. 1 MVG.EKD durch den Ablauf der Amtszeit am 30.04. des Jahres der regelmäßigen MAV-Wahl beendet (§ 18 Abs. 1 Buchst. a) MVG.EKD). Ausnahmen müssen jedoch beachtet werden z. B. die Verlängerung der Amtszeit nach § 15 Abs. 3 MVG.EKD soweit die MAV am 30.04. des Jahres der regelmäßigen MAV-Wahl noch nicht ein Jahr im Amt ist. Die Verkürzung der Amtszeit nach den Fallgestaltungen des § 16 Abs. 1 MVG.EKD (Rücktritt der MAV bzw. Auflösung der MAV nach § 17 MVG.EKD) und die kommissarische Geschäftsführung nach § 15 Abs. 4 MVG.EKD führt zu einer Verlängerung der Amtsperiode bis max. 30.10. des Jahres der regelmäßigen MAV-Wahlen.

III. Die Ersatzmitgliedschaft

b) Niederlegung des Amtes

Das Mitglied der MAV kann jederzeit freiwillig auf sein Amt verzichten (§ 18 Abs. 1 Buchst. b) MVG.EKD). Aus Gründen der Rechtssicherheit empfiehlt es sich, dies schriftlich ggü. dem Vorsitzenden der MAV, im Verhinderungsfall ggü. dessen Stellvertreter, zu erklären.   345

c) Beendigung des Dienst- oder Arbeitsverhältnisses

Jede Form der Beendigung des Dienstverhältnisses, z. B. Tod des Mitglieds, Abschluss eines Aufhebungsvertrages, Kündigung, Verlust der Beamtenrechte, Fristablauf bei der Befristung, kommt in Betracht (§ 18 Abs. 1 Buchst. c) MVG.EKD). Bei der Kündigung von Mitgliedern der MAV ist insb. der Kündigungsschutz nach § 21 Abs. 2 MVG.EKD zu beachten.   346

d) Ausscheiden aus der Dienststelle (§ 18 Abs. 1 Buchst. d) MVG.EKD)

Hierunter fallen die Fälle einer Abordnung oder Versetzung, aber auch das Erlöschen der Dienstpflicht des Kirchenbeamten z. B. infolge des Erreichens der Altersgrenze. Die Auflösung der Dienststelle oder der Beginn der Freistellungsphase während der Altersteilzeit im Blockmodell führen zu einem Ausscheiden aus der Dienststelle (BVerwG, Beschl. v. 15.02.2002 – 6 P 8.01, ZMV 2002, 308). Ein Ausscheiden wird jedoch nicht erreicht bei einer längeren Beurlaubung.   347

e) Verlust der Wählbarkeit

In § 10 MVG.EKD werden die Voraussetzungen für die Wählbarkeit der MAV geregelt (Passives Wahlrecht).   348

▶ **Praxistipp:**   349

> Der Verlust der Wählbarkeit (§ 18 Abs. 1 Buchst. e) MVG.EKD) tritt ein, wenn der Wahlberechtigte:
> – aufgrund einer strafrechtlichen Verurteilung die Fähigkeit, Rechte aus öffentlichen Wahlen zu erlangen, verliert,
> – aus einer ACK-Kirche ausscheidet,
> – in ein Berufsausbildungsverhältnis überwechselt,
> – in das kirchengemeindliche Leitungsorgan gewählt wird, sofern die Wahl nicht in der Funktion als Mitarbeitervertreter erfolgt.
>
> (s. *Andelewski/Küfner-Schmitt/Schmitt* § 18 Rn. 14).

Bei der Auflösung einer Dienststelle endet grds. die rechtliche Existenz der MAV. Es besteht jedoch das sog. Restmandat. Bei der Abspaltung und Zusammenlegung das sog. Übergangsmandat (§ 7 Abs. 2, 3 MVG.EKD).   350

f) Beschluss gem. § 17 MVG.EKD

351 Mit einem rechtskräftigen kirchengerichtlichen Beschluss, durch den das Mitglied der MAV aus der MAV ausgeschlossen wird, erlischt die Mitgliedschaft.

2. Ruhen der Mitgliedschaft der MAV

a) Untersagung der Wahrnehmung der dienstlichen Aufgabe (§ 18 Abs. 2 Buchstb. a) MVG.EKD)

352 Hier werden sog. Disziplinarfälle bei Kirchenbeamten und Pfarrdienstverhältnissen erfasst. Auch bei privatrechtlich angestellten Mitarbeitern führt die Freistellung von den Aufgaben eines Mitglieds der MAV zum Ruhen der Mitgliedschaft (*Fey/Rehren* MVG.EKD § 18 Rn. 9).

b) Verhinderung für mehr als drei Monate

353 Als Verhinderungsgrund kommt hier eine lang andauernde Erkrankung in Betracht. Es ist dabei eine sorgfältige Prognose unter Abwägung des vorliegenden Sachverhaltes erforderlich. In einem solchen Fall würde das Ersatzmitglied in die MAV aufrücken. Sollte entgegen der Prognose die Ausfallzeit des Mitglieds der MAV kürzer als drei Monate sein, nimmt das Mitglied der MAV sein Amt frühzeitig wieder auf (*Baumann-Czichon/Dembski/Germer* § 18 Rn. 9).

c) Beurlaubung für länger als drei Monate

354 Unter Beurlaubung fällt auch die Elternzeit, Sonderurlaub nach den kirchlichen Bestimmungen sowie Beurlaubung nach gesetzlichen Vorschriften, u. a. die Pflegezeit.

3. Das Nachrücken von Ersatzmitgliedern

355 In den Fällen des § 18 Abs. 1 und 2 MVG.EKD rückt das Ersatzmitglied nach. Im ersten Fall wird das Ersatzmitglied das neue Mitglied der MAV bis zum Ende der Amtszeit. Im Fall des Ruhens der Mitgliedschaft endet die Tätigkeit des Ersatzmitgliedes mit Rückkehr des Mitglieds der MAV. Die MAV übernimmt die Überprüfung, dass als Ersatzmitglied das Mitglied das Amt übernimmt, welches die höchste Stimmenzahl nach den amtierenden Mitgliedern der MAV bei der Wahl zur MAV hatte.

356 ▶ Praxistipp:

Das Ersatzmitglied hat die Rechtsstellung eines vollwertigen Mitglieds der MAV, somit alle Rechte und Pflichten, insb. auch den Kündigungsschutz gem. § 21 Abs. 1 MVG.EKD sowie die sonstigen Schutzrechte (z. B. Benachteiligungsbehinderungsverbot usw.).

357 Ist ein Mitglied der MAV verhindert an der Sitzung teilzunehmen und wird dadurch die Beschlussfähigkeit der MAV beeinträchtigt, tritt für die jeweilige Sitzung ein Ersatzmitglied ein. Die Verhinderungsgründe sind z. B. Krankheit, Urlaub, persönliche

III. Die Ersatzmitgliedschaft   E.

Gründe, Befangenheit des Mitglieds. Die Beschlussfähigkeit der MAV ist nicht mehr gegeben, wenn durch die Verhinderung nicht mehr die Mehrheit der Mitglieder der MAV anwesend sein kann (§ 26 Abs. 1 MVG.EKD) (*Fey/Rehren* MVG.EKD § 18 Rn. 12a).

▶ Praxistipp: 358

Eine Verhinderung, welche hingegen nicht die Beschlussfähigkeit berührt, weil noch genügend andere Mitglieder der MAV an der Sitzung teilnehmen, begründet kein Eintreten des Ersatzmitgliedes (*Andelewski/Küfner-Schmitt/Schmitt* § 18 Rn. 26, 27).

4. Rückgabe von Unterlagen

Mit der Beendigung der Mitgliedschaft in der MAV sind alle im Besitz der MAV befindlichen Unterlagen, die die Mitglieder der MAV in ihrer Eigenschaft erhalten haben, an die neue MAV zu übergeben (§ 18 Abs. 5 MVG.EKD). Insb. im Hinblick auf die Einhaltung des Datenschutzes, welcher bei personenbezogenen Unterlagen besonders zu beachten ist, muss die Rückgabepflicht streng eingehalten werden. 359

§ 18 Erlöschen und Ruhen der Mitgliedschaft, Ersatzmitgliedschaft 360

»(1) Die Mitgliedschaft in der Mitarbeitervertretung erlischt durch
a) Ablauf der Amtszeit,
b) Niederlegung des Amtes,
c) Beendigung des Dienst- oder Arbeitsverhältnisses,
d) Ausscheiden aus der Dienststelle,
e) Verlust der Wählbarkeit,
f) Beschluss nach § 17.

(2) Die Mitgliedschaft in der Mitarbeitervertretung ruht,
a) solange einem Mitglied die Wahrnehmung seiner dienstlichen Aufgaben untersagt ist,
b) wenn ein Mitglied voraussichtlich länger als drei Monate an der Wahrnehmung seiner dienstliche Aufgaben oder seines Amtes als Mitglied der Mitarbeitervertretung gehindert ist,
c) wenn ein Mitglied für länger als drei Monate beurlaubt oder aufgrund einer Arbeitsrechtsregelung oder von gesetzlichen Vorschriften freigestellt wird.

(3) In den Fällen des Absatzes 1 und für die Dauer des Ruhens der Mitgliedschaft nach Absatz 2 rückt die Person als Ersatzmitglied in die Mitarbeitervertretung nach, die bei der vorhergehenden Wahl die nächstniedrige Stimmenzahl erreicht hat.

(4) Das Ersatzmitglied nach Absatz 3 tritt auch dann in die Mitarbeitervertretung ein, wenn ein Mitglied verhindert ist, an einer Sitzung teilzunehmen, sofern dies zur Sicherstellung der Beschlussfähigkeit der Mitarbeitervertretung erforderlich ist.

(5) Bei Beendigung der Mitgliedschaft in der Mitarbeitervertretung haben die Mitarbeiter und Mitarbeiterinnen alle ihrem Besitz befindlichen Unterlagen, die sie in ihrer Eigenschaft als Mitglied der Mitarbeitervertretung erhalten haben, der Mitarbeitervertretung auszuhändigen. Besteht die Mitarbeitervertretung nach § 8 Absatz 1 aus einer Person, sind die Unterlagen der neuen Mitarbeitervertretung auszuhändigen.«

IV. Rechte und Pflichten der MAV

1. Die Schweigepflicht

361 Die MAV erhält zu ihrer ordnungsgemäßen Wahrnehmung ihrer Aufgaben nach dem Mitarbeitervertretungsgesetz sehr viele Informationen. Die Beachtung der Schweigepflicht ist somit eine sehr wichtige Pflicht für die MAV und deren einzelne Mitglieder (§ 22 MVG.EKD). Nur wenn diese beachtet wird, ist eine fachgerechte Tätigkeit der MAV möglich. Im Rahmen des Beteiligungsverfahrens erhält die MAV umfangreiche Informationen über die Mitarbeiter, ebenso in den Sprechstunden personenbezogene Daten über die Mitarbeiter bekannt. Die MAV kann insoweit leicht in einen Interessenkonflikt geraten, da sie auf der einen Seite verpflichtet ist, Informationen u.a. an die Mitarbeiter im Rahmen einer Mitarbeiterversammlung weiterzugeben, ebenso Informationen an die von ihr zu vertretenden Mitarbeiter; somit ergibt sich ein Spannungsverhältnis (*Baumann-Czichon/Dembski/Germer* § 22 Rn. 1, 2).

362 ▶ **Praxistipp:**

Die Schweigepflicht bezieht sich auf alle dienstlichen und sonstigen Tatsachen, die die der Schweigepflicht unterliegenden Personen aufgrund ihrer Tätigkeit nach dem Mitarbeitervertretungsgesetz erfahren.

363 Damit unterliegen der Schweigepflicht Informationen, die die MAV von der Dienststellenleitung erhält, von anderen Mitarbeitern, aber auch von außenstehenden Personen, anderen Dienststellen oder Institutionen.

364 Informationen aus dem privaten Bereich unterliegen nicht der Schweigepflicht nach § 22 MVG.EKD. Diese können jedoch der Geheimhaltung z. B. aus der arbeitsrechtlichen Treuepflicht erwachsen (*Fey/Rehren* MVG.EKD § 22 Rn. 3-5).

365 Die Schweigepflicht ist inhaltlich auf solche Angelegenheiten beschränkt, deren Geheimhaltung der Natur der Sache nach erforderlich ist. Eine solche Verpflichtung kann sich etwa aus dem Datenschutzrecht oder dem Persönlichkeitsrecht eines Mitarbeiters ergeben, aber auch tatsächliche Gründe begründen eine Schweigepflicht, z. B. Angelegenheiten, die nach § 79 Abs. 1 BetrVG als Betriebs- oder Geschäftsgeheimnisse bezeichnet werden wie etwa Angaben über die wirtschaftliche Situation der Dienststelle, Haushaltsplan (soweit noch nicht veröffentlicht), Jahresabschlüsse sowie Unterlagen, die im Rahmen eines innerbetrieblichen Controllings erstellt werden (*Fitting* BetrVG § 79 Rn. 4).

366 Es ist jedoch auch möglich, dass MAV oder Dienststellenleitung eine Angelegenheit für vertraulich erklären. Die MAV kann somit Angelegenheiten der Verschwiegenheitsverpflichtung unterwerfen. Für die Dienststellenleitung ist dieses Recht eingeschränkt, da sie bei einer beliebigen Unterwerfung unter die Schweigepflicht die Handlungen der MAV unzulässigerweise einschränken könnte. Sollte dies der Fall sein, wäre die MAV verpflichtet, das Kirchengericht anzurufen. In der Praxis ist jedoch darauf zu achten, dass zunächst die MAV Gefahr läuft, einen groben Verstoß nach § 17 MVG.EKD zu begehen, wenn sie gegen eine solche Vertraulichkeitserklärung durch

die Dienststellenleitung verstößt. Die Feststellung eines solchen Sachverhalts in der Praxis ist äußerst schwierig (*Baumann-Czichon/Dembski/Germer* § 22 Rn. 5-7).

Bei Personalunterlagen unterliegt die MAV auch ggü. den Mitarbeitern der Schweigepflicht. Diese entfällt, wenn das förmliche Beteiligungsverfahren eingeleitet wird. 367

▶ **Praxistipp:** 368

Sieht ein Mitglied der MAV ein berechtigtes Interesse darin, Dritten Informationen zu übermitteln, an deren Geheimhaltung Zweifel bestehen, so sollte in Angelegenheiten der Dienststelle bei der Dienststellenleitung und in Personalangelegenheiten bei dem betroffenen Mitarbeiter rückgefragt werden, ob im Einzelfall diese Informationen weitergegeben werden können.

Keine Schweigepflicht besteht bei Angelegenheiten, die offenkundig sind. Offenkundig sind solche Tatsachen, bei welchem kein berechtigtes Geheimhaltungsinteresse besteht. 369

▶ **Praxistipp:** 370

Wird das förmliche Beteiligungsverfahren nach § 38 bzw. § 45 MVG.EKD eingeleitet, so besteht ggü. dem betroffenen Mitarbeiterkreis keine Schweigepflicht mehr, d. h. die MAV kann die Mitarbeiter anhören und diese beraten.

Insb. bei Kündigungen wird die MAV die betroffenen Mitarbeiter anhören, um zu prüfen, ob ein entsprechender Kündigungsgrund vorliegt. 371

Eine Verschwiegenheitsverpflichtung besteht, soweit z. B. eine Pflicht zur Erstattung einer Anzeige zur Verhütung einer strafbaren Handlung besteht. Die Mitglieder der MAV haben kein strafprozessuales Zeugnisverweigerungsrecht (§ 53 Abs. 1 StPO; vgl. BVerwG, Urt. v. 15.01.1979 – 2 BVR 995/78, NJW 1979, 1286). Die MAV kann sich im Zivilprozess, also auch im arbeitsgerichtlichen Verfahren, auf ein Aussageverweigerungsrecht nach § 383 Abs. 1 ZPO berufen, wenn keine Aussagegenehmigung vorliegt. 372

Hier besteht Unklarheit, wer eine solche Aussagegenehmigung erteilen kann. Nach *Baumann-Czichon/Dembski/Germer* (§ 22 Rn. 11) kann eine solche Aussagegenehmigung nur von demjenigen erteilt werden, der im Einzelfall ein berechtigtes Interesse an der Geheimhaltung hat. 373

Die MAV ist ein Organ der Dienststelle und damit nicht »Dritter« i. S. d. Datenschutzrechtes (§ 2 Abs. 10 Kirchengesetz über den Datenschutz der EKD v. 12.11.1993, ABl. EKD S. 55, geändert v. 07.11.2002, ABl.EKD S. 381). Somit unterliegt die Weitergabe von Daten an die MAV, die diese zur Erfüllung ihrer gesetzlichen Verpflichtung benötigt, keiner Einschränkung durch das Datenschutzrecht. 374

Die MAV kann nach § 22 Abs. 2 MVG.EKD durch Beschluss die Schweigepflicht ggü. der Dienststellenleitung und ggü. der Stelle, die die Aufsicht über die Dienststelle führt, aufheben. In der Praxis wird dieser Fall eher selten eintreten. 375

376 ▶ **Praxistipp:**

Personenkreis, welcher unter die Schweigepflicht fällt:
- die MAV-Mitglieder,
- die Ersatzmitglieder, unabhängig davon, ob sie die jeweiligen Informationen erhalten haben, weil sie in einer Sitzung anwesend waren,
- ehemalige MAV-Mitglieder,
- Mitglieder des Kirchengerichtes,
- Mitglieder der Helfer von Wahlvorständen,
- Beauftragte von Gewerkschaften und der Landeskirchen,
- Sachverständige,
- Vertretung der Jugendlichen und Auszubildenden (§ 49 MVG.EKD),
- Schwerbehindertenvertretung (§ 50 MVG.EKD),
- Vertrauensperson der Zivildienstleistenden (§ 53 MVG.EKD),
- Dienststellenleitung.

(*Andelewski/Küfner-Schmitt/Schmitt* § 22 Rn. 3).

377 ▶ **Praxistipp:**

Nach § 22 Abs. 2 MVG.EKD gilt die Schweigepflicht nicht innerhalb der MAV. Während der Arbeit der MAV muss offen diskutiert werden können.

378 Nach § 22 Abs. 1 MVG.EKD erstreckt sich die Schweigepflicht auch auf die Verhandlungsführung und das Verhalten in den Sitzungen der MAV. Das betrifft u. a. auch das Abstimmungsverhalten, somit kann jedes Mitglied der MAV in den Sitzungen der MAV seine Meinung äußern.

379 Hatte jedoch ein Mitglied der MAV nach § 34 Abs. 3 Satz 1 MVG.EKD Einblick in die Personalakte eines Mitarbeiters gewonnen, so besteht für dieses Mitglied der MAV Schweigepflicht über die Erkenntnisse der Personalakte soweit die Informationen nicht mit der betreffenden Entscheidung der MAV in Verbindung stehen. Sollte der Mitarbeiter jedoch eine Befreiung von der Schweigepflicht erteilt haben, wäre die Weitergabe auch in der Sitzung der MAV möglich (*Fey/Rehren* MVG.EKD § 22 Rn. 10, 11).

380 Ein Verstoß gegen die Schweigepflicht führt nach § 17 MVG.EKD zum Ausschluss des Mitglieds der MAV bzw. zur Auflösung der MAV. Verstöße können jedoch auch arbeitsvertragliche Konsequenzen haben, soweit diese von strafrechtlicher Relevanz sind. Die Verletzung der Schweigepflicht nach § 22 ist jedoch kein Straftatbestand i. S. v. § 203 Abs. 2 Nr. 2 oder § 353b Abs. 1 Nr. 3 StGB (»unbefugtes Offenbaren vor Geheimnissen«). Anders als im Personalvertretungsrecht ist die MAV keine Interessenvertretung, die unter den Anwendungsbereich dieses Strafgesetzes fällt. Eine analoge Anwendung der Vorschriften des Strafgesetzbuches scheidet aus (*Andelewski/Küfner-Schmitt/Schmitt* § 22 Rn. 12; *Baumann-Czichon/Dembski/Germer* § 22 Rn. 18).

381 **§ 22 Schweigepflicht**

»(1) Personen, die Aufgaben oder Befugnisse nach diesem Kirchengesetz wahrnehmen oder wahrgenommen haben, sind verpflichtet, über die ihnen dabei bekannt gewordenen

Angelegenheiten und Tatsachen Stillschweigen zu bewahren. Diese Schweigepflicht besteht nicht für Angelegenheiten oder Tatsachen, die offenkundig sind oder ihrer Bedeutung nach keiner Geheimhaltung bedürfen. Die Schweigepflicht besteht auch nach dem Ausscheiden aus der Mitarbeitervertretung oder aus dem Dienst- oder Arbeitsverhältnis. In Personalangelegenheiten gilt dies gegenüber den Betroffenen, bis das formale Beteiligungsverfahren in den Fällen der Mitberatung oder Mitbestimmung begonnen hat, insbesondere bis der Mitarbeitervertretung ein Antrag auf Zustimmung zu einer Maßnahme vorliegt. Die Schweigepflicht erstreckt sich auch auf die Verhandlungsführung und das Verhalten der an der Sitzung Teilnehmenden.

(2) Die Schweigepflicht besteht nicht gegenüber den anderen Mitgliedern der Mitarbeitervertretung. Sie entfällt auf Beschluss der Mitarbeitervertretung auch gegenüber der Dienststellenleitung und gegenüber der Stelle, die die Aufsicht über die Dienststelle führt.«

2. Sprechstunden, Aufsuchen am Arbeitsplatz

§ 28 MVG.EKD dient der MAV dazu, Kenntnis über die Probleme der Mitarbeiter, Beschwerden und Anregungen zu erlangen. Hierzu bestehen für die MAV zwei Möglichkeiten: 382
- sie kann die Mitarbeiter an ihren Arbeitsplätzen aufsuchen und vor Ort Anregungen, Fragen und Probleme entgegennehmen oder
- sie kann Sprechstunden einrichten.

Die Sprechstunde ermöglicht dann den Mitarbeitenden, die MAV aufzusuchen und ihre Anliegen dort zu erörtern.   383

a) Einrichtung der Sprechstunde

Nach § 28 Abs. 1 MVG.EKD kann die MAV während der Arbeitszeit Sprechstunden einrichten. Die MAV hat keine Verpflichtung zur Einrichtung einer solchen Sprechstunde. Sie entscheidet im pflichtgemäßen Ermessen, ob sie diese einführen möchte. Die Häufigkeit und Dauer der Sprechstunden bestimmt sich nach Größe und Art der Dienststelle, wobei auf besondere Belange der Dienststelle Rücksicht zu nehmen ist. Es bedarf keiner Zustimmung der Dienststellenleitung. Über Zeit und Ort ist jedoch Einvernehmen mit der Dienststellenleitung herzustellen. Kommt es zu Streitigkeiten über die Dauer der Sprechstunden, sind diese anhand der Erforderlichkeit und der Verhältnismäßigkeit zu beurteilen (*Richardi* § 39 Rn. 5; *Baumann-Czichon/Dembski/Germer* § 28 Rn. 5). Die MAV hat bei der Organisation der Sprechstunde darauf zu achten, dass eine Freistellung von Mitgliedern der MAV zur Abhaltung der Sprechstunde gem. § 19 Abs. 2 MVG.EKD nur möglich ist, wenn die Sprechstunden nicht in der Zeit einer eventuellen Freistellung nach § 20 MVG.EKD abgehalten werden. Sollten Mitglieder der MAV über Spezialkenntnisse verfügen, so können diese bei der jeweiligen Sprechstunde hinzugezogen werden (*Andelewski/Küfner-Schmitt/Schmitt* § 28 Rn. 11).   384

b) Aufsuchen am Arbeitsplatz

Nach Abs. 2 dürfen die Mitglieder der MAV Mitarbeiter am Arbeitsplatz aufsuchen, soweit dies zur Aufgabenwahrnehmung der MAV erforderlich ist. In § 35 MVG.EKD   385 werden die allgemeinen Aufgaben der MAV festgelegt. Insoweit ist der Rahmen bestimmt, da auch das Aufsuchen des Arbeitsplatzes zur ordnungsgemäßen Wahrnehmung dieser Rechte und Pflichten erforderlich sein muss. Auch hier ist keine Zustimmung der Dienststellenleitung erforderlich, jedoch darf der Arbeitsablauf in der Dienststelle nicht gestört werden, sodass die Mitglieder der MAV sich vor Verlassen des Arbeitsplatzes ordnungsgemäß abmelden müssen (BAG, Urt. v. 15.07.1992 – 7 AZR 466/91, NZA 1993, 220). Die Mitglieder der MAV müssen jedoch nicht über den Grund des Aufsuchens des Arbeitsplatzes informieren.

c) Versäumnis von Arbeitszeit, keine Minderung der Bezüge

386 ▶ Praxistipp:

Den Mitarbeitern darf durch den Besuch der Sprechstunde keine Minderung der Bezüge entstehen. Es wird keine Arbeitsbefreiung durch die Dienststellenleitung vorausgesetzt, lediglich die Abmeldung vom jeweiligen Vorgesetzten ist erforderlich.

387 Die Mitarbeiter sind jedoch verpflichtet, auf die dienstlichen Notwendigkeiten Rücksicht zu nehmen, sie können jedoch auch außerhalb der Sprechstunden Mitglieder der MAV aufsuchen (BAG, Beschl. v. 23.06.1983 – 6 ABR 65/80, AP Nr. 45 zu § 37 BetrVG). In dringenden Fällen muss es auch möglich sein, sich außerhalb der Sprechstunden der Anliegen der Mitarbeiterschaft anzunehmen. Im Übrigen kann die MAV auch auf ihre Sprechstunden verweisen.

388 Bei dem Arbeitsversäumnis der Mitglieder der MAV beim Abhalten der Sprechstunden gilt vorrangig, dass nach § 20 MVG.EKD die freigestellten Mitglieder der MAV diese Aufgabe zu erledigen haben. Liegt keine Freistellung nach § 20 MVG.EKD vor, ist für die Sprechstunde die notwendige Zeit ohne Minderung der Bezüge gem. § 19 Abs. 2 MVG.EKD zu gewähren (*Andelewski/Küfner-Schmitt/Schmitt* § 28 Rn. 15).

389 Bei Streitigkeiten über die Einrichtung oder Durchführung der Sprechstunde oder das Aufsuchen des Arbeitsplatzes ist das Kirchengericht zuständig. Individuell arbeitsrechtliche Ansprüche könnte ein Mitarbeiter auch vor dem ArbG einklagen. In der Praxis liegen solche Fälle jedoch kaum vor.

390 **§ 28 Sprechstunden, Aufsuchen am Arbeitsplatz**

»(1) Die Mitarbeitervertretung kann Sprechstunden während der Arbeitszeit einrichten. Ort und Zeit bestimmt sie im Einvernehmen mit der Dienststellenleitung.

(2) Die Mitglieder der Mitarbeitervertretung haben das Recht, Mitarbeiter und Mitarbeiterinnen der Dienststelle an den Arbeitsplätzen aufzusuchen, sofern dies zur Erfüllung ihrer Aufgaben erforderlich ist.

(3) Versäumnis von Arbeitszeit, die für den Besuch von Sprechstunden oder durch sonstige Inanspruchnahme der Mitarbeitervertretung erforderlich ist, hat keine Minderung der Bezüge zur Folge.

V. Ehrenamt, Behinderungs- und Begünstigungsverbot, Arbeitsbefreiung

§ 19 MVG.EKD ist die wesentliche Vorschrift in Bezug auf die Rechtsstellung der Mitglieder der MAV. In Abs. 1 wird festgelegt, dass es sich um ein unentgeltliches Ehrenamt handelt. In Abs. 2 wird die Freistellung von der beruflichen Tätigkeit des Mitglieds der MAV zur Wahrung der Aufgabenerledigung geregelt. 391

Abs. 3 enthält die Voraussetzungen für die Teilnahme von Mitgliedern der MAV an Schulungs- und Bildungsveranstaltungen. 392

Die Mitgliedschaft in der MAV ist ein kirchliches Ehrenamt. Die Unentgeltlichkeit des Ehrenamtes dient der inneren Unabhängigkeit der Mitglieder der MAV. Sie sollen ihr Amt unabhängig und unparteiisch führen können. Die Mitglieder der MAV sollen somit durch die Amtsausführung keine Vorteile und keine Nachteile erhalten (BAG, Beschl. v. 20.10.1993 – 7 AZR 581/92 [A], DB 1994, 334). 393

1. Begünstigungs-, Benachteiligungs- und Behinderungsverbot

Mitglieder der MAV dürfen in der Ausübung ihrer Tätigkeit weder behindert oder benachteiligt noch begünstigt werden. MAV und Dienststellenleitung stehen in einer gemeinsamen Verantwortung für den Dienst in der Kirche. Sie sollten gem. § 33 Abs. 1 MVG.EKD vertrauensvoll und partnerschaftlich zusammenarbeiten. Es ist Aufgabe der MAV, für die Aufgaben der Dienststelle sowie das Verständnis für den Auftrag der Kirche und der Diakonie einzutreten (*Baumann-Czichon/Dembski/Germer* § 19 Rn. 1). 394

Das Behinderungsverbot bezieht sich sowohl auf die MAV in ihrer Gesamtheit als auch auf die einzelnen Mitglieder der MAV. Es richtet sich dabei gegen jedermann und nicht nur gegen die Dienststellenleitung. Behinderung ist jede unzulässige Erschwerung, Störung oder Verhinderung der Arbeit der MAV (BAG, Beschl. v. 12.11.1997 – 7 ABR 14/97, AP Nr. 27 zu § 23 BetrVG). 395

▶ **Beispiel:** 396

Eine Behinderung liegt z. B. vor bei:
- Zuweisung von ungünstigen Arbeitsplätzen oder Arbeitszeiten,
- Beeinträchtigung des beruflichen Werdegangs,
- Mitglied der MAV wird bei einer Bewerbung auf eine freie Stelle trotz gleich Eignung ggü. einem Mitbewerber benachteiligt,
- Ablehnung einer Höhergruppierung, obwohl bei fiktiver Nachzeichnung des beruflichen Werdegangs dem Mitglieds der MAV die Tätigkeit hätte übertragen werden müssen (BAG, Urt. v. 27.06.2010 – 7 AZR 496/99, NZA 2002, 106),
- herabsetzende Äußerungen über die MAV in Form von Aushängen oder Intranet (LAG Niedersachsen, Beschl. v. 06.04.2004 – 1 TaBV 64/03, NZA–RR 2005, 78),
- Verweigerung der Arbeitsbefreiung wegen erhöhten Arbeitsanfalls,
- Verweigerung der Zurverfügungstellung geeigneter Sitzungsräume,
- mittelbare Benachteiligung z. B., dass ein Mitglied der MAV regelmäßig über seine vertraglich geschuldete Arbeitszeit hinaus zu weiteren Arbeitseinsätzen

herangezogen wird oder einen durch Tatsachen erhärteten Verdacht von Arbeitszeitmanipulation (KGH.EKD, Beschl. v. 24.01.2005 – II-0124/K6-04, ZMV 2006, 33),
- Entfernung von Anschlägen der MAV vom schwarzen Brett,
- Speicherung der Zielnummer der Gespräche der MAV,
- Äußerung der Dienststellenleitung zur Arbeit der MAV und deren Folgen,
- Äußerung der Dienststellenleitung über die Kosten der Mitarbeitervertretungsarbeit.

397 Der MAV steht bei der Störung oder Behinderung ihrer Arbeit ein Unterlassungsanspruch aus § 19 Abs. 1 MVG.EKD zu (BAG, Beschl. v. 12.11.1997 – 7 ABR 14/97, AP Nr. 27 zu § 23 BetrVG). Der MAV ist ein erheblicher Gestaltungsraum eingeräumt. Es ist Sache ihres pflichtgemäßen Ermessens, in welcher Weise sie ihre gesetzlichen Aufgaben erfüllen will, sofern dadurch keine Störungen des Arbeitsablaufes oder des Betriebsfriedens entsteht (LAG Hessen, Urt. v. 17.02.1997 – 11 Sa 1776/96, ZMV 1998, 246). Das Benachteiligungs- und Begünstigungsverbot soll sicherstellen, dass die Mitglieder der MAV nicht anders behandelt werden als andere Mitarbeiter und ergänzt die Unentgeltlichkeit des § 19 Abs. 1 Satz 1 MVG.EKD.

398 ▶ **Beispiel:**

Die Benachteiligung eines einzelnen Mitglieds der MAV ist z. B.:
- die Kündigung des Mitglieds der MAV, obwohl andere Mitarbeiter gleichermaßen betroffen waren,
- keine Übernahme aus dem befristeten Beschäftigungsverhältnis in ein Dauerarbeitsverhältnis wegen der MAV-Arbeit,
- Angabe der MAV-Tätigkeit im Zeugnis, obwohl dies ausdrücklich nicht gewünscht ist.

399 Wegen der notwendigen Teilnahme an Sitzungen oder sonstiger Wahrnehmung von Aufgaben als MAV kann ein Mitglied der MAV häufig nicht in dem Umfang zu Schichtdiensten oder sonstigen Diensten zu ungünstigen Zeiten eingeteilt werden. Eine dadurch bedingte Entgeltänderung ist wegen des Benachteiligungsverbots auszugleichen. Der Höhe nach bemisst sich der Nachteilsausgleich aus der Entgeltminderung ggü. vergleichbaren Mitarbeitern. Die Vergütung des Mitglieds der MAV nimmt daher an Schwankungen teil, die denen vergleichbarer Arbeitnehmer aus betrieblichen Gründen unterworfen sind (*Baumann-Czichon/Dembski/Germer* § 19 Rn. 7; BAG, Urt. v. 17.05.1977 – 1 AZR 458/74, AP Nr. 28 zu § 37 BetrVG 1972).

400 ▶ **Praxistipp:**

Auch Begünstigungen wegen der MAV-Tätigkeit fallen unter § 19 Abs. 1 MVG.EKD. Darunter fallen z. B. Geschenke, unbegründete Höhergruppierungen, zusätzlicher Urlaub, überhöhte Aufwandsentschädigung etc.

2. Arbeitsbefreiung

Der Umfang der Befreiung von der Arbeit eines Mitglieds der MAV richtet sich nach dem Umfang der Aufgaben, die die MAV wahrnimmt. Voraussetzungen für den Freistellungsanspruch: 401

Eine Aufgabe der MAV, die das Mitglied der MAV erledigen muss: 402
– die Arbeitsbefreiung muss für die Tätigkeit notwendig sein,
– die konkrete Aufgabe kann nicht von den nach 20 freigestellten Mitgliedern i. R. d. Freistellung erledigt werden,
– die dienstlichen Notwendigkeiten müssen berücksichtigt werden,
– in formeller Hinsicht muss sich das MAV-Mitglied bei seinem Vorgesetzten für die Aufgabenerledigung abmelden.

(*Andelewski/Küfner-Schmitt/Schmitt* § 19 Rn. 13)

Den Mitgliedern der MAV steht die Entscheidung zu, i. R. d. pflichtgemäßen Ermessens zu entscheiden, ob die Arbeitsbefreiung und damit die Erledigung der Aufgaben der MAV notwendig sind (BAG, Beschl. v. 06.08.1991, DB 1992, 758). Die MAV muss darauf achten, dass grds. die laufenden Aufgaben der MAV, sollte ein Mitglied der MAV freigestellt sein, von diesen wahrzunehmen ist. Nach § 19 Abs. 2 MVG.EKD findet die Tätigkeit der MAV grds. während der Arbeitszeit statt. Die Mitglieder der MAV müssen bei ihrer Aufgabenwahrung auf die Belange der Dienststelle Rücksicht nehmen. Das einzelne Mitglied der MAV muss sich bei Abwesenheit vom Arbeitsplatz beim jeweiligen Dienstvorgesetzten ab- und rückmelden (OVG Niedersachsen, Urt. v. 01.04.1998, NZA-RR 1999, 351). Ein persönliches Abmelden bei der Dienststellenleitung kann der Dienstgeber nicht verlangen (BAG, Beschl. v. 13.05.1997 – 1 ABR 2/97, 1 ABR 75/79, NZA 1997, 1062). Ebenso ist eine weitere Begründung für die Abwesenheit ggü. dem Dienstgeber nicht erforderlich (BAG, Urt. v. 15.03.1995 – 7 AZR 643/94, DB 1995, 1514). 403

▶ **Praxistipp:** 404

Folgende Tätigkeiten rechtfertigen die Arbeitsbefreiung:
– Sitzungen der MAV und ihre Ausschüsse (§§ 23 ff. MVG.EKD),
– Verfassung der Protokolle (§ 27 MVG.EKD),
– Sprechstunden und Aufsuchen der Mitarbeiter am Arbeitsplatz (§ 28 MVG.EKD),
– Vor- und Nachbereitungsarbeiten im Zusammenhang mit den Aufgaben der MAV,
– Teilnahme an Sitzungen der Mitarbeiterversammlungen.

▶ **Praxistipp:** 405

Nicht zu den Tätigkeiten der MAV gehören:
– Besuch von ArbG- oder Gerichtsverhandlungen (BAG v. 15.05.1983 und 31.08.1994, AP Nr. 44 und 98 zu § 37 BetrVG 1972),
– Besuch bei anderen MAV,

- Teilnahme an Veranstaltungen mit rein gewerkschaftlichem Charakter (*Baumann-Czichon/Dembski/Germer* § 19 Rn. 11; *Fey/Rehren* MVG.EKD § 19 Rn. 5 ff.).

406 Bei einer missbräuchlichen Inanspruchnahme der Arbeitsbefreiung liegt zunächst ein Verstoß gegen § 17 MVG.EKD vor und kann in besonders schwerwiegenden Fällen auch ein Verstoß gegen die Pflichten aus dem Arbeitsverhältnis darstellen (*Fey/Rehren* MVG.EKD § 19 Rn. 5a).

407 Nach § 19 Abs. 2 Satz 2 MVG.EKD ist ein Mitglied der MAV, welchem die volle Ausübung seines Amtes innerhalb seiner Arbeitszeit nicht möglich ist, auf Antrag von den ihm obliegenden Aufgaben in angemessenem Umfang zu entlasten, z. B. ist bei Mitgliedern der MAV, die als Lehrkräfte tätig sind, die zu gewährende Arbeitsbefreiung durch Reduzierung der Regelunterrichtsverpflichtung zu ermöglichen (SchlSt.EKD v. 09.12.1996, EKA Freistellung Lehrer Nr. 1). Der Antrag des Mitglieds der MAV ist von der Dienststellenleitung nach pflichtgemäßem Ermessen zu entscheiden. Die Entlastung kann dabei durch eine zeitliche Einschränkung der dienstlichen Aufgaben oder durch eine Einschränkung des Aufgabenbereiches erfolgen. Soweit erforderlich soll die Dienststellenleitung für eine Ersatzkraft sorgen.

408 Ausnahmsweise ermöglicht § 19 Abs. 2 Satz 5 MVG.EKD einen Freizeitausgleich für Zeiten, die über die vereinbarte Arbeitszeit hinaus durch die Tätigkeit für die MAV anfallen.

409 ▶ **Praxistipp:**

Die MAV-Tätigkeit außerhalb der Arbeitszeit wird in der Praxis oft bei Schichtdiensten oder Teilzeitbeschäftigten vorliegen, z. B. wenn ein Mitglied der MAV nur vormittags arbeitet und die Sitzungen der MAV am Nachmittag stattfinden. Für diese Fälle sieht das MVG ausnahmsweise auf Antrag Freizeitausgleich vor.

410 Dienstliche Gründe in diesem Sinne liegen z. B. auch dann vor, wenn die Arbeitsorganisation, d. h. etwa der Dienstplan, verhindert, dass ein Mitglied der MAV während seiner Arbeitszeit an Sitzungen teilnehmen kann. Auf Antrag des Mitglieds der MAV wird Freizeitausgleich gewährt für den zusätzlichen Zeitaufwand, ein Anspruch auf Überstundenzuschläge besteht für diesen Zeitraum nicht (BAG, Urt. v. 22.05.1986 – 6 AZR 557/85, AP Nr. 6 zu § 46 BPersVG). Die Dienststellenleitung darf für die Erforderlichkeit der Tätigkeit der MAV außerhalb der vertraglichen Arbeitszeit oder über diese hinaus einen Nachweis verlangen (LAG Berlin, Beschl. v. 14.07.2000 – 6 TaBV 934/00, NZA-RR 2001, 313). Reisezeiten aus Anlass der Mitarbeitervertretungstätigkeit sind so zu behandeln wie Dienstreisen der Mitarbeiter der Dienststelle (LAG Sachsen, Urt. v. 04.07.2001 – 3 Sa 876/00, NZA-RR 2002, 471). Alle Ehrenämter nach dem Mitarbeitervertretungsgesetz (MAV-Mitglieder, Wahlvorstand, Wahlbewerber, Vertrauensperson der Schwerbehinderten usw.) haben den gesetzlichen Unfallversicherungsschutz (*Fitting* BetrVG § 37 Rn. 14 m. w. N.).

V. Ehrenamt, Behinderungs- und Begünstigungsverbot, Arbeitsbefreiung   E.

3. Arbeitsbefreiung zur Teilnahme an Tagungen und Lehrgängen

Die ordnungsgemäße Erledigung der Aufgaben und Tätigkeiten als Mitglied der MAV   411
erfordert vielfältige Kenntnisse für deren Erwerb ein Rechtsanspruch auf Schulungen und Lehrgänge besteht. Erforderlich sind Kenntnisse sowohl im Mitarbeitervertretungsrecht als auch in Einzelfragen des Arbeitsrechts. Aus dem Gebot der sparsamen Verwendung von Mitteln der Dienststelle folgt darüber hinaus, dass die Mitarbeitervertreter in der Lage sein müssen, ihre Arbeit rationell und effektiv zu organisieren. Die erforderlichen Kenntnisse können sich MAV somit sowohl durch Eigenstudium als auch durch Teilnahme an Tagungen und Lehrgängen verschaffen. Der Freistellungsanspruch richtet sich nach den konkreten Umständen des Einzelfalles, vor allem der Größe der MAV sowie dem bereits vorhandenen individuellen Kenntnisstand. Der unbestimmte Rechtsbegriff der »Erforderlichkeit« ergibt für die MAV einen Bewertungsspielraum.

▶ Praxistipp: 412

Bei der Prüfung der Erforderlichkeit der Schulung ist Folgendes zu berücksichtigen:
1) Die Beurteilung richtet sich nach dem Prüfmaßstab, ob ein vernünftiger Dritter in Abwägung der Interessen der MAV und der Mitarbeiterschaft einerseits und andererseits der Interesse der Dienststelle eine derartige Entscheidung getroffen hätte (SchSt.Konföderation v. 24.04.2006, EkA Schulung Nr. 9). Grundkenntnisse des Arbeitsrechtes, d. h. aktuelle oder in absehbarer Zeit anzuwendende tarifliche Bestimmungen sind generell erforderlich i. s. v. § 19 Abs. 3 Satz 1. Ein Schulungsbedarf von neuen Mitgliedern der MAV ist damit generell anzuerkennen.
2) Für Spezialkenntnisse muss ein konkreter dienststellenbezogener Anlass vorliegen.

▶ Praxistipp: 413

Das jeweilige Mitglied der MAV muss in Bezug auf Schulungen und Fortbildungen nicht über diese einschlägigen Kenntnisse verfügen.

Es ist die Frage zu stellen, ob alle Mitglieder der MAV Schulungsmaßnahmen wahr-   414
nehmen können.

▶ Praxistipp: 415

Es besteht für jedes Mitglied der MAV ein Anspruch auf eine Schulung, die Grundwissen im Arbeitsrecht und Mitarbeitervertretungsrecht vermittelt. Bei Spezialwissen ist es ausreichend, wenn nur einzelne Mitglieder der MAV eine Fortbildung besuchen.

Spezialschulungen liegen dabei vor, wenn für bestimmte Tätigkeiten der MAV Kennt-   416
nisse vermittelt werden, die über das Grundwissen hinausgehen (s. *Fey/Rehren* § 19 Rn. 10a; BVerwG, Beschl. v. 11.07.2006 – 6 PB 8.06, ZTR 2006, 611). Erforderlich ist eine Schulung für die Aufgabenerledigung der MAV dann nicht, wenn nur

E. Das Amt der MAV

in geringem Umfang Sachverhalte für die Tätigkeit der MAV erörtert werden (BAG, Beschl. v. 29.01.1974 – 1 ABR 41/73, AP Nr. 5 zu § 40 BetrVG). Nimmt der nicht erforderliche Teil der Schulung einen größeren Raum ein, so ist zu prüfen, ob sich die Schulung in erforderliche und nicht erforderliche Teile trennen lässt und ein nur zeitweiliger Besuch der Veranstaltung möglich ist. Bei einer bevorstehenden Neuwahl besteht ein Anspruch auf Teilnahme an einer Schulungsveranstaltung, wenn die dem Mitglied der MAV in der Schulung vermittelten Kenntnisse noch in der laufenden Amtszeit der MAV eingebracht werden können (BAG, Urt. v. 28.08.1996 – 7 AZR 840/95, NZA 1997, 169). Sollte dies nicht der Fall sein und die Kenntnisse können nicht mehr bis zum Ablauf der Amtszeit eingesetzt werden, so ist die Schulung nach § 19 Abs. 3 MVG.EKD nicht erforderlich (BAG, Urt. v. 07.05.2008 – 7 AZR 70/07, NZA-RR 2009, 195; BAG, Beschl. v. 17.11.2010 – 7 ABR 113/09). Der Schulungsanspruch besteht auch für eingerückte Ersatzmitglieder. Auch eine für eine verkürzte Amtszeit gewählte MAV hat den entsprechenden Anspruch auf Fortbildung (*Andelewski/Küfner-Schmitt/Schmitt* § 19 Rn. 33). Ein Rhetorikseminar für den MAV-Vorsitzenden kann im Einzelfall erforderlich sein (BAG, Beschl. v. 12.01.2011 – 7 ABR 94/09, ZMV 2011, 230).

417 ▶ **Beispiel:**

Berücksichtigungsfähigkeit einzelner Schulungs- und Lehrgangsthemen:
– **Mobbing:**
Anspruch besteht, wenn aufgrund von betrieblichen Konflikten ein Handlungsbereich der MAV gegeben ist (BAG, Beschl. v. 15.01.1997 – 7 ABR 14/96, DB 1997, 1475).
– **Managementtechniken:**
Anspruch besteht, wenn ein betrieblicher Bezug dargelegt wird (BAG, Beschl. v. 14.09.1994 – 7 ABR 27/94, NZA 1995, 381).
– **Gewerkschaftspolitische Tagungen:**
Diese sind nicht berücksichtigungsfähig (BVerwG, Beschl. v. 27.04.1979 – 6 P 45.78, BVerwGE 58, 54).
– **Grundkenntnisse des Sozial- und Sozialversicherungsrechtes:**
Ohne konkrete Probleme und/oder auf die Dienststelle bezogenen Anlass sind diese Grundkenntnisse nicht erforderlich (BAG, Beschl. v. 04.06.2003 – 7 ABR 42/02, NZA 2003, 1284).
– **Schulungsveranstaltungen »schriftliche Kommunikation im Betrieb«:**
Diese sind berücksichtigungsfähig (BAG, Urt. v. 15.02.1995 – 7 AZR 670/94, NZA 1995, 1036).
– **PC-Schulung:**
Wenn aktuelle oder absehbare mitarbeitervertretungsrelevante Anlässe die Schulung erfordern, ist ein Anspruch gegeben (BAG, Beschl. v. 19.07.1995 – 7 ABR 49/94, DB 1995, 2379).
– **Qualitätsmanagement:**
Eine Schulung zum Thema Qualitätsmanagement DIN ISO 9001 bis 9004 kann erforderlich sein, wenn der Dienstgeber plant, ein solches

V. Ehrenamt, Behinderungs- und Begünstigungsverbot, Arbeitsbefreiung   E.

Qualifizierungssicherungsinstrument einzuführen, weil sich hieraus Konsequenzen für die am Arbeitsprozess teilnehmenden Mitarbeiter ergeben könnten.
– **Umweltschutz:**
Dieser ist Aufgabe der MAV nach § 34 Abs. 3g MVG.EKD, somit erforderliche Schulung.
(*Fey/Rehren* MVG.EKD § 19 Rn. 10b).

4. Zeitaufwand für Lehrgänge und Tagungen außerhalb der Arbeitszeit

Nach § 19 Abs. 3 i. V. m. § 19 Abs. 2 MVG.EKD führt eine Teilnahme an Veranstaltungen und Schulungen, welche außerhalb der persönlichen Arbeitszeit des Mitglieds der MAV stattfinden, nicht zu einem Freizeitausgleich, da die Teilnahme an Schulungen keine Tätigkeit i. S. d. § 19 Abs. 2 MVG.EKD darstellt (BAG, Urt. v. 27.06.1990 – 7 AZR 292/89, AP Nr. 76 zu § 37 BetrVG; VerwG der Evang. Kirche in Berlin-Brandenburg v. 21.07.1994 – VG 1/94). Dies gilt ebenso für die Zeiten der An- und Abreise zur Schulungsveranstaltung. Neu seit dem 01.01.2010 ist die Regelung der Berücksichtigung der Arbeitszeit von teilzeitbeschäftigten Mitgliedern der MAV im Mitarbeitervertretungsgesetz. In der Vergangenheit wurde bei teilzeitbeschäftigten Mitgliedern der MAV, welche an Lehrgängen und Schulungen teilgenommen haben, max. die arbeitsvertraglich vereinbarte Arbeitszeit angerechnet und nicht die tatsächlich zeitliche Inanspruchnahme. Der Europäische Gerichtshof hat hierzu festgestellt (EuGH, Urt. v. 06.02.1996 – C-457/93, Urt. v. 07.03.1996 – C-278/93, NZA 1996, 319, 430), dass die Nichtberücksichtigung des Zeitaufwandes zu einer mittelbaren Geschlechterdiskriminierung der teilzeitbeschäftigten Betriebsratsmitglieder führt. Für den Bereich des MVG.EKD hat das BAG (BAG, Urt. v. 11.11.2008 – 1 AZR 646/07, ZMV 2009, 1998) festgestellt, dass die teilzeitbeschäftigten Mitarbeiter keinen Rechtsanspruch auf Freizeitausgleich haben, wenn sie über die vertraglich vereinbarte Arbeitszeit hinaus an Schulungsveranstaltungen teilnehmen. Dies stellt eine faktische Benachteiligung von teilzeitbeschäftigten Mitgliedern der MAV dar, sodass durch die 5. Änderung zum MVG mit Wirkung zum 01.01.2010 nunmehr auch teilzeitbeschäftigte Mitglieder der MAV die tatsächliche zeitliche Inanspruchnahme durch die Fortbildung oder Schulung angerechnet bekommen. Dies ist jedoch beschränkt auf die regelmäßige Arbeitszeit eines vollzeitbeschäftigten Mitglieds (*Fey/Rehren* MVG.EKD § 19 Rn. 11b). 418

▶ **Beispiel:** 419

Die MAV entscheidet über die Erforderlichkeit der Teilnahme an einer Schulungs- und Fortbildungsveranstaltung. Auch welches Mitglied der MAV entsandt wird, entscheidet die MAV nach pflichtgemäßem Ermessen. Nach Aufforderung durch die Dienststellenleitung hat die MAV darzulegen, welche Gründe zu der von ihr getroffenen Auswahl geführt haben. Auch Ersatzmitglieder können zu Schulungsveranstaltungen gesendet werden, wenn dies im Einzelfall zur Gewährleistung der Arbeitsfähigkeit der MAV erforderlich ist (BAG, Beschl. v. 19.09.2001 – 7 ABR 32/00, DB 2002, 51).

420 Die Dienststellenleitung kann die Arbeitsbefreiung nur dann versagen, wenn die entsprechenden Voraussetzungen der Teilnahme an Schulungen und Fortbildungsveranstaltungen nicht vorliegen bzw. die dienstlichen Notwendigkeiten nicht ausreichend berücksichtigt worden sind. Es kommt dabei auf die konkrete Situation an. Das Mitglied der MAV muss vor Teilnahme einer Fortbildungsveranstaltung die Arbeitsbefreiung durch die Dienststellenleitung genehmigen lassen. Im Streitfall muss die MAV zunächst die Entscheidung des Kirchengerichtes abwarten.

5. Kostentragung für die Schulungs- und Fortbildungsveranstaltung

421 Die Kostentragung richtet sich nach § 30 Abs. 2 MVG.EKD, da es sich bei den Schulungskosten um Kosten handelt, die durch die Tätigkeit der MAV entstanden sind. Zu ersetzen sind nur die erforderlichen Kosten, d. h. die MAV hat deshalb bei ihrer Auswahl der Schulungsveranstaltungen zu prüfen, ob nicht eine gleichwertige Schulung günstiger zu bekommen ist (BAG, Beschl. v. 15.05.1996 – 6 ABR 74/83, BAGE 52, 78).

422 ▶ **Praxistipp:**

Dabei muss sich jedoch die MAV nicht auf kostengünstigere, qualitativ schlechtere Schulungen verweisen lassen. Aufgrund des Grundsatzes der Verhältnismäßigkeit muss die finanzielle Belastbarkeit der Dienststelle beachtet werden.

423 Auch die Auswahl hinsichtlich des Ortes der Schulungsveranstaltungen ist zu berücksichtigen. Eine weitere Entfernung ist i. d. R. mit Reisekosten verbunden, sodass hier einer Schulungsveranstaltung der Vorzug gegeben werden muss, welche in der Nähe der Dienststelle stattfindet.

424 Die Kostenerstattung des Dienstgebers wird jedoch durch den Grundsatz eingeschränkt, dass Gewerkschaften aus den Schulungsveranstaltungen keinen Gewinn erzielen dürfen; MAV bzw. Gewerkschaft sind daher verpflichtet, die bei einer gewerkschaftlichen Schulung entstehenden tatsächlichen und erstattungsfähigen Kosten im Einzelnen entsprechend aufzuschlüsseln (*Fey/Rehren* MVG.EKD § 19 Rn. 16).

425 Nach § 19 Abs. 3 Satz 1 MVG.EKD hat das Mitglied der MAV einen individuellen Anspruch auf Arbeitsbefreiung von max. vier Wochen während einer Amtszeit zur Teilnahme an Tagungen und Lehrgängen. Nach Satz 2 kann eine andere Aufteilung dieser Individualansprüche durch Dienstvereinbarung geregelt werden. Dies führt jedoch nicht zu einer Erhöhung des Gesamtfortbildungsanspruches der MAV, sondern nur zu einer anderen Verteilung innerhalb der MAV.

426 Zur Klärung von Streitigkeiten in Bezug auf das Behinderungs-/Begünstigungsverbot der Arbeitsbefreiung und des Schulungsanspruches kann das Kirchengericht nach § 60 Abs. 1 MVG.EKD angerufen werden.

VI. Freistellung der Mitglieder der MAV E.

§ 19 Ehrenamt, Behinderungs- und Begünstigungsverbot, Arbeitsbefreiung 427

»(1) Die Mitglieder der Mitarbeitervertretung üben ihr Amt unentgeltlich als Ehrenamt aus. Sie dürfen weder in der Ausübung ihrer Aufgaben oder Befugnisse behindert noch wegen ihrer Tätigkeit benachteiligt oder begünstigt werden.

(2) Die für die Tätigkeit notwendige Zeit ist den Mitgliedern der Mitarbeitervertretung ohne Minderung ihrer Bezüge innerhalb der allgemeinen Arbeitszeit zu gewähren, soweit die Aufgaben nicht in der Zeit der Freistellung nach § 20 erledigt werden können. Ist einem Mitglied der Mitarbeitervertretung die volle Ausübung seines Amtes in der Regel innerhalb seiner Arbeitszeit nicht möglich, so ist es auf Antrag von den ihm obliegenden Aufgaben in angemessenem Umfang zu entlasten. Dabei sind die besonderen Gegebenheiten des Dienstes und der Dienststelle zu berücksichtigen. Soweit erforderlich soll die Dienststellenleitung für eine Ersatzkraft sorgen. Können die Aufgaben der Mitarbeitervertretung aus dienstlichen Gründen nicht innerhalb der Arbeitszeit wahrgenommen werden, so ist hierfür auf Antrag Freizeitausgleich zu gewähren.

(3) Den Mitgliedern der Mitarbeitervertretung ist für die Teilnahme an Tagungen und Lehrgängen, die ihnen für die Tätigkeit in der Mitarbeitervertretung erforderliche Kenntnisse vermitteln, die dafür notwendige Arbeitsbefreiung ohne Minderung der Bezüge oder des Erholungsurlaubs bis zur Dauer von insgesamt vier Wochen während einer Amtszeit zu gewähren. Berücksichtigt wird die tatsächliche zeitliche Inanspruchnahme, höchstens aber die bis zur täglichen Arbeitszeit einer vollzeitbeschäftigten Mitarbeiterin oder eines vollzeitbeschäftigten Mitarbeiters. Über die Aufteilung des Anspruchs auf Arbeitsbefreiung zur Teilnahme an Tagungen und Lehrgängen auf die einzelnen Mitglieder kann eine Dienstvereinbarung abgeschlossen werden. Die Dienststellenleitung kann die Arbeitsbefreiung versagen, wenn dienstliche Notwendigkeiten nicht ausreichend berücksichtigt worden sind.«

VI. Freistellung der Mitglieder der MAV

Oftmals bereitet in den Dienststellen die allgemeine Freistellung nach § 19 Abs. 2 MVG.EKD in der Praxis erhebliche Schwierigkeiten. Die Mitglieder der MAV werden aus ihrer Arbeit herausgerissen und müssen sich um eine Vertretung kümmern. Auch aus Sicht der Dienststelle bereitet die Aufgabenerledigung oftmals Schwierigkeiten. 428

▶ **Praxistipp:** 429

Nach § 20 MVG.EKD besteht daher die Möglichkeit, nicht nur ein Mitglied der MAV freizustellen, sondern die Freistellung zwischen mehreren MAV-Mitgliedern hälftig oder in höherem Umfang zu verteilen.

Im Gegensatz zur Arbeitsbefreiung nach § 19 Abs. 2 MVG.EKD muss dann in diesen Fällen keine im Einzelfall durchgeführte Abmeldung ggü. dem Vorgesetzten erfolgen, da es sich hierbei um eine pauschale Freistellung handelt (BAG, Beschl. v. 26.07.1989 – 7 ABR 64/88, AP Nr. 10 zu § 38 BetrVG 1972). 430

1. Dienstvereinbarung über eine Freistellungsregelung

Über die Freistellung von Mitgliedern der MAV soll eine Vereinbarung abgeschlossen werden. Ob dies eine Dienstvereinbarung sein muss, ist strittig. Aufgrund einer Entscheidung des Kirchengerichtshofs der EKD (KGH.EKD, Beschl. v. 431

26.05.2010 – I-0124/R73-09) hat das Gericht auch die Möglichkeit einer sog. Regelungsabrede anerkannt, sodass in dem Fall des § 20 Abs. 1 MVG.EKD nicht die zwingenden Voraussetzungen der Dienstvereinbarung nach § 36 MVG.EKD eingehalten werden müssen (*Andelewski/Küfner-Schmitt/Schmitt* § 20 Rn. 2). Durch die Möglichkeit der vertraglichen Lösungen soll auf die Gegebenheiten der Dienststelle konkreter eingegangen werden können. Eine solche Dienstvereinbarung oder Vereinbarung kann nicht erzwungen werden. Vor dem Kirchengericht besteht gem. § 36 Abs. 5 i. V. m. § 60 Abs. 2 MVG.EKD lediglich die Möglichkeit, dass das Gericht einen Vermittlungsvorschlag unterbreitet. Kommt keine Dienstvereinbarung bzw. Vereinbarung bei Dienststellen mit mindestens 151 Beschäftigten zustande, bleibt es bei der Anwendung von § 19 Abs. 2 MVG.EKD. Die geschlossene Vereinbarung besteht für die Dauer der Amtszeit der MAV. Der Abschluss der Vereinbarung ist nicht nur zu Beginn der Amtszeit möglich, sondern auch jederzeit zwischendrin.

432 ▶ **Praxistipp:**

In der Vereinbarung sollte u. a. geregelt werden:
- welche Mitglieder bzw. welches Mitglied der MAV freigestellt wird,
- in welchem Umfang die Freistellung erfolgt,
- zu welchen Zeiten freigestellt wird,
- eine Ersatzfreistellung für den Fall, dass der Verhinderung oder der Abwesenheit von dem freigestellten Mitgliedern der MAV.

2. Freistellung nach der Staffel (§ 20 Abs. 2 MVG.EKD)

433 Die MAV hat unter den Voraussetzungen des § 20 Abs. 2 MVG.EKD einen Rechtsanspruch auf Freistellung gem. des in § 20 Abs. 2 MVG.EKD geregelten Umfangs. Den Anspruch auf Freistellung kann eine MAV erst dann geltend machen, wenn in ihrer Dienststelle i. d. R. 151 Mitarbeiter beschäftigt werden. Entscheidend ist hierfür die Zahl der tatsächlich beschäftigten Mitarbeiter, wobei grds. auch Teilzeitbeschäftigte darunter fallen. Eine Ausnahme bilden lediglich die Teilzeitkräfte mit einer Wochenarbeitszeit von nicht mehr als zehn Stunden. Nach Abs. 2 Satz 2 zählen diese entsprechend ihrem Anteil an der regelmäßigen wöchentlichen Arbeitszeit der Vollbeschäftigten (*Fey/Rehren* MVG.EKD § 20 Rn. 3). Kommt es während der Amtszeit der MAV zu Schwankungen, ist die Zahl der freizustellenden Mitglieder der MAV entsprechend nach oben oder nach unten anzupassen, es sei denn, die von der MAV wahrzunehmenden Aufgaben haben sich nicht entsprechend geändert (*Baumann-Czichon/Dembski/Germer* § 20 Rn. 8, KGH.EKD, Beschl. v. 29.09.2009, ZMV 2010, 93; KGH.EKD, Beschl. v. 23.11.2009 – I-0124/R50-09, ZMV 2010, 92).

434 Die Freistellung erfolgt im Regelfall zur Hälfte. Damit soll Mitgliedern der MAV der Kontakt zu ihrer jeweiligen beruflichen Tätigkeit erhalten bleiben. In der Praxis ist darüber zu entscheiden, wie die Freistellung erfolgt. Dies soll mit der Dienststellenleitung erörtert werden. Denkbar wäre eine Freistellung um die Hälfte der täglichen Arbeitszeit bzw. eine Freistellung an bestimmten Wochenarbeitstagen. Bei einer Freistellung von teilzeitbeschäftigten Mitarbeitern kann es dazu führen, dass diese zu »hauptberuflichen

Mitarbeitervertretern« werden, da im Einzelfall nur noch eine sehr geringe oder gar keine Arbeitsleistung mehr zu erbringen wäre. Die teilzeitbeschäftigten Mitglieder der MAV haben während der Dauer ihrer Freistellung keinen Anspruch auf Aufstockung ihrer individuell vereinbarten Arbeitszeit (*Fey/Rehren* MVG.EKD § 20 Rn. 3).

3. Auswahl der freizustellenden Mitglieder der MAV

Nach § 20 Abs. 4 MVG.EKD trifft die MAV die Entscheidung, wer freigestellt wird. Die Entscheidung benötigt einen einfachen Beschluss nach § 26 MVG.EKD. Nach Abs. 4 ist es jedoch erforderlich, dass eine Erörterung mit der Dienststellenleitung im Vorfeld des Beschlusses erfolgt. Diese Erörterung ist in einer ordnungsgemäß einberufenen Sitzung der MAV durchzuführen (BAG, Beschl. v. 29.04.1992 – 7 ABR 74/91, NZA 1993, 329), d. h. die Erörterung muss zwischen Dienststellenleitung und der gesamten MAV stattfinden (*Andelewski/Küfner-Schmitt/Schmitt* § 20 Rn. 14). Sollte eine solche Erörterung nicht stattfinden, wäre ein eventuell getroffener Freistellungsbeschluss unwirksam. 435

Die Dienststellenleitung kann den Freistellungsbeschluss nur dann beanstanden, wenn die dienstlichen Notwendigkeiten von der MAV nicht ausreichend berücksichtigt wurden oder der Umfang der Freistellung nicht den Voraussetzungen des § 20 Abs. 2 MVG.EKD entspricht. Bei der Berücksichtigung der dienstlichen Notwendigkeiten handelt es sich um einen unbestimmten Rechtsbegriff. In der jeweiligen Dienststelle ist vorhandene Arbeitskonzeption und Arbeitsorganisation mit zu berücksichtigen (VerwG.EKD, Beschl. v. 11.03.1999 – 0124/C21-98, ZMV 1999, 139). Weigert sich die Dienststellenleitung im Einzelfall, nach einer ordnungsgemäßen Erörterung und einem Freistellungsbeschluss der MAV diesen zu vollziehen, kann die MAV das Kirchengericht anrufen. Die Dienststellenleitung hat in einem solchen Fall den Nachweis für die dienstlichen Notwendigkeiten zu führen, wobei hier besonders hohe Anforderungen gestellt werden. 436

▶ **Praxistipp:** 437

Sollte ein freigestelltes Mitglied der MAV durch Urlaub, Krankheit oder Schulungsmaßnahmen zeitweise verhindert sein, kann die MAV grds. keine entsprechende Ersatzfreistellung erlangen.

Bei einer längerfristigen Verhinderung des Freigestellten kommt eine Freistellung eines weiteren Mitglieds in Betracht. Die MAV muss dabei nachweisen, dass die ordnungsgemäß Durchführung ihrer gesetzlichen Aufgaben nicht mehr mit der konkreten Arbeitsbefreiung nach § 19 Abs. 2 MVG.EKD möglich ist. (BAG, Beschl. v. 09.07.1997 – 7 ABR 18/96, NZA 1998, 194). Die monatliche Vergütung der Freigestellten wird entsprechend weitergezahlt, dazu gehören auch die vor der Freistellung regelmäßig anfallenden Zuschläge z. B. Nacht-, Feiertags-, Sonntags- und auch die Schichtzulage (BAG, Urt. v. 29.07.1980 – 6 AZR 1098/78, AP Nr. 1 zu § 46 BPersVG). Dies stellt eine unmittelbare Folge des Benachteiligungsverbots des § 19 Abs. 1 MVG.EKD dar. Nicht verlangen können Mitglieder der MAV, dass ihnen während der Freistellung zusätzlich zum Bruttoarbeitsentgelt die Nettolohndifferenz gezahlt wird, die sich 438 daraus ergibt, dass Zulagen, die im Fall der Arbeitsleistung lohnsteuer- und sozialversicherungsfrei gewesen wären, bei Zahlung eines entsprechenden Ausgleichsbetrages der Lohnsteuer- und Beitragspflicht unterliegen (BAG, Urt. v. 15.01.1997 – 7 AZR 873/95, ZMV 1998, 90).

439 Gegen das Begünstigungsverbot verstoße es, wenn man mit einem freigestellten Mitglied der MAV eine Vereinbarung treffen würde, in der wegen des Umfangs der Tätigkeit in der MAV ein höheres Entgelt gezahlt wird (BAG, Urt. v. 16.02.2005 – 7 AZR 95/04, NZA-RR 2005, 556). Auch die Gewährung einer zusätzlichen Vergütung für die außerhalb der persönlichen Arbeitszeit aufgewendete Freizeit zur Wahrnehmung der Aufgaben der MAV wäre unzulässig.

440 Freigestellte Mitglieder der MAV haben grds. die betriebliche Arbeitszeit einzuhalten (LAG Düsseldorf, Urt. v. 26.05.1993 – 18 Sa 303/93, NZA 1994, 720).

441 ▶ **Praxistipp:**

Die Mitarbeitervertretungstätigkeit ist vorrangig i. R. d. Freistellung zu erledigen. In der Zeit der Freistellung haben somit alle regelmäßigen routinemäßigen Aufgaben z. B. auch die Teilnahme an Sitzungen zu fallen.

442 Erst wenn der Umfang der Freistellung durch die Teilnahme an den regelmäßigen Sitzungen und den notwendigen Aufgabenerledigungen ausgeschöpft ist, hat das Mitglied der MAV Anspruch auf Arbeitsbefreiung nach § 19 Abs. 2 MVG.EKD (VerwG.EKD, Beschl. v. 29.10.2002 – II-0124/F40-01, ZMV 2003, 32).

443 **§ 20 Freistellung von der Arbeit**

»(1) Über die Freistellung von Mitgliedern der Mitarbeitervertretung von der Arbeit soll eine Vereinbarung zwischen der Mitarbeitervertretung und der Dienststellenleitung für die Dauer der Amtszeit der Mitarbeitervertretung getroffen werden.

(2) Kommt eine Vereinbarung nach Absatz 1 nicht zu Stande, sind zur Wahrnehmung der Aufgaben der Mitarbeitervertretung auf deren Antrag von ihrer übrigen dienstlichen Tätigkeit in Dienststellen mit in der Regel

151- 300 Mitarbeitern und Mitarbeiterinnen ein Mitglied der Mitarbeitervertretung,

301- 600 Mitarbeitern und Mitarbeiterinnen zwei Mitglieder der Mitarbeitervertretung,

601-1000 Mitarbeitern und Mitarbeiterinnen vier Mitglieder der Mitarbeitervertretung,

mehr als insgesamt 1.000 Mitarbeitern und Mitarbeiterinnen je angefangene 500 ein weiteres Mitglied der Mitarbeitervertretung jeweils mit der Hälfte der regelmäßigen wöchentlichen Arbeitszeit Vollbeschäftigter freizustellen. Teilzeitbeschäftigte Mitarbeiter/innen mit einer regelmäßigen wöchentlichen Arbeitszeit von nicht mehr als 10 Stunden werden bei der Ermittlung der Zahlenwerte nach Satz 1 nur mit ihrem Anteil an der regelmäßigen wöchentlichen Arbeitszeit berücksichtigt. Satz 1 gilt nicht für die Wahrnehmung von Aufgaben als Mitglied der Gesamtmitarbeitervertretung (§ 6) sowie des Gesamtausschusses (§ 54).

(3) An Stelle von je zwei nach Absatz 2 Freizustellenden ist auf Antrag der Mitarbeitervertretung ein Mitglied ganz freizustellen.

(4) Die freizustellenden Mitglieder werden nach Erörterung mit der Dienststellen-leitung unter Berücksichtigung der dienstlichen Notwendigkeit von der Mitarbeitervertretung bestimmt. Die Aufgaben der Mitarbeitervertretung sind vorrangig in der Zeit der Freistellung zu erledigen.«

VII. Der besondere Schutz der Mitglieder der MAV (§ 21 MVG.EKD)

1. Allgemein

Der Schutz vor Abordnung, Versetzung und Kündigung von Mitgliedern der MAV gewährleistet die ungehinderte Amtsausübung. Neben dem persönlichen Schutz der Mitglieder der MAV sichert somit § 21 MVG.EKD auch den ungestörten Ablauf der MAV-Arbeit. 444

2. Abordnungs- und Versetzungsverbot

Geschützt sind Mitglieder der MAV nach § 21 Abs. 1 MVG.EKD vor Abordnung und Versetzung gegen ihren Willen. 445

Der Schutz des § 21 MVG.EKD gilt zunächst für alle gewählten Mitglieder der MAV, er startet mit Beginn der Amtszeit. Der Abordnungs- und Versetzungsschutz entfällt nach Beendigung der Amtszeit; der Kündigungsschutz wirkt noch ein Jahr nach, es sei denn das Mitglied der MAV wurde nach § 17 MVG.EKD ausgeschlossen. Ersatzmitglieder, die in die MAV nachrücken, d. h. während des Ruhens der Mitgliedschaft des Vollmitglieds oder zur Sicherung der Beschlussfähigkeit der MAV, sind für die Dauer der Vertretung geschützt. Danach unterliegen sie dem nachwirkenden Kündigungsschutz gem. § 21 Abs. 2 MVG.EKD; vorausgesetzt jedoch, dass ein konkreter Vertretungsfall vorgelegen hat, lediglich die Teilnahme an einer Schulung rechtfertigt die Anwendung von § 21 MVG.EKD nicht (*Andelewski/Küfner-Schmitt/Schmitt* MVG.EKD § 21 Rn. 5). 446

Die **Abordnung** ist die vorübergehende, die **Versetzung** die endgültige Zuweisung eines anderen Arbeitsbereiches bzw. die erhebliche Änderung der Umstände, unter denen die Arbeit zu leisten ist. Wird eine andere Aufgabe in einem anderen Aufgabenbereich derselben Dienststelle zugewiesen, handelt es sich lediglich um eine Umsetzung, die nach § 21 Abs. 1 MVG.EKD nicht geschützt wird. Durch § 21 Abs. 1 MVG.EKD soll verhindert werden, dass der Dienstgeber durch eine Versetzung die Amtsausführung des Mitglieds der MAV beeinflussen kann. § 21 MVG.EKD will somit auch die Zusammensetzung der MAV schützen (VerwG.EKD, Beschl. v. 28.04.2003 – I-0124/ G32-02; *Baumann-Czichon/Dembski/Germer* § 21 Rn. 2). 447

Mit Zustimmung des betroffenen Mitarbeiters ist eine Versetzung und Abordnung jederzeit möglich. Der Versetzungs- und Abordnungsschutz kommt somit nur dann in Betracht, wenn das betroffene Mitglied der MAV diesem widerspricht. Eine weitere Ausnahme vom Abordnungs- und Versetzungsverbot besteht dann, wenn wichtige dienstliche Gründe eine solche Maßnahme unvermeidbar machen und die MAV ihre Zustimmung erteilt bzw. die Zustimmung vom Kirchengesetz ersetzt wurde. An 448 die wichtigen Gründe sind in diesem Fall hohe Anforderungen zu stellen. In der Praxis sind solche Voraussetzungen kaum gegeben. Es muss im konkreten Einzelfall entschieden werden.

449 Sollten auch in einem Einzelfall wichtige dienstliche Belange für eine Abordnung/Versetzung vorliegen, ist eine solche Maßnahme nur zulässig mit Zustimmung der MAV bzw. mit einer ersetzenden Zustimmung durch das Kirchengericht. Für das Zustimmungsverfahren, insb. die einzelnen Formen und Fristen, sind die Regelungen des Mitbestimmungsverfahrens nach § 38 MVG.EKD zu beachten (*Andelewski/Küfner-Schmitt/Schmitt* § 21 Rn. 11, 12).

3. Kündigungsschutz

450 In § 21 Abs. 2 MVG.EKD ist der sog. Sonderkündigungsschutz für Mitglieder der MAV und auch für ehemalige Mitglieder der MAV bis zu einem Jahr nach Beendigung des Amtes geregelt. Der Sonderkündigungsschutz schließt die ordentliche Kündigung ggü. dem MAV-Mitglied aus. Es verbleibt somit nur die Möglichkeit einer außerordentlichen Kündigung aus wichtigem Grund i. S. v. § 626 BGB. Diese außerordentliche Kündigung bedarf zusätzlich der Zustimmung der MAV bzw. der Ersetzung der Zustimmung durch das Kirchengericht.

a) Voraussetzungen einer außerordentlichen Kündigung

451 Die außerordentliche Kündigung ist in § 626 BGB geregelt und setzt voraus, dass ein wichtiger Grund vorliegt (§ 626 Abs. 1 BGB) und die Kündigung innerhalb von zwei Wochen ab Kenntnis des wichtigen Grundes erklärt wird (§ 626 Abs. 2 BGB). Nach der Rechtsprechung des BAG setzt sich der sog. wichtige Grund zusammen aus einem objektiven Teil (Tatsachen) und einem subjektiven Teil (Zumutbarkeit). Nach der Rechtsprechung (BAG, Urt. v. 22.11.1973 – 2 AZR 580/72, AP Nr. 67 zu § 626 BGB) ist bei einer fristlosen Kündigung somit zweistufig vorzugehen. Zunächst ist zu prüfen, ob die vorliegenden Tatsachen an sich geeignet sind, einen wichtigen Grund zu bilden. Als wichtiger Grund kommt regelmäßig nur eine schwere Verletzung der arbeitsvertraglichen Pflichten (Haupt- oder Nebenpflichten) in Betracht. Danach ist zu prüfen, ob i. R. d. Zumutbarkeit alle Umstände des Einzelfalles bei der Interessenabwägung berücksichtigt wurden und entsprechend gewürdigt worden sind (VerwG. EKD, Beschl. v. 27.11.1997 – 0124/B19-97, NZA 1998, 1357). Eine außerordentliche Kündigung ist darüber hinaus nur dann gerechtfertigt, wenn zuvor alle einschlägigen anderen arbeitsrechtlichen Maßnahmen überprüft wurden und diese im Einzelfall nicht angewendet werden können. Liegt ein wichtiger Grund für eine außerordentliche Kündigung vor, muss dieser nach § 626 BGB innerhalb einer Ausschlussfrist von zwei Wochen ab Kenntnis der zu Kündigung berechtigten Tatsachen erklärt werden. Nach dem Mitarbeitervertretungsgesetz kann diese Frist der Zustimmung der MAV nach § 21 Abs. 2 Satz 4 MVG.EKD von der Dienststellenleitung auf drei Tage verkürzt werden. Das Zustimmungsverfahren muss dann mit der verkürzten Frist von der Dienststellenleitung so rechtzeitig eingeleitet werden, dass die drei Tage noch innerhalb der zweiwöchigen Ausschlussfrist des § 626 Abs. 2 BGB liegen und die Kündigung,

VII. Der besondere Schutz der Mitglieder der MAV (§ 21 MVG.EKD) E.

selbst für den Fall, dass sich die MAV nicht äußert und damit erst nach drei Tagen die Zustimmung als erteilt gilt, die Kündigung noch rechtzeitig erklärt werden kann. Verweigert die MAV die Zustimmung zur Kündigung und will die Dienststellenleitung an der Kündigung festhalten, muss sie das Zustimmungsersetzungsverfahren nach § 38 Abs. 4 MVG.EKD einleiten und das Kirchengericht anrufen (*Andelewski/Küfner-Schmitt/Schmitt* § 21 Rn. 14 ff.; *Fey/Rehren* MVG.EKD § 21 Rn. 11 ff.).

▶ **Beispiele für Kündigungsgründe:** 452

– Umfangreiche, unerlaubte und heimlich geführte Privattelefonate auf Kosten der Dienststelle (BAG, Urt. v. 04.03.2004 – 2 AZR 147/03, NZA 2004, 717),
– dringender Verdacht einer strafrechtlich relevanten Handlung mit Bezug zur Tätigkeit in der Dienststelle (LAG Berlin, Urt. v. 03.08.1998 – 9 TaBV 4/98, NZA-RR 1999, 523),
– Äußerung eines Mitglieds der MAV ggü. einer Patientin nach dem Gottesdienst: »Meinen Sie, das hilft Ihnen noch?« stellt eine schwerwiegende Loyalitätspflichtverletzung dar und einen wichtigen Grund zur außerordentlichen Kündigung (KGH.EKD, Beschl. v. 29.05.2006 – II-0124/M22-06, ZMV 2006, 247).

Nach Beendigung der Amtszeit bestimmt § 21 Abs. 2 Satz 3 MVG.EKD die Nachwirkung des besonderen Kündigungsschutzes des Mitglieds einer MAV für einen Zeitraum von einem Jahr nach Beendigung der Amtszeit. 453

b) Ordentliche Kündigung bei Auflösung der Dienststelle

Eine Ausnahme vom grundsätzlichen Kündigungsverbot von § 21 Abs. 2 MVG.EKD ist in § 21 Abs. 3 MVG.EKD geregelt für den Fall der Auflösung der Dienststelle bzw. wesentlicher Teile der Dienststelle. Mit der Auflösung der Dienststelle endet auch die Existenz der MAV, es sei denn es besteht ein Übergangs- oder Restmandat (*Andelewski/Küfner-Schmitt/Schmitt* § 21 Rn. 25 ff.). Das Zustimmungsverfahren richtet sich nach § 38 MVG.EKD. Es handelt sich um eine ordentliche Kündigung zum Zeitpunkt der Auflösung der Dienststelle. Nur bei Vorliegen zwingender betrieblicher Gründe kann die Beendigung des Arbeitsverhältnisses dem Mitglied der MAV schon früher ausgesprochen werden. Ein solcher zwingender betrieblicher Grund kann dann vorliegen, wenn für das Mitglied der MAV wegen der beabsichtigten Stilllegung keine Arbeit mehr in der Dienststelle vorhanden ist (LAG Berlin, Beschl. v. 19.03.1979 – 9 Sa 107/78, DB 1979, 1608). 454

§ 21 Abordnungs- und Versetzungsverbot, Kündigungsschutz 455

Die Mitglieder der Mitarbeitervertretung dürfen ohne ihre Zustimmung nur abgeordnet oder versetzt werden, wenn dies aus wichtigen dienstlichen Gründen unvermeidbar ist und die Mitarbeitervertretung zustimmt. Besteht die Mitarbeitervertretung nach § 8 Absatz 1 aus einer Person, hat die Dienststellenleitung die Zustimmung des Ersatzmitgliedes nach § 18 Absatz 3 einzuholen.

Einem Mitglied der Mitarbeitervertretung darf nur gekündigt werden, wenn Tatsachen vorliegen, die den Dienstgeber zur außerordentlichen Kündigung berechtigten. Die außerordentliche Kündigung bedarf der Zustimmung der Mitarbeitervertretung oder der Zustimmung des Ersatzmitgliedes, falls die Mitarbeitervertretung nur aus einer Person besteht. Die Sätze 1 und 2 gelten für einen Zeitraum von einem Jahr nach Beendigung der Amtszeit entsprechend, es sei denn, dass die Amtszeit durch Beschluss nach § 17 beendet wurde. § 38 Absätze 3 und 4 telten mit der Maßnahme entsprechend, dass die Dienststellenleitung die Frist bis auf drei Arbeitstage verkürzen kann.

Wird die Dienststelle ganz oder zu einem wesentlichen Teil aufgelöst, ist eine Kündigung frühestens zum Zeitpunkt der Auflösung zulässig, es sei denn, dass wegen zwingender betrieblicher Gründe zu einem früheren Zeitpunkt gekündigt werden muss. Die Kündigung bedarf der Zustimmung der Mitarbeitervertretung oder, falls die Mitarbeitervertretung nur aus einer Person besteht, der Zustimmung des Ersatzmitgliedes; Absatz 2 gilt entsprechend.

Für das Verfahren gilt § 38 entsprechend.

VIII. Die Geschäftsführung der MAV (§§ 23 bis 27 und 29 MVG.EKD)

1. Der Vorsitz

456 § 23 MVG.EKD sieht zwingend vor, dass ein Vorsitzender und dessen Stellvertretung gewählt werden, d. h. für die Handlungsfähigkeit der MAV bedarf es eines Vorsitzenden. Dieser vertritt die MAV. Ohne einen Vorsitzenden ist die MAV nicht handlungsfähig. Somit ist die erste Entscheidung der MAV in ihrer konstituierenden Sitzung die Wahl des Vorsitzenden. Nach § 24 Abs. 1 MVG.EKD ist nach Bestandskraft der Wahl die MAV innerhalb einer Woche vom Wahlvorstand oder im Fall der vereinfachten Wahl von der Versammlungsleitung die sog. konstituierende Sitzung einzuberufen. Der Wahlvorstand bzw. der Versammlungsleiter leitet die Sitzung bis zur Wahl des Vorsitzenden.

457 Wählbar ist nur ein Mitglied der MAV, nicht dagegen der Schwerbehindertenvertreter oder ein Ersatzmitglied. Für die Wahl des Vorsitzenden ist die einfache Mehrheit ausreichend. Auch eine Wahl in Abwesenheit wäre möglich. Hier sollte jedoch vorher das Einverständnis des Kandidaten eingeholt werden. Die Wahl muss geheim erfolgen, also durch einen Stimmzettel. Ein Verzicht auf die geheime Wahl, auch mit Zustimmung aller Mitglieder der MAV, ist nicht zulässig. In einem solchen Fall wäre die Wahl ungültig. Gewählt ist, wer die Mehrheit der Stimmen der Anwesenden erhält. Die Beschlussfähigkeit nach § 26 Abs. 1 MVG.EKD ist gegeben, wenn die Mehrzahl der Mitarbeitervertreter anwesend ist (*Baumann-Czichon/Dembski/Germer* § 23 Rn. 1 ff.).

458 ▶ Beispiel:

Die MAV besteht aus elf Mitgliedern, sechs nehmen an der konstituierenden Sitzung teil, vier Stimmen für den Vorsitzenden.

459 Der Gewählte muss die Annahme des Amtes ausdrücklich erklären. Die Dienststellenleitung ist über die Wahl des Vorsitzenden schriftlich zu informieren. Der Vorsitzende kann auch abgewählt werden. Die Abwahl erfolgt in der Weise, dass sich eine Mehrheit der anwesenden Mitglieder für eine andere Person entscheidet. Die Wahl erfolgt für die gesamte Amtszeit (*Fey/Rehren* MVG.EKD § 23, Rn. 1–5).

VIII. Die Geschäftsführung der MAV (§§ 23 bis 27 und 29 MVG.EKD)   E.

▶ **Praxistipp:** 460

Der Vorsitzende der MAV vertritt die MAV nach außen. Dabei ist er nicht Vertreter im Willen der MAV, sondern nur Vertreter in der Erklärung.

Eine Befugnis besteht nur i. R. d. von der MAV gefassten Beschlüsse zu handeln. Überschreitet er seine Befugnisse, d. h. seiner Erklärung liegt kein Beschluss zugrunde, ist strittig, ob die Dienststellenleitung geschützt ist und annehmen darf, dass der Vorsitzende im Rahmen seiner Befugnisse handelt. Nach *Fey/Rehren* (MVG.EKD § 23 Rn. 9) wird die Ansicht vertreten, dass, wenn der Vorsitzende bei der Vertretung über die eingeräumten Befugnisse hinausgeht, er z. B. die Zustimmung der MAV zu einer zustimmungsbedürftigen Angelegenheit erteilt, ohne dass ein solcher Beschluss vorliegt, so ist die Erklärung rechtswirksam, es sei denn, der Dienststellenleitung ist bekannt oder müsste aufgrund der näheren Umstände bekannt sein, dass ein entsprechender Beschluss noch nicht getroffen wurde. 461

Der Vorsitzende organisiert die Arbeit der MAV (Führung der laufenden Geschäfte und Vertretung der MAV), d. h. er übernimmt die verwaltungsmäßige Organisation der MAV. 462

▶ **Beispiel:** 463

Dies sind z. B.:
- Vorbereitung der Sitzungen,
- Ausführung der gefassten Beschlüsse,
- Einholung von Informationen,
- Besprechungen mit Sachverständigen, Gewerkschaftssekretären usw.,
- Ausübung des Vorsitzes bei der Mitarbeiterversammlung nach § 31 MVG.EKD,
- Sammlung von Anregungen und Anfragen aus der Mitarbeiterschaft,
- Dienststellenleitung z. B. auch Zustimmung in beteiligungspflichtigen Angelegenheiten oder sonstige Mitteilungen zur Information der MAV können nur dem Vorsitzenden ggü. wirksam abgegeben werden, anderes gilt nur für den Fall der Verhinderung und damit der vorübergehenden Amtsübung durch den Stellvertreter.

(*Fey/Rehren* MVG.EKD § 23 Rn. 8).

Sollte der Vorsitzende der MAV verhindert sein, übernimmt der Stellvertreter den Vorsitz. Im Mitarbeitervertretungsgesetz ist nicht geregelt, wie viele Stellvertreter gewählt werden können. Die Anzahl richtet sich nach der Größe der jeweiligen MAV. Auch hier ist die Dienststellenleitung schriftlich über die Reihenfolge in der Stellvertretung zu informieren. 464

Soweit die MAV nur aus einer Person besteht, übernimmt die Stellvertretung der Wahlbewerber mit der nächstniedrigen Stimmzahl mit der alle Angelegenheiten der MAV beraten werden können. Diese Vorschrift sichert die Arbeitsfähigkeit der MAV in Dienststellen mit bis zu 15 Wahlberechtigten. Diese Regelung entspricht § 18 Abs. 3 MVG.EKD zur Ersatzmitgliedschaft. 465

E. Das Amt der MAV

466 **§ 23 Vorsitz**

»(1) Die Mitarbeitervertretung entscheidet in geheimer Wahl über den Vorsitz. Der oder die Vorsitzende führt die laufenden Geschäfte und vertritt die Mitarbeitervertretung im Rahmen der von ihr gefassten Beschlüsse. Zu Beginn der Amtszeit legt die Mitarbeitervertretung die Reihenfolge der Vertretung im Vorsitz fest. Die Reihenfolge ist der Dienststellenleitung schriftlich mitzuteilen.

(2) Soweit die Mitarbeitervertretung nur aus einer Person besteht, übernimmt die Stellvertretung der Wahlbewerber oder die Wahlbewerberin mit der nächstniedrigen Stimmenzahl, mit der alle Angelegenheiten der Mitarbeitervertretung beraten werden können.«

2. Ausschüsse

467 Nach § 23a MVG.EKD kann die MAV die Bildung von Ausschüssen, denen jeweils mindestens drei Mitglieder der MAV angehören müssen, beschließen. Den Ausschüssen können Aufgaben zur selbstständigen Erledigung übertragen werden. Dies gilt nicht für den Abschluss und die Kündigung von Dienstvereinbarungen. In Abs. 2 von § 23a MVG.EKD ist die Möglichkeit der Bildung des **sog. Wirtschaftsausschusses in rechtlich selbstständigen Einrichtungen der Diakonie** geregelt. Die Beschlussfassung der MAV richtet sich nach § 26 Abs. 2 MVG.EKD, d. h. es ist ein einfacher Beschluss erforderlich für die Einsetzung eines Ausschusses mit entsprechender Aufgabenübertragung und der personellen Zusammensetzung.

468 Voraussetzung ist somit eine bestehende MAV von mindestens fünf Mitgliedern, um einen Ausschuss mit mindestens drei Mitgliedern errichten zu können. Besteht die MAV aus weniger als drei Mitgliedern, macht die Bildung eines Ausschusses keinen Sinn.

469 ▶ **Praxistipp:**

Der Zweck der Errichtung von Ausschüssen ist eine Arbeitserleichterung bzw. Intensivierung der Arbeit in größeren MAV.

470 Auch hier ist eine offene Abstimmung möglich, da der Ausschuss auch nach außen handelt, d. h. wenn eine Vertretung ggü. der Dienststellenleitung besteht, muss aus der Mitte des Ausschusses ein Vorsitzender und Stellvertretung gewählt werden (*Andelewski/Küfner-Schmitt/Schmitt* § 23a Rn. 2–7; *Fey/Rehren* MVG.EKD § 23a Rn. 1–7).

471 Die Übertragung und der Widerruf der Übertragung von Aufgaben zur selbstständigen Erledigung erfordert eine Dreiviertel-Mehrheit der Mitglieder der MAV. Die Übertragung und der Widerruf sind der Dienststellenleitung schriftlich anzuzeigen (*Baumann-Czichon/Dembski/Germer* § 23a Rn. 2-5).

a) Aufgabenübertragung an Ausschüsse

472 Nach dem Mitarbeitervertretungsgesetz hat der Vorsitzende der MAV die laufenden Geschäfte zu erledigen. Eine Übertragung an den Ausschuss ist hier nicht vorgesehen. Nicht möglich ist auch, den Abschluss und die Kündigung von Dienstvereinbarungen nach § 36 MVG.EKD auf Ausschüsse zu übertragen. Die Verantwortung

für Dienstvereinbarungen bleibt somit bei der MAV. Dies ist gerechtfertigt aufgrund der entsprechenden Bedeutung für die gesamte Mitarbeiterschaft (*Andelewski/Küfner-Schmitt/Schmitt* § 23a Rn. 8 ff.).

Ausschüssen können somit sowohl vorbereitende Tätigkeiten als auch die selbstständige und abschließende Erledigung von Aufgaben übertragen werden. Die vorbereitenden Ausschüsse haben den Zweck, Vorbereitungsarbeiten für eine sachgerechte Beschlussfassung der MAV zu erledigen. Es können Gespräche mit der Dienststellenleitung oder mit den Gewerkschaften geführt werden, die Rechtslage kann geprüft werden oder es kann die Erarbeitung von Lösungsvorschlägen und Beschlussvorlagen erfolgen. Ist einem Ausschuss die selbstständige Erledigung von bestimmten Angelegenheiten übertragen, bedarf es, wie oben schon ausgeführt, eines Beschlusses der MAV mit Dreiviertel-Mehrheit der Mitglieder. 473

b) Bestand des Ausschusses

Die Wahl in den Ausschuss erfolgt grds. für die Amtszeit der MAV. Auch Ausschussmitglieder können jedoch ihr Amt niederlegen oder abberufen werden. Die Abberufung erfolgt nach den gleichen Vorgaben wie die Wahl des Ausschussmitglieds, d. h. die einfache Mehrheit ist ausreichend. Eine Begründung für die Abberufung braucht nicht gegeben zu werden. 474

Die Bildung von Ausschüssen muss der Dienststellenleitung grds. nicht angezeigt werden. Wird jedoch ein Ausschuss zur selbstständigen Erledigung von Aufgaben etabliert, ist dies der Dienststellenleitung schriftlich anzuzeigen. Die Dienststellenleitung muss wissen, dass sie z. B. im Rahmen von § 28 Abs. 2 MVG.EKD den Ausschuss einbeziehen muss (*Fey/Rehren* MVG.EKD § 23 Rn. 3 ff.). 475

c) Ausschuss für Wirtschaftsfragen

Die Möglichkeit, einen Ausschuss für Wirtschaftsfragen zu bilden, wurde erst zum 01.01.2003 in das Mitarbeitervertretungsgesetz eingefügt. Der Ausschuss für Wirtschaftsfragen soll das Verständnis für ökonomisch begründete Maßnahmen fördern und die Mitverantwortung der MAV für die Dienststelle und ihre Belegschaft unterstreichen (Informationsanspruch in wirtschaftlichen Angelegenheiten nach §§ 23a, 34 MVG; s. ZMV 2004, 161). Der Wirtschaftsausschuss ergänzt somit den Informationsanspruch der MAV nach § 34 Abs. 2 MVG.EKD. Sinkt die Zahl der Mitarbeiter nicht nur vorübergehend auf weniger als 151 ständig Beschäftigte, so ändert das das Amt des Ausschusses. Dies gilt auch, wenn die Amtszeit der MAV noch nicht beendet wurde (BAG, Beschl. v. 07.04.2004 – 7 ABR 41/03, NZA 2005, 312). Nach § 23a Abs. 2 MVG.EKD kann in rechtlich selbstständigen Einrichtungen der Diakonie mit mehr als 150 Mitarbeitern die MAV die Bildung eines Ausschusses für Wirtschaftsfragen beschließen. Da der Wirtschaftsausschuss auch auf die Beteiligung bei unternehmerischen Entscheidungen abzielt, ist die rechtlich selbstständige Einrichtung entscheidend und nicht ein rechtlich selbstständiger Dienststellenteil nach § 3 Abs. 2 MVG.EKD, d. h. die diakonische Dienststelle oder die Einrichtung der Diakonie ist hier der Rechtsträger. Die Einrichtungen sind die Diakonischen Werke EKD sowie die 476 gliedkirchlichen Diakonischen Werke, deren angeschlossenen selbstständigen Werke, Einrichtungen und Geschäftsstellen (*Fey/Rehren* MVG.EKD § 23a Rn. 10 f.).

477 Der Ausschuss für Wirtschaftsfragen hat die Aufgabe, die MAV über wirtschaftliche Angelegenheiten zu unterrichten. Zu diesem Zweck ist die Dienststellenleitung verpflichtet, auf der Grundlage der Information des § 34 Abs. 2 MVG.EKD mindestens einmal im Jahr mit dem Ausschuss die wirtschaftliche Lage der Dienststelle zu beraten. Es sollte sich dabei um eine kontinuierliche Unterrichtung handeln.

478 ▶ **Praxistipp:**

Die relevanten Informationen über die wirtschaftliche Situation der Dienststelle sind u. a. (KGH.EKD, Beschl. v. 31.10.2005 – II-0124/L24-05, ZMV 2006, 146):
- Der von einem Wirtschaftsprüfer geprüfte und testierte Jahresabschluss (damit auch Bilanz sowie Gewinn- und Verlustrechnung), die Ergebnisrechnung für alle Teileinrichtungen,
- der Wirtschaftsplan für alle Teileinrichtungen für das laufende Wirtschaftsjahr,
- die Aufstellung der vereinbarten Pflegesätze bzw. Leistungsentgelte für die einzelnen Einrichtungen.

479 Die Dienststellenleitung ist verpflichtet, die MAV über die wirtschaftlichen Angelegenheiten zu informieren soweit diese Konsequenzen für die Mitarbeiterschaft haben könnten (§ 34 Abs. 2 MVG.EKD). Ausnahmen können sich bei Betriebs- und Geschäftsgeheimnissen ergeben. Derartige Betriebs- und Geschäftsgeheimnisse dürften in Einrichtungen der Diakonie nur in Ausnahmefällen vorkommen. Bei Streitigkeiten entscheidet das Kirchengericht, ob eine Gefährdung der Geschäftsgeheimnisse vorliegt (*Andelewski/Küfner-Schmitt/Schmitt* § 23a Rn. 18 ff.).

480 Die Dienststellenleitung ist verpflichtet, auf dieser Grundlage mit dem Ausschuss für Wirtschaftsfragen mindestens einmal im Jahr über die wirtschaftliche Lage der Einrichtung zu beraten.

481 ▶ **Praxistipp:**

Der Wirtschaftsausschuss, der oftmals nicht über den notwendigen wirtschaftlichen Sachverstand verfügt, um vorgelegte Bilanzen o. ä. hinreichend zu interpretieren, hat aus dem Mitarbeitervertretungsgesetz folgende Hilfestellungen:
- Schulungsanspruch gem. § 19 Abs. 3 MVG.EKD,
- die Möglichkeit nach § 25 Abs. 2 MVG.EKD, externe Sachverständige hinzuziehen und
- nach § 23 Abs. 2 MVG.EKD die Möglichkeit, auf interne Sachverständige der Dienststelle zurückzugreifen.

482 Dem Wirtschaftsausschuss bleibt dabei überlassen, welche internen Sachverständige er ansprechen möchte (*Baumann-Czichon/Dembski/Germer* § 23a Rn. 19). Strittig ist, ob dem Wirtschaftsausschuss ein Auswahlrecht zusteht, welchen internen Sachverständigen er gerne auswählen möchte. Ein solches Auswahlrecht bejahen *Baumann-Czichon/Dembski/Germer* (§ 23 Rn. 19) sowie *Andelewski/Küfner-Schmitt/Schmitt*

VIII. Die Geschäftsführung der MAV (§§ 23 bis 27 und 29 MVG.EKD)   E.

(§ 23a Rn. 21); a. A. *Fey/Rehren* (§ 23a Rn. 12). Auch der Sachverständige unterliegt der Schweigepflicht nach § 22 MVG.EKD.

§ 23a Ausschüsse 483

»(1) Die Mitarbeitervertretung kann die Bildung von Ausschüssen beschließen, denen jeweils mindestens drei Mitglieder der Mitarbeitervertretung angehören müssen, und den Ausschüssen Aufgaben zu selbstständigen Erledigung übertragen; dies gilt nicht für den Abschluss und die Kündigung von Dienstvereinbarungen. Die Übertragung und der Widerruf der Übertragung von Aufgaben zur selbstständigen Erledigung erfordern eine Dreiviertelmehrheit der Mitglieder der Mitarbeitervertretung. Die Übertragung und der Widerruf sind der Dienststellenleitung schriftlich anzuzeigen.

(2) In rechtlich selbstständigen Einrichtungen der Diakonie mit je mehr als 150 Mitarbeitern und Mitarbeiterinnen kann die Mitarbeitervertretung die Bildung eines Ausschusses für Wirtschaftsfragen beschließen. Der Ausschuss für Wirtschaftsfragen hat die Aufgabe, die Mitarbeitervertretung über wirtschaftliche Angelegenheiten zu unterrichten. Die Dienststellenleitung hat den Ausschuss für Wirtschaftsfragen rechtzeitig und umfassend über die wirtschaftlichen Angelegenheiten der Einrichtung unter Aushändigung der erforderlichen Unterlagen zu unterrichten, soweit dadurch nicht die Betriebs- und Geschäftsgeheimnisse der Einrichtung gefährdet werden, sowie die sich daraus ergebenden Auswirkungen auf die Personalplanung darzustellen. Zu den wirtschaftlichen Angelegenheiten gehören insbesondere die Angelegenheiten nach § 34 Absatz 2. 5Die Dienststellenleitung ist verpflichtet, auf dieser Grundlage mit dem Ausschuss für Wirtschaftsfragen mindestens einmal im Jahr über die wirtschaftliche Lage der Einrichtung zu beraten. Sie kann eine Person nach § 4 Absatz 2 mit der Wahrnehmung dieser Aufgabe beauftragen. Der Ausschuss für Wirtschaftsfragen kann im erforderlichen Umfang Sachverständige aus der Dienststelle hinzuziehen. Für die am Ausschuss für Wirtschaftsfragen beteiligten Personen gilt § 22 entsprechend.«

Nach Bestandskraft der Wahl hat der Wahlvorstand, im Fall der vereinfachten Wahl die 484
Versammlungsleitung, innerhalb einer Woche die Mitglieder der MAV zur Vornahme der nach § 23 MVG.EKD vorgesehenen Wahl einzuberufen und die Sitzung zu leiten, bis die MAV ihren Vorsitz entschieden hat.

Zur konstituierenden Sitzung, in welcher der Vorsitzende gewählt wird, hat der Wahl- 485
vorstand einzuladen. Die Einberufung zu dieser Sitzung hat innerhalb einer Woche nach Bestandskraft der MAV zu erfolgen. Bestandskräftig ist die Wahl nach Ablauf der Anfechtungsfrist, also zwei Wochen nach Bekanntgabe des Wahlergebnisses (§ 14 Abs. 1 Satz 1 MVG.EKD). Bei der vereinfachten Wahl ist nach § 11 Abs. 1 Satz 3 MVG.EKD und § 12 EKD-Wahlordnung der Versammlungsleiter aufgerufen, innerhalb einer Woche nach Bestandskraft der Wahl die konstituierende Sitzung einzuberufen.

Die konstituierende Sitzung der MAV wird von dem Vorsitzenden des Wahlvorstandes 486
bzw. dem Versammlungsleiter geleitet, bis die MAV über den Vorsitz entschieden hat.

Das Mitarbeitervertretungsgesetz verpflichtet zur Einladung der konstituierenden Sit- 487
zung. Es wird jedoch nicht angegeben wann diese Sitzung spätestens stattfinden muss. Die zeitliche Festlegung erfolgt durch den Wahlvorstand bzw. den Versammlungsleiter nach pflichtgemäßem Ermessen. Dies kann bereits vor Ablauf der Amtszeit der

bisherigen MAV sein. Da die Amtszeit der bisherigen MAV gem. § 15 MVG.EKD im Regelfall der 30.04. ist, können die Wahlen jedoch auch vorher stattfinden. Haben z. B. Wahl der MAV schon relativ früh in der Wahlperiode stattgefunden, so ist die bisherige MAV noch im Amt. Es besteht in der Praxis auch die Möglichkeit, von der Frist innerhalb einer Woche nach Bestandskraft der Wahl dann abzuweichen, wenn die Bestandskraft der Wahl nahe des 30.04. erfolgt ist. Dies dient der Kontinuität der Arbeit der MAV (*Andelewski/Küfner-Schmitt/Schmitt* § 24 Rn. 3).

488 In der konstituierenden Sitzung können dann unter der Leitung des Vorsitzenden schon Beratungen erfolgen. Eine Beschlussfassung ist jedoch nicht möglich, da diese eine Mitteilung auf der Tagesordnung voraussetzt. Insoweit sind nur Vorberatungen z. B. auch über die Geschäftsordnung nach § 29 MVG.EKD zulässig.

3. Sitzungen

a) Einberufung der weiteren Sitzungen

489 Das Mitarbeitervertretungsgesetz gibt keine Vorgaben zur Vorbereitung einer Sitzung, Form und Frist für die Einladung sowie dem Ablauf der Sitzung. Dies kann jedoch in einer sog. Geschäftsordnung nach § 29 MVG.EKD geregelt werden. Der Vorsitzende ist verpflichtet, die Sitzungen anzuberaumen, wenn Beratungsgegenstände dies erfordern. Dies ist dann der Fall, wenn beteiligungspflichtige Angelegenheiten zu beraten bzw. abzustimmen sind oder die Teilnahme an Schulungsveranstaltungen zur Entscheidung vorliegt. In größeren Dienststellen ist es anzuraten, Sitzungen turnusgemäß festzulegen. Daneben können bei Erforderlichkeit auch weitere Sitzungen anberaumt werden (*Fey/Rehren* MVG.EKD § 24 Rn. 5 ff.).

490 Nach § 24 Abs. 3 Satz 1 MVG.EKD besteht für den Vorsitzenden eine Pflicht, eine MAV-Sitzung einzuberufen, wenn dies ein Viertel der Mitglieder der MAV oder die Dienststellenleitung beantragen. Dies gilt auch bei Angelegenheiten, die schwerbehinderte oder jugendliche Beschäftigte betreffen, wenn die Vertrauensperson der Schwerbehinderten oder die Vertretung der Jugendlichen und Auszubildenden dies beantragen und die Behandlung des Gegenstandes keinen Aufschub duldet. Ebenso ist eine Sitzung nach § 24 Abs. 3 Satz 2 MVG.EKD auf Antrag des Vertrauensmannes der Zivildienstleistenden einzuberufen. Die Festlegung des Sitzungszeitpunktes liegt auch hier im pflichtgemäßen Ermessen des Vorsitzenden. Der Vorsitzende hat zur MAV-Sitzung alle Mitglieder rechtzeitig einzuladen, d. h. Zeitpunkt und Ort der Sitzung mitzuteilen und die Tagesordnung bekannt zu geben.

491 Die Mitglieder der MAV sind verpflichtet, an den Sitzungen teilzunehmen. Versäumt ein Mitglied ohne sachlichen Grund eine Sitzung so liegt darin eine Pflichtverletzung, die in schweren Fällen oder bei Wiederholungen zum Ausschluss des Mitglieds der MAV führen kann.

492 Kann ein Mitglied nicht teilnehmen, so hat es dies unverzüglich unter Angabe der Gründe mitzuteilen (*Fey/Rehren* MVG.EKD § 24 Rn. 7, 8).

VIII. Die Geschäftsführung der MAV (§§ 23 bis 27 und 29 MVG.EKD) E.

Wenn der Vorsitzende von einer rechtzeitigen Verhinderung eines Mitglieds der MAV weiß, muss er zur Sicherung der Beschlussfähigkeit ein Ersatzmitglied einladen. 493

▶ Praxistipp: 494

Neben den Mitgliedern sind sonstige teilnahmeberechtigte Personen unter Mitteilung in der Tagesordnung zu laden:
– Mitglied der Dienststellenleitung gem. § 25 Abs. 1 MVG.EKD, wenn die Sitzung auf ihr Verlangen anberaumt ist,
– sachkundige Personen gem. § 25 Abs. 2 MVG.EKD,
– Vertretung der Jugendlichen und Auszubildenden nach § 49 Abs. 1 MVG.EKD, wenn Angelegenheiten der Jugendlichen und Auszubildenden auf der Tagesordnung stehen,
– die Vertrauensperson der schwerbehinderten Mitarbeiter gem. § 50f MVG.EKD und
– der Vertrauensmann der Zivildienstleitenden gem. § 53 MVG.EKD, soweit Angelegenheiten der Zivildienstleistenden auf der Tagesordnung stehen.

Die Liste ist abschließend, da die Sitzungen der MAV nicht öffentlich sind (*Andelewski/Küfner-Schmitt/Schmitt* § 24 Rn. 10).

Der Vorsitzende hat somit die Sitzung zu leiten. Er eröffnet und schließt die Sitzung, stellt die Beschlussfähigkeit fest für die Rednerliste und die Verhandlungen der Abstimmungen. 495

Eine Ergänzung der Tagesordnung ist noch während der MAV-Sitzung möglich, wenn dies von der Mehrheit der Mitglieder gewünscht wird bzw. die Mehrheit der Mitglieder mit der Ergänzung einverstanden ist. Unbedenklich ist es bei einzelnen Beratungsgegenständen. Sollte ein Beschluss über einen Gegenstand erfolgen, der nicht auf der Tagesordnung steht, ist dies nur möglich, wenn alle anwesenden Mitglieder der MAV bzw. die anwesenden Ersatzmitglieder damit einverstanden sind. Dies gilt entsprechend dem BetrVG, da auch hier nur eine Beschlussfassung möglich ist, wenn alle Mitglieder einverstanden sind (*Baumann-Czichon/Dembski/Germer* § 26 Rn. 4; *Richardi* BetrVG § 29 Rn. 39; *Andelewski/Küfner-Schmitt/Schmitt* § 24 Rn. 13; a. A. *Fey/Rehren* MVG.EKD § 24 Rn. 7). Eine Ladung der Mitarbeitervertreter ist dann entbehrlich, wenn der Sitzungstermin im Voraus feststeht, d. h. bei turnusgemäßen Sitzungen. Hier muss den Mitgliedern der MAV nur noch die Tagesordnung mitgeteilt werden bzw. die Ladung von Ersatzmitgliedern oder sonstigen teilnahmeberechtigten Personen erfolgen (*Fey/Rehren* MVG.EKD § 24 Rn. 4 ff.). 496

Form und Frist der Ladung kann insoweit in einer Geschäftsordnung nach § 29 MVG.EKD festgelegt werden. 497

b) Sitzungen während der Arbeitszeit

Nach § 24 Abs. 4 MVG.EKD finden die Sitzungen der MAV i. d. R. während der Arbeitszeit statt. Die MAV hat bei der Einberufung von Sitzungen die dienstlichen Notwendigkeiten zu berücksichtigen. Die Dienststellenleitung soll von Zeitpunkt und 498

Ort der Sitzungen vorher verständigt werden. Die Sitzungen sind nicht öffentlich. Haben jedoch Mitglieder der MAV Schichtdienst zu leisten, so ist die Sitzung so anzuberaumen, dass sie in die Arbeitszeit mindestens der überwiegenden Anzahl der Mitglieder der MAV fällt. Sollte dies nicht möglich sein, ist den Mitgliedern der MAV für die Sitzungszeit auf Antrag Freizeitausgleich nach § 19 Abs. 2 Satz 5 MVG.EKD zu gewähren. Die Beeinträchtigung des Arbeitsablaufes in der Dienststelle ist so gering wie möglich zu halten. Die Dienststellenleitung ist vorher von Ort und Zeitpunkt der Sitzung zu unterrichten. Die Dienststellenleitung hat jedoch kein Weisungsrecht hinsichtlich der Mitarbeitervertretungsarbeit. Hat sie Bedenken hinsichtlich des Zeitpunktes, so muss sie zusammen mit dem Vorsitzenden prüfen, ob eine kurzzeitige Verschiebung des Zeitpunktes möglich ist. Dies gebietet der Grundsatz der vertrauensvollen Zusammenarbeit (*Andelewski/Küfner-Schmitt/Schmitt* § 24 Rn. 18).

499 Ordnet hingegen die Dienststellenleitung während der ihr bekannten Sitzungszeiten Arbeitsleistungen ggü. einem Mitglied der MAV an, so ist dies eine unzulässige Behinderung der Mitarbeitervertretungsarbeit nach § 19 MVG.EKD (*Fey/Rehren* MVG.EKD § 24 Rn. 15). Die Sitzungen der MAV sind nicht öffentlich. Über die Sitzung ist ein Protokoll zu führen. Möglich ist aber auch, dass das von dem Mitglied der MAV aufgenommene Protokoll außerhalb der Sitzungen von einer Schreibkraft in der Dienststelle geschrieben wird; nach § 22 Abs. 1 MVG.EKD unterliegt auch diese Person der Schweigepflicht. Ob die Unterstützung der Schreibkraft auch in der Sitzung der MAV möglich ist, ist umstritten. Dies hat jedoch in der Praxis kaum eine Relevanz. Es wird im Großen und Ganzen als zulässig gesehen (*Baumann-Czichon/Dembski/Germer* § 24 Rn. 10; a. A. *Fey/Rehren* MVG.EKD § 24 Rn. 17).

500 **§ 24 Sitzungen**

»(1) Nach Bestandskraft der Wahl hat der Wahlvorstand, im Fall der vereinfachten Wahl die Versammlungsleitung, innerhalb einer Woche die Mitglieder der Mitarbeitervertretung zur Vornahme der nach § 23 vorgesehenen Wahlen einzuberufen und die Sitzung zu leiten, bis die Mitarbeitervertretung über ihren Vorsitz entschieden hat.

(2) Der oder die Vorsitzende beraumt die weiteren Sitzungen der Mitarbeitervertretung an, setzt die Tagesordnung fest und leitet die Verhandlungen. Die Mitglieder der Mitarbeitervertretung sind rechtzeitig unter Mitteilung der Tagesordnung zu laden. Dies gilt auch für die Interessenvertretungen besonderer Mitarbeitergruppen (§§ 49 bis 53), soweit sie ein Recht auf Teilnahme an der Sitzung haben. Kann ein Mitglied der Mitarbeitervertretung an der Sitzung nicht teilnehmen, so hat es dies unter Angabe der Gründe unverzüglich mitzuteilen.

(3) Der oder die Vorsitzende hat eine Sitzung einzuberufen und einen Gegenstand auf die Tagesordnung zu setzen, wenn dies ein Viertel der Mitglieder der Mitarbeitervertretung oder die Dienststellenleitung beantragt. Dies gilt auch bei Angelegenheiten, die Schwerbehinderte oder jugendliche Beschäftigte betreffen, wenn die Vertrauensperson der Schwerbehinderten oder die Vertretung der Jugendlichen und Auszubildenden dies beantragen und die Behandlung des Gegenstandes keinen Aufschub duldet. Daneben ist eine Sitzung nach Satz 2 auf Antrag des Vertrauensmannes der Zivildienstleistenden einzuberufen.

(4) Die Sitzungen der Mitarbeitervertretung finden in der Regel während der Arbeitszeit statt. Die Mitarbeitervertretung hat bei der Einberufung von Sitzungen die dienstlichen

VIII. Die Geschäftsführung der MAV (§§ 23 bis 27 und 29 MVG.EKD) E.

Notwendigkeiten zu berücksichtigen. Die Dienststellenleitung soll von Zeitpunkt und Ort der Sitzungen vorher verständigt werden. Die Sitzungen sind nicht öffentlich.«

c) *Teilnahme an den Sitzungen der MAV (§ 25 MVG.EKD)*

Nach § 25 Abs. 1 MVG.EKD ist die Dienststellenleitung berechtigt, an den Sitzungen der MAV teilzunehmen, wenn eine Sitzung auf ihr Verlangen anberaumt ist. Die Dienststellenleitung ist auch berechtigt, zu diesen Sitzungen Sachkundige hinzuzuziehen. 501

Das Teilnahmerecht der Dienststellenleitung besteht somit grds. nicht bei Sitzungen der MAV. Es ergibt sich nur ausnahmsweise, wenn auf Verlangen der Dienststellenleitung eine Sitzung anberaumt wird. Aus dem Gebot der vertrauensvollen Zusammenarbeit ergibt sich, dass auf das Verlangen hin der Vorsitzende der MAV zu einer Sitzung rechtzeitig unter Mitteilung der Tagesordnung einlädt. Der Termin und der Ort der MAV-Sitzung wird vorher mit der Dienststellenleitung abgesprochen. Das Teilnahmerecht der Dienststellenleitung bezieht sich darauf, dass in der Sitzung eigene Standpunkte vorgetragen werden können. Die Dienststellenleitung kann an den Beratungen teilnehmen und versuchen, für ihre Meinung auch die Ansicht der MAV zu gewinnen. Die MAV kann im Anschluss auch die Beratung alleine ohne Dienststellenleitung durchführen. Eine Beschlussfassung erfolgt in jedem Fall ohne Beteiligung der Dienststellenleitung (§ 26 Abs. 4 MVG.EKD). Die Dienststellenleitung kann sich bei der von ihr verlangten Sitzung auch vertreten lassen. Es besteht insoweit keine Teilnahmepflicht der Dienststellenleitung persönlich (*Andelewski/Küfner-Schmitt/Schmitt* § 25 Rn. 7). 502

Neben der MAV ist auch die Dienststellenleitung berechtigt, für einzelne Tagesordnungspunkte sog. sachverständige Personen einzuladen. Diese Hinzuziehung von sachverständigen Personen bezieht sich nicht nur auf interne Mitarbeiter sondern auch externe wie z. B. Rechtsanwälte, Gewerkschaftssekretäre. Hier besteht keine Verpflichtung, die Dienststellenleitung von einer entsprechenden Einladung in Kenntnis zu setzen. Ob die Hinzuziehung der sachverständigen Personen erforderlich ist entscheidet die MAV nach pflichtgemäßem Ermessen (*Fey/Rehren* MVG.EKD § 25 Rn. 8). 503

Für Personen, die gem. § 25 Abs. 1, 2 MVG.EKD zu Sitzungen herangezogen werden gilt selbstverständlich die Schweigepflicht nach § 22 MVG.EKD. Diese sind spätestens am Ende der Sitzung darauf ausdrücklich hinzuweisen.

Abstimmungen in der MAV dürfen jedoch nur in Abwesenheit der geladenen Personen nach den Abs. 1, 2 stattfinden. 504

§ 25 Teilnahme an der Sitzung der Mitarbeitervertretung 505

»(1) Mitglieder der Dienststellenleitung sind berechtigt, an den Sitzungen teilzunehmen, die auf ihr Verlangen anberaumt sind. Die Dienststellenleitung ist berechtigt, zu diesen Sitzungen Sachkundige hinzuzuziehen. Die Dienststellenleitung ist verpflichtet, auf Verlangen der Mitarbeitervertretung an Sitzungen teilzunehmen oder sich vertreten zu lassen.

(2) Die Mitarbeitervertretung kann zu einzelnen Punkten der Tagesordnung sachkundige Personen einladen.

(3) Für Personen, die nach den Absätzen 1 und 2 an einer Sitzung der Mitarbeitervertretung teilnehmen, gilt die Schweigepflicht nach § 22. Sie sind ausdrücklich darauf hinzuweisen.«

4. Beschlussfassung

506 ▶ Praxistipp:

Da die MAV ein Kollegialorgan ist, erfolgt ihre Willensbildung zwingend durch Beschlussfassung. Die Beschlussfassung der MAV ist nur möglich, wenn die Mehrheit der Mitglieder in der Sitzung anwesend ist.

507 Beschlüsse können jedoch nur über Gegenstände gefasst werden, zu denen gem. § 24 Abs. 2 MVG.EKD auch eingeladen wurde. Die Ergänzung der Tagesordnung in der Sitzung mit Einverständnis der Mehrheit der anwesenden Mitarbeiter ist möglich, sofern es sich nicht nur um einen Beratungsgegenstand handelt. Soll jedoch über eine Frage, die auf der Tagesordnung stand, beschlossen werden, geht dies nur, wenn alle anwesenden Mitglieder und ggf. Ersatzmitglieder damit einverstanden sind (*Andelewski/Küfner-Schmitt/Schmitt* § 26 Rn. 7).

508 Die Beschlussfähigkeit muss bei der Beschlussfassung, d. h. bei der Abstimmung gegeben sein. Ist die Beschlussfähigkeit zu Beginn der Sitzung nicht gegeben, ist dies unschädlich; soweit diese während der Sitzung durch Heranholung abwesender MAV-Mitglieder gerettet werden kann (dies sollte in der Praxis auch ermöglicht werden) (a. A. *Fey/Rehren* MVG.EKD § 26 Rn. 2). Ein solches Vorgehen ist aus Kostengründen und aufgrund der Effektivität der Arbeit der MAV sinnvoll. Die Beschlüsse der MAV werden mit der Mehrheit der anwesenden Mitglieder gefasst. Etwas anderes gilt nur bei der Übertragung von Aufgaben zur selbstständigen Erledigung an einen Ausschuss und den entsprechenden Widerruf (§ 23 Abs. 3 MVG.EKD). In der Geschäftsordnung nach § 29 MVG.EKD kann z. B. die Reihenfolge der Stimmabgabe geregelt werden, ob eine offene oder geheime Abstimmung erfolgt, ob schriftlich oder mündlich abgestimmt wird und wie das Stimmergebnis festzustellen ist.

509 ▶ Praxistipp:

Es ist im Mitarbeitervertretungsgesetz keine Form, wie die Abstimmung erfolgen soll, vorgeschrieben. Der Vorsitzende der MAV hat beim Abstimmungsverfahren die Abstimmung entweder so zu formulieren, dass mit ja oder nein abgestimmt wird oder der Vorsitzende kann auch in die Runde fragen, ob ein Widerspruch gegen den zur Abstimmung gestellten Antrag erhoben wird.

510 Eine stillschweigende Beschlussfassung gibt es nicht (BAG v. 14.02.1996, AP Nr. 5 zu § 46a BetrVG). Der Beschluss und das Stimmergebnis sind dann in die Sitzungsniederschrift nach § 24 Abs. 1 MVG.EKD aufzunehmen.

511 Bestreitet die Dienststellenleitung die Ordnungsmäßigkeit eines Beschlusses zur MAV, so hat die MAV die Unterlagen vorzulegen, aus denen sich die Ordnungsmäßigkeit

ergibt, i. d. R. ist dies das Sitzungsprotokoll (KGH.EKD v. 07.04.2008, ZMV 2008, 257).

Nach § 26 Abs. 1 MVG.EKD fasst die MAV ihre Beschlüsse mit der Mehrheit der bei der Abstimmung anwesenden Mitglieder. Bei Stimmengleichheit ist ein Antrag abgelehnt, d. h. Stimmenthaltung ist zulässig. 512

▶ **Beispiel:**

Eine MAV besteht aus elf Mitgliedern, neun sind anwesend und vier stimmen für den Antrag, drei dagegen und zwei enthalten sich, dann ist dieser Antrag abgelehnt (*Andelewski/Küfner-Schmitt/Schmitt* § 26 Rn. 12; *Fey/Rehren* MVG.EKD § 26 Rn. 3).

a) Umlaufverfahren oder fernmündliche Absprache

Eine MAV kann in ihrer Geschäftsordnung für Ausnahmefälle die Beschlussfassung im Umlaufverfahren oder im Wege fernmündlicher Absprache zulassen. Grds. findet jedoch die Abstimmung nach Beratung unter gleichzeitiger Anwesenheit aller an der Abstimmung beteiligten Mitglieder der MAV statt. 513

Erforderlich ist jedoch, dass bei Durchführung eines Umlaufverfahrens oder der fernmündlichen Absprache Einstimmigkeit erzielt wird. Ist ein Mitglied der MAV nicht erreichbar oder votiert es abweichend, ist der Beschluss nicht wirksam. 514

▶ **Praxistipp:** 515

Man sollte von der Möglichkeit des Umlaufverfahrens nur in eng begrenzten Fällen Gebrauch machen, da sich in einem Beratungsgespräch die Meinungen erfahrungsgemäß oft verändern. Bei einem Umlaufverfahren oder fernmündlicher Absprache erfolgen nur Zweiergespräche, sodass eine Beratung im Kollegialorgan hier nicht der Fall ist.

Die Einberufung einer Sondersitzung ist daher der Abstimmung im Umlaufverfahren oder einer Abstimmung im Wege der fernmündlichen Absprache vorzuziehen. 516

Sobald die MAV jedoch Beschlüsse im Umlaufverfahren oder im Wege der fernmündlichen Absprache gefasst hat, sind diese spätestens in der Niederschrift der nächsten Sitzung im Wortlaut festzuhalten (*Baumann-Czichon/Dembski/Germer* § 26 Rn. 8, 9). 517

b) Ausschluss von der Beschlussfassung

Mitglieder der MAV sind von der Abstimmung ausgeschlossen soweit ein Beschluss sie selbst betrifft, ihre nächsten Angehörigen oder die von ihnen vertretenen natürlichen oder juristischen Personen. Es muss sich dabei um einen Beschluss der Vor- oder Nachteile bringen kann handeln. In Zweifelsfällen ist von einer Befangenheit auszugehen. 518

519 ▶ **Beispiel:**

Eine Umgruppierung eines Mitglieds der MAV

Das befangene Mitglied der MAV nimmt nicht an der Beratung und der Abstimmung der entsprechenden Angelegenheit teil und verlässt den Sitzungsraum. § 26 Abs. 3 Buchst. a) MVG.EKD ist eine abschließende Aufzählung des Personenkreises, welcher ebenfalls die Befangenheit eines Mitglieds der MAV auslöst. Dieses sind die nächsten Angehörigen (Eltern, Ehegatten, Kinder und Geschwister). Von der Beschlussfassung sind auch noch Mitglieder der MAV ausgeschlossen, wenn der Beschluss einer von ihnen kraft Gesetzes oder Vollmacht vertretenen natürlichen oder juristischen Person einen Vor- oder Nachteil bringen kann (§ 26 Abs. 3 Buchst. b) MVG.EKD).

Die Vertretung juristischer Personen sind z. B. Kirchengemeinde, Vereine, GmbH oder Stiftungen.

Käme ein Beschluss unter Beteiligung eines betroffenen Mitglieds der MAV zustande, wäre dieser Beschluss unwirksam. Den betroffenen Mitgliedern der MAV ist wie jedem anderen Mitarbeiter jedoch Gelegenheit zur Stellungnahme ggü. der MAV zu geben. Der Ausschluss von der Beratung und Beschlussfassung ist nur dann gegeben, wenn das Mitglied der MAV den Sitzungssaal verlässt; dies ist im Protokoll zu vermerken.

Nach § 26 Abs. 4 MVG.EKD beschließt die MAV auch in Abwesenheit der Personen, die nach § 25 Abs. 1, 2 MVG.EKD an der Sitzung teilgenommen haben. Dies sind Angehörige der Dienststellenleitung oder die von ihr beauftragten Personen, Sachverständige usw.

520–523 *(unbelegt)*

524 **§ 26 Beschlussfassung**

»(1) Die Mitarbeitervertretung ist beschlussfähig, wenn die Mehrheit der Mitglieder anwesend ist.

(2) Die Mitarbeitervertretung fasst ihre Beschlüsse mit der Mehrheit der bei der Abstimmung anwesenden Mitglieder. Bei Stimmengleichheit ist ein Antrag abgelehnt. Die Mitarbeitervertretung kann in ihrer Geschäftsordnung bestimmen, dass Beschlüsse im Umlaufverfahren oder durch fernmündliche Absprachen gefasst werden können, sofern dabei Einstimmigkeit erzielt wird. Beschlüsse nach Satz 3 sind spätestens in der Niederschrift der nächsten Sitzung im Wortlaut festzuhalten.

(3) An der Beratung der Beschlussfassung dürfen Mitglieder der Mitarbeitervertretung

nicht teilnehmen, wenn der Beschluss
a) ihnen selbst oder ihren nächsten Angehörigen (Eltern, Ehegatten, Kindern und Geschwistern),
b) einer von ihnen kraft Gesetzes oder Vollmacht vertretenen natürlichen oder juristischen Person einen Vor- oder Nachteil bringen kann.

(4) Die Mitarbeitervertretung beschließt in Abwesenheit der Personen, die nach § 25 Absätze 1 und 2 an der Sitzung teilgenommen haben.«

5. Sitzungsniederschrift

Nach § 27 Abs. 1 MVG.EKD ist über jede Sitzung der MAV eine Niederschrift anzufertigen, die mindestens die Namen der An- oder Abwesenden, die Tagesordnung, die gefassten Beschlüsse, die Wahlergebnisse und die jeweiligen Stimmenverhältnisse enthalten muss. Eine solche Niederschrift ist auch dann zu fertigen, wenn in der Sitzung der MAV nur Beratungen erfolgt sind. Diese Vorschrift gilt auch für die Sitzungen der Ausschüsse nach § 23a MVG.EKD entsprechend.

▶ Praxistipp:

Der Mindestinhalt ist somit:
- Die Namen der An- und Abwesenden – hier empfiehlt sich in der Anwesenheitsliste auch die Eintragung der Uhrzeit wann ein Mitglied zur Sitzung erscheint und wann es den Raum verlässt.
- Die Tagesordnung – diese liegt bereits bei der Ladung vor, sie wird aber noch einmal protokolliert.
- Die gefassten Beschlüsse mit den Stimmverhältnissen – entweder sind die Beschlüsse direkt zu protokollieren oder als Anlagen dem Protokoll beizufügen. Die Stimmenverhältnisse sind ebenfalls anzugeben.
- Die Wahlergebnisse mit den Stimmverhältnissen – hier ist z. B. die Wahl des Vorsitzenden nach § 23 Abs. 1 MVG.EKD zu protokollieren.
- Die Niederschrift dient der Unterrichtung der abwesenden Mitglieder der MAV sowie der Kontrolle, ob die Beschlüsse auch eingehalten wurden und sie soll ermöglichen, später Vorgänge und Entwicklungen nachzuvollziehen

(*Baumann-Czichon/Dembski/Germer* § 27 Rn. 1).

Die MAV bestimmt auch einen Protokollführer. Als Protokollführer kommt nur ein Mitglied der MAV in Betracht. Wie schon oben ausgeführt, kann die MAV, soweit erforderlich, sich einer Schreibkraft bedienen. Dies hat sich jedoch in der Praxis weniger bewährt.

Das Protokoll ist vom Vorsitzenden und einem weiteren Mitglied der MAV zu unterzeichnen.

Das Mitarbeitervertretungsgesetz regelt nicht ausdrücklich, dass das Protokoll von der MAV zu genehmigen ist. Es genügt, wenn es jedem Mitglied der MAV rechtzeitig zur Einsicht zur Verfügung gestellt wird (*Baumann-Czichon/Dembski/Germer* § 27 Rn. 5).

Das Sitzungsprotokoll sowie die sonstigen Unterlagen sind bei den Akten der MAV zu verwahren, solange sie von rechtlicher Bedeutung sind. Im Allgemeinen wendet man hier § 257 Abs. 4 HGB an. Die Aufbewahrungsfrist, welche auch bei Handelsbüchern gilt, ist ein Zeitraum von zehn Jahren (*Andelewski/Küfner-Schmitt/Schmitt* § 27 Rn. 11). Hat ein Mitglied der Dienststellenleitung an der Sitzung teilgenommen, so ist der Dienststellenleitung, nicht dem Teilnehmer persönlich, ein Auszug aus der Niederschrift zuzuleiten, in dem die Punkte abgehandelt sind, in denen das Mitglied der Dienststellenleitung teilgenommen hat (*Fey/Rehren* MVG.EKD § 27 Rn. 6).

531 **§ 27 Sitzungsniederschrift**

»(1) Über jede Sitzung der Mitarbeitervertretung und ihrer Ausschüsse nach § 23a Absatz 1 Satz 1 ist eine Niederschrift anzufertigen, die mindestens die Namen der An- oder Abwesenden, die Tagesordnung, die gefassten Beschlüsse, die Wahlergebnisse und die jeweiligen Stimmenverhältnisse enthalten muss. Die Niederschrift ist von dem oder der Vorsitzenden der Mitarbeitervertretung oder des Ausschusses und einem weiteren Mitglied der Mitarbeitervertretung zu unterzeichnen.

(2) Hat die Dienststellenleitung an einer Sitzung der Mitarbeitervertretung teilgenommen, so ist ihr ein Auszug aus der Niederschrift über die Verhandlungspunkte zuzuleiten, die im Beisein der Dienststellenleitung verhandelt worden sind.«

6. Geschäftsordnung

532 Nach § 29 MVG.EKD können Einzelheiten der Geschäftsführung von der MAV einer sog. Geschäftsordnung geregelt werden. Es ist somit ein Erlass einer Geschäftsordnung nicht zwingend notwendig.

533 Inhaltlich können in der Geschäftsordnung zahlreiche Form- und Verfahrensvorschriften, welche die MAV einzuhalten hat, geregelt werden. Die MAV kann sich jedoch in der Geschäftsordnung keine weiteren Rechte einräumen. Die Geschäftsordnung hat somit keine Rechtswirkung nach außen. Sie regelt nur interne Abläufe innerhalb der MAV.

534 ▶ **Beispiel:**

Im Einzelnen kann in der Geschäftsordnung bspw. geregelt werden:
- Einzelheiten zur Anberaumung der MAV-Sitzungen z. B. die Festlegung regelmäßiger Sitzungen, Ladungsfrist, Ladungsform, Mitteilung der Tagesordnung,
- Einzelheiten zur Sitzungsleitung wie z. B. Ausübung des Rederechts, Leitung und Durchführung von Abstimmungen, Festlegung und Durchführung von geheimen und namentlichen Abstimmungen, Bestellung eines Schriftführers, Einzelheiten über die Sitzungsniederschrift, Möglichkeit des Vorsitzenden, Störer der Sitzung zu ermahnen bzw. auszuschließen;
- Sitzungsleitung bei gleichzeitiger Abwesenheit von Vorsitzenden und Stellvertreter,
- die Art der Bekanntgabe von Beschlüssen der MAV an die Belegschaft,
- Bestimmungen über die Aufbewahrung der Niederschriften,
- die Abgrenzung, welche Geschäfte nicht als laufende Geschäfte angesehen werden,
- die Bildung, Zusammensetzung und Aufgabenzuweisung von Ausschüssen gem. § 23a MVG.EKD,
- die Zuständigkeit für Fachfragen,

E. IX. Die Kosten der Mitarbeitervertretungsarbeit

– die Möglichkeit Abstimmungen im Umlaufverfahren bzw. durch telefonische Absprache gem. § 26 Abs. 2 MVG.EKD vorzunehmen.
(s. *Andelewski/Küfner-Schmitt/Schmitt* § 29 Rn. 3).

Eine Verpflichtung der Dienststellenleitung, einen Text der Geschäftsordnung zuzuleiten, besteht nach § 29 MVG.EKD grds. nicht, jedoch sollte nach den Grundsätzen der vertrauensvollen Zusammenarbeit nach § 33 MVG.EKD die MAV der Dienststellenleitung die Geschäftsordnung bekannt geben. 535

Einer Veröffentlichung bedarf die Geschäftsordnung nicht, da sie nur Bindungswirkung für die jeweilige MAV hat. Die Geschäftsordnung hat nur nach innen Wirkung und bindet die Mitglieder der MAV, insb. den Vorsitzenden und seinen Stellvertreter. Verstöße gegen die Geschäftsführung führen nicht zur Unwirksamkeit des Beschlusses (*Fey/Rehren* MVG.EKD § 29 Rn. 8). Die Geschäftsordnung gilt jeweils für die Amtszeit der MAV. Ist eine neue MAV gewählt, kann sie sich eine neue Geschäftsordnung geben oder die alte voll und unverändert oder verändert übernehmen. Die MAV hat daneben auch die Möglichkeit, diese Geschäftsordnung durch Beschluss abzuändern. Für Streitigkeiten über den Erlass, Inhalt, Auslegung und Geltung der Geschäftsordnung ist das Kirchengericht zuständig (*Andelewski/Küfner-Schmitt/Schmitt* § 30 Rn. 6–9). 536

§ 29 Geschäftsordnung 537

»Einzelheiten der Geschäftsführung kann die Mitarbeitervertretung in einer Geschäftsordnung regeln.«

Mustergeschäftsordnung: s. Kapitel F. II.

IX. Die Kosten der Mitarbeitervertretungsarbeit

1. Allgemein

Die MAV hat kein Vermögen. Die Dienststellenleitung ist somit verpflichtet, die erforderlichen Sachkosten zur Verfügung zu stellen. Insoweit ergänzt § 30 MVG.EKD die Regelung des § 19 Abs. 2 MVG.EKD. § 30 MVG.EKD bezieht sich auf die Kosten der Arbeit der MAV. Damit diese Ihre nach dem Mitarbeitervertretungsgesetz notwendigen Aufgaben verrichten kann, muss dieser die erforderlichen Sach- und Personalmittel zur Verfügung gestellt werden. 538

2. Voraussetzung für die Pflicht der Kostenübernahme

Nach § 30 Abs. 1 MVG.EKD hat die Dienststelle für die Sitzungen, die Sprechstunden und laufende Geschäftsführung der MAV in erforderlichem Umfang Räume, sachliche Mittel, dienststellenübliche technische Ausrüstung und Büropersonal zur Verfügung zu stellen. 539

Die Dienststelle hat somit die Kosten zu übernehmen, wenn diese durch die Tätigkeit der MAV entstanden sind. 540

541 Erforderlichkeit ist nicht nach subjektivem Ermessen zu beurteilen, sondern es muss auf den Standpunkt eines »vernünftigen Dritten« abgestellt werden, der die Interessen der Einrichtung einerseits und der MAV und der Mitarbeiterschaft andererseits gegeneinander abwägt (BVerwG v. 29.08.1975, PersVG 1976, 305).

542 ▶ Praxistipp:

Nach der Rechtsprechung ist von der MAV neben der Erforderlichkeit auch zu prüfen, ob die Kosten zur ordnungsgemäßen Erfüllung ihrer Aufgaben nach dem Grundsatz der Verhältnismäßigkeit z. B. hinsichtlich der Erforderlichkeit von Schulungs- und Bildungsmaßnahmen vertretbar sind (BAG, Beschl. v. 31.10.1972 – 1 ABR 7/72, Beschl. v. 08.10.1974 – 1 ABR 72/73, AP Nr. 2, Nr. 7 zu § 40 BetrVG).

543 Dieser Grundsatz der Verhältnismäßigkeit ist somit auch bei § 30 MVG.EKD zu beachten. Es ist auf die Belange der Dienststellenleitung als auch der MAV abzustellen. Es kommt auf die ordnungsgemäße und sachgerechte Aufgabenerfüllung der MAV jedoch ein besonderes Gewicht zu. Soweit die MAV Aufwendungen für erforderlich und verhältnismäßig halten darf, bedarf sie grds. nicht der Zustimmung der Dienststellenleitung (BAG, Beschl. v. 10.08.1994 – 7 ABR 35/93, NZA 1995, 796). Eine Ausnahme besteht allerdings nach § 30 Abs. 2 MVG.EKD für die Hinzuziehung sachkundiger Personen nach § 25 Abs. 2 und § 31 Abs. 3 MVG.EKD. Diese Kosten müssen im Vorfeld mit der Dienststellenleitung abgestimmt werden.

544 ▶ Praxistipp:

Bei außergewöhnlichen Aufwendungen ist es in der Praxis immer sinnvoll, i. R. d. Grundsatzes der vertrauensvollen Zusammenarbeit die Dienststellenleitung zu informieren und deren Zustimmung einzuholen.

545 Nach § 30 Abs. 5 MVG.EKD darf die MAV, da ihr Amt ein Ehrenamt ist, keine Beträge erheben oder Zuwendungen im Einzelnen annehmen. In der Praxis ist es oft üblich eine sog. »Mitarbeiterkasse« zu führen. Dies ist jedoch nicht die Aufgabe der MAV. In diesen Mitarbeiterkassen werden für Geburtstage, Jubiläum oder längere Krankheiten Gelder gesammelt, um den Mitarbeitern Aufmerksamkeiten zukommen zu lassen (*Baumann-Czichon/Dembski/Germer* § 30 Rn. 18).

3. Laufende Geschäftsführung, Sachbedarf und Büropersonal

546 Für eine ordnungsgemäße Ausübung der Tätigkeit der MAV bedarf es entsprechender **Sachmittel** (*Fey* ZMV 2000, 218). Als Sachmittel sind deshalb etwa Büro- und Verbrauchsmaterialien für den normalen Bürobetrieb, wie z. B. Schreibpapier, Stifte, Aktenordner, Locher, Hefter, Briefmarken usw. zur Verfügung zu stellen.

547 Die MAV benötigt zunächst **Räume**. Anzahl und Größe der Räume bestimmen sich nach dem konkreten Bedarf im Einzelfall. Nicht jedes freigestellte Mitglied der MAV hat einen Anspruch auf einen eigenen Büroraum. Bei einer MAV von fünf Mitgliedern wird normalerweise ein Anspruch auf mindestens einen eigenen Mitarbeitervertretungsraum bejaht (ArbG Frankfurt v. 17.02.1999, NZA 3399, 420). Einer MAV

IX. Die Kosten der Mitarbeitervertretungsarbeit   E.

mit elf Mitgliedern, von denen zwei freigestellt sind, stehen drei Räume zu, nämlich ein Raum für die freigestellten Mitglieder, ein Raum für die Schreibkraft und ein hinreichend großer Raum für Sitzungen, Besprechungen und Sprechstunden sowie Einzelgespräche (VerwG. EKD, Beschl. v. 28.04.2003 – I-0124/G17-02). Sind die Büroräume nicht zum Abhalten von Sitzungen oder Sprechstunden geeignet, ist ein entsprechendes Sitzungszimmer daneben zur Verfügung zu stellen.

▶ **Praxistipp:** 548

Ob die Räume zur eigenständigen Nutzung überlassen werden oder der MAV nur zu bestimmten Zeiten zur Verfügung stehen, richtet sich nach den Erfordernissen der Mitarbeitervertretungsarbeit in der jeweiligen Dienststelle.

Normalerweise ist eine dauerhafte Überlassung von Sitzungs- und Sprechstundenräumen in der Praxis nicht erforderlich. Hier reicht es aus, wenn für die Sitzungen und Sprechstunden auf geeignete Räume zurückgegriffen werden kann (*Andelewski/ Küfner-Schmitt/Schmitt* § 30 Rn. 9, 10). Die MAV hat keinen Anspruch, zugewiesene Räume zu behalten. Die Dienststellenleitung kann anderer Räume zuweisen, sofern dies den objektiven Anforderungen der MAV genügt (Schiedsstelle DW Hannover v. 31.01.2008, EkA Geschäftsbedarf [2]). In Räumen der MAV, die sie zu Sitzungen, Sprechstunden oder für ihren laufenden Geschäftsbetrieb nutzt, hat sie das Hausrecht, d. h. die Dienststellenleitung darf diese Räume nicht ohne Zustimmung der MAV öffnen oder betreten. Die Dienststellenleitung muss daneben Besuche im Mitarbeitervertretungsbüro von Dritten, die die MAV im Rahmen ihrer Aufgaben eingeladen hat, dulden, z. B. Rechtsanwälte zur Besprechung von Streitigkeiten mit der Dienststellenleitung, Gewerkschaftsmitglieder zum Zwecke der Information usw. (*Baumann-Czichon/Dembski/Germer* § 30 Rn. 5). 549

Zur ordnungsgemäßen Aufgabenerfüllung gehört neben dem laufenden Geschäftsbedarf auch, dass die MAV entsprechende Sachmittel zur Verfügung hat. 550

Dazu gehören: 551

Die Möglichkeit, die **Mitarbeiterschaft** durch ein sog. »schwarzes Brett« zu **informieren.** Dies ist an geeigneter Stelle in der Dienststelle anzubringen. In größeren Dienststellen kommen auch mehrere Mitteilungsbretter in Betracht. Ist es in der Dienststelle üblich, dass die Mitarbeiterschaft durch Email informiert wird, muss dies auch der MAV ermöglicht werden (*Fey/Rehren* MVG.EKD § 30 Rn. 10).

Soweit es sich um eine **dienststellenübliche** Ausstattung handelt, ist die Erforderlichkeit der **technischen Ausstattung** vonseiten der MAV nicht mehr darzulegen. Die MAV hat Anspruch auf einen eigenen **Festnetztelefonanschluss.** Ein **Mobiltelefon** kann ausnahmsweise erforderlich sein, wenn die Dienststelle auf mehrere Gebäude verteilt ist. Die Erfassung der Gebühren ist zulässig, nicht jedoch die Erfassung der Zielnummern (*Fey/Rehren* MVG.EKD § 30 Rn. 8). 552

Der Anspruch auf einen **Anrufbeantworter** besteht dann, wenn die Erreichbarkeit der Mitglieder der MAV besonders erschwert ist. Dies ist in der Praxis bei Schicht- und 553

Außendienst der Fall. In größeren Dienststellen hat die MAV auch Anspruch auf einen eigenen Faxanschluss. Ansonsten ist zu prüfen, ob das vorhandene **Faxgerät** in der Dienststelle zum Zwecke der Tätigkeit der MAV lediglich im erforderlichen Umfang mit benutzt werden kann.

554 Ab dem Jahr 2010 ist auch für kleinere Dienststellen mit weniger als 51 Mitarbeitern anerkannt, dass ein **PC** zur üblichen Büroausstattung gehört und somit die MAV einen Rechtsanspruch auf Zurverfügungstellung ggü. der Dienststelle hat. Zwischenzeitlich ist diese Ausstattung in den Dienststellen üblich. Soweit es sich um eine dienststellenübliche Büroausstattung handelt, muss die MAV somit die Erforderlichkeit nicht mehr darlegen (*Andelewski/Küfner-Schmitt/Schmitt* § 30 Rn. 14).

555 Einen Anspruch auf ein **Notebook** oder **Laptop** ist nur dann gerechtfertigt, wenn die besonderen Verhältnisse in der Dienststelle dies erforderlich machen z. B. in einer Dienststelle mit mehreren Standorten, in denen die Mitglieder der MAV häufig tätig sein müssen.

556 Die Kommunikation per Email innerhalb des **Intranets** ist der MAV dann zu gestatten, wenn sie sonst in der Dienststelle üblich ist. In großen Dienststellen ist der MAV auch eine eigene Homepage einzurichten (BAG, Urt. v. 01.12.2004 – 10 AZR 600/03, NZA 2005, 1016).

557 Ab dem Jahr 2010 hat sich auch die Rechtsprechung zur **Internetnutzung** geändert. Verfügt die Dienststelle über einen Internetzugang, darf die MAV einen eigenen Zugang zur Wahrnehmung ihrer gesetzlichen Aufgaben regelmäßig für erforderlich halten, sofern keine berechtigten Interessen der Dienststellenleitung entgegenstehen (BAG, Beschl. v. 20.01.2010 – 7 ABR 79/08, DB 2010, 1243). Besteht die Möglichkeit der Internetnutzung, darf die MAV keine dienststelleninternen Informationen ins Netz stellen, die der Schweigepflicht unterliegen oder geeignet sind, das Ansehen der Dienststelle zu diskreditieren (*Fey/Rehren* MVG.EKD § 30 Rn. 8a, 8b).

558 Die MAV hat hier einen Anspruch auf Zurverfügungstellung der neuesten Auflagen von **Fachliteratur**, den neuesten Stand der **Loseblatt- und** der **Gesetzessammlungen**. Dies bezieht sich auf die Texte der Arbeitsvertragsrichtlinien sowie der jeweiligen Kirchlichen Dienstvertragsordnungen. Darüber hinaus ist der MAV ein **Kommentar zum MVG** zur Verfügung zu stellen, wobei es hier ausreichend ist, dass die Kommentierungen der MAV einmal, bei größeren MAV vielleicht auch mehrfach, zur Verfügung stehen sollte und die Mitglieder im Mitarbeitervertretungsbüro Einsicht nehmen bzw. dort die Kommentierung kurzzeitig ausleihen können. Soweit **Kommentare und sonstige Bücher** erforderlich sind, kann die Dienststellenleitung der MAV nicht vorschreiben, welche Kommentierungen sie nützen soll (BAG, Beschl. v. 26.10.1994 – 7 ABR 15/94, AP Nr. 43 zu § 40 BetrVG). Die MAV darf allerdings nicht ohne Absprache mit der Dienststellenleitung Literatur und Fachzeitungen abonnieren (BAG, Beschl. v. 21.04.1982 – 6 ABR 70/82, AP Nr. 20 zu § 40 BetrVG). In kleineren Dienststellen ist auch die in geeigneter Weise mögliche Mitbenutzung vorhandener arbeitsrechtlicher Literatur ausreichend (BVerwG, Urt. v. 21.01.1991 – 6 P 13.89, AP Nr. 9 zu § 44 PersVG). In der Praxis ist es jedoch nicht zulässig, dass die Dienststellenleitung den

Besuch einer Schulungsveranstaltung ablehnt und darauf verweist, dass Informationen durch aktuelle Fachzeitschriften ersetzt werden sollen (BAG, Beschl. v. 25.01.1995 – 7 ABR 37/94, NZA 1995, 591).

Soweit es für die ordnungsgemäße Mitarbeitervertretungsarbeit erforderlich ist, hat die Dienststellenleitung der MAV auch **Büropersonal** zur Verfügung zu stellen. Hier muss die Erforderlichkeit anhand des Arbeitsanfalls überprüft werden. In kleineren Dienststellen wird es genügen, wenn eine Schreibkraft neben anderen Aufgaben auch Diktate und sonstige Büroarbeiten der MAV auf Anforderung mit erledigt. Auch andere Hilfstätigkeiten kann das Büropersonal erledigen. Abhängig vom Umfang des erforderlichen Büroaufwandes ist die Inanspruchnahme der Bürokraft stundenweise, tageweise oder als Vollzeitkraft zu ermöglichen, wobei in der Praxis eine Vollzeitbürokraft kaum erforderlich ist. Steht ein MAV Informations- und Kommunikationstechniken zur Verfügung, z. B. PC mit entsprechender Textverarbeitung und Software, dann ist dies kein Ablehnungsgrund für einen Anspruch auf Büropersonal (BAG, Beschl. v. 20.04.2005 – 7 ABR 14/04, AP Nr. 84 zu § 40 BetrVG). 559

Die Schweigepflicht für Büropersonal, das der MAV zur Verfügung gestellt wird, ergibt sich auch hier aus § 22 Abs. 1 MVG.EKD. 560

4. Kosten der Tätigkeit der MAV

Nach § 30 Abs. 2 MVG.EKD zählen zu den Aufwendungen der Mitglieder der MAV insb. die Kosten für die Inanspruchnahme von Sachverständigen und Prozesskosten. Nach § 30 Abs. 2 MVG.EKD trägt die Dienststelle die durch die Tätigkeit der MAV entstehenden erforderlichen Kosten. 561

Persönliche Aufwendungen der Mitglieder der MAV sind hier insb. Reisekosten, aber auch Fahrtkosten, die dadurch entstehen, dass ein Mitglied der MAV außerhalb von der persönlichen Arbeitszeit zu Sitzungen zur Dienststelle kommen muss. Die normale Anreise gehört zur persönlichen Lebensführung, auch bei freigestellten Mitgliedern der MAV. Auch Telefon- und Portokosten fallen in diesen Bereich (*Andelewski/Küfner-Schmitt/Schmitt* § 30 Rn. 18). 562

Die Reisekosten sind in § 30 Abs. 4 MVG.EKD besonders geregelt. Für Dienstreisen der Mitglieder der MAV gelten die in der Dienststelle geltenden Bestimmungen für Dienstreisen. Dies ist in der Praxis in den meisten Fällen das Bundesreisekostengesetz. 563

Die Dienststellenleitung ist nicht befugt, die Dienstreise zu untersagen, wenn die MAV die Dienstreise nach pflichtgemäßem Ermessen für erforderlich hält (*Fey/Rehren* MVG.EKD § 30 Rn. 25; *Baumann-Czichon/Dembski/Germer* § 30 Rn. 26). Verweigert die Dienststellenleitung eine Dienstreise, weil sie diese nicht für erforderlich hält, muss die MAV das Kirchengericht anrufen. Zu einer eigenmächtigen Durchführung der Dienstreise braucht die Dienststelle die Kosten nicht zu tragen (VerwG.EKD, Beschl. v. 30.01.1997, ZMV 1997, 137). 564

Ein Anspruch auf Kostenerstattung besteht aber auch dann nicht, wenn ein freigestelltes Mitglied der MAV in einem Büro der MAV tätig wird, das sich an einem weiter 565 vom Wohnsitz entfernten Ort der Dienststelle befindet als der Arbeitsplatz des Mitglieds der Freistellung (BAG, Beschl. v. 13.06.2007 – 7 ABR 62/06, ZMV 2008, 40).

566 ▶ **Praxistipp:**

Die Kosten, die durch die Inanspruchnahme sachkundiger Personen nach §§ 25 Abs. 2, 31 Abs. 3 MVG.EKD entstehen, trägt die Dienststellenleitung.

567 Die MAV entscheidet, ob sie sog. sachkundige Personen hinzuziehen möchte. Dies können z. B. Rechtsanwälte, aber auch Gewerkschaftssekretäre und auch sonstige Berater sein. Voraussetzung für eine Kostenübernahme ist, dass die Hinzuziehung der sachkundigen Person für die ordnungsgemäße Durchführung der Aufgaben der MAV erforderlich ist. Die Regelung des § 30 Abs. 2 Satz 2 MVG.EKD über die Kostenübernahme bei Heranziehung sachkundiger Personen bezieht sich vom Gesetzeswortlaut her nur auf die Heranziehung zur MAV-Sitzungen gem. § 25 Abs. 2 MVG.EKD und Mitarbeiterversammlung gem. § 31 Abs. 3 MVG.EKD. Man geht jedoch davon aus, dass § 30 Abs. 2 Satz 2 MVG.EKD auch für die Fälle eingreift, wenn die MAV nur den Rat von sachkundigen Personen einholt (*Baumann-Czichon/Dembski/Germer* § 30 Rn. 20).

568 Bei der Vertretung der MAV in einem gerichtlichen Verfahren zählt die Übernahme der sachverständigen Beratungskosten zu den erforderlichen Kosten nach § 30 Abs. 2 Satz 1 MVG.EKD (KGH.EKD, Beschl. v. 19.02.2007 – I-0124/M63-06, ZMV 2008, 258). Die Durchsetzung des Anspruchs auf Kostenübernahme erfolgt aufgrund der materiellen Rechtslage des § 30 Abs. 2 MVG.EKD und nicht als prozessualer Kostenantrag im laufenden Verfahren (VerwG.EKD, Beschl. v. 28.04.2003 – I-0124/G32-02, ZMV 2004, 35). Vor der Beauftragung eines Rechtsanwaltes als sachkundige Person oder in einer gerichtlichen Auseinandersetzung mit der Dienststellenleitung muss die MAV deren Zustimmung zur Kostenübernahme einholen. Bei einer Ablehnung der Beauftragung des Rechtsanwalts durch die Dienststellenleitung muss dies vor dem Kirchengericht geklärt werden. Probleme erwachsen dann, wenn die Kostenübernahme durch die Dienststellenleitung für rechtmäßig erklärt wurde, da der Rechtsanwalt, welcher von der MAV beauftragt wurde, eine Kostenerstattung nicht direkt von der MAV geltend machen kann (*Andelewski/Küfner-Schmitt/Schmitt* § 30 Rn. 22 ff.).

569 Nach § 30 Abs. 3 MVG.EKD werden die Kosten bei Gemeinsamen MAV von den beteiligten Dienststellen entsprechend dem Verhältnis der Zahl ihrer Mitarbeiter getragen. Gliedkirchen können hier entsprechende andere Regelungen vorsehen.

570 **§ 30 Sachbedarf, Kosten der Geschäftsführung**

»(1) Für die Sitzungen, die Sprechstunden und die laufende Geschäftsführung der Mitarbeitervertretung hat die Dienststelle in erforderlichem Umfang Räume, sachliche Mittel, dienststellenübliche technische Ausstattung und Büropersonal zur Verfügung zu stellen.

(2) Die durch die Tätigkeit der Mitarbeitervertretung entstehenden erforderlichen Kosten trägt die Dienststelle, bei der die Mitarbeitervertretung gebildet ist. Kosten, die durch die Beiziehung sachkundiger Personen nach § 25 Absatz 2 und § 31 Absatz 3 entstehen, werden

von der Dienststelle übernommen, wenn die Dienststellenleitung der Kostenübernahme vorher zugestimmt hat.

(3) Bei Gemeinsamen Mitarbeitervertretungen werden die Kosten von den beteiligten Dienststellen entsprechend dem Verhältnis der Zahl ihrer Mitarbeiter und Mitarbeiterinnen getragen. Die Gliedkirchen können andere Regelungen vorsehen.

(4) Reisen der Mitglieder der Mitarbeitervertretung, die für ihre Tätigkeit notwendig sind, gelten als Dienstreisen. Die Genehmigung dieser Reisen und die Erstattung der Reisekosten erfolgen nach den für die Dienststelle geltenden Bestimmungen.

(5) Die Mitarbeitervertretung darf für ihre Zwecke keine Beiträge erheben oder Zuwendungen annehmen.«

F. Die Mitarbeiterversammlung

I. Vorbereitung für eine Mitarbeiterversammlung (§ 31 MVG.EKD)

571 Nach § 31 Abs. 1 MVG.EKD besteht die Mitarbeiterversammlung aus allen Mitarbeitern der Dienststelle, soweit sie nicht zur Dienststellenleitung gehören. Die Anwesenheit der Dienststellenleitung bei einer Mitarbeiterversammlung wird gesondert in § 31 Abs. 5 MVG.EKD geregelt.

572 Mitarbeiterversammlungen i. S. d. § 31 MVG.EKD werden ausschließlich von der MAV durchgeführt und von dieser geleitet. Versammlungen, die von der Dienststellenleitung einberufen, geleitet und verantwortet werden, fallen nicht unter den § 31 MVG.EKD.

573 ▶ Praxistipp:

Teilnahmeberechtigt an einer Mitarbeiterversammlung sind somit auch Mitarbeiter, welche das 18. Lebensjahr noch nicht vollendet haben, beurlaubte Mitarbeiter (Elternzeit, Sonderurlaub usw.) und Mitarbeiter in der Freistellungsphase der Altersteilzeit. Bei einer Teilnahme von Beurlaubten Mitarbeitern besteht jedoch kein Anspruch auf Zahlung der Vergütung für die Zeit der Teilnahme bzw. ein Erstattungsanspruch von Reisekosten (*Fey/Rehren* MVG.EKD § 31 Rn. 4).

574 Soweit eine Gemeinsame MAV nach § 5 Abs. 2 MVG.EKD gebildet ist, kann auch eine gemeinsame Mitarbeiterversammlung der beteiligten Dienststellenteile vorgenommen werden (vgl. *Baumann-Czichon/Dembski/Germer* § 31 Rn. 5).

575 Die Mitarbeiterversammlung wird von dem Vorsitzenden der MAV einberufen. Der Vorsitzende der MAV oder dessen Stellvertreter leitet die Versammlung und ist für den ordnungsgemäßen Ablauf verantwortlich.

576 ▶ Praxistipp:

Vor der Durchführung einer Mitarbeiterversammlung muss die MAV einen entsprechenden Beschluss fassen. Zeit und Ort der Mitarbeiterversammlung ist mit der Dienststellenleitung nach § 31 Abs. 1 Satz 4 MVG.EKD abzusprechen.

577 Eine Widerspruchsmöglichkeit der Dienststellenleitung hinsichtlich der Durchführung der Mitarbeiterversammlung ist nur gegeben, wenn zwingende dienstliche Gründe vorliegen.

578 ▶ Praxistipp:

Die Einladung durch den Vorsitzenden der MAV muss mindestens eine Woche vor dem Termin und unter Angabe der Tagesordnung erfolgen.

579 Hinsichtlich der Einladung sind keine besonderen Formvorschriften vorgegeben, d. h. ein Aushang am schwarzen Brett der Dienststelle oder eine individuelle Einladung an alle Mitarbeiter ist möglich (s. *Andelewski/Küfner-Schmitt/Schmitt* § 31 Rn. 7).

I. Vorbereitung für eine Mitarbeiterversammlung (§ 31 MVG.EKD)   F.

1. Nichtöffentlichkeit der Mitarbeiterversammlung

Die Mitarbeiterversammlung ist nach § 31 Abs. 1 Satz 2 Halbs. 2 MVG.EKD nicht öffentlich. Dies bedeutet, dass nur die Mitarbeiter der Dienststelle teilnahmeberechtigt sind und, soweit eingeladen, sog. sachkundige Personen. Daneben unter den Voraussetzungen von § 31 Abs. 5 MVG.EKD auch die Dienstellenleitung. Andere Gäste dürfen nur teilnehmen, wenn zwischen MAV und Dienststellenleitung hierfür ein Einvernehmen erzielt wurde.   580

Die **Nichtöffentlichkeit** bedeutet, dass keine Informationen aus der Mitarbeiterversammlung nach außen weitergegeben werden dürfen (z. B. bei Rationalisierungsmaßnahmen in der Einrichtung).   581

2. Ordentliche und außerordentliche Mitarbeiterversammlung

§ 31 Abs. 2 MVG.EKD unterscheidet hinsichtlich der Zahl der durchzuführenden Mitarbeiterversammlungen zwischen den ordentlichen (regelmäßige Mitarbeiterversammlungen) und den außerordentlichen Mitarbeiterversammlungen.   582

▶ Praxistipp: 583

> Die Unterscheidung ist von Bedeutung, da ordentliche Mitarbeiterversammlungen grds. während der Arbeitszeit und unter Fortzahlung der Vergütung stattfinden, während dies für außerordentliche Mitgliederversammlungen immer nur dann gilt, wenn die Dienststellenleitung und die MAV dies im Einvernehmen beschlossen haben.

Die MAV hat **mindestens einmal im Jahr** eine ordentliche Mitarbeiterversammlung durchzuführen und während dieser einen Tätigkeitsbericht zu erstatten. Es handelt sich bei der Jahresfrist um das Jahr der Amtszeit der MAV und nicht um das Kalenderjahr. In der Praxis kann auch eine zweite oder dritte ordentliche Mitarbeiterversammlung stattfinden, insb. dann, wenn erhebliche organisatorische Änderungen, Umstrukturierungsmaßnahmen usw. in der Dienststelle vorgenommen werden sollen, welche dann Auswirkungen auf die Mitarbeiterschaft haben (*Baumann-Czichon/Dembski/Germer* § 31 Rn. 9). Für die Abgabe des Tätigkeitsberichtes der MAV werden keine besonderen Anforderungen vom Gesetz vorgegeben.   584

▶ Praxistipp: 585

> Die Themen der Mitarbeiterversammlung müssen sich jedoch i. R. d. Zuständigkeit der MAV bewegen (VerwG.EKD, Beschl. v. 23.08.2001 – II-0124/F28-01, NZA–RR 2002, 392). Die MAV soll die Belegschaft über die wesentlichen Inhalte ihrer Arbeit informieren.

Im Tätigkeitsbericht sind natürlich Angelegenheiten ausgenommen, die der Schweigepflicht nach § 22 MVG.EKD unterliegen. I. d. R. wird der Vorsitzende den Bericht erstatten. Dies ist aber nicht zwingend nötig, es können sich auch andere Mitglieder der MAV beteiligen. Der Inhalt des Tätigkeitsberichtes liegt in der Verantwortung der   586

MAV. Sie allein entscheidet nach pflichtgemäßem Ermessen, was sie vorträgt (*Fey/Rehren* MVG.EKD § 31 Rn. 14 ff.).

587 Außerordentliche Mitarbeiterversammlungen sind dann durchzuführen, wenn die MAV es für erforderlich hält. Die Zustimmung der Dienststellenleitung ist dabei nicht erforderlich.

588 ▶ Praxistipp:

> Die Teilnahme an einer außerordentlichen Mitarbeiterversammlung gilt nur dann als Arbeitszeit, wenn dies im Einvernehmen mit der Dienststellenleitung beschlossen wurde.

589 Die MAV ist verpflichtet, eine außerordentliche Mitarbeiterversammlung durchzuführen, wenn dies von einem Viertel der Wahlberechtigten beantragt wird. Der Antrag ist an die MAV zu richten. Auch hier kann die Dienststellenleitung nicht widersprechen. Auch eine außerordentliche Mitarbeiterversammlung auf Antrag der Dienststellenleitung mit den von der Dienststellenleitung gewünschten Themen ist möglich. Sollte die Dienststellenleitung eine solche außerordentliche Mitarbeiterversammlung nach § 31 MVG.EKD wünschen, liegt auch hier die Leitung der Mitarbeiterversammlung in der Eigenverantwortung der MAV. Daneben hat die Dienststellenleitung jederzeit die Möglichkeit, eigene Versammlungen durchzuführen (*Fey/Rehren* MVG.EKD § 31 Rn. 17-20).

3. Sachkundige Personen

590 Gem. § 31 Abs. 3 MVG.EKD hat die MAV die Möglichkeit zu einzelnen Tagesordnungspunkten der Mitarbeiterversammlung sachkundige Personen hinzuziehen. Dies sind grds. die Personen, die auch nach § 25 Abs. 2 MVG.EKD zu den Sitzungen der MAV eingeladen werden können (VerwG.EKD, Beschl. v. 23.08.2001 – II-0124/F28-01, ZMV 2001, 294). Dies sind u. a. Mitarbeiter anderer Dienststellen, Vertreter von Sozialleistungsträgern, Arbeitsschutzbehörden, Zusatzversorgungseinrichtungen sowie Gewerkschaftsvertretern (*Baumann-Czichon/Dembski/Germer* § 31 Rn. 34; *Fey/Rehren* MVG.EKD § 31 Rn. 21).

591 ▶ Praxistipp:

> Die Kosten, die durch die Hinzuziehung sachkundiger Personen entstehen, werden nach § 30 Abs. 2 MVG.EKD von der Dienststelle übernommen soweit die Dienststellenleitung vorher zugestimmt hat.

4. Ordentliche und außerordentliche Mitarbeiterversammlung, Berücksichtigung bei der Arbeitszeit

592 Ordentliche Mitarbeiterversammlungen finden gem. § 31 Abs. 4 Satz 1 MVG.EKD in der Arbeitszeit statt, sofern nicht dienstliche Gründe eine andere Regelung erfordern. Dienstliche Gründe, die Teilversammlungen außerhalb der persönlichen Arbeitszeit erfordern, sind z. B. in Pflegeeinrichtungen oder Krankenhäusern gegeben, in denen

die angemessene Versorgung der Patienten und Bewohner nicht anders sichergestellt werden kann.

▶ **Praxistipp:**

Die Teilnahme an einer ordentlichen Mitarbeiterversammlung einschließlich zusätzlicher Wegezeit gilt nach § 31 Abs. 4 Satz 2 MVG.EKD als Arbeitszeit und ist daher nach den allgemeinen Regeln zu vergüten. Es besteht auch ein entsprechender Versicherungsschutz (*Fey/Rehren* MVG.EKD § 31 Rn. 23).

Bei einer außerordentlichen Mitarbeiterversammlung hingegen, welche nicht im Einvernehmen zwischen Dienststellenleitung und MAV vereinbart wurde, wird eine Arbeitszeitanrechnung ausgeschlossen. Ist jedoch die außerordentliche Mitarbeiterversammlung mit Einvernehmen der Dienststellenleitung einberufen worden, so wird auch die Arbeitszeit und die zusätzliche Wegezeit angerechnet.

5. Teilnahme der Dienststellenleitung

Die MAV ist verpflichtet, im Regelfall die Dienststellenleitung zu der Mitarbeiterversammlung einzuladen.

Der Dienststellenleitung ggü. sind die Tagesordnungspunkte bekannt zu geben. Die Dienststellenleitung ist verpflichtet, einmal im Jahr über die Entwicklung der Dienststelle zu informieren. Diese Information muss mündlich erfolgen. Nach § 31 Abs. 5 Satz 1 MVG.EKD ist es möglich, bei Vorliegen besonderer Gründe die Dienststellenleitung von einzelnen Punkten der Tagesordnung auszuschließen. Dieser Ausschluss ist in das pflichtgemäße Ermessen der MAV gestellt. Sie ist dabei nicht verpflichtet, der Dienststellenleitung die Gründe mitzuteilen, die sie zu einer solchen Entscheidung bewogen hat (*Fey/Rehren* MVG.EKD § 31 Rn. 25).

Bei einer von der Dienststellenleitung initiierten Mitarbeiterversammlung ist diese gem. § 31 Abs. 5 Satz 1 MVG.EKD von der MAV zwingend einzuladen.

Ob die Dienststellenleitung in einer Mitarbeiterversammlung auf die betrieblichen Kosten der Tätigkeit der MAV hinweisen kann ist strittig. Es widerspricht jedoch dem Grundsatz der vertrauensvollen Zusammenarbeit, wenn die Dienststellenleitung die MAV als »Kostentreiberin« darstellt (BAG, Urt. v. 19.07.1995 – 7 ABR 60/94, NZA 1996, 332).

6. Teilversammlung

§ 31 Abs. 5 MVG.EKD ermöglicht Teilversammlungen der Mitarbeiterschaft, wenn die objektiven dienstlichen Verhältnisse eine gemeinsame Versammlung nicht erlauben. Diese dienstlichen Verhältnisse sind z. B. im Schichtbetrieb gegeben oder wenn die notwendige Betreuung von Patienten gefährdet ist. Die Mitarbeiterversammlung kann darüber hinaus auch eine Teilversammlung bestimmter Arbeitsbereiche oder besonderer Personengruppen sein.

600 ▶ **Beispiel:**

Es kann etwa eine Teilversammlung beim Pflegepersonal einer Einrichtung in Betracht kommen oder bei den Erziehern in einer Jugendhilfeeinrichtung sowie beim Haus- und Wirtschaftspersonal (s. *Andelewski/Küfner-Schmitt/Schmitt* § 31 Rn. 33 ff.).

7. Kosten der Mitarbeiterversammlung

601 Durch die Mitarbeiterversammlung entstehende Kosten sind gem. § 31 Abs. 7 MVG.EKD in entsprechender Anwendung von § 30 MVG.EKD von der Dienststellenleitung zu tragen.

II. Durchführung der Mitarbeiterversammlung

602 In § 32 MVG.EKD sind die Aufgaben der Mitarbeiterversammlung geregelt. Die Mitarbeiterversammlung nimmt den Tätigkeitsbericht der MAV entgegen und erörtert Angelegenheiten, die zum Aufgabenbereich der MAV gehören. Eine wichtige Aufgabe der Mitarbeiterversammlung ist die Entgegennahme des Tätigkeitsberichtes; den wesentlichen Inhalt dieses Berichtes bestimmt die MAV durch Beschluss (*Baumann-Czichon/Dembski/Germer* § 32 Rn. 1).

603 ▶ **Praxistipp:**

Der Vorsitzende der MAV gibt in den meisten Fällen diesen Tätigkeitsbericht ab.

604 Ausnahmsweise kann dies auch ein anderes Mitglied der MAV durchführen.

605 Grds. können in der Mitarbeiterversammlung alle Fragen behandelt werden, die die in der Dienststelle beschäftigten Mitarbeiter unmittelbar betreffen.

606 ▶ **Praxistipp:**

Von der Behandlung in der Mitarbeiterversammlung ausgeschlossen sind jedoch Angelegenheit, die der Schweigepflicht nach § 22 MVG.EKD unterliegen. Dazu zählen Personalangelegenheiten, da hier der Persönlichkeitsschutz des Mitarbeiters Vorrang hat.

607 § 32 Abs. 1 Satz 2 MVG.EKD räumt der Mitarbeiterversammlung auch ein **Antragsrecht ggü. der MAV** ein. Die MAV ist an die Anträge nicht gebunden, hat jedoch nach pflichtgemäßem Ermessen zu entscheiden, ob sie Anliegen der Mitarbeiterversammlung aufgreift und ggü. der Dienststellenleitung vertritt. Die **Mitarbeiterversammlung** hat somit **kein** sog. **imperatives Mandat;** sie kann der MAV nicht das Vertrauen entziehen oder diese abberufen. Beschlüsse der Mitarbeiterversammlung zu bereits getroffenen oder anstehenden Entscheidungen der MAV sollten von dieser zur Kenntnis genommen werden, sind jedoch für die MAV in keinster Weise bindend (*Fey/Rehren* MVG.EKD § 32 Rn. 5).

II. Durchführung der Mitarbeiterversammlung F.

▶ **Praxistipp:** 608

In der Mitarbeiterversammlung wird daneben auch den Mitarbeitern Gelegenheit gegeben, zu einzelnen Beschlüssen der MAV Stellung zu nehmen, sich u. a. kritisch zu abgeschlossenen Dienstvereinbarungen zu äußern usw.

Eine Bindungswirkung zu einzelnen Stellungnahmen ist nach § 32 Abs. 1 Satz 3 609
MVG.EKD jedoch ausdrücklich ausgeschlossen. Nach § 32 Abs. 2 MVG.EKD wählt die Mitarbeiterversammlung auch den Wahlvorstand. Bei gegebener Veranlassung weist § 32 Abs. 2 MVG.EKD auf diese besondere Aufgabe der Mitarbeiterversammlung hin. Weitere Einzelheiten findet man in § 2 der EKD-Wahlordnung.

§ 31 Mitarbeiterversammlung 610

(1) Die Mitarbeiterversammlung besteht aus allen Mitarbeitern und Mitarbeiterinnen der Dienststelle, soweit sie nicht zur Dienststellenleitung gehören. Sie wird von dem oder der Vorsitzenden der Mitarbeitervertretung einberufen und geleitet; sie ist nicht öffentlich. Die Einladung hat unter Angabe der Tagesordnung mindestens eine Woche vor dem Termin zu erfolgen. Zeit und Ort der Mitarbeiterversammlung sind mit der Dienststellenleitung abzusprechen.

(2) Die Mitarbeitervertretung hat mindestens einmal in jedem Jahr ihrer Amtszeit eine ordentliche Mitarbeiterversammlung einzuberufen und in ihr einen Tätigkeitsbericht zu erstatten. Die Mitarbeitervertretung kann bis zu zwei weitere ordentliche Mitarbeiterversammlungen in dem jeweiligen Jahr der Amtszeit einberufen. Weiterhin ist der oder die Vorsitzende der Mitarbeitervertretung berechtigt und auf Antrag eines Viertels der Wahlberechtigten oder der Dienststellenleitung verpflichtet, eine außerordentliche Mitarbeiterversammlung einzuberufen und den Gegenstand, dessen Beratung beantragt ist, auf die Tagesordnung zu setzen.

(3) Die Mitarbeitervertretung kann zu einzelnen Tagesordnungspunkten sachkundige Personen zur Beratung hinzuziehen.

(4) Die ordentlichen Mitarbeiterversammlungen finden in der Arbeitszeit statt, sofern nicht dienstliche Gründe eine andere Regelung erfordern. Die Zeit der Teilnahme an den ordentlichen Mitarbeiterversammlungen und die zusätzlichen Wegezeiten gelten als Arbeitszeit, auch wenn die jeweilige Mitarbeiterversammlung außerhalb der Arbeitszeit stattfindet. Die Sätze 1 und 2 gelten für außerordentliche Mitarbeiterversammlungen entsprechend, wenn dies im Einvernehmen zwischen Mitarbeitervertretung und Dienststellenleitung beschlossen worden ist.

(5) Die Dienststellenleitung soll zu der jeweiligen Mitarbeiterversammlung unter Mitteilung der Tagesordnung eingeladen werden. Sie soll mindestens einmal im Jahr in einer Mitarbeiterversammlung über die Entwicklung der Dienststelle informieren. Die Dienststellenleitung ist einzuladen, soweit die Versammlung auf ihren Antrag stattfindet. Sie erhält auf Antrag das Wort.

(6) Kann nach den dienstlichen Verhältnissen eine gemeinsame Versammlung aller Mitarbeiter und Mitarbeiterinnen nicht stattfinden, so sind Teilversammlungen abzuhalten. Für Teilversammlungen gelten die Absätze 1 bis 5 entsprechend. Die Mitarbeitervertretung kann darüber hinaus Teilversammlungen durchführen, wenn dies zur Erörterung der besonderen Belange der Mitarbeiter und Mitarbeiterinnen eines Arbeitsbereichs oder bestimmter Personengruppen erforderlich ist.

(7) Für die Übernahme der Kosten, die durch die jeweilige Mitarbeiterversammlung entstehen, gilt § 30 entsprechend.

611 **§ 32 Aufgaben**

(1) Die Mitarbeiterversammlung nimmt den Tätigkeitsbericht der Mitarbeitervertretung entgegen und erörtert Angelegenheiten, die zum Aufgabenbereich der Mitarbeitervertretung gehören. Sie kann Anträge an die Mitarbeitervertretung stellen und zu Beschlüssen der Mitarbeitervertretung Stellung nehmen. Die Mitarbeitervertretung ist an die Stellungnahme der Mitarbeiterversammlung nicht gebunden.

(2) Die Mitarbeiterversammlung wählt den Wahlvorstand.

612 ▶ **Muster-Geschäftsordnung:**

Die Mitarbeitervertretung (MAV) der ..... (gGmbH, e. V. usw.) hat in ihrer Sitzung am ..... gemäß § 29 MVG.EKD folgende Geschäftsordnung beschlossen:

§ 1

Zweck

Die Geschäftsordnung dient der Ausgestaltung und Ergänzung der in den §§ 22 – 30 und §§ 19, 20, 28 MVG.EKD enthaltenen Bestimmungen.

§ 2

Aufgaben des Vorsitzenden der MAV

Der MAV-Vorsitzende übernimmt zusätzlich zu den im MVG.EKD ausdrücklich genannten Aufgaben die Führung der laufenden Geschäfte sowie die Umsetzung der Beschlüsse, sofern nichts anderes vereinbart wurde.

Hierzu gehören z. B.
- Vorbereitung von Sitzungen,
- anfallender Schriftwechsel,
- Technische Abwicklung für Information in der Dienststelle.

§ 3

Vertretung des Vorsitzenden

Ist der Vorsitzende verhindert, so hat der stellvertretende Vorsitzende/die stellvertretende Vorsitzende seine Aufgaben wahrzunehmen.

§ 4

Arbeitsplanung der MAV

1. Die MAV beauftragt von Fall zu Fall einzelne oder mehrere Mitglieder mit der Bearbeitung spezieller oder komplexer Aufgaben. Dies beinhaltet die Ausführung von

II. Durchführung der Mitarbeiterversammlung   F.

Vorarbeiten für die Diskussion der MAV bzw. die Umsetzung von Beschlüssen in die Praxis.
2. Selbstständige Entscheidungen dürfen nicht getroffen werden. Dies gilt mit Ausnahme der in § 2 dieser Geschäftsordnung genannten Aufgaben auch für den Vorsitzenden.

§ 5

Sitzung der Mitarbeitervertretung

1. Die MAV tritt regelmäßig an jedem ..... um ..... Uhr zu einer Sitzung zusammen.
2. Der Vorsitzende oder im Fall seiner Verhinderung sein Stellvertreter/seine Stellvertreterin kann, wenn er/sie es für erforderlich hält, jederzeit eine außerordentliche MAV-Sitzung einberufen.

Er muss dies tun wenn:
- ein Viertel der Mitglieder oder
- der Dienstgeber

dies unter Angabe des Beratungsgegenstandes beantragen. Solch eine MAV-Sitzung muss innerhalb von 2 Tagen nach Antragstellung einberufen werden.

§ 6

Einladung zur Sitzung

- Die Einladung zu den regelmäßigen MAV-Sitzungen erfolgt unter Mitteilung der Tagesordnung schriftlich. Sie soll den Teilnahmeberechtigten spätestens 2 Arbeitstage vor der Sitzung zugestellt werden.
- Zu außerordentlichen Sitzungen ist eine kurzfristigere Einladung zulässig.
- Der Dienstgeber ist nur dann berechtigt, an einer Sitzung teilzunehmen, wenn diese auf seinen Antrag hin einberufen wurde, oder wenn ihn der Vorsitzende zu einem bestimmten Termin eingeladen hat.
- Jedes MAV-Mitglied, eingeladene Ersatzmitglieder informieren den Vorsitzenden unverzüglich, wenn sie an einer Sitzung nicht teilnehmen können. Längerfristige vorhersehbare Verhinderungen (Urlaub, Kur, Seminare, Dienstreisen etc.) sind dem Vorsitzenden so früh wie möglich mitzuteilen.
- Der Vorsitzende hat im Fall einer Verhinderung einzelner MAV-Mitglieder sofort das nachrückende Ersatzmitglied einzuladen und sich zu vergewissern, dass eine Teilnahme gesichert ist.
- Hat die MAV beschlossen, betroffene oder sachkundige Mitarbeiter zu einem bestimmten Tagesordnungspunkt in der MAV-Sitzung zu hören, so hat der Vorsitzende dies dem Dienstgeber mitzuteilen und sicherzustellen,
- Werden in der MAV-Sitzung personelle Angelegenheiten oder persönliche Beschwerden einzelner Mitarbeiter behandelt, sollen diese Mitarbeiter grundsätzlich gehört werden. Mit der Anhörung können auch einzelne MAV- Mitglieder beauftragt werden.
- Der Vorsitzende schlägt zu jeder Sitzung eine Tagesordnung vor und teilt diese allen Teilnahmeberechtigten schriftlich als Anlage zur Einladung mit.
- Jedes MAV-Mitglied kann Anträge zur Tagesordnung stellen. Dies sollte rechtzeitig mindestens 3 Arbeitstage vor der Sitzung schriftlich oder mündlich geschehen.

F.   Die Mitarbeiterversammlung

- Schriftliches Informationsmaterial, Beschlussvorlagen, Entwürfe für Dienstvereinbarungen und Schriftverkehr zu den einzelnen Tagesordnungspunkten hat der Vorsitzende in Kopie mit Einladung und Tagesordnung zu übersenden.

§ 7
Verlauf der Sitzung der Mitarbeitervertretung

- Der Vorsitzende oder im Falle seiner Verhinderung der Stellvertreter eröffnet und leitet die MAV-Sitzung.
- Zu Beginn der Sitzung hat der Vorsitzende eine Anwesenheitsliste erstellen zu lassen und festzustellen, ob die Teilnahmeberechtigten ordnungsgemäß geladen sind und ob die Tagesordnung rechtzeitig bekannt gegeben wurde. Werden Anträge auf Abänderung oder Ergänzung gestellt, so hat er darüber beschließen zu lassen.
- Liegen keine Anträge auf Änderung oder Ergänzung der Niederschrift der vorhergehenden MAV-Sitzung vor, ist dies durch Beschluss zu verabschieden. Änderungen und Ergänzungen sind aufzunehmen und außerdem der vorherigen Niederschrift beizufügen.
- Der Vorsitzende oder ein sachkundiges MAV-Mitglied gibt zu jedem Tagesordnungspunkt eine kurze Einführung. Danach eröffnet der Vorsitzende die Diskussion.
- Der Vorsitzende erteilt in der Sitzung das Wort in Reihe der Wortmeldungen. Wird nicht zur Sache oder unsachlich gesprochen, kann er das Wort entziehen. Liegt keine weitere Wortmeldung vor, kann er die Diskussion schließen. Nach Beendigung der Diskussion hat der Vorsitzende die Beschlussfassung über den betreffenden Tagesordnungspunkt einzuleiten.

§ 8
Beschlussfassung der Mitarbeitervertretung

- Vor der Beschlussfassung formuliert der Vorsitzende den Wortlaut der Anträge.
- Soweit das MVG.EKD nichts anderes bestimmt, werden die Beschlüsse mit infacher Mehrheit der Stimmen gefasst. Liegt nur ein Antrag vor, werden die Ja- und die Nein-Stimmen sowie die Enthaltungen abgezählt und im Protokoll vermerkt. Stehen mehrere Anträge zur Abstimmung an, wird über jeden Antrag einzeln abgestimmt. Es ist mit der Abstimmung über den am weitesten reichenden Antrag zu beginnen. Die jeweiligen Abstimmungsergebnisse sowie die Erledigung werden in der Niederschrift festgehalten.
- Beschlüsse können nur über Themen gefasst werden, die in der Tagesordnung als Tagesordnungspunkt enthalten sind.
- Die Stimmabgabe erfolgt grundsätzlich durch Handaufheben. Stellt ein MAV- Mitglied einen Antrag auf geheime Abstimmung, muss dem Antrag nachgekommen werden. In Anwesenheit des Dienstgebers darf nicht abgestimmt werden.
- In persönlichen Angelegenheiten (Kündigung, Versetzung, etc.) darf das betroffene MAV-Mitglied nicht an der Abstimmung teilnehmen. An seiner Stelle nimmt das zuständige Ersatzmitglied sowohl an der Beratung als auch an der Abstimmung teil. Das betreffende MAV-Mitglied muss in dieser Angelegenheit gehört werden.

Die MAV hat beschlossen, dass eine Beschlussfassung im Umlaufverfahren oder durch fernmündliche Absprachen möglich ist. Zwingende Voraussetzung für das Zustandekommen der Beschlüsse ist, dass Einstimmigkeit erzielt wird.

Die gefassten Beschlüsse sind in der Niederschrift der nächsten Sitzung im Wortlaut festzuhalten (§ 26 Abs. 2 MVG.EKD).

§ 9

Niederschrift

1. Über jede MAV-Sitzung ist eine Niederschrift anzufertigen. Sie ist von einem von der MAV zu wählenden Schriftführer zu erstellen. Diese hat auch darüber zu wachen, dass die Teilnahmeberechtigten sich in die Anwesenheitsliste eintragen und diese der Niederschrift beizufügen.
2. Für die Niederschrift wird ein Standardvordruck verwendet, der sich wiederholende Angaben enthält. Der Niederschrift sind die Tagesordnung und die Anwesenheitsliste beizufügen. Die Niederschrift soll zu jedem Tagesordnungspunkt möglichst folgende Angaben enthalten:
   - Ziffer des Tagesordnungspunktes zum Thema,
   - Stichpunkte zur Ausgangssituation,
   - Information, Daten und Fakten, die von den MAV-Mitgliedern zusätzlich genannt wurden,
   - Angabe der zugeschickten und verteilten Unterlagen,
   - Wortlaut aller Anträge zur Beschlussfassung,
   - Abstimmungsergebnis in Stimmzahlen einschließlich der Enthaltungen,
   - Arbeitsaufträge, bei denen der Verantwortliche und der Erledigungstermin genau zu nennen sind.
3. Jedes MAV-Mitglied erhält eine Kopie der Sitzungsniederschrift. War der Dienstgeber nur bei einzelnen Tagesordnungspunkten der MAV-Sitzung anwesend, beschränkt sich die Abschrift auf diese Tagesordnungspunkte. Ersatzmitglieder erhalten dann eine Abschrift, wenn Sie an der Sitzung teilgenommen haben. Werden sie zu einer Sitzung eingeladen, haben sie das Recht, die Niederschriften vorhergehender Sitzungen einzusehen.
4. Einwände gegen die Richtigkeit der Niederschrift sind unverzüglich nach Zugang bei dem Vorsitzenden schriftlich oder mündlich einzureichen. Dieser hat sie der Niederschrift beizufügen. Spätestens in der nachfolgenden MAV-Sitzung sind Einwände vorzutragen. Dies kann mündlich erfolgen, ist zu protokollieren und entsprechend § 7 Nr. 3 der Geschäftsordnung der Niederschrift beizufügen.

§ 10

Mitarbeiterversammlung

- Die MAV führt in jedem Kalenderhalbjahr eine ordentliche Mitarbeiterversammlung durch. Mindestens 2 Wochen vor der Mitarbeiterversammlung erfolgt die Einladung unter Mitteilung der Tagesordnung durch Aushang.
- Die Einberufung sowie die Festsetzung der Tagesordnungspunkte erfolgen aufgrund eines Beschlusses der MAV.
- Über die Form und den Inhalt des abzugebenden Tätigkeitsberichts beschließt die MAV. Der Tätigkeitsbericht kann auch arbeitsteilig abgegeben werden.
- Nach jedem Tagesordnungspunkt bzw. Bericht ist den Mitarbeitern Gelegenheit zur Diskussion zu geben.

§ 11

Bekanntmachungen

Mitteilungen der MAV an die Mitarbeiter der Einrichtung sind mindestens am Schwarzen Brett zu veröffentlichen. Der Vorsitzende oder dessen Stellvertreter haben die Mitteilungen zu unterschreiben.

§ 12

Aufbewahrung von Unterlagen

Der Vorsitzende hat dafür zu sorgen, dass alle wesentlichen Unterlagen ordnungsgemäß aufbewahrt werden. Abgeschlossene Dienstvereinbarungen sind in separaten Ordnern zu führen. Dies gilt auch für die Unterlagen der vorhergehenden MAV. Nach 10 Jahren können Unterlagen frühestens vernichtet werden, sofern sie nicht weiterhin von rechtlicher Bedeutung sind (z. B. noch gültige Dienstvereinbarungen).

§ 13

Inkrafttreten und Geltung der Geschäftsordnung

1. Diese Geschäftsordnung tritt am ..... in Kraft. (und löst somit die Geschäftsordnung vom ..... ab)
2. Sie kann jederzeit mit der Mehrheit der Stimmen der MAV aufgehoben oder abgeändert werden. In Einzelfällen kann die MAV auch ohne Aufhebung oder Änderung durch Beschluss von ihr abweichen. Solch ein Beschluss kann von der Mehrheit der MAV-Mitglieder gefasst wird.
3. Diese Geschäftsordnung gilt für die Dauer der laufenden Amtsperiode.

Ort, Datum

Unterschrift des/der Vorsitzenden

G. Das System der Beteiligung im Überblick

Das MVG.EKD räumt der MAV unterschiedlich starke Beteiligungsrechte ein, die von ihrer Systematik vom Betriebsverfassungs- und Personalvertretungsrecht abweichen. 613

I. Die Auslegung des MVG.EKD

1. Auslegungsregeln

Die Arbeit mit den Beteiligungsrechten setzt Kenntnisse über die Auslegung von Rechtstexten voraus. (Kirchen-) Gesetze, Tarif(verträg)e und Dienstvereinbarungen sollen klare und eindeutige Regeln aufstellen. Bei der Rechtsanwendung bleiben aber immer Fragen offen. Der Praktiker, auch das MAV-Mitglied ohne (voll-)juristische Ausbildung, steht vor der Herausforderung, das Recht auszulegen. 614

▶ **Praxistipp:** 615

Die Auslegung von (Kirchen-) Gesetzen, Tarif(verträg)en und Dienstvereinbarungen folgt denselben Regeln.

Dabei ist die Methode der Auslegung von Rechtsvorschriften nicht (kirchen-)gesetzlich geregelt. Sie wird vielmehr der Rechtswissenschaft überlassen. (Kirchen-) Gerichte entscheiden, in welcher Art und Weise die wissenschaftlichen Erkenntnisse in den Rechtsalltag einziehen. 616

Auslegung von Gesetzen 617

T = Gesetzestatbestand	
R = Rechtsfolge	
S = Sachverhalt	
Beispiel:	
Obersatz (Prämisse)	Für T gilt R
Untersatz	S ist T
Schlussfolgerung (Konklusion)	Für S gilt R

Quelle: IPW – Institut für PersonalWirtschaft GmbH

618 **Auslegungsschritte**

1. Auslegung des Wortlauts (sog. grammatikalische Auslegung)
   ⇨ Definition im Gesetz
   ⇨ Definition der verständigen Fachkreise
   ⇨ allgemeiner Sprachgebrauch
2. Auslegung unter Berücksichtigung der Stellung der Tarifnorm im Gesamtgefüge des Tarifvertrages (sog. systematische Auslegung)
3. Auslegung nach Sinn und Zweck (sog. teleologische Auslegung)
4. Auslegung nach der Tarifgeschichte (sog. historische Auslegung)
5. Praktische Tarifübung
6. Praktikabilität

Quelle: IPW – Institut für PersonalWirtschaft GmbH

2. Die Rechtswirklichkeit

619 Bei der Anwendung des MVG.EKD ist zu beachten, dass die Richter der Kirchengerichte zum großen Teil aus der Arbeitsgerichtsbarkeit stammen. Um an deren beruflicher Handlungskompetenz anknüpfen zu können, bestimmt § 62 MVG.EKD, dass vor dem Kirchengericht die Vorschriften des ArbGG gelten, sofern kirchengesetzlich nichts anderes bestimmt ist. Das Rechtsmittel der Beschwerde gegen einen Beschluss des Kirchengerichts zum KGH.EKD ist insb. gem. § 63 Abs. 2, Nr. 3 MVG.EKD anzunehmen, wenn ...

620 «... der Beschluss (eines Kirchengerichts; die Verfasser) von ... einer Entscheidung eines Obersten Landesgerichts oder eines Bundesgerichts abweicht und auf dieser Abweichung beruht ...«.

621 ▶ **Praxistipp:**

Die staatliche Rechtsprechung hat also einen erheblichen Einfluss auf das kirchliche Arbeitsrecht, sowohl unmittelbar als auch mittelbar.

622 Bei der Auslegung ist zunächst die Rechtsprechung der Kirchengerichte, vor allem des KGH.EKD (früher: VerwG.EKD) von Bedeutung. Kommentare zum MVG.EKD, die die jeweils individuelle Sicht des Verfassers wiedergeben, erläutern (ungeklärte) Rechtsfragen.

623 ▶ **Praxistipp:**

»Den« Kommentar gibt es nicht. Das Argument, »das steht im Kommentar« muss gerade gerückt werden: »in einem von mehreren – ggf. abweichenden – Kommentaren«.

624 Manchmal lohnt ein Blick in das Mitarbeitervertretungsrecht der Katholischen Kirche, denn die MAVO enthält viele ähnliche Regelungen und katholischen Arbeitgebern stellt sich zuweilen das gleich tatsächliche Problem (vgl. *Thiel/Fuhrmann/Jüngst* MAVO). Fehlt eine Rechtsprechung der Kirchengerichte, kann auf Entscheidungen

II. Konkurrierende Beteiligungsrechte G.

der staatlichen Gerichte, vor allem die des BAG und des BVerwG, zurückgegriffen werden. Die führenden Kommentare zum MVG.EKD tun dies regelmäßig mit einer Beliebigkeit.

▶ **Praxistipp:** 625

Für das MVG.EKD hat die Rechtsprechung der staatlichen ArbG in der Praxis eine besondere Bedeutung. Die ArbG (ArbG, LAG, BAG) entscheiden zum BetrVG regelmäßig »mitbestimmungsfreundlicher« als die staatlichen VG (Verwaltungsgericht, OVG/Verwaltungsgerichtshof, BVerwG) zum Personalvertretungsrecht des öffentlichen Dienstes. Es existieren im MVG.EKD aber Beteiligungsrechte, die nur das Personalvertretungsrecht kennt. Diesbezüglich sollte vor allem die Rechtsprechung der Verwaltungsgerichte herangezogen werden.

Die Entscheidungen der staatlichen und kirchlichen Gerichte werde z.T. im Volltext im Internet veröffentlicht:
- www.kirchenrecht-ekd.de
- www.dbk.de
- www.bundesarbeitsgericht.de

Die Justizverwaltungen der Länder veröffentlichen ebenfalls bestimmte Entscheidungen, z.B. 626
- www.nrwe.de

Der Fachverlag Luchterhand (Wolters Kluwer Deutschland GmbH) stellt ein (kosten- 627 pflichtiges) Informationsportal zur Verfügung:
- www.jurion.de

3. (Keine) Analogie zum Betriebsverfassungsgesetz!?

Eine Analogie ist die sinngemäße Anwendung – z.B. staatlichen – Rechts. Analogien 628 dürfen trotzdem nur zurückhaltend gebildet werden. Denn das MVG.EKD ist ein eigenständiges Kirchengesetz. Dementsprechend hat der KGH.EKD zum Wirtschaftsausschuss und der Analogie zu § 106 BetrVG ausgeführt:

«... Es kann dahingestellt bleiben, ob und in welcher Weise die betriebsverfassungsrechtli- 629 chen Vorschriften zum Wirtschaftsausschuss entsprechende Ansprüche vorsehen. **Die kirchenrechtlichen Regelungen** zur Mitarbeitervertretung **sind eigenständig und nicht aus der Perspektive des Betriebsverfassungsrechts auszulegen.**«

(KGH.EKD, Beschl. v. 01.10.2007 – I-0124/N29-07; Hervorhebungen durch den Verfasser)

II. Konkurrierende Beteiligungsrechte

Der MAV stehen unterschiedlich starke Beteiligungsrechte zu. Bei Kollisionen können 630 zwei Grundregeln aufgestellt werden:
- Alle gleich starken Beteiligungsrechte treten nebeneinander.

> **Beispiel:**
> Kündigung und Herabgruppierung gem. § 42 Buchst. b) und c) MVG.EKD

– Bei unterschiedlich starken Beteiligungsrechten verdrängt das spezielle Recht das allgemeine Recht.

> **Beispiele:**
> Die ordentliche Kündigung innerhalb der Probezeit unterliegt gem. § 46 Buchst. c) MVG.EKD lediglich der Mitberatung und nicht der Mitbestimmung gem. § 42 Buchst. b) MVG.EKD.
>
> Die Kündigung des Mitgliedes der MAV unterliegt nicht der eingeschränkten, sondern der uneingeschränkten Mitbestimmung gem. § 21 Abs. 2 MVG.EKD.

III. Alleinige Rechte des Arbeitgebers/der Dienststellenleitung

1. Unternehmerische Entscheidung

631 Zunächst sichern Art. 12, 14, 4, 2 GG dem Arbeitgeber Bereiche, in denen es keine Beteiligung der MAV gibt, z. B. bei der Frage nach dem Eignungsnachweis bei der Einstellung oder Kündigung innerhalb einer Probezeit.

632 ▶ **Praxistipp:**
Das BAG neigt der Meinung zu, dass der Grundsatz der Bestenauslese gem. Art. 33 Abs. 2 GG für kirchliche Dienststellen in der Rechtsform der juristischen Person des öffentlichen Rechts nicht gilt (BAG, Urt. v. 12.10.2010 – 9 AZR 554/09, NZA-RR 2011, 216).

633 Auch die wirtschaftlichen Überlegungen, etwa welche Aufgaben werden von der Dienststelle wahrgenommen, welche Investitionen getätigt usw. trifft allein der Arbeitgeber bzw. die Dienststellenleitung.

2. Direktionsrecht contra Mitbestimmung? – Praxisbeispiel Ordnung in der Dienststelle

634 In der Praxis herrscht aber nicht selten die falsche Vorstellung, das Direktions- bzw. Weisungsrecht des Arbeitgebers sei stets frei von Mitbestimmung. Am Beispiel des Mitbestimmungsrechts der Ordnung in der Dienststelle gem. § 40 Buchst. k) MVG.EKD soll die Funktionsweise des MVG.EKD beispielhaft dargestellt werden.

a) Weisungs-/Direktionsrecht

635 Der Arbeitgeber, vertreten durch seine Führungskraft, kann ggü. Arbeitnehmern gem. § 106 GewO Inhalt, Ort und Zeit der Arbeitsleistung nach billigem Ermessen näher bestimmen, soweit diese Arbeitsbedingungen nicht durch den Arbeitsvertrag, Bestimmungen einer Dienstvereinbarung, einen Tarifvertrag oder gesetzliche Vorschriften festgelegt sind. Das Weisungsrecht ggü. Kirchenbeamten folgt aus dem Dienstrecht:

III. Alleinige Rechte des Arbeitgebers/der Dienststellenleitung   G.

Der § 20 KGB.EKD regelt die Weisungsgebundenheit bzw. Folgepflicht des Kirchenbeamten. Man spricht vom Weisungs- bzw. Direktionsrecht, das in den modernen Tarifverträgen des öffentlichen Dienstes (z. B. TVöD) als bekannt vorausgesetzt wird. Nur noch wenige Tarifwerke regeln das Weisungsrecht ausdrücklich (z. B. § 2 Abs. 1 Satz 3 AVR.Diakonie).

Durch den Arbeitsvertrag bzw. das Dienstverhältnis werden nur die grundlegenden 636 Rechte und Pflichten des Beschäftigten geregelt. Einzelheiten kann der Arbeitgeber bzw. Dienstherr im Wege des Direktionsrechts einseitig bestimmen.

Dabei muss er dessen Grenzen beachten. Die Weisung darf nicht gegen Recht verstoßen: 637

Grenzen des Direktionsrechts 638

Direktionsrecht

1. **Direktionsrecht = alleiniges AG-Recht**

2. **Grenzen**

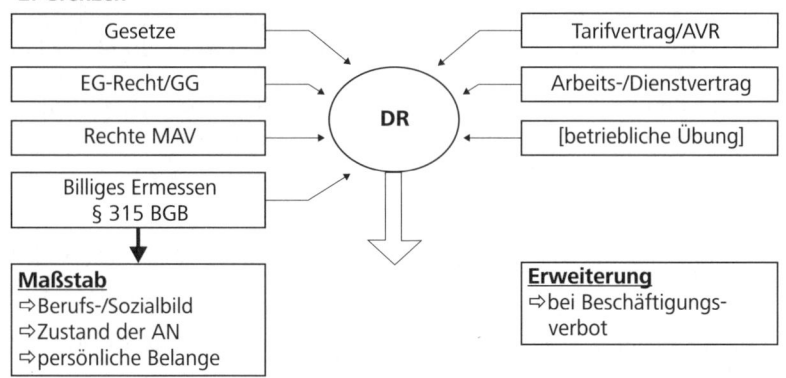

Gesetze		Tarifvertrag/AVR
EG-Recht/GG	DR	Arbeits-/Dienstvertrag
Rechte MAV		[betriebliche Übung]
Billiges Ermessen § 315 BGB		

Maßstab	Erweiterung
⇨ Berufs-/Sozialbild ⇨ Zustand der AN ⇨ persönliche Belange	⇨ bei Beschäftigungsverbot

Quelle: Institut für PersonalWirtschaft GmbH

In diesem Zusammenhang ist die Meinung weit verbreitet, das Weisungs- bzw. Direk- 639 tionsrecht »unterliege keiner Mitbestimmung«. Diese Aussage ist grds. richtig, kann aber leicht missverstanden werden.

▶ **Praxistipp:** 640

Betrifft die Weisung ausschließlich den Dienstablauf – das Arbeitsverhalten –, mit anderen Worten ein »Arbeitsergebnis«, besteht keine Mitbestimmung. Wird aber (vor allem) das allgemeine dienstliche Verhalten (»Ordnungsverhalten«) geregelt, ist die Mitbestimmung der MAV zu beachten.

b) Die Mitbestimmung als Grenze

641 In diesem Fall unterliegt nicht die Weisung an sich der Beteiligung der MAV, wohl aber deren Ergebnis. Im Zusammenhang mit dem Direktionsrecht wird vor allem das Mitbestimmungsrecht »Ordnung in der Dienststelle ... und Verhaltens der Mitarbeiter ...« (§ 40 Buchst. k) MVG.EKD) berührt. Diese Bestimmung ist keine Besonderheit des kirchlichen Dienstes, sondern existiert mit einer umfangreichen Judikatur auch im öffentlichen Dienst (§ 75 Abs. 3 Nr. 15 BPersVG; vgl. *Ilbertz/Widmaier/Sommer* § 75 Rn. 178 ff.) und in der Privatwirtschaft (§ 87 Abs. 1 Nr. 1 BetrVG; vgl. *Hess/Schlochauer/Worzalla* BetrVG § 87 Rn. 122 ff.).

642 ▶ Praxistipp:

Die Rechtsprechung des BAG zum BetrVG beeinflusst auch das Mitarbeitervertretungsrecht. Sie sollte wegen der »Theorie der Wirksamkeitsvoraussetzung« auch bei der Zusammenarbeit mit der MAV berücksichtigt werden. Zu beachten ist aber, dass sich die Rechtsprechung des BAG und BVerwG im Detail unterscheiden.

643 Die Formulierung »Ordnung in der Dienststelle und Verhalten der Beschäftigten« stellt einen einheitlichen Mitbestimmungstatbestand dar (vgl. BVerwG, Beschl. v. 19.05.2003 – 6 P 16.02, PersR 2003, 314 zum Personalvertretungsrecht). Umfang und Grenzen des Beteiligungsrechts sind nur unter Beachtung des Systems der Mitbestimmung und in Kenntnis der Rechtsprechung zu verstehen. Die Gerichte beschränken einerseits den Anwendungsbereich auf das »Ordnungsverhalten«, was dem Wortlaut der Vorschrift nicht unmittelbar entnommen werden kann. Andererseits wird dieser Begriff tendenziell weit auslegt.

644 ▶ Praxistipp:

Bei der Erteilung von Weisungen muss die Führungskraft also rechtlich bewerten, ob diese das ...
- mitbestimmungsfreie Arbeitsverhalten (»Arbeitsergebnis«) oder
- mitbestimmungspflichtige Ordnungsverhalten (»das soziale Miteinander«) betreffen.

645 Missachtet die Dienststellenleitung bzw. die Führungskraft das Mitbestimmungsrecht der MAV, gilt die Theorie der Wirksamkeitsvoraussetzung: Die Verletzung eines Schutzrechts darf nicht dazu führen, dass die Rechtsstellung eines Arbeitnehmers bzw. Beamten verschlechtert wird. Das bedeutet, dass die rechtswidrig errichtete Ordnung für den Mitarbeiter nicht verbindlich ist.

646 In der Praxis finden sich immer wieder vermeidbare Fehler. Die rechtswidrige Nichtbeachtung der MAV-Rechte ist rechtlich eine Schlechtleistung der Führungskraft und damit ein Verstoß gegen arbeits- bzw. dienstrechtliche Pflichten. Darüber hinaus unterhöhlt sie auf diesem Wege ihre eigene Autorität. Denn »wenn es sich `rumspricht«, dass deren Weisungen regelmäßig rechtswidrig sind »und man erst beim Personalrat nachfragt«, wird sich das fachliche und soziale Ansehen sicherlich verschlechtern.

III. Alleinige Rechte des Arbeitgebers/der Dienststellenleitung   G.

▶ **Praxisbeispiel 1**   647

Der Dienststellenleiter spricht im Rahmen einer ADA (Allgemeinen Dienstanweisung) ein absolutes Alkoholverbot in der Dienststelle aus. Der Sachbearbeiter S wird »ertappt«, wie er im Dienst ein Glas Sekt trinkt.

▶ **Praxisbeispiel 2**   648

Der Ausbildungsleiter bestimmt, dass alle Auszubildenden im Krankheitsfall ab dem ersten Tag eine Arbeitsunfähigkeitsbescheinigung beibringen müssen. Von den zwei Ausbildungsplätzen ist zurzeit nur einer besetzt. Der Auszubildende A ist einen Tag arbeitsunfähig krank, legt aber kein Attest vor.

Der Mitbestimmungstatbestand umfasst die Gesamtheit der Regeln, die den einwand- 649
freien und reibungslosen Ablauf des Lebens in der Dienststelle sicherstellen sollen. Ziel des Mitbestimmungsrechts ist vor allem die Überwachung der Einhaltung des Gleichbehandlungsgrundsatzes, des Benachteiligungsverbotes sowie der Schutz des Persönlichkeitsrechts. Gegenstand der Beteiligung ist also »die Gestaltung des betrieblichen Zusammenlebens« (BAG, Beschl. v. 18.04.2000 – 1 ABR 22/99, AP Nr. 33 zu § 87 BetrVG 1972 Überwachung zur vergleichbaren Rechtslage im BetrVG).

Die MAV hat dementsprechend keine Mitbestimmung, wenn das außerdienstliche 650
Verhalten oder vertragliche Regelungen betroffen werden:
– private Lebensführung des Beschäftigten
  (vgl. BVerwG, Beschl. v. 07.07.1993 – 6 P 4.91, PersR 1993, 491)
– Regelung der Kostentragung und -verteilung (für Personalkleidung)
  (vgl. BAG, Beschl. v. 13.02.2007 – 1 ABR 18/06, NZA 2007, 640)

▶ **Praxistipp:**   651

In diesem Zusammenhang sind zwei Voraussetzung für das Mitbestimmungsrecht zu beachten:

Nach herrschender Meinung muss eine kollektive Regelung getroffen werden. D. h. es muss eine nach objektiven Kriterien abgrenzbare Gruppe betroffen sein (vgl. BVerwG, Beschl. v. 12.08.2002 – 6 P 17.01, AP Nr. 25 zu § 72 LPVG NW).

▶ **Praxistipp:**   652

Einzelweisungen unterliegen nicht der Mitbestimmung (s. u.)!

Die kleinste Gruppe besteht aus zwei Personen. Ein kollektiver Bezug besteht aber 653
auch, wenn eine Auswahlentscheidung getroffen wird (»einer von vieren«). Erfasst eine generelle Regelung faktisch nur einen Beschäftigten, besteht gleichwohl ein Mitbestimmungsrecht (vgl. BVerwG, Beschl. v. 30.06.2005 – 6 P 9.04, NZA-RR 2005, 665).

▶ **Erster Lösungsschritt Praxisbeispiel 1:**   654

Das generelle Alkoholverbot richtet sich an alle Mitarbeiter der Dienststelle, es liegt also eine kollektive Regelung vor.

655 ▶ **Erster Lösungsschritt Praxisbeispiel 2:**

Vordergründig liegt eine Einzelweisung vor, die nicht der Mitbestimmung unterliegt.

656

Keine Mitbestimmung	Mitbestimmung
Der einzelne Auszubildende soll gem. § 5 Abs. 1 Satz 3 EFZG die Arbeitsunfähigkeitsbescheinigung ab dem ersten Tag beibringen.	Alle Auszubildenden sollen gem. § 5 Abs. 1 Satz 3 EFZG die Arbeitsunfähigkeitsbescheinigung ab dem ersten Tag beibringen.

657 Der kollektive Bezug ist in diesem Beispiel aber gegeben. Denn die Weisung richtet sich an »alle« Auszubildenden, auch wenn zurzeit ist in der Dienststelle nur ein Ausbildungsplatz besetzt ist.

658 Des Weiteren muss ein sog. Spielraum für die Dienststellenleitung vorhanden sein. Existieren abschließende gesetzliche oder tarifvertragliche Regelungen ist kein Raum für die Mitbestimmung.

659 ▶ **Beispiel:**

- Gesetzliches Rauchverbot im (öffentlichen) Gebäude, das keine Ausnahme zulässt.
- Das landesgesetzliche Verbot für Lehrerinnen, im Unterricht ein islamisches Kopftuch zu tragen.

660 ▶ **Zweiter Lösungsschritt Praxisbeispiel 1:**

Das Arbeits(schutz)recht kennt kein generelles Alkoholverbot am Arbeitsplatz. Soll das relative Verbot verstrengert werden, nutzt die Dienststellenleitung ihren Spielraum.

661 ▶ **Zweiter Lösungsschritt Praxisbeispiel 2:**

Die Attestvorlage ab dem ersten Tag ist nicht die Regel, sondern eine Ausnahme. Wird die Ausnahme zur Regel erklärt – was grds. zulässig ist –, muss der Ausbildende bzw. Ausbilder die Mitbestimmung des Personalrats beachten.

662 Unterliegt die Regelung der Mitbestimmung, so erstreckt sich das Beteiligungsrecht sowohl auf das »Ob« der Regelung als auch das »Wie«.

663 Die Abgrenzung zwischen Ordnungs- und Arbeitsverhalten kann im Einzelfall schwierig sein. Keine Mitbestimmung erfolgt, wenn die Leistungspflichten der Beschäftigten konkretisiert oder rein diensttechnische Regelungen getroffen werden (vgl. BVerwG, Beschl. v. 19.05.2003 – 6 P 16.02, PersR 2003, 314). Denkbar ist, dass beide Bereiche betroffen sind. In diesem Fall ist zu prüfen, welcher Aspekt im Vordergrund steht (vgl. BVerwG, Beschl. v. 07.07.1993 – 6 P 4.91, PersR 1993, 491). Maßgeblich ist der objektive Regelungszweck (vgl. BAG, Beschl. v. 11.06.2002 – 1 ABR 46/01, AP Nr. 38 zu § 87 BetrVG 1972; Ordnung des Betriebes).

▶ **Dritter Lösungsschritt Praxisbeispiel 1:** 664

Das generelle Alkoholverbot betrifft schwerpunktmäßig das Ordnungsverhalten, weil der Genuss geringer Mengen von Alkohol regelmäßig keinen Einfluss auf die Arbeitsleistung hat.

▶ **Dritter Lösungsschritt Praxisbeispiel 2:** 665

Diese Aussage gilt entsprechend für die Weisung, dass Attest bereits am ersten Tag der Arbeitsunfähigkeit vorzulegen.

▶ **Ergebnis:** 666

Das einseitig ausgesprochene Alkoholverbot ist rechtswidrig. Gleiches gilt für Weisung an eine Gruppe (»die Auszubildenden«), ab dem ersten Tag der Erkrankung eine Arbeitsunfähigkeitsbescheinigung beizubringen, ohne die MAV zu beteiligen. Es besteht auch ein Spielraum für die Dienststellenleitung, weil das Arbeits(schutz)recht wie auch das Beamtenrecht grds. kein absolutes Alkoholverbot kennen (bei Beamten sind Ausnahmen zu beachten!) und das EFZG die Attestvorlage ab dem ersten Tag nur in Ausnahmefällen vorschreibt.

Der Arbeitnehmer bzw. Auszubildende hat seine arbeitsvertraglichen Pflichten nicht verletzt.

IV. Informationsrechte der MAV

1. Mitarbeiterinformation anstelle der Information der MAV

Eine fehlende MAV bringt regelmäßig Nachteile mit sich: Es fehlt für den Dienstherrn bzw. Arbeitgeber ein Ansprechpartner, der die Kommunikation kanalisiert. An die Stelle der Argumente »der Mitarbeiterschaft« tritt der vielstimmige und ggf. dissonante »Chor der Mitarbeiter«. 667

Bestimmte Instrumente, um sich situativ am Markt zu verhalten, werden fragwürdig, wenn die MAV nicht »mit bei der Sache ist«. So z. B. die flexibilisierten Regelungen der Anlage 14 AVR.Diakonie: Unter bestimmten Voraussetzungen kann diese gekürzt werden: 668

> …(4) Weist der Arbeitgeber nach, dass bei voller Juni-Zahlung der anteiligen Bruttopersonalkosten der Jahressonderzahlung für alle Arbeitnehmer ein negatives betriebliches Ergebnis im Vorjahr (Wirtschaftsjahr der geleisteten Novemberzahlung) vorliegen würde, entfällt der Anspruch auch teilweise mit dem Maße, in dem die Reduzierung in Summe zu einem ausgeglichenen Ergebnis führt. Der Nachweis gilt als erbracht, wenn der Arbeitgeber der **Mitarbeitervertretung** ein Testat eines vereidigten Wirtschaftsprüfers oder einer Treuhandstelle vorlegt, aus dem sich der Umfang des negativen betrieblichen Ergebnisses und die Summe der regulären betrieblichen Juni-Zahlung ergibt. 669

(Hervorhebungen durch den Verfasser)

670 Die fehlende MAV wird die Akzeptanz einer derartigen Entscheidung nicht steigern. Das Votum der MAV für eine solche Maßnahme erleichtert den Schritt. Zumindest führt die Überwachung durch die MAV zu einem höheren Maß an rechtlicher (und psychologischer) Sicherheit. So betrachtet stellt eine – funktionierende! – MAV einen Kostenvorteil dar.

2. Die Unterrichtung der MAV

671 Die MAV hat einen Anspruch auf Information/Unterrichtung, sofern Mitarbeiter der Dienststelle »betroffen« sind. Demzufolge muss die Dienststellenleitung Antworten auf Fragen geben (vgl. § 34 MVG.EKD). Die Grenze der Informationspflicht ist dort erreicht, wo mitarbeitervertretungsrechtliche Beteiligungsrechte offenkundig auszuschließen sind (vgl. KGH.EKD, Beschl. v. 28.11.2011 – I-0124/T8-11).

672 Darüber hinaus muss die Dienststellenleitung die MAV von sich aus unterrichten/ informieren. Diese Pflicht umfasst nicht das Recht zur Beratung. Die Dienststellenleitung muss Unterlagen zur Verfügung stellen, z. B. über die Personalplanung, die im Zusammenhang mit Kündigungen von besonderem Interesse für die MAV sein kann. D. h. auch, dass Abschriften bzw. Fotokopien überlassen werden (vgl. VerwG.EKD, Beschl. v. 11.03.1999 – 0124/C-25-98; s. u.).

V. Anhörung

673 Bei einer Anhörung muss die Dienststellenleitung die Ansicht der MAV zur Kenntnis nehmen und sich mit dieser auseinandersetzen. So erfolgt eine Anhörung, wenn sich die MAV gem. § 35 Abs. 2 MVG.EKD »Probleme« des Mitarbeiters annimmt und dessen Interessen bei der Dienststellenleitung vertritt.

VI. Mitberatung

1. Beraten

674 Unter einer Beratung versteht man im Allgemeinen »eine wechselseitige Anhörung mit gemeinsamer Erörterung in Rede und Gegenrede«. So ist die Dienstellenleitung verpflichtet, mit dem Wirtschaftsausschuss gem. § 23a Abs. 2 Satz 5 MVG.EKD »zu beraten« (vgl. *Richter/Gamisch/Heil*, S. 28).

675 ▶ Praxistipp:

Diese Beratung darf nicht mit dem kirchengesetzlich geregelten Beteiligungsverfahren der Mitberatung gem. § 45 MVG.EKD verwechselt werden.

2. Mitberatung gem. § 45 MVG.EKD

676 Die Tatbestände der »Mitberatung als förmliches Verfahren« sind in § 46 MVG.EKD geregelt und erfassen insb. die ordentliche Kündigung innerhalb der Probezeit sowie die außerordentliche Kündigung. Das Verfahren richtet sich nach § 45 MVG.EKD (s. u.).

VII. Mitbestimmung

Mitberatungsverfahren

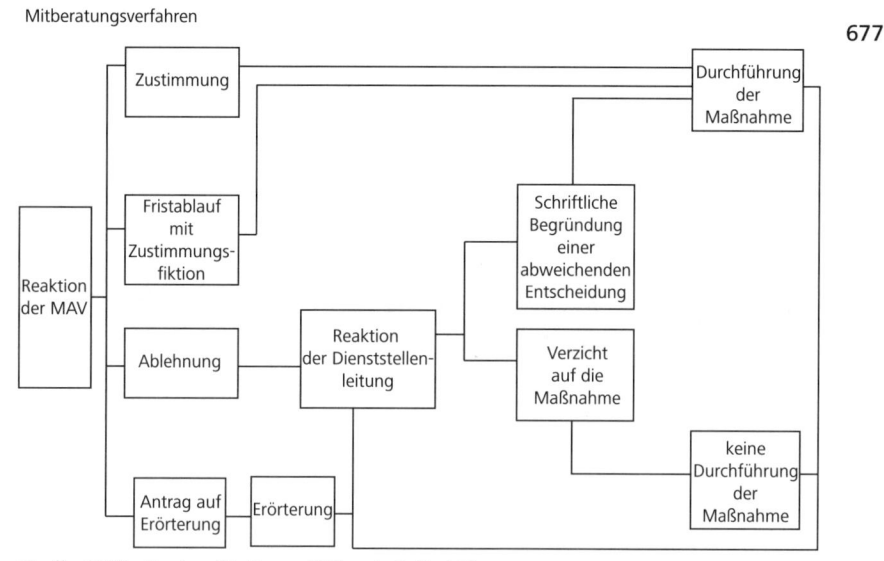

677

Quelle: IPW – Institut für PersonalWirtschaft GmbH

VII. Mitbestimmung

Räumt das Gesetz der MAV ein Mitbestimmungsrecht ein, braucht die Dienststellenleitung deren Zustimmung. Verweigert die MAV diese, muss die Dienststellenleitung entweder Abstand von der Maßnahme nehmen oder sich die Zustimmung durch das Kirchengericht ersetzten lassen. 678

1. Eingeschränkte Mitbestimmung

Diese Mitbestimmung ist z. T. eingeschränkt: In den Fällen der §§ 42 und 43 bzw. § 42 Buchst. b) MVG.EKD gelten jeweils Kataloge für die Zustimmungsverweigerung (s. u.). 679

2. Uneingeschränkte Mitbestimmung

In den Fällen der uneingeschränkten Mitbestimmung ist die MAV an keinen Zustimmungsverweigerungskatalog gebunden. Allerdings ist sie in der Wahl ihrer Zustimmungsverweigerungsgründe nicht gänzlich frei (s. u.). 680

G. Das System der Beteiligung im Überblick

681 Mitbestimmungsverfahren

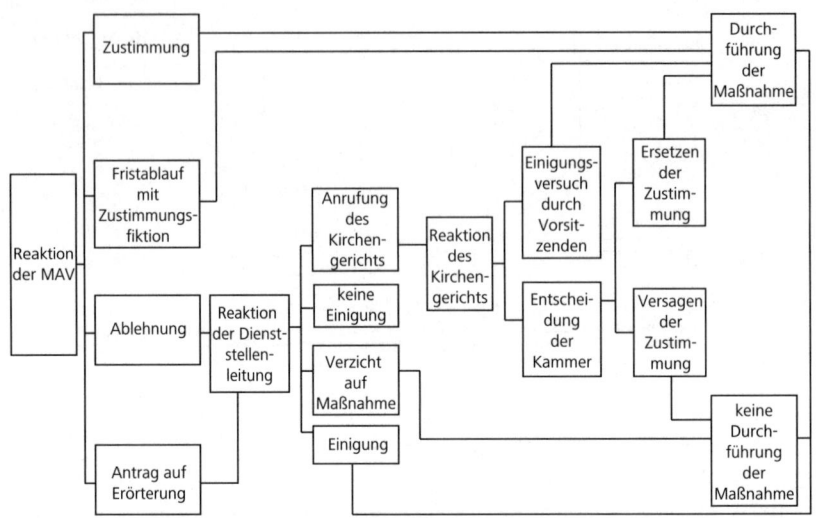

Quelle: IPW – Institut für PersonalWirtschaft GmbH

682 Die Mitbestimmung kann im Wege einer Dienstvereinbarung gem. § 36 MVG.EKD oder mittels einer formlosen Regelungsabrede ausgeübt werden (vgl. KGH.EKD, Beschl. v. 26.05.2010 – I-0124/R73-09; s. u.).

VIII. Initiativrecht

683 Damit das Beteiligungsrecht ausgewogen ist, darf auch die MAV Maßnahmen beantragen.

1. Allgemeines Initiativrecht

684 Zunächst kann sie gem. § 35 Abs. 3 Buchst. a) MVG.EKD im Rahmen eines allgemeinen Initiativrechts Maßnahmen beantragen, die der Einrichtung und den Mitarbeitern dienen. Die Dienststellenleitung muss sich nach Maßgabe des Grundsatzes der vertrauensvollen Zusammenarbeit mit derartigen Anträgen befassen, aber im Ergebnis nicht darauf eingehen (s. u.).

2. Echtes Initiativrecht

685 Im Unterschied zu diesem allgemeinen Initiativrecht kann die MAV in den Fällen des § 47 MVG.EKD Anträge stellen, die bei einer Ablehnung den Gang zum Kirchengericht eröffnen (vgl. *Andelewski/Steinbring*, ZMV 2011, 294; s. u.).

IX. Unterlassungsanspruch

Die Rechtsprechung der Kirchengerichte räumt der MAV – wie dem Betriebsrat im BetrVG und im Unterschied zum Personalrat (Ausnahme: Nordrhein-Westfalen) im Personalvertretungsrecht (vgl. *Repkewitz/Richter*, Stichwort Personalvertretungsrecht, Rn. 194) – einen mitarbeitervertretungsrechtlichen Unterlassungsanspruch ein. Die MAV kann das Kirchengericht anrufen und von der Dienststellenleitung z. B. verlangen, konkret bevorstehende Kündigungen ohne deren Beteiligung zu unterlassen (vgl. VerwG.EKD, Beschl. v. 05.11.1998 – 0124/C19-98; VerwG.EKD, Beschl. v. 14.05.1998 – 0124/C1-98; s. u.). 686

X. Alleinige Rechte der MAV

Die Geschäftsführung der MAV ist deren alleiniges Recht. Sie bestimmt, welchen Themen sie sich zuwendet, wie sie das Amt organisiert usw. So bestimmt die MAV z. B. die zeitliche Lage der Mitarbeiterversammlung gem. § 31 MVG.EKD und übt während dieser das Hausrecht aus. 687

Solange die MAV keine Amtspflichten verletzt, hat sie auch das »Recht«, ihre Sache »schlecht zu machen«. Als anwaltlicher Berater muss man zuweilen staunen, auf welche Beteiligungsrechte MAV tatsächlich verzichten (s. u.). 688

H. Die Information der MAV

I. Grundsätze

1. Einleitung durch die Dienststellenleitung

689 Die Beteiligung der MAV setzt stets eine Maßnahme der Dienststellenleitung voraus. Dieser Begriff stammt aus dem staatlichen Personalvertretungsrecht und umfasst jede Handlung und Entscheidung, die den Rechtsstand der Mitarbeiter oder eines einzelnen Mitarbeiters berührt. Ein »Berühren« setzt in Bezug auf mindestens einen Mitarbeiter eine Änderung des bestehenden Zustands voraus (vgl. KHG.EKD, Beschl. v. 24.01.2005 – II-0124/K6-04).

690 Bei der Einleitung des Mitbestimmungs- bzw. Mitberatungsverfahrens muss die zuständige Dienststellenleitung handeln. In großen Dienststellen können Dienststellenteile gem. § 3 Abs. 2 Satz 1 MVG.EKD verselbstständigt werden. In derartigen Fällen regeln die Leiter der Dienststellenteile vor allem Fragen, die der Mitbestimmung in organisatorischen Angelegenheiten gem. § 40 MVG.EKD unterliegen. Typischerweise werden aber nicht alle Befugnisse dem Teildienststellenleiter übertragen. Grundlegende, insb. die Arbeitsvertragsgestaltung betreffende Befugnisse verbleiben z. B. bei der zentralen Personalabteilung. Für diese Fälle bestimmt § 3 Abs. 2 Satz 2 MVG.EKD:

691 **§ 3 Abs. 2 Satz 2 MVG.EKD**

»... Ist die Eigenständigkeit solcher Dienststellenteile dahin gehende eingeschränkt, dass bestimmte Entscheidungen, die nach diesem Kirchengesetz der Mitberatung oder Mitbestimmung unterliegen, bei einem anderen Dienststellenteil verbleiben, ist in diesen Fällen dessen Dienststellenleitung Partner der Mitarbeitervertretung.«

692 In diesen Fällen liegt eine gespaltene Zuständigkeit der Dienststellenleitungen vor. Die Beteiligungsverfahren ggü. der MAV der Teildienststelle werden dann vom Leiter der Dienststelle in ihrer Gesamtheit eingeleitet.

693 Die Unterrichtung der MAV muss durch die Dienststellenleitung i. S. d. § 4 MVG.EKD erfolgen (s. u.).

694 **§ 34 Abs. 1 MVG.EKD**

»(1) Die Mitarbeitervertretung ist zur Durchführung ihrer Aufgaben rechtzeitig und umfassend zu unterrichten. ...«

695 ▶ **Praxistipp:**

Nur die ordnungsgemäße Unterrichtung löst den Lauf von Fristen aus!

2. Rechtzeitige Unterrichtung

696 Die Information erfolgt, wenn sich die Dienststellenleitung zur Durchführung einer Maßnahme i. S. d. §§ 38, 45 MVG.EKD entschlossen hat.

I. Grundsätze   H.

Abweichend vom Betriebsverfassungs- und Personalvertretungs- sowie vom Mitarbei-   697
tervertretungsrecht der katholischen Kirche regelt § 34 Abs. 1 Satz 2 MVG.EKD, dass
die Dienststellenleitung die MAV bereits während der Vorbereitung von Entscheidungen informieren soll. Diese Praxis kann zielführend sein, ist aber nicht verpflichtend.
Das Kirchengesetz nennt aus guten Gründen als Beispiele organisatorische oder soziale
Maßnahmen. Bei personellen Einzelmaßnahmen, insb. Kündigungen, dürfte eine vorzeitige Information der MAV nur in besonderen Fällen sinnvoll sein.

▶ **Praxistipp:**   698

Die »vorzeitige« Information (z. B. die Teilnahme an einer Projektgruppe; zur Projektarbeit s. *Repkewitz/Richter-Richter/Gamisch* 2012, Stichwort Projektarbeit) ersetzt in keinem Fall die ordnungsgemäße Einleitung eines Mitbestimmungs- oder
Mitberatungsverfahrens.

3. Umfassende Unterrichtung

Die Unterrichtung ist umfassend, wenn sich die MAV ohne weitere eigene Nachfor-   699
schungen »ein Bild« von der beabsichtigten Maßnahme machen kann. Sie verfügt über
alle Informationen, die auch der Dienststellenleitung bei ihrer Entschlussfassung vor-
lagen. In diesem Zusammenhang spricht man vom martialisch vom »Grundsatz der
Waffengleichheit«.

Die Grenze der Unterrichtung liegt dort, wo ein Beteiligungsrecht der MAV offenkun-   700
dig nicht besteht (vgl. KGH.EKD, Beschl. v. 12.07.2010 – I-0124/R82-09).

4. Form der Unterrichtung

Das MVG.EKD enthält keine Formvorschrift: Die Information der MAV kann   701
– mündlich oder
– schriftlich erfolgen
(vgl. KGH.EKD, Beschl. v. 07.04.2008 – I-0124/N80-07).

In großen Dienststellen und in besonderen Fällen empfiehlt sich eine schriftliche   702
Unterrichtung. Das gilt insb. für Kündigungen.

▶ **Beispiel:**   703

Bei der Wahl der Form einer **Kündigung** sollte die Dienststellenleitung ein späteres
Kündigungsschutzverfahren vor dem staatlichen ArbG vor Augen haben:
– Wird nur mündlich informiert, kann bezweifelt werden, ob die MAV alle ent-
  scheidungsrelevanten Informationen hatte.
– Entscheidet sich die Dienststellenleitung dessen ungeachtet für die mündliche
  Information, sollte deren Zeitpunkt schriftlich festgehalten werden.
– Zweifel über die umfassende Unterrichtung können insb. bei umfangreichen
  und schwierigen Sachverhalten entstehen, z. B. bei betriebsbedingten Kündi-
  gungen.

Richter

704 In diesem Fall trägt der Arbeitgeber aber das Risiko, dass Fehler oder Unterlassungen schriftlich fixiert worden sind. »Schwarz auf weiß« kann nachgelesen werden, welche Fakten geliefert wurden – und welche nicht.

705 Vor diesem Hintergrund kann eine Kombination empfohlen werden: Der schriftliche Antrag auf Zustimmung kann zusätzlich ggü. dem Gremium mündlich erläutert werden (vgl. *Richter* 2009, S. 64 ff.).

5. Fehler im Beteiligungsverfahren

706 Eine unzureichende, fehlerhafte oder gar falsche Unterrichtung führt dazu, dass Fristen nicht ausgelöst werden oder gar die Maßnahme rechtswidrig ist (das gilt insb. bei Kündigungen).

707 ▶ **Beispiel:**

Kündigung und Substantiierungspflicht: Die »bloße« Beteiligung der MAV i. R. d. Mitbestimmung bzw. Mitberatung ist »an sich« nicht ausreichend (s. o.). Das Kirchengesetz gibt in § 34 Abs. 1 Satz 1 MVG.EKD den Maßstab:

708 Die Dienststellenleitung trifft ggü. der MAV eine Substantiierungspflicht hinsichtlich der Kündigungsgründe. Diese ist aber nicht so weitreichend wie im Kündigungsschutzverfahren vor dem staatlichen ArbG. Die Kündigungsgründe, auf die sich der Arbeitgeber stützen will, müssen umfassend mitgeteilt werden (sog. subjektive Determination/Determinierung), sodass sich die MAV über ihre Stellungnahme schlüssig werden kann (BAG, Urt. v. 17.02.2000 – 2 AZR 913/98, NZA 2000, 761). Auf Gründe, die die Dienststellenleitung der MAV nicht mitgeteilt hat, kann sie sich in einem späteren Verfahren vor dem staatlichen ArbG nicht mehr berufen, diese sind präkludiert (sog. Präklusion). Die Informationen dürfen weder falsch noch verkürzt sein, anderenfalls fehlt es an der ordnungsgemäßen Unterrichtung. Negativbeispiele für eine verkürzte/falsche Information sind:

709 **Falsche bzw. verkürzte Information**

Falsche ...	... verkürzte Information
... Sozialdaten	Zeuge vom Hörensagen
	(vgl. BAG 02.11.1982, AP zu § 102 BetrVG 1972)
... Fehlzeiten bei einer Kündigung wegen Krankheit	Mangelnde Kooperationsbereitschaft des Arbeitnehmers oder Alkohol
	(vgl. LAG München, Urt. v. 11.05.1988 – 5 Sa 1193/87, LAGE § 102 BetrVG 1972 Nr. 72)

... bzw. vorgeschobene Scheingründe unter Verschweigen der wahren Gründe	Unterlassene Information über eine erfolgreiche Klage des Arbeitnehmers
	Irreführende Angaben, um den Kündigungssachverhalt möglichst überzeugend darstellen zu können
	(vgl. ArbG Berlin, Urt. v. 25.01.2002 – 88 Ca 28454/01, NZA-RR 2003, 85);
	es werden bewusst krankheitsbedingte und unentschuldigte Fehlzeiten miteinander vermengt
	(vgl. BAG, 23.09.1992 – 2 AZR 63/92; LAG Köln, Urt. v. 26.01.2005 – 7 Sa 1249/04, LAGE § 626 BGB 2002 Nr. 5a)
...	Entlastende Umstände werden nicht mitgeteilt
	(vgl. BAG 01.11.1983, AP Nr. 29 zu § 102 BetrVG 1972; LAG Düsseldorf, Urt. v. 03.06.2005 – 7 Sa 230/05, ZMV 2006, 104; LAG Hamm, Urt. v. 05.12.1990 – 2 Sa 1063/90, LAGE Nr. 27 zu § 102 BetrVG 1972)
	Über das Ergebnis eines »klärenden Gesprächs« wurde nicht unterrichtet

Entlastende Umstände müssen auch dann mitgeteilt werden, wenn der Arbeitgeber von diesen Umständen erst nach Beginn der Anhörung, aber vor Ausspruch der Kündigung erfährt (vgl. LAG Baden-Württemberg, Urt. v. 11.08.2006 – 2 Sa 10/06). **710**

II. Die MAV und die Kommunikation mit dem Mitarbeiter

Das MVG.EKD regelt, anders als §§ 81 ff. BetrVG, keine individuellen Rechte des Mitarbeiters. So existiert kein ausdrückliches Teilnahmerecht von MAV-Mitgliedern an Mitarbeiter-, Personal-, Jahresgesprächen usw. Zu den Besonderheiten des kirchlichen Arbeitsrechts gehört es aber, dass der Mitarbeiter – über das allgemeine Arbeitsrecht hinaus – einen Anspruch auf ein sog. klärendes Gespräch hat. **711**

▶ **Praxistipp:** **712**

Auf Wunsch des Mitarbeiters darf ein MAV-Mitglied an dem Gespräch teilnehmen. Das Recht folgt sowohl aus der Fürsorgepflicht des Arbeitgebers gem. § 241 Abs. 2 BGB als auch aus dem Grundsatz der Dienstgemeinschaft.

Denn der Arbeitgeber wird sich nicht selten von Führungskräften unterstützen lassen, die auch aktiv in das Gespräch eingreifen und als Zeugen zur Verfügung stehen. In dieser Situation wird die (intellektuelle) Überlegenheit des Arbeitgebers greifbar, die durch die Teilnahme eines Mitglieds der Arbeitnehmervertretung ausgeglichen wird (vgl. LAG Rheinland-Pfalz, Urt. v. 18.09.1996 – 2 Sa 253/96, NZA 1997, 826). Dabei ist zu beachten, dass gewerkschaftliche Vertrauensleute keine mitarbeitervertretungsrechtlichen Befugnisse haben (vgl. *Repkewitz/Richter*, Stichwörter Anhörung und Mitarbeitergespräch; s. a. *Thiel* ZMV 2004, 215 ff.). **713**

1. Das Mitarbeitergespräch

714 Im Vorfeld oder Zusammenhang mit Kündigungen werden regelmäßig Mitarbeitergespräche durchgeführt. Im kirchlichen Arbeitsrecht sind sie als »klärendes Gespräch« z.T. zwingend vorgeschrieben.

715 Grds. verfolgen diese Gespräche aus arbeitsrechtlicher Sicht zwei Ziele: Zum einen kommt der Arbeitgeber seiner Fürsorgepflicht gem. 241 Abs. 2 BGB nach. Das gilt z. B. für Leistungseinschätzungen oder Qualifizierungsgespräche i. S. d. § 5 TVöD, aber auch für krankheitsbedingte Fehlzeiten, bei denen sich eine konkrete Fürsorgepflicht aus §§ 618 ff. BGB bzw. § 84 SGB IX ergibt. Zum anderen wird mit dem Gespräch auch eine Kontrolle ausgeübt. Es geht um die Frage, ob der Mitarbeiter seine arbeitsvertraglichen Pflichten erfüllt bzw. erfüllen kann (zum betrieblichen Eingliederungsmanagement s. *Repkewitz/Richter*, Stichwort Betriebliches Eingliederungsmanagement).

716 Der Arbeitnehmer kann sich einem solchen Gespräch nicht entziehen. Der Arbeitgeber hat gem. § 106 GewO das Direktionsrecht bzw. Weisungsrecht, ein Mitarbeitergespräch anzuordnen. Der TVöD und BAT-KF verzichten auf eine ausdrückliche, dem § 8 Abs. 2 BAT, § 2 Abs. 1 Satz 3 AVR.Diakonie vergleichbare Regelung und setzt die Vorschrift als bekannt voraus. Bei Auszubildenden folgt die Pflicht aus § 13 Nr. 3 BBiG.

717 ▶ Praxistipp:

> Für den Mitarbeiter gehört die Teilnahme zu den Kernpflichten, da ein derartiges Gespräch die von ihm gem. § 613 BGB höchst persönlich zu erbringende Arbeitsleistung betrifft.

2. Die Anhörung des Mitarbeiters

718 Von diesem personalwirtschaftlichen Führungsinstrument, das gleichzeitig Fürsorgepflichten erfüllt, ist die Anhörung des Arbeitnehmers im Zusammenhang mit einer konkreten Kündigung zu unterscheiden. Unter einer Anhörung versteht man das Recht, sich so äußern zu dürfen, dass sich das Gegenüber mit den Argumenten geistig auseinandersetzt. Die Anhörung ist einseitig: anders als bei der Erörterung findet keine Rede und Gegenrede statt. Zu trennen ist die Rechtspflicht zur Anhörung von der Frage nach der Zweckmäßigkeit.

719 ▶ Praxistipp:

> Es ist regelmäßig sinnvoll, sich bei betroffenen Arbeitnehmern Informationen aus erster Hand zu verschaffen. In vielen Fällen kann sonst nicht beurteilt werden, ob der Mitarbeiter tatsächlich den Arbeitsvertrag verletzt hat und mit welchem arbeitsrechtlichen Mittel – z. B. Ermahnung, Abmahnung oder Kündigung – der Arbeitgeber reagieren soll.

II. Die MAV und die Kommunikation mit dem Mitarbeiter H.

Die Art und Weise innerbetrieblicher Kommunikation ist dabei ein Gradmesser für 720
die Unternehmens- bzw. Verwaltungskultur. Innovative Arbeitgeber werden in jedem
Fall großen Wert auf das Gespräch miteinander legen. Dieses zeitgemäße Umgehen
mit Kommunikation kann sich bis hin zu einer konstruktiven Streitkultur entwickeln.
Modernes Konfliktmanagement wird heute z. B. über innerbetriebliche Mediation verwirklicht. Eine andere Frage ist es, in welchen Fällen das Arbeitsrecht zur Anhörung zwingt.

▶ **Praxistipp:** 721

> Grds. hängt die Unwirksamkeit einer personen- oder verhaltensbedingten Kündigung nicht von einer Anhörung des Arbeitnehmers ab. Das gilt auch, wenn das Kündigungsschutzgesetz auf das Arbeitsverhältnis Anwendung findet (vgl. BAG, Urt. v. 21.02.2001 – 2 AZR 579/99, NZA 2001, 951, 953; s. a. KR/*Fischermeier* § 626 Rn. 31 m. w. N.).

Mit Ausnahme der (personenbedingten) Verdachtskündigung besteht keine generelle 722
Anhörungspflicht. Gleiches gilt folgerichtig für den Ausspruch einer Ermahnung oder
Abmahnung im Vorfeld einer verhaltensbedingten bzw. ausnahmsweise personenbedingten Kündigung. Die herrschende Meinung lehnt in diesem Zusammenhang eine
Fürsorgepflicht des Arbeitgebers ab.

3. Klärendes Gespräch

Etwas anderes gilt, wenn eine kirchliche Regelung ein klärendes Gespräch vorschreibt. 723
Im kirchlichen Bereich kann die Wirksamkeit einer Kündigung an die Voraussetzung
der Durchführung eines klärenden Gesprächs gebunden sein.

Im Anwendungsbereich von Art. 4 Grundordnung (GrO) der katholischen Kirche hat 724
das BAG (Urt. v. 16.09.1999 – 2 AZR 712/98, AP Nr. 1 zu Art. 4 GrO kath. Kirche
= NZA 2000, 208) eine Selbstbindung des kirchlichen Arbeitgebers gem. § 242 BGB
angenommen:

> «1. Hat sich ein Arbeitgeber selbst gebunden, bei bestimmten Verhaltensverstößen vor Aus- 725
> spruch einer Kündigung zunächst mit dem Arbeitnehmer ein klärendes Gespräch zu führen,
> so verstößt eine Kündigung, die der Arbeitgeber ausspricht, ohne ein solches Gespräch zu
> führen, regelmäßig gegen den Verhältnismäßigkeitsgrundsatz und ist deshalb sozialwidrig
> (vgl. Senatsurteil vom 24. 4. 1996 – 2 AZR 74/95 – AP Nr. 18 zu § 1 KSchG Personenbedingte Kündigung).
>
> 2. Art. 5 Abs. 1 der Grundordnung der Katholischen Kirche für den kirchlichen Dienst im
> Rahmen kirchlicher Arbeitsverhältnisse vom 22. 9. 1993, wonach bei Verstößen gegen Loyalitätsobliegenheiten vor Ausspruch einer Kündigung mit der kirchlichen Mitarbeiterin bzw.
> mit dem kirchlichen Mitarbeiter ein Beratungsgespräch bzw. ein »klärendes Gespräch« zu
> führen ist, enthält eine solche bindende Verfahrensnorm.
>
> a) Legt ein Arbeitgeber in einer Dienstanweisung im einzelnen fest, wie er auf bestimmte
> Pflichtverstöße des Arbeitnehmers zu reagieren beabsichtigt, so bindet er sich damit selbst
> und muß sich im konkreten Fall an das in der Dienstanweisung festgelegte Verfahren halten;
> eine Kündigung, bei der der Arbeitgeber die von ihm selbst aufgestellten Verfahrensregeln

nicht beachtet, verstößt regelmäßig gegen den Verhältnismäßigkeitsgrundsatz und ist deshalb nach § 1 Abs. 2 KSchG als sozialwidrig anzusehen (Senatsurteil vom 25. 4. 1996 – 2 AZR 74/95 – AP Nr. 18 zu § 1 KSchG 1969 Personenbedingte Kündigung). ...

c) Nach Art. 5 Abs. 1 GrO muss der kirchliche Dienstgeber, wenn eine Mitarbeiterin oder ein Mitarbeiter die Beschäftigungsanforderungen nicht mehr erfüllt, durch »Beratung«, d. h. »ein klärendes Gespräch« versuchen, dass die Mitarbeiterin oder der Mitarbeiter diesen Mangel auf Dauer beseitigt. Diese Verfahrensvorschrift gilt nicht nur für eine Kündigung nach Art. 5 Abs. 2 GrO, sondern auch für eine solche nach Art. 5 Abs. 3 GrO (a. A. Thüsing/Börschel, Anm. zu LAGE § 611 BGB Kirchliche Arbeitnehmer Nr. 9). ...

e) Hat sich die Bekl. nach alledem in Art. 5 Abs. 1 GrO daran gebunden, vor Ausspruch einer Kündigung mit dem betroffenen Mitarbeiter erst ein Beratungsgespräch bzw. klärendes Gespräch zu führen, so verstößt eine Kündigung, die sich an diese Verfahrensvorschrift nicht hält und ausgesprochen wird, bevor ein solches Gespräch durchgeführt worden ist, gegen den Verhältnismäßigkeitsgrundsatz und ist deshalb sozialwidrig. Gerade im Hinblick auf die eingeschränkte Überprüfung der Kündigungen gegenüber kirchlichen Mitarbeitern durch die staatlichen Gerichte dienen kirchliche Verfahrensnormen, die – ähnlich wie die Anhörungspflicht vor Ausspruch einer Verdachtskündigung – der Sachverhaltsaufklärung vor Ausspruch einer Kündigung dienen, dem Schutz des Arbeitnehmers. Ihre Verletzung lässt die Kündigung i. d. R. unverhältnismäßig erscheinen.«

(BAG, Urt. v. 16.09.1999 – 2 AZR 712/98, AP Nr. 1 zu Art. 4 GrO kath. Kirche = NZA 2000, 208)

726 Eine Kündigung, die wegen unentschuldigten Fehlens am Arbeitsplatz ausgesprochen wird, ist ohne vorheriges klärendes Gespräch rechtswidrig (vgl. ArbG Mönchengladbach, 04.11.2011 – 1 Ca 2190/10). Eine vergleichbare Rechtslage besteht, wenn die »Richtlinie des Rates der EKD über die Anforderungen der privatrechtlich beruflichen Mitarbeit in der EKD und ihrer Diakonie vom 01.07.2005« (ABl.EKD 2005, 413) im Bereich der Landeskirche in geltendes Recht transformiert worden ist (vgl. *Fey* AuR 2005, 349 ff.; *Rosenkötter* ZMV 2005, 1 ff.).

727 ▶ Praxistipp:

Die Richtlinie der EKD gilt nicht automatisch in den Landeskirchen, sondern muss transformiert werden.

728 Die Richtlinie bestimmt:

§ 5 Verstöße gegen berufliche Anforderungen an Mitarbeiterinnen und Mitarbeiter

»(1) Erfüllt eine Mitarbeiterin oder ein Mitarbeiter eine in dieser Richtlinie genannte berufliche Anforderung an die Mitarbeit im kirchlichen oder diakonischen Dienst nicht mehr, soll der Anstellungsträger durch Beratung und Gespräch auf die Beseitigung des Mangels hinwirken. Als letzte Maßnahme ist nach Abwägung der Umstände des Einzelfalles eine außerordentliche Kündigung aus wichtigem Grund möglich, wenn der Mangel nicht auf andere Weise (z. B. Versetzung, Abmahnung, ordentliche Kündigung) behoben werden kann.«

729 Die Transformation kann entweder auf dem Weg einer Verordnung erfolgen (z. B. Verordnung über die Anforderungen der privatrechtlich beruflichen Mitarbeiter in

der Föderation Evangelischer Kirchen in Mitteldeutschland vom 03.02.2007) oder Teil von tariflichen Regelungen sein. So bestimmt § 7 Abs. 1 Anlage 9 AVR.Diakonie Bayern:

> § 7 Anlage 9 Verstöße gegen Loyalitätsobliegenheiten
>
> »(1) Christliche Verantwortung und Fürsorge verpflichten die Dienstaufsicht kirchlicher und diakonischer Dienststellen, frühzeitig über eine Verstoß gegen eine Obliegenheit mit dem Dienstnehmer oder der Dienstnehmerin zu sprechen und zu versuchen, die Ursache einer Beanstandung oder eines Konfliktes durch Beratung, Fortbildung oder andere geeignete Maßnahmen zu beseitigen.«

730

Es ist fraglich, ob sich diese Vorschrift nur auf Loyalitätsverletzungen, z. B. den Kirchenaustritt, erstreckt und ob sich diese Verpflichtung zwingend auf jede außerordentliche Kündigung bezieht (ablehnend *Thüsing* 2006, S. 110). 731

In Anlehnung an die Rechtsprechung zur Abmahnung muss aber davon ausgegangen werden, dass die Selbstbindung zur Durchführung eines klärenden Gesprächs alle Sachverhalte erfasst, in denen ein Gespräch nach seinem Sinn und Zweck geeignet erscheint, eine (außer-)ordentliche Kündigung zu verhindern (ebenso *Richardi* 2012 § 7 Rn. 34). 732

▶ Praxistipp: 733

> Derjenige kirchliche Arbeitgeber, der an eine derartige kirchliche Vorgabe gebunden ist, sollte im Zweifel immer ein klärendes Gespräch durchführen.

Das Ergebnis ist der MAV bei der Information über Kündigungen mitzuteilen. 734

4. Teilnahmerecht Dritter

Fraglich ist, ob der Mitarbeiter die Teilnahme Dritter an einem Mitarbeiter- oder klärenden Gespräch bzw. einer Anhörung verlangen kann. 735

▶ Praxistipp: 736

> Es besteht grds. kein Anspruch darauf, dass ein externer Dritter, z. B. ein Rechtsanwalt oder Gewerkschaftssekretär, an dem Mitarbeitergespräch teilnimmt (vgl. LAG Hamm, Urt. v. 23.05.2001 – 14 Sa 497/01).

Denn alleine aus dem Gespräch ergeben sich keine Nachteile für den Arbeitnehmer. Er ist insb. nicht verpflichtet, das Arbeitsverhältnis grundlegend betreffende Fragen sofort zu beantworten oder anstehende Entscheidungen zu treffen. Vielmehr steht es ihm frei, sich Bedenkzeit zu erbitten und sich Rechtsrat einzuholen. 737

▶ Praxistipp: 738

> Die Rechtslage ist nur anders, wenn sich der Arbeitgeber in dem Mitarbeitergespräch seinerseits durch einen externen Dritten, z. B. einen Rechtsanwalt unterstützen lässt. In diesem Fall gebietet es der sog. Grundsatz der Waffengleichheit, dass auch der Arbeitnehmer seinen Berater mitbringen kann. In diesem Zusammenhang

H. Die Information der MAV

ist zu beachten, dass angestellte Juristen des Arbeitgebers keine Dritte i. S. v. externen Rechtsanwälten sind.

5. Die Anhörung durch die MAV

739 Im Rahmen ihrer Beteiligung bei Kündigungen hat auch die MAV das Recht, dem Mitarbeiter ein Gespräch anzubieten. Diesem Angebot muss der Arbeitnehmer aber nicht folgen. Sie hat das Recht, sich die Situation durch den betroffenen Mitarbeiter selber schildern zu lassen (vgl. VerwG.EKD, Beschl. v. 07.06.2001 – II-0124/F4-01).

6. Personalaktenrechtliche Anhörung

740 Die Tarifverträge des öffentlichen Dienstes sahen früher (z. B. § 13 Abs. 2 BAT) einheitlich die Pflicht zur Durchführung einer personalaktenrechtlichen Anhörung vor. Diese Regelung gilt unmittelbar nur noch für Arbeitgeber, die den TV-L anwenden, der TVöD kennt diese personalaktenrechtliche Anhörung nicht mehr.

741 **§ 3 Abs. 6 Satz 4 TV-L**

»Die Beschäftigten müssen über Beschwerden und Behauptungen tatsächlicher Art, die für sie ungünstig sind oder ihnen nachteilig werden können, vor Aufnahme in die Personalakten gehört werden.«

742 ▶ **Praxistipp:**

Vergleichbare Regelungen enthalten z. B. § 4 Abs. 2 AVR.Diakonie, § 3 Abs. 6 Satz 4 BAT-KF und § 8 Abs. 2 AVR.Bayern.

743 Arbeitgeber, die den TV-L oder die AVR anwenden, müssen den Arbeitnehmer stets anhören, bevor sie Beschwerden und Behauptungen tatsächlicher Art, die für den Mitarbeiter ungünstig oder ihm nachteilig werden können, »in die Personalakte aufnehmen«. Darunter fallen insb. Er- und Abmahnungen.

744 ▶ **Praxistipp:**

Zu beachten ist, dass der Arbeitgeber nicht verpflichtet ist, vor »Ausspruch« einer Abmahnung den Arbeitnehmer anzuhören. Diese Anhörung ist lediglich zweckmäßig. Der Arbeitgeber muss den Mitarbeiter aber »vor Aufnahme der Abmahnung in die Personalakte« anhören. In der Praxis wird eine Frist zur Stellungnahme von 14 Tagen eingeräumt.

745 Verstöße gegen diese Pflicht führen nicht zur Unwirksamkeit der Abmahnung (vgl. BAG, Urt. v. 15.12.1994 – 2 AZR 251/94, ZTR 1995, 265). Der Arbeitnehmer kann aber verlangen, dass die Abmahnung – unabhängig von ihrer Rechtfertigung – aus der Personalakte entfernt wird (vgl. BAG, Urt. v. 16.11.1989 – 6 AZR 64/88, AP Nr. 2 zu § 13 BAT). Der Arbeitgeber darf die Anhörung zwar nachholen, für die Heilung des Fehlers ist es aber nicht ausreichend, dass er die Abmahnung zum Zweck der Anhörung nachträglich übersendet. Die Abmahnung muss zunächst tatsächlich aus der Personalakte entfernt werden, bevor sie nach einer Anhörung erneut zur Akte genommen wird.

III. Allgemeine Zuständigkeiten H.

▶ **Praxistipp:** 746

Die Verletzung dieser Formvorschriften stellt einen vermeidbaren Fehler dar, der dem Arbeitgeber unnötigen Arbeitsaufwand bereitet. In der Praxis wird der Fehler regelmäßig erst im Kündigungsschutzprozess bemerkt bzw. zur Sprache gebracht, denn das Vorliegen einer notwendigen Abmahnung wird noch im Prozess geprüft. Dann kommt es für den Arbeitgeber zu einer prozessual und psychologisch ungünstigen Situation; denn er muss eingestehen, dass er selber Vorschriften des Arbeitsvertrages verletzt hat.

▶ **Formulierungsbeispiel: Personalaktenrechtliche Anhörung** 747

»Wir beabsichtigen diese Abmahnung zu Ihren Personalakten zu nehmen. Gemäß § ..... erhalten Sie hiermit Gelegenheit, sich zu den Vorwürfen zu äußern. Sollten wir bis zum ..... (*14-Tage-Frist*) nichts von Ihnen hören, gehen wir davon aus, dass Sie von Ihrem Anhörungsrecht keinen Gebrauch machen wollen« (s. *Richter/Lenders*, S. 108 ff.).

III. Allgemeine Zuständigkeiten

Die Unterrichtung stellt die Grundlage der Arbeit der MAV dar. 748

▶ **Praxistipp:** 749

Die MAV muss sich aber nicht auf von der Dienststellenleitung zur Verfügung gestellten Informationen verlassen bzw. beschränken. So darf sie Mitarbeiter an deren Arbeitsplatz aufsuchen und z. B. eine Arbeitsplatzbesichtigung vornehmen oder die Mitarbeiter der Dienststelle im Wege einer Fragebogenaktion befragen. Dabei muss sie auf die Betriebsabläufe Rücksicht nehmen und darf keine unverhältnismäßigen Kosten verursachen.

Die Informationen werden verwendet, um die Beteiligungsrechte der MAV auszuüben. 750
Diese ergeben sich zum einen aus den Katalogen der Mitbestimmung und Mitberatung. Zum anderen regelt § 35 MVG.EKD eine »allgemeine Zuständigkeit«. Diese Aufzählung ist nicht abschließend, was aus der Formulierung »insbesondere« folgt.

▶ **Praxistipp:** 751

Eine Grenze der Zuständigkeit folgt aber aus dem Sinn und Zweck einer MAV: Diese soll die »beruflichen, wirtschaftlichen und sozialen Belange der Mitarbeiter« fördern (s. § 35 Abs. 1 MVG.EKD).

Die MAV hat kein »allgemeinpolitisches Mandat«. Vielmehr hat sie gem. § 35 Abs. 1 752
Satz 2 MVG.EKD

«... in ihrer Mitverantwortung für die Aufgaben der Dienststelle das Verständnis für den Auftrag der Kirche zu stärken und für eine gute Zusammenarbeit einzutreten« 753

Dieser Auftrag wird in den allgemeinen Zuständigkeiten des § 35 Abs. 3 MVG.EKD 754
beispielhaft konkretisiert:

Allgemeine Aufgabe der MAV 755

H. Die Information der MAV

§ 35 Abs. 3 Buchst. ...	Aufgaben der MAV	Beispiele
a)	Maßnahmen anregen,	Vorschläge machen, Kritik an der Dienststelle üben
b)	Einhalten von Recht	staatliches Arbeitsrecht (z. B. AGG, KSchG, TzBfG), kirchliches Recht (z. B. DSG.EKD, Loyalitätsrichtlinie), Tarifrecht, Dienstvereinbarungen, ...
c)	Individualinteressen von Mitarbeitern	z. B. Bitte um eine leidensgerechten Arbeitsplatz, Weiterleiten von Überlastungsanzeigen, ...
d)	Eingliederung	Menschen mit Behinderung, ältere Mitarbeiter, jüngere Mitarbeiter, ...
e)	Gleichstellung	Frau und Mann, familienfreundliches Unternehmen, ...
f)	Integration	ausländische Mitarbeiter, ...
g)	Arbeits- und Gesundheitsschutz und betrieblicher Umweltschutz	

756 Keine Aufgaben der MAV ist die Beobachtung von Kündigungsschutzverfahren beim staatlichen ArbG oder die Organisation des Mitarbeiterausfluges.

IV. Ein Exkurs: Kommunikation und Verhandlung

757 Das Mitarbeitervertretungsrecht regelt die Rechte und Pflichten zwischen Dienststellenleitung und MAV. Die Vorschriften erfassen die juristischen Rahmenbedingungen der Kommunikation, z. b. wann eine rechtzeitige und umfassende Unterrichtung (§ 34 MVG.EKD) vorliegt, oder welche rechtlichen Regeln für eine Erörterung existieren. Das Recht befasst sich also lediglich mit formalen Aspekten der Kommunikation.

758 Damit aus der »vertrauensvollen und partnerschaftlichen Zusammenarbeit« gem. § 33 Abs. 1 MVG.EKD (s. o.) auch eine »erfolgreiche Kooperation« wird, müssen die (ungeschriebenen) Regeln der Kommunikation(swissenschaft) beachtet werden.

759 Kommunikation ist ein unverzichtbarer Bestandteil einer modernen Unternehmens- bzw. Verwaltungskultur und ein Werkzeug zeitgemäßen (Verwaltungs-) Managements.

IV. Ein Exkurs: Kommunikation und Verhandlung   H.

So steht und fällt z. B. die Idee von der »lernenden Organisation« (s. o.) mit der Art und Weise der Kommunikation zwischen Einzelnen und innerhalb der Organisation. Im Arbeits- und Dienstverhältnis existiert eine Vielzahl von Gesprächsanlässen für Personal- bzw. Mitarbeitergespräche. Und die Gespräche mit MAV-Mitgliedern bzw. dem Gremium sind von besonderer Wichtigkeit.

1. Die Grundlagen erfolgreicher Kommunikation

a) Das »Was« und »Wie«

Die (juristisch geprägte) Führungskraft stellt bei der Kommunikation (nicht selten) vor allem auf die sog. Sachebene, das »Was« ab.   760

▶ Beispiel: 761

In Anbetracht der Wettbewerbssituation besteht aus der Sicht der Dienststellenleitung die Notwendigkeit, die Öffnungszeiten zu verlängern. Der Personalleiter geht von einer mitbestimmungsfreien Entscheidung der Dienststellenleitung aus. Die MAV sieht diese Notwendigkeit nicht und pocht auf das Mitbestimmungsrecht »bei der Arbeitszeit«.

Erst in der jüngeren Rechtsprechung zum Schulungsanspruch von Interessenvertretungen (d. h. Betriebs-/Personalrat bzw. MAV) setzt sich die Erkenntnis durch, dass bei der Kommunikation auch (und vor allem?!) das »Wie« von entscheidender Bedeutung ist. Aus unserer Beratungspraxis können wir bestätigen, dass Lösungen von Sachfragen nicht selten einfach funktionieren, wenn entweder die »Chemie stimmt« und »ein guter Draht existiert« oder »man vernünftig miteinander redet«, sodass ein Problem »gesichtswahrend« für alle Seiten gelöst werden kann. Dabei ist zu beachten, dass dieses »Wie« von den Partnern der Kommunikation – wir sprechen vom Sender und Empfänger – regelmäßig sehr unterschiedlich wahrgenommen, d. h. »verstanden« und »empfunden« (!) wird.   762

In gerichtlichen Entscheidungen wird die Komplexität von Sachverhalten durch das Prozessrecht reduziert, in dem im Urteil bzw. dem Beschluss ein »Tatbestand« mit unstreitigem und streitigem Sachverhalt verfasst wird. In der Psychologie und Pädagogik herrscht demgegenüber die Meinung vor, dass es »so viele ›wirkliche Welten‹ wie ... Menschen gibt« (*Senge*, zit. nach *Richter/Gamisch* 2007, S. 82). An dieser Stelle können und wollen wir den allgemeinen Darstellungen zur Kommunikation nichts hinzufügen.   763

zur Kommunikation allgemein und im Beruf s.:   764
– *Pawlowski*, Konstruktiv Gespräche führen, München/Basel 2005
– *Gehm*, Kommunikation im Beruf, Weinheim/Basel 2006
– *Schulz von Thun*, Miteinander reden 1., Störungen und Klärungen: allgemeine Psychologie der Kommunikation, 46. Aufl. Reinbek bei Hamburg 2008
– *Weisbach*, Professionelle Gesprächsführung, Ein praxisnahes Lese- und Übungsbuch, München 2003

H. Die Information der MAV

765 Wir wollen lediglich die Aspekte ansprechen, die für die Zusammenarbeit mit der MAV von besonderer Bedeutung sind.

766 Das Wissen über und Verstehen von Kommunikation ist kein »Psychokram«, auf den verzichtet werden kann. Für die Führungskraft ist es nicht hilfreich, wenn Mitglieder der MAV für Gespräche bzw. Verhandlungen besser – theoretisch und praktisch – »gerüstet« sind als die Vertreter der Dienststellenleitung.

767 Vor diesem Hintergrund starten wir einen kurzen Exkurs in die Kommunikationswissenschaft.

b) Vom Dreieck zum Quadrat

768 Es gibt einen weit verbreiteten Irrtum (unter Juristen): »Man muss nur vernünftig über Sachfragen reden, dann kommt man auch zu einem Ergebnis. Nach der Rechtsprechung kann es nur ein richtiges Ergebnis geben! ...« Denn ein Gespräch (mit der MAV) besteht aus wesentlich mehr Aspekten. Auf den ersten Blick werden »Nachrichten gesendet«. Diese können als Pakete unterschiedlicher (non-)verbaler Mitteilungen verstanden werden. Nachrichten enthalten zugleich eine Vielzahl von »Botschaften«.

769 Nachrichten-Botschaft

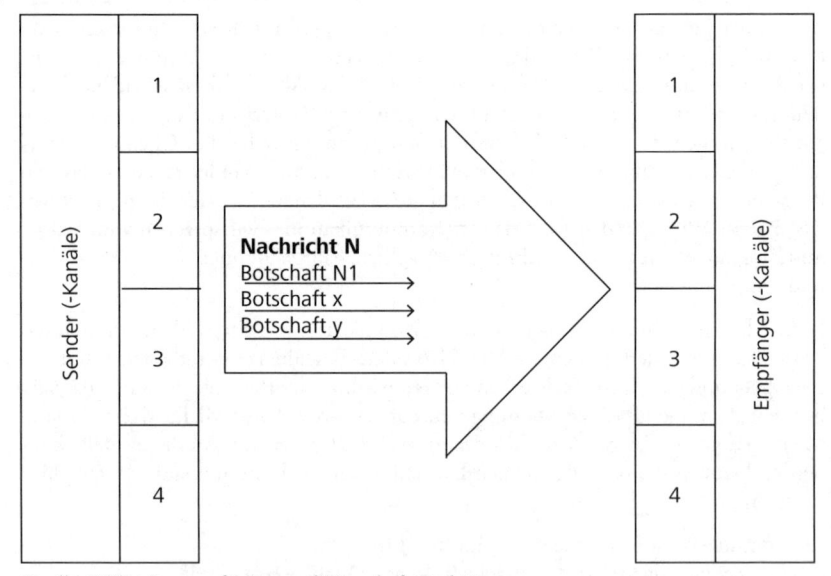

Quelle: IPW – Institut für PersonalWirtschaft GmbH

770 Die Übermittlung von Nachrichten und Botschaften erfolgt vergleichbar einem Drei- bzw. Viereck. Bühler entwickelte in den 1930er Jahren das sog. Organon-Modell, wonach jede Aussage drei Funktionen erfüllt, das 1. Symptom (beschreibt die Lage, in der sich der Sprecher befindet), 2. Symbol (ist der objektive Sachverhalt) und 3. Signal (ist

eine Aufforderung an den Zuhörer). So entsteht ein Dreieck, das von *Schulz von Thun* um eine vierte Komponente erweitert wurde, nämlich die »Beziehung« zwischen Sender und Empfänger. Die Vorstellung von »Vier Seiten/Aspekten einer Nachricht«, die mit »vier Ohren« empfangen wird, ist sehr plastisch und überaus populär geworden. Heute wird sie in Seminaren zur Gesprächsführung nie fehlen. Nach diesem Modell sind Nachrichten »quadratisch«: Sie bestehen aus

1. Sachaspekt (= Symbol),
2. Beziehungsaspekt (= Verhältnis Sender-Empfänger),
3. Selbstoffenbarungsaspekt oder Selbstkundgabe (= Symptom) und
4. Appellaspekt (= Signal). Diese Aspekte sind grds. gleichrangig. Aus den vier Seiten wird dann das Quadrat.

Die Vier Seiten einer Nachricht

	Aspekt/Seite	Oder:
1.	Sachinhalt	»... Worüber ich informiere«
2.	Selbstoffenbarung/Selbstkundgabe	»... Was ich von mir selbst kundgebe«
3.	Beziehung	»... Was ich von dir halte und wie wir zueinander stehen«
4.	Appell	»... Wozu ich dich veranlassen möchte«

(*Schulz von Thun* 2008, S. 25 ff.)

Je nachdem welcher Aspekt vom Empfänger wahrgenommen wird, kann es zu Missverständnissen kommen.

Missverständnisse

Die Dienststellenleitung (= Sender) ...	Die MAV (= Empfänger) ...
... fragt, ob die von der MAV beantragte Schulung zum Thema Mobbing wirklich erforderlich ist (= Sachaspekt)	... hört, dass Mobbing von der Dienststellenleitung nicht ernst genommen wird (= Appellaspekt)
... erklärt die Bedeutung der neuesten Rechtsprechung des KGH.EKD zur Frage der Stufenfindung (= Sachaspekt)	... empfindet, dass sie belehrt wird (= Beziehungsaspekt)
... appelliert an die MAV, der beantragten Maßnahme aus wirtschaftlichen Gründen zuzustimmen ... (= Appellaspekt)	... versteht den Antrag als Verletzung von Rechtsvorschriften (= Sachaspekt)
... die Öffnungszeiten müssen verlängert werden (= ...aspekt)	... hört heraus, dass die Mitarbeiter länger arbeiten sollen (= ...-aspekt)

c) Verbaler und non-verbaler Nachrichtentransport

Der Transport der Nachrichten läuft nicht nur verbal. In diesem Zusammenhang muss auch berücksichtigt werden, dass Nachrichten möglicherweise »nicht ankommen« bzw.

»nicht verstanden werden«. Nach dem Modell von *Shannon & Weaver* existieren Störquellen, die beim Transport der Nachricht zwischen Sagen und Hören zu Verlusten führen, weil zu leise oder undeutlich gesprochen wird oder Dritte das Gespräch stören usw.

775 Modell nach Shannon & Weaver

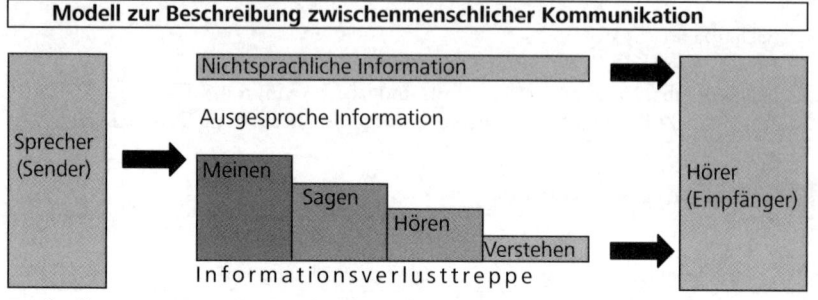

Modell zur Beschreibung zwischenmenschlicher Kommunikation

Sprecher (Sender) → Nichtsprachliche Information → Hörer (Empfänger)

Ausgesproche Information: Meinen – Sagen – Hören – Verstehen

Informationsverlusttreppe

Quelle: Shannon & Weaver, zit. nach Gehm, 30 (Copyright Verlagsgruppe Beltz)

776 Unverzichtbar ist eine zielgruppengerechte Sprache. Das oberste Gebot ist eine verständliche Sprache. Fremdwörter, Fachbegriffe und Schachtelsätze, die der andere nicht versteht, helfen nicht weiter, weil auf diesem Weg Nachrichten verloren gehen. Zudem stören sie den Beziehungsaspekt, indem sie eine Distanz aufbauen, die unnötig und nicht hilfreich ist.

777 ▶ Praxistipp:

Es kann hilfreich sein, die Sprache des Gesprächspartners aufzugreifen. Je nach Region kann der gezielte Einsatz von Mundart Brücken bauen. Technisch geprägte Verhandlungspartner wie Ingenieure hören gerne technische Ausdrücke, Betriebswirte haben evtl. den Hang zum Englischen ...

778 Zugleich werden auf »unterschiedlichen Kanälen« die Botschaften gesendet (vgl. *Schulz von Thun*, S. 33). Widersprüche auf den verschiedenen Kanälen irritieren den Gesprächspartner.

779 Kommunikation ist also vielschichtig und vieldeutig:

780 **(Non)-Verbale Kommunikation**

Kommunikation
Der Personalleiter äußert sich ggü. der MAV:
Beispiele ...

IV. Ein Exkurs: Kommunikation und Verhandlung   H.

1. Verbale ...	2. Non-verbale ...	3. Non-verbale ...
= Wort, was gesprochen wird (sog. semantischer Gehalt des Wortes)	= Wie, gesprochen wird (sog. paralinguistische Ebene)	= Körpersprache
Beispiel: »Die MAV kommt ihrer Verantwortung nach.«	Beispiel: »Die MAV kommt ihrer ›Verantwortung‹ nach.« (›...‹ = mit Ironie gesprochen)	Beispiel: »Die MAV kommt ihrer Verantwortung nach.« (Sender liest während dieser Worte in der Zeitschrift »AuA«.)

In diesem Zusammenhang ist zu beachten, dass die bewusste Einflussnahme der Kommunikationsinhalte in der Reihenfolge der Kanäle abnimmt. Für die meisten Menschen – sieht man von ausgebildeten Schauspielern ab – ist es fast unmöglich, die eigene Körpersprache vollständig zu kontrollieren.   781

Kanäle non-verbaler Kommunikation   782

⇨ Blickkontakt
⇨ Mimik/Gesichtsausdruck
⇨ Gestik
⇨ Körperhaltung
⇨ Merkmale der Stimme
  ☒ Lautstärke
  ☒ Stimmlage
  ☒ Modulation
  ☒ Sprechtempo
  ☒ Pausen
⇨ Abstand zwischen den Gesprächspartnern
⇨ Winkel zwischen den Gesprächspartnern
⇨ Weitere situative Einflüsse

Quelle: Gehm, S. 34

Das non-verbale Kommunizieren ist nur schwierig zu beeinflussen und kaum zu trainieren.   783

d) Kongruente und inkongruente Kommunikation

Für eine erfolgreiche Kommunikation ist es entscheidend, dass verbale und non-verbale Kommunikation im Wesentlichen übereinstimmen und sich nicht widersprechen. Bei einer Übereinstimmung spricht man von einer kongruenten, bei Widerspruch von einer inkongruenten Nachricht.   784

785 ▶ **Beispiel**

Nachricht

Kongruente Kommunikation	Inkongruente Kommunikation
»Wir nehmen die Bedenken der MAV ernst.« (ernst gesprochen)	»Wir nehmen die ›Bedenken‹ der MAV ernst.« (Das Wort ›Bedenken‹ wird belustigt ausgesprochen.)

786 In diesem Zusammenhang wird getrennt zwischen sog. expliziten und impliziten Botschaften:

787 **Explizite und implizite Botschaften**

Explizite Botschaften	Implizite Botschaften
ausdrücklich formulierte Mitteilungen ...	nicht direkt angesprochene Mitteilungen ...
... werden regelmäßig verbal ausgesprochen:	... werden häufig non-verbal (z. B. über Betonung und Aussprache) angesprochen:
»Welche zusätzlichen Kommentare und Fachliteratur benötigen Sie zur Prüfung Ihrer Mitbestimmungsrechte?«	»Welche zusätzlichen Kommentare und Fachliteratur ›benötigen‹ Sie zur Prüfung Ihrer Mitbestimmungsrechte?« (›...‹ ironisch gesprochen)

788 ▶ **Beispiel:**

Führungskräfte, die während des Vortrags der MAV-Vorsitzenden auf der Mitarbeiterversammlung, in der ersten Reihe sitzen und ihre E-Mails bearbeiten, senden (irritierende) Nachrichten und (klare) Botschaften!

789 ▶ **Praxistipp:**

Die non-verbale Nachricht ist im Zweifel glaubhafter als die verbale Nachricht.

2. Die Verhandlung

a) Kompromiss oder Konsens?

790 «Wie man in den Wald ruft, so schallt es heraus.« Der Volksmund bringt auf den Punkt, was als Grundlage der Kommunikation kurz dargestellt worden ist und den Gegenstand der Lehre vom Verhandeln darstellt. Auch für dieses Thema gilt, dass wir an dieser Stelle nur einen kurzen, einführenden Überblick geben können. Die (jüngere) Literatur ist kaum übersehbar.

791 – *Haft*, Verhandlung und Mediation, 2. Aufl. München 2000
– *Bühring-Uhle/Eidenmüller/Nelle*, Verhandlungsmanagement, München 2009

792 Eine Verhandlung ist ein komplexes Zusammenwirken von Vorschlägen und Entscheidungen, strukturierter Vorbereitung und Kommunikation im Hinblick auf eine Einigung zwischen den Parteien (vgl. *Bühring-Uhle/Eidenmüller/Nelle*, S. 4).

IV. Ein Exkurs: Kommunikation und Verhandlung   H.

Interessengegensätze der Verhandlungsparteien liegen in der Natur der Sache. Kon- 793
flikte sind unvermeidbar. Nicht der Konflikt ist das Problem, sondern der Umgang mit
der Konfliktlösung (vgl. *Haft*, S. 1 ff.). Es gilt nicht zu »streiten«, sondern »miteinander
zu reden«. Dabei ist »Zuhören« und »Zuhören-Können« entscheidend.

Eine »Rezeptologie« wie sie in »Rezeptbüchern« und »Trick-Anleitungen« vermittelt 794
wird muss vermieden werden: Frei nach dem Motto »So punkten Sie in Verhandlungen
…« (Untertitel von *Stumper/Lystander*). Eine gute, erfolgversprechende Verhandlung
(gerade mit der MAV oder Dienststellenleitung) ist geplant, strukturiert – und fair.

b) Verhandlungsstile

Das Verhandeln kann unterschiedlich angegangen werden, rituell oder professionell. In 795
der modernen Literatur zur Verhandlung bzw. dem »Verhandlungsmanagement« wird
das Ziel der sog. Win-Win-Situation (Gewinner-Gewinner-Situation) propagiert. Im
Idealfall wird ein »Konsens« erzielt, der vom klassischen »Kompromiss« unterschieden
werden muss.

Der Kompromiss ist das typische Ergebnis des »Feilschens« über »Positionen«, wie 796
es in einer sog. Basarverhandlung erfolgt. Die Position ist der erklärte Anspruch, der
Standpunkt, die Rechtsansicht usw. Oder mit anderen Worten: Die eigene Sicht der
Dinge, die man dem anderen erzählt, als eigene Geschichte erzählt – und die den anderen nicht interessiert.

▶ **Beispiel** 797

Dienststellenleitung	MAV
»Wir verlängern die Öffnungszeiten der Einrichtung. Diese unternehmerische Entscheidung ist mitbestimmungsfrei.«	»Wir haben ein Mitbestimmungsrecht bei der Arbeitszeit. Längere Öffnungszeiten helfen niemanden, vor allem nicht den Kollegen.«

Erklären zwei Verhandlungsparteien ihre Positionen, werden beide von (unrealisti- 798
schen) Maximalforderungen ausgehen und nach den Regeln der Basarverhandlung
versuchen, den anderen »herunterzuhandeln«. Man spricht auch von »intuitivem Verhandeln« (vgl. *Haft*, S. 9 ff.), bei dem man »drauflos verhandelt«, was der eine besser,
der andere schlechter beherrscht und bei dem Manipulationstechniken verwendet oder
sogar kultiviert werden (so bei *Stumper/Lystander*). Es kommt zu einem sog. Nullsum-
menspiel, bei dem »etwas verteilt wird«. Im günstigsten Fall steht ein »fairer« Kompromiss, der aber für keine der beiden Seiten vorteilhaft sein muss.

Legendär ist das Beispiel der zwei Schwestern, die um eine Orange streiten (vgl. *Fisher/* 799
Ury/Patton, S. 92): Die Kompromisslösung wäre, dass die Orange geteilt wird.

Zum Ablauf und den Regeln der Basarverhandlung vgl.: 800
- *Haft*, Verhandlung und Mediation, 2. Aufl. München 2000, S. 9 ff.
- *Bühring-Uhle/Eidenmüller/Nelle*, Verhandlungsmanagement, München 2009, S. 5 ff.

801 Als Alternative wird »rationales Verhandeln« vorgeschlagen, dessen Ziel der Konsens ist. Im Rahmen einer sog. »Kuchenerweiterung« soll das Thema der Verhandlung vergrößert werden und über die (unausgesprochenen) »Interessen« verhandelt werden, die sich hinter den (ausgesprochenen) »Positionen« verbergen. Im Idealfall wird im Wege einer strukturierten Kommunikation ein Verhandlungsergebnis entwickelt, bei dem es nur Gewinner gibt, die o. g. Win-Win-Situation.

802 Ergibt z. B. die Verhandlung, dass die eine Schwester die Schale der Orange für einen Kuchen möchte, die andere aber das Fruchtfleisch essen will, wäre ein Konsens möglich, der für beide besser ist als der o. g. Kompromiss.

803 **Die Verhandlung als Konfliktlösung**
Konfliktlösung

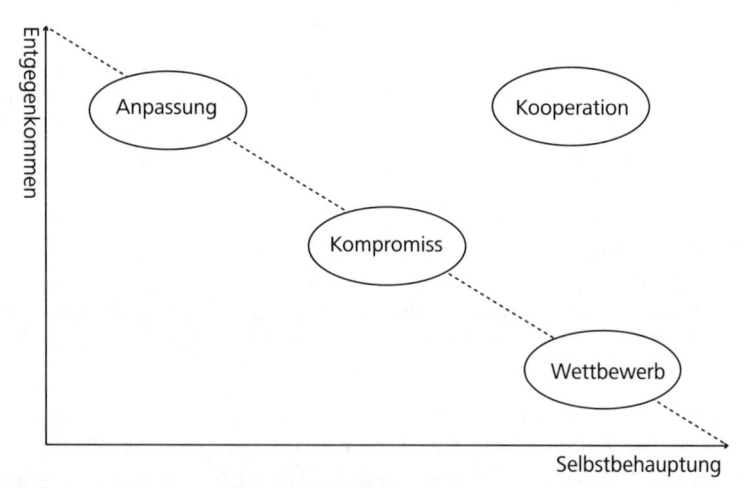

Quelle: IPW – Institut für PersonalWirtschaft GmbH

804 Der Konsens darf nicht mit Harmonie verwechselt werden. Vielmehr geht es um eine »harte« Wahrung der Interessen. Es wäre falsch, in die sog. Harmoniefalle zu laufen.

805 ▶ **Praxistipp:**

Diese Gefahr besteht insb. im kirchlichen Dienst, wo Meinungsverschiedenheiten in der Sache nicht selten als Störung der Dienstgemeinschaft empfunden werden.

806 So wurden wir von einer Dienststellenleitung des öffentlichen Dienstes ernsthaft gefragt, ob eine Kündigung des Personalratsvorsitzenden zulässig sei, »weil dieser nicht mehr das Vertrauen der Geschäftsleitung besitze«. Personalräte (und für die MAV gilt

das auch) sind nicht dafür da, vor allem für ein »harmonisches Verhältnis« zur Dienststellenleitung zu sorgen. Stets besteht die (latente) Gefahr, dass auf der Sachebene Zugeständnisse zulasten der Beziehungsebene vorgenommen werden. Es existiert aber keine Automatik, dass Erfolge in der Sache regelmäßig zu Problemen in der Beziehung führen (so aber *Stumper/Lystander*, S. 47).

▶ **Praxistipp:** 807

In diesem Zusammenhang gilt: »Hart in der Sache« und »weich zum Menschen«. Wird der Grundsatz der vertrauensvollen Zusammenarbeit ernst genommen, erfolgt die Kommunikation und damit die Verhandlung fair.

Über das Thema Fairness werden sehr unterschiedliche Meinungen vertreten. In der 808 Wirtschaftspresse berichtet ein ehemaliger SEK-Beamter, der in dieser Eigenschaft mit Kriminellen verhandelt hat und nunmehr als Trainer für Unternehmen arbeitet: »Das Ideal der Win-Win-Situation ist unrealistisch. Die Gegenseite will gewinnen. Gegen Sie.« (FAZ 16./17.01.2010, C 1).

Ggü. der Verhandlung mit externen Vertragspartnern oder Kriminellen besteht im 809 Mitarbeitervertretungsrecht der entscheidende Unterschied, »dass man sich in jedem Fall wiedersehen wird«. Denn in mitarbeitervertretungsfähigen Dienststellen muss eine MAV gebildet werden.

▶ **Praxistipp:** 810

Ggf. muss die Dienststellenleitung eine MAV-Wahl initiieren!

Es liegt in der Natur der Sache, dass eine Interessenvertretung wie die MAV andere 811 Vorstellungen hat als eine Dienststellenleitung. In jeder Verhandlung geht es darum, die Zukunft (neu) zu gestalten (zutreffend *Bühring-Uhle/Eidenmüller/Nelle*, S. 23).

«Jeder hat den Betriebsrat, den er verdient.« (Zitat einer Richterin am ArbG). Das gilt 812 auch im kirchlichen Dienst.

Wir möchten der Vollständigkeit halber ergänzen: »Ausnahmen bestätigen die Regel«. 813 Denn MAV können auch darauf »programmiert sein« oder »... werden«, kompetitiv zu verhandeln (so *Stumper/Lystander*).

Zur Technik des rationalen Verhandelns s.: 814
 - *Haft*, Verhandlung und Mediation, 2. Aufl. München 2000, S. 20 ff.
 - *Bühring-Uhle/Eidenmüller/Nelle*, Verhandlungsmanagement, München 2009, S. 112 ff.

c) »Es kann nur einen Sieger geben!«: Die missratene Verhandlung mit der MAV

Die Zusammenarbeit mit der MAV kann ganz leicht zum Misserfolg gesteuert wer- 815 den, wenn bei der Strategie (= langfristiger Plan, zielorientiertes Vorgehen) und Taktik (= eingesetzte Mittel, mit der die Strategie verfolgt wird) folgende Regeln beachtet werden.

816 ▶ **Checkliste: Die misslungene Verhandlung**

- Legen Sie die Ausgangsposition fest: Wir werden nur über dieses Thema [...] reden (müssen).
- Stimmen Sie sich ein: Sieg oder Niederlage!
- ... und kein Nachgeben in dieser Sache!
- Gehen Sie unvorbereitet in die Verhandlung, denn zu viele Informationen machen einfache Fragen zu komplex.
- Wählen Sie einen ungünstigen Zeitpunkt, reservieren Sie so wenig Zeit wie möglich und sorgen Sie für unangenehme äußere Rahmenbedingungen sowie regelmäßige Unterbrechungen der Gespräche durch Dritte.
  Denn es gibt Wichtigeres zu tun, als mit der MAV zu reden.
- Reden Sie viel und lang und lassen Sie Ihren Verhandlungsgegner möglichst wenig zu Wort kommen.
- Sagen Sie klar Ihre Meinung und beginnen Sie jeden Satz mit »Ich ...«
- Interessieren Sie sich nur für das »Sachthema«, blenden Sie alles andere aus, vor allem Emotionen.
- Bestehen Sie darauf, im Recht zu sein.
- Gehen Sie den MAV-Vorsitzenden auch persönlich an.
- Formulieren Sie Ihre maximale Verhandlungsposition.
- Halten Sie an diesem Maximalziel ohne Nachgeben fest (sog. Boulware-Strategie).
- Versetzen Sie sich in keinem Fall in die Lage der/des MAV (-Vorsitzenden).
- Sie wissen: Person (des MAV-Vorsitzenden) und Sachthema [...] sind ein zusammenhängendes Problem und die MAV als Gremium ist immer einer Meinung.
- Verzichten Sie auf Verhandlungspausen, damit ein schnelles Ergebnis gefunden wird.
- Verzichten Sie auf die Fixierung von Verhandlungsschritten und Zwischenergebnissen.
- Das Endergebnis muss vor allem die Position der Dienststellenleitung widerspiegeln, denn es kann nur einen Gewinner geben.
- Unklare Endergebnisse helfen, weil sie Spielräume eröffnen.
- Beim nächsten Verhandlungsthema mit der MAV »geht es bei Null los«:
- Neues Spiel – neues Glück.

d) Rationales Verhandeln als Alternative

817 Das rationale Verhandeln stellt die Alternative zur Basarverhandlung dar. Es wird auch kooperatives oder integratives Verhandeln genannt. Vor jeder Verhandlung gilt es, das eigene Verhandlungsziel zu klären. Diese Aussage klingt banal, wird in der Praxis aber häufig nicht beachtet.

818 ▶ **Beispiel:**

Die Öffnungszeiten der Einrichtung sollen um x Stunden verlängert werden.

IV. Ein Exkurs: Kommunikation und Verhandlung H.

Sie kennen auch Ihre Nichteinigungsalternative(n) (NEA bzw. BATNA – Best Alternative To Negotiated Agreement). In jedem Fall ist der rechtliche Rahmen zu klären, um Verhandlungsergebnisse bewerten zu können. 819

▶ **Praxistipp:** 820

Die Auswertung der Rechtsprechung (der staatlichen Gerichte) und Literatur führt zu dem Ergebnis, dass die Entscheidung über die Verlängerung an sich nicht der Mitbestimmung der MAV unterliegt (vgl. VGH Baden-Württemberg, Beschl. v. 19.10.1999 – PL 15 S 326/99, PersR 2000, 25; OVG Niedersachsen, Beschl. v. 24.01.2008 – 18 MP 14, PersR 2008, 171; OVG Niedersachsen, Beschl. v. 29.08.2001 – 18 L 2927/00). Gleichwohl werden sich Anfang und Ende der Arbeitszeit verändern, sodass die Auswirkungen dieser Entscheidung der (eingeschränkten) Mitbestimmung unterliegen. In jedem Fall kann die MAV die Umsetzung der unternehmerischen Entscheidung durch die Vorgaben des MVG.EKD erheblich verzögern.

Aus dieser Ausgangsposition heraus sind Verhandlungsgrundsätze zu beachten. 821

e) Verhandlungsgrundsätze

Haft hat sechs instruktive Verhandlungsgrundsätze der erfolgreichen rationalen Verhandlung aufgezeigt (vgl. *Haft*, S. 118 ff.): 822

▶ **Checkliste Verhandlungsgrundsätze:** 823

1. **Planung und Kontrolle:** Der Gang der Verhandlung darf nicht planlos erfolgen, sondern muss ständig kontrolliert werden:

▶ Beispiel:

Gibt ein Wort das andere, sollte eine Verhandlungspause eingelegt werden.»Heißreden« wird verhindert, nach der »Abkühlung« erfolgt die Konzentration auf die Sachfrage. Den Emotionen wird Raum gelassen, sie belasten aber nicht die Sachfragen.

2. **Strukturen schaffen:** Der komplexe Verhandlungsgegenstand muss durch Strukturen beherrschbar gemacht werden.

▶ Beispiel:

Keine Monologe über den eigenen Standpunkt halten, sondern Vereinbarung einer Themenliste treffen. Diese wird nacheinander, sichtbar und nachvollziehbar im Gespräch abgearbeitet werden (z. B. Themenliste an der Flipchart).

3. **Verhandlungsverträge:** Zu diesem Zweck werden Vereinbarungen über formale Regeln der Verhandlung – sog. Verhandlungsverträge – vereinbart.

H. Die Information der MAV

▶ **Beispiel:**

Diese verhindern, dass – verletzende – formale Kritik am Verhandlungspartner geübt wird: »Sie sind unsachlich.« usw. Über Verhandlungsverträge wird die Konzentration auf die Sache erreicht: »Nach der Auswertung der Rechtsprechung schlagen wir vor: Wir reden erstens über die u. E. mitbestimmungsfreie unternehmerische Entscheidung und zweitens über sich ggf. anschließenden Mitbestimmungsrechte hinsichtlich Anfang und Ende der Arbeitszeit ...«

4. **Aufstellen von Prämissen und Regeln:** Die inhaltlichen Fragen werden nach Maßgabe von Prämissen und Regeln geklärt.

▶ **Beispiel:**

Auswertung der verwaltungsgerichtlichen Rechtsprechung bzgl. Öffnungszeiten von Dienststellen. ... Berücksichtigung sozialer Aspekte veränderter Arbeitszeiten im Hinblick auf Kinderbetreuung ...

5. **Zwischenergebnisse:** Es werden Zwischenergebnisse fixiert.

▶ **Beispiel:**

Mündliches Festhalten (»Können wir uns auf diesen Satz verständigen: ...« oder Festschreiben (an der sichtbaren Tafel).

6. **»Formale Führung«:** Erreichen der »formalen Führung« in der Verhandlung.

▶ **Beispiel:**

Der Personalleiter schlägt die Reihenfolge der abzuarbeitenden Themen vor, ... Er fragt, ob die MAV noch Fragen zu den der Verhandlung überreichten betriebswirtschaftlichen Zahlen hat, die dem Wunsch nach einer Verlängerung der Schalteröffnungszeiten zugrunde liegen ....

f) Die Phasen der Verhandlung

824 Mit diesen Grundsätzen wird der Verhandlungsprozess strukturiert, der sich nach den Vorgaben von Sammeln-Ordnen-Entscheiden in sieben Phasen gliedert (vgl. *Haft* 2000, S. 123 ff.):

825 **1. Vorbereitungsphase**

Die Verhandlung beginnt vor der Verhandlung(!).

826 ▶ **Checkliste:**

Vorbereitung
- Das eigene Ziel klären:
  - Was ist mein Maximalziel?
  - Welche Teilzielerreichung ist noch akzeptabel?
  - Wann ist eine Nichteinigung für mich die bessere Alternative? (NEA-BATNA)

IV. Ein Exkurs: Kommunikation und Verhandlung   H.

- Beachten Sie die Regeln einer fairen und ergebnisorientierten Kommunikation.
- Strukturieren und Visualisieren (= Ordnen) Sie die Verhandlung.
- Suchen Sie systematisch nach möglichst vielen Einigungsoptionen (Kuchenvergrößerung) durch Sammeln, Ordnen, Bewerten (Ankern)
- Bewerten Sie mögliche Ergebnisse nach objektivierbaren Maßstäben (sog. Anchoring/Ankern: z. B. eigene Interessen zur Optimierung der Arbeit in der Dienststelle, im Lichte der Rechtsprechung des KGH.EKD, vor dem Hintergrund der Kosten, ...).
- Entscheidung für eine ...
- ... mit der Überzeugung des Verhandlungspartners.
- Wichtig: Immer die Nichteinigung als Alternative berücksichtigen.

2. Eröffnungsphase   827

In der Eröffnungsphase wird ein Sympathiepolster geschaffen oder ein »guter Draht hergestellt«. Es geht um das Kennenlernen bzw. die (Wieder-) Herstellung der persönlichen Beziehung. Gelingen wird das nur, wenn auch der Ort der Verhandlung stimmt: Entweder ein neutraler Besprechungsraum oder der Raum der Dienststellenleitung. Im MAV-Büro wird praktisch niemand verhandeln (wollen). Mit dem von der Dienststelle bestimmten Raum sollten keine Einschüchterungs- bzw. Dominanzversuche unternommen werden (z. B. durch unpassende Bestuhlung, Beleuchtungstricks usw.).

▶ Praxistipp: 828

Zur Verfügung stehende Getränke erleichtern das Sprechen, »gemeinsames Kaffeetrinken« schafft die erste Gemeinsamkeit und »Nervennahrung« kann die Anspannung lösen. So reicht der Güterichter am Thüringer LAG nicht ohne Grund »entspannende« Kekse, Wasser und Kaffee.

Dabei hilft der sog. Small-Talk, der immer die ersten Minuten des Gesprächs ausfüllt.   829
Auf diesem Weg wird die Distanz zum anderen überwunden, indem die Atmosphäre aufgelockert und Spannungen abgebaut werden. Über die Techniken des Small-Talks werden von Anfang an wichtige »Botschaften« vermittelt: zum einen Interesse am Gesprächspartner und zum anderen (und das ist entscheidend!) Wertschätzung der Person des anderen. Ein guter Small-Talk zu Beginn des Gesprächs verhindert »inkongruente Kommunikation« (s. o.).

▶ Praxistipp: 830

Der Small-Talk ist der Einstieg in die Erfolg versprechende Verhandlung.

3. Rahmenphase   831

In einer Rahmenphase wird der »Rahmen der Verhandlung« geklärt. Vom Zeitrahmen (Terminvereinbarungen, Vertagungen) bis zu den (Entscheidungs-) Kompetenzen der Verhandlungspartner.

«Gut Ding will Weile haben.« Sollen komplexe Themen verhandelt werden, wird Zeit   832
notwendig sein. Bei »schnellen Vereinbarungen« wurde von beiden Seiten entweder

gut vorbereitet und es besteht eine große Schnittmenge gemeinsamer Interessen – oder eine Partei war zu nachgiebig und hat »ihre Interessen« nicht zureichend vertreten.

833 ▶ **Praxistipp:**

Die zeitliche Einschätzung in der gewerkschaftsnahen Literatur, dass erfolgreiche Verhandlungen z. B. über eine Dienstvereinbarung zur Arbeitszeit(flexibilisierung) unter Verwendung einer speziellen Software, ein bis zwei Jahre benötigen, können wir aus unserer eigenen Beratungspraxis bestätigen.

834 **4. Themenphase**

In der Themenphase wird der Verhandlungsgegenstand vereinbart. Über die Erweiterung des Verhandlungsgegenstandes, die Kuchenerweiterung, wird die Chance eröffnet, sog. Kooperationsgewinne zu erzielen.

835 ▶ **Praxistipp:**

Denn rationales Verhandeln wird nur ein Erfolg, wenn die Verhandlungspartner eine Einigung finden, die für beide Seiten attraktiver als eine Nichteinigung ist.

836 **5. Informationsphase**

I. R. d. Informationsphase wird der Sachverhalt geklärt. Jede Verhandlungspartei schildert »ihre Sicht der Dinge«. Gemeinsame Sichtweisen werden fixiert, Widerspruch zur Kenntnis genommen und notiert. Informationsdefizite werden behoben.

837 Es erfolgt aber noch keine Bewertung. Jede Seite trägt ihre Sicht der Dinge vor. Es wird geklärt, ob hinsichtlich bestimmter Fragen Einvernehmen hergestellt werden kann. Die offen bleibenden Streitpunkte werden benannt. Es werden Regeln vereinbart, wie diese verhandelt werden (Verhandlungsverträge).

838 **6. Argumentationsphase**

Die Argumentationsphase ist der Kern der Verhandlung. Es wird versucht, Teilergebnisse zu finden und in einem (mündlichen oder schriftlichen) Protokoll festzuhalten.

839 **7. Entscheidungsphase**

In der Entscheidungsphase werden die Einzelergebnisse zu einem Gesamtergebnis zusammengeführt.

840 Im Nachgang zur Verhandlung sollte das eigene Verhandeln reflektiert werden: Was ist (nicht) gut gelaufen. Denn die nächste Verhandlung kommt bestimmt.

841 ▶ **Praxistipp:**

Diese Struktur gilt grds. auch für ein Mitarbeitergespräch. Nur im Fall des Kritikgesprächs entfällt der Aufbau des »Sympathiepolsters«.

IV. Ein Exkurs: Kommunikation und Verhandlung H.

Die Verhandlungsphasen: 842
1. Die Vorbereitungsphase
2. Einführungsphase
3. Rahmenphase
4. Themenphase
5. Informationsphase
6. Argumentationsphase
7. Entscheidungsphase

g) Der Schutz vor Manipulation

Rationales, kooperatives bzw. integratives Verhandeln ist ein hehres Ziel. Wie verhält 843
man sich, wenn der Verhandlungspartner »nicht mitspielt«, vielmehr kompetitiv verhandeln will und i. R. d. Basarmethode Manipulationstechniken einsetzt.

▶ **Praxistipp:** 844

In diesem Zusammenhang sollte der Verhandler eine Selbsteinschätzung hinsichtlich der Verhandlungs- und Konflikthaltung vornehmen, um die eigene Ausgangsposition bestimmen und spätere Verhandlungsergebnisse sicher bewerten zu können.

Die Ausgangsposition des Verhandlers: 845
- Verhandele ich (un-)gerne?
- Strebe ich eher Selbstbehauptung oder Nachgeben an?
- Bin ich »in der Sache« sattelfest?
- Verfüge ich über alle wichtigen Informationen?
- Mag ich den Personalratsvorsitzenden?
- Wie stehe ich überhaupt zur Mitbestimmung des Personalrats?

(vgl. *Bühring-Uhle/Eidenmüller/Nelle*, S. 3 ff., insb. S. 17 ff.).

h) Kein ideales Verhandeln

Das rationale bzw. kooperative oder integrative Verhandeln wird man in einer idealen 846
Weise nicht durchführen können. In jeder Verhandlung ist der Moment gekommen, in dem es »in den Basar« geht. Am Ende wird immer ein Stück weit gefeilscht.

▶ **Praxistipp:** 847

Diese unvermeidliche Phase sollte durch die Strukturierung möglichst weit ans Ende des Verhandlungsprozesses verlagert werden.

Man kann auch von zwei Phasen der Verhandlung sprechen (vgl. *Bühring-Uhle/Eiden-* 848
müller/Nelle, S. 53 ff.):
- Über die Techniken des rationalen Verhandelns wird zunächst versucht, im Wege von Kooperationsgewinnen eine »Wertschöpfung« und so eine Kuchenerweiterung zu erzielen. Das ist das Gegenteil des o. g. Nullsummenspiels einer Basarverhandlung.

– Danach wird jeder Verhandlungspartner als »Wertbeanspruchung« versuchen, den größeren Teil »herauszuholen«.

849 Zwischen den beiden Polen entsteht ein Spannungsverhältnis, das als Verhandlungsdilemma bezeichnet wird, um mit dem man Leben muss (zum Umgang mit dem Verhandlungsdilemma *Bühring-Uhle/Eidenmüller/Nelle*, S. 53 ff.).

i) Maximierung des eigenen Vorteils

850 In der zweiten Phase der Verhandlung wird es darum gehen, durch Taktik vor allem den eigenen Vorteil zu sichern. Der Basar ist nicht zu vermeiden.

851 Dieses Ziel ist legitim und darf nicht mit unfairen Manipulationstechniken verwechselt werden.

852 **Die eigene Verhandlungsstrategie:**
– Sie kennen ihre Ziele und sind in der Sache gut informiert.
– Sie verhandeln geduldig und lassen (körpersprachlich) keine Ungeduld erkennen.
– Sie kennen ihre Nichteinigungsalternativen und verbessern Sie auf der Grundlage ihrer Informationen, durch alternative Planungen oder neue Vorschläge, die die andere Seite überzeugen.
– Verschlechtern Sie die Nichteinigungsalternativen der Gegenseite, indem sie dessen Handlungsspielraum einengen, ihm eine »neue Sicht der Dinge« zu ermöglichen.
– Einräumen von (wirklichen oder vermeintlichen) Zugeständnissen.
– Unterbreiten eines letzten Angebotes vor Abbruch der Verhandlung.

j) Die Techniken der Verhandlung und der Schutz vor Manipulationstechniken

853 Verhandlungsergebnisse müssen stets an der Alternative einer gescheiterten Verhandlung gemessen werden. Das gilt für die Verhandlung im Allgemeinen und die Verhandlung mit dem Personalrat im Besonderen.

854 In der Praxis bedeutet die Nichteinigung im MVG.EKD:
– Ohne Zustimmung der MAV
– kann die Maßnahme nicht durchgeführt werden
oder
– muss das Kirchengericht angerufen werden, das eine bindende oder (lediglich) empfehlende Entscheidung findet;
– hat (ggf.) der KGH.EKD im Instanzenweg zu entscheiden.

855 Die Einschaltung Dritter im Wege des Kirchengerichtsverfahrens kann zu einer verbindlichen Entscheidung führen. Eine Dienstvereinbarung kann nicht erzwungen werden (s. u.).

856 ▶ **Praxistipp:**
Die Bewertung der NEA bzw. BATNA stellt einen grundlegenden Schutz vor Manipulationstechniken dar.

IV. Ein Exkurs: Kommunikation und Verhandlung **H.**

Eingangs haben wir vor einer »Rezeptologie« gewarnt. Die folgende Darstellung soll deshalb nicht falsch verstanden werden: Sie soll kein »Wenn-dann« vermitteln, sondern auf möglichst knappem Raum einen Überblick über Verhandlungstechniken geben und Verhandlungsfallen verdeutlichen: 857

Verhandlungstechniken 858

Manipulationsversuch	Verhandlungsfalle	Abwehr-«Technik«
Harmoniefalle	– Konfliktverleugnung – Konfliktscheu – überschnelle »Konfliktlösung« – ... nach einer überhöhten Forderung – Betonung der Beziehungsebene	– Handeln nach Maßgabe objektiver Maßstäbe = vertretbarer Preis – Keine »Einigung um jedem Preis« – Betonung der Sachebene – Prüfung der NEA – BATNA
Sympathiefalle	– Der Verhandlungspartner ist sympathisch, – ... deshalb wird die Beziehungsebene betont ... – ... und die Sachebene aus den Augen gelassen	– Trennen von Person und Sache – Betonung der Sachebene
Gegenseitigkeitsfalle	– Das Ritual fordert, ... – ... dass auf ein (vermeintliches) Entgegenkommen (= Nachgeben) mit einem Gegengeschenk (= Zugeständnis) reagiert wird	– Perspektivenwechsel (= Hineinversetzen in den anderen) mit – ... der Frage nach der tatsächlichen Bedeutung des »Entgegen-kommens«
Beständigkeitsfalle	– Man orientiert sich am Bestehenden, ... – ... auch wenn es als Fehler erkannt worden ist	– Prüfen der NEA – BATNA
Autoritätsfalle	– Es gilt das Wort der (angeblichen) Fachleute, ... – ... nicht der Austausch des sachlichen Argumentes	- Handeln nach Maßgabe objektiver Maßstäbe
Konformitätsfalle	– Orientierung an allgemeingültigen Verhaltensweisen, ... – ... die im Einzelfall nicht passen	– Handeln nach Maßgabe objektiver Maßstäbe
Kontrastfalle	– Das neue Angebot wird nicht anhand objektiver Bewertungskriterien gemessen, sondern ... – ... mit dem letzten Angebot der Gegenseite verglichen	– Handeln nach Maßgabe objektiver Maßstäbe

Verstrickungs- falle	– Vor dem Hintergrund der bis- lang getätigten Investition in die Verhandlung wird ... – ... die Nichteinigung als Ver- lust empfunden	– Perspektivenwechsel: Vergleich des drohenden Verlustes mit dem Vorteil einer Nichteini- gung – Tatsächliche Bewertung der Kosten

k) Das Ergebnis

859 Für das endgültige Verhandlungsergebnis gilt Folgendes.

860 **Das gute Verhandlungsergebnis ...**
- ... entspricht möglichst weitgehend den Interessen der Dienststellenleitung und der MAV.
- ... ist rechtmäßig und fair.
- ... ist die Erfolg versprechende Ausgangsposition für künftige Verhandlungen über andere Themen.
- ... ist eine kreative Lösung des Problems.
- ... ist konkret, detailliert, klar, verständlich, eindeutig und tatsächlich umsetzbar.

3. Die Mehrpersonenverhandlung

861 Diese Ausführungen gelten für jede Verhandlung. Beim Zusammentreffen mit der MAV ist darüber hinaus zu beachten, dass eine Mehrpersonenverhandlung, eine sog. Delegationsverhandlung, vorliegt.

862 ▶ **Praxistipp:**

(Delegations-) Verhandlungen erfolgen immer paritätisch: 1:1, 2:2, 3:3 usw.

863 Auf diesem Wege wird zunächst die (psychologische) Botschaft der gleichen Verhandlungsstärke gesendet (Grundsatz der Waffengleichheit). Darüber hinaus wird sichergestellt, dass das »Expertenwissen jeder Partei« in die Verhandlung einfließen kann. Schließlich geht es auch darum, dass im Zweifels- bzw. Streitfall Zeugen zur Verfügung stehen.

864 In jedem Fall muss ein Verhandlungsführer bestimmt werden. Dazu wird das ranghöchste Mitglied der Delegation bestimmt. Das ist regelmäßig der Dienststellenleiter bzw. MAV-Vorsitzende.

865 Werden Details verhandelt, sollte ein »Spezialist« aus den eigenen Reihen das Wort führen (sog. Rollenverteilung). Das aber stets unter der Prämisse, dass der Verhandlungsführer die eigene »Delegation leitet«. Nur in Ausnahmefällen wird der Spezialist die Verhandlung führen, so bei sehr schwierigen Sachverhalten, die sehr viel Detailwissen erfordern (Dienstvereinbarung über Zeiterfassung, Internetnutzung usw.).

866 Zu bedenken ist, dass die Delegation aus verschiedenen Mitgliedern mit unterschiedlichen Voraussetzungen, Sichtweisen usw. besteht. Das gilt zunächst grds. und wird im Besonderen ein Problem, wenn sich (im Rahmen einer sog. Kuchenerweiterung)

IV. Ein Exkurs: Kommunikation und Verhandlung H.

neue Probleme oder Einigungsmöglichkeiten eröffnen. Verhandlungspausen sind deshalb unverzichtbar: Sie entspannen und sind erforderlich, damit die Delegation sich eine Meinung bilden kann, über die weiter verhandelt wird. Das gilt insb. für das Gremium der MAV.

▶ Praxistipp: 867

Jede Delegation sollte max. aus drei internen Verhandlern bestehen, die ggf. durch externe Berater ergänzt werden, sodass nicht mehr als fünf Personen auf jeder Seiten auftreten.

Vor diesem Hintergrund ist es nicht ratsam, mit dem gesamten MAV-Gremium zu verhandeln. Die MAV sollte vielmehr eine Delegation aus ihren Reihen bilden. 868

▶ Beispiel: 869

Eine MAV ist nur selten eine homogene Einheit. Auch innerhalb dieser Interessenvertretung existieren unterschiedliche Interessen: »Arbeiter« gegen »Angestellte«, »Ärzte gegen Pflegepersonal«, »Mitglieder der X-Gewerkschaft gegen ...«

Die Entscheidung trifft in jedem Fall die MAV als Gremium, nicht deren Verhandlungsdelegation. 870

▶ Checkliste Mehrpersonenverhandlung: 871

– Festlegung eines Verhandlungsführers.
– Verteilung interner Zuständigkeiten bei der Verhandlung
– Einplanung von Verhandlungspausen für Beratungen

Die Mehrpersonenverhandlung birgt zudem die Gefahr, dass über Rollenspiele Manipulationsversuche vorgenommen werden. Diese Technik ist aus Kriminalfilmen bekannt und wird »Böser Polizist – guter Polizist« genannt: Der »Böse« drängt und der »Gute« gibt sich kompromissbereit. 872

▶ Beispiel: 873

Ein Mitglied der MAV spricht aggressiv gegen die Verlängerung der Öffnungszeiten, weil diese »einzig und allein zu Lasten der Familie der Beschäftigten« gehen. Der Vorsitzende der MAV lässt erkennen, dass die betriebswirtschaftlichen Argumente der Geschäftsführung durchaus zu berücksichtigen seien, wenn ...

Mehrpersonenverhandlungen mit der MAV bzw. der Dienststellenleitung bieten besondere Risiken für Manipulationen. Das größte Risiko ist, dass in der zweiten Verhandlungsphase (un-)berechtigte Zusatzforderungen aufgestellt werden: Kurz vor der erfolgreichen Einigung werden noch einmal Forderungen gestellt. Werden diese abgelehnt, droht »alles zu scheitern«. 874

Richter 167

875 ▶ Praxistipp:

Auch für diesen Fall gilt es, die NEA – BATNA zu bewerten: Durch ein sog. Koppelungsgeschäft wird das Ziel gleichwohl erreicht – oder verfehlt.

4. Das Gegenteil: Das Mitarbeitergespräch

876 Zur Wirklichkeit von Führungskräften gehört nicht nur die Kommunikation »mit der MAV«. In der Praxis taucht regelmäßig die Frage auf, wie man sich verhalten soll, wenn ein Mitglied der MAV an einem Mitarbeiter- bzw. Personalgespräch teilnehmen möchte: Dieses (ungeschriebene) Recht besteht in den o. g. Grenzen.

877 ▶ Praxistipp:

Bei einer professionellen Gesprächsführung besteht auch keine Veranlassung, die vom Mitarbeiter gewünschte Teilnahme eines MAV-Mitglieds zu verbieten.

878 ▶ Praxistipp:

Die Führungskraft sollte aber »mit« dem Mitarbeiter sprechen und nicht mit dem MAV-Mitglied »über« den Mitarbeiter reden.

879 Der Mitarbeiter hat einen Anspruch auf eine professionelle Gesprächsführung. Das gilt unabhängig vom Gesprächsanlass. Unerlässlich ist eine offene und zielorientierte Kommunikation. Die Gesprächsatmosphäre prägt entscheidend Verlauf und Ergebnis des Gesprächs.

I. Formen und Verfahren der Mitbestimmung und Mitberatung

1. Grundsatz der vertrauensvollen Zusammenarbeit (§ 33 MVG.EKD)

§ 33 MVG.EKD beschreibt das Leitbild einer gemeinsamen Verantwortung von MAV **880** und Dienststellenleitung zu dem Dienst der Kirche und ihrer Diakonie. Das Gebot der vertrauensvollen und partnerschaftlichen Zusammenarbeit ist dabei nicht nur als Programmsatz zu verstehen, sondern es handelt sich um zwingend geltendes Recht, welches die MAV und die Dienststellenleitung zu beachten hat. Als Organ der Dienststellenverfassung ist die MAV an der Erfüllung des kirchlichen Auftrages (Verkündigung des Evangeliums in Wort und Tat nach evangelischem Selbstverständnis) beteiligt (*Richardi* 2012, S. 353). Der kirchliche Gesetzgeber verpflichtet somit die MAV und die Dienststellenleitung i. R. d. Besonderheiten der Dienstgemeinschaft zu einer vertrauensvollen und partnerschaftlichen Zusammenarbeit. Diese ist dann auch Maxime für die Konfliktaustragung. Zwischen MAV und Dienststellenleitung existieren, auch im Bereich Kirche und Diakonie, Interessengegensätze, welche zu Konflikten führen, jedoch i. R. d. Dienstgemeinschaft offen und fair getragen werden sollen. Nicht jede Äußerung der anderen Seite ist gleich ein Verstoß gegen das Gebot der vertrauensvollen Zusammenarbeit (VerwG.EKD, Beschl. v. 07.06.2001 – II-0124/F4-01, ZMV 2002, 29).

▶ **Beispiel:** **881**

Als Beispiele für Verstöße gegen den Grundsatz der vertrauensvollen und partnerschaftlichen Zusammenarbeit:
- regelmäßige Missachtung des MVG.EKD,
- eine vorsätzliche und regelmäßige Missachtung der Regelung des MVG.EKD, insb. hinsichtlich der Beteiligungsrechte ist zweifelsohne ein Verstoß gegen das Gebot der vertrauensvollen und partnerschaftlichen Zusammenarbeit,
- falsche Tatsachenbehauptungen mit unzulässigen Meinungsäußerungen,
- auch die Behauptung von Tatsachen, die sich objektiv anders darstellen, verbunden mit unzulässigen Meinungsäußerungen sowohl vonseiten der MAV als auch der Dienststellenleitung stellen einen Verstoß gegen das Gebot der vertrauensvollen und partnerschaftlichen Zusammenarbeit dar,
- persönliche Angriffe, üble Nachrede und Beleidigung,
- Drohung mit Anzeigen bei staatlichen Stellen,
- die Drohung, den Dienstgeber bei staatlichen Aufsichtsbehörden anzuzeigen, um auf diese Weise für die MAV-Arbeit notwendige Informationen zu erhalten, stellt auch einen Verstoß gegen § 33 MVG.EKD dar (VerwG.EKD, Beschl. v. 04.05.2000 – 0124/D40-99, ZMV 2000, 227).

(vgl. *Andelewski/Küfner-Schmitt/Schmitt* § 33 Rn. 14 ff.)

Dienststellenleitung und MAV informieren sich gegenseitig über Angelegenheiten, die **882** die Dienstgemeinschaft betreffen. Nur eine umfassende gegenseitige Information ist eine gute Basis für eine Zusammenarbeit. Dabei beschränkt sich diese Informationspflicht nicht nur auf den Bereich Mitberatungs- und Mitbestimmungsangelegenheiten,

I. Formen und Verfahren der Mitbestimmung und Mitberatung

sondern auf alle Themen, die für die Arbeit der MAV relevant sind (*Fey/Rehren* MVG.EKD § 33 Rn. 3).

883 Zu dem gegenseitigen Gewährleistungs- und Überwachungsauftrag nach § 33 Abs. 1 Satz 3 MVG.EKD zählt, dass alle Mitarbeiter nach Recht und Billigkeit behandelt werden, die Vereinigungsfreiheit nicht beeinträchtigt wird und jede Tätigkeit in der Dienststelle unterbleibt, die der Aufgabe der Dienststelle, der Dienstgemeinschaft oder dem Arbeitsfrieden abträglich ist. Auch das Grundrecht der Vereinigungsfreiheit nach Art. 9 GG hat eine Drittwirkung auf kirchliche Arbeitgeber. Die Beschäftigten der Kirche und ihrer Diakonie haben das Recht, sich nach freier Entscheidung Mitarbeitervereinigungen anzuschließen (*Baumann-Czichon/Dembski/Germer* § 33 Rn. 3; *Fey/Rehren* MVG.EKD § 33 Rn. 5).

884 Ob es ein Zugangsrecht von Gewerkschaften bzw. kirchlichen Mitarbeiterverbänden zur Dienststelle gibt, ist zurzeit immer noch sehr umstritten. Nach der Entscheidung des Landesarbeitsgerichts Baden-Württemberg (Urt. v. 08.09.2010 – 2 Sa 24/10) haben betriebsfremde Gewerkschaftsbeauftragte keinen Zugang zu kirchlichen Betrieben, wenn dort bereits Mitglieder arbeiten.

885 Ein betriebliches Zugangsrecht der Gewerkschaften zum Zweck der Mitgliederwerbung in einem kirchlichen Betrieb ist in der Entscheidung des BVerfG (Beschl. v. 17.02.1981 – 2 BvR 384/78) ebenfalls dann verneint worden, wenn die Gewerkschaft im kirchlichen Betrieb bereits durch Mitglieder vertreten ist. Dieser Beschluss entfaltet im kirchlichen Bereich auch nach der Aufgabe der Kernbereichslehre zu Art. 9 Abs. 3 GG des BVerfG vom 14.11.1995 weiterhin Bindungswirkung gem. § 31 Abs. 1 BetrVG. 1995 entschied das BVerfG, dass Art. 9 Abs. 3 GG nicht nur den Kernbereich der Koalitionsfreiheit schützt, sondern sämtliche »koalitionsspezifische Verhaltensweisen« (BVerfG, Beschl. v. 14.11.1995 – 1 BvR 601/92). Das BVerfG hat jedoch 1995 keine Aussage darüber getroffen, ob Art. 9 Abs. 3 GG es zwingend gebietet, auch ohne eine gesetzliche Grundlage ein Zutrittsrecht betriebsfremder Gewerkschaftsangehöriger zu kirchlichen Einrichtungen anzunehmen. Die Revision gegen diese Entscheidung ist zugelassen und nunmehr wird das BAG über diese Fragestellung entscheiden (*Baumann-Czichon/Dembski/Germer* § 33 Rn. 5).

886 Innerhalb der Dienststelle können die Mitarbeiter, die Mitglieder der MAV sind, auch für die Gewerkschaft tätig werden. Ob dies innerhalb der Arbeitszeit stattfinden darf ist dabei strittig. In der entsprechenden Abwägung dieser Fragestellung wird sicherlich eine Tätigkeit für die Gewerkschaft auf alle Fälle außerhalb der Arbeitszeit und in den Pausen möglich sein. Während der Arbeitszeit sollte diese unterbleiben. Die dienststelleneigenen Mitglieder von Mitarbeitervereinigungen und Gewerkschaften können somit innerhalb der Dienststelle für diese tätig werden und entsprechend Plakate und Flugblätter verteilen. Informationen an einem dafür anzubringenden eigenen schwarzen Brett auszuhängen ist möglich. Dieses schwarze Brett muss aufgrund der Neutralitätspflicht der MAV getrennt sein von dem schwarzen Brett, welches Informationen aus dem Bereich der MAV beinhaltet (*Baumann-Czichon/Dembski/Germer* § 33 Rn. 6).

I. Grundsatz der vertrauensvollen Zusammenarbeit (§ 33 MVG.EKD)

Nach § 33 Abs. 2 Satz 1 MVG.EKD sollen MAV und Dienststellenleitung mindestens einmal im Halbjahr zur Besprechung allgemeiner Fragen des Dienstbetriebes und der Dienstgemeinschaft sowie zum Austausch von Vorschlägen und Anregungen zusammenkommen. In größeren Dienststellen sind solche Besprechungen sicher notwendig (*Fey/Rehren* MVG.EKD § 33 Rn. 9). Sofern eine Gemeinsame MAV nach § 5 Abs. 2 MVG.EKD besteht, findet einmal im Jahr eine Besprechung mit allen beteiligten Dienststellenleitungen statt. Bei diesen Besprechungen sind alle Dienststellenleitungen und die Mitglieder der MAV zur Teilnahme berechtigt. 887

Nach § 33 Abs. 3 MVG.EKD sind strittige Fragen zunächst durch Einigung und Aussprache anzustreben. Erst wenn alle Bemühungen um eine Einigung in der Dienststelle gescheitert sind, dürfen andere Stelle i. R. d. dafür vorgesehenen Bestimmung angerufen werden. Wobei das Scheitern der Gespräche schriftlich von der MAV und der Dienststellenleitung erklärt werden muss. Hier wird der Grundsatz der vertrauensvollen und partnerschaftlichen Zusammenarbeit nochmals unterstrichen, d. h. andere Stellen dürfen erst dann angerufen werden, wenn trotz Einigungsbemühungen diese gescheitert sind und ein Scheitern schriftlich erklärt wurde. Die Anrufung anderer Stellen bedeutet, dass das Gespräch mit dem Leitungs- und Aufsichtsorgan geführt wird. Das Kirchengericht stellt eine andere Stelle dar, die angerufen werden kann. Auch externe Stellen können angerufen werden, etwa staatliche Behörden wie das Integrationsamt oder der technische Aufsichtsdienst der Versicherungsträger. Dabei ist jedoch zu beachten, dass eine Anzeige bei einer staatlichen Aufsichtsbehörde immer nur das letzte Mittel sein kann wenn alle anderen vorgesehenen Instrumente gescheitert sind (VerwG.EKD, Beschl. v. 04.05.2000 – 0124/D40-99, ZMV 2000, 227). 888

Es wird in § 33 Abs. 3 Satz 4 MVG.EKD noch einmal ausdrücklich darauf hingewiesen, dass die übrigen Verfahrensregelungen der Beteiligungstatbestände der §§ 38, 41 und 45 MVG.EKD unberührt bleiben, d. h. beachtet werden müssen. 889

§ 33 Grundsätze für die Zusammenarbeit 890

»(1) Mitarbeitervertretung und Dienststellenleitung sind verpflichtet, sich gegenseitig bei der Erfüllung ihrer Aufgaben zu unterstützen und arbeiten vertrauensvoll und partnerschaftlich zusammen. Sie informieren sich gegenseitig über Angelegenheiten, die die Dienstgemeinschaft betreffen. Sie achten darauf, dass alle Mitarbeiter und Mitarbeiterinnen nach Recht und Billigkeit behandelt werden, die Vereinigungsfreiheit nicht beeinträchtigt wird und jede Betätigung in der Dienststelle unterbleibt, die der Aufgabe der Dienststelle, der Dienstgemeinschaft oder dem Arbeitsfrieden abträglich ist.

(2) Mitarbeitervertretung und Dienststellenleitung sollen mindestens einmal im Halbjahr zur Besprechung allgemeiner Fragen des Dienstbetriebes und der Dienstgemeinschaft und zum Austausch von Vorschlägen und Anregungen zusammenkommen. In der Besprechung sollen auch Fragen der Gleichstellung und der Gemeinschaft von Frauen und Männern in der Dienststelle erörtert werden. Sofern eine Gemeinsame Mitarbeitervertretung nach § 5 Absatz 2 besteht, findet einmal im Jahr eine Besprechung im Sinne des Satzes mit allen beteiligten Dienststellenleitungen statt.

(3) In strittigen Fragen ist eine Einigung durch Aussprache anzustreben. Erst wenn die Bemühungen um eine Einigung in der Dienststelle gescheitert sind, dürfen andere Stellen im

I.   Formen und Verfahren der Mitbestimmung und Mitberatung

Rahmen der dafür geltenden Bestimmungen angerufen werden. Das Scheitern der Einigung muss von der Mitarbeitervertretung oder der Dienststellenleitung schriftlich erklärt werden. Die Vorschriften über das Verfahren bei der Mitberatung und der Mitbestimmung bleiben unberührt.«

II. Verfahren der Mitberatung (§ 45 MVG.EKD)

891   Das Mitberatungsverfahren nach § 45 MVG.EKD ist dadurch gekennzeichnet, dass die Dienststellenleitung auch entgegen dem Votum der MAV und ohne Anrufung des Kirchengerichtes eine Maßnahme durchführen kann. § 45 MVG.EKD will dabei sicherstellen, dass die MAV die Möglichkeit hat, auf Entscheidungen der Dienststellenleitungen in Angelegenheiten der Mitberatung (§ 46 MVG.EKD) Einfluss zu nehmen. Die Dienststellenleitung darf eine Angelegenheit, welche der Mitberatung unterliegt, erst ausführen, wenn die MAV nach dem Verfahren des § 45 MVG.EKD ordnungsgemäß beteiligt wurde (*Fey/Rehren* MVG.EKD § 45 Rn. 1).

892   Die Dienststellenleitung ist bei der Mitberatung verpflichtet, eine beabsichtigte Maßnahme rechtzeitig vor der Durchführung bekannt zu geben, d. h. die MAV ist umfassend zu informieren. Die MAV ist somit spätestens dann zu beteiligen, wenn die Dienststellenleitung grds. beschlossen hat, eine beabsichtigte Maßnahme des § 46 MVG.EKD durchzuführen. Ein Mitberatungsrecht besteht dabei nur, wenn die durchzuführende Maßnahme auf einen Beschluss der Dienststellenleitung beruht. Bloße Umsetzung von zwingenden staatlichen und kirchlichen Rechtsnormen, Verordnungen und Satzungsrecht, welche nicht der Disposition der Dienststellenleitung untersteht, ist nicht beratungspflichtig nach § 45 MVG.EKD (BAG v. 14.12.1983, AP Nr. 65 zu § 78 BetrVG 1972; *Andelewski/Küfner-Schmitt/Schmitt* § 45 Rn. 5).

893 ▶ Praxistipp:

Die MAV kann aufgrund der Unterrichtung der Dienststellenleitung wie folgt reagieren:
a)   sie kann zustimmen,
b)   sie kann die Frist verstreichen lassen,
c)   sie kann Antrag auf Erörterung stellen,
d)   sie kann die Maßnahme ablehnen.

894   Der Inhalt der Unterrichtung bestimmt sich dadurch, dass die Dienststellenleitung die MAV umfassend über die beabsichtigte Maßnahme unterrichten muss, d. h. die Bekanntgabe muss alle wesentlichen Elemente der beabsichtigten Maßnahme enthalten. Eine Form für die Unterrichtung besteht nicht. Es wird jedoch aus Beweisgründen empfohlen, die MAV über die wesentlichen Aspekte der beabsichtigten Maßnahme schriftlich zu unterrichten. Die Unterrichtung muss auch so rechtzeitig erfolgen, dass das Mitberatungsverfahren noch ordnungsgemäß durchgeführt werden kann. Aufgrund der Einhaltung der Frist des § 45 Abs. 1 Satz 2 MVG.EKD ist es erforderlich, dass die Dienststellenleitung die MAV mindestens zwei Wochen vor Umsetzung der beabsichtigten Maßnahme unterrichtet (*Baumann-Czichon/Dembski/Germer* § 45 Rn. 2). Da damit zu rechnen sein wird, dass eine Erörterung erforderlich ist, ist zu

II. Verfahren der Mitberatung (§ 45 MVG.EKD)

empfehlen, dass die Dienststellenleitung das Mitberatungsverfahren noch früher als die Zwei-Wochen-Frist einleitet.

Im Gegensatz zu § 38 Abs. 5 MVG.EKD enthält § 45 MVG.EKD keine Möglichkeit für die Dienststellenleitung, vorläufige Regelungen zu treffen. Somit gibt es bei den Maßnahmen des § 46 MVG.EKD keine sog. Eilfälle, welche eine vorläufige Regelung rechtfertigen würde (*Andelewski/Küfner-Schmitt/Schmitt* § 45 Rn. 10). 895

1. Erörterung der beabsichtigten Maßnahme mit der MAV

Nach § 45 Abs. 1 Satz 2 MVG.EKD kann die MAV Erörterung verlangen. Diese Erörterung ist innerhalb von zwei Wochen nach Bekanntgabe der beabsichtigten Maßnahme von der MAV geltend zu machen. Der Antrag auf Erörterung sollte auch von der MAV schriftlich geltend gemacht werden. Ein solches Erörterungsgespräch muss die ernsthafte Bemühung zeigen, die beabsichtigte Maßnahme ausführlich darzustellen. 896

Das Erörterungsgespräch muss dabei vom Willen geprägt sein, eine Einigung herbeizuführen. 897

Eine vorbestimmte Anzahl von Erörterungsterminen, welche zwingend durchzuführen sind, gibt es nicht. Die MAV muss die Erörterung der Maßnahme spätestens am letzten Tag des Fristablaufes innerhalb der dienststellenüblichen Arbeitszeiten bei der Dienststellenleitung beantragen. 898

Wird die Zwei-Wochen-Frist von der Dienststellenleitung oder auch die verkürzte bzw. verlängerte Frist des § 45 Abs. 1 MVG.EKD in unzulässiger Weise verkürzt oder verlängert, so hat dies zur Folge, dass die Fristsetzung als unzulässig betrachtet wird. Vielmehr wird dann die korrekte Frist in Gang gesetzt (VerwG.EKD, Beschl. v. 27.04.1995 – 0124/5-95, ZMV 1996, 38) (*Fey/Rehren*) MVG.EKD § 45 Rn. 11a). 899

2. Verkürzung der Frist auf drei Arbeitstage im Fall des § 46 Buchst. b) MVG.EKD

Eine Verkürzung der Frist ist zulässig, wenn die Dienstellenleitung eine außerordentliche Kündigung i. S. v. § 46 Buchst. b) MVG.EKD beabsichtigt. Die Möglichkeit dieser Fristverkürzung ist auf § 46 Buchst. b) MVG.EKD beschränkt. Bei einer Probezeitkündigung gibt es somit keine Fristverkürzung. 900

Eine außerordentliche Kündigung eines Arbeitsverhältnisses nach § 626 Abs. 2 BGB ist nur innerhalb von zwei Wochen ab Kenntniserlangung des wichtigen Grundes möglich. Nach der Rechtsprechung des BAG muss daher die Frist der Mitberatungsverfahren §§ 45, 46 Buchst. b) abgeschlossen sein. Erst nach Abschluss dieses Mitberatungsverfahrens ist es der Dienstellenleitung möglich, die außerordentliche Kündigung eines Arbeitsverhältnisses auszusprechen. Somit ist es bei einer außerordentlichen Kündigung erforderlich, die Frist des § 45 MVG.EKD auf drei Arbeitstage zu verkürzen (*Andelewski/Küfner-Schmitt/Schmitt* § 45 Rn. 20). 901

I. Formen und Verfahren der Mitbestimmung und Mitberatung

902 Arbeitstage i. S. d. MVG.EKD sind die Tage, an denen der überwiegende Teil der Belegschaft regelmäßig arbeitet. Dies ist i. d. R. Montag bis Freitag (*Lorenzen* BPersVG § 69 Rn. 18). In Krankenhäusern und Einrichtungen, in denen betriebsüblich auch an Samstagen oder Sonntagen gearbeitet wird, zählen die Wochenarbeitstage Montag bis Samstag als Arbeitstage i. S. d. Vorschrift. Sonntage und auf einen Wochentag fallende Feiertage (z. B. Pfingstmontag, Ostermontag) zählen nicht als Arbeitstage, auch wenn an ihnen betriebsüblich gearbeitet wird (*Fey/Rehren* MVG.EKD § 45 Rn. 11).

903 ▶ Beispiel:

Ist beabsichtigt, eine außerordentliche Kündigung auszusprechen und diese wird im Laufe des Donnerstags der MAV zur Stellungnahme vorgelegt, muss die Stellungnahme der MAV gem. § 87 Abs. 1 i. V. m. § 188 Abs. 1 BGB spätestens am Dienstag der Dienststellenleitung zugegangen sein, wenn in der Dienststelle betriebsüblich von Montag bis Freitag gearbeitet wird und die Äußerungsfrist auf drei Tage verkürzt war. Gibt es eine betriebsübliche Arbeitszeit von Montag bis Samstag muss der Zugang spätestens am Montag erfolgen und zwar auch hier zum jeweils betriebsüblichen Dienstschluss (*Fey/Rehren* MVG.EKD § 45 Rn. 11).

3. Verlängerung der Frist auf Antrag der MAV

904 Nach § 45 Abs. 1 MVG.EKD können im Einzelfall die Fristen auf Antrag der MAV von der Dienststellenleitung auch verlängert werden. Die MAV muss hierfür besondere Gründe vortragen, die eine Abweichung von der gesetzlichen Regelfrist erforderlich machen. Teilt die MAV der Dienststellenleitung keine Gründe für die von ihr begehrten Fristverlängerung mit, ist der Antrag der MAV abzulehnen. Ein Antrag auf Verlängerung ist dann erforderlich, wenn es sich um komplexe Sachverhalte handelt, z. B. i. S. d. § 46 Buchst. a) und h) MVG.EKD. Hier ist es oftmals erforderlich, dass sich die MAV durch Hinzuziehung von sachkundigen Personen entsprechend informieren muss (*Andelewski/Küfner-Schmitt/Schmitt* § 45 Rn. 22 ff.).

905 Der Fristbeginn sowohl der Zwei-Wochen-Frist als auch der verkürzten Frist erfolgt nur dann, wenn eine vollständige Unterrichtung der Dienststellenleitung für die beabsichtigte Maßnahme erfolgt ist. Eine unvollständige Unterrichtung setzt den Lauf der Fristen nicht in Gang (*Baumann-Czichon/Dembski/Germer* § 45 Rn. 3). Die MAV ist in diesen Fällen aufgrund des Grundsatzes der vertrauensvollen Zusammenarbeit verpflichtet, die unzureichende Unterrichtung ggü. der Dienststellenleitung zu rügen. Für die Berechnung der Fristen gelten die allgemeinen Grundsätze des §§ 187 ff. BGB.

906 ▶ Beispiel:

Informiert die Dienststellenleitung die MAV am Freitag innerhalb der dienststellenüblichen Arbeitszeit vollständig und umfassend über eine beabsichtigte Maßnahme, beginnt die Frist nach § 87 Abs. 1 BGB am Samstag zu laufen und endet gem. § 188 Abs. 1 BGB am Freitag der übernächsten Woche mit Ablauf der dienststellenüblichen Arbeitszeit.

II. Verfahren der Mitberatung (§ 45 MVG.EKD) I.

Nachdem ein Antrag auf Erörterung wirksam gestellt ist, kann die Zustimmungsfiktion nicht mehr eintreten. Erörterungen dürfen auch nicht zu einer Verschleppung von Entscheidungen führen. 907

4. Abschluss des Mitberatungsverfahrens

Die Erörterung der Maßnahme kann sich über einen langen Zeitraum hinziehen. Die Erörterungen können jedoch auch von jeder Seite für beendet erklärt werden. 908

Nach § 45 Abs. 1 Satz 2 MVG.EKD haben Dienststellenleitung oder MAV im Fall der Nichteinigung die Erörterung für beendet zu erklären. Das Mitberatungsverfahren kann dann gem. § 45 Abs. 1 Satz 7 MVG.EKD nur beendet werden, wenn Dienststellenleitung und MAV zuvor die beabsichtigten Maßnahmen erörtert haben. 909

Das Mitberatungsverfahren endet durch eine Einigung über die beabsichtigte Maßnahme zwischen Dienststellenleitung und MAV. Das Mitberatungsverfahren endet auch mit der Erklärung der MAV, dass sie abschließend endgültig über die beabsichtigte Maßnahme der Dienststellenleitung beraten hat. Nach Zugang dieser Erklärung an die Dienststellenleitung kann diese die beabsichtigte Maßnahme umsetzen (*Fey/Rehren* MVG.EKD § 45 Rn. 16 f.). 910

Nach § 45 Abs. 1 Satz 4 MVG.EKD gilt die von der Dienststellenleitung beabsichtigte Maßnahme als gebilligt, wenn sich die MAV nicht innerhalb der Zwei-Wochen-Frist bzw. der verkürzten oder der verlängerten Frist äußert. Auch in diesem Fall kann die Dienststellenleitung die beabsichtigte Maßnahme durchführen. 911

Will die Dienststellenleitung nach ergebnisloser Beendigung der Erörterung bzw. nach Ablehnung der Maßnahme durch die MAV an der beabsichtigten Maßnahme festhalten, so muss sie nach § 45 Abs. 1 Satz 8 MVG.EKD vor der Durchführung der Maßnahme ihre abweichende Entscheidung ggü. der MAV schriftlich begründen (*Andelewski/Küfner-Schmitt/Schmitt* § 45 Rn. 43, 44). 912

Die Entscheidung der Dienststellenleitung ist somit in Fällen der Mitberatung bindend. Inhaltlich kann sie somit nicht vor dem Kirchengericht überprüft werden. Die MAV kann das Kirchengericht jedoch innerhalb von zwei Wochen ab Kenntnis von einer durchgeführten Maßnahme, bei welcher sie nicht beteiligt wurde, anrufen bzw. auch innerhalb von sechs Monaten nach Durchführung der Maßnahme. Nach § 60 Abs. 4 MVG.EKD stellt das Kirchengericht nur fest, ob die MAV ordnungsgemäß beteiligt worden ist oder nicht. Die Sachentscheidung der Dienststellenleitung ist durch das Kirchengericht nicht überprüfbar (*Baumann-Czichon/Dembski/Germer* § 45 Rn. 9a). 913

§ 45 Mitberatung 914

»(1) In den Fällen der Mitberatung ist der Mitarbeitervertretung eine beabsichtigte Maßnahme rechtzeitig vor der Durchführung bekannt zu geben und auf Verlangen mit ihr zu erörtern. Die Mitarbeitervertretung kann die Erörterung nur innerhalb von zwei Wochen nach Bekanntgabe der beabsichtigten Maßnahme verlangen. In den Fällen des § 46 Buchstabe b kann die Dienststellenleitung die Frist bis auf drei Arbeitstage verkürzen. Äußert sich

I. Formen und Verfahren der Mitbestimmung und Mitberatung

die Mitarbeitervertretung nicht innerhalb von zwei Wochen oder innerhalb der verkürzten Frist nach Satz 3 oder hält sie bei der Erörterung ihre Einwendungen oder Vorschläge nicht aufrecht, so gilt die Maßnahme als gebilligt. Die Fristen beginnen mit Zugang der Mitteilung an den Vorsitzenden oder die Vorsitzende der Mitarbeitervertretung. Im Einzelfall können die Fristen auf Antrag der Mitarbeitervertretung von der Dienststellenleitung verlängert werden. Im Falle einer Nichteinigung hat die Dienststellenleitung oder die Mitarbeitervertretung die Erörterung für beendet zu erklären. Die Dienststellenleitung hat eine abweichende Entscheidung gegenüber der Mitarbeitervertretung schriftlich zu begründen.

(2) Eine der Mitberatung unterliegende Maßnahme ist unwirksam, wenn die Mitarbeitervertretung nicht nach Absatz 1 beteiligt worden ist. Die Mitarbeitervertretung kann innerhalb von zwei Wochen nach Kenntnis, spätestens sechs Monate nach Durchführung der Maßnahme das Kirchengericht anrufen, wenn sie nicht nach Absatz 1 beteiligt worden ist.«

III. Verfahren der Mitbestimmung (§§ 38, 44 MVG.EKD)

915   Das Verfahren der Mitbestimmung ist in § 38 MVG.EKD geregelt. Für die in den §§ 39 bis 40 und in den §§ 42 bis 43 MVG.EKD aufgeführten Fälle der Mitbestimmung und der eingeschränkten Mitbestimmung wird das Mitbestimmungsverfahren in dieser Vorschrift geregelt. Dieses Verfahren ist die stärkste Form der Beteiligung der MAV. Mitbestimmungspflichtige Maßnahmen darf eine Dienststellenleitung nur durchführen, wenn die MAV zuvor ihre Zustimmung erteilt oder das Kirchengericht nach § 60 Abs. 6 MVG.EKD die Zustimmung der MAV ersetzt hat. Die Dienststellenleitung muss die Maßnahme unterlassen, soweit hier weder die MAV ihre Zustimmung erteilt noch die Zustimmung im Wege des kirchengerichtlichen Verfahrens ersetzt wird. Es ist jedoch möglich, dass die Dienststellenleitung das Mitbestimmungsverfahren erneut einleitet (*Andelewski/Küfner-Schmitt/Schmitt* § 38 Rn. 3 ff.; *Fey/Rehren* MVG.EKD § 38 Rn. 21; *Baumann-Czichon/Dembski/Germer* § 38 Rn. 30).

1. Beschluss der beabsichtigten Maßnahme der Dienststellenleitung und Unterrichtung über die Maßnahme und Antrag auf ihre Zustimmung.

916   Beabsichtigt die Dienststellenleitung, eine Maßnahme aus dem Katalog der §§ 39, 40, 42, 43 MVG.EKD durchzuführen, hat sie die MAV vor der Durchführung der beabsichtigten Maßnahme über diese zu **unterrichten** und die **Zustimmung** zu **beantragen** (§ 38 Abs. 2 Satz 1 MVG.EKD).

917   Es muss zunächst eine konkrete Handlungsabsicht der Dienststellenleitung vorliegen. Lediglich vorbereitende Maßnahmen im Vorfeld einer mitbestimmungspflichtigen Maßnahme sind noch keine beabsichtigten Maßnahmen i. S. v. § 38 Abs. 2 MVG.EKD. Auf die Dauer der Maßnahme kommt es dabei nicht an. Mitbestimmungspflichtig ist auch eine vorübergehende Maßnahme (VerwG.EKD, Beschl. v. 23.06.2006 – II-0124/H2-03, ZMV 2004, 34).

918   Die Dienststellenleitung muss die MAV umfassend über die beabsichtigte Maßnahme unterrichten. Die Dienststellenleitung muss dabei Gründe für die beabsichtigte Maßnahme darlegen sowie den Inhalt aufzeigen und eventuelle Auswirkungen auf die

III. Verfahren der Mitbestimmung (§§ 38, 44 MVG.EKD)   I.

Mitarbeiterschaft beschreiben (*Andelewski/Küfner-Schmitt/Schmitt* § 38 Rn. 8). In § 38 Abs. 2 MVG.EKD ist für die Unterrichtung keine Form vorgeschrieben.

▶ **Praxistipp:** 919

Es wird jedoch empfohlen, aus Beweisgründen den Antrag schriftlich zu stellen und eventuell umfangreiche mündliche Informationen in einem (gemeinsamen) Protokoll mindestens stichwortartig zusammenzufassen.

Die Unterrichtung der Dienststellenleitung muss rechtzeitig vor der Durchführung 920 der Maßnahme erfolgen. Das bedeutet sie hat so frühzeitig zu erfolgen, dass das Mitbestimmungsverfahren ordnungsgemäß durchgeführt werden kann.

2. Reaktion der MAV auf den Antrag der Dienststellenleitung

Die MAV hat vier Möglichkeiten, auf den Antrag der Dienststellenleitung auf Zustim- 921 mung zu einer Maßnahme zu reagieren:

Zustimmung,

verstreichen lassen der Äußerungsfrist nach § 38 Abs. 3 MVG.EKD,

Antrag auf Erörterung,

Verweigerung der Zustimmung.

3. MAV beantragt die mündliche Erörterung (§ 38 Abs. 3 Satz 1 MVG.EKD)

Die MAV kann innerhalb von zwei Wochen nach Zugang der Mitteilung über die be- 922 absichtigte Maßnahme und Stellungnahme auf Zustimmung eine Erörterung von der Dienststellenleitung verlangen. Der Antrag kann formlos gestellt werden. Jedoch ist auch hier aus Beweisgründen die schriftliche Form zu empfehlen.

▶ **Praxistipp:** 923

Diese Erörterung wird die MAV insb. dann beantragen, wenn sie sich nicht sicher ist, ob sie alle von der Dienststellenleitung erwogenen Gesichtspunkte kennt oder aber den Eindruck hat, dass die Dienststellenleitung wichtig Aspekte nicht gesehen oder nicht ausreichen gewürdigt hat (*Fey/Rehren* MVG.EKD § 38 Rn. 13).

Eine feste Anzahl von Erörterungsterminen zwingend durchzuführen ist keine Pflicht. 924 Die Erörterung hat dabei umfassend zu erfolgen. Die Erörterung kann dann von jeder Seite für beendet erklärt werden, entweder weil eine Einigung erzielt wurde oder weil eine Einigung nicht mehr möglich erscheint.

Die MAV muss die Erörterung der Maßnahme spätestens am letzten Tag des Fristab- 925 laufes innerhalb der dienststellenüblichen Arbeitszeiten bei der Dienststellenleitung beantragen. Ein am letzten Tag der Frist nach Ende der dienststellenüblichen Arbeitszeiten bei der Dienststellenleitung eingegangener Antrag ist verspätet. In § 38 Abs. 3 Satz 6 MVG.EKD ist geregelt, dass auch im Fall der Erörterung, anders als nach der alten Regelung, eine Zustimmungsfiktion eintreten kann. Die Zustimmungsfiktion tritt ein, wenn die MAV ihre Zustimmung nicht innerhalb einer Woche nach streitigem Abschluss der Erörterung schriftlich verweigert. Diese Regelung, welche seit 01.01.2010 Anwendung findet, stellt nunmehr eine rechtssichere Lösung dar. In § 38 Abs. 3 Satz 7 MVG.EKD ist ebenfalls geregelt, dass sowohl die Dienststellenleitung als auch die MAV die Erörterung einseitig beenden können. Erforderlich ist jedoch eine schriftliche Mitteilung an die andere Seite (*Fey/Rehren* MVG.EKD § 38 Rn. 14, 15).

4. Verkürzung der Frist in dringenden Fällen auf Antrag der Dienststellenleitung

926 Nach § 38 Abs. 3 Satz 2 MVG.EKD kann die Dienststellenleitung die Zwei-Wochen-Frist des Abs. 3 Satz 1 in dringenden Fällen abkürzen. Ob ein solcher dringender Fall vorliegt, entscheidet die Dienststellenleitung nach sachlichen Gründen aufgrund einer von ihr getroffenen Ermessensentscheidung.

927 ▶ **Praxistipp:**

> In der Praxis müssen dringende betriebliche Erfordernisse gegeben sein, außergewöhnliche Umstände, welche einen Aufschub der beabsichtigten Maßnahme nicht gestatten.

928 Die Dienststellenleitung darf die Zwei-Wochen-Frist dabei nur soweit verkürzen, wie dies aufgrund der außerordentlichen Umstände, aus betrieblichen oder sonstigen wichtigen Gründen erforderlich ist (*Andelewski/Küfner-Schmitt/Schmitt* § 38 Rn. 22, 23).

5. Verlängerung der Frist auf Antrag der MAV

929 Gem. § 38 Abs. 3 Satz 4 MVG.EKD kann die Zwei-Wochen-Frist des Abs. 3 Satz 1 in die verkürzbare Frist des Abs. 3 Satz 2 auf Antrag der MAV von der Dienststellenleitung verlängert werden. Grds. muss auch hier die MAV besondere Gründe vortragen, die eine Abweichung von der gesetzlichen Regelfrist erforderlich machen. Eine Verhinderung von Mitgliedern der MAV stellt i. d. R. keinen Grund für eine Fristverlängerung dar. Teilt die MAV der Dienststellenleitung keine Gründe für die von ihr begehrte Fristverlängerung mit, ist der Antrag der MAV abzulehnen. Insb. bei sehr komplexen Sachverhalten z. B. Maßnahmen, die der Mitbestimmung nach §§ 40 Buchst. f) und j) MVG.EKD unterliegen, kann es auch im Interesse der Dienststellenleitung sein, dem Antrag der MAV auf Fristverlängerung zu entsprechen. Die MAV hat dann in diesen Fällen nach § 30 MVG.EKD Anspruch auf Beratung durch sachkundige Personen (*Andelewski/Küfner-Schmitt/Schmitt* § 38 Rn. 25).

930 ▶ **Praxistipp:**

> Nach § 38 Abs. 3 Satz 3 MVG.EKD beginnen die Zwei-Wochen-Frist, die verkürzte Frist des Abs. 3 Satz 2 und die verlängerte Frist des Abs. 3 Satz 4 mit der vollständigen Unterrichtung über die beabsichtigte Maßnahme der MAV durch die Dienststellenleitung.

III. Verfahren der Mitbestimmung (§§ 38, 44 MVG.EKD) I.

Die Frist beginnt mit dem Zugang der Mitteilung an den Vorsitzenden der MAV. 931
Eine unvollständige Unterrichtung setzt den Lauf der Fristen nicht in Gang (*Baumann-Czichon/Dembski/Germer* § 38 Rn. 4). Erachtet die MAV die ihr mitgeteilten Informationen als unzureichend und somit die Unterrichtung als unvollständig, ist sie nach dem Grundsatz der vertrauensvollen Zusammenarbeit verpflichtet, die unzureichende Unterrichtung ggü. der Dienststellenleitung zu rügen. Sollte die MAV jedoch die mangelhafte Unterrichtung nicht rügen und entsprechende Verhandlungen mit der Dienststellenleitung führen, beginnen die Fristen zu laufen (*Fey/Rehren* MVG.EKD § 38 Rn. 57 ff.).

Vertreter der MAV in der Erklärung und somit Empfangsberechtigter der Informa- 932
tionen ist der Vorsitzende der MAV; im Verhinderungsfall der jeweilige Stellvertreter. Im Fall der Unterrichtung eines anderen Mitarbeitervertreters als Erklärungsbote trägt die Dienststellenleitung das Übermittlungsrisiko (BAG, Urt. v. 27.08.1974 – 1 AZR 505/73, AP Nr. 1 zu § 72 PersVG Niedersachsen).

▶ Praxistipp: 933

Für die Berechnung der Fristen gelten die allgemeinen Grundsätze der §§ 187 ff. BGB. Nach § 187 Abs. 1 BGB ist bei der Berechnung der Frist der Tag nicht mitzurechnen, an dem die MAV die Informationen innerhalb der dienstüblichen Arbeitszeiten erhält. Die Frist endet gem. § 188 Abs. 1 BGB mit Ablauf des letzten Tages der Frist zu den dienstlichen Arbeitszeiten (VerwG.EKD, Beschl. v. 27.04.1995 – 0124/5-95, ZMV 1996, 38).

Gem. § 193 BGB verlängert sich die Frist bis zum nächsten Werktag, wenn der Tag des 934
Fristendes an einen Samstag, Sonntag oder Feiertag ist.

▶ Beispiel: 935

Die Dienststellenleitung informiert die MAV an einem Freitag innerhalb der dienststellenüblichen Arbeitszeit vollständig und umfassend über die beabsichtigte Maßnahme, dann beginnt die Frist am Samstag zu laufen und endet gem. § 188 Abs. 1 BGB am darauffolgenden Freitag mit Ablauf der dienstüblichen Arbeitszeit.

6. Beendigung des Mitbestimmungsverfahrens

Das Mitbestimmungsverfahren kann durch eine Einigung, d. h. durch eine ausdrück- 936
liche Zustimmung der MAV, durch den Eintritt der sog. Zustimmungsfiktion nach § 38 Abs. 3 Satz 1 MVG.EKD oder durch Verweigerung der Zustimmung durch die MAV beendet werden.

a) Einigung

Eine Einigung liegt dann vor, wenn die MAV die beabsichtigte Maßnahme der Dienst- 937
stellenleitung bestimmt. Die Einigung kann dabei auch während oder nach dem durchgeführten Erörterungsverfahren erfolgen. Dienststellenleitung und MAV können sich formlos einigen. Aus Beweisgründen ist hier jedoch auch die Schriftform

zu empfehlen. Nach Zugang der zustimmenden Erklärung der MAV kann dann die Dienststellenleitung die beabsichtigte Maßnahme umsetzen. Ein Widerruf einer seitens der MAV einmal als vollständige oder teilweise Zustimmung zu einer von der Dienststellenleitung beabsichtigten Maßnahme oder die Erklärung, dass die MAV abschließend und endgültig über die beabsichtigte Maßnahme beraten hat, ist nicht möglich (*Fey/Rehren* MVG.EKD § 38 Rn. 11; BAG, Urt. v. 03.02.1982 – 7 AZR 907/79, AP Nr. 1 zu § 72 BPersVG).

b) Zustimmungsfiktion nach Ablauf der Äußerungsfrist

938 Nach § 38 Abs. 3 Satz 1 MVG.EKD gilt die Maßnahme als gebilligt, wenn die MAV nicht innerhalb von zwei Wochen die Zustimmung schriftlich verweigert oder eine mündliche Erörterung beantragt. Die Zustimmungsfiktion tritt kraft Gesetzes ein. Auch ein (irrtümlich) gestellter erneuter Zustimmungsantrag löst das Mitbestimmungsrecht nicht wieder auf (KGH.EKD, Beschl. v. 20.04.2009 – I-0124/P49-08, ZMV 2009, 210).

c) Zustimmungsverweigerung

939 Die Verweigerung der Zustimmung der MAV ist wirksam, wenn die gesetzlichen Form- und Fristvorschriften eingehalten sind (KGH.EKD, Beschl. v. 03.04.2006 – I-0124/M1-06, ZMV 2006, 245).

940 ▶ **Praxistipp:**

Eine ordnungsgemäße Zustimmungsverweigerung der MAV setzt voraus:
- einen ordnungsgemäßen Beschluss der MAV (§ 26 MVG.EKD),
- die Wahrung der Zwei-Wochen-Frist des § 38 Abs. 3 Satz 1 MVG.EKD,
- die Wahrung der Schriftform sowie
- die schriftliche Begründung der Zustimmungsverweigerung.

941 Die MAV darf ihre Ablehnung i. R. d. uneingeschränkten Mitbestimmung auf alle Einwendungen stützen, die ihr sachgerecht erscheinen. Die wirksame Zustimmungsverweigerung der MAV setzt einen ordnungsgemäß Beschluss der MAV nach § 26 MVG.EKD voraus, dies ist nur dann der Fall, wenn der Beschluss zur Zustimmungsverweigerung in einer ordnungsgemäßen Sitzung durch die MAV als Gremium gefasst wurde (*Andelewski/Küfner-Schmitt/Schmitt* § 38 Rr. 45 ff.).

942 Die schriftliche Zustimmungsverweigerung muss spätestens am letzten Tag der Zwei-Wochen-Frist der Dienststellenleitung zugehen. Eine nicht innerhalb der Äußerungsfrist eingegangene schriftliche Zustimmungsverweigerung oder eine fehlende schriftliche Begründung sind daher unbeachtlich; mit der Konsequenz, dass die Zustimmungsfiktion eintritt. Nach Ablauf der Äußerungsfrist können keine weiteren Zustimmungsverweigerungsgründe nachgeschoben werden (*Fey/Rehren* MVG.EKD § 38 Rn. 54).

943 Die MAV ist bei der Erklärung einer Zustimmung nicht an die Äußerungsfrist des § 38 Abs. 3 Satz 1 MVG.EKD gebunden, d. h. sie kann nach einer verweigerten

III. Verfahren der Mitbestimmung (§§ 38, 44 MVG.EKD) I.

Zustimmung sowohl innerhalb als auch außerhalb der Äußerungsfrist ihre Zustimmung zur beabsichtigten Maßnahme dennoch erteilen. Nicht möglich ist es jedoch, eine vor Ablauf der Zwei-Wochen-Frist erklärte Zustimmung zurückzunehmen und innerhalb der Äußerungsfrist die Zustimmung zu verweigern. Eine einmal von der MAV erklärte Zustimmung ist bindend (*Andelewski/Küfner-Schmitt/Schmitt* § 38 Rn. 47). Nach § 38 Abs. 3 Satz 1, Satz 5 MVG.EKD müssen die Zustimmungsverweigerung als auch die Begründung der Verweigerung schriftlich ggü. der Dienststellenleitung erklärt werden. Aus der schriftlichen Begründung müssen sich die Gründe für die Zustimmungsverweigerung ergeben. Die Dienststellenleitung soll aufgrund der Begründung durch die MAV entscheiden können, ob sie die beabsichtigte Maßnahme weiterhin durchführen möchte oder eventuell das kirchengerichtliche Verfahren einleitet. Eine nicht begründete Zustimmungsverweigerung ist rechtlich unwirksam (*Fey/Rehren* MVG.EKD § 38 Rn. 53).

7. Anrufung des Kirchengerichts

Die Dienststellenleitung muss, wenn sie trotz Zustimmungsverweigerung der MAV an der Durchführung der Maßnahme festhalten will, das Kirchengericht anrufen. Der Dienstgeber darf vorher die beabsichtigte Maßnahme nicht durchführen. Das Kirchengericht gibt dem Antrag der Dienststellenleitung statt, wenn es aufgrund der von ihm vorgetragenen Ermessensprüfung zur Überzeugung gelangt ist, dass die MAV ihrer Zustimmung zu Unrecht verweigert hat. 944

Bei drohender Verletzung des Mitbestimmungsrechtes kann die MAV das Kirchengericht anrufen und die Unterlassung der Maßnahme verlangen. Dieser Anspruch kann auch i. R. d. einstweiligen Anordnung geltend gemacht werden (VerwG.EKD, Beschl. v. 05.11.1998 – 0124/C19-98, ZMV 1999, 41). Die Dienststellenleitung muss den Antrag auf Ersetzung der Zustimmung an das Kirchengericht, innerhalb von zwei Wochen, nach Zugang der Zustimmungsverweigerung oder im Fall des abgeschlossenen Erörterungsverfahrens innerhalb von zwei Wochen nach schriftlicher Verweigerung der Zustimmung einreichen. Die Dienststellenleitung kann in einem weiteren Mitbestimmungsverfahren erneut die Zustimmung der Maßnahme beantragen. Nach der Rechtsprechung des kirchlichen Gerichtshofes (KGH.EKD, Beschl. v. 08.08.2005 – I-0124/L22-05, ZMV 2006, 199) kann die Anrufungsfrist des § 38 Abs. 4 MVG.EKD in einem besonderen Ausnahmefall, z. B. bei der Eingruppierung gem. § 42 Buchst. c) i. V. m. § 41 Abs. 1 MVG.EKD suspendiert werden, d. h. eine spätere Anrufung des Kirchengerichtes durch die Dienststellenleitung selbst oder bei deren Untätigkeit durch die MAV wird als zulässig erachtet. Da die Dienststellenleitung die korrekte Eingruppierung durchführen muss, wäre es rechtsmissbräuchlich, wenn diese in dem Fall der Eingruppierung das Kirchengericht nicht mehr anrufen könnte. 945

Der Antrag an das Kirchengericht ist schriftlich oder zu Protokoll der Geschäftsstelle zu erklären. Der Vorsitzende wird zunächst auf gütliche Einigung hinwirken (§ 61 Abs. 2 MVG.EKD). Wenn dieser Einigungsversuch misslingt, muss die Kammer entscheiden, ob die Zustimmung der MAV ersetzt wird oder nicht. Gegen die Entscheidung des 946

Kirchengerichtes kann in Rechtsfragen nach § 63 MVG.EKD die Beschwerde beim Kirchengerichtshof eingelegt werden.

947 ▶ **Praxistipp:**

Die Beschwerde kommt dann in Betracht, wenn:
- ernstliche Zweifel an die Richtigkeit des erstinstanzlichen Beschlusses bestehen,
- die Rechtslage grundsätzliche Bedeutung hat,
- der Beschluss von einer höchstrichterlichen Entscheidung abweicht oder
- ein Verfahrensmangel geltend gemacht wird, auf dem der Beschluss der I. Instanz beruhen kann.

(*Fey/Rehren* MVG.EKD § 38 Rn. 22)

8. Vorläufige Regelungen (§ 38 Abs. 5 MVG.EKD)

948 Nach § 38 Abs. 5 MVG.EKD darf die Dienststellenleitung in Angelegenheiten, die der Mitbestimmung oder der eingeschränkten Mitbestimmung unterliegen, vorläufige Regelungen treffen. Eine vorläufige Regelung ist nur möglich, wenn die Maßnahme keinen Aufschub duldet. Es müssen daher Gründe, die für die vorläufige Durchführung sprechen, so stark gewichtet sein, dass das Interesse an der Durchführung dieser Maßnahme überwiegt (KGH.EKD, Beschl. v. 17.07.2009 – I-0124/R42-09, ZMV 2009, 320). Dies ist nur dann der Fall, wenn die Wahrnehmung der Aufgaben der Dienststelle gefährdet ist.

949 ▶ **Praxistipp:**

Bei der vorzunehmenden Abwägung ist stets zu berücksichtigen, dass es sich bei § 38 Abs. 5 MVG.EKD um eine Ausnahmeregelung handelt.

950 Eine vorläufige Maßnahme kann z. B. die Einstellung einer Spezialkraft sein, die sonst auf dem Arbeitsmarkt nicht verfügbar ist, oder Einstellungen zur kurzfristigen Überbrückung von Krankheitsfällen oder die Umsetzung eines Mitarbeiters mit Ortswechsel zur Erledigung von bestimmten Aufgaben, welche betriebsnotwendig sind (*Fey/ Rehren* MVG.EKD § 38 Rn. 66). Jedoch kann die Kündigung eines Arbeitsverhältnisses durch die Dienststellenleitung niemals eine Maßnahme nach § 38 Abs. 5 Satz 1 MVG.EKD sein. Für die Zulässigkeit einer vorläufigen Maßnahme kommt es auf die Verhältnisse im Zeitpunkt der Durchführung der Maßnahme an. Es ist unerheblich, ob die Dienststellenleitung die Eilbedürftigkeit durch Verzögerung vorbereitender Maßnahmen verursacht hat (ZTR 1980, 161). Nach § 38 Abs. 5 Satz 2 MVG.EKD dürfen die vorläufigen Regelungen die Durchführung einer anderen endgültigen Entscheidung nicht hindern. Die vorläufige Regelung muss deshalb sachlich und zeitlich auf das unbedingt notwendige Maß beschränkt sein. § 38 Abs. 5 MVG.EKD ist somit ein eng begrenzter Ausnahmefall, da grds. die Maßnahmen ohne Zustimmung der MAV unwirksam sind. Lediglich in Eilfällen ist es der Dienststellenleitung erlaubt, auch ohne Zustimmung wirksame vorläufige Regelungen zu treffen. Nach § 38 Abs. 5 Satz 3 MVG.EKD hat die Dienststellenleitung der MAV eine vorläufige Regelung

III. Verfahren der Mitbestimmung (§§ 38, 44 MVG.EKD)   I.

mitzuteilen, zu begründen und unverzüglich das Verfahren der Abs. 1, 2 einzuleiten oder fortzusetzen (*Andelewski/Küfner-Schmitt/Schmitt* § 38 Rn. 67 ff.).

Nach § 38 Abs. 1 Satz 2 MVG.EKD ist eine der Mitbestimmung unterliegende Maß- 951 nahme unwirksam, wenn die MAV nicht nach den Abs. 3 bis 5 beteiligt worden ist. Verstößt die Dienststellenleitung gegen ein Mitbestimmungsrecht der MAV sind etwaige dennoch von ihr getroffene individualrechtliche Umsetzungsmaßnahmen z. B. Kündigungen, Versetzungen, Umsetzungen, Anordnungen im Verhältnis zum jeweiligen Mitarbeiter unwirksam. Sämtliche der Mitbestimmung in den §§ 39 ff., 42 ff. MVG.EKD unterliegenden Maßnahmen können im Fall einer nicht ordnungsgemäßen Durchführung des Mitbestimmungsverfahrens von der Dienststellenleitung nicht umgesetzt werden.

Einen Sonderfall stellt der Arbeitsvertrag dar. Nach § 38 Abs. 1 Satz 3 MVG.EKD ist 952 der zwischen der Dienststelle und einem Mitarbeiter geschlossenen Arbeitsvertrag auch dann wirksam, wenn die MAV nicht ordnungsgemäß beteiligt worden ist. Die MAV kann jedoch verlangen, dass ein ohne ordnungsgemäße Durchführung des Zustimmungsverfahrens eingestellter Mitarbeiter nicht beschäftigt wird, bis eine Einigung erzielt oder die Zustimmung der MAV durch das Kirchengericht ersetzt worden ist. Der betroffene Mitarbeiter behält während des Zeitraumes des Beschäftigungsverbots seinen Anspruch auf Vergütung ggü. dem Dienstgeber bei. Kommt es zu keiner Einigung zwischen Dienststellenleitung und MAV über die tatsächliche Eingliederung des Mitarbeiters, ist die Dienststellenleitung gezwungen, den bereits abgeschlossenen Arbeitsvertrag zu kündigen (*Andelweski/Küfner-Schmitt/Schmitt* § 38 Rn. 74 ff.; *Fey/Rehren* MVG.EKD § 38 Rn. 27 ff.).

§ 38 Mitbestimmung   953

»(1) Soweit eine Maßnahme der Mitbestimmung der Mitarbeitervertretung unterliegt, darf sie erst vollzogen werden, wenn die Zustimmung der Mitarbeitervertretung vorliegt oder kirchengerichtlich ersetzt worden ist. Eine der Mitbestimmung unterliegende Maßnahme ist unwirksam, wenn die Mitarbeitervertretung nicht beteiligt worden ist. Abweichend von Satz 2 ist ein Arbeitsvertrag wirksam; die Mitarbeitervertretung kann jedoch verlangen, dass der Mitarbeiter oder die Mitarbeiterin solange nicht beschäftigt wird, bis eine Einigung zwischen Mitarbeitervertretung und Dienststellenleitung erzielt ist oder die fehlende Einigung kirchengerichtlich ersetzt wurde.

(2) Die Dienststellenleitung unterrichtet die Mitarbeitervertretung von der beabsichtigten Maßnahme und beantragt deren Zustimmung. 2Auf Verlangen der Mitarbeitervertretung ist die beabsichtigte Maßnahme mit ihr zu erörtern.

(3) Die Maßnahme gilt als gebilligt, wenn die Mitarbeitervertretung nicht innerhalb von zwei Wochen die Zustimmung schriftlich verweigert oder eine mündliche Erörterung beantragt. Die Dienststellenleitung kann die Frist in dringenden Fällen bis auf drei Arbeitstage abkürzen. Die Frist beginnt mit dem Zugang der Mitteilung an den Vorsitzenden oder die Vorsitzende der Mitarbeitervertretung. Die Dienststellenleitung kann im Einzelfall die Frist auf Antrag der Mitarbeitervertretung verlängern. Die Mitarbeitervertretung hat eine Verweigerung der Zustimmung gegenüber der Dienststellenleitung schriftlich zu begründen. Im Fall der Erörterung gilt die Zustimmung als erteilt, wenn die Mitarbeitervertretung die Zustimmung nicht innerhalb einer Woche nach dem Abschluss der Erörterung schriftlich verweigert. Die

Erörterung ist abgeschlossen, wenn dies durch die Mitarbeitervertretung oder die Dienststellenleitung schriftlich mitgeteilt wird.

(4) Kommt in den Fällen der Mitbestimmung keine Einigung zu Stande, kann die Dienststellenleitung innerhalb von zwei Wochen oder nach Eingang der schriftlichen Weigerung das Kirchengericht anrufen.

(5) Die Dienststellenleitung kann bei Maßnahmen, die keinen Aufschub dulden, bis zur endgültigen Entscheidung vorläufige Regelungen treffen. Vorläufige Regelungen dürfen die Durchführung einer anderen endgültigen Entscheidung nicht hindern. Die Dienststellenleitung hat der Mitarbeitervertretung eine beabsichtigte vorläufige Maßnahme mitzuteilen, zu begründen und unverzüglich das Verfahren der Absätze 1 und 2 einzuleiten oder fortzusetzen.«

IV. Ausnahmen von der Beteiligung in Personalangelegenheiten (§ 44 MVG.EKD)

954 § 44 MVG.EKD schließt bestimmte Personengruppen aus der Mitbestimmung in Personalangelegenheiten aus.

955 Ausgenommen sind die Mitglieder der Dienststellenleitung (§ 4 MVG.EKD). Diese sind das »Gegenüber« der MAV, sodass eine Beteiligung in Personalangelegenheiten zu Interessenkonflikten führen müsste. Eine Ausnahme besteht für die »von der MAV nach Gesetz oder Satzung in leitende Organe entsandte Mitglieder«. Sieht das gliedkirchliche Recht oder die Satzung des jeweiligen Rechtsträgers vor, dass die MAV Mitglieder des Leitungsorgans bestellt, so soll dieses Mitglied durch die Bestellung nicht seinen Schutz nach dem MVG.EKD verlieren. Es geht jedoch nicht, wenn Mitarbeiter unter Mitwirkung der MAV in ein Leitungsorgan gewählt oder berufen wurden z. B. ein Mitarbeiter in den Gemeindekirchenrat gewählt wird (*Fey/Rehren* MVG.EKD § 44 Rn. 4). Daneben findet keine Beteiligung in den Personalangelegenheiten bei den Personen statt, die im pfarramtlichen Dienst und in der Ausbildung oder Vorbereitung dazu stehen. Entsprechendes gilt für Lehrende an kirchlichen Hochschulen und Fachhochschulen.

956 Die Beteiligung der MAV ist insgesamt ausgeschlossen bei allen Personalangelegenheiten. Diese beziehen sich auf die §§ 42, 43, ebenso auf § 46 Buchst. b), c), d) MVG.EKD (*Fey/Rehren* MVG.EKD § 44 Rn. 10). Ausgenommen von der Beteiligung der MAV sind auch die allgemeinen personellen Angelegenheiten nach § 39 MVG.EKD.

957 § 44 Ausnahmen von der Beteiligung in Personalangelegenheiten

»Eine Beteiligung in Personalangelegenheiten der Personen nach § 4 findet nicht statt mit Ausnahme der von der Mitarbeitervertretung nach Gesetz oder Satzung in leitende Organe entsandten Mitglieder. Daneben findet keine Beteiligung in den Personalangelegenheiten der Personen statt, die im pfarramtlichen Dienst und in der Ausbildung oder Vorbereitung dazu stehen; Gleiches gilt für die Personalangelegenheiten der Lehrenden an kirchlichen Hochschulen oder Fachhochschulen. Die Gliedkirchen können Näheres bestimmen.«

V. Zustimmungsverweigerungsgründe der MAV (§ 41 MVG.EKD)

§ 41 MVG.EKD regelt die **eingeschränkte Mitbestimmung** der MAV für die in den §§ 42, 43 MVG.EKD festgelegten Fällen. In Personalangelegenheiten der obengenannten Paragrafen darf die MAV ihre Zustimmung nur verweigern aus den in § 41 Abs. 1 Buchst. a) bis c) MVG.EKD aufgeführten Zustimmungsverweigerungsgründen. Soweit ein eingeschränktes Mitbestimmungsrecht besteht, richtet sich das Verfahren nach § 41 Abs. 3 MVG.EKD, auch bei der eingeschränkten Mitbestimmung, nach dem Verfahren der vollen Mitbestimmung des § 38 MVG.EKD.

Drei Formen der Beteiligungsrechte der MAV bestehen:
– die eingeschränkte Mitbestimmung (§ 38, § 41 MVG.EKD),
– die volle Mitbestimmung (§ 38 MVG.EKD),
– die Mitberatung (§ 45 MVG.EKD).

Beabsichtigt die Dienststellenleitung eine mitbestimmungspflichtige Personalangelegenheit, z. B. Einstellung, Eingruppierung, Umsetzung, Versetzung oder Kündigung, ist sie verpflichtet, nach den §§ 38 Abs. 2, 34 Abs. 1 MVG.EKD die MAV rechtzeitig und umfassend zu unterrichten und die Zustimmung zu beantragen.

Wenn die MAV ihre Zustimmung zu einer beabsichtigen personellen Angelegenheit verweigern will und keinen Antrag auf Erörterung stellt, ist sie verpflichtet, die Zustimmung innerhalb von zwei Wochen ggü. der Dienststellenleitung schriftlich zu verweigern und schriftlich zu begründen (§ 41 Abs. 3 i. V. m. § 38 Abs. 3 Satz 1, 5 MVG.EKD).

▶ **Praxistipp:**
Voraussetzung für eine ordnungsgemäße Zustimmungsverweigerung:
– eine ordnungsgemäße Beschlussfassung der MAV (§ 26 MVG.EKD),
– die Wahrung der Zwei-Wochen-Frist des § 38 Abs. 3 Satz 1 MVG.EKD,
– die Wahrung der Schriftform sowie
– die schriftliche Begründung der Zustimmungsverweigerung.

Somit setzt die wirksame Zustimmungsverweigerung der MAV zunächst den ordnungsgemäßen Beschluss der MAV nach § 26 MVG.EKD voraus. Daneben sind die schriftliche Verweigerung der Zustimmung sowie die schriftliche Begründung spätestens am letzten Tag der Zwei-Wochen-Frist des § 38 Abs. 3 MVG.EKD der Dienststellenleitung zuzugehen. Aus Beweisgründen sollte dies schriftlich erfolgen (*Baumann-Czichon/Dembski/Germer* § 41 Rn. 1 ff.).

Für eine Erklärung der Zustimmung ist die MAV auch in diesen Fällen nicht an die Äußerungsfrist des § 38 Abs. 3 Satz 1 MVG.EKD gebunden, d. h. die MAV kann ihre Zustimmung zu einer beabsichtigen Personalangelegenheit auch innerhalb oder außerhalb der Äußerungsfrist erteilen.

I. Formen und Verfahren der Mitbestimmung und Mitberatung

965 ▶ Praxistipp:

In § 38 Abs. 3 Satz 1, Satz 5 MVG.EKD ist ausdrücklich geregelt, dass sowohl die Zustimmungsverweigerungserklärung als auch die Begründung der Verweigerung schriftlich ggü. der Dienststellenleitung zu erfolgen hat.

1. Begründung der Zustimmungsverweigerung

966 I. R. d. eingeschränkten Mitbestimmung nach § 41 MVG.EKD muss die MAV ihre Zustimmungsverweigerung auf die dort aufgezählten Verweigerungsgründe stützen.

967 Für die Beachtlichkeit der Zustimmungsverweigerung genügt es dabei, dass die MAV die Verweigerung ihrer Zustimmung soweit begründet, dass es möglich erscheint, dass einer der in § 41 MVG.EKD aufgezählten Zustimmungsverweigerungsgründe vorliegt. Die Zustimmungsverweigerung muss sich dabei konkret auf die beabsichtigte Maßnahme beziehen.

968 ▶ Praxistipp:

Somit sind auch nach Ansicht der Dienststellenleitung unzutreffende, aber nicht offensichtlich unsinnige Begründungen zu beachten (*Andelewski/Küfner-Schmitt/ Schmitt* § 41 Rn. 15 ff.).

969 Die Dienststellenleitung hat insoweit kein sog. materielles Prüfungsrecht. Sie darf die angegebene Begründung weder einer Schlüssigkeitsprüfung unterziehen noch auf Richtigkeit hin untersuchen. Somit sind an die Begründung der Zustimmungsverweigerung geringe Anforderungen zu stellen und in der Praxis ist auch bei Zweifelsfällen nicht von einer Unbeachtlichkeit auszugehen. Man geht grds. von einer ordnungsgemäß begründeten Zustimmungsverweigerung aus. Nur wenn »ohne jegliche Angabe von Gründen« oder im Ausnahmefall, insb. bei bloßer Bezugnahme oder Wiederholung des Wortlautes, einer der Zustimmungsverweigerungsgründe des § 41 MVG.EKD die Zustimmung verweigert wird, wäre dies einer Nichtbegründung gleichzusetzen und von einer Zustimmungsfiktion nach § 38 Abs. 3 Satz 1 MVG.EKD auszugehen.

2. Die einzelnen Zustimmungsverweigerungsgründe

970 Nach § 41 Abs. 1 Buchst. a) MVG.EKD darf die MAV ihre Zustimmung verweigern, wenn die von der Dienststellenleitung beabsichtigte Maßnahme gegen eine Rechtsvorschrift, eine Vertragsbestimmung, eine Dienstvereinbarung, eine Verwaltungsanordnung, eine andere bindende Bestimmung oder eine rechtskräftige gerichtliche Entscheidung verstößt.

971 Der Begriff der Rechtsvorschrift ist weit gefasst. Hierunter zählen neben dem Grundgesetz ebenso allgemeine Gesetze, Rechtsvorschriften, autonome Satzungen, Tarifverträge, Gewohnheitsrechte sowie die kirchlichen Arbeitsrechtsregelungen.

972 Das Mitbestimmungsrecht bezieht sich lediglich auf die im Gesetz beschriebene Maßnahme, nicht aber damit zusammenhängende Aspekte.

V. Zustimmungsverweigerungsgründe der MAV (§ 41 MVG.EKD) I.

▶ **Praxistipp:** 973

Insb. bei einer Einstellung stellt das Mitbestimmungsrecht des § 42 MVG.EKD der MAV kein Instrument einer umfassenden Vertragskontrolle zur Verfügung (*Fey/ Rehren* MVG.EKD § 41 Rn. 4).

§ 42 Buchst. a) MVG.EKD erfasst nicht den Inhalt des Arbeitsvertrages, sondern nur 974 die Einstellung als solche. Die Zustimmung zu einer Einstellung kann somit nicht mit der Begründung verweigert werden, es werde eine zu geringe Verfügung bezahlt oder die Befristung des Arbeitsverhältnisses verstoße gegen § 14 TzBfG. Bei einer Eingruppierung beschränkt sich das Beteiligungsrecht auf die Einordnung der Tätigkeit des einzugruppierenden Mitarbeiters in ein vorgefertigtes Vergütungssystem. Die MAV hat nicht über die Frage zu entscheiden, welches Vergütungssystem anzuwenden ist (VerwG.EKD, Beschl. v. 04.05.2000 – 0124/D39-99).

Ein Verstoß gegen die Rechtsvorschriften als Zustimmungsverweigerungsgrund nach 975 § 41 Abs. 1 Buchst. a) MVG.EKD kann jedoch vorliegen, wenn i. R. d. Einstellung gegen das Diskriminierungsverbot oder gegen den Gleichbehandlungsgrundsatz verstoßen wird. Bei einer Einstellung eines nicht schwerbehinderten Menschen wird gegen eine Rechtsvorschrift i. S. d. Abs. 1 Buchst. a) verstoßen, wenn die Dienststellenleitung vor der Einstellung nicht gem. § 81 Abs. 1 SGB IX prüft, ob der freie Arbeitsplatz nicht auch mit einem schwerbehinderten Menschen besetzt werden kann (BAG, Beschl. v. 14.11.1989 – 1 ABR 88/88, AP Nr. 77 zu § 99 BetrVG 1972).

Ein Verstoß gegen eine Rechtsvorschrift i. S. v. § 41 Abs. 1 Buchst. a) MVG.EKD ist 976 auch dann gegeben, wenn ein sog. Ein-Euro-Jobber eingestellt wird, obwohl die Voraussetzungen des § 16 Abs. 3 Satz 2 SGB II nicht vorliegen (*Andelewski/Küfner-Schmitt/ Schmitt* § 41 Rn. 27).

▶ **Praxistipp:** 977

Da auch ein Verstoß gegen die Vertragsbestimmung eine Zustimmungsverweigerung darstellen kann, liegt ein solcher Verstoß auch dann vor, wenn gegen kirchliche Tarifverträge, sonstige einzelvertraglich in Bezug genommene Tarifverträge und die Arbeitsvertragsrichtlinien verstoßen wird.

Ein Verstoß gegen die Vertragsbestimmungen kommt somit u. a. bei Ein- und Um- 978 gruppierungen zum Tragen. Die MAV kann z. B. die Zustimmung zu einer Eingruppierung mit der Begründung verweigern, dass der betroffene Mitarbeiter die Voraussetzung einer höheren oder niedrigeren Vergütungsgruppe erfüllt (BAG, Beschl. v. 28.04.1998 – 1 ABR 50/97, NZA 1999, 52).

Ein Verstoß gegen eine auf das betreffende Arbeitsverhältnis anwendbare, wirksame 979 Dienstvereinbarung kann ebenfalls eine Zustimmungsverweigerung rechtfertigen. Die Dienstvereinbarungen sind z. B. Auswahl/Richtlinien zur Einstellung von Mitarbeitern, Notlagenregelungen usw. Die MAV kann daher eine Zustimmung verweigern, wenn eine personelle Maßnahme (Einstellung, Umsetzung, Versetzung) gegen eine Auswahlrichtlinie verstößt, welche in einer Dienstvereinbarung enthalten ist.

I. Formen und Verfahren der Mitbestimmung und Mitberatung

980 Auf einen **Verstoß gegen eine rechtskräftige gerichtliche Entscheidung** kann sich die MAV ebenfalls berufen, wenn eine rechtskräftige Entscheidung des Kirchengerichts besagt, dass bei der infrage stehenden Personalangelegenheit die Zustimmungsverweigerung der MAV begründet ist (*Fey/Rehren* MVG.EKD § 41 Rn. 13).

981 ▶ Praxistipp:

Nach § 41 Abs. 1 Buchst. b) MVG.EKD kann die MAV die Zustimmung verweigern, wenn durch Tatsachen begründete Besorgnis besteht, dass der oder die durch die Maßnahme betroffene oder andere Mitarbeiter benachteiligt werden, ohne dass dies aus dienstlichen oder persönlichen Gründen gerechtfertigt ist.

982 Hierbei ist zu unterscheiden zwischen der Benachteiligung des von der personellen Maßnahme unmittelbar betroffenen Mitarbeiters und der Benachteiligung anderer von der Maßnahme betroffenen Mitarbeiter.

983 ▶ Praxistipp:

Voraussetzung ist somit:
- durch Tatsachen begründete Besorgnis,
- Benachteiligung,
- Ursachenzusammenhang zwischen Maßnahme und Benachteiligung,
- fehlende Rechtfertigung der Benachteiligung.

(*Andelewski/Küfner-Schmitt/Schmitt* § 41 Rn. 44)

984 Nur wenn diese Voraussetzungen vorliegen, wäre eine Zustimmungsverweigerung aufgrund ungerechtfertigter Benachteiligung möglich. Eine solche Benachteiligung ist dabei nicht schon dann gegeben, wenn ein Mitarbeiter etwas Wünschenswertes nicht bekommt. Eine Benachteiligung setzt vielmehr voraus, dass eine rechtlich relevante Anwartschaft besteht, die beeinträchtigt werden kann. Eine Benachteiligung ist somit nicht gegeben, wenn die Auswahlentscheidung zulasten des Bewerbers geht. Eine Benachteiligung wird dann angenommen, wenn die durch Tatsachen begründete Besorgnis besteht, dass die Versetzung für den Betroffenen mit einer Verschlechterung seiner Aufstiegsmöglichkeiten verbunden ist (BVerwG, Urt. v. 27.09.1993 – 6 P 4/93, PersR 1993, 495). Eine Benachteiligung in personellen Angelegenheiten kann somit dann vorliegen, wenn bei einer Versetzung oder Abordnung tatsächliche Mehrbelastungen für andere Mitarbeiter wie z. B. Mehrarbeit und Überstunden auftreten (BVerwG, Urt. v. 04.06.1993 – 6 P 31.91, PersR 1994, 18).

985 ▶ Praxistipp:

Nach § 41 Abs. 1 Buchst. c) MVG.EKD kann die MAV letztendlich ihre Zustimmung verweigern, wenn die durch die Tatsachen begründete Besorgnis besteht, dass eine Einstellung zur Störung des Friedens in der Dienststelle führt.

986 Dieser Zustimmungsverweigerungsgrund gilt nur für die Maßnahme der Einstellung. Die Verweigerung der Zustimmung kann nur dann erfolgen, wenn konkrete Tatsachen vorliegen, welche die Störung des Friedens in der Dienststelle begründen. Lediglich

VI. Inhalte und Grenzen des Initiativrechts der MAV (§ 47 MVG.EKD)

Vermutungen, dass z. B. ein neu eingestellter Mitarbeiter nicht in die Dienststelle passt, reichen nicht aus. Als solche Tatsachen für die Besorgnis i. S. v. § 41 Abs. 1 Buchst. c) MVG.EKD könnten Verhaltensweisen beim bisherigen Arbeitgeber sein wie z. B. Diebstahl, Beleidung von Kollegen, Mobbing usw. gesehen werden (*Baumann-Czichon/Dembski/Germer* § 41 Rn. 10).

▶ **Praxistipp:** 987

In § 41 Abs. 2 MVG.EKD wird der Sonderfall der Verweigerungsgründe für den Fall der ordentlichen Kündigung nach Ablauf der Probezeit geregelt. Die MAV kann gem. § 41 Abs. 2 MVG.EKD ihre Zustimmung zu einer Kündigung verweigern, wenn sie gegen eine Rechtsvorschrift, eine arbeitsrechtliche Regelung, eine andere bindende Bestimmung oder gegen eine rechtskräftige gerichtliche Entscheidung verstößt.

§ 41 Eingeschränkte Mitbestimmung 988

(1) Die Mitarbeitervertretung darf in den Fällen der eingeschränkten Mitbestimmung
– (§§ 42 und 43) mit Ausnahme des Falles gemäß § 42 Buchstabe b (ordentliche Kündigung nach Ablauf der Probezeit) ihre Zustimmung nur verweigern, wenn
– die Maßnahme gegen eine Rechtsvorschrift, eine Vertragsbestimmung, eine Dienstvereinbarung, eine Verwaltungsanordnung, eine andere bindende Bestimmung oder eine rechtskräftige gerichtliche Entscheidung verstößt,
– die durch Tatsachen begründete Besorgnis besteht, dass der oder die durch die Maßnahme betroffene oder andere Mitarbeiter und Mitarbeiterinnen benachteiligt werden, ohne dass dies aus dienstlichen oder persönlichen Gründen gerechtfertigt ist,
– die durch Tatsachen begründete Besorgnis besteht, dass eine Einstellung zur Störung des Friedens in der Dienststelle führt.

(2) Im Falle des § 42 Buchstabe b (ordentliche Kündigung nach Ablauf der Probezeit) darf die Mitarbeitervertretung ihre Zustimmung nur verweigern, wenn die Kündigung gegen eine Rechtsvorschrift, eine arbeitsrechtliche Regelung, eine andere bindende Bestimmung oder eine rechtskräftige gerichtliche Entscheidung verstößt.

(3) Für das Verfahren bei der eingeschränkten Mitbestimmung gilt § 38 entsprechend.

VI. Inhalte und Grenzen des Initiativrechts der MAV (§ 47 MVG.EKD)

Auch die MAV kann ihrerseits aktiv werden und der Dienststellenleitung die Vornahme von der Mitbestimmung bzw. Mitberatung unterliegenden Maßnahmen vorschlagen. 989

▶ **Praxistipp:** 990

Das Initiativrecht der MAV ist nicht besonders stark ausgestaltet, weil es im Fall der Nichteinigung zwischen MAV und Dienststellenleitung vom Kirchengericht nur darauf hin überprüft werden kann, ob die Weigerung der Dienststellenleitung rechtswidrig war. Eine Vollziehung der Maßnahme kann das Kirchengericht nicht anordnen.

I. Formen und Verfahren der Mitbestimmung und Mitberatung

991 Das Initiativrecht der MAV erstreckt sich ausschließlich auf die Mitbestimmungs- und Mitberatungsrechte der §§ 39, 40, 42, 43 und 46 MVG.EKD. Diese sind abschließend und nicht erweiterbar (VerwG.EKD, Beschl. v. 14.12.1995 – 0124/8-95, ZMV 1996, 98).

992 Die MAV ist die Interessenvertretung der Mitarbeiterschaft. Sie sollte zum Schutz tätig werden und entsprechende Vorschläge unterbreiten. Die Ausübung des Initiativrechtes setzt dabei grds. das Bestehen von kollektiven Regelungen voraus. Die MAV ist nicht der Anwalt des einzelnen Mitarbeiters. Der einzelne Mitarbeiter muss seine individuellen Ansprüche ggü. der Dienststellenleitung selbst durchsetzen. Das Initiativrecht der MAV kann deshalb bei personellen Einzelmaßnahmen nur erfolgen, wenn ein kollektiver Bezug besteht (*Andelewski/Küfner-Schmitt/Schmitt* § 47 Rn. 8).

993 ▶ **Beispiel:**

In einer Dienststelle schlägt die MAV vor, den Betriebsarzt zu berufen. Die Bestellung eines Betriebsarztes unterliegt nach § 40 Buchst. a) MVG.EKD der Mitbestimmung. Weigert sich die Dienststellenleitung, die Bestellung im Mitbestimmungsverfahren vorzunehmen, kann die MAV das Kirchengericht anrufen, das die Rechtswidrigkeit der Ablehnung durch die Dienststellenleitung feststellt und diese verpflichtet, die Bestellung vorzunehmen.

994 Daneben kann die MAV die Einhaltung von Mitarbeiterschutzvorschriften durchsetzen (ArbZG, MuSchG, SGB IX, ASiG). Handelt die Dienststellenleitung rechtmäßig, besteht auch kein Raum für Initiativen der MAV. Die MAV kann z. B. nicht Vorschläge zu Arbeitsinhalten oder Arbeitsverteilung in der Dienststelle gegen den Willen der Dienststellenleitung durchsetzen. Insb. die inhaltliche Ausrichtung der Arbeit (z. B. pädagogische Konzeption im kirchlichen Kindergarten) ist im qualifizierten Vorschlagsrecht der MAV entzogen. Wiederholte Initiativanträge mit gleichem Inhalt und der gleichen Sache verstoßen gegen das Gebot der vertrauensvollen und partnerschaftlichen Zusammenarbeit (SchlSt.EKD v. 31.10.2000 – 2708/E7-00, ZMV 2001, 140; *Fey/Rehren* MVG.EKD § 47 Rn. 10–11a).

1. Ausübung des Initiativrechtes

995 Das Verfahren nach § 47 MVG.EKD wird durch einen von der MAV an die Dienststellenleitung zu richtenden Vorschlag eingeleitet. Der Vorschlag ist dann ausreichend beschrieben, wenn sich aus diesem auf das Ziel der Umsetzung einer Maßnahme aus dem Bereich der Mitbestimmung oder Mitberatung schließen lässt. Weitere inhaltliche Voraussetzungen sind daran nicht zu stellen. Der Vorschlag muss schriftlich erfolgen und an die Dienststellenleitung gerichtet sein. Eine von der MAV für die Unterbreitung eines Vorschlages zu beachtenden Frist gibt es nicht.

996 Nach § 47 Abs. 1 Satz 2 MVG.EKD muss sich die Dienststellenleitung innerhalb eines Monats nach Eingang des schriftlichen Vorschlags der MAV inhaltlich dazu äußern. Sollte sie dem Vorschlag nicht zustimmen, muss sie dies schriftlich begründen (§ 47 Abs. 1 Satz 3 MVG.EKD).

VI. Inhalte und Grenzen des Initiativrechts der MAV (§ 47 MVG.EKD)   I.

2. Einzelfälle – Mitbestimmung bei allgemeinen personellen Angelegenheiten (§ 39 MVG.EKD)

Die Vorschläge der MAV können sich bei § 39 MVG.EKD sowohl auf das »Ob« als auch auf das »Wie« der genannten Maßnahmen beziehen. Die einzelnen Sachverhalte des § 39 MVG.EKD kann die MAV dabei kaum gegen den Willen der Dienststellenleitung durchführen. Es handelt sich hier bei den Angelegenheiten von § 39 MVG.EKD um Zweckmäßigkeitsfragen (*Fey/Rehren* MVG.EKD § 47 Rn. 12 f.). 997

3. Das Initiativrecht in sozialen und organisatorischen Angelegenheiten (§ 40 MVG.EKD)

Die in § 40 MVG.EKD genannten Beteiligungsangelegenheiten sind dem uneingeschränkten Initiativrecht zugeordnet, da es sich dabei um wesentliche Maßnahmen des Mitarbeiterschutzes und der Ordnung in der Zusammenarbeit der Dienststelle handelt. 998

▶ **Praxistipp:** 999

Für die Praxis relevant sind die Initiativen zur Arbeitszeitgestaltung (§ 40 Buchst. d) MVG.EKD), Arbeitsplatzgestaltung, Haus- und Betriebsordnung usw.

Hier kann durch das Initiativrecht der MAV die Einhaltung der Mitarbeiterschutzvorschriften in der Dienststelle erreicht werden. 1000

4. Initiativrechte in Personalangelegenheit der privatrechtlich beschäftigten Mitarbeiter (§ 42 MVG.EKD)

Initiativrechte erstrecken sich überwiegend auf die **Frage der richtigen Eingruppierung** (VerwG.EKD, Beschl. v. 15.05.1998 – 0124/C3-98, ZMV 1998, 237). Da das Direktionsrecht des Arbeitgebers nicht soweit einschränkbar ist, dass sachgerechte Sozialdispositionen verhindert werden können, liegen in den anderen Fällen wie z.B. Versetzung, Abordnung, Umsetzung kaum Rechtsverstöße seitens der Dienststellenleitung vor. Bei Eingruppierungsinitiativen bedarf es für die MAV keines Mandats des betroffenen Mitarbeiters. Da die MAV die Belegschaft repräsentiert, wird sie sich auch in deren Namen auf die Einhaltung von arbeitsrechtlichen Vorschriften berufen und hier u. a. auch das Recht einer neue Eingruppierungsentscheidung verlangen (*Fey/Rehren* MVG.EKD § 47 Rn. 16, 17). 1001

5. Initiativrechte in Personalangelegenheit von Mitarbeitern in öffentlich-rechtlichen Dienstverhältnissen

Aufgrund der besonderen Rechtsnatur des öffentlich-rechtlichen Dienstverhältnisses gibt es in der Praxis hier kaum ein mögliches Initiativrecht der MAV. 1002

6. Rechtsschutz (§ 47 Abs. 2 MVG.EKD)

1003 Hat die Dienststellenleitung nicht innerhalb von einem Monat zum Vorschlag der MAV schriftlich Stellung genommen, kann die MAV das Kirchengericht anrufen (§ 47 Abs. 2 Satz 2 i. V. m. § 60 Abs. 1 MVG.EKD). Die Anrufung des Kirchengerichtes ist formgebunden, d. h. die MAV muss den Antrag schriftlich oder mündlich zur Niederschrift bei der Geschäftsstelle des zuständigen Kirchengerichtes einreichen (§ 62 MVG.EKD i. V. m. § 81 ArbGG). Die MAV muss das Kirchengericht innerhalb einer Frist von zwei Wochen anrufen.

1004 Gem. § 60 Abs. 7 MVG.EKD stellt das Kirchengericht fest, dass die Weigerung der Dienststellenleitung, die von der MAV beantragte Maßnahme zu vollziehen, rechtwidrig gewesen ist. Es prüft dabei nicht, ob die MAV einen Anspruch auf Vollzug der von ihr beantragten Maßnahme hat, sondern stellt vielmehr nur fest, inwieweit sich die Dienststellenleitung beim Umgang mit dem Initiativantrag rechtsfehlerhaft verhalten hat (*Andelewski/Küfner-Schmitt/Schmitt* § 47 Rn. 45).

1005 **§ 47 Initiativrecht der Mitarbeitervertretung**

»(1) Die Mitarbeitervertretung kann der Dienststellenleitung in den Fällen der §§ 39, 40, 42, 43 und 46 Maßnahmen schriftlich vorschlagen. Die Dienststellenleitung hat innerhalb eines Monats Stellung zu nehmen. Eine Ablehnung ist schriftlich zu begründen.

(2) Kommt in den Fällen des Absatzes 1, in denen die Mitarbeitervertretung ein Mitbestimmungsrecht oder ein eingeschränktes Mitbestimmungsrecht hat, auch nach Erörterung eine Einigung nicht zu Stande, so kann die Mitarbeitervertretung innerhalb von zwei Wochen nach Abschluss der Erörterung oder nach der Ablehnung das Kirchengericht anrufen. Die Mitarbeitervertretung kann das Kirchengericht ferner innerhalb von zwei Wochen anrufen, wenn die Dienststellenleitung nicht innerhalb der Monatsfrist des Absatzes 1 schriftlich Stellung genommen hat.«

VII. Dienstvereinbarungen (§ 36 MVG.EKD)

1006 Dienstvereinbarungen sind privatrechtliche, kollektive Normenverträge, denen Kraft kirchengesetzlicher Ermächtigung unmittelbare und zwingende Wirkungen ggü. den Arbeitsverhältnissen zukommt (*Andelewski/Küfner-Schmitt/Schmitt* MVG.EKD § 36 Rn. 2). **Dienstvereinbarungen können nicht erzwungen werden. Der Abschluss ist freiwillig.** Auch das Kirchengericht kann nach § 60 Abs. 3 MVG.EKD lediglich einen Vermittlungsvorschlag unterbreiten. Dienstvereinbarungen sind in der Praxis ein wichtiges Instrument zur Ausgestaltung der Mitbestimmungsrechte der MAV (*Baumann-Czichon/Dembski/Germer* § 36 Rn. 1).

1. Geltungsbereich

1007 Der räumliche Geltungsbereich einer Dienstvereinbarung erstreckt sich grds. auf die Dienststelle, für die sie abgeschlossen worden ist. Dienstvereinbarungen können auch für Teile von einer Dienststelle abgeschlossen werden, auch wenn hierfür sachliche Gründe bestehen. Dienstvereinbarung erstreckt sich grds. auf alle Mitarbeiter der

Dienststelle (§ 2 MVG.EKD). Eine Beschränkung auf bestimmte Mitarbeitende ist möglich, soweit sachliche Gründe bestehen (*Fey/Rehren* MVG.EKD § 36 Rn. 4).

Wie lange eine Dienstvereinbarung Geltung haben soll, können Dienststellenleitung und MAV festlegen. Sie können die Dienstvereinbarung zeitlich befristen oder durch Kündigung oder Aufhebungsvertrag beenden. 1008

2. Formelle Erfordernisse

Eine Dienstvereinbarung kommt zustande, wenn sich Dienststellenleitung und MAV über den Inhalt einigen. 1009

▶ **Praxistipp:** 1010

Die Dienstvereinbarung bedarf der Schriftform, d. h. eine mündlich abgeschlossene Dienstvereinbarung wäre unwirksam.

Die Dienstvereinbarung muss vom Vertreter des Dienstgebers, d. h. z. B. vom Vorsitzenden, Vorstand oder dem Geschäftsführer unterzeichnet werden. Beide Vertragsparteien müssen das Schriftstück unterzeichnen. 1011

Die Dienstvereinbarung ist in geeigneter Weise bekannt zu geben, d. h. entweder durch Aushang am schwarzen Brett, Veröffentlichung im Intranet oder in einer innerbetrieblichen Zeitung. Nicht erforderlich ist, dass die Dienstvereinbarung jedem einzelnen Mitarbeiter ausgehändigt wird. Die Bekanntmachung der Dienstvereinbarung hat keine sog. konstitutive Wirkung, d. h. bei Verletzung der Verpflichtung der Bekanntmachung würde sie dennoch wirksam sein (*Fey* ZMV 1996, 117, 118). 1012

3. Gegenstand

Durch Dienstvereinbarung können zwei verschiedene Arten von Regelungen getroffen werden: 1013
– Angelegenheiten, die die Rechte der MAV betreffen, also Fragen z. B. der Arbeitsweise der MAV (Dienstvereinbarung über die Freistellung von Mitgliedern der MAV oder Beteiligung der MAV bei Einstellungsgesprächen).
– Vereinbarungen über allgemeine Arbeitsbedingungen, d. h. generelle Regelungen mit individualrechtlichem Bezug (z. B. Arbeitszeitregelungen, Bildschirmarbeit, Gleichstellung).

(*Fey/Rehren* MVG.EKD § 36 Rn. 3)

4. Regelung über Angelegenheiten und Rechte der MAV

Im MVG.EKD u. a.: 1014
– § 6 Abs. 3 (Regelung der Mitgliederzahl der Gesamtmitarbeitervertretung),
– § 20 Abs. 1 (Umfang und Verteilung der Freistellung),
– § 34 Abs. 3 (Vorlage von Bewerbungsunterlagen).

I. Formen und Verfahren der Mitbestimmung und Mitberatung

1015 Eine Dienstvereinbarung kann auch die Teilnahme der MAV oder einzelner Mitglieder an Vorstellungs- oder Bewerbungsgesprächen regeln (KGH.EKD, Beschl. v. 19.05.2005 – II-0124/L10-05, ZMV 2005, 304). Solche Dienstvereinbarungen haben Vorteile für beide Seiten. Sie dienen der Verfahrensvereinfachung und können die Gegebenheiten der jeweiligen Dienststelle gut berücksichtigen.

5. Regelungen von Arbeitsentgelten und sonstigen Arbeitsbedingungen

1016 Nach § 36 Abs. 1 MVG.EKD können Arbeitsentgelte und sonstige Arbeitsbedingungen nur dann in einer Dienstvereinbarung geregelt werden, wenn entsprechende Rechtsvorschriften Öffnungsklauseln vorsehen.

1017 Nach § 36 Abs. 1 MVG.EKD dürfen Dienstvereinbarungen Regelungen weder erweitern, einschränken noch ausschließen, die auf Rechtsvorschriften, insb. Beschlüsse der Arbeitsrechtlichen Kommission, Tarifverträgen und Entscheidungen des Schlichtungsausschusses nach dem Arbeitsrechtsregelungsgesetz oder allgemein verbindlichen Richtlinien der Kirche beruhen.

1018 Solche **Öffnungsklauseln** nach § 36 Abs. 1 Satz 3 MVG.EKD treten in der Praxis nunmehr immer häufiger auf.

1019 ▶ Beispiele:

- Verlängerung der täglichen Arbeitszeit auf zehn Stunden (§ 9 Abs. 3 Satz 2 AVR-DW-EKD),
- den Ort, an dem die Arbeitszeit beginnt und endet (§ 9 Abs. 5 AVR-DW-EKD),
- Verkürzung der Ruhezeit (§ 9 Abs. 4 AVR-DW-EKD),
- Faktorisierung von Zeitzuschlägen in Arbeitszeitkonten (§ 9b Abs. 14 AVR-DW-EKD),
- Pauschalierung von Zeitzuschlägen nach § 20 Abs. 4 AVR-DW-EKD (Abschluss einer Notlagenvereinbarung nach der Anlage 17 AVR-DW-EKD), hierdurch können Personalkosten befristet durch eine Dienstvereinbarung abgesenkt werden (Fey ZMV 2006, 113),
- Aufstellung eines Sozialplanes nach § 40 Buchst. f) MVG.EKD,
- Personalüberleitungsverträge und Verträge im Zusammenhang mit Betriebsübergängen nach § 613a BGB (KGH.EKD v. 05.08.2004, ZMV 2005,. 34),
- Dienstvereinbarung im Zusammenhang mit organisatorischen und sozialen Angelegenheiten nach § 40 MVG.EKD sind u. a.:
  - Maßnahmen des Arbeits- und Gesundheitsschutzes (§ 40 Buchst. b),
  - Nutzung von Sozialeinrichtungen (§ 40 Buchst. c) z. B. Kantinenpreise,
  - Lage und Verteilung der Arbeitszeit (§ 40 Buchst. d),
  - Schichtarbeit, gleitende Arbeitszeit, Arbeitszeitmodelle,
  - Haus- und Betriebsordnung (§ 40 Buchst. k) z. B. Rauchverbote,
  - Zuweisung und Nutzung von Werkmietwohnungen (§ 40 Buchst. n).

(*Fey/Rehren* MVG.EKD § 36 Rn. 9 ff.).

VII. Dienstvereinbarungen (§ 36 MVG.EKD)

§ 36 Abs. 1 Satz 2, 3 MVG.EKD dienen der Sicherung der Funktionsfähigkeit des »Dritten Weges« und bei den Gliedkirchen, welche Tarifverträge abschließen auch der Stärkung der Funktionsfähigkeit der Koalitionen (*Fitting* BetrVG § 77 Rn. 67 m.w.N.). 1020

Nicht zulässig sind Dienstvereinbarungen, die Regelungen erweitern, einschränken oder ausschließen, die auf Rechtsvorschriften, insb. Beschlüssen der arbeits- und dienstrechtlichen Kommissionen, Entscheidungen der Schlichtungskommission, auf allgemein verbindliche Richtlinien der beteiligten Kirchen oder auf etwa anzuwendenden Tarifverträgen beruhen. 1021

Regelungen, die i.R.d. kirchlichen Arbeitsrechtsregelung zustande gekommen sind, können deshalb auch nicht bei Zustimmung der MAV und Dienststellenleitung abgeändert werden. Es kommt nicht darauf an, ob die Abänderung zugunsten oder zulasten der Mitarbeiter geht. Eine Abänderung ist nur möglich, wenn entsprechende Öffnungsklauseln, welche durch die arbeits- und dienstrechtlichen Kommissionen ausgestellt werden, vorhanden sind. Trotz des normativen Charakters der Dienstvereinbarung können jedoch einzelvertraglich bestehende Ansprüche aufgrund des Günstigkeitsprinzips nicht eingeschränkt werden. In diesen Fällen genießt der Arbeitgeber Bestandsschutz (*Baumann-Czichon/Dembski/Germer* § 36 Rn. 10). 1022

▶ **Praxistipp:** 1023

Nach § 36 Abs. 3 MVG.EKD gelten Dienstvereinbarungen unmittelbar und können im Einzelfall nicht abbedungen werden.

Durch Dienstvereinbarung darf jedoch nicht zuungunsten der Mitarbeiter abgewichen werden (*Andelewski/Küfner-Schmitt/Schmitt* § 36 Rn. 36 ff.). Dienstvereinbarungen können aus verschiedenen Gründen von Anfang an unwirksam sein oder nachträglich unwirksam werden. Insb. eine Verletzung von Form und Abschlussvorschriften führt grds. zur Unwirksamkeit. 1024

6. Kündigung

Nach § 36 Abs. 5 MVG.EKD können Dienstvereinbarungen, soweit nichts anderes vereinbart ist, mit einer Frist von **drei Monaten** zum Ende eines Monats gekündigt werden. Neben der Möglichkeit der Kündigung können die Vertragspartner auch einen Aufhebungsvertrag abschließen (*Andelewski/Küfner-Schmitt/Schmitt* § 36 Rn. 47). 1025

Dienststellenleitung und MAV können auch eine andere Kündigungsfrist frei vereinbaren. Ist keine Kündigungsfrist vereinbart, gilt die Drei-Monats-Frist des § 36 Abs. 5 MVG.EKD. 1026

▶ **Praxistipp:** 1027

Nicht zu lange Kündigungsfristen vereinbaren, da dann schlecht auf kurzfristige Veränderungen eingegangen werden kann.

I. Formen und Verfahren der Mitbestimmung und Mitberatung

1028 Die teilweise Kündigung einer Dienstvereinbarung ist dann zulässig, wenn dies besonders vereinbart worden ist. Auch eine Kündigung aus wichtigem Grund, d. h. eine fristlose Kündigung, ist möglich, wenn Gründe vorliegen, die unter Berücksichtigung aller Umstände und unter Abwägung der Interessen der Betroffenen (Dienststelle, MAV, Mitarbeiter) ein Festhalten an der Dienstvereinbarung bis zum Ablauf der Kündigungsfrist nicht zumutbar erscheinen lassen (*Fey/Rehren* MVG.EKD § 36 Rn. 20; *Andelewski/Küfner-Schmitt/Schmitt* § 36 Rn. 44).

1029 ▶ **Praxistipp:**
Die Kündigung ist ggü. der Dienststellenleitung oder der MAV zu erklären. Eine Schriftform ist für diese Kündigung nicht geregelt. Für die Praxis wird angeregt, eine schriftliche Kündigung vorzunehmen.

1030 Die Kündigung der MAV setzt eine ordnungsgemäße Beschlussfassung über die Ausübung des Kündigungsrechtes voraus (§ 26 MVG.EKD) (*Baumann-Czichon/Dembski/Germer* § 36 Rn. 11 ff.).

7. Nachwirkung

1031 Nach § 36 Abs. 4 MVG.EKD ist es erforderlich, wenn in der Dienstvereinbarung Rechte für die Mitarbeiter begründet werden, dass dann eine Regelung festzulegen ist, inwieweit diese Rechte bei Außerkrafttreten der Dienstvereinbarung fortgelten sollen. Die darüber hinausgehende Nachwirkung ist ausgeschlossen.

1032 ▶ **Praxistipp:**
Im Fall der Kündigung tritt somit grds. keine Nachwirkung ein, d. h. die in der Dienstvereinbarung geregelten Rechte und Pflichten entfallen, es sei denn, Dienststellenleitung und MAV haben geregelt, dass diese Rechte auch bei Kündigung der Dienstvereinbarung fortgelten.

1033 Dienststellenleitung und MAV sind nicht verpflichtet, in der Dienstvereinbarung festzulegen, dass Rechte gem. § 36 Abs. 4 Satz 1 MVG.EKD nach Außerkrafttretung der Dienstvereinbarung weitergelten. Sie können es somit bei dieser grundsätzlichen Regelung belassen (Schiedsstelle der Pfalz v. 10.04.2001 – 3/2000, ZMV 2001, 192).

1034 Werden in den Dienstvereinbarungen die Rechte der MAV geregelt, so endet deren Wirkung mit dem Ende der vereinbarten Laufzeit der Dienstvereinbarung oder mit Ablauf der Kündigungsfrist.

1035 Ein Regelungsbedürfnis betreffend der Fortgeltung nach § 36 Abs. 4 Satz 1 MVG.EKD besteht, weil die Mitarbeiter einerseits darauf vertrauen sollen, dass ihre Ansprüche bei Erfüllung des Arbeitsvertrages i. S. d. Dienstvereinbarung fortbestehen und sie andererseits selbst keinen unmittelbaren Einfluss auf den Inhalt der Dienstvereinbarung haben. Die Entscheidung darüber ist jedoch bei der Dienststellenleitung bzw. der MAV (*Fey/Rehren* MVG.EKD § 36 Rn. 16, 17).

8. Regelungsabreden

Dienststellenleitung und MAV sind nicht nur auf den Abschluss einer Dienstvereinbarung beschränkt. Sie können auch Vereinbarungen in anderer Form abschließen (*Baumann-Czichon/Dembski/Germer* § 38 Rn. 15). Für diese weiteren Vereinbarungen gibt es den Begriff der »Regelungsabrede«. Der Kirchliche Gerichtshof der EKD hat mit einem Beschl. v. 26.05.2010 (– I-0124/R73-09) entschieden, dass auch im Mitarbeitervertretungsgesetz die Möglichkeit der sog. »Regelungsabrede« besteht. Diese Regelungsabrede hat keine normative Wirkung, sondern nur eine schuldrechtliche Bindung von Dienststellenleitung und MAV. Regelungsabreden können inhaltliche Regelungen der Beteiligungsrechte der MAV betreffen. Auch Mitbestimmungsrechte können im Wege der Regelungsabreden ausgeübt werden. Dies gilt z. B. auch für Beteiligungsrechte der MAV bei der Eingruppierung. 1036

Die Regelungsabrede ist grds. an keine bestimmte Form gebunden. Aus Beweisgründen empfiehlt sich auch hier die Schriftform (*Andelewski/Küfner-Schmitt/Schmitt* § 36 Rn. 53). 1037

9. Dienstvereinbarung und Betriebsübergang

Liegt ein Betriebsübergang nach § 613a BGB vor, so hat dies grds. keine Auswirkungen auf den Bestand der Dienstvereinbarung. Diese gilt auch beim neuen Inhaber weiter, sofern die Identität der Dienste erhalten bleibt. Geht eine Teildienststelle durch Rechtsgeschäft auf einen anderen Inhaber über, so werden die sich aus einer Dienstvereinbarung ergebenden Rechte und damit auch Pflichten nach § 613a BGB zum Inhalt der übergeleiteten Arbeitsverhältnisse. In einem solchen Fall gelten die in der Dienstvereinbarung geregelten Inhalte einzelvertraglich fort. Ist der neue Rechtsträger jedoch keine Religionsgemeinschaft oder Einrichtung i. S. v. § 118 Abs. 3 BetrVG endet die rechtswirksame Dienstvereinbarung. Die Dienstvereinbarung gilt somit nicht fort. Auch im umgekehrten Fall würde eine Betriebsvereinbarung nicht weitergelten in der Form einer Dienstvereinbarung (*Andelewski/Küfner-Schmitt/Schmitt* § 36 Rn. 48). 1038

▶ Praxistipp: 1039

Endet die Amtszeit der MAV oder wird die MAV aufgelöst, so führt dies nicht zu einer Beendigung der Dienstvereinbarung (*Fitting* BetrVG § 77 Rn. 175).

10. Streitigkeiten

Über Streitigkeiten entscheidet gem. § 60 Abs. 1 MVG.EKD das Kirchengericht. Wird das Kirchengericht wegen Abschluss einer Dienstvereinbarung angerufen, unterbreitet es gem. § 60 Abs. 3 MVG.EKD lediglich einen **Vermittlungsvorschlag**. Der Abschluss und der Inhalt von Dienstvereinbarungen sind deshalb weder für die Dienststellenleitung noch für die MAV erzwingbar (*Baumann-Czichon/Dembski/Germer* § 36 Rn. 18). 1040

I. Formen und Verfahren der Mitbestimmung und Mitberatung

1041 **§ 36 Dienstvereinbarungen**

»(1) Mitarbeitervertretung und Dienststellenleitung können Dienstvereinbarungen abschließen. Dienstvereinbarungen dürfen Regelungen weder erweitern, einschränken noch ausschließen, die auf Rechtsvorschriften, insbesondere Beschlüssen der Arbeitsrechtlichen Kommission, Tarifverträgen und Entscheidungen des Schlichtungsausschusses nach dem Arbeitsrechtsregelungsgesetz oder allgemeinverbindlichen Richtlinien der Kirche beruhen. Arbeitsentgelte und sonstige Arbeitsbedingungen, die durch die in Satz 2 genannten Regelungen vereinbart worden sind oder üblicherweise vereinbart werden, können nicht Gegenstand einer Dienstvereinbarung sein, es sei denn, die Regelung nach Satz 2 lässt eine Dienstvereinbarung ausdrücklich zu.

(2) Dienstvereinbarungen sind schriftlich niederzulegen, von beiden Partnern zu unterzeichnen und in geeigneter Weise bekannt zu geben.

(3) Dienstvereinbarungen gelten unmittelbar und können im Einzelfall nicht abbedungen werden.

(4) Wenn in der Dienstvereinbarung Rechte für die Mitarbeiter und Mitarbeiterinnen begründet werden, ist darin in der Regel festzulegen, inwieweit diese Rechte bei Außerkrafttreten der Dienstvereinbarung fortgelten sollen. 2Eine darüber hinausgehende Nachwirkung ist ausgeschlossen.

(5) Dienstvereinbarungen können, soweit nichts anderes vereinbart ist, mit einer Frist von drei Monaten zum Ende eines Monats gekündigt werden.«

J. Mitbestimmung bei allgemeinen personellen Maßnahmen (§ 39 MVG.EKD)

I. Von der Beurteilung zum Qualitätsmanagement

Gerade auch der kirchliche Dienst steht vor Veränderungen: Die gesellschaftlichen, wirtschaftlichen und rechtlichen Rahmenbedingungen ändern sich immer rasanter und grundlegender. Gleichzeitig steigen die Anforderungen der »Kunden«. Die Kirchenverwaltung muss sich Vergleiche mit der Privatwirtschaft gefallen lassen, diakonische Einrichtungen stehen eh »im Markt«. Moderne Instrumente wie Gruppen- bzw. Teamarbeit, leistungsorientiertes Entgelt usw. halten Einzug in den kirchlichen Dienst. In diesem Zusammenhang wird Leistung über Kennzahlen gemessen und Prozesse werden im Rahmen von Qualitätsmanagement optimiert. 1042

Dieses neue Denken spiegelt sich auch in den neuen Tarif(verträg)en. Einzelne Vorschriften gleichen Passagen aus aktuellen Handbüchern der Personalwirtschaft oder dem Konzeptpapier einer Personalabteilung zum Thema Personalentwicklung. So bestimmt § 5 Abs. 1 TVöD/TV-L: 1043

> «Ein hohes Qualifikationsniveau und lebenslanges Lernen liegen im gemeinsamen Interesse von Beschäftigten und Arbeitgebern. Qualifizierung dient der Steigerung von Effektivität und Effizienz ..., der Nachwuchsförderung und der Steigerung von beschäftigungsbezogenen Kompetenzen. Die Tarifvertragsparteien verstehen Qualifizierung auch als Teil der Personalentwicklung.« 1044

Auch der kirchliche Sektor will und muss sich permanent verändern. Die Einführung (eines Mindestmaßes) von Organisations- und Personalentwicklung ist geboten und wird sogar ein Stück weit in Tarifwerken verrechtlicht. Lernen des Einzelnen und Lernen der Organisation als Ganzes sind gefordert. Eine »Lernende Organisation« ist demgegenüber ein »Ort, an dem die Menschen kontinuierlich entdecken, dass sie ihre Realität selbst erschaffen. Und dass sie sie verändern können.« (*Senge*, S. 22). Lernen ist dabei mehr als die Lernanstrengung Einzelner. Um die Vision eines »Lernenden Unternehmens« bzw. einer »Lernenden Verwaltung« umsetzen zu können, müssen verschiedene, elementare Voraussetzungen geschaffen werden: eine gemeinsame Vision (Sinnstiftung), ein positives Menschenbild und damit verbunden Anerkennung der Fähigkeiten des Mitarbeiters, eine Verschlankung des Systems sowie das Systemdenken als wichtigster Punkt (einführend *Richter/Kaufmann*, AuA 1/2004, 30, 31 m. w. N.). 1045

Das klingt zunächst sehr positiv. Doch nach dem Lernen kommt die Frage nach dem Lernerfolg. Der wird dann »gemessen«, sofern man davon überzeugt ist, dass (Lern-)Leistung objektivierbar gemessen werden kann. In diesem Zusammenhang sind dann die Mitbestimmungsrechte der MAV zu beachten. Die Mitbestimmungssysteme knüpfen (noch) nicht an die oben beispielhaft genannten modernen Methoden und Instrumente an (anders als z. B. das Mitbestimmungsrecht Gruppenarbeit in § 87 Abs. 1 Nr. 13 BetrVG). Zu beachten sind vielmehr die »klassischen« Beteiligungsrechte. 1046

J. Mitbestimmung bei allgemeinen personellen Maßnahmen (§ 39 MVG.EKD)

1047 ▶ **Praxistipp:**

Diese »klassischen« Beteiligungsrechte erfassen regelmäßig mehr Tatbestände, als der Wortlaut zunächst vermittelt.

II. Praxisbeispiel: Personalfragebogen

1. Begriff

1048 Der Personalfragebogen ist ein klassisches Instrument, die Eignung eines Bewerbers oder Beschäftigten für bestimmte Aufgaben festzustellen (vgl. OVG Nordrhein-Westfalen, 04.10.1990 – CL 13/88). Darüber hinaus wird im Rahmen einer modernen und zeitgemäßen Personal- und Organisationsentwicklung regelmäßig mit Fragebögen gearbeitet. Werden zu diesem Zweck und auf diesem Wege personenbezogene Daten abgefragt, liegt ein Personalfragebogen vor, der der Mitbestimmung unterliegt.

1049 Mitbestimmungspflichtig sind gem. § 39 Buchst. a) MVG.EKD »Inhalt und Verwendung von Personalfragebögen ...«. Erfasst werden nach dem ausdrücklichen Wortlaut des Kirchengesetzes aber auch die »... sonstigen Fragebogen zur Erhebung personenbezogener Daten ...«.

1050 Anders als im Personalvertretungs- und Betriebsverfassungsrecht besteht aber eine Einschränkung: »... soweit nicht eine gesetzliche Regelung besteht«

1051 Über das Mitbestimmungsrecht wird die Einhaltung des Datenschutzes überwacht und das allgemeine Persönlichkeitsrecht geschützt (vgl. BVerwG, Beschl. v. 28.01.1998 – 6 P 2/97, PersR 1998, 374). Folglich erstreckt sich das Beteiligungsrecht nicht nur auf die Frage, »ob« der Fragebogen eingeführt oder abgeschafft wird, sondern auch auf seinen Inhalt, also die gestellten Fragen. Das gilt sowohl für die erstmalige Einführung als auch für Änderungen (vgl. OVG Nordrhein-Westfalen, Beschl. v. 22.05.1986, PersV 1988, 534).

1052 Personalfragebögen ermitteln formularmäßig personenbezogene Daten beim Bewerber (vgl. BVerwG, Beschl. v. 19.05.2003 – 6 P 16.02, PersV 2003, 339) und/oder Mitarbeiter, etwa allgemeine Fragen nach der Person (z. B. Name und Beschäftigungsdauer), die persönliche Verhältnisse (z. B. Familienstand), den beruflicher Werdegang, fachliche Kenntnisse und Fähigkeiten eines Bewerbers oder Beschäftigten. Sie dienen vorzugsweise der Feststellung der Eignung für bestimmte Aufgaben.

1053 Der Inhalt (un-)zulässiger Fragen ergibt sich zum einen aus gesetzlichen Vorschriften, z. B. dem AGG, Beamtenrecht bzw. DSG.EKD. Zum anderen ist vor allem die Rechtsprechung der ArbG zu den Grundsätzen des Fragerechts zu beachten, soweit gesetzliche Vorschriften fehlen. Der Bewerber darf bei Weitem nicht so viel gefragt werden, wie der eingestellte Beschäftigte gefragt werden muss, um die rechtlich und personalwirtschaftlich notwendigen Angaben zu erhalten. Beamte müssen wegen der Vorgaben des Beamtenrechts mehr Informationen zur Verfügung stellen als Arbeitnehmer.

II. Praxisbeispiel: Personalfragebogen J.

▶ **Praxistipp:** 1054

Wegen des Schutzzwecks wird der Begriff des Personalfragebogens weit gefasst. Das Mitbestimmungsrecht erfasst auch Gesprächsleitfäden, die für unterschiedliche Interviewer eines (größeren) Arbeitgebers bzw. Dienstherrn einheitliche Standards und Gesprächsabläufe sicherstellen sollen. Führungskräfte erarbeiten keine Bewerber- oder Personalfragebögen, die ohne Zustimmung der MAV eingesetzt werden.

Die Beteiligung der MAV beim Einsatz von unzulässigen Fragebögen macht die Frage 1055 nicht rechtmäßig. Die Rechtsverletzung durch die Führungskraft lohnt in keinem Fall: Derjenige, der rechtswidrige Fragen oder Themen anspricht, verletzt seinerseits arbeits- bzw. dienstvertragliche Pflichten und erntet im Zweifel die Antworten, die er gerne hören möchte. Diese haben aber keine rechtliche Verbindlichkeit. Denn auf die unzulässige Frage »darf das Blaue vom Himmel« erzählt werden, man spricht vom Recht zur Lüge (zur Rolle der Führungskraft im Vorstellungsgespräch s. *Richter/Gamisch*, RiA 2009, 145 ff.).

Der Begriff des Personalfragebogens wird von Praktikern zuweilen auf den »klassi- 1056 schen« Fragebogen beschränkt, was nicht richtig ist. Denn auf den Anlass der Befragung kommt es nicht an. Es spielt keine Rolle, aus welchen Motiven die Abfrage erfolgt.

▶ **Beispiel:** 1057

– Will der Verwaltungsleiter z. B. die Kundenzufriedenheit messen und werden zu diesem Zweck bei den Kunden personenbezogene Daten des Mitarbeiters abgefragt (»War der Mitarbeiter kompetent oder nicht kompetent?«), liegt gleichwohl ein mitbestimmungspflichtiger Personalfragebogen vor. Denn über die Abfrage beim Kunden werden die Daten des Mitarbeiters ermittelt. Das gilt insb., wenn Kennzahlen zur Ermittlung der Leistung bei leistungsorientiertem Entgelt ermittelt werden. Gleiches gilt, wenn im Rahmen von Bewertungs- bzw. Zielvereinbarungsgesprächen usw. personenbezogene Daten erfragt werden (»Benötigen Sie zur Erreichung der vereinbarten Ziele noch irgendwelche Schulungen?«) oder im Rahmen von Stelleninterviews zur Ermittlung der Eingruppierung Daten des Stelleninhabers erfragt werden (zum Stelleninterview einführend *Richter/Gamisch*, RiA 2007, 145 ff.; vertiefend *Richter/Gamisch*, Stelleninterview 2011).
– Die Studentin S möchte statistisches Material für eine Master-Arbeit (»Frömmigkeit in der Dienststelle ...«) sammeln und wendet sich an die Verwaltungsleiterin. Die Fragen, die für die Anfertigung der wissenschaftlichen Arbeit erfragt werden, lassen Rückschlüsse auf das Führungs- und Leistungsverhalten der Mitarbeiter der Dienststelle zu. Sofern die Dienststellenleitung Zugriff auf die Ergebnisse hat, liegt ein Fall der Mitbestimmung vor. Die Befragung wäre mitbestimmungsfrei, wenn die Daten anonymisiert bzw. aggregiert werden und die Dienststellenleitung keinen Zugriff hätte, weil die Bögen z. B. unmittelbar an den Lehrstuhl gesendet werden.

J. Mitbestimmung bei allgemeinen personellen Maßnahmen (§ 39 MVG.EKD)

1058 Vom Personalfragebogen sind Stellenbeschreibungen zu unterscheiden, die sich gerade nicht auf den Arbeitsplatzinhaber beziehen, sondern lediglich auf den Inhalt, den Umfang und die Bedeutung der auf einem Arbeitsplatz zu verrichtenden Tätigkeit. Deshalb sind Erhebungsbögen, die zur sachbezogenen Arbeitsplatzbeschreibungen dienen sollen, grds. keine mitbestimmungspflichtigen Personalfragebogen. Voraussetzung ist aber, dass keine Rückschlüsse auf das Führungs- und Leistungsverhalten bzw. die Eignung des Stelleninhabers möglich sind. Etwas anderes gilt, wenn in der Stellenbeschreibung personenbezogene Daten des Stelleninhabers aufgenommen werden. Zu beachten ist aber das Mitbestimmungsrecht des § 40 Buchst. j), 1. Alt. MVG.EKD.

1059 ▶ Praxistipp:

In der Rechtsprechung ist es umstritten, ob die Mitbestimmung in jedem Fall greift. Das Beteiligungsrecht soll entfallen, wenn die Dienststelle eine formularmäßige Zusammenstellung personenbezogener Daten der Beschäftigten vornimmt, die ihr in anderer Form bereits vorliegen (vgl. BVerwG, Beschl. v. 19.05.2003 – 6 P 16.02, PersV 2003, 339).

1060 Lässt die Stellenbeschreibung Rückschlüsse auf die Eignung des Bewerbers bzw. Mitarbeiters zu, liegt ein mitbestimmungspflichtiger Personalfragebogen vor. Das ist z. B. der Fall, wenn personenbezogene Daten zur Personalentwicklung – z. B. Berufs-, IT- oder Sprachkenntnisse – verwendet werden. Das gilt auch, wenn zum Verfassen der Stellenbeschreibung sog. Stelleninterviews durchgeführt werden.

1061 ▶ Praxistipp:

Verfahrensfehler der Dienststellenleitung berechtigten die MAV, i. R. d. Mitbestimmungsverfahrens bei der Einstellung die Zustimmung zu verweigern. Die fehlende Beteiligung der MAV räumt dem Bewerber bzw. Mitarbeiter aber kein Recht zur Lüge ein (vgl. BAG, Urt. v. 02.12.1999 – 2 AZR 724/98, NZA 2001, 107).

1062 Schreibt ein (Kirchen-) Gesetz die Datenerhebung vor und besteht kein Spielraum der Dienststellenleitung bei der Umsetzung der Vorgaben, dann entfällt das Mitbestimmungsrecht.

2. (Un-)zulässige Fragen

1063 Der Bewerber darf bei Weitem nicht so viel gefragt werden, wie der eingestellte Mitarbeiter gefragt werden muss, damit der Arbeitgeber bzw. Dienstherr das Arbeits- bzw. Dienstverhältnis abwickeln kann. Im Vorstellungsgespräch dürfen (über formalisiere Gesprächsleitfäden) nur die Themen angesprochen werden, die für die rechtskonforme Personalauswahl notwendig und deshalb erlaubt sind. Einen Sonderfall stellt die Frage nach einer HIV-Infektion dar. Diese wird generell als unzulässig angesehen. In der Literatur wird aber vertreten, dass die Frage in Gesundheitseinrichtungen ausnahmsweise zulässig sein soll. Verdeckte Aids-Tests (bei EG-Bewerbern) sind unzulässig (vgl. EuGH, 05.10.1994 – C-404/92 P, NJW 1994, 3005).

II. Praxisbeispiel: Personalfragebogen J.

▶ **Praxistipp:** 1064

Von den derartigen Fragen und Untersuchungen müssen die gesetzlichen Untersuchungsrechte und -pflichten unterschieden werden, die aus dem Arbeitsschutz- bzw. Beamtenrecht folgen. Diese ggf. gestatteten Fragen sind von der grds. unzulässigen Frage nach der Schwerbehinderung zu unterscheiden.

Die Frage nach der Schwangerschaft ist regelmäßig unzulässig, denn die Anwendung 1065
von Schutzvorschriften darf nicht zur (un-)mittelbaren Diskriminierung führen. In Ausnahmefällen darf nach der Schwangerschaft gefragt werden, wenn dies zum Schutz der Schwangeren und des werdenden Lebens erforderlich ist. In diesem Fall ist die Schwangerschaft bzw. ein Beschäftigungsverbot gem. MuSchG aber kein zulässiges Auswahlkriterium (vgl. EuGH, 27.02.2003 – C-320/01, NZA 2003, 373; BAG, Urt. v. 06.02.2003 – 2 AZR 621/01, NZA 2003, 848).

Mit der Einführung des AGG sind neue Rechtsfragen aufgeworfen worden: Nicht 1066
wenige Fragen, die in der Vergangenheit regelmäßig gestellt wurden, sind heute zweifelhaft geworden.

3. Checklisten

Personalfragebogen 1067

Kein Personalfragebogen	Personalfragebogen
Die personenbezogenen Daten sind der Dienststellenleitung bereits bekannt (str.) ...	Die Daten werden vom Arbeitgeber/Dienstherrn oder einem Dritten erhoben
... oder die Daten sind anonymisiert, sodass keine Rückschlüsse auf den Betroffenen gezogen werden können	
Arbeitsplatz-/Dienstposten-/Stellenbeschreibung	Beschreibung, die personenbedingte Daten umfasst (z. B. Ausbildungen, Fremdsprachen-, IT-Kenntnisse des Stelleninhabers)
Formular zur Angabe von anzeige-/genehmigungspflichtigen Nebentätigkeiten (BVerwG, Beschl. v. 30.11.1982 – 6 P 10.80, PersV 1983, 411)	
Stelleninterviews	Stelleninterview, das auch Fragen nach personenbezogenen Daten stellt

J. Mitbestimmung bei allgemeinen personellen Maßnahmen (§ 39 MVG.EKD)

1068 Inhalte von Personalfragebogen – Allgemein

Unzulässige Fragen	Zulässige Fragen
Mutterschutz, Elternzeit, Möglichkeiten der Kinderbetreuung, Schwangerschaft	– das vom Arbeitgeber bzw. Dienstherrn aufgestellte Anforderungsprofil, – die auf dieser Grundlage erstellte Stellenausschreibung, – die aus der Stellen- bzw. Dienstpostenbeschreibung entwickelt worden ist – die Bewerbungsunterlagen – die übrigen Ergebnisse des Personalauswahlverfahrens.
Schwerbehinderung vor Ablauf von sechs Monaten (BAG, Urt. v. 16.02.2012 – 6 AZR 553/10)	Sicherung der Tendenz gem. § 9 AGG Religionszugehörigkeit
(Sucht-) Krankheiten (str.), z. B.: »Liegt eine Krankheit bzw. eine Beeinträchtigung des Gesundheitszustandes vor, durch die die Eignung für die vorgesehene Tätigkeit auf Dauer oder in periodisch wiederkehrenden Abständen eingeschränkt ist? Liegen ansteckende Krankheiten vor, die zwar nicht die Leistungsfähigkeit beeinträchtigten, jedoch die zukünftigen Kollegen oder Kunden gefährden? Ist zum Zeitpunkt des Dienstantritts bzw. in absehbarer Zeit mit einer Arbeitsunfähigkeit zu rechnen, z. B. durch eine geplante Operation, eine bewilligte Kur oder auch durch eine zurzeit bestehende akute Erkrankung?« (BAG, Urt. v. 07.06.1984 – 2 AZR 270/83, AP Nr. 26 zu § 123 BGB).	einschlägige Vorstrafen
Pfändungen	ggf. Führungszeugnis gem. § 72a SGB VIII

1069 Inhalte von Fragebogen mit AGG-Relevanz

Unzulässige/s Frage/Thema	Rechtmäßige/s Frage/Thema
Geburtsort	Staatsangehörigkeit, wenn diese Einstellungsvoraussetzung nach Beamtenrecht ist
(bevorstehende) Schwangerschaft	Aktuelle Beschäftigungsverbote gem. MuSchG
(bevorstehende) Elternzeit	Spezifische, durch Betreuung und Pflege erworbene Erfahrungen und Fähigkeiten

III. Leistungsbewertung J.

Mitgliedschaft in einer Kirche	Mitgliedschaft bei Scientology (keine Kirche; s. BAG, Beschl. v. 26.09.2002 – 5 AZB 19/01, AP Nr. 23 zu § 2 ArbGG 1979
Schwerbehinderung; Ausnahmen: – Frage nach sechs Monaten (BAG, Urt. v. 16.02.2012 – 6 AZR 553/10) – Schwerbehinderung als Bestandteil des Anforderungsprofils (gem. § 83 SGB IX, § 5 AGG)	Gesundheitliche Beeinträchtigungen, die einen Einsatz auf der Stelle verhindern bzw. erschweren
Alter	Eine Ausnahme besteht nach Maßgabe des Beamtenrechts und § 10 AGG
Familienstand	Spezifische, durch Betreuung und Pflege erworbene Erfahrungen und Fähigkeiten

(*Richter/Gamisch*, RiA 2009, 145, 148)

Berechtigter Fragekern mit richtiger Formulierung   **1070**

Unzulässige Frage	Alternative
Welche Hobbys haben Sie?	Wie gehen Sie mit Stress um?
Sind Sie ehrenamtlich tätig?	Woran können wir Ihre Sozialkompetenz konkret festmachen?
Welches Buch lesen Sie gerade?	Welches Fachbuch hat Sie in letzter Zeit besonders überzeugen können?
Welche Zeitung lesen Sie?	Welche Pressemeldung hat Sie heute am meisten beeindruckt?
Wo wohnen Sie?	Sind Sie bereit, am Rufbereitschaftsdienst teilzunehmen?
Haben Sie einen Pkw?	Können Sie an verschiedenen Arbeits-/Dienstorten tätig werden?
Wie sieht Ihre Lebens- und Familienplanung aus?	Welche beruflichen Ziele haben Sie?

(*Richter/Gamisch*, RiA 2009, 145, 150)

III. Leistungsbewertung

1. Dienstliche Beurteilung

Der Mitbestimmung der MAV unterliegt die Aufstellung von Beurteilungsgrundsätzen für die Dienststelle. Derartige Grundsätze werden auch Beurteilungsrichtlinien **1071**

J. Mitbestimmung bei allgemeinen personellen Maßnahmen (§ 39 MVG.EKD)

genannt. Dabei geht es um die Leistungsmessung von Kirchenbeamten und Arbeitnehmern.

1072 Beurteilungsrichtlinien sind allgemeine Regeln, die für dienstliche Beurteilungen (weitere) Beurteilungskriterien schaffen und die Bewertungsmethoden festlegen. Sie sollen die Objektivierung der Beurteilung fördern und die Beachtung des Gleichbehandlungsgrundsatzes sicherstellen (vgl. BVerwG Beschl. v. 11.12.1991, AP Nr. 4 zu § 79 LPVG BW).

1073 Unerheblich ist, auf welchem Wege die Leistung gemessen wird:
1. dienstliche Beurteilungen i. S. d. (Kirchen-) Beamtenrechts,
2. Zielvereinbarungen oder
3. systematische Leistungsbewertungen.

1074 Die MAV überwacht Einhaltung des Leistungsprinzips bei Kirchenbeamten, des Gleichheitssatzes und des Diskriminierungsverbotes. Das Recht, Arbeitnehmer zu beurteilen bzw. deren Leistung zu messen, folgt aus dem Weisungsrecht des § 106 GewO.

1075 ▶ **Praxistipp:**

Eine dienstliche Beurteilung, die unter Verletzung des Mitarbeitervertretungsrechts durchgeführt worden ist, ist unwirksam (ArbG Bonn, Urt. v. 18.03.2004 – 3 Ca 3190/03, PersR 2005, 334 zur vergleichbaren Rechtsalge im Personalvertretungsrecht).

1076 Das Mitbestimmungsrecht umfasst sowohl die erstmalige Einführung als auch die Änderung von Beurteilungsgrundsätzen. Es ist unerheblich, ob diese schriftlich fixiert oder nur mündlich kommuniziert werden.

1077 ▶ **Checkliste Inhalte der Mitbestimmung:**

– der Kreis der zu Beurteilenden
– Beurteilungsanlässe
– ggf. Beurteilungszeiträume
– Beurteilungsverfahren
– Wer beurteilt wen?
  – Ermittlung Qualität und Quantität der Arbeitsergebnisse
  – Maßstäbe (vgl. OVG Nordrhein-Westfalen, Beschl. v. 20.05.1998 – 1 A 3522/96.PVL, PersR 1999, 171)
  – Anhörungs- und Eröffnungsverfahren
  – Datenschutzbestimmungen

III. Leistungsbewertung J.

Übersicht 1078

Keine Mitbestimmung	Mitbestimmung
Änderung der Auswahl- und Beförderungspraxis (OVG Nordrhein-Westfalen, Beschl. v. 20.05.1998 – 1 A 3522/96.PVL, RiA 1999, 54)	Festlegung von Beurteilungsdurchschnittswerten (VGH Hessen, Beschl. v. 24.05.1989 – 1 UE 1270/84, ZBR 1990, 193)
Führungsrichtlinien, mit denen Führungskräfte allgemeine Handlungsanleitungen erhalten	»Orientierungsbeurteilungen« außerhalb des Beurteilungszeitraums (BVerwG, Beschl. v. 15.02.1980 – 6 P 84.78, PersV 1980, 241)
Anordnung nicht-technischer Leistungskontrollen	Übernahme Beurteilungsrichtlinien der Beamten des gehoben Dienstes für Beamte des mittleren Dienstes (OVG Nordrhein-Westfalen, Beschl. v. 12.02.1987, PersR 1987, 267)
Zielvereinbarungen	Überprüfung der Fachkenntnisse und Führungseigenschaften neu eingestellter Beschäftigter über ein Einarbeitungsprogramm (OVG Nordrhein-Westfalen, Beschl. v. 20.11.1995, PersR 1996, 364)
	Regelung zur Zuständigkeit des Beurteilers (Nds. LAG 20.01.2003, PersR 2003, 374)
	Regelungen über Unterrichtsbesuche bei Lehrern, weil diese die Beurteilung in prägender Weise vorwegnehmen (BVerwG, Urt. v. 11.12.1991 – 6 P 20.89, PersV 1992, 379)

Die MAV hat kein Mitbestimmungsrecht bei der Beurteilung im Einzelfall und 1079
auch kein generelles Teilnahmerecht am Beurteilungsgespräch (vgl. BVerwG, Urt. v.
11.03.1983 – 6 P 23.80, PersR 1984, 317). Im Einzelfall kann sich aber etwas anderes
aus der Fürsorgepflicht und dem Grundsatz der Dienstgemeinschaft ergeben.

Eine dem § 68 Abs. 2 Satz 4 BPersVG vergleichbare Vorschrift, wonach Beurteilun- 1080
gen ggf. dem Personalrat zur Kenntnis zu bringen sind, kennt das MVG.EKD nicht.

2. Leistungsorientierte Vergütung

Von der Beurteilung i. S. d. (Kirchen-) Beamtenrechts ist die leistungsorientierte Vergü- 1081
tung zu unterscheiden, bei der eine »Leistungsbewertung« vorgenommen wird. Der öffentliche Dienst wollte den Leistungsgedanken stärken. Bund und Kommunen haben

J. Mitbestimmung bei allgemeinen personellen Maßnahmen (§ 39 MVG.EKD)

an der tarifvertraglichen Regelung über das leistungsorientierte Entgelt gem. § 18 TVöD (bislang) festgehalten. Im TV-L ist es aber erst gar nicht eingeführt worden. Die AVR.Caritas eröffnen neuerdings die Möglichkeit der leistungsorientierten Vergütung.

IV. Leistungskontrolle

1082 Regelungen über nicht-technische Leistungskontrollen sind im Betriebsverfassungs- und Personalvertretungsrecht mitbestimmungsfrei.

1083 ▶ **Praxistipp:**

In § 40 Buchst. j), 1. Alt. MVG.EKD wird eine andere Regelung getroffen. Danach unterliegen auch Maßnahmen der nicht-technischen Kontrolle der Mitbestimmung der MAV (s. u.).

1084 Demgegenüber unterliegen Inhalte von Zielvereinbarungen – anders als im BetrVG (str.) – nicht der Mitbestimmung der MAV.

V. Zeugnis

1085 Zeugnisse, so das Arbeitszeugnis gem. § 109 GewO, Ausbildungszeugnis gem. § 16 BBiG bzw. Dienstzeugnisse der Beamten unterliegen nicht der Mitbestimmung.

VI. Checkliste Personalfragebogen und Beurteilungsgrundsätze

1086

Keine Mitbestimmung	Umstritten	Mitbestimmung
Arbeits-/Dienstzeugnis		Nicht-technische Leistungskontrolle
Inhalte der dienstlichen Beurteilung		Grundsätze (= System) der Beurteilung
Inhalt der systematischen Leistungsbewertung		Grundsätze (= System) der systematischen Leistungsbewertung
	Zielvereinbarungen	Grundsätze (= System) von Zielvereinbarungen
		Fragebogen: – Bewerberfragebogen – Einstellungsfragebogen – Befragungen zum Fortbildungsbedarf – Formalisierte Kommunikation (Mitarbeiter-, Jahres-, Zielvereinbarungsgespräch usw.) – Kundenbefragungen – Befragungen im Zusammenhang mit dem Qualitätsmanagement – Testverfahren, z. B. Assessmentcenter

VII. Aus-, Fort- und Weiterbildung (§ 39 Buchst. c) MVG.EKD)

Moderne Instrumente der Organisations- und Personalentwicklung sind auch für kirchliche Arbeitgeber von zunehmender und großer Bedeutung. Den modernen Begriff der Personalentwicklung, der sehr unterschiedlich definiert wird, kennt das MVG.EKD nicht. Es nutzt die traditionellen Begriffe. Es bietet sich an, an die Begriffe des BBiG und kirchlicher Regelungen anzuknüpfen (so auch *Fey/Rehren* MVG.EKD § 39 Rn. 11; vgl. *Herkert/Töltl* § 1 Rn. 1 ff.) und i. Ü. auf die Berufspädagogik abzustellen:

1087

Übersicht:

1088

Ausbildung	§ 1 Abs. 3 BBiG	»Die Berufsausbildung hat die für die Ausübung einer qualifizierten beruflichen Tätigkeit in er einer sich wandelnden Arbeitswelt notwendigen beruflichen Fertigkeiten, Kenntnisse und Fähigkeiten (berufliche Handlungsfähigkeit) in einem geordneten Ausbildungsgang zu vermitteln. Sie hat ferner den Erwerb der erforderlichen Berufserfahrungen zu ermöglichen.«
Fortbildung	§ 1 Abs. 4 BBiG	»Die berufliche Fortbildung soll es ermöglichen, die berufliche Handlungsfähigkeit zu erhalten und anzupassen oder zu erweitern und beruflich aufzusteigen.«
Weiterbildung		»Maßnahmen der inner- und außerbetrieblichen Förderung von Mitarbeitern, ihre Kompetenzen zu erhalten und zu erweitern. Weiterbildung stellt die Fortsetzung oder Wiederaufnahme systematischen Lernens nach Abschluss einer ersten Ausbildung und zwischenzeitlicher Berufstätigkeit dar und kann allgemeine oder berufliche Ziele verfolgen.« (*Gröner/Fuchs-Brüninghoff*, S. 438)

Vor dem Hintergrund des kirchlichen Verkündigungsauftrages und des Grundsatzes der Dienstgemeinschaft muss ein weiter Begriff gelten, der auch Bildungsmaßnahmen in den Bereichen Staat, Gesellschaft, Kirche, Familie oder Beruf einschließt (s. a. *Fey/Rehren* MVG.EKD § 39 Rn. 11 mit Hinweis auf § 2 EKD Fortbildungsordnung, ABl. EKD 1990, 204).

1089

▶ Praxistipp:

1090

Die Ansicht des BVerwG, wonach die sog. Anpassungsqualifizierung aus der Mitbestimmung herausgenommen ist (vgl. BVerwG, Beschl. v. 17.10.2002 – 6 P 3/02, ZBR 2003, 388), kann für das MVG.EKD nicht gelten (diesbezüglich widersprüchlich *Fey/Rehren* MVG.EKD § 39 Rn. 15, 16). Demnach setzt das Mitbestimmungsrecht voraus, dass zusätzliches Wissen, z. B. für einen beruflichen Aufstieg, vermittelt wird. Das VerwG.EKD war allerdings in einer älteren Entscheidung dieser

J. Mitbestimmung bei allgemeinen personellen Maßnahmen (§ 39 MVG.EKD)

unzeitgemäßen Rechtsprechung gefolgt (vgl. VerwG.EKD, Beschl. v. 30.01.1997 – 0124/A11-96).

1091 Denn »Wissen« ist in der modernen Arbeitswelt die für Mitarbeiter entscheidende Ressource. Wenn das Mitbestimmungsrecht die Chancengleichheit sicherstellen soll, muss auch Sorge dafür getragen werden, dass das – für die Erledigung der auszuübenden Tätigkeit – erforderliche Wissen des Stelleninhabers erhalten bleibt. So wacht die MAV darüber, dass der Arbeitgeber sein Fürsorgepflicht hinsichtlich der Qualifizierung von Mitarbeitern (vgl. z. B. § 5 TVöD/TV-L) wahrnimmt.

1092 ▶ **Praxistipp:**

Das Mitbestimmungsrecht zielt auf die Verwirklichung der Chancengleichheit aller Mitarbeiter, das sind die »Lerner der Organisation«. Ziel moderner Organisations- und Personalentwicklung ist die Verwirklichung der sog. Lernenden Organisation (einführend *Richter/Kaufmann* AuA 1/2004, 30 ff.). Deshalb unterliegen auch die Grundsätze der Teilnehmerauswahl der Mitbestimmung.

1093 Das Mitbestimmungsrecht erfasst den Spielraum, der in einem z. T. eng geregelten Berufsbildungsrecht verbleibt. Dabei beachtet es, dass Kirchenbeamte und Arbeitnehmer auch kirchengesetzliche bzw. vertragliche Bildungsansprüche haben (vgl. *Richter/Gamisch* AuA 2/2007, 95 ff.). Das Mitbestimmungsrecht erfasst nicht Regelungen über Bildungsgesetze der Länder. Bildungsurlaub wird vom Mitbestimmungsrecht des § 40 Buchst. e) MVG.EKD erfasst.

1094 **Aus-, Fort- und Weiterbildung**

Keine Mitbestimmung	Mitbestimmung
Zuschnitt und Inhalt der einzelnen Maßnahme	Grundsätze: – Wer – schult – wo – wen – wie – und worüber?
Vergütung der Lernzeit = Arbeitszeit	Wer fährt zu welcher Fortbildung?
	Unabhängig vom Lernort (interne, externe Maßnahmen)

VIII. Teilnehmerauswahl (§ 39 Buchst. d) MVG.EKD)

1095 Über die Grundsätze der Teilnehmerauswahl hinaus, mit der »Regeln der Verteilung« geschaffen werden, unterliegt auch die »Auswahl im Einzelfall« der Mitbestimmung. Den »Adressatenkreis« (Wer soll Lernen?) legt alleine die Dienststellenleitung fest (VerwG.EKD, Beschl. v. 10.08.2000 – 0124/E3-00). Voraussetzung ist, dass eine Auswahlentscheidung getroffen werden muss. Das Mitbestimmungsrecht erfasst nicht den Fall, dass alle Mitarbeiter zu einer Schulung »dürfen« (»lebenslanges Lernen«)

oder »müssen« (»lebenslängliches Lernen«) (vgl. VerwG.EKD, Beschl. v. 10.08.2000 – 0124/E3-00). Kein Mitbestimmungsrecht besteht, wenn nur ein Mitarbeiter betroffen ist. Auch der Umstand, dass durch die Zubilligung der Fort- oder Weiterbildungsmaßnahme Geld gebunden wird, welches dann für eine andere Fort- oder Weiterbildungsmaßnahme nicht mehr zur Verfügung steht, begründet kein Mitbestimmungsrecht gem. § 39 Buchst. d) MVG.EKD (vgl. VerwG, Beschl. v. 24.02.2003 – 0124/G14-02).

Mitbestimmung bei Auswahlentscheidung 1096

Keine Mitbestimmung	Mitbestimmung
Fehlende Auswahlentscheidung (»einer und kein anderer« oder »alle«)	Auswahlentscheidung (»einer von mehreren«)
Anpassungsqualifizierung (VerwG.EKD)	Anpassungsqualifizierung

K. Organisatorische und soziale Angelegenheiten (§ 40 MVG.EKD)

I. Bestellung und Abberufung von Vertrauens- und Betriebsärzten sowie Fachkräften für Arbeitssicherheit (§ 40 Buchst. a) MVG.EKD)

1097 Bei dieser Regelung handelt es sich um eine statusgruppenübergreifende allgemeine soziale Angelegenheit. Eine vergleichbare Vorschrift besteht in § 72 Abs. 4 Nr. 6 LPVG NRW

1. Umfang der Mitbestimmung

1098 Das Mitbestimmungsrecht erfasst sowohl die Bestellung als auch die Abberufung der in § 40 Buchst. a) MVG.EKD genannten Personen. Die Bestellung besteht in der dauerhaften Übertragung der Funktion von Vertrauens- und Betriebsärzten sowie einer Fachkraft für Arbeitssicherheit. Die Abberufung ist als actus contrarius die Entziehung dieser Funktion.

1099 Das Mitbestimmungsrecht erstreckt sich auf das **Auswahl- und Bestellungsverfahren**, insb. auf die Einhaltung gesetzlicher Vorgaben für dieses Verfahren, die Wahrung des Gleichheitsgrundsatzes beim Zugang zu allen öffentlichen Ämtern und die Erfüllung der persönlichen, fachlichen Voraussetzungen für die Übernahme und Führung des Amts (BVerwG, Beschl. v. 22.07.2003 – 6 P 3.03, PersR 2003, 495, 497).

1100 Hinsichtlich der Bestellung und Abberufung von den besonderen Beauftragten besteht nach § 47 Abs. 1 und Abs. 2 MVG.EKD ein **Initiativrecht** der MAV.

1101 ▶ Praxistipp:

> Die Vorschrift erfasst auch die Bestellung und Abberufung der jeweiligen Stellvertreter. Denn die Vorschrift würde sinnentleert, wenn die Vertreter nicht der Mitbestimmung unterliegen würden (*Lenders* HPVG § 74 Rn. 14).

1102 Erfahrungsgemäß treten sie – in unterschiedlicher Intensität – aus ihrer Vertretungsfunktion heraus und übernehmen die Aufgaben der Betriebsärzte etc., die sich im Erholungsurlaub befinden oder aus anderen Gründen abwesend sind.

1103 Die Mitbestimmung bei § 40 Buchst. a) MVG.EKD soll gewährleisten, dass nur solche Personen als Vertrauens- oder Betriebsärzte bzw. als Fachkraft für Arbeitssicherheit eingesetzt werden, die auch das Vertrauen der Beschäftigten haben (BVerwG, Beschl. v. 25.01.1995 – 6 P 19.93, PersR 1995, 300).

2. Fachkräfte für Arbeitssicherheit

1104 Auch die Bestellung und Abberufung von Fachkräften für den **Sicherheitstechnischen Arbeitsschutz** nach §§ 5, 16 ASiG unterliegt der Mitbestimmung.

1105 **Fachkräfte für Arbeitssicherheit** sind nach der Legaldefinition des § 5 Abs. 1 ASiG Sicherheitsingenieure, -techniker und -meister. Nach § 16 ASiG sind sie auch im Bereich des öffentlichen Dienstes zu bestellen, soweit dies aufgrund einer dienststellenbezogenen Prüfung der in § 5 Abs. 1 ASiG festgelegten Kriterien erforderlich ist (BAG, 15.12.2009 – 9 AZR 769/08, PersR 2010, 348).

Die Fachkräfte für Arbeitssicherheit haben die Aufgabe, die Dienststelle beim Arbeitsschutz und der Unfallverhütung in allen Fragen der Arbeitssicherheit einschließlich der menschengerechten Gestaltung der Arbeit zu unterstützen (vgl. § 6 ASiG). 1106

II. Maßnahmen zur Verhütung von Unfällen und gesundheitlichen Gefahren (§ 40 Buchst. b) MVG.EKD)

1. Umfang der Mitbestimmung

Gegenstand der Mitbestimmung nach § 40 Buchst. b) sind Maßnahmen zur Verhütung von Unfällen und Gesundheitsgefahren. Der MAV steht nach § 47 MVG.EKD ein **Initiativrecht** zu. 1107

Eine vergleichbare Vorschrift besteht in § 74 Abs. 1 Nr. 6 HPVG. 1108

▶ Praxistipp: 1109

Bei den Maßnahmen zur Verhütung von Unfällen und gesundheitlichen Gefahren handelt es sich gem. § 2 Abs. 1 ArbSchG um Maßnahmen des Arbeitsschutzes.

Die Dienststelle ist verpflichtet, die erforderlichen Maßnahmen des Arbeitsschutzes unter Berücksichtigung der Umstände zu treffen, die Sicherheit und Gesundheit der Beschäftigten bei der Arbeit beeinflussen. Dabei hat er gem. § 3 Abs. 1 Satz 2 ArbSchG die Maßnahmen auf ihre Wirksamkeit hin zu überprüfen und erforderlichenfalls sich ändernden Gegebenheiten anzupassen. Die **alleinige Verantwortung der Dienststellenleitung**, die erforderlichen Maßnahmen des Arbeitsschutzes zu treffen, wird durch die Mitbestimmung der MAV nicht berührt. 1110

▶ Praxistipp: 1111

Zu den mitbestimmungspflichtigen Maßnahmen gehören organisatorische sowie Maßnahmen des vorbeugenden Arbeitsschutzes, die als Grundpflichten die Dienststellenleitung treffen (§ 3 ArbSchG).

2. Arbeitsschutz

Auszugehen ist von der verfassungsrechtlichen Schutzpflicht des Gesetzgebers zur Sicherung des Grundrechts auf Leben und körperliche Unversehrtheit aus Art. 2 Abs. 2 Satz 1 des GG, wie sie das BVerfG in der Nachtarbeiterentscheidung festgestellt hat (BVerfG, Urt. v. 28.01.1992 – 1 BvR 1025/82; 1 BvL 16/83; 1 BvL 10/91, AuR 1992, 187). 1112

▶ Praxistipp: 1113

Die Weiterentwicklung des Arbeitsschutzes wird maßgeblich durch die Rechtsetzung der Europäischen Gemeinschaften bestimmt.

K. Organisatorische und soziale Angelegenheiten (§ 40 MVG.EKD)

1114 Allein die Vielzahl der Richtlinien und die Weiterentwicklung der Rechtsetzung der Europäischen Gemeinschaft begründen einen Schulungsanspruch der MAV, wenn sie ihrem Beteiligungsanspruch gerecht werden will.

3. Pflicht zur Unterstützung der Dienststellenleitung

1115 § 40 Buchst. b) MVG.EKD begründet für die MAV die **Pflicht**, die Dienststellen bei der Bekämpfung der Unfall- und Gesundheitsgefahren **zu unterstützen**. Die Pflicht zu einem Tätigwerden konkretisiert sich, wenn die MAV durch Beschäftigte Beschwerden erhält. Den Anregungen und Beschwerden der Beschäftigten im Zusammenhang mit Unfall- und Gesundheitsgefahren **muss** die MAV nachgehen.

1116 Aufgabe der MAV ist es in diesem Zusammenhang, die zuständigen Stellen durch Anregungen, Beratungen und die Erteilung von Auskünften zu unterstützen. Die MAV hat dabei auf die ihr bekannten Unfallgefahren und gesundheitsgefährdenden Einrichtungen hinzuweisen.

4. Präventiver Gesundheitsschutz

1117 ▶ **Praxistipp:**

Mitbestimmungspflichtig sind alle Maßnahmen eines präventiven Gesundheitsschutzes oder zur Abwehr von psychischen oder physischen Belastungen (BVerwG, Urt. v. 31.01.1997 – 1 C 20/95, NZA 1997, 482 ff.; BAG, Beschl. v. 18.08.2009 – 1 ABR 43/08, NZA 2009, 1434 ff.).

Der Arbeits- und Gesundheitsschutz ist im ArbSchG in umfassender Weise präventiv ausgerichtet (*Richardi/Wlotzke/Wissmann/Oetker* Bd. II § 206 Rn. 11)

1118 Diese Ausrichtung ist maßgebend für die Auslegung des Mitbestimmungstatbestands. Die Mitbestimmung der MAV orientiert sich an den den Dienstherrn treffenden vorgegebenen gesetzlichen Verpflichtungen. Wie sich auch aus Art. 11 Abs. 1 RL 89/391/EWG ergibt, ist den Vertretern der Beschäftigten ausdrücklich eine ausgewogene Beteiligung bei allen Fragen betreffend die Sicherheit und die Gesundheit am Arbeitsplatz einschließlich ihrer vorherigen Anhörung und eines Initiativrechts garantiert.

5. Vorliegen einer Maßnahme

1119 **Voraussetzung einer Beteiligung** ist das Vorliegen einer Maßnahme i. S. d. § 38 Abs. 1 MVG.EKD. Für den Bereich des Arbeitsschutzes gelten zwar eine Vielzahl gesetzlicher Vorschriften wie das ArbSchG, zahlreiche Arbeitsschutzverordnungen (z. B. Arbeitsstättenverordnung, Bildschirmarbeitsverordnung), das ASiG etc. Vieles ist somit gesetzlich geregelt. Allerdings besteht trotz dieser Vielzahl an gesetzlichen Vorschriften keine Sperrwirkung für die Mitwirkung, wenn in den Gesetzen ein Sachverhalt unmittelbar geregelt ist, es also zum Vollzug keines Ausführungsaktes bedarf. Im Bereich des Arbeitsschutzes ist es i. d. R. so, dass dem Arbeitgeber/Dienstherrn ein Ermessensspielraum eingeräumt wird. Die Frage, ob eine Arbeitsschutzregelung angewandt wird, macht zunächst eine darauf ausgerichtete Entscheidung des Dienststellenleiters

III. Sozialeinrichtungen (§ 40 Buchst. c) MVG.EKD) K.

erforderlich. Insoweit belasten und eröffnen die zahlreichen Gesetze, Verordnungen etc. zum Arbeitsschutz dem Arbeitgeber/Dienstherrn einen erheblichen Handlungsspielraum. Im gleichen Maße ist daher die Mitbestimmung gewährleistet.

6. Gefährdungsbeurteilung

Auch die in § 4 **ArbSchG** geregelte Berücksichtigung allgemeiner Grundsätze bei Maßnahmen des Arbeitsschutzes ist eine ausfüllungsbedürftige Rahmenvorschrift jedenfalls in dem Sinne, dass bei den in ihr enthaltenen unbestimmten Rechtsbegriffen ein Beurteilungsspielraum des Arbeitgebers/Dienstherrn und ein darauf bezogenes Mitbeurteilungsrecht der MAV besteht. Das Gleiche gilt für die in § 5 ArbSchG geregelte Gefährdungsbeurteilung (BAG, Beschl. v. 08.06.2004 – 1 ABR 4/03, AP-Nr. 13 zu § 87 BetrVG 1972 Gesundheitsschutz; *Fitting* BetrVG § 87 Rn. 299). 1120

▶ Praxistipp: 1121

Bei den Regelungen zum Arbeitsschutz handelt es sich in erster Linie um Schutzvorschriften für die Beschäftigten, die schon aufgrund ihrer Zweckbestimmung hin weit auszulegen sind (*Lenders* HPVG § 74 Rn. 26).

Unter Gesundheitsschutz fällt auch der Nichtraucherschutz, der in § 5 ArbStättV normiert ist. Danach erstreckt sich der Schutz der Nichtraucher nicht nur auf Pausen-, Bereitschafts- und Liegeräume. Vielmehr hat die Dienststellenleitung nach § 5 Abs. 1 ArbStättV wirksame Maßnahmen zu treffen, damit die nicht-rauchenden Beschäftigten an der Dienst-/Arbeitsstätte selbst und damit am Arbeitsplatz vor Gesundheitsgefahren durch Tabakrauch geschützt werden. 1122

7. Grenzen der Mitbestimmung

Aus der Formulierung »zur Verhütung« schließt die herrschende Meinung, dass ein Mitbestimmungsrecht nur dann besteht, wenn die beabsichtigte Maßnahme »darauf abzielt«, das Risiko von Gesundheitsschädigungen in der Dienststelle zu mindern oder einen effektiven Arbeits- und Gesundheitsschutz zu gewährleisten (BVerwG, Beschl. v. 08.01.2001 – 6 P 6.00, PersR 2001, 154). Nach anderer und zutreffender Ansicht entspricht es dem Normzweck des Beteiligungstatbestandes, der in einem engen Sachzusammenhang mit den Handlungsrahmenverpflichtungen aus den Arbeitsschutzbestimmungen steht, all die Maßnahmen in die Mitbestimmung einzubeziehen, die mindestens mittelbar objektiv geeignet sind, Gesundheitsschädigungen präventiv zu verhindern (*Altvater/Baden/Kröll* § 75 Rn. 210; *Daniels* PersVG § 85 Rn. 27). 1123

III. Errichtung, Verwaltung und Auflösung von Sozialeinrichtungen ohne Rücksicht auf ihre Rechtsform (§ 40 Buchst. c) MVG.EKD)

1. Umfang der Mitbestimmung

Bei der Errichtung sowie bei der Verwaltung und bei der Auflösung von Sozialeinrichtungen steht der MAV ein Mitbestimmungsrecht zu. 1124

K.   Organisatorische und soziale Angelegenheiten (§ 40 MVG.EKD)

1125 Sozialeinrichtungen sind alle von der Dienststelle – und auch die unter Beteiligung der Beschäftigten – auf Dauer geschaffenen Einrichtungen (Veranstaltungen), die dem Wohl der Beschäftigten oder einer Gruppe von ihnen dienen, um ihnen freiwillig, d. h. nicht aufgrund eines Rechtsanspruchs, Vorteile zukommen zu lassen (BVerwG, Beschl. v. 24.04.1992 – 6 P 33.90, PersR 1992, 308). Darunter fallen Erholungsheime, Sportanlagen, Kantinen etc.

1126 ▶ **Praxistipp:**

Unter Auflösung ist die Aufgabe einer bestimmten Sozialeinrichtung zu verstehen, nicht jedoch deren Umwandlung (etwa Privatisierung).

2. Rechtsform der Einrichtung

1126a Die **Rechtsform** der Einrichtung ist nicht entscheidend. Es kann sich um einen unselbstständigen Teil der Dienststelle oder eine verselbstständigte Dienststelle handeln. Bei einer organisatorisch oder rechtlich verselbstständigten Einrichtung ist das nur dann zu bejahen, wenn die Dienststelle einen **rechtlich abgesicherten, richtungsweisenden Einfluss** auf die Verwirklichung der Zwecke der Einrichtung nehmen kann (vgl. BVerwG, Beschl. v. 28.06.2000 – 6 P 1.00, PersR 2000, 507). Insoweit sind Selbsthilfeeinrichtungen auch dann keine Sozialeinrichtungen, wenn die Dienststelle sie durch finanzielle Zuwendungen sowie sächliche und personelle Hilfeleistungen unterstützt (BVerwG, Beschl. v. 12.07.1984 – 6 P 14.83, ZBR 85, 28).

3. Geschützter Personenkreis

1126b Der **Personenkreis**, der entsprechend der Zweckbestimmung der Einrichtung begünstigt wird, muss grundsätzlich aus den Beschäftigten der Dienststelle bestehen. Begünstigte können auch ehemalige Beschäftigte sowie Familienangehörige und Hinterbliebene von Beschäftigten sein. Aber auch die regelmäßige **gemischte Nutzung** durch Beschäftigte und ihnen Gleichgestellte einerseits sowie Nichtbeschäftigte andererseits kann je nach den Umständen des Einzelfalls unschädlich sein (vgl. OVG Nordrhein-Westfalen, Beschl. v. 08.03.1989 – CL 23/97, PersR 89, 234). Dies gilt etwa bei der Mitnutzung der Kantine einer Klinik eines Rentenversicherungsträgers, die in erster Linie für die Patienten bzw. Rehabilitanden bestimmt ist, durch die in den Personalunterkünften der Klinik wohnenden Beschäftigten. Dies gilt auch der Mitnutzung von Verkaufsstellen in einem Universitätsklinikum durch Patienten und deren Besucher (vgl. BayVGH, Beschl. v. 10.02.1993 – 17 P 92.3742, PersR 93, 363).

1126c ▶ **Praxistipp:**

Die **sozialen Vorteile**, die den Beschäftigten durch die Sozialeinrichtung zukommen, müssen **zusätzlich** zum Arbeitsentgelt bzw. zur Besoldung gewährt werden; sie dürfen keine unmittelbare Gegenleistung für die erbrachte Arbeits- bzw. Dienstleistung sein (vgl. BAG, Beschl. v. 11.07.2000 – 1 AZR 551/99, AP-Nr. 16 zu. § 87 BetrVG 1972 Sozialeinrichtung sowie v. 10.02.2009 – 1 ABR 94/07, AP-Nr. 21 zu § 87 BetrVG 1972 Sozialeinrichtung).

IV. Tägliche Arbeitszeit, Pausen, Dienstpläne (§ 40 Buchst. d) MVG.EKD) K.

4. Beispiele für Sozialeinrichtungen

Sozialeinrichtungen sind z. B.: 1126d
- Kantinen
- Erholungsräume, Verkaufsstellen und Automaten zum Bezug verbilligter Getränke
- Kindergärten
- Erholungs- und Ferienheime
- Bibliotheken
- Sportanlagen
- Unterstützungs- und Pensionskassen
- Wohnheime und Personalwohnhäuser

5. Keine Sozialeinrichtungen

Keine Sozialeinrichtungen sind z. B.: 1126e
- die Veranstaltung von Betriebsfeiern und Betriebsausflügen
- freiwillig gezahlte Fahrtkostenzuschüsse
- der Betriebsärztliche und Sicherheitstechnische Dienst
- die Betriebskrankenkassen

IV. Beginn und Ende der täglichen Arbeitszeit, Pausen sowie die Verteilung der Arbeitszeit auf die einzelnen Wochentage sowie Festlegung der Grundsätze für die Aufstellung von Dienstplänen (§ 40 Buchst. d) MVG.EKD)

1. Umfang der Mitbestimmung

Das Mitbestimmungsrecht der MAV bei Beginn und Ende der täglichen Arbeitszeit, 1127
bei Pausen sowie der Verteilung der Arbeitszeit auf die einzelnen Wochentage wird
durch Zustimmungserteilung zu einer Einzelregelung oder durch den Abschluss einer
Dienstvereinbarung (vgl. § 36 MVG.EKD) ausgeübt.

Das Mitbestimmungsrecht gilt generell für alle Beschäftigten der Dienststelle, für 1128
Gruppen von Beschäftigten und für einzelne Beschäftigte. Bei der Mitbestimmung
über Beginn und Ende der täglichen Arbeitszeit hat die MAV die Aufgabe, darüber
zu wachen, dass die arbeitszeitrechtlichen Vorschriften insb. für die Beschäftigung von
Auszubildenden und Jugendlichen sowie Frauen bei der Festlegung der Arbeitszeit
berücksichtigt und dass berechtigte Wünsche von Beschäftigten, die sich bspw. bei
allzu frühem Dienstbeginn aus dem Fehlen zumutbarer Verkehrsverbindungen ergeben können, in Einklang mit den dienstrechtlichen Erfordernissen gebracht werden
(BVerwG, Urt. v. 09.10.1991 – 6 P 12.90, PersR 1992, 16).

▶ Praxistipp: 1129

Das Mitbestimmungsrecht der MAV schließt die Aufstellung von Dienstplänen,
die Beginn und Ende der täglichen Arbeitszeit für bestimmte Dienstposten, Stellen
oder Arbeitsplätze enthalten, mit ein.

K. Organisatorische und soziale Angelegenheiten (§ 40 MVG.EKD)

1130 Liegt eine generelle Regelung vor – also eine Regelung, die einen abstrakt, d. h. nach seiner Funktion abgegrenzten Personenkreis betrifft –, so entfällt die Mitbestimmung auch dann nicht, wenn die Regelung nur einzelne bestimmte Arbeitsplätze betrifft.

1131 Das BVerwG hat in seiner jüngsten Rechtsprechung klargestellt, dass es nicht mehr auf dem Vorliegen einer generellen Regelung besteht, sondern auf den Gesichtspunkt eines kollektiven Tatbestands abstellt, den es in Übereinstimmung mit der ständigen Rechtsprechung des BAG definiert (BVerG, Beschl. v. 30.06.2005 – 6 P 9.04; BVerwG, Beschl. v. 12.09.2005 – 6 P 1.05, PersR 2006, 72).

2. Grenzen der Mitbestimmung

1132 Der Gesetzes- und Tarifvorbehalt ist bei der Bestimmung in Arbeitszeitfragen von erheblicher praktischer Bedeutung. So ist die Dauer der Arbeitszeit durch Verordnungen und tarifvertragliche Bestimmungen geregelt.

1133 Die regelmäßige Arbeitszeit beträgt ausschließlich der Pausen durchschnittlich 39 Stunden.

Für die Berechnung des Durchschnitts der regelmäßigen wöchentlichen Arbeitszeit ist ein Zeitraum von einem Kalenderjahr zugrunde zu legen.

(§ 9 AVR des Diakonischen Werks der EKD, Stand 01.07.2012)

1134 ▶ **Praxistipp:**

Sonderregelung AVR – Fassung Ost:

In § 9 Abs. 1 AVR tritt an die Stelle der Zahl »39« die Zahl »40«.

1135 Für den Bereich Krankenhäuser gilt für die Beschäftigten im Tarifgebiet West eine Wochenarbeitszeit (WAZ) ohne Anrechnung der Pausen von 38,5 Stunden und im Tarifgebiet Ost eine WAZ von 40 Stunden (§ 6 TVöD-K). In Baden-Württemberg beträgt die Arbeitszeit 39 Stunden wöchentlich.

1136 Ärzte müssen eine regelmäßige Arbeitszeit von 40 Stunden pro Woche leisten. Innerhalb von zwei Wochen dürfen sie mit max. acht 12-Stunden-Schichten ausschließlich der Pausen belegt werden.

1137 Altenheime fallen nicht unter den TVöD-K, sondern unter den TVöD für den Dienstleistungsbereich Pflege- und Betreuungseinrichtungen (TVöD-B). Für sie gilt im Tarifgebiet West eine WAZ von 39 Stunden und im Tarifgebiet Ost eine durchschnittliche WAZ von 40 Stunden (§ 6 Abs. 1b) TVöD-B).

3. Mitbestimmung über Beginn und Ende der täglichen Arbeitszeit

1138 Die Beteiligung über den Beginn und das Ende der täglichen Arbeitszeit beinhaltet nicht nur die Mitbestimmung über die Lage, sondern auch über die Dauer der täglichen Arbeitszeit, weil beides untrennbar miteinander verbunden ist (BVerG, Beschl. v.

IV. Tägliche Arbeitszeit, Pausen, Dienstpläne (§ 40 Buchst. d) MVG.EKD) K.

04.04.1985 – 6 P 37.82, PersR 1986, 17; BAG, Beschl. v. 28.09.1988 – 1 ABR 41/87, AP-Nr. 29 zu § 87 BetrVG 1972 Arbeitszeit).

Dagegen hat die MAV nach herrschender Meinung über die Dauer der regelmäßigen wöchentlichen Arbeitszeit nicht mitzubestimmen (BVerwG, Beschl. v. 30.06.2005 – 6 P 9.04, PersR 2005, 417; BAG, Urt. v. 18.10.1994 – 1 AZR 503/93, PersR 1995, 220). 1139

Dies entspricht der herrschenden Meinung auch zur Mitbestimmung des Betriebsrats nach § 87 Abs. 1 Nr. 2 BetrVG. 1140

4. Mitbestimmung bei der Verteilung der Arbeitszeit auf die einzelnen Wochentage

Gegenstand des Mitbestimmungsrechts der MAV ist danach die Verteilung der von den Beschäftigten nach gesetzlicher Vorschrift oder tariflicher Festlegung abzuleistenden Arbeitszeit auf die zur Verfügung stehenden Arbeitstage und die Festlegung ihrer zeitlichen Lage am einzelnen Arbeitstag. Dazu gehört auch die Umstellung der Arbeitszeit von Tagesschichten auf modifizierte Schichten oder die Verlegung der Arbeitszeit aus besonderem Anlass (z. B. in der heißen oder kalten Jahreszeit). Voraussetzung für die Mitbestimmungspflichtigkeit ist ein kollektiver Bezug. Auf die Anzahl der von einer Regelung betroffenen Beschäftigten kommt es dabei nicht an. 1141

▶ **Praxistipp:** 1142

Der kollektive Bezug ist jedoch i. d. R. gegeben, da eine Maßnahme zur Regelung der täglichen Arbeitszeit, der Lage der Pausen und der Verteilung auf die Wochentage unabhängig von der Zahl der hiervon Betroffenen regelmäßig auch die Interessen mehrerer Beschäftigter berührt.

Nach der Rechtsprechung des BVerwG und des BAG kommt es hinsichtlich des kollektiven Tatbestands maßgeblich darauf an, ob sich eine Regelungsfrage stellt, die die Interessen der Beschäftigten unabhängig von der Person und den individuellen Wünschen des Einzelnen berührt. 1143

▶ **Beispiel:** 1144

Dies ist etwa bei einer Arbeitszeitregelung der Fall, die zwar nur einen einzelnen Arbeitsplatz betrifft, jedoch für jeden Beschäftigten gelten soll, der diesen Arbeitsplatz wahrzunehmen hat, und zwar unabhängig davon, ob es sich dabei um den ständigen Arbeitsplatzinhaber oder dessen Vertreter handelt.

5. Mitbestimmung bei Pausen/Ruhepausen

Die Arbeitszeit ist mindestens durch die gesetzlich vorgeschriebenen Ruhepausen zu unterbrechen (§ 4 ArbZG). Die Ruhepausen werden nicht auf die Arbeitszeit angerechnet. 1145

Weder § 4 ArbZG noch § 9a AVR enthält eine Definition der Ruhepause. Als Ruhepausen können jedoch Unterbrechungen der Arbeitszeit angesehen werden, in denen 1146

K. Organisatorische und soziale Angelegenheiten (§ 40 MVG.EKD)

Beschäftigte weder Arbeit zu leisten noch sich zur Arbeit bereithalten müssen (BAG, Beschl. v. 22.07.2003 – 1 ABR 28/02, AP-Nr. 108 zu § 87 BetrVG 1972 Arbeitszeit).

1147 Der Beschäftigte kann frei darüber entscheiden, wo und wie er diese Zeit verbringen will; denn Pausen dienen seiner Erholung (BAG, Urt. v. 29.10.2002 – 1 AZR 603/01, AP-Nr. 11 zu § 611 BGB).

1148 Soweit es sich um unbezahlte Pausen handelt, sind die Festlegung der Lage sowie ihre Dauer beteiligungspflichtig.

1149 Nach der Rechtsprechung des BVerwG stehen den Ruhe- und Erholungspausen die sog. Betriebs- oder Arbeitsschutzpausen ggü. (BVerwG, Beschl. v. 08.01.2001 – 6 P 6.00, ersR 2001, 154), die auf die Arbeitszeit angerechnet und vergütet werden (z. B. Pausen bei der Bildschirmtätigkeit oder Lärmschutzpausen). Für die Gestaltung solcher Pausen, ihrer Dauer und zeitlichen Lage ist das Mitbestimmungsrecht hinsichtlich der Arbeitszeit nicht gegeben. Zu beachten ist aber, dass diese Kurzpausen als Maßnahme des Gesundheitsschutzes mitbestimmungspflichtig sein können (§ 40 Buchst. b) MVG.EKD).

6. Schichtdienst

1150 Der MAV steht ein Mitbestimmungsrecht bei der Regelung aller Fragen der Schichtarbeit und der näheren Ausgestaltung des jeweiligen Schichtsystems im Detail einschließlich der Dauer der Schichten zu (BAG, 28.05.2002 – 1 ABR 40/01, AP-Nr. 96 zu § 87 BetrVG 1972 Arbeitszeit). Insb. unterliegt die Frage, ob in einer Dienststelle Schichtbetrieb eingeführt wird, der Mitbestimmung.

1151 ▶ **Praxistipp:**

Schichtarbeit (§ 9e Abs. 3 AVR DW EKD, § 16 Abs. 8 AVR Bayern, § 7 Abs. 2 TVöD und § 7 Abs. 2 TV-L):

Arbeit nach einem Schichtplan (Dienstplan), der einen regelmäßigen Wechsel der täglichen Arbeitszeit (mindestens zwei Stunden, TVöD und TV-L) vorsieht (z. B. Früh- in Spätdienst);

Die Zeitspanne vom Beginn der ersten Schicht bis zum Ende der letzten Schicht muss mindestens 13 Stunden umfassen (vgl. § 7 Abs. 2 TVöD und TV-L, § 16 Abs. 8 AVR Bayern).

Der Zeitabschnitt einer Schicht darf längstens einen Monat dauern. Die Arbeit muss nicht an allen Tagen des Jahres oder an 24 Stunden des Tages erfolgen.

7. Wechselschichten

1152 Wechselschichtarbeit ist die Arbeit nach einem Schicht-/Dienstplan, der einen regelmäßigen Wechsel der täglichen Arbeitszeit in Wechselschichten vorsieht, bei denen der Beschäftigte längstens nach Ablauf eines Monats erneut zu mindestens zwei Nachtschichten herangezogen wird (vgl. § 48 Abs. 2 TVöD-K sowie § 48 Abs. 2 TVöD-B).

8. Anordnung von Überstunden

§ 7 Abs. 7 TVöD definiert Überstunden wie folgt: **1153**

»Überstunden sind die auf Anordnung des Arbeitgebers geleisteten Arbeitsstunden, die über die im Rahmen der regelmäßigen Arbeitszeit von Vollbeschäftigten für die Woche dienstplanmäßig bzw. betriebsüblich festgesetzten Arbeitsstunden hinausgehen und nicht bis zum Ende der folgenden Kalenderwoche ausgeglichen werden.«

§ 9c AVR DW EKD, Stand 01.07.2012 Regelung zum Plusstunden, Überstunden und Minusstunden:

»Es können Plusstunden (§ 9c Abs. 1 AVR) und Minusstunden (§ 9c Abs. 6 AVR) entstehen. Plusstunden sind die über die monatliche Soll-Arbeitszeit des Mitarbeiters hinausgehenden Arbeitsstunden. Alle Arbeitnehmer sind verpflichtet, Plusstunden zu leisten.

Überstunden sind die Plusstunden, die die Plusstundengrenze von 30 Stunden auf der Basis der monatlichen Soll-Arbeitszeit eines vollzeitbeschäftigten Arbeitnehmers überschreiten (§ 9c Abs. 4 AVR). Überstunden sind voll vollzeitbeschäftigten Mitarbeitern auf Anordnung zu leisten. Sie sind jedoch auf dringende Fälle zu beschränken und möglichst gleichmäßig auf die Mitarbeiter zu verteilen (§ 9c Abs. 5 AVR).«

Nach § 9b AVR richtet der Dienstgeber für jeden Mitarbeiter ein Jahresarbeitszeitkonto ein und führt dieses. Auf Antrag des Mitarbeiters kann zusätzlich ein Langzeitarbeitszeitkonto eingerichtet werden. **1154**

Auf das Arbeitszeitkonto werden gutgeschrieben: **1155**
- geleistete Arbeitszeit,
- Zeiten entschuldigten, bezahlten Fernbleibens vom Dienst (z. B. Urlaub, Arbeitsunfähigkeit und Dienstbefreiung nach § 11 AVR).

Maßstab: Dienstplanmäßige/Betriebsübliche Arbeitszeit, ansonsten mit 1/5 der arbeitsvertraglich vereinbarten WAZ pro Fehltag. **1156**

Während eines Zeitausgleichs verringert sich das Arbeitszeitkonto um die Arbeitsstunden, die der Arbeitnehmer ohne den Zeitausgleich dienstplanmäßig oder betriebsüblich gearbeitet hätte. Ist eine Prognose nicht möglich, werden pro Tag 1/5 der vertraglich vereinbarten Arbeitszeit abgebucht (vgl. § 9b Abs. 10 AVR). **1157**

▶ **Praxistipp:** **1158**

Der Arbeitnehmer kann grds. selber entscheiden, wann er Zeitausgleich in Anspruch nimmt. Gleichwohl muss er dringende dienstliche bzw. betriebliche Interessen sowie die Interessen anderer Arbeitnehmer berücksichtigen.

9. Bereitschaftsdienst und Rufbereitschaft

Nach § 2 Abs. 1 ArbZG ist Arbeitszeit die Zeit von Beginn bis Ende der Arbeit, nach der Rechtsprechung des EuGH jede Zeitspanne, während der ein Arbeitnehmer arbeitet, dem Arbeitgeber zur Verfügung steht und seine Tätigkeit ausübt oder Aufgaben wahrnimmt (Art. 2 Nr. 1 RL 93/104/EG v. 23.11.1993, Abl. Nr. L 307, 18). Zur Arbeitszeit gehört deshalb auch der Bereitschaftsdienst, d. h. die Zeitspanne, in der **1159**

K. Organisatorische und soziale Angelegenheiten (§ 40 MVG.EKD)

sich der Arbeitnehmer an der Arbeitsstelle aufhält, um im Bedarfsfall die Arbeit aufzunehmen (EuGH, 03.10.2000 – Rs. C-303/98, PersR 2001, 134 ff.).

1160 » Bereitschaftsdienst leisten Beschäftigte, die sich auf Anordnung des Arbeitgebers außerhalb der regelmäßigen Arbeitszeit an einer vom Arbeitgeber bestimmten Stelle aufhalten, um im Bedarfsfall die Arbeit aufzunehmen« (§ 7 Abs. 3 TVöD, §§ 9, 10 TVöD-K, § 7 Abs. 3 TVöD-B).

1161 » Rufbereitschaft leisten Beschäftigte, die sich auf Anordnung des Arbeitgebers außerhalb der regelmäßigen Arbeitszeit an einer dem Arbeitgeber anzuzeigenden Stelle aufhalten, um auf Abruf die Arbeit aufzunehmen. Rufbereitschaft wird nicht dadurch ausgeschlossen, dass Beschäftigte vom Arbeitgeber mit einem Mobiltelefon oder einem vergleichbaren technischen Hilfsmittel ausgestattet sind« (§ 7 Abs. 4 TVöD sowie § 7 Abs. 4 TVöD-B).

1162 Rufbereitschaft liegt dann vor, wenn der Beschäftigte sich an einem selbst bestimmten Ort aufhält, um bei Bedarf, der allerdings nur ausnahmsweise eintreten darf, seine vertraglich geschuldete Arbeitsleistung zu erbringen (einerseits BAG, Beschl. v. 23.01.2001 – 1 ABR 36/00, PersR 2001, 350; BAG, Beschl. v. 14.11.2006 – 1 ABR 5/06, NZA 2007, 458 ff.; andererseits BVerwG, Urt. v. 01.06.1987 – 6 P 8.85, PersR 1987, 244 und BVerwG, Urt. v. 26.04.1988 – 6 P 19.86, PersR 1988, 186; zuletzt offen gelassen BVerwG, Beschl. v. 23.08.2007 – 6 P 7/06, PersR 2007, 476). Die während der Rufbereitschaft geleisteten tatsächlichen Einsätze sind jedenfalls Arbeitszeit (Richtlinie 93/104/EG).

1163 ▶ Beispiel:

Ist ein Beschäftigter verpflichtet, auf Anordnung der Dienststellenleitung außerhalb der regelmäßigen Arbeitszeit ein auf Empfang geschaltetes Mobilfunktelefon mitzuführen, um auf telefonischen Abruf Arbeit zu leisten, die darin besteht, dass er über dieses Telefon Anordnungen trifft oder weiterleitet, so leistet er während der Dauer dieser Verpflichtung Rufbereitschaft (BAG, Urt. v. 29.06.2000 – 6 AZR 900/98, PersR 2001, 268).

1164 Sollen hingegen Beschäftigte entgegen einer jahrelang ausgeübten Praxis nicht mehr zum Bereitschaftsdienst und zur Rufbereitschaft herangezogen werden, so unterliegt dies ebenfalls der Mitbestimmung (BVerwG, Beschl. v. 16.11.1999 – 6 P 9.98, PersR 2000, 199).

1165 Inwieweit auch die Anordnung von Rufbereitschaft und deren Ausgestaltung der Mitbestimmung unterliegt hat das BVerwG in einer aktuellen Entscheidung zumindest offen gelassen (BVerwG, Beschl. v. 23.08.2007 – 6 P 7/06, PersR 2007, 476). Jedoch handelt es sich bei den während der Rufbereitschaft geleisteten tatsächlichen Einsätzen um Arbeitszeit, sodass ihre Anordnung zugleich eine vorweggenommene Anordnung von Mehrarbeit oder Überstunden darstellt und somit eine Beteiligungspflicht nach § 40 Buchst. d) MVG.EKD begründet.

1166 Ein Mitbestimmungsrecht besteht zugunsten der MAV bei der Anordnung und der Festlegung der zeitlichen Lage des Bereitschaftsdienstes.

IV. Tägliche Arbeitszeit, Pausen, Dienstpläne (§ 40 Buchst. d) MVG.EKD)   K.

Das BVerwG sieht in der Anordnung von Bereitschaftsdienst zugleich eine antizipierte (vorweggenommene) Anordnung der i. R. d. Bereitschaftsdienstes anfallenden Mehrarbeit oder Überstunden und bejaht schon deshalb die Mitbestimmung der MAV (BVerwG, Beschl. v. 28.03.2001 – 6 P 4.00, PersR 2001, 343; so schon BAG, Beschl. v. 22.07.2003 – 1 ABR 28/02, AP-Nr. 108 zu § 87 BetrVG 1972 Arbeitszeit). 1167

10. Gleitende Arbeitszeit

Der Mitbestimmung nach § 40 Buchst. d) MVG.EKD unterliegen auch Regelungen über die Einführung, Ausgestaltung und Änderung der gleitenden Arbeitszeit. Die Regelungsbefugnisse beziehen sich dabei insb. auf die Festlegung der Kernzeiten und Gleitspannen, die Modalitäten des Ausgleichs von Zeitguthaben und –rückständen, Verfallklauseln, das Verhältnis zu Überstunden/Mehrarbeit und die Kontrollregelungen. 1168

§ 40 Buchst. d) MVG.EKD umfasst jegliche Festlegung der zeitlichen Lage der Arbeitszeit, obwohl dabei stets die Organisation der Dienststelle berührt wird. 1169

Wird in einer Dienstvereinbarung über gleitende Arbeitszeit vereinbart, dass Vorgesetzte und Mitarbeiter die Arbeitszeit so zu planen und umzusetzen haben, dass am Ende des Ausgleichszeitraums ein bestimmter Höchstwert nicht überschritten wird, so begründet dies eine Verpflichtung des Arbeitgebers ggü. dem Personalrat (MAV), den Verfall von Arbeitszeitguthaben abzuwenden (LAG Baden-Württemberg, Beschl. v. 11.07.2002 – 2 TaBV 2/01, AiB 2002, 770). 1170

▶ **Praxistipp:** 1171

Alle Arbeitszeit, die nicht selbst bestimmt ist, kommt nicht in das Gleitzeitkonto, sondern in ein separates Konto.

Gleitende Arbeitszeit ist eigenverantwortlich zu verwaltende und zur Verfügung stehende Arbeits- und Mehrarbeitszeit, auf die der Arbeitgeber keinen Einfluss hat.

11. Beteiligung bei Arbeitszeit kompakt

Maßnahme	Sachverhalt	MB	1172
Arbeitszeit	Beginn und Ende der täglichen Arbeitszeit	+	
	Pausen	+	
	Verteilung der Arbeitszeit auf die einzelnen Wochentage	+	
	Anordnung von Mehrarbeit und Überstunden, wenn diese voraussehbar oder regelmäßig anfallen	+	
	Anordnung von Überstunden und Mehrarbeit, wenn diese unregelmäßig sind und nicht vorhersehbar sind	-	
	Einführung bzw. Anordnung der zeitlichen Lage des Bereitschaftsdienstes	+	
	Rufbereitschaft	-	

K.   Organisatorische und soziale Angelegenheiten (§ 40 MVG.EKD)

	Rufbereitschaft, soweit tatsächlich Einsätze erfolgen = Arbeitszeit; so zu behandeln wie Anordnung von Mehrarbeit oder Überstunden	+
	Kurzarbeit	-
	Gleitende Arbeitszeit	+
	Teilzeitbeschäftigung	-
	Regelung, nach der Teilzeitbeschäftigte nur an einer bestimmten Zahl von Arbeitstagen pro Woche eingesetzt werden dürfen = Verteilung der Arbeitszeit auf die einzelnen Wochentage	+

V. Aufstellen von Grundsätzen für den Urlaubsplan (§ 40 Buchst. e) MVG.EKD)

1. Umfang der Mitbestimmung

1173   Die MAV hat nach § 40 Buchst. e) MVG.EKD bei der Aufstellung des Urlaubsplans ein Mitbestimmungsrecht. Eine vergleichbare Vorschrift findet sich in § 75 Abs. 3 Nr. 3 BPersVG. Wie bei allen Regelungen ist auch hier der Gesetzes- und Tarifvorrang zu berücksichtigen.

1174   Die Regelung bezieht sich nicht nur auf den Erholungsurlaub, sondern grds. auf jede Form von Urlaub, sobald dieser planbar ist (BAG, Beschl. v. 28.05.2002 – 1 ABR 37/01, AP-Nr. 10 zu § 87 BetrVG 1972 Urlaub).

2. Urlaubsplan

1175   Der Urlaubsplan ist die Zusammenfassung der etwa in den einzelnen Abteilungen einer Dienststelle ausgelegten Urlaubslisten für die gesamte Dienststelle oder Teile einer Dienst- oder Nebenstelle. Er weist aus, für welche Zeiten der einzelne Beschäftigte den ihm zustehenden Urlaub voraussichtlich genehmigt erhalten soll. Insoweit dient das Aufstellen von Urlaubsplänen dazu, die Urlaubszeiten der Beschäftigten so zu koordinieren, dass nicht nur die Interessen aller Beschäftigten möglichst gleichrangig berücksichtigt werden, sondern dass vor allem auch der Dienstbetrieb in der Dienststelle durch urlaubsbedingte Personalausfälle möglichst wenig gestört wird und eine ordnungsgemäße Aufgabenerledigung trotz sich überschneidender Urlaubszeiten der in den gleichen Sachbereichen tätigen Beschäftigten gewährleistet bleibt.

3. Aufstellen von Urlaubsgrundsätzen

1176   Das Mitbestimmungsrecht bei der Aufstellung des Urlaubsplans ist weit auszulegen (vgl. *von Roetteken/Rothländer*, zu der vergleichbaren Vorschrift in § 74 Abs. 1 Nr. 11 HPVG Nr. 672).

1177   Die MAV ist bei der Aufstellung allgemeiner Urlaubsgrundsätze zu beteiligen, weil diese die Grundlage für die Aufstellung des Urlaubsplans bilden und ihr deshalb i. d. R.

VI. Aufstellung von Sozialplänen (§ 40 Buchst. f) MVG.EKD) K.

vorausgehen. Demgegenüber will das BVerwG die Aufstellung von Urlaubsgrundsätzen nicht der Mitbestimmung bei der Aufstellung eines Urlaubsplans, sondern seinem Vorfeld zuordnen (BVerwG, Beschl. v. 23.08.2007 – 6 P 7.06, PersR 2007, 476, 482). Für § 40 Buchst. e) MVG.EKD muss jedoch konzidiert werden, dass der Urlaubsplan alleiniger Gegenstand der Mitbestimmung ist und kein Anhalt dafür besteht, der kirchliche Gesetzgeber habe die Beteiligung auf Fälle beschränken wollen, in denen einzelne Beschäftigte und die Dienststellenleitung zur Inanspruchnahme oder Lage des Urlaubs keine Einigung erzielen. Die Regelung erfasst daher auch das Aufstellen von Urlaubsgrundsätzen und dies sogar dann, wenn ihnen kein weiterer konkretisierter Urlaubsplan folgt.

Ebenfalls der Mitbestimmung unterliegt die spätere Änderung der Urlaubsgrundsätze oder des Urlaubsplans. 1178

VI. Aufstellung von Sozialplänen (insb. bei Auflösung, Einschränkung, Verlegung und Zusammenlegung von Dienststellen oder erheblichen Teilen von ihnen) einschließlich Plänen für Umschulung zum Ausgleich oder zur Milderung von wirtschaftlichen Nachteilen und für die Folgen von Rationalisierungsmaßnahmen, wobei Sozialpläne Regelungen weder einschränken noch ausschließen dürfen, die auf Rechtsvorschriften oder allgemein verbindlichen Richtlinien beruhen (§ 40 Buchst. f) MVG.EKD)

1. Umfang der Mitbestimmung

§ 40 Buchst. f) MVG.EKD gewährt der MAV Einflussmöglichkeiten auf den Ausgleich oder die Milderung wirtschaftlicher Nachteile wie Verlust oder Verschlechterung des Arbeitsplatzes infolge von Rationalisierungsmaßnahmen. 1179

Der Sozialplan ist eine kollektivrechtliche Ergänzung des Schutzes der Beschäftigten aus dem Beamten- oder Arbeitsverhältnis (vgl. BVerwG, 23.06.1986 – 6 P 38.82, PersR 86, 220). 1180

Er kann aber auch für eine Einzelmaßnahme aufgestellt werden (VG Ansbach, Urt. v. 14.11.1994 –AN 7 P 94.01253, PersR 1995, 141). 1181

Sozialplan ist jede Regelung der Dienststellenleitung, die bezweckt, nachteilige Folgen von Rationalisierungsmaßnahmen für einzelne oder mehrere Beschäftigte auszugleichen oder zu mildern. Entscheidend ist der Inhalt des Plans, nicht seine Bezeichnung. Inhalt können alle Regelungen sein, die auf den Ausgleich oder die Milderung der durch die jeweilige Rationalisierungsmaßnahme entstehenden wirtschaftlichen Nachteile gerichtet sind. 1182

Vordergründiger Zweck dieses Mitbestimmungsrechts ist, den individualrechtlichen Schutz der Beschäftigten vor Eingriffen in ihr Beschäftigungsverhältnis kollektivrechtlich zu ergänzen und zu erweitern (s. a. BVerwG, Beschl. v. 26.03.1986 – 6 P 38.82, PersV 1986, 510). 1183

K. Organisatorische und soziale Angelegenheiten (§ 40 MVG.EKD)

2. Vorliegen einer Rationalisierungsmaßnahme

1184 Voraussetzung für die Mitbestimmung zur Aufstellung von Sozialplänen ist das Vorliegen einer Rationalisierungsmaßnahme oder einer Betriebsänderung.

1185 ▶ **Praxistipp:**

Eine Rationalisierungsmaßnahme ist eine Änderung der Arbeitsorganisation, die das Verhältnis von Leistung und Kosten berührt. Für den Begriff »Betriebsänderung« enthält das MVG.EKD keine gesetzliche Definition.

1186 Allerdings nennt die Vorschrift als Beispiele einer Rationalisierungsmaßnahme
– die Auflösung,
– die Einschränkung,
– die Verlegung und Zusammenlegung von Dienststellen
– oder erheblichen Teilen von ihnen.

1187 Damit hat der kirchliche Gesetzgeber bereits hinreichend verdeutlicht, wann von einer Rationalisierungsmaßnahme auszugehen ist. Es handelt sich hierbei jedoch um keine abschließende Aufzählung, wie sich aus dem Wort »insbesondere« ergibt. Zur Prüfung der Frage, ob eine Rationalisierungsmaßnahme vorliegt, kann auf die Begriffsdefinition der Betriebsänderung in § 111 BetrVG sinngemäß zurückgegriffen werden.

1188 Danach ist eine Betriebsänderung:
1. die Einschränkung und Stilllegung des ganzen Betriebs oder von wesentlichen Betriebsteilen,
2. die Verlegung des ganzen Betriebs oder von wesentlichen Betriebsteilen,
3. der Zusammenschluss mit anderen Betrieben oder die Spaltung von Betrieben
4. grundlegende Änderungen der Betriebsorganisation, des Betriebszwecks oder der Betriebsanlagen,
5. die Einführung grundlegend neuer Arbeitsmethoden und Fertigungsverfahren.

1189 Weitere Voraussetzung für die Mitbestimmung ist, dass infolge der Rationalisierungsmaßnahme bei einem oder mehreren Beschäftigten wirtschaftliche Nachteile eintreten können. Dazu reicht es aus, dass der Eintritt dieser Nachteile zu erwarten ist.

VII. Grundsätze der Arbeitsplatzgestaltung (§ 40 Buchst. g) MVG.EKD)

1. Umfang der Mitbestimmung

1190 Gem. § 40 Buchst. g) MVG.EKD besteht ein Mitbestimmungsrecht der MAV hinsichtlich der Gestaltung der Arbeitsplätze. Ziel dieses Mitbestimmungstatbestands ist die Schaffung menschengerecht gestalteter Arbeitsplätze unter Berücksichtigung arbeitswissenschaftlicher Erkenntnisse.

1191 Die Mitbestimmung greift sowohl bei der Gestaltung bereits vorhandener Arbeitsplätze als auch bei der Einrichtung und Ausgestaltung neuer Arbeitsplätze (BVerwG, Beschl. v. 16.12.1992 – 6 P 29.91, PersR 1993, 164).

VII. Grundsätze der Arbeitsplatzgestaltung (§ 40 Buchst. g) MVG.EKD) K.

1192 Was Arbeitsplätze sind, ist wiederum nach den Vorgaben des § 2 Abs. 2 der Arbeitsstättenverordnung (ArbStättV) zu ermitteln. Unter Gestaltung der Arbeitsplätze sind die räumlichen und technischen Bedingungen zu verstehen, unter denen eine konkrete Arbeitsleistung an einer bestimmten Stelle der Dienststelle erfüllt werden muss. Dazu gehören die Lage und Beschaffenheit des Arbeitsplatzes sowie seine Ausstattung mit Geräten und Einrichtungsgegenständen, auch Anlagen zur Beleuchtung, Belüftung und Beheizung sowie die Einrichtung mit einem Telefaxgerät oder mit EDV-Anlagen, und zwar sowohl mit der Hardware als auch mit der Software.

1193 Mitbestimmungspflichtig sind solche Maßnahmen, die objektiv geeignet sind, das Wohlbefinden oder die Leistungsfähigkeit des davon betroffenen Beschäftigten negativ zu beeinflussen (BVerwG, Beschl. v. 30.08.1985 – 6 P 20.83, DVBl. 1986, 352).

1194 Das Mitbestimmungsrecht bei der Gestaltung des Arbeitsplatzes ermöglicht dem Personalrat ein korrigierendes Eingreifen, um die räumlichen und sachlichen Arbeitsbedingungen und die Arbeitsumgebung im Interesse der Gesundheit der Beschäftigten beeinflussen zu können (OVG Nordrhein-Westfalen, Beschl. v.13.03.1986 – CL 42/84) und die Beschäftigten bei der Arbeit vor Gefährdungen und Überbeanspruchungen zu schützen (BVerwG, 17.07.1987 – 6 P 3.84, 6 P 6.85, PersR 1987, 220). Nach der Rechtsprechung des BVerwG endet der räumliche Bereich des Arbeitsplatzes in seiner unmittelbaren Umgebung, d.h. er ist auf die tatsächliche »Arbeitsstelle« begrenzt (BVerwG, Urt. v. 17.02.1986 – 6 P 21.84, ZBR 1986, 214). Von daher schließt schon der Begriff Arbeitsplatz von seinem Wortsinn aus, die Mitbestimmung auch auf die Gestaltung solcher Räumlichkeiten innerhalb der Dienststelle auszudehnen, in denen keine Arbeit zu leisten ist. Dies sind etwa Flure, Treppen, Pausen- und Sanitätsräume. Hierbei handelt es sich zwar um Arbeitsplätze i. S. d. § 2 Abs. 1, 4 ArbStättV, ohne allerdings Arbeitsplätze im engeren Sinne zu sein.

1195 Demgegenüber ist z. B. die Aufstellung von Raumplänen (bei Umzügen, Umbauten, Verlegung etc.) mitbestimmungspflichtig, wenn sich dadurch maßgebliche Veränderungen des Arbeitsplatzes ergeben (BVerwG, Beschl. v. 16.12.1992 – 6 P 29.91, ZTR 1993, 304). Der Mitbestimmungstatbestand greift auch bei der Zuteilung eines Raums an zwei oder mehrere Beschäftigte, wenn bei der Zusammenlegung von Arbeitsplätzen in einen Raum der für die Arbeit zur Verfügung gestellte Raum eingeengt oder die Aufstellung der Arbeitsgeräte verändert wird (VG Sigmaringen, Beschl. v. 18.06.1999 – P 9 K 4/99, PersR 1999, 403).

▶ **Praxistipp:** **1196**

Allerdings sind Entscheidungen über die Einrichtung oder Abschaffung von Bürowelten in Form von Großraumbüros nicht mitbestimmungspflichtig i. S. v. § 75 Abs. 1 Nr. 16 BPersVG, da es sich hierbei um grundlegend neue Arbeitsmethoden handelt, die wiederum nach § 76 Abs. 2 Nr. 7 BPersVG der eingeschränkten Mitbestimmung unterliegen.

1197 Wiederum anders zu bewerten ist die Frage der Ausstattung und Gestaltung von vorhandenen Büroraumwelten; dies ist eine Frage der Arbeitsplatzgestaltung.

K. Organisatorische und soziale Angelegenheiten (§ 40 MVG.EKD)

1198 Keine »Gestaltung des Arbeitsplatzes« und auch keine Maßnahme zur Hebung der Arbeitsleistung oder zur Erleichterung des Arbeitsablaufs oder zur Einführung neuer Arbeitsmethoden liegt vor, wenn der Dienststellenleiter dem Beschäftigten auf dessen Antrag hin die Nutzung eines privaten PC zu dienstlichen Zwecken gestattet.

2. Was gilt sonst noch als Arbeitsplatz?

1199 Als Arbeitsplätze gelten auch Dienstfahrzeuge, Schiffe etc. Auch die Gestaltung von Tele- oder Heimarbeitsplätzen unterliegt der Mitbestimmung. Telearbeit liegt vor, wenn Arbeiten mit einer gewissen Regelmäßigkeit außerhalb des Betriebs/der Dienststelle mithilfe von neuen Informations- und Kommunikationstechniken erbracht werden.

1200 ▶ **Praxistipp:**

Bei Telearbeit sind vier Gestaltungsformen erkennbar:
1. Bei der häuslichen Telearbeit sind die Beschäftigten räumlich außerhalb des Betriebs entweder zu Hause oder an einem anderen selbst gewählten Ort tätig.
2. Bei alternierender Telearbeit werden die Beschäftigten außerdem, wenn auch nur noch zeitweise, im Betrieb/in der Dienststelle tätig.
3. Die mobile Telearbeit wird an verschiedenen Orten (moderne Variante des herkömmlichen Außendienstes) oder in Betrieben/Dienststellen von Kunden oder Lieferanten erbracht.
4. Telearbeit in Satelliten- oder Nachbarschaftsbüros wird von einer Gruppe von Beschäftigten in ausgelagerten Büros des Unternehmens/der Dienststelle oder in Gemeinschaftsbüros verschiedener Unternehmen/Dienststellen verrichtet, wobei diese Büros sehr unterschiedlich ausgestaltet sein können, z. B. als Formen für eine gemeinsame Projektgestaltung, als Profit-Center, Gemeinschaftsbetrieb mehrerer Einrichtungen.

Die so Beschäftigten werden »Telearbeiter« genannt, ohne dass diese Bezeichnung Rückschlüsse auf die rechtliche Form des Beschäftigungsverhältnisses erlaubt.

3. Übersicht

1201 **Technische Überwachungseinrichtungen** können u. a. sein:
- Filmkameras, Fernsehmonitore, Videoanlagen, Mikrofone (»Wanzen«);
- Tonbandaufnahmen sowie Aufnahmen von Telefongesprächen;
- Mithören von telefonischen Gesprächen sowie Stechuhren;
- automatische Zeiterfassungsgeräte;
- rechnergestützte Zeitaufnahmegeräte zur Vorgabezeitermittlung;
- Produktografen, d. h. Geräte, die Daten über Lauf und Ausnutzung von Maschinen, wie z. B. Lauf, Stillstand, Fertigungsmängel, Taktfolge, Leerlauf, Verlustzeiten, Störzeiten, ggf. nach angeordneter Bedienung bestimmter Meldetasten auf einem Diagrammschreiber aufzeichnen;
- Fotokopiergeräte mit persönlicher Codenummer für Benutzer;

VIII. Einführung grundlegend neuer Arbeitsmethoden (§ 40 Buchst. h) MVG.EKD) **K.**

– Fahrtenschreiber; die automatische Erfassung von Telefondaten oder -gebühren; automatische Sicherungssysteme, die den Zu- und Abgang des Beschäftigten am Arbeitsplatz oder in bestimmten Arbeitsbereichen festhalten;
– aber auch technische Sicherungsmaßnahmen nach § 9 BDSG; bzw. nach vergleichbaren Regelungen in den Landesdatenschutzgesetzen.

An das öffentliche Netz angekoppelte Telekommunikationssysteme haben vielfältige zur Überwachung geeignete Basismerkmale, wie z. B. eine Anrufumleitung, die in der zentralen Anlage gespeichert wird und Rückschlüsse über Abwesenheit vom Arbeitsplatz zulässt, oder die Systeme ermöglichen ein Herausholen des Rufs, sodass der Arbeitgeber bzw. Dienststellenleiter auch gegen den Willen des Arbeitnehmers dessen Gesprächsteilnehmer feststellen kann. 1202

Hinsichtlich der Überwachung durch EDV-Anlagen hat das BVerwG ein Mitbestimmungsrecht jedenfalls dann verneint, wenn die technische Einrichtung aufgrund ihrer Konstruktion überhaupt nicht zur Überwachung geeignet ist oder wenn sie erst verändert werden muss, um eine Überwachung vorzunehmen (BVerwG, Beschl. v. 02.02.1990 – 6 PB 11.89, PersR 1990, 113). 1203

Eine EDV-Anlage muss grds. zur Überwachung geeignet sein, was dann der Fall ist, wenn sie ohne Weiteres, d. h. ohne unüberwindliche Hindernisse, mit einem solchen Programm versehen werden kann. 1204

VIII. Einführung grundlegend neuer Arbeitsmethoden (§ 40 Buchst. h) MVG.EKD)

1. Umfang der Mitbestimmung

Nach § 76 Abs. 2 Nr. 7 BPersVG steht dem Personalrat aus Anlass der Einführung grundlegend neuer Arbeitsmethoden ein Mitbestimmungsrecht zu. 1205

Entscheidend sind »grundlegend neue Arbeitsmethoden«. Erforderlich ist somit die Ersetzung einer vorhandenen durch grundlegend neue Arbeitsmethoden oder die erstmalige Einführung neuer Methoden. 1206

Der Begriff der Arbeitsmethode setzt eine nicht nur unwesentliche körperliche oder geistige Auswirkung auf die Beschäftigten voraus. Wann eine grundlegend neue Arbeitsmethode vorliegt, kann nur im Einzelfall anhand objektiver Umstände – etwa unter Heranziehung einer arbeitsmedizinischen Untersuchung – ermittelt werden. Nicht maßgeblich ist alleine die subjektive Einschätzung des Beschäftigten oder die des Dienststellenleiters. 1207

Im Unterschied zur Einführung einer grundlegend neuen Arbeitsmethode ist weder die Weiterentwicklung noch die Verbesserung oder die Verfeinerung der vorhandenen Methode mitbestimmungspflichtig. Allerdings müssen die Arbeitsmethoden nicht generell neu sein; es genügt, wenn sie in den von dem Dienststellenleiter vorgesehenen Arbeitsbereichen neu sind, d. h., dass sie dort bislang nicht angewandt wurden. 1208

K. Organisatorische und soziale Angelegenheiten (§ 40 MVG.EKD)

1209 ▶ Praxistipp:

Die erstmalige Einrichtung einer sog. Telearbeit in einer Dienststelle unterliegt ebenfalls der Mitbestimmung nach § 76 Abs. 2 Satz 1 Nr. 7 BPersVG. Dabei ist die Personalvertretung bereits aus Anlass einer Pilotphase bei der mehrmonatigen Einführung von Telearbeitsplätzen zu beteiligen. Dabei erstreckt sich das Mitbestimmungsrecht auch auf die Frage, wer an der Telearbeit teilnehmen darf, welche Onlinekontrollen bestimmt werden und wie die Teleheimarbeitsplätze konkret ausgestaltet werden sollen (*Fischer/Goeres/Gronimus* § 76 Rn. 49).

1210 ▶ Beispiel: Elektronische Datenverarbeitung

Es entspricht gängigem Verständnis, dass die elektronische Datenverarbeitung eine Arbeitsmethode i. R. d. Informations- und Kommunikationstechnik ist (BVerwG, Beschl. v. 14.06.2011 – 6 P 10.10, PersR 2011, 516, zitiert nach juris). Durch sie wird festgelegt, dass die öffentlichen Aufgaben der Dienststelle unter Einsatz von Rechnern sowie unter Verwendung eines Betriebssystems und von (Anwendungs-) Programmen (= Anwendungs-Software) erfüllt werden. Damit werden zugleich der Bearbeitungsweg und die jeweiligen Dienstkräfte gesteuert, d. h. im Sinne einer Arbeitsmethode vorgegeben.

1211 Auch wenn daher häufig mit der Einführung einer geänderten bzw. neuen Software eine Änderung der Arbeitsmethode, d. h. eine Änderung der Vorgabe von Bearbeitungswegen, verbunden sein dürfte, hat der kirchliche Gesetzgeber die Mitbestimmungspflicht auf diejenigen Fälle der Veränderung der Arbeitsmethode beschränkt, die sich als Einführung »grundlegend neuer« Arbeitsmethoden qualifizieren lassen. Letzteres setzt zwar nicht voraus, dass die Gesamtheit der den Arbeitsablauf an einem Arbeitsplatz bestimmenden Regeln neu gestaltet wird.

1212 ▶ Praxistipp:

Die Einführung »grundlegend neuer« Arbeitsmethoden liegt auch vor, wenn die Änderung sich auf bestimmte Abschnitte des Arbeitsablaufs beschränkt. Voraussetzung für die Bejahung dieser gesetzlichen Voraussetzung ist jedoch, dass die in Rede stehende Änderung für die von ihr betroffenen Dienstkräfte ins Gewicht fallende körperliche oder geistige Auswirkungen hat (BVerwG, Beschl. v. 14.06.2011 – 6 P 10.10, PersR 11, 516, zitiert nach juris).

2. Übersicht der technischen Überwachungseinrichtungen

1213 Technische Überwachungseinrichtungen können u. a. sein:
- Filmkameras, Fernsehmonitore, Videoanlagen, Mikrofone (»Wanzen«),
- Tonbandaufnahmen sowie Aufnahmen von Telefongesprächen,
- Mithören von telefonischen Gesprächen sowie Stechuhren,
- automatische Zeiterfassungsgeräte;
- rechnergestützte Zeitaufnahmegeräte zur Vorgabezeitermittlung;
- Produktografen, d. h. Geräte, die Daten über Lauf und Ausnutzung von Maschinen, wie z. B. Lauf, Stillstand, Fertigungsmängel, Taktfolge, Leerlauf, Verlustzeiten,

Störzeiten, ggf. nach angeordneter Bedienung bestimmter Meldetasten auf einem Diagrammschreiber aufzeichnen;
- Fotokopiergeräte mit persönlicher Codenummer für Benutzer;
- Fahrtenschreiber; die automatische Erfassung von Telefondaten oder -gebühren; automatische Sicherungssysteme, die den Zu- und Abgang des Beschäftigten am Arbeitsplatz oder in bestimmten Arbeitsbereichen festhalten
- aber auch technische Sicherungsmaßnahmen nach § 9 BDSG; bzw. nach vergleichbaren Regelungen in den Landesdatenschutzgesetzen

An das öffentliche Netz angekoppelte Telekommunikationssysteme haben vielfältige zur Überwachung geeignete Basismerkmale, wie z. B.
- eine Anrufumleitung, die in der zentralen Anlage gespeichert wird und Rückschlüsse über Abwesenheit vom Arbeitsplatz zulässt, oder ermöglichen ein Herausholen des Rufs, so das der Arbeitgeber bzw. Dienststellenleiter auch gegen den Willen des Arbeitnehmers dessen Gesprächsteilnehmer feststellen kann.

Hinsichtlich der Überwachung durch EDV-Anlagen hat das BVerwG ein Mitbestimmungsrecht jedenfalls dann verneint, wenn die technische Einrichtung aufgrund ihrer Konstruktion überhaupt nicht zur Überwachung geeignet ist oder wenn sie erst verändert werden muss, um eine Überwachung vorzunehmen (BVerwG, 02.02.1990 – 6 PB 11.89, PersR 1990, 113).

Eine EDV-Anlage muss grds. zur Überwachung geeignet sein, was dann der Fall ist, wenn sie ohne Weiteres, d. h. ohne unüberwindliche Hindernisse, mit einem solchen Programm versehen werden kann.

IX. Maßnahmen zur Hebung der Arbeitsleistung und zur Erleichterung des Arbeitsablaufs (§ 40 Buchst. i) MVG.EKD)

1. Maßnahmen zur Hebung der Arbeitsleistung

Gem. § 40 Buchst. i) ist die MAV aus Anlass von Maßnahmen zur Hebung der Arbeitsleistung sowie bei Maßnahmen zur Erleichterung des Arbeitsablaufs zu beteiligen.

▶ **Praxistipp:**

Eine Maßnahme zur Hebung der Arbeitsleistung liegt dann vor, wenn sie – grds. – darauf angelegt ist, die Güte und Menge der zu leistenden Arbeit zu steigern. Hierzu zählen indes auch solche Maßnahmen, bei denen der Beschäftigte einem Mehr an körperlicher und geistiger Belastung nicht ausweichen kann.

Eine Maßnahme ist nicht nur dann darauf angelegt, die Arbeitsleistung zu heben, wenn dies ihr erklärter und unmittelbar beabsichtigter Zweck ist, sondern auch dann, wenn die Hebung der Arbeitsleistung des Beschäftigten die zwangsläufige Folge einer Maßnahme ist, der die Bediensteten nicht durch Verringerung der einzelnen Tätigkeiten oder durch Verminderung der Güte der Arbeit ausweichen können.

K. Organisatorische und soziale Angelegenheiten (§ 40 MVG.EKD)

1220 ▶ Praxistipp:

Maßnahmen, die alleine dazu dienen, die individuellen Dienst- oder Arbeitspflichten aus dem Beschäftigungsverhältnis der einzelnen Mitarbeiter festzulegen, unterliegen nicht der Mitbestimmung des Personalrats.

1221 Ist diese Festlegung aber mit der Übertragung zusätzlicher Aufgaben und damit mit einer Erhöhung der Arbeitsleistung verbunden, steht ein Beteiligungsrecht zu. Wird etwa einem Sachbearbeiter einer Widerspruchsstelle aufgegeben, die Wiedervorlage der von ihm auf Frist gelegten Vorgänge zu überwachen, so liegt darin eine Maßnahme zur Hebung der Arbeitsleistung und Erleichterung des Arbeitsablaufs (OVG Berlin, 13.01.1995 – OVG PV Bund 7.93, PersR 1995, 438).

1222 ▶ Praxistipp:

I. d. R. muss im konkreten Einzelfall neben der Hebung der Arbeitsleistung auch eine Verbesserung der Verhältnisse von Arbeitsaufwand und Arbeitsergebnis erstrebt werden. Ziel der Maßnahme muss es deshalb sein, die von einzelnen Beschäftigten oder einer Gruppe von Beschäftigten zu leistende Arbeitszeit zu erhöhen, was dann der Fall ist, wenn entweder schnellere oder in der gleichen Zeit bessere Arbeiten geleistet werden sollen oder gleichzeitig zusätzliche Aufgaben wahrgenommen werden sollen.

1223 Die Übertragung zusätzlicher Aufgaben kann immer nur dann eine Verbesserung des Verhältnisses zwischen Arbeitsaufwand und Arbeitsergebnis bezwecken, wenn das neue größere Arbeitspensum in derselben Zeit zu erledigen ist wie das frühere geringere. Für den Beschäftigten selbst muss die Änderung quantitativ oder qualitativ nicht nur von geringem Gewicht oder untergeordneter Bedeutung sein.

1224 ▶ Beispiele für beteiligungspflichtige Maßnahmen können sein:

– Rationalisierungsmaßnahmen, durch die mit demselben Personalbestand eine größere Arbeitsmenge bewältigt oder eine bessere Arbeitsgüte errichtet werden soll.
– Zuweisung einer höheren Zahl von Auszubildenden an einen Ausbilder und die
– Kürzung der Zeiten für notwendige Vor- und Nacharbeiten in einem Dienstplan, der Schalteröffnungszeiten festlegt, obwohl der Umfang dieser Arbeiten sich nicht verändert hat.
– Eine Erleichterung des Arbeitsablaufs bewirken Maßnahmen, die durch eine Weiterentwicklung, Verbesserung, Vereinfachung oder Verfeinerung bereits in der Dienststelle angewandter Arbeitsmethoden zu einer körperlichen und/oder geistigen Entlastung der Beschäftigten bei ihrer konkreten Aufgabenerledigung führen.

1225 ▶ Praxistipp:

Unter Arbeitsablauf wird die funktionelle, zeitliche und räumliche Abfolge der Arbeitsvorgänge verstanden, was in welcher Reihenfolge wann und wo zu tun ist, und zwar zur Erzielung eines bestimmten Arbeitsergebnisses. Auf diesen Arbeitsablauf muss sich die Erleichterung beziehen.

▶ Beispiele hierfür sind organisatorische Maßnahmen, 1226
- die den Umlauf eines Vorgangs verkürzen,
- die Beteiligung von Stellen verringern,
- die Berechnungsmethode erleichtern bzw.
- die Arbeit mechanisieren.

Soweit die Ansicht vertreten wird, eine Maßnahme sei nur dann mitbestimmungspflichtig, wenn sie zu einer Überbeanspruchung der Beschäftigten führe, so kann dem nicht gefolgt werden, weil damit im Ergebnis ein weiteres zusätzliches Tatbestandsmerkmal geschaffen wird (OVG Nordrhein-Westfalen, Beschl. v. 10.02.1999 – 1 A 411/97.PVL, PersR 1999, 314; kritisch hierzu *von Roetteken* PersR 2000, 299, 313). 1227

Entscheidend für die Subsumtion unter die Tatbestandsalternative »Maßnahme zur Hebung der Arbeitsleistung« ist nicht die etwa beabsichtigte Steigerung der Menge oder Qualität des Arbeitsertrags, sondern vielmehr das Ziel einer erhöhten Inanspruchnahme der betroffenen Beschäftigten, zu der derartige Maßnahmen typischerweise führen (BVerwG, Beschl. v. 14.06.2011 – 6 P 10.10, PersR 2011, 516). 1228

2. Übersicht

Technische Überwachungseinrichtungen können u. a. sein: 1229
- Filmkameras, Fernsehmonitore, Videoanlagen, Mikrofone (»Wanzen«),
- Tonbandaufnahmen sowie Aufnahmen von Telefongesprächen,
- Mithören von telefonischen Gesprächen sowie Stechuhren,
- automatische Zeiterfassungsgeräte,
- rechnergestützte Zeitaufnahmegeräte zur Vorgabezeitermittlung;
- Produktografen, d. h. Geräte, die Daten über Lauf und Ausnutzung von Maschinen, wie z. B. Lauf, Stillstand, Fertigungsmängel, Taktfolge, Leerlauf, Verlustzeiten, Störzeiten, ggf. nach angeordneter Bedienung bestimmter Meldetasten auf einem Diagrammschreiber aufzeichnen;
- Fotokopiergeräte mit persönlicher Codenummer für Benutzer;
- Fahrtenschreiber; die automatische Erfassung von Telefondaten oder -gebühren; automatische Sicherungssysteme, die den Zu- und Abgang des Beschäftigten am Arbeitsplatz oder in bestimmten Arbeitsbereichen festhalten
- aber auch technische Sicherungsmaßnahmen nach § 9 BDSG; bzw. nach vergleichbaren Regelungen in den Landesdatenschutzgesetzen

An das öffentliche Netz angekoppelte Telekommunikationssysteme haben vielfältige zur Überwachung geeignete Basismerkmale, wie z. B. eine Anrufumleitung, die in der zentralen Anlage gespeichert wird und Rückschlüsse über Abwesenheit vom Arbeitsplatz zulässt, oder die ein Herausholen des Rufs ermöglichen, sodass der Arbeitgeber bzw. Dienststellenleiter auch gegen den Willen des Arbeitnehmers dessen Gesprächsteilnehmer feststellen kann. 1230

K. Organisatorische und soziale Angelegenheiten (§ 40 MVG.EKD)

1231 Hinsichtlich der Überwachung durch EDV-Anlagen hat das BVerwG ein Mitbestimmungsrecht jedenfalls dann verneint, wenn die technische Einrichtung aufgrund ihrer Konstruktion überhaupt nicht zur Überwachung geeignet ist oder wenn sie erst verändert werden muss, um eine Überwachung vorzunehmen (BVerwG, Beschl. v. 02.02.1990 – 6 PB 11.89, PersR 1990, 113).

1232 Eine EDV-Anlage muss grds. zur Überwachung geeignet sein, was dann der Fall ist, wenn sie ohne Weiteres, d. h. ohne unüberwindliche Hindernisse, mit einem solchen Programm versehen werden kann.

3. Maßnahmen zur Erleichterung des Arbeitsablaufs

1233 Nach der Zielsetzung der Norm des § 40 Buchst. i) handelt es sich bei der zweiten Alternative des Mitbestimmungstatbestands »Maßnahmen zur Erleichterung des Arbeitsablaufs« um einen Unterfall der »Maßnahmen zur Hebung der Arbeitsleistung«.

1234 ▶ Praxistipp:

> Maßnahmen, welche dazu bestimmt sind, in den Hergang der Arbeit einzugreifen, um dem Beschäftigten einzelne Verrichtungen zu erleichtern, die also seine körperliche oder geistige Inanspruchnahme durch den einzelnen Arbeitsvorgang oder durch die Abfolge mehrerer aneinander anschließender Arbeitsvorgänge verringern sollen, unterliegen deshalb der Mitbestimmung, weil die so zu verstehende Erleichterung des Arbeitsablaufs **in aller Regel** mit einer Anhebung des Maßes der verlangten Arbeit, des Arbeitspensums, verbunden ist.

1235 Wird etwa eine neue Software eingeführt, so muss diese in irgendeiner Weise zu einer erhöhten Inanspruchnahme der betroffenen Beschäftigten führen können. Dies ist etwa bei einer in den Hergang der Arbeit (Bearbeitungsreihenfolge) aktiv eingreifenden, d. h. die Arbeitsreihenfolge (vom bisherigen Verlauf abweichend) konkret vorgebenen Maßnahme des Dienstherrn der Fall (OVG Berlin-Brandenburg, Beschl. v. 02.03.2011 – OVG 60 PV 10.10, zitiert nach juris).

1236 ▶ Praxistipp:

> Demgegenüber ist die Lockerung einer zuvor zwingenden Vorgabe der Arbeitsreihenfolge typischerweise gerade nicht mit einer Anhebung des Maßes der verlangten Arbeit, des Arbeitspensums, verbunden.

4. Übersicht

1237 Technische Überwachungseinrichtungen können u. a. sein:
- Filmkameras, Fernsehmonitore, Videoanlagen, Mikrofone (»Wanzen«),
- Tonbandaufnahmen sowie Aufnahmen von Telefongesprächen,
- Mithören von telefonischen Gesprächen sowie Stechuhren,
- automatische Zeiterfassungsgeräte;
- rechnergestützte Zeitaufnahmegeräte zur Vorgabezeitermittlung;

X. Technischen Einrichtungen der Mitarbeiterkontrolle (§ 40 Buchst. j) MVG.EKD) K.

– Produktografen, d. h. Geräte, die Daten über Lauf und Ausnutzung von Maschinen, wie z. B. Lauf, Stillstand, Fertigungsmängel, Taktfolge, Leerlauf, Verlustzeiten, Störzeiten, ggf. nach angeordneter Bedienung bestimmter Meldetasten auf einem Diagrammschreiber aufzeichnen;
– Fotokopiergeräte mit persönlicher Codenummer für Benutzer;
– Fahrtenschreiber; die automatische Erfassung von Telefondaten oder -gebühren; automatische Sicherungssysteme, die den Zu- und Abgang des Beschäftigten am Arbeitsplatz oder in bestimmten Arbeitsbereichen festhalten
– aber auch technische Sicherungsmaßnahmen nach § 9 BDSG; bzw. nach vergleichbaren Regelungen in den Landesdatenschutzgesetzen

An das öffentliche Netz angekoppelte Telekommunikationssysteme haben vielfältige zur Überwachung geeignete Basismerkmale, wie z. B. eine Anrufumleitung, die in der zentralen Anlage gespeichert wird und Rückschlüsse über Abwesenheit vom Arbeitsplatz zulässt, oder die ein Herausholen des Rufs ermöglichen, sodass der Arbeitgeber bzw. Dienststellenleiter auch gegen den Willen des Arbeitnehmers dessen Gesprächsteilnehmer feststellen kann. 1238

Hinsichtlich der Überwachung durch EDV-Anlagen hat das BVerwG ein Mitbestimmungsrecht jedenfalls dann verneint, wenn die technische Einrichtung aufgrund ihrer Konstruktion überhaupt nicht zur Überwachung geeignet ist oder wenn sie erst verändert werden muss, um eine Überwachung vorzunehmen (BVerwG, Beschl. v. 02.02.1990 – 6 PB 11.89, PersR 1990, 113). 1239

Eine EDV-Anlage muss grds. zur Überwachung geeignet sein, was dann der Fall ist, wenn sie ohne Weiteres, d. h. ohne unüberwindliche Hindernisse, mit einem solchen Programm versehen werden kann. 1240

X. Einführung und Anwendung von technischen Einrichtungen der Mitarbeiterkontrolle (§ 40 Buchst. j) MVG.EKD)

1. Umfang der Mitbestimmung

Die MAV hat gem. § 40 Buchst. j), 1. Alt. MVG.EKD (nahezu wortgleich § 75 Abs. 3 Nr. 17 BPersVG) mitzubestimmen über die Einführung und Anwendung technischer Einrichtungen, die dazu bestimmt sind, das Verhalten oder die Leistung der Beschäftigten zu überwachen. Der Zweck der Mitbestimmung liegt darin, den einzelnen Beschäftigten gegen anonyme Kontrolleinrichtungen, die stark in seinen persönlichen Bereich eingreifen, zu schützen. Das Mitbestimmungsrecht des Personalrats soll sicherstellen, dass die Beeinträchtigungen und Gefahren für den Schutz der Persönlichkeit des Beschäftigten am Arbeitsplatz, die von der Technisierung der Verhaltens- und Leistungskontrolle ausgehen, auf das erforderliche Maß beschränkt bleiben. Denn ein Beschäftigter, der befürchten muss, während der Arbeit mithilfe technischer oder elektronischer Kontrolleinrichtungen jederzeit beobachtet oder in anderer Weise fortlaufend kontrolliert zu werden, kann unter einen Überwachungsdruck geraten, der ihn in der freien Entfaltung seiner Persönlichkeit behindert. Er kann ihn unter einen 1241

K. Organisatorische und soziale Angelegenheiten (§ 40 MVG.EKD)

Anpassungsdruck setzen und ihn in eine erhöhte Abhängigkeit bringen (BVerwG, Urt. v. 23.09.1992 – 6 P 26.90, PersV 1993, 225, 228).

1242 ▶ **Praxistipp:**

Aus dem Wortlaut des § 40 Buchst. j), 1. Alt. MVG.EKD ergibt sich die umfassende Anwendung der Vorschrift auf Überwachungseinrichtungen jeder Art und Zielsetzung, wobei es für die Beurteilung (einer Beeinträchtigung) auf die Sicht des Beschäftigten ankommen muss (BVerwG, Urt. v. 23.09.1992 – 6 P 26.90, PersR 1993, 28-33).

1243 Damit der Mitbestimmungstatbestand überhaupt greift, muss die Überwachung durch eine technische Einrichtung erfolgen. Das ist nicht der Fall, wenn die Überwachung durch eine Person erfolgt.

1244 Technische Einrichtung i. S. d. § 75 Abs. 3 Nr. 17 BPersVG sind alle Geräte und Anlagen, die unter Verwendung nicht menschlicher, sondern anderweitiger erzeugter Energie mit den Mitteln der Technik, insb. der Elektronik, eine selbstständige Leistung erbringen (vgl. BVerwG, 31.08.1988 – 6 P 21.86, PersR 1988, 271) und deshalb eine eigenständige Kontrollwirkung entfalten (*Fitting/Engels/Schmidt* BetrVG § 87 Rn. 227).

1245 Technische Überwachungseinrichtungen können u. a. sein:
- Filmkameras, Fernsehmonitore, Videoanlagen, Mikrofone (»Wanzen«),
- Tonbandaufnahmen sowie Aufnahmen von Telefongesprächen,
- Mithören von telefonischen Gesprächen sowie Stechuhren,
- automatische Zeiterfassungsgeräte,
- rechnergestützte Zeitaufnahmegeräte zur Vorgabezeitermittlung;
- Produktografen, d. h. Geräte, die Daten über Lauf und Ausnutzung von Maschinen, wie z. B. Lauf, Stillstand, Fertigungsmängel, Taktfolge, Leerlauf, Verlustzeiten, Störzeiten, ggf. nach angeordneter Bedienung bestimmter Meldetasten auf einem Diagrammschreiber aufzeichnen;
- Fotokopiergeräte mit persönlicher Codenummer für Benutzer;
- Fahrtenschreiber; die automatische Erfassung von Telefondaten oder -gebühren;
- automatische Sicherungssysteme, die den Zu- und Abgang des Beschäftigten am Arbeitsplatz oder in bestimmten Arbeitsbereichen festhalten
- aber auch technische Sicherungsmaßnahmen nach § 9 BDSG; bzw. nach vergleichbaren Regelungen in den Landesdatenschutzgesetzen

1246 An das öffentliche Netz angekoppelte Telekommunikationssysteme haben vielfältige zur Überwachung geeignete Basismerkmale, wie z. B. eine Anrufumleitung, die in der zentralen Anlage gespeichert wird und Rückschlüsse über Abwesenheit vom Arbeitsplatz zulässt, oder die ein Herausholen des Rufs ermöglichen, sodass der Arbeitgeber bzw. Dienststellenleiter auch gegen den Willen des Arbeitnehmers dessen Gesprächsteilnehmer feststellen kann.

1247 Hinsichtlich der Überwachung durch EDV-Anlagen hat das BVerwG ein Mitbestimmungsrecht jedenfalls dann verneint, wenn die technische Einrichtung aufgrund

X. Technischen Einrichtungen der Mitarbeiterkontrolle (§ 40 Buchst. j) MVG.EKD) K.

ihrer Konstruktion überhaupt nicht zur Überwachung geeignet ist oder wenn sie erst verändert werden muss, um eine Überwachung vorzunehmen (BVerwG, Beschl. v. 02.02.1990 – 6 PB 11.89, PersR 1990, 113).

Eine EDV-Anlage muss grds. zur Überwachung geeignet sein, was dann der Fall ist, wenn sie ohne Weiteres, d. h. ohne unüberwindliche Hindernisse, mit einem solchen Programm versehen werden kann. 1248

2. Übersicht

Technische Überwachungseinrichtungen können u. a. sein: 1249
– Filmkameras, Fernsehmonitore, Videoanlagen, Mikrofone (»Wanzen«),
– Tonbandaufnahmen sowie Aufnahmen von Telefongesprächen,
– Mithören von telefonischen Gesprächen sowie Stechuhren,
– automatische Zeiterfassungsgeräte;
– rechnergestützte Zeitaufnahmegeräte zur Vorgabezeitermittlung;
– Produktografen, d. h. Geräte, die Daten über Lauf und Ausnutzung von Maschinen, wie z. B. Lauf, Stillstand, Fertigungsmängel, Taktfolge, Leerlauf, Verlustzeiten, Störzeiten, ggf. nach angeordneter Bedienung bestimmter Meldetasten auf einem Diagrammschreiber aufzeichnen;
– Fotokopiergeräte mit persönlicher Codenummer für Benutzer;
– Fahrtenschreiber; die automatische Erfassung von Telefondaten oder -gebühren; automatische Sicherungssysteme, die den Zu- und Abgang des Beschäftigten am Arbeitsplatz oder in bestimmten Arbeitsbereichen festhalten
– aber auch technische Sicherungsmaßnahmen nach § 9 BDSG; bzw. nach vergleichbaren Regelungen in den Landesdatenschutzgesetzen

An das öffentliche Netz angekoppelte Telekommunikationssysteme haben vielfältige zur Überwachung geeignete Basismerkmale, wie z. B. eine Anrufumleitung, die in der zentralen Anlage gespeichert wird und Rückschlüsse über Abwesenheit vom Arbeitsplatz zulässt, oder die ein Herausholen des Rufs ermöglichen, sodass der Arbeitgeber bzw. Dienststellenleiter auch gegen den Willen des Arbeitnehmers dessen Gesprächsteilnehmer feststellen kann. 1250

Hinsichtlich der Überwachung durch EDV-Anlagen hat das BVerwG ein Mitbestimmungsrecht jedenfalls dann verneint, wenn die technische Einrichtung aufgrund ihrer Konstruktion überhaupt nicht zur Überwachung geeignet ist oder wenn sie erst verändert werden muss, um eine Überwachung vorzunehmen (BVerwG, 02.02.1990 – 6 PB 11.89, PersR 1990, 113). 1251

Eine EDV-Anlage muss grds. zur Überwachung geeignet sein, was dann der Fall ist, wenn sie ohne Weiteres, d. h. ohne unüberwindliche Hindernisse, mit einem solchen Programm versehen werden kann. 1252

K. Organisatorische und soziale Angelegenheiten (§ 40 MVG.EKD)

XI. Weitere Fälle der Mitbestimmung in organisatorischen und sozialen Angelegenheiten

1253 § 40 Buchst. l) Planung und Durchführung von Veranstaltungen für die Mitarbeiterschaft MVG.EKD).

1254 § 40 Buchst. m) Grundsätze für die Gewährung von Unterstützung oder sonstigen Zuwendungen, auf die kein Rechtsanspruch besteht.

1255 § 40 Buchst. n) Zuweisung von Mietwohnung oder Pachtland an Mitarbeiter, wenn die Dienststelle darüber verfügt, sowie allgemeine Festsetzung der Nutzungsbedingungen und die Kündigung der Nutzungsverhältnisse.

XII. Grundsätze über das betriebliche Vorschlagswesen (§ 40 Buchst. o) MVG.EKD)

1256 Unter betrieblichem Vorschlagswesen versteht man sämtliche Systeme und Verfahrensweisen, die in teilweise institutionalisierter Form im Betrieb vorübergehend oder auf Dauer für Verbesserungsvorschläge durch Beschäftigte Prämien in Aussicht stellen. Mitbestimmungspflichtig sind die Grundsätze, also abstrakt-generelle Regelungen. Der Mitbestimmung unterliegen insb. Aufbau und Organisation, Festlegung des Teilnehmerkreises sowie Prämiengrundsätze und Beurteilungsmaßstäbe, nicht aber Vergütungsregelungen gem. § 20 Arbeitnehmererfindungsgesetz oder die Auswahl der Personen der Beauftragten für das betriebliche Vorschlagswesen.

1257 Vergleichbare Beteiligungstatbestände befinden sich in § 75 Abs. 3 Nr. 12 BPersVG bzw. § 80 Abs. 3 Nr. 12 SächsPersVG.

XIII. Einführung und Anwendung von Maßnahmen der Mitarbeiterkontrolle (§ 40 Buchst. j), 1. Alt. MVG.EKD)

1. Umfang der Mitbestimmung

1258 Der Einsatz technischer Einrichtung, die für die Überwachung von Mitarbeitern objektiv geeignet sind, unterliegt in allen Mitbestimmungssystemen in Deutschland der Mitbestimmung (s. u.).

1259 Die nicht-technische Kontrolle am Arbeitsplatz ist grds. mitbestimmungsfrei. Erfasst die Überwachung das Ordnungsverhalten des Mitarbeiters, ist das Mitbestimmungsrecht der Regelung der Ordnung in der Dienststelle des § 40 Buchst. k) MVG.EKD zu beachten. Im Kirchengesetz existiert aber eine Besonderheit:

1260 ▶ Praxistipp:

Gem. § 40 Buchst. j), 1. Alt. MVG.EKD ist auch die »Einführung und Anwendung von Maßnahmen ..., die dazu geeignet sind, das Verhalten oder die Leistung der Mitarbeiter ... zu überwachen« mitbestimmungspflichtig.

XIII. Maßnahmen der Mitarbeiterkontrolle (§ 40 Buchst. j), 1. Alt. MVG.EKD) K.

Eine vergleichbare Vorschrift besteht nur in § 70 Abs. 1 Nr. 10 LPVG MV (vgl. *Vogelsang/Bieler/Kleffne*r § 70 Rn. 220 ff.). Ziel ist der Schutz des allgemeinen Persönlichkeitsrechts des Art. 2 Abs. 1 GG. Nicht-technische, das sind vor allem organisatorische Maßnahmen unterliegen der Mitbestimmung, wenn diese objektiv geeignet sind, eine Leistungs- und Verhaltenskontrolle durchzuführen (vgl. SchlSt.EKD, 19.03.1998 – 2708/B73-97, ZMV 1999, 44). 1261

▶ **Praxistipp:** 1262

Erforderlich ist aber ein kollektiver Bezug. Betrifft eine Maßnahme nur einen Einzelnen, muss die MAV nicht im Wege der Mitbestimmung beteiligt werden. Zu prüfen ist, ob eine Unterrichtung gem. § 34 Abs. 1 MVG.EKD erfolgen muss.

2. Übersicht

Keine Mitbestimmung	Mitbestimmung
Kontrollen im Einzelfall	An-/Abwesenheitskontrollen durch Führungskräfte
Vorlage Führungszeugnis aufgrund gesetzlicher bzw. behördlicher Verpflichtung (KGH.EKD, Beschl. v. 29.04.2011 – II-0124/R72-09)	An-/Abwesenheitslisten, die händisch geführt werden
	Befragungen von Mitarbeitern, Kunden usw.
	Einzelverbindungsnachweise dienstlicher Telefonanschlüsse (SchlSt. Baden, 17.10.2000 – 1 Sch 1/2000, ZMV 2001, 82)
	formalisierte Dienstreiseberichte
Anordnung der Dokumentation von Arbeitsleistungen im Einzelfall (SchlSt. Baden, 27.09.2004 – 2 Sch 212/2003, ZMV 2005, 203)	Formular zur Dokumentation sozialpädagogischer Fachleistungen (SchlSt. EKD, 22.09.1998 – 2708/C147-98, ZMV 2000, 82)
Überwachung eines einzelnen Mitarbeiters mittels Detektivs (KGH.EKD, Beschl. v. 20.10.2010 – I-0124/S3-10)	Überwachung mehr als einen Mitarbeiters mittels Detektiv (KGH.EKD, Beschl. v. 20.10.2010 – I-0124/S3-10)
	dienststelleninterne Prüfungen nach Seminaren
	formalisierte Rückkehrgespräche z. B. nach Dienstreise, Seminar usw. oder im Rahmen ...
	betrieblichen Eingliederungsmanagements

1263

K.   Organisatorische und soziale Angelegenheiten (§ 40 MVG.EKD)

	Stelleninterview (s. u.)
	verdeckte Testkunden/-käufer (Mystery-Shopping)
	Tor- und Türkontrollen
	Zielvereinbarung

XIV. Ordnung in der Dienststelle (§ 40 Buchst. k) MVG.EKD)

1. Die praktische Relevanz

1264   Der Mitbestimmung unterliegt gem. § 40 Buchst. k) MVG.EKD die »Regelung der Ordnung in der Dienststelle (Haus- und Betriebsordnung) und des Verhaltens der Mitarbeiter ... im Dienst«.

1265   Die inhaltliche Verknüpfung des Direktionsrechts des Arbeitgebers bzw. Dienstherrn mit dem Mitbestimmungsrecht der MAV wurde bereits dargestellt (s. o.). Existiert für die Dienststellenleitung kein Spielraum, weil alles abschließend im (Kirchen-) Gesetz oder Tairf(vertrag) geregelt ist, besteht auch kein Mitbestimmungsrecht. Voraussetzung ist des Weiteren, dass keine Einzelweisung vorliegt.

2. Umfang und Grenzen der Mitbestimmung

1266   Der Mitbestimmung unterliegt nur das Ordnungsverhalten (»soziales Miteinander«), nicht aber das Arbeitsverhalten (»Arbeitsergebnis«).

1267   Das MVG.EKD regelt nicht, wann das eine oder das andere betroffen ist. Die Abgrenzung kann schwierig sein (vgl. *Richter/Gamisch* DÖD 2011, 1 ff.). Die Mehrzahl der Entscheidungen treffen staatliche Arbeits- und Verwaltungsgerichte. Deshalb ist deren Rechtsprechung auch für den MVG.EKD-Anwender von Bedeutung:

XIV. Ordnung in der Dienststelle (§ 40 Buchst. k) MVG.EKD) K.

Umfang der Mitbestimmung – staatliche Gerichte   1268

Keine Mitbestimmung	Mitbestimmung
– Einrichtung einer AGG-Beschwerdestelle (VGH Hessen, Urt. v. 20.03.2008 – 22 TL 2257/07, PersR 2008, S. 3307) – Absolutes Alkoholverbot für waffentragende Polizeibeamte (BVerwG, Beschl. v. 11.03.1983 – 6 P 25.80, PersV 1984, 318) – Führen von Abwesenheitslisten beim Verlassen des Dienstgebäudes (BVerwG 19.05.1990, Nr. 1 zu § 77 LPVG Rh-Pf) – Alarmplan bei Überfall und Einbruch (Brem OVG 02.03.1994 – OVG PV-B 6/93) – Anordnung einer amts-/vertrauensärztlichen Untersuchung (BVerwG, Beschl. v. 31.01.1986 – 6 P 5.83, PersR 1986, S. 178) – Anordnung zur Führung und Abgabe sog. arbeitsbegleitender Papiere (Arbeitsberichte, Tätigkeitsberichte, Tagesnotizen) (OVG Nordrhein-Westfalen 20.10.1982, RiA 1982, S. 176) – Anordnung zur Führung von Strichlisten über die Leistungen nachgeordneter Mitarbeiter (VGH Baden-Württemberg, Beschl. v. 14.12.1982 – 15 S 1489/82, BB 1983, 634) – Anordnung zur Benutzung der Arbeitszeitüberwachung, z. B. Stechuhren (BVerwG, Urt. v. 13.08.1992 – 6 p 20.91, PersR 1992, 505) – Anordnung an den Sachbearbeiter, den Vornamen im Geschäftsbrief anzugeben (vgl. BAG, Beschl. v. 08.06.1999 – 1 ABR 67/98, AP Nr. 31 zu § 87 BetrVG 1972 Ordnung des Betriebes)	– allgemeiner Alkoholtest (VG Sigmaringen 29.04.1985, Pers 1407/84; zit. n. *Altvater/Baden/Kröll* § 75 Rn. 245) – Alkoholverbot (BVerwG, Beschl. v. 05.10.1989 – 6 P 7.88, PersR 1989, 364) – Anordnung über die Meldung des Verdachts von Unregelmäßigkeiten (OVG SLH, Beschl. v. 19.01.1993 – 11 L 3/92, PersR 1993, 371) – Anordnung, zur Sicherheitsüberprüfung Fingerabdrücke zu nehmen (vgl. BAG, Beschl. v. 27.01.2004 – 1 ABR 7/03, AP Nr. 40 zu § 87 BetrVG 1972 Überwachung) – Arztbesuche während der Arbeitszeit (OVG Nordrhein-Westfalen, Beschl. v. 03.02.2000 – 1 A 426/98.PVL, PersR 2000, 517) – Biometrische Zugangskontrollen mit Fingerprint (vgl. BAG, Beschl. v. 27.01.2004 – 1 ABR 7/03, AP Nr. 40 zu § 87 BetrVG 1972 Überwachung) – Einführung von Dienstausweisen (VG Gelsenkirchen, 13.03.1998 – 3 c K 4787/96.PVL) – Aufstellung einer Disziplinarordnung (BVerwG, Beschl. v. 23.08.1982 – 6 P 45.79, PersV 1983, 375) – Formularmäßige Aufforderung zur Vorlage von ärztlichen Bescheinigungen bei Fortsetzungserkrankungen (vgl. Hess. LAG, Beschl. v. 06.09.2001 – 5 TaBV 5/01, ZTR 2002, 295)

K. Organisatorische und soziale Angelegenheiten (§ 40 MVG.EKD)

- Anordnung der Präsenzpflicht von Beschäftigten einer Hochschule in der vorlegungsfreien Zeit
  (VGH Baden-Württemberg, Beschl. v. 21.10.1986 – 15 S 496/86, PersV 1988, 261)
- Anordnung des Mitführens von Maschinenpistolen in Funkstreifenwagen der Polizei
  (OVG Nordrhein-Westfalen 25.03.1980, PersV 1981, 371)
- Anordnung zur Untersagung der Verteilung von Rundschreiben die Befragungen gewerkschaftlicher Betriebsgruppen zu dienstlichen Angelegenheiten betreffen
  (OVG Nordrhein-Westfalen 06.01.1983, PersV 1984, 333)
- Anweisung an Ausbilder zur Belehrung der Auszubildenden über die Möglichkeiten zur Geltendmachung ihrer Rechte
  (OVG Nordrhein-Westfalen 06.01.1982, RiA 1983, 176)
- Anweisung an Führungskräfte, wie bei der Ab- und Rückmeldung von Mitarbeitern zu verfahren ist
  (vgl. BAG, Beschl. v. 13.05.1997 – 1 ABR 2/97, AP Nr. 119 zu § 37 BetrVG 1972)
- Anweisung an Mitarbeiter, das nächstgelegene Zeiterfassungsgerät zu bedienen
  (BVerwG, Urt. v. 13.08.1992 – 6 P 20.91, AP Nr. 39 zu § 75 BPersVG)
- Anweisung, windempfindliche Außenjalousien während der Dienstzeit bei starker Windbelastung und stets nach Dienstschluss einzurollen
  (OVG Nordrhein-Westfalen, Beschl. v. 03.02.2000 – 1 A 5029/98.PVL, PersR 2001, 25)
- Anwesenheitskontrollen bei gleitender Arbeitszeit
  (BVerwG, Beschl. v. 19.06.1990 – 6 P 3.87, PersR 1990, 259)
- Ethik-Richtlinien
  (vgl. LAG Düsseldorf, Beschl. v. 14.11.2005 – 10 TaBV 46/05, NZA-RR 2006, 81)
- Fahrverbote für private Kfz mit politischen Aufklebern und Aufschriften
  (BVerwG 07.07.1993, PersR 1993, 491)
- Kasernenordnung der Bundeswehr
  (BVerwG, Beschl. v. 07.07.1993 – 6 P 4.91, PersR 1993, 491)
- Kleiderordnung (zu den Ausnahmen s. o.)
  (OVG Nordrhein-Westfalen, Beschl. v. 12.03.2003 – 1 A 5764/00.PVL, PersR 2003, 323)
- Namensschilder an der Dienstkleidung
  (vgl. BAG, Beschl. v. 11.06.2002 – 1 ABR 46/01, PersR 2003, 88)
- (nicht gesetzliche) Rauchverbote
  (vgl. BAG, Urt. v. 19.01.1999 – 3 BV 35/92, AP Nr. 28 zu § 87 BetrVG 1972 Ordnung des Betriebes)
- Maßnahmen zum Schutz vor sexueller Belästigung
  (vgl. ArbG Wesel, Beschl. v. 31.03.1993 – 3 BV 35/92, AiB 1993, 570 [Ls])
- formalisierte Mitarbeitergespräche (Beurteilungs-, Kranken-, Rückkehr-, Personalentwicklungs-, Zielvereinbarungsgespräche)
  (VGH Baden-Württemberg, Beschl. v. 09.05.2000 – PL 15 S 2514/99, PersR 2000, 291)
- Nutzung der IT für private Belange zur Telefonanlage
  (OVG Nordrhein-Westfalen 04.11.1991, PersR 1992, 410)
- Internet und Email
  (vgl. LAG Hamm, Beschl. v. 07.04.2006 – 10 TaBV 1/06, NZA-RR 2007, 20)

XIV. Ordnung in der Dienststelle (§ 40 Buchst. k) MVG.EKD) K.

- Aushang von Verhaltensrichtlinien bei Unfällen
  (OVG Nordrhein-Westfalen, Beschl. v. 05.04.2001 – 1 A 5330/98.PVL, PersR 2001, 525)
- Dienstreiseordnung zur Regelung der Erstattung von Dienstreisekosten und des Verfahrens der Genehmigung und Abrechnung
  (vgl. BAG, Beschl. v. 08.12.1981 – 1 ABR 91/79, AP Nr. 6 zu § 87 BetrVG 1972)
- Einführung einer einheitlichen Computerschrift als Hausschrift
  (VGH Baden-Württemberg, Beschl. v. 17.09.2002 – PL 15 S 623/02, PersR 2003, S. 78)
- Einsatz von Privatdetektiven zur Überwachung von Arbeitnehmern bei der Erfüllung der Arbeitspflicht
  (vgl. BAG, Beschl. v. 26.03.1991 – 1 ABR 26/90, AP Nr. 21 zu § 87 BetrVG 1972 Überwachung)
- Entscheidung »über« die Schaffung bzw. Nutzungsänderungen von Parkplätzen
  (OVG Nordrhein-Westfalen, Beschl. v. 28.02.2002 – 1 A 146/00.PVL, PersR 2002, 350)
- Pünktlichkeitskontrollen
  (OVG Nordrhein-Westfalen, Beschl. v. 16.11.1978 – CL 5/78, PersV 1980, 248)
- Tragen von Dienstkleidung von Beamten im Polizeivollzugsdienst
  (OVG Nordrhein-Westfalen 30.09.1986, ZBR 1988, 199)
- Tragen gesetzlich vorgeschriebener Schutzkleidung
  (OVG Nordrhein-Westfalen, Beschl. v. 12.03.2003 – 1 A 5764/01.PVL, PersR 2003, 323)
- Verdeckte Test zur Prüfung der Arbeitsqualität
  (VGH Hessen, Beschl. v. 24.04.2003 – 22 TL 1248/01, PersR 2003, 421)

- Parkplatzordnung
  (Hess VGH, Beschl. v. 25.09.2003 – 22 TL 2300/02, PersR 2004, 114; OVG Nordrhein-Westfalen, Beschl. v. 20.11.1997 – 1 A 2732/95.PVL, PersR 1998, 383; OVG LSA, Beschl. v. 05.10.2005 – 5 L 19/04, PersR 2006, 84)
- Regelung zur Umsetzung von Vernehmungsersuchen eines Ermittlers von Diskriminierungsvorwürfen
  (vgl. BAG, Beschl. v. 27.09.2005 – 1 ABR 32/04, AP Nr. 25 zu ZA-Nato-Truppenstatut Art. 56)
- Einführung Sicherheitswettbewerb
  (vgl. BAG 24.03.1981, AP Nr. 2 zu § 87 BetrVG 1972 Arbeitssicherheit)
- Die Anweisung, Termine künftig über den Outlook-Kalender zu vereinbaren
  (VG Berlin, Beschl. v. 31.07.2009 – 71 K 1.09 PVB, PersR 2010, 130)
- Tor- und Taschenkontrollen
  (vgl. BAG, Beschl. v. 12.08.1999 – 2 AZR 923/98, AP Nr. 28 zu § 626 BGB Verdacht strafbare Handlung)
- Verbot, die Dienststelle in der Pause zu verlassen
  (vgl. BAG, Urt. v. 21.08.1990 – 1 AZR 567/89, AP Nr. 17 zu § 87 BetrVG 1972 Ordnung des Betriebes)
- Verbot des Radiohörens am Arbeitsplatz (sofern nicht erheblicher Publikumsverkehr besteht, sodass das Arbeitsverhalten betroffen ist)
  (BVerwG, Urt. v. 30.12.1987 – 6 P 20.82, PersR 1988, 53)
- Veröffentlichung der Dienststellenleitung über die Unzulässigkeit eines Warnstreiks
  (OVG Nordrhein-Westfalen, Beschl. v. 25.08.2005 – 1 A 4725/03.PVL)
- Verwaltungsvorschrift zur Förderung des Steuerns von Dienstkraftfahrzeugen durch Selbstfahrer
  (BVerwG, Beschl. v. 19.05.2003 – 6 P 16.02, PersR 2003, 314)

Richter

K. Organisatorische und soziale Angelegenheiten (§ 40 MVG.EKD)

– Weitergabe polizeilicher Anordnungen bei Ermittlungen im Betrieb (vgl. BAG, Beschl. v. 17.08.1982 – 1 ABR 50/80, AP Nr. 5 zu § 87 BetrVG 1972 Ordnung des Betriebes) – Zuweisung von Dienstzimmern an einzelne Beschäftigte (OVG Niedersachsen, 12.10.1976 – P OVG L 11/76, PersV 1980, 68)	

1269 Im Detail weicht die Rechtsprechung des BVerwG zum Personalvertretungsrecht von der des BAG zum BetrVG (aber auch zum Personalvertretungsrecht!) ab. Grund ist zum einen eine unterschiedliche Formulierung der Gesetze. Im Personalvertretungsrecht unterliegen lediglich »**Regelungen** der Ordnung« der Mitbestimmung, während das BetrVG vom weiter reichenden Begriff der »**Fragen** der Ordnung« spricht (vgl. *Richardi/Dörner* § 75 Rn. 499). Zum anderen war die Rechtsprechung des BVerwG in der Vergangenheit restriktiver (z. B. zum Mitbestimmungsrecht beim [Ruf-]Bereitschaftsdienst).

1270 ▶ Beispiel:

– Abweichend vom BAG vertritt das BVerwG z. B. die Meinung, dass das Mitbestimmungsrecht nur generelle Regelungen erfasst, z. B. bei der Aufstellung von Disziplinar- bzw. Bußordnungen. Die Anwendung der Ordnung auf den Einzelfall soll nicht der Mitbestimmung unterliegen (BVerwG, Beschl. v. 23.08.1982 – 6 P 45.79, PersV 1983, 375).
– Anordnungen zur Benutzung der Arbeitszeitüberwachung (z. B. Stechuhren) sollen mitbestimmungsfrei sein (BVerwG, Urt. v. 13.08.1992 – 6 P 20.91, PersR 1992, 505).
– Disziplinarmaßnahmen wie der Ausspruch einer Ermahnung, einer Abmahnung oder einer Missbilligung unterliegen nicht der Mitbestimmung.

1271 Vereinzelt haben sich auch Kirchengerichte mit dem Umfang der Mitbestimmung befasst:

1272 Umfang der Mitbestimmung – Kirchengerichte

Keine Mitbestimmung	Mitbestimmung
Formular zur Mitteilung einvernehmlicher Dienstplanänderungen (KGH.EKD, Beschl. v. 05.08.2004 – I-0124/424-03, ZMV 2004, 308)	Dienstkleidung (Regelungen über das Tragen hinsichtlich Sauberkeit usw.) (VerwG.EKD, Beschl. v. 18.11.2003 – II-0124/H26-03, ZMV 2004, 193)
	Parkplatzordnung (VerwG.EKD, Beschl. v. 11.03.1999, ZMV 1999, 140)

XIV. Ordnung in der Dienststelle (§ 40 Buchst. k) MVG.EKD) K.

	Umwidmung von Parkplätzen zu anderen Zwecken
	(KGH.EKD, Beschl. v. 07.04.2008 – I-0124/P5-08, ZMV 2009, 37)
	Sanktionsordnungen
	(VerwG.EKD, Beschl. v. 05.11.1998 – 0124/C15-98, ZMV 1999, 40)

Solange kein ordnungsgemäßes Mitbestimmungsverfahren durchgeführt worden ist, müssen die Mitarbeiter allgemeine Weisung nicht befolgen. **1273**

Übersicht: **1274**

Keine Mitbestimmung	**Mitbestimmung**
Liegt eine Einzelweisung vor ...	... oder ist eine Gruppe betroffen?
Hat die Dienststellenleitung keinen Spielraum, weil ein Gesetz oder Tarif(vertrag) eine abschließende Regelung trifft ...	... oder besteht ein Spielraum, der von der Dienststellenleitung (noch) ausgefüllt werden kann?
Ist das Arbeitsverhalten ...	... oder das Ordnungsverhalten betroffen?

L. Personelle Einzelmaßnahmen der Arbeitnehmer – ohne Kündigung

I. Einstellung (§ 42 Buchst. a) MVG.EKD)

1. Die Schutzfunktion der MAV

1275 Die Begriffe Organisations- und Personalentwicklung (OE/PE) sind aus der Sicht des Praktikers nicht nur positiv besetzt. Im Zusammenhang mit den allgemeinen personellen Maßnahmen wurde das Thema bereits berührt. Obwohl eine falsche Personalauswahl hohe Kosten verursacht, wird der Nutzen der OE/PE infrage gestellt. In diesem Zusammenhang hört man nicht selten die Formulierung »nice to have«.

1276 ▶ Praxistipp:

Handlungsbedarf entsteht aber bereits wegen des demografischen Wandels, der auch das Personalmanagement des öffentlichen und kirchlichen Dienstes betrifft.

1277 Eine zeitgemäße OE/PE ist mehr als klassische Personalplanung. Ausgangspunkt für die Personalbeschaffung ist die Personalplanung, die gem. § 46 Buchst. e) MVG.EKD der Mitwirkung der MAV unterliegt. Diese befasst sich sowohl mit der individuellen Personalplanung (sog. Laufbahnplanung) als auch mit der kollektiven Personalplanung (sog. Personalplanung). Ziel der kollektiven Personalplanung ist die Angleichung des Bedarfs an Arbeitskräften mit dem tatsächlichen Personalbestand. So spielen bei der Planung zeitliche, örtliche aber vor allem quantitative und qualitative Aspekte eine Rolle. Es gilt also die Frage zu klären, wann, wo, wie viele Arbeitskräfte mit welcher Qualifikation benötigt werden, um diesen schwankenden Bedarf entsprechend zu decken. Dementsprechend umfasst die Personalplanung die Teilgebiete der 1. Personalbedarfsplanung, 2. Personalbeschaffungsplanung, 3. Personalabbauplanung, 4. Personaleinsatzplanung und 5. Personalentwicklungsplanung.

1278 ▶ Praxistipp:

Die Schnittstelle zum Wirtschaftsausschuss ist zu beachten (vgl. *Richter/Gamisch/Heil*, S. 22 ff.).

In einer modernen Organisation, die sich mit dem neuen Dienst- und Tarifrecht zum »lebenslangen Lernen« bekennt und sich sogar zu einer »lernenden Organisation« (s. o.) weiterentwickeln will, dürfte sich beim Thema OE/PE die Sinnfrage gar nicht stellen.

1279 Die MAV überwacht in diesem Zusammenhang die Einhaltung des geltenden Rechts. Sie wird sein Augenmerk insb. auf Änderungen der Rechtslage richten, mit denen u. U. jahrzehntealte Grundüberzeugungen infrage gestellt worden sind, die aber noch immer von Führungskräften (in Verkennung der Rechtslage) vertreten werden.

1280 ▶ Praxistipp:

Die MAV übernimmt im Wege unterschiedlicher Beteiligungsrechte eine Schutzfunktion für die Mitarbeiter, aber auch externe Bewerber.

I. Einstellung (§ 42 Buchst. a) MVG.EKD)　　　　　　　　　　　　　　　　L.

2. Eignung des Bewerbers

Im Rahmen der Personalbedarfsplanung gilt es zunächst zu klären, wann, wo, wie viele Arbeitskräfte mit welcher Qualifikation benötigt werden, um die betrieblichen Aufgaben sachgerecht und effizient zu lösen. Der öffentliche Arbeitgeber ist wegen des sog. Leistungsprinzips des Art. 33 Abs. 2 GG verpflichtet, für die sog. Bestenauslese Anforderungsprofile zu bilden. Diese Vorschrift gilt für kirchliche Dienststellen in der Rechtsform einer juristischen Person des öffentlichen Rechts wohl nicht. Das gilt auch, wenn diese als kirchliche Hochschule aus staatlichen Mitteln refinanziert wird (vgl. BAG, Urt. v. 12.10.2010 – 9 AZR 554/09, NZA-RR 2011, 216). Diese bestimmen im Rahmen ihrer unternehmerischen Freiheit bzw. ihres kirchlichen Verkündigungsauftrages, welcher externe oder interne Bewerber eingestellt wird. 1281

▶ Praxistipp: 1282

Ggf. sind kirchliche Frauenfördergesetze sowie gesetzliche und tarifliche Vorzugsrechte zu beachten, die das Auswahlermessen beschränken können.

Bei der Bestimmung des Anforderungsprofils entscheidet die Dienststellenleitung alleine, es bestehen keine Beteiligungsrechte der MAV (s. o.). 1283

3. Bewerbungsunterlagen

Die MAV hat aber das Recht, alle Bewerbungsunterlagen zu sehen. In § 34 Abs. 3 Satz 3 MVG.EKD wird ausdrücklich geregelt: 1284

»Bei Einstellungen werden der Mitarbeitervertretung auf Verlangen sämtliche Bewerbungen vorgelegt; Mitarbeitervertretung und Dienststellenleitung können hierüber eine Dienstvereinbarung abschließen«.

Das Informationsrecht erfasst auch Bewerbungsunterlagen von Bewerbern, die in keinem Fall in die engere Wahl kommen werden. Die MAV prüft in diesen Zusammenhang nicht »Eignung« des Bewerbers, wohl aber die Einhaltung des »Bewerbungsverfahrens«. 1285

Unabhängig davon müssen Bewerbungen schwerbehinderter Menschen gem. § 51 MVG.EKD i. V. m. § 95 Abs. 1 SGB IX der Schwerbehindertenvertretung vorgelegt werden. 1286

Ggü. schwerbehinderten Bewerbern liegt in jeder Verletzung von Verfahrensvorschriften ein Indiz für eine rechtswidrige Benachteiligung i. S. d. SGB IX i. V. m. AGG (vgl. *Blens* ZMV 2010, 61 ff.). 1287

Eine strukturierte und objektivierbare Personalauswahl als Bestandteil der Personalplanung ist keine Garantie für ein ungestörtes Arbeitsverhältnis. Das Risiko einer späteren (Vertrags-) Störung des Rechtsverhältnisses kann aber reduziert werden. Instrumente der auf dieser Basis durchzuführenden Personalauswahl sind vor allem die Bewerbungsunterlagen (Lebenslauf, Zeugnisse, Beurteilungen, Referenzen usw.), Personalfragebogen (s. o.), Arbeitsproben und Assessment-Center. 1288

Richter

4. Vorstellungsgespräch

1289 Führungskräfte werden insb. im Rahmen von Vorstellungsgesprächen in die Personalauswahl eingebunden. Das Vorstellungsgespräch ist ein Austausch organisations-, arbeits- und personenrelevanter Informationen zwischen einem oder mehrerer Interviewern (Arbeitgeber/Dienstherr) und einem Interviewten (Bewerber) mit dem Ziel, Gemeinsamkeiten und Unterschiede herauszuarbeiten, um auf dieser Grundlage eine Personalentscheidung zu treffen. Auch wenn die Aussagefähigkeit von Interviews personalwirtschaftlich umstritten ist, kommt dem persönlichen Gespräch nach wie vor eine wichtige Bedeutung zu. So hat das BAG für den öffentlichen Dienst (BAG, Urt. v. 07.09.2004 – 9 AZR 537/03, AP Nr. 61 zu Art. 33 Abs. 2 GG) ausgeführt:

1290 «Entgegen der (unter Bezugnahme auf OVG Bremen 19. 2. 1999 - OVG 2 B 11/99 - ZBR 2001, 221) gewonnenen Auffassung des LAG kommt Vorstellungsgesprächen mehr als ein nur ›begrenzter Erkenntniswert‹ zu . **Der öffentliche Arbeitgeber kann sich im Rahmen der ihm obliegenden Pflicht zur Prüfung der Eignung eines Bewerbers auch durch ein Vorstellungsgespräch ein Bild von dessen Persönlichkeit schaffen. Soweit er sich der Eignung** - sei es insgesamt, sei es hinsichtlich eines bestimmten Eignungsmerkmals - in einem Vorstellungsgespräch **vergewissern will** und sein Eignungsurteil von dessen Ergebnis abhängig macht, kommt es gerade auf den persönlichen Eindruck an, den der Gesprächsführer auf Grund der Äußerungen des Bewerbers und dessen Verhaltensweise im Verlaufe des Gesprächs gewinnt (BVerwG 30. 1. 2003 - 2 A 1/02 - Buchholz BVerwG 232 § 8 BBG Nr. 55). Das gilt auch bei Bewerbungen aus dem eigenen Haus. **Vorstellungsgespräche geben Möglichkeiten zur Darstellung, wie sie der tägliche Dienstbetrieb nicht gewährleistet.**»

(Hervorhebungen durch den Verfasser)

1291 Das Interview trägt dazu bei, die Eignung des Bewerbers zu prüfen und eine Prognose des Berufserfolges aufzustellen. Dazu gehört auch die Frage nach der Identifikation mit dem (kirchlichen) Arbeitgeber. Tatsächlich werden auch subjektive Bewertungen (Sympathie, Erscheinungsbild usw.) eine Rolle spielen. Das Vorstellungsgespräch dient also dazu, das Bild des Bewerbers, wie es sich aus dem gewählten Personalauswahlverfahren ergibt, zu überprüfen. Dieser »Belastungstest« umfasst die Bestätigung oder Korrektur des »Bildes des Bewerbers« sowie die Klärung offener Fragen.

1292 ▶ Praxistipp:

Die MAV hat – wie auch der Betriebsrat und der Personalrat im BPersVG – kein Teilnahmerecht an Vorstellungsgesprächen (KGH.EKD, Beschl. v. 19.05.2005 – II-0124/L10-05). Im staatlichen Personalvertretungsrecht der Länder kann die Rechtslage anders sein.

1293 Im Unterschied zum BPersVG kann der MAV ein Teilnahmerecht eingeräumt werden, z. B. im Wege einer Dienstvereinbarung (so KGH.EKD, Beschl. v. 19.05.2005 – II-0124/L10-05). In diesem Fall steht der MAV aber kein Beratungsrecht zu, denn Eignungs- bzw. Befähigungsbeurteilung trifft der Arbeitgeber.

I. Einstellung (§ 42 Buchst. a) MVG.EKD)   L.

5. Eingliederungstheorie

Die Einstellung von Mitarbeitern unterliegt der Mitbestimmung. Die Kirchengerichte 1294
folgen der sog. Eingliederungstheorie (vgl. VerwG.EKD, Beschl. v. 07.03.2002 –
I-0124/F35-01).

▶ **Praxistipp:** 1295

> Unerheblich ist, ob der Einzustellende auch »Mitarbeiter i. S. d. § 2 MVG.EKD«
> ist. Entscheidend ist, ob er »eingegliedert« wird.

Die MAV soll die kollektiven Interessen der bereits beschäftigten Mitarbeiter schüt- 1296
zen. Dabei geht es um (unzumutbare) Belastungen und Belästigungen (vgl. BVerwG,
Beschl. v. 18.06.2002 – 6 P 12.01, AP Nr. 24 zu § 72 LPVG NW), aber auch die
Überwachung des Einstellungsverfahrens. »Sachfremde Erwägungen« (*Fey/Rehren*
MVG.EKD § 42 Rn. 14) sollen verhindert werden. So verletzt die dauerhafte Beschäftigung von Leiharbeitnehmern den Grundsatz der Dienstgemeinschaft (vgl. KGH.
EKD, Beschl. v. 09.10.2006 – II-0124/M35-06; vgl. *Andelewski/Stützle* NZA 2007,
723; *Schwarz-Seeberger* ZMV 2011, 141). Die MAV bestimmt so auch über die Zusammensetzung der Dienststelle mit. Leiharbeit ist aber erlaubt, wenn es um die Abde-
ckung von Arbeitsspitzen (vgl. KGH.EKD, Beschl. v. 29.01.2007 – II-0124/M38-06)
oder den Abbau aufgelaufener Überstunden (vgl. KGH.EKD, Beschl. v. 02.04.2008 –
II-0124/N72-07) geht.

Bei der Beurteilung, ob die Beschäftigung eines Mitarbeiters eine mitbestimmungs- 1297
pflichtige Einstellung darstellt, wird in der Praxis nicht selten auf den »Vertragsab-
schluss« abgestellt. Es herrscht zuweilen die Vorstellung, ohne Vertragsbindung entfalle
ein Beteiligungsrecht der MAV.

▶ **Praxistipp:** 1298

> Die Rechtsprechung der staatlichen Arbeits- und Verwaltungsgerichte wie auch der
> katholischen kirchlichen ArbG und evangelischen Kirchengerichte folgt aber der
> sog. Eingliederungstheorie: Eine mitbestimmungspflichtige Einstellung liegt vor,
> wenn der Mitarbeiter Weisungen (i. S. d. § 106 GewO) unterliegt.

Ausreichend ist, dass der Beschäftigte arbeitsteilig unter Direktions- bzw. Weisungs- 1299
recht der Dienststellenleitung tätig wird (vgl. KGH.EKD, Beschl. v. 24.05.2011 –
I-0124/S66-10). Man unterscheidet die
– erstmalige Eingliederung und die
– Verstärkung einer bestehenden Eingliederung.

Die MAV prüft nicht die Rechtmäßigkeit einer Befristung. Wie auch im BetrVG und 1300
BPersVG ist es die Sache des Arbeitnehmers, ggf. seine Befristung gerichtlich überprüfen zu lassen. Folgerichtig ist die Dienststellenleitung nicht verpflichtet, der MAV den
Grund der Befristung i. R. d. Einstellung mitzuteilen (zur vergleichbaren Rechtslage
im BetrVG s. BAG, Beschl. v. 27.10.2010 – 7 ABR 86/09, NZA 2011, 418 = ZTR
2011, 321).

L. Personelle Einzelmaßnahmen der Arbeitnehmer – ohne Kündigung

a) Erstmalige Eingliederung

1301 Deshalb kommt es nicht darauf an, auf welcher Rechtsgrundlage die Einstellung erfolgt. Es kann ein (un-)wirksamer Arbeitsvertrag (Arbeitnehmer) bzw. Ausbildungsvertrag (Auszubildender) vorliegen, aber auch ein verwaltungs- oder sozialrechtlicher Verwaltungsakt (Beamter; Ein-Euro-Jobber), ein zivilrechtlicher Personalgestellungs- bzw. Arbeitnehmerüberlassungsvertrag (Personalgestellung; Arbeitnehmerüberlassung) oder eine andere Rechtsbeziehung (ehrenamtlicher Einsatz) vorliegen. In allen diesen Fällen übt die Dienststellenleitung Weisungen aus.

1302 ▶ **Praxistipp:**

Im Unterschied zum BetrVG der Privatwirtschaft besteht das Mitbestimmungsrecht des Personalrats nur, wenn der Mitarbeiter eine »soziale Bindung« eingeht. Diese entsteht nach der Rechtsprechung der Verwaltungsgerichte in entsprechender Anwendung des § 8 Abs. 1 Nr. 2 SGB IV erst nach zwei Monaten (BVerwG, Urt. v. 21.03.2007 – 6 P 4.06, PersR 2007, 301, 309; BVerwG 23.03.1999, PersR 1999, 395). Das MVG.EKD kennt dieses einschränkende Erfordernis nicht.

1303 In jedem Fall muss der Mitarbeiter arbeitsteilig unter Weisungsrecht bzw. Direktionsrecht tätig werden. Erfolgt die Beschäftigung auf der Grundlage eines Verwaltungsaktes reicht es für die Annahme einer mitbestimmungspflichtigen Einstellung aus, dass die Dienststellenleitung eine eigenständige Auswahlentscheidung trifft bzw. ein Vetorecht hat (vgl. BVerwG, Urt. v. 14.11.1989 – 6 P 4.87, PersR 1990, 12).

1304 *(unbelegt)*

1305 **Erstmalige Eingliederung**

Keine Einstellung (= keine Eingliederung)	Einstellung (= Eingliederung)
ABM-Kräfte, die nicht in den Betrieb integriert werden (VerwG.EKD, Beschl. v. 07.03.2002 – I-0124/F35-01)	ABM-Kräfte (BVerwG 15.03.1994, AP Nr. 53 zu § 75 BPersVG)
Rückkehr aus – Elternzeit – Mutterschutz – Pflegezeit – Sonderurlaub – Wehrdienst	(befristeter) Arbeitnehmer in Voll- und Teilzeit
Wechsel in Teilzeit (= Ausgliederung)	Aushilfen und Abrufkräfte i. S. d. § 12 TzBfG
	Auszubildender

I. Einstellung (§ 42 Buchst. a) MVG.EKD) L.

	gestellter Mitarbeiter: – Leiharbeitnehmer (VerwG.EKD, Beschl. v. 05.06.1997 – 0124/B11-97; VerwG.EKD, Beschl. v. 18.01.2001 – II-0124/E14-00) – Personalgestellung i. S. d. § 4 Abs. 3 TVöD/TV-L – ...
	ehrenamtlicher Mitarbeiter (OVG Nordrhein-Westfalen, Beschl. v. 27.10.1999 – 1 A 5193/97.PVL, PersR 2000, 117) – Bundesfreiwilligendienst – Bürgerarbeit – Gemeindemitglied einer Kirchengemeinde
	Ein-Euro-Jobber (SchlSt. Kurhessen-Waldeck, 22.07.2005 – M 2005/3, ZMV 2006, 37; KG.Nordelbien, 09.08.2005, n. v., zit. nach *Frey/Rehren* MVG.EKD § 42 Rn. 14g; BAG, Beschl. v. 02.10.2007 – 1 ABR 60/06, NZA 2008, 244; BVerwG, Urt. v. 02.03.2007 – 6 P 4.06, ZTR 2007, 404)
Schülerpraktikanten	Vor- und Nachpraktikanten
Zwischenpraktikanten	

Zustimmungsverweigerungsgründe 1306

Kein Zustimmungsverweigerungsgrund	Zustimmungsverweigerungsgrund
angeblich falsche Befristung	Verfahrensverletzungen: – § 81 SGB IX – § 82 SGB IX – §§ 7, 9 TzBfG – Verletzung Loyalitätsrichtlinie – Verletzung Dienstgemeinschaft (z. B. durch den dauerhaften Einsatz von Leiharbeitnehmern, KGH.EKD, Beschl. v. 09.10.2006 – II-0124/M35-06) – Verletzung Vorzugsrecht im Tarif(vertrag)
vermeintliche unzulässige Arbeitsvertragsinhalte	

b) Verstärkung einer bestehenden Eingliederung

1307 Da nicht nur die erstmalige Eingliederung, sondern auch die Verstärkung einer bestehenden Eingliederung der Mitbestimmung unterliegt, muss die MAV in folgenden Fällen beteiligt werden:

1308 **Verstärkung einer bestehenden Eingliederung**

Keine Mitbestimmung	Mitbestimmung
Wechsel von Vollzeit in Teilzeit (BAG, Beschl. v. 25.01.2005 – 10 TaBV 104/03, NZA 2005, 945; BVerwG 22.08.2006, AP Nr. 1 zu § 1 ATG)	Wechsel von Teilzeit in Vollzeit
Unerhebliche Aufstockung der Arbeitszeit (bis zehn Stunden/Woche) (VerwG.EKD, Beschl. v. 02.02.1998 – 0124/B22-97)	Erhebliche Aufstockung der Arbeitszeit (ab zehn Stunden/Woche) (BAG, Beschl. v. 09.12.2008 – 1 ABR 74/07, ZMV 2009, 166); Aufstockung der Teilzeit um 14,70 Stunden/Woche (BVerwG, Beschl. v. 23.03.1999 – 6 P 10.97, AP Nr. 73 zu § 75 BPersVG)
	Statuswechsel (Kirchenbeamter wird Arbeitnehmer)
	Übernahme eines Auszubildenden in ein Arbeitsverhältnis
	Verlängerung der Befristung **Wichtig:** Die »Verlängerung«, nicht die »Befristung«
Reduzierung der Arbeitszeit wegen der Elternzeit	Vorzeitige Aufnahme von Teilzeit in der Elternzeit (BAG, Beschl. v. 28.04.1998 – 1 ABR 63/97, NZA 1998, 1352)

1309 Die erhebliche Erweiterung der vertraglichen Tätigkeit nach Umfang und Dauer stellt grds. eine mitbestimmungspflichtige Einstellung dar, auch wenn der Mitarbeiter »schon ewig« in der Dienststelle ist.

6. Freier Mitarbeiter

1310 Demgegenüber unterliegt die Beschäftigung von freien Mitarbeitern (Honorarkräften) – bei richtiger zivilrechtlicher Vertragsgestaltung und -durchführung – nicht der Mitbestimmung, weil es bereits an einer Eingliederung fehlt.

1311 Die MAV hat gem. § 34 Abs. 3 Satz 3 MVG.EKD ein Informationsrecht.

Für die Frage, ob eine mitbestimmungspflichtige Einstellung vorliegt, gelten auch die Grundsätze, die die Rechtsprechung zur Abgrenzung von Arbeitsverhältnissen und Rechtsverhältnissen freier Mitarbeiter entwickelt hat (vgl. BVerwG, Beschl. v. 12.04.2006 – 6 PB 1.06, RiA 2006, 234 = ZTR 2006, 397). 1312

7. Weiterbeschäftigung über die Altersgrenze hinaus (§ 42 Buchst. h) MVG.EKD)

Ein besonderer Fall der Einstellung ist die Weiterbeschäftigung über die Altersgrenze hinaus, die gem. § 40 Buchst. h) MVG.EKD mitbestimmungspflichtig ist. Aufgrund tariflicher Bestimmungen endet das Arbeitsverhältnis des Arbeitnehmers automatisch mit dem Erreichen einer Altersgrenze. Abgestellt wird die sozialversicherungsrechtliche abschlagsfreie Regelaltersgrenze (z. B. § 36 Abs. 1 AVR.Diakonie). 1313

Durch die Weiterbeschäftigung wird eine neue Eingliederung und damit Einstellung vorgenommen. Aufgabe der MAV ist es, die Personalplanung der Dienststellenleitung mit zu beeinflussen, denn die Beschäftigung älterer Mitarbeiter verschlechtert ggf. Aufstiegsmöglichkeiten jüngerer Arbeitnehmer (vgl. *Andelewski/Küfner-Schmitt/Schmitt* § 42 Rn. 175). Kein Mitbestimmungsrecht besteht hinsichtlich der Frage, ob der Arbeitnehmer rechtmäßig befristet worden ist. 1314

Arbeitgeber befristen Arbeitsverhältnisse regelmäßig. Als Befristungsgrund kommt der eigene Wunsch des Arbeitnehmers infrage (§ 14 Abs. 1 Satz 1 Nr. 6 TzBfG). Anderenfalls ist das Arbeitsverhältnis unbefristet, was keine Vertragspartei wünschen wird. Zu beachten ist aber, dass Mitarbeiter im Rentenalter nicht den allgemeinen und besonderen Kündigungsschutz verlieren, was die Befristung erforderlich macht (zum Befristungsrecht s. *Dörner*). 1315

8. Übersicht

Keine Mitbestimmung	Mitbestimmung
Nur Koordination mit dem freien Mitarbeiter, keine Weisungen, keine Eingliederung	Einstellung = Eingliederung, d. h. – »Arbeiten Hand in Hand – unter Weisungsrecht«
	denn die Dienststellenleitung erteilt Weisungen – nach § 106 GewO – aufgrund eines Verwaltungs- bzw. Sozialgesetzes – ...
Keine Eingliederung	Erstmalige Eingliederung ... ... oder Verstärkung einer bestehenden Eingliederung

1316

II. Eingruppierung (§ 42 Buchst. c) MVG.EKD)

1. Mitbeurteilungsrecht

1317 Die MAV hat gem. § 42 Buchst. c) MVG.EKD ein Mitbestimmungsrecht bei der Eingruppierung. Auf diesem Wege überwacht sie die Einhaltung des jeweils geltenden Tarifrechts.

1318 Alle Tarifwerke (innerhalb der Evangelischen Kirche) wenden den Grundsatz der Tarifautomatik an. Dieser besagt, dass der Mitarbeiter nicht eingruppiert »wird«, sondern eingruppiert »ist«. Es erfolgt also kein »Eingruppierungsakt«, vielmehr liegt eine »automatische« Eingruppierung vor. Man spricht in diesem Zusammenhang von einem »Akt der Rechtsanwendung«, mit dem die Äußerung einer Rechtsansicht durch den Arbeitgeber verbunden ist (vgl. BAG, Beschl. v. 27.07.1993 – 1 ABR 11/93, AP Nr. 110 zu § 99 BetrVG 1972; BAG, Urt. v. 30.05.1990 – 4 AZR 74/90, AP Nr. 31 zu § 75 BPersVG). Der KGH.EKD hat von einem »wertenden Normvollzug« gesprochen (KGH.EKD, Beschl. v. 19.06.2006 – I-0124/L65-05). Gleichgültig ist, ob i. R. d. Eingruppierung Arbeitsvorgänge zu bilden sind (z. B. BAT-KF) oder die Tätigkeit/en (AVR.Diakonie; AVR.Bayern) die Grundlage der Stellenbewertung darstellen.

1319 ▶ Praxistipp:

Danach gibt es keine falsche Eingruppierung; diese ist vielmehr stets korrekt. Es ist eine andere Frage, ob der Arbeitgeber das tarifgerechte Ergebnis erkannt hat (vgl. *Richter/Gamisch*, Grundlagen; *Richter/Gamisch* 2008, S. 13; *Richter/Gamisch/Henseleit*, S. 84).

1320 In diesem Zusammenhang überprüft die MAV auch die korrekte Anwendung der jeweiligen Zeitanteile (z. B. 50 % im BAT-KF oder 50,1 % in den AVR.Diakonie bzw. AVR.Bayern). Dem Arbeitsvorgang bzw. der Tätigkeit werden Zeitanteile zugeordnet. Die MAV überwacht, dass diese richtig ermittelt worden sind (zum Zeitanteil s. *Richter/Gamisch*, Grundlagen; *Richter/Gamisch* 2008, S. 15, 138; *Richter/Gamisch/Henseleit*, S. 86).

1321 Im Mitbestimmungsverfahren hat die MAV also ein Mitbeurteilungsrecht, ob die Dienststellenleitung den »Akt der Rechtsanwendung« richtig vollzieht und die Tarifautomatik korrekt anwendet. Deshalb ist die Mitbestimmung in den Fällen der Tarifautomatik gerade nicht ausgeschlossen, vielmehr wird die richtige Anwendung i. R. d. Mitbestimmung überwacht (vgl. BVerwG, Beschl. v. 25.06.2008 – 6 P 15.08 zum LPVG BW).

2. Höher- und Herabgruppierung

1322 Das Kirchengesetz verzichtet auf die Unterscheidung des staatlichen Personalvertretungsrechts, das zwischen der Eingruppierung, Höhergruppierung und Herab-/Rückgruppierung differenziert (vgl. *Fey/Rehren* MVG.EKD § 42 Rn. 45). Das MVG.EKD kennt auch den im BetrVG verwendeten Begriff der Umgruppierung nicht.

II. Eingruppierung (§ 42 Buchst. c) MVG.EKD)   L.

▶ **Praxistipp:** 1323

Jede (neue) Eingruppierung unterliegt der Mitbestimmung.

Mitbestimmungspflichtig ist zunächst die erstmalige Eingruppierung. I. R. d. Einstel- 1324
lung des neuen Mitarbeiters erfolgt die Ermittlung der Entgeltgruppe. Die Mitbe-
stimmungstatbestände **Einstellung** einerseits und **Eingruppierung** andererseits müssen
unterschieden werden.

▶ **Praxistipp:** 1325

Besteht für die MAV kein Zustimmungsverweigerungsgrund hinsichtlich der Einstellung, muss sie dieser zustimmen. Ggf. darf sie aber der Eingruppierung widersprechen.

Dementsprechend muss die Dienststellenleitung zwei Beteiligungsverfahren durchfüh- 1326
ren. Die Fragen der Einstellung und Eingruppierung dürfen nicht miteinander verquickt werden. So ist es rechtswidrig, von der MAV eine »einheitliche« Entscheidung
(»Ja oder Nein zu Einstellung und Eingruppierung«) zu verlangen.

3. Fallgruppe

Das MVG.EKD kennt keine »Teileingruppierung«. Deshalb erstreckt sich das Mit- 1327
bestimmungsrecht auf alle Aspekte, die im neuen Tarifrecht des kirchlichen Dienstes
für die Bestimmung des Arbeitsentgelts von Bedeutung sind. Das ist ein »Dreiklang«:
Entgeltgruppe, Fallgruppe und Stufe.

Eine Eingruppierung ist die Einordnung des einzelnen Arbeitnehmers in ein kollek- 1328
tives Entgeltschema (vgl. BVerwG, Beschl. v. 25.06.2008 – 6 P 15.08). In der älteren Rechtsprechung wird in diesem Zusammenhang auf die »erstmalige« Zuordnung
der vertraglich vereinbarten Tätigkeit zu einem kollektiven Entgeltsystem abgestellt.
Es wurde aber für das staatliche Personalvertretungsrecht durch das BVerwG klargestellt, dass eine mitbestimmungspflichtige Eingruppierung auch vorliegt, wenn sich
die Arbeitsaufgaben im Verlauf des Arbeitsverhältnisses wesentlich ändern, sodass eine
neue Eingruppierung erforderlich wird (vgl. BVerwG, Beschl. v. 08.12.1999 – 6 P
3.98, PersR 2000, 106 = NZA-RR 2000, 289).

▶ **Praxistipp:** 1329

Jede Bestimmung der Entgeltgruppe muss von der MAV im Wege der Mitbestimmung überprüft werden.

Wird eine neue Stelle geschaffen, erfolgt eine mitbestimmungspflichtige Eingruppie- 1330
rung. Wird der Mitarbeiter – mitbestimmungsfrei – umgesetzt, ist die MAV im Hinblick auf die – erneute – Eingruppierung zu beteiligen. Denn die Mitbestimmung
bei der Eingruppierung aus Anlass der Zuweisung eines neuen Arbeitsplatzes ist unabhängig davon anzuerkennen, ob dieser Arbeitsplatz bereits einmal von der Dienststellenleitung unter Beteiligung des MAV bewertet worden ist (vgl. BVerwG, Beschl.
v. 08.11.2011 – 6 P 23.10, RiA 2012, 44).

1331 Auch Veränderungen der Eingruppierung sind mitbestimmungspflichtig. Das BetrVG spricht von der Umgruppierung, die Personalvertretungsgesetze unterscheiden die Höher- und Herab- bzw. Rückgruppierung. In der Sache besteht kein Unterschied. Bei einer Umgruppierung erfolgt eine Änderung der Einreihung in die tarifliche Entgeltgruppenordnung. Es ist unerheblich, ob der Wechsel der Entgeltgruppe nach oben (Höhergruppierung) oder nach unten (Herab-/Rückgruppierung) erfolgt, oder bei geänderten Tätigkeitsmerkmalen (Fallgruppenwechsel) weiterhin das gleiche Arbeitsentgelt erzielt wird.

1332 Denn das Mitbestimmungsrecht beschränkt sich nicht auf die Ermittlung der Entgeltgruppe, sondern erfasst auch die Ermittlung der Fallgruppe innerhalb der Entgeltgruppe (vgl. BAG, Beschl. v. 27.07.1993 – 1 ABR 11/93, AP Nr. 110 zu § 99 BetrVG 1972 zur vergleichbaren Rechtslage im BetrVG).

1333 ▶ **Praxistipp:**

Der Vorgesetzte muss sowohl die Entgeltgruppe als auch die Fallgruppe des Tarifbeschäftigten kennen, anderenfalls kann er sein Weisungs- bzw. Direktionsrecht gem. § 106 GewO nicht rechtssicher ausüben. Denn die Übertragung anderer Tätigkeiten kann zu einer (mitbestimmungspflichtigen) Fallgruppenänderung führen (vgl. BVerwG, Beschl. v. 08.11.2011 – 6 P 23/10, PersR 2012, 54).

4. Stellenbeschreibung

1334 Die Tarifverträge des öffentlichen Dienstes fordern nicht ausdrücklich das Anfertigen von Stellenbeschreibungen. Gleichwohl besteht faktisch die Verpflichtung, tarifkonforme Stellenbeschreibungen vorzuhalten, weil ohne diese Bewertungsgrundlage nicht richtig eingruppiert werden kann.

1335 ▶ **Praxistipp:**

Demgegenüber fordern § 12 AVR.Diakonie bzw. § 32 AVR.Diakonie Bayern ausdrücklich »Aufgaben- oder Stellenbeschreibungen«. Leider verkennen die AVR den entscheidenden Unterschied zwischen Aufgaben- und Stellenbeschreibungen:

Es gilt aber der Leitsatz, dass ohne tarifkonforme Stellenbeschreibung nicht eingruppiert werden kann. Dementsprechend kann die MAV einer Eingruppierung ohne Information über die Stellenbeschreibungen – die den Anforderungen des jeweiligen Tarifwerks genügen muss! – eigentlich nicht zustimmen (a. A. für bestimmte Tätigkeiten KGH.EKD, s. u.; zur tarifkonformen Stellenbeschreibung s. *Richter/Gamisch*, StB 2012).

1336 Stellenbeschreibungen unterliegen grds. nicht der Mitbestimmung. Denn sie befassen sich nicht mit dem »Mitarbeiter«, sondern nur mit der »Stelle«. Sie sind weder Personalfragebogen noch Auswahlrichtlinien oder Entgeltgrundsätze (vgl. *Richter/Gamisch*, StB 2012, S. 190 ff.). Die Dienststellenleitung darf deshalb Stellenbeschreibungen jederzeit ändern, was bei einer »lernenden Organisation« auch regelmäßig notwendig und gewünscht ist.

II. Eingruppierung (§ 42 Buchst. c) MVG.EKD) L.

▶ **Praxistipp:** 1337

In diesem Zusammenhang darf der Arbeitgeber Zeitaufschreibungen anordnen (vgl. BAG, Urt. v. 19.04.2007 – 2 AZR 78/06, AP Nr. 77 zu § 611 BGB Direktionsrecht), die im Geltungsbereich des MVG.EKD mitbestimmungspflichtig sind (s. o.).

I. R. d. Erstellung von tarifkonformen Stellenbeschreibungen sind aber Mitbestimmungsrechte zu beachten. Die Praxis zeigt, dass zwei Verfahren Erfolg versprechen: Das Stelleninterview über den direkten Weg bzw. über die Führungskräfte nach (!) einem entsprechenden Training und Coaching. 1338

Schaubild: Interview-Verfahren - Training und Coaching der Führungskräfte 1339
Interview-Verfahren

Verfahren
Verfahrensunabhängige Vorbereitung 1. Ziele bestimmen: Für welche Zwecke sollen StB eingesetzt werden? 2. Entwicklung des Stellenbeschreibungsformulars 3. Bestimmung der Anzahl der zu beschreibenden Stellen

Interview-Verfahren	**Training und Coaching der Führungskräfte**
1. Reihenfolge der zu untersuchenden Organisationseinheiten festlegen 2. interne Aufgabenverteilung festlegen 3. Information aller Beteiligten 4. Interviews inhaltlich und organisatorisch vorbereiten 5. Interviews durchführen 6. Interviews auswerten und StB-Entwürfe erstellen 7. StB-Entwürfe abstimmen 8. endgültige StB ausfertigen 9. In-Kraft-Setzen und Veröffentlichen	1. Information aller Beteiligten 2. Training der Führungskräfte im Erstellen von StB durch in- oder externe Fachkräfte 3. Erstellen der StB durch die Führungskräfte 4. Prüfen der StB durch in- oder externe Fachkräfte 5. Abstimmen der personalwirtschaftlich und tarifrechtlich erforderlichen Änderungen mit den Führungskräften 6. endgültige StB ausfertigen

Quelle: IPW - Institut für PersonalWirtschaft GmbH

Beide Verfahren stehen grds. gleichberechtigt nebeneinander. Das Stelleninterview ist aus unserer praktischen Erfahrung jedoch die beste Methode, die notwendigen Informationen zu erfassen (vgl. *Richter/Gamisch*, Stelleninterview 2011). Der Weg über das Training und Coaching kann unter bestimmten Voraussetzungen eine sinnvolle Alternative darstellen (vgl. *Richter/Gamisch* RiA 2010, 97 ff.). 1340

▶ **Praxistipp:** 1341

Bei der Ermittlung der korrekten Eingruppierung sind neben dem Mitbestimmungsrecht der Eingruppierung vor allem die Beteiligungsrechte beim Personalfragebogen gem. § 39 Buchst. a) MVG.EKD und Einführung und Anwendung von Maßnahmen der Überwachung gem. § 40 Buchst. j), 1. Alt. MVG.EKD zu beachten (s. o.).

5. Anlass der Eingruppierung

1342 Für die Beteiligung der MAV ist es unerheblich, aus welchem Anlass heraus die (neue) Eingruppierung erfolgt.

1343 Die zielgerichtete Übertragung einer anderen Tätigkeit stellt eine mitbestimmungspflichtige Eingruppierung dar. Das gilt auch für den Fall, dass diese Maßnahme keine mitbestimmungspflichtige Umsetzung gem. § 42 Buchst. f) MVG.EKD ist. Das Mitbestimmungsrecht besteht, wenn die Maßnahme im Wege des Weisungsrechts oder einvernehmlich mittels eines Änderungsvertrages erfolgt. Wird eine Änderungskündigung ausgesprochen, tritt das Mitbestimmungsrecht der Eingruppierung neben die gem. § 42 Buchst. b) MVG.EKD mitbestimmungspflichtige oder gem. § 46 Buchst. b), c) MVG.EKD mitwirkungspflichte Änderungskündigung. Die MAV ist auch bei korrigierenden Herab- oder Höhergruppierungen zu beteiligen, die im Wege des Weisungsrechts erfolgen.

1344 ▶ **Praxistipp:**

Gleich starke Beteiligungsrechte treten stets nebeneinander!

6. Stellenbewertungskommission

1345 Es kann Vorteile bringen, Stellenbeschreibungen und Stellenbewertungen (teilweise) durch eine Stellenbewertungskommission durchführen zu lassen. Gerade bei komplizierten technischen Berufen sind Einzelbewerter möglicherweise überfordert. Wenn es um die flächendeckende Beschreibung und Bewertung der Verwaltung oder um Muster- bzw. Schlüsselstellen geht, kann die Bewertung durch eine Gruppe die allgemeine Akzeptanz erhöhen. Anschließende Mitbestimmungsverfahren im Hinblick auf die Eingruppierung können dann vereinfacht und beschleunigt werden.

1346 Bei diesem Verfahren ist die MAV »von Anfang an mit im Boot«, trägt dann aber zugleich – für alle Mitarbeiter sichtbar – auch die Mitverantwortung, was nicht jedes Gremium wünscht und schätzt. Es taucht dann auch die Frage auf, »wer das Boot steuert«. Letztendlich spiegelt sich an dieser Stelle die Unternehmens- bzw. Verwaltungskultur wider: Ist sie mehr auf Mit- oder Gegeneinander ausgerichtet und gehen die Betriebspartner tatsächlich vertrauensvoll i. S. d. § 33 Abs. 1 MVG.EKD miteinander um (vgl. *Richter/Gamisch* RiA 2007, 241 ff.).

1347 ▶ **Praxistipp:**

Die Arbeit mit einer Stellenbewertungskommission ersetzt nicht Mitbestimmungsverfahren hinsichtlich der Eingruppierung.

7. Stufe

Für das Personalvertretungsrecht hat das BVerwG entschieden, dass die Entscheidung über die Stufe eine mitbestimmungspflichtige Eingruppierung darstellt (vgl. BVerwG, Urt. v. 27.08.2008 – 6 P 11.07, PersR 2008, 500 = NZA-RR 2009, 108; BVerwG, Urt. v. 27.08.2008 – 6 P11.007, 6 P 3.08, 6 P 4.08, 6 P 5.08, PersR 2009, 4). 1348

Dabei ist zu unterscheiden: 1349
– Der Personalrat überwacht die Einhaltung der sog. Tarifautomatik (hier: Stufenautomatik).
– Das Mitbestimmungsrecht erfasst die Fälle, in denen die Stufe »automatisch« ermittelt wird (vgl. § 16 Abs. 1 TVöD/TV-L § 5 Abs. 2 Satz 1 TV-V).
– Sollen zur Deckung des Personalbedarfs andere Zeiten voll oder anteilig bei der Ermittlung der Stufe berücksichtigt werden (vgl. § 16 Abs. 2 Satz 1-2 TVöD; § 16 Abs. 2 Satz 1-3 TV-L; § 5 Abs. 2 Satz 3 TV-V), liegen mitbestimmungspflichtige Entlohnungsgrundsätze (vgl. § 75 Abs. 3 Nr. 4 BPersVG) vor. Die Dienststellenleitung darf dieses Mitbestimmungsrecht nicht durch eine Vielzahl von Einzelregelungen aushebeln. Sofern Entgeltgrundsätze mit dem Personalrat festgelegt worden sind, unterliegt deren Anwendung dem Mitbestimmungsrecht hinsichtlich der Eingruppierung (VG Stuttgart, Beschl. v. 25.06.2008 – PL 22 K 4565/07, BVerwG, 13.10.2009 – 6 P 15.08, PersR 2009, 501 = ZTR 2010, 41).

Der KGH.EKD hatte zunächst entschieden, dass die Bestimmung der Stufe mitbestimmungsfrei ist (KGH.EKD, Beschl. v. 14.01.2008 – I-0124/N33-07). Diese Rechtsprechung hat er korrigiert und ist inhaltlich dem BVerwG gefolgt: Die Bestimmung der Stufe unterliegt im MVG.EKD nunmehr der Mitbestimmung (KGH.EKD, Beschl. v. 22.11.2010 – I-0124/R89-09; s. zur katholischen MAVO KAGH, 19.03.2010 – M16/09, ZMV 2010, 200). 1350

Kein Mitbestimmungsrecht besteht demgegenüber, wenn die Stufe (übertariflich) zwischen dem Arbeitgeber und dem Mitarbeiter – z. B. zum Zweck der Personalgewinnung – ausgehandelt und im Arbeitsvertrag vereinbart wird. 1351

▶ Praxistipp: 1352

Das Erreichen der nächsten Stufe nach dem Ende der regulären Stufenlaufzeit (gem. § 16 Abs. 3 Satz 1, Abs. 4 Satz 3 TV-L) ist keine Höhergruppierung und demzufolge mitbestimmungsfrei.

8. Kirchengerichte

Die Kirchengerichte befassen sich unter zwei Gesichtspunkten mit Streitigkeiten um die Eingruppierung: Zum einen geht es um den Umfang des Mitbestimmungsrechts, zum anderen um das materielle Tarifrecht, d. h. die korrekte Eingruppierung. 1353

An dieser Stelle beschränken wir uns auf die erste Fragestellung. Das materielle Eingruppierungsrecht soll nicht im Rahmen dieses Praxishandbuchs zum MVG.EKD 1354 erörtert werden, weil das zu weit führen würde (zum Eingruppierungsrecht s. *Richter/ Gamisch* 2008; *Richter/Gamisch/Henseleit*).

1355 Die Unterrichtung der MAV muss umfassend sein. Die Mitteilung eines berufs- oder tätigkeitsbezeichnenden Schlagwortes kann bei geläufigen Tätigkeiten ohne Besonderheiten genügen (zu den AVR.Diakonie Bayern KGH.EKD, Beschl. v. 10.03.2011 – II-0124/P65-08; s. o.).

1356 Die Verletzung des Beteiligungsrechts sowie die unterlassene Anrufung des Kirchengerichts stellen einen Rechtsverstoß i. S. d. § 61 Abs. 1 MVG.EKD dar (vgl. KGH.EKD, Beschl. v. 12.04.2010 – I-0124/R48-09).

1357 ▶ Praxistipp:

Die Frist von zwei Wochen, innerhalb derer das Kirchengericht anzurufen ist, gilt nicht in Fällen der Eingruppierung (vgl. KGH.EKD, Beschl. v. 22.06.2009 – I-0124/P89-08; Bestätigung von KGH.EKD, Beschl. v. 08.08.2005 – I-0124/L22-05).

9. Checklisten

1358 Fälle der Mitbestimmung

Keine Mitbestimmung	Mitbestimmung
Gestellte DRK-Schwester (KGH.EKD, Beschl. v. 28.11.2011 – I-0124/T40-11)	Entgeltgruppe
	Fallgruppe
	Stufe (KGH.EKD, Beschl. v. 22.11.2010 – I-0124/R89-09)

1359 Zustimmungsverweigerungsgründe

Kein Zustimmungsverweigerungsgrund	Zustimmungsverweigerungsgrund
(tarif-)politische Argumente	Anwendung schlechterer Entgeltbindungen als im Tarif (KGH.EKD, Beschl. v. 26.03.2007 – II-0124/M10-06)
Vereinbarkeit mit höherrangigem Recht (VerwG.EKD, Beschl. v. 04.05.2000 – 0124/D39-99)	Anwendung des falschen Tarifwerks (a. A. SchlSt.EKD, 31.10.2000 – 2708/D13-99, ZMV 2001, 131)

III. Übertragung einer höher/niedriger bewerteten Tätigkeit (§ 42 Buchst. d) MVG.EKD)L.

Beschränkung eines Wahlrechts der Dienststellenleitung hinsichtlich des Entgeltsystems (SchSt.DW.Berlin-Brandenburg, 28.11.2000, ZMV 2001, 34; KGH.EKD, Beschl. v. 23.09.2009 – I-0124/R12-09, ZMV 2009, 91)	
Eine Begründung der Zustimmungsverweigerung ist nicht ersichtlich, die MAV beschränkt sich auf den Hinweis der zu niedrigen Eingruppierung (KGH.EKD, Beschl. v. 11.01.2010 – II-0124/P32-08 KGH.EKD, Beschl. v. 20.04.2009 – II-0124/P26-08)	

III. Übertragung einer höher oder niedriger bewerteten Tätigkeit von mehr als drei Monaten Dauer (§ 42 Buchst. d) MVG.EKD)

1. Weisungsrecht

Der kirchliche Arbeitgeber hat bei der Übertragung anderer Tätigkeiten ein strukturell weites Weisungsrecht gem. § 106 GewO. In der Praxis besteht zuweilen Unsicherheit, ob Mitarbeitern auch höher oder niedriger zu bewertende Tätigkeiten übertragen werden dürfen. Im Zusammenhang mit dem Mitbestimmungsrecht der Ordnung in der Dienststelle wurde bereits darauf hingewiesen, dass das Weisungs- bzw. Direktionsrecht des Arbeitgebers nicht grenzenlos ist (s. o.). 1360

Die MAV hat bei der Übertragung einer höher oder niedriger bewerteten Tätigkeit von mehr als drei Monaten Dauer ein Mitbestimmungsrecht. Dieses ist unabhängig von der Frage, welche etwaigen Folgen hinsichtlich der Vergütung eintreten. Unter dem Begriff der Übertragung einer höher oder niedriger zu bewertenden Tätigkeit ist eine tariflich anders als der bisherige Aufgabenbereich bewertete Tätigkeit zu verstehen (vgl. KGH.EKD, Beschl. v. 25.02.2008 – II-0124/N64-07). 1361

▶ Beispiel: 1362

Das Mitbestimmungsrecht besteht, wenn nicht mehr, wie vor der Übertragung einer anderen Tätigkeit, 100 % der Arbeitszeit des Mitarbeiters mit Arbeitsvorgängen belegt sind, die die Anforderungen eines oder mehrerer Tätigkeitsmerkmale einer Vergütungsgruppe erfüllen, sondern nur noch 50 %, und die übrigen 50 % der Arbeitszeit mit Arbeitsvorgängen ausgefüllt sind, die die Merkmale eines oder mehrerer Tätigkeitsmerkmale einer anderen, niedrigeren Vergütungsgruppe ausmachen (KGH.EKD, Beschl. v. 25.02.2008 – II-0124/N64-07).

L. Personelle Einzelmaßnahmen der Arbeitnehmer – ohne Kündigung

1363 ▶ **Praxistipp:**

Arbeitnehmern dürfen grds. nur diejenigen Tätigkeiten übertragen werden, die von der Entgeltgruppe, dem Berufs- und Sozialbild abgedeckt sind.

2. Übertragung einer höher zu bewertenden Tätigkeit

a) Abgrenzung zur Höhergruppierung

1364 Für die Mitbestimmung der MAV ist zu beachten, dass die Übertragung vorübergehend oder dauerhaft erfolgen kann. Die dauerhafte Übertragung ist regelmäßig mit einer Höhergruppierung verbunden und stellt eine mitbestimmungspflichtige (neue) Eingruppierung gem. § 42 Buchst. b) MVG.EKD dar.

1365 Der Mitbestimmungstatbestand des § 42 Buchst. d) MVG.EKD erfasst also die Fälle, die bei einer gedachten dauerhaften Übertragung der neuen Tätigkeit zur Höhergruppierung führen würden (vgl. VerwG.EKD, Beschl. v. 23.06.2003 – II-0124/H4-03). Die Stelle ist also anders bewertet (vgl. KGH.EKD, Beschl. v. 25.02.2008 – II-0124/N64-07). Bestehen aber Besonderheiten des Tarif(vertrag)es, muss die Übertragung höher zu bewertender Tätigkeit nicht in jedem Fall zur Höhergruppierung führen, ist aber gleichwohl mitbestimmungspflichtig, so die Übertragung einer erstmaligen, weiteren oder höher dotierten Funktionsstufe (gem. Tarifvertrag für die BA; vgl. BVerwG, Beschl. v. 27.05.2009 – 6 P 9.08, NZA-RR 2009, 568).

1366 ▶ **Praxistipp:**

Übertragungen, die höchstens drei Monate dauern, unterliegen nicht der Mitbestimmung.

1367 Die Mitbestimmung muss nachgeholt werden, wenn sich die ursprünglich bis drei Monate bemessene Frist über diese Grenze verlängert. Rechtsmissbrauch liegt vor, wenn bereits bei Übertragung ersichtlich ist, dass in jedem Fall drei Monate überschritten werden, die MAV aber nicht beteiligt wird.

b) Die vorübergehende Übertragung

1368 Die vorübergehende Übertragung einer höher zu bewertenden Tätigkeit ggü. einem Arbeitnehmer ist aufgrund tariflicher Vorschriften unter bestimmten Bedingungen zulässig (z. B. gem. § 14 TVöD/TV-L, § 13 AVR.Diakonie, § 32 Abs. 6 AVR.Diakonie Bayern), sie unterliegt der Mitbestimmung. Den Arbeitnehmer trifft unter diesen Voraussetzungen eine Loyalitätspflicht.

1369 ▶ **Praxistipp:**

Maßstab ist die auszuübende Tätigkeit und deren tarifliche Bewertung, wie sie in einer Stellenbeschreibung ausgedrückt wird.

1370 Die tariflichen Vorschriften orientieren sich, von bestimmten Änderungen abgesehen, nach wie vor an dem alten § 24 BAT/-O. Zu beachten ist, dass das BAG noch zum

III. Übertragung einer höher/niedriger bewerteten Tätigkeit (§ 42 Buchst. d) MVG.EKD)L.

Geltungszeitpunkt des BAT seine Rechtsprechung aufgegeben, wonach für die Übertragung ein sachlicher Grund erforderlich ist. Die Rechtmäßigkeit der Übertragung muss nunmehr einer doppelten Billigkeitsprüfung i. S. d. § 315 BGB standhalten: Das billige Ermessen der Ausübung des Direktionsrechts muss sich auf die Tätigkeitsübertragung »an sich« und die »Nicht-Dauerhaftigkeit« der Übertragung beziehen (»doppelte Billigkeit«; s. BAG, Urt. v. 17.04.2002 – 4 AZR 174/91, AP Nr. 23 zu § 24 BAT). Den Mitarbeiter trifft unter diesen Voraussetzungen eine Loyalitätspflicht, die Tätigkeiten auszuüben. Sofern die zeitlichen Vorgaben (z. B. des § 13 Abs. 1 bzw. 2 AVR. Diakonie) erreicht werden, erhält der Arbeitnehmer eine Zulage.

Die tariflichen Vorschriften treffen keine ausdrückliche zeitliche Begrenzung für die Übertragung. Der 5. Senat des BAG hatte in einer Fall zum vergleichbaren § 24 BAT-O entschieden, dass für die vorübergehende Übertragung nach Ablauf von 4 Jahren regelmäßig kein sachlicher Grund mehr vorliegt (vgl. BAG, Urt. v. 16.09.1998 – 5 AZR 183/97, AP Nr. 2 zu § 24 BAT-O). Demgegenüber haben der 4. und der 9. Senat mittlerweile entschieden, dass nach dem Wegfall des Erfordernis eines Sachgrundes grds. keine zeitliche Grenze gelten soll (BAG, Urt. v. 17.04.2002 – 4 AZR 174/01, AP Nr. 23 zu § 24 BAT; BAG, Urt. v. 17.01.2006 – 9 AZR 226/05, AP Nr. 6 zu § 24 BAT-O); zu den AVR.Diakonie s. *Richter/Gamisch* 2008, S. 147 f.).

1371

▶ **Praxistipp:**

1372

Die MAV überwacht die Einhaltung dieser Regeln.

c) Doppelte Billigkeit

– Das billige Ermessen der Ausübung des Direktionsrechts muss sich auf die Tätigkeitsübertragung »an sich« und
– die »Nicht-Dauerhaftigkeit« der Übertragung beziehen (»doppelte Billigkeit«; s. BAG, Urt. v. 17.04.2002 – 4 AZR 174/01, AP Nr. 23 zu § 24 BAT).

1373

3. Übertragung einer niedriger zu bewertenden Tätigkeit

Auch die Übertragung einer niedriger zu bewertenden Tätigkeit unterliegt der Mitbestimmung. Diese ist nur in engen Grenzen möglich:
– Niederwertige Tätigkeiten müssen ausgeführt werden, wenn es sich um sog. Zusammenhangstätigkeiten handelt. Das sind Arbeitsschritte innerhalb eines Arbeitsvorgangs, die nicht zu bewerten sind (z. B. das Schreiben eigener Texte; s. *Richter/Gamisch* StB 2012, S. 94 ff.).
– Im Geltungsbereich des Eingruppierungsrechts, das sich am BAT orientiert (z. B. BAT-KF), kann es sog. Mischtätigkeiten geben: die auszuübende Tätigkeit gliedert sich in zwei Arbeitsvorgänge, einen höher und einen niedriger zu bewertenden.
– Stellt der Tarif auf Tätigkeiten ab (z. B. § 13 AVR.Diakonie) ist das Berufsbild maßgeblich (zum Begriff s. *Richter/Gamisch* 2008, S. 25 f.).

1374

L. Personelle Einzelmaßnahmen der Arbeitnehmer – ohne Kündigung

1375 ▶ **Praxistipp:**

Die von *Fey/Rehren* (MVG.EKD § 42 Rn. 51) angesprochene Vertretung auf einer niedriger zu bewerteten Stelle ist tarifwidrig. Zulässig ist sie nur mit Einverständnis des Mitarbeiters. Die MAV prüft deren Vorliegen.

1376 In anderen Fällen ist bei Arbeitnehmern grds. ein Änderungsvertrag oder eine Änderungskündigung erforderlich.

1377 Wie bei der Übertragung höherwertiger Tätigkeiten ist es aber möglich, dass eine Veränderung der auszuübenden Tätigkeit nicht zur Herabgruppierung führt, die Tätigkeit aber niedriger zu bewerten ist: Der Arbeitnehmer erhält bzw. behält z. B. – was ggf. haushaltsrechtlich gesondert zu prüfen ist – eine übertarifliche Eingruppierung.

1378 Für die Beteiligung der MAV ist es unerheblich, ob die Übertragung im Wege des Weisungs- bzw. Direktionsrechts oder einer Änderungskündigung erfolgt. Ggf. ist die MAV zusätzlich hinsichtlich einer Änderungskündigung zu beteiligen.

1379 Tarifkonforme Stellenschreibungen schaffen bei diesen Fragen die erforderliche Rechtssicherheit für Dienststellenleitungen und Führungskräfte.

4. Übersicht: Weisungsrecht und Eingruppierung

1380

Eingruppierung	– Lohn-/Vergütungs-/Entgeltgruppe – Fallgruppe – Stufe
Höhergruppierung	Wechsel der Lohn-/Vergütungs-/Entgeltgruppe nach oben
Herab-/Rückgruppierung	Wechsel der Lohn-/Vergütungs-/Entgeltgruppe nach unten
(vorübergehende) Übertragung	höherer/niedriger Tätigkeit

Bewertende Tätigkeit 1381
Höher/niedriger zu bewertende Tätigkeit

	Vertretung ⊕	Sachgrund ⊕
	§ 14 TVöD/TV-L	
Entgeltgruppe gemäß Arbeitsvertrag	= geschuldete Leistung	
	§ 22 II BAT/-O/§ 12 TV-L	
	Zusammenhangstätigkeit ⊕	Mischtätigkeit ⊕	eigener Arbeitsvorgang ⊖

Quelle: IPW – Institut für PersonalWirtschaft GmbH

IV. Zulagen (§ 42 Buchst. e) MVG.EKD)

Die Gewährung von Zulagen unterliegt im Personalvertretungs- bzw. Betriebsverfassungsrecht grds. nicht der Mitbestimmung. Das Kirchengesetz trifft in § 42 Buchst. e) MVG.EKD eine abweichend Regelung: 1382

Die dauernde Übertragung einer Tätigkeit, die einen Anspruch auf Zahlung einer Zulage auslöst, ist mitbestimmungspflichtig. Das gilt auch für den Widerruf der Übertragung. 1383

Das jeweilige Tarifrecht bestimmt, ob der Mitbestimmungstatbestand zur Anwendung kommt. Erfasst werden Fällen, in denen bei unveränderter Eingruppierung – d. h. Entgeltgruppe und Fallgruppe – eine Zulage gezahlt wird (vgl. VerwG.EKD, Beschl. v. 09.03.2000 – 0124/D31-99). 1384

Zulagen im Rahmen eines leistungsorientierten Entgelts unterliegen nicht der Mitbestimmung (zutreffend *Fey/Rehren* MVG.EKD § 42 Rn. 52). 1385

Zustimmungsverweigerungsgründe 1386

Keine Zustimmungsverweigerung	Zustimmungsverweigerung
	Fehlende doppelte Billigkeit
	Benachteiligung des Mitarbeiters
	Umgehung des Eingruppierungsrechts über Zulagen

V. Umsetzung (§ 42 Buchst. f) MVG.EKD)

1. Begriff

1387 Das Tarifrecht der Kirche und Diakonie sowie das MVG.EKD unterscheiden die Umsetzung ohne und mit Dienstortwechsel von der Versetzung bzw. Abordnung. Die Begriffe stammen aus dem Beamtenrecht.

1388 ▶ **Praxistipp:**

Praktiker sprechen nicht selten in jedem Fall von der »Versetzung«, was in der täglichen Arbeit zu Unklarheiten führt.

1389 Der Begriff der Umsetzung ist weder im Beamten- noch im Arbeitsrecht geregelt. Darunter versteht man einen Wechsel des Arbeitsplatzes bzw. Dienstpostens. Das VerwG. EKD hat es wie folgt ausgedrückt:

»Die auf Dauer angelegte Übertragung einer anderen Beschäftigung in derselben Dienststelle ohne gleichzeitigen Ortswechsel unterliegt als Umsetzung nicht dem Mitbestimmungsrecht der Mitarbeitervertretung.«

(VerwG.EKD, Beschl. v. 19.02.1998 – 0124/B27-97)

1390 Die Tarifwerke des kirchlichen Dienstes setzen den Begriff als bekannt voraus. Das Recht eine Umsetzung vorzunehmen, folgt vielmehr aus dem Weisungs- bzw. Direktionsrechts des Arbeitgebers gem. § 106 GewO.

2. Dienstortwechsel

1391 Die Umsetzung ohne Dienstortwechsel ist mitbestimmungsfrei. Ein Dienstortwechsel liegt vor, wenn der Arbeitsplatz des Arbeitnehmers in einer anderen politischen Gemeinde liegt, also eine »Grenze« überschritten wird. Anders als im staatlichen Personalvertretungsrecht kommt es nicht darauf an, ob der neue Dienstort noch vom Reisekostenrecht erfasst wird. Denn das MVG.EKD trifft ggü. dem § 75 Abs. 1 Nr. 3 BPersVG abweichende Regelung. Der Ortsbegriff wird nicht erweitert (vgl. SchlSt. Pfalz, 11.10.1999 –1/99, ZMV 2000, 83).

3. Befristete Umsetzung

1392 Nach herrschender Meinung muss dieser auf Dauer angelegt sein. Deshalb ist die befristete Umsetzung mitbestimmungsfrei (vgl. BVerwG, Beschl. v. 10.10.1991 – 6 P 23.90, PersR 1992, 301; VGH Bayern 05.04.1995, PersR 1995, 387; VGH Baden-Württemberg, Beschl. v. 16.09.2003 – PL 15 S, PersR 2004, 113; BAG, Beschl. v. 22.01.2004 – 1 AZR 495/01, PersR 2005, 162; s. a. *Fey/Rehren* MVG.EKD § 42 Rn. 54).

1393 ▶ **Praxistipp:**

Vorübergehende, vertretungsweise oder befristete Umsetzungen unterliegen demzufolge nicht der Mitbestimmung.

VI. Versetzung (§ 42 Buchst. g), 1. Alt. MVG.EKD) L.

Die befristete Umsetzung ist von der Abordnung zu unterscheiden, die unter bestimmten Voraussetzungen mitbestimmungspflichtig ist. 1394

4. Abgrenzung zur Versetzung und Abordnung

Die Unterscheidung zwischen Umsetzung einerseits und Versetzung bzw. Abordnung andererseits hat inhaltliche Auswirkungen: Arbeitnehmer müssen regelmäßig vor einer Versetzung angehört werden, was bei einer Umsetzung nicht in jedem Fall erforderlich ist (vgl. § 4 Abs. 1 Satz 2 BAT-KF; s. aber § 7 Abs. 1 Satz 2 AVR.Diakonie). Mitbestimmungspflichtig ist nur die Umsetzung mit Dienstortwechsel sowie die Versetzung bzw. Abordnung. Bei der Umsetzung ohne Dienstortwechsel muss die MAV nicht im Wege der Mitbestimmung beteiligt werden, sie wird nur informiert. 1395

Diese Rechtslage weicht vor allem vom Betriebsverfassungsrecht ab, bei dem bereits der Wechsel der Station innerhalb eines Altenpflegeheims eine mitbestimmungspflichtige Versetzung i. S. d. §§ 99 Abs. 1, 95 Abs. 3 BetrVG darstellen kann. Analogien sind unzulässig (vgl. VerwG.EKD, Beschl. v. 28.04.2003 – I-0124/G32-02). 1396

▶ Praxistipp: 1397

> Vor diesem Hintergrund versuchen MAV, eine Beteiligungspflicht über andere Mitbestimmungstatbestände zu erreichen, insb. die (Neu-) Eingruppierung oder die Übertragung einer höher bzw. niedriger bewerteten Tätigkeit. Dieses Vorgehen ist berechtigt. Das gilt insb. bei einer mitbestimmungsfreien Umsetzung ohne Dienstortwechsel, die eine mitbestimmungspflichtige Eingruppierung darstellen kann: Neu-Eingruppierung infolge eines Fallgruppenwechsels (vgl. BVerwG, Beschl. v. 08.11.2011 – 6 P 23.10, RiA 2012, 44).

VI. Versetzung (§ 42 Buchst. g), 1. Alt. MVG.EKD

1. Begriff

Führt die Umsetzung (s. o.) zum Wechsel der Dienststelle, dann liegt eine Versetzung vor. Im Arbeitsrecht kann – anders als im (Kirchen-) Beamtenrecht – nicht zu anderen Arbeitgebern versetzt werden. Eine andere Dienststelle i. S. d. § 42 Buchst. g), 1. Alt. MVG.EKD liegt vor, wenn die Voraussetzungen des § 3 Abs. 2 MVG.EKD vorliegen: 1398

Liegt der Arbeitsplatz im Zuständigkeitsbereich einer anderen MAV, dann liegt eine mitbestimmungspflichtige Versetzung und keine Umsetzung vor. 1399

> «Versetzung im mitarbeitervertretungsrechtlichen Sinne ist die auf Dauer angelegte Übertragung einer anderen Beschäftigung in einer anderen Dienststelle.« 1400

(VerwG.EKD, Beschl. v. 19.02.1998 – 0124/B27-97).

L. Personelle Einzelmaßnahmen der Arbeitnehmer – ohne Kündigung

2. Zuständige MAV

1401 Das staatliche Personalvertretungsrecht räumt bei Versetzungen sowohl dem Personalrat der abgebenden Dienststelle als auch dem der aufnehmenden Dienststelle ein Mitbestimmungsrecht ein.

1402 ▶ **Praxistipp:**

Demgegenüber hat die MAV der abgebenden Dienststelle nur ein Mitberatungsrecht gem. § 46 Buchst. d) MVG.EKD. Das Mitbestimmungsrecht wird von der MAV der aufnehmenden Dienststelle ausgeübt.

3. Schutz von MAV-Mitgliedern

1403 Mitglieder der MAV werden nicht vor der Umsetzung (mit Dienstortwechsel) geschützt. Der Schutz des § 21 Abs. 1 MVG.EKD erfasst nur die Versetzung und Abordnung.

1404 Das VerwG.EKD (Beschl. v. 28.04.2003 – I-0124/G32-02) hat ausgeführt:

»Die auf Dauer angelegte Übertragung einer anderen Aufgabe bzw. Beschäftigung stellt nur dann eine Versetzung dar, wenn die Tätigkeit in einer anderen Dienststelle auszuüben ist (VerwG.EKD v. 19. Februar 1998 - 0124/B27-97 - ZMV 1998, 238, 239). Mit diesem Inhalt wird der Begriff der Versetzung auch an anderer Stelle im MVG.EKD verwendet, nämlich in § 42 Buchstabe G) MVG.EKD (»Versetzung oder Abordnung zu einer anderen Dienststelle«). Dieses Verständnis des Begriffs der Dienststelle entspricht auch dem Sinn und Zweck des § 21 Abs. 1 MVG.EKD. Durch diese Bestimmung soll verhindert werden, dass die Mitgliedschaft des Mitarbeiters in der Mitarbeitervertretung der Dienststelle durch eine vom Arbeitgeber veranlasste Versetzung unterlaufen wird, indem der Mitarbeiter infolge einer Versetzung einer anderen Dienststelle angehört und er dadurch aus der Mitarbeitervertretung seiner bisherigen Dienststelle ausscheidet.«

VII. Abordnung (§ 42 Buchst. g), 2. Alt. MVG.EKD)

1405 Die Abordnung ist eine »Versetzung auf Zeit«. Sie ist mitbestimmungspflichtig, wenn der Mitarbeiter für mehr als drei Monate die Dienststelle wechselt. Die Abordnung ist von der mitbestimmungsfreien befristeten Umsetzung zu unterscheiden (s. o.).

1406 Zustimmungsverweigerungsgrund (Umsetzung mit Dienstortwechsel, Versetzung, Abordnung)

Kein Zustimmungsverweigerungsgrund	Zustimmungsverweigerungsgrund
	Verletzung des Ermessens gem. § 315 BGB
	Beschränkung des Weisungsrechts durch Regelung im Arbeitsvertrag
	Benachteiligung

VIII. Freiheit der Wahl der Wohnung (§ 42 Buchst. i) MVG.EKD)

Wird die Freiheit der Wahl der Wohnung beschränkt, spricht man von einer sog. Residenzpflicht. Voraussetzung ist eine Regelung im Arbeitsvertrag. In diesem Fall muss der Arbeitnehmer eine Werk-dienst-wohnung beziehen, z. B. als Küster oder Hausmeister. 1407

Ein anderer Fall liegt vor, wenn der Arbeitgeber Werk-miet-wohnungen (auch) an Arbeitnehmer vermietet. In diesem Fall liegt eine Sozialeinrichtung gem. § 40 Buchst. c) MVG.EKD vor. 1408

IX. Versagung und Widerruf Nebentätigkeit (§ 42 Buchst. j) MVG.EKD)

Ein Arbeitnehmer verpflichtet sich im Arbeitsvertrag nicht dazu, seine ganze Arbeitskraft dem Arbeitgeber zur Verfügung zu stellen. Aufgrund des Grundrechts der Berufsfreiheit des Art. 12 GG darf der Arbeitnehmer grds. so viele Nebentätigkeiten ausüben, wie er möchte. Grds. steht es ihm deshalb frei, ohne Zustimmung oder Genehmigung des Arbeitgebers eine Nebentätigkeit auszuüben. Das gilt auch für Auszubildende. Im Arbeits- oder Tarifvertrag kann aber vereinbart werden, dass Nebentätigkeiten angezeigt oder genehmigt werden müssen. So sollen Belange des Arbeitgebers, aber der Schutz des Mitarbeiters gesichert werden. Grenzen sind z. B. das Arbeitsschutzrecht (insb. ArbZG), aber auch die berechtigen Interessen des Arbeitgebers (vgl. *Schwarz-Seeberger* ZMV 2011, 195). 1409

Nebentätigkeit i. S. d. Arbeitsrechts ist jedes entgeltliche Arbeiten bei einem anderen Arbeitgeber oder als Unternehmer. Die Tarif(verträg)e sehen vor, dass entgeltliche Nebentätigkeiten anzeigepflichtig (vgl. § 3 Abs. 3 TVöD; § 3 Abs. 4 TV-L) oder genehmigungspflichtig (vgl. § 3 Abs. 2 AVR.Diakonie, § 5 AVR.Diakonie Bayern) sind. Die AVR unterwerfen sogar die unentgeltliche Nebentätigkeit der Genehmigungspflicht. 1410

▶ **Praxistipp:** 1411

Viele vermeintliche Ehrenämter, vor allem in Sportvereinen, sind tatsächlich ein Arbeitsverhältnis. Für das Recht der Nebentätigkeit ist es unerheblich, ob die gezahlte »Aufwandsentschädigung« sozialversicherungs- oder steuerrechtlich von Bedeutung ist. Bei »echtem Ehrenamt« erfolgt keine Zahlung von Geld.

L. Personelle Einzelmaßnahmen der Arbeitnehmer – ohne Kündigung

1412 Nebentätigkeit

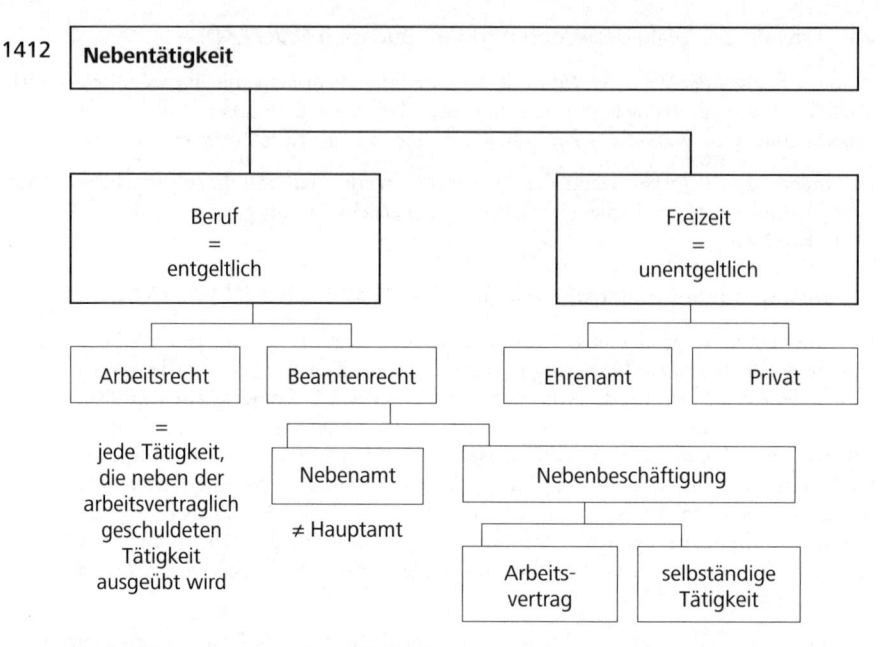

- Beruf = entgeltlich
  - Arbeitsrecht = jede Tätigkeit, die neben der arbeitsvertraglich geschuldeten Tätigkeit ausgeübt wird
  - Beamtenrecht
    - Nebenamt
    - ≠ Hauptamt
- Freizeit = unentgeltlich
  - Ehrenamt
    - Nebenbeschäftigung
      - Arbeitsvertrag
      - selbständige Tätigkeit
  - Privat

Quelle: IPW – Institut für PersonalWirtschaft GmbH

1413 Der Arbeitgeber darf die Nebentätigkeit untersagen, wenn eine abstrakte Gefahr besteht, dass die dienstlichen Interessen beeinträchtigt werden.

1414 ▶ Praxistipp:

Das Kirchengesetz verwendet die alten, aus dem Beamtenrecht übernommenen Begriffe Versagung und Widerruf, obwohl die reformierten Tarifverträge nunmehr regelmäßig von der Untersagung sprechen. In der Sache besteht kein Unterschied: Versagung = Untersagung; Widerruf = nachträgliche Untersagung.

1415 Als Untersagungsgründe kommen in Betracht: Verstöße gegen das Arbeitszeitgesetz, insb. §§ 3, 5 ArbZG, Konkurrenztätigkeit, Überforderung des Mitarbeiters oder eine Interessenkollision. Dazu gehören auch Verstöße gegen die kirchliche Sittenlehre. So darf einem Krankenpfleger die Nebentätigkeit als Leichenbestatter untersagt werden. Das BAG sah eine »Irritation« der Patienten als ausreichend an, eine Interessenkollision anzunehmen (vgl. BAG, Urt. v. 28.02.2002 – 6 AZR 357/01, AP Nr. 1 zu § 5 AVR Caritas). Die MAV prüft im Rahmen ihrer Mitbestimmung gem. § 42 Buchst. j) MVG.EKD, dass der Arbeitgeber das Grundrecht des Art. 12 GG nicht verletzt.

1416 ▶ Praxistipp:

Eine nachträgliche Untersagung (»Widerruf«) der Nebentätigkeit ist demgegenüber nur zulässig, wenn die konkrete Gefahr einer Beeinträchtigung des

X. Ablehnung Teilzeit (§ 42 Buchst. k), 1. Alt. MVG.EKD)   L.

Arbeitsverhältnisses besteht. Aus dem Umstand vermehrter Zeiten der Arbeitsunfähigkeit kann nicht automatisch auf eine Beeinträchtigung dienstlicher Interessen gefolgert werden.

X. Ablehnung Teilzeit (§ 42 Buchst. k), 1. Alt. MVG.EKD)

Arbeitnehmer haben gesetzliche und tarif(vertrag)liche Teilzeitansprüche. Die Ablehnung eines Antrages auf Ermäßigung der Arbeitszeit, d. h. Teilzeit, unterliegt gem. § 42 Buchst. k), 1. Alt. MVG.EKD der Mitbestimmung der MAV. Wie im Fall der Nebentätigkeit prüft die MAV die Beachtung des Rechts bei der Ablehnung durch die Dienststellenleitung. 1417

Denn der kirchliche Arbeitgeber muss seinen Mitarbeitern grds. Teilzeit ermöglichen. Das gilt auch für Arbeitnehmer in leitenden Positionen. Die Voraussetzung für den Anspruch und die Regeln für die Ablehnung des jeweiligen Antrages sind sehr unterschiedlich ausgestaltet. 1418

	§ 8 TzBfG	§ 15 BEEG	§ 11 TVöD/ TV-L	§ 81 SGB IX	1419
Antrag des AN	formlos (§ 8 Abs. 2)	Schriftform (§ 15 Abs. 7 Satz 1 Nr. 5)	formlos	formlos	
Ablehnung des AG Frist	ein Monat vor dem gewünschten Termin	Innerhalb vier Wochen	keine Frist	keine Frist	
Form	Schriftform	Schriftform	formlos	formlos	
Begründung	ohne Begründung (§ 8 Abs. 5)	mit Begründung (§ 15 Abs. 7 Satz 2)	ohne Begründung	ohne Begründung	
Ablehnungsgründe	betriebliche Gründe	dringende betriebliche Gründe	dringende betriebliche Belange	nicht zumutbar unverhältnismäßige Aufwendungen Rechtsverstoß	

Das Mitbestimmungsrecht bezieht sich auf alle Teilzeitansprüche, z. B. Altersteilzeit (vgl. SchiedsSt.KonföderationNiedersachsen, 09.03.2001 – 3 VR MVG 41/2000, ZMV 2001, 236). Teilzeitarbeit wird nicht von jedem Arbeitgeber geschätzt, kann in der Praxis aber nur sehr schwer abgelehnt werden. 1420

L. Personelle Einzelmaßnahmen der Arbeitnehmer – ohne Kündigung

1421 Übersicht Rechtsprechung – Ablehnung

Rechtmäßig	Rechtswidrig
Konkret dargelegtes pädagogisches Konzept (ArbG Bonn, Urt. v. 20.06.2001 – 2 Ca. 1414/01, NZA 2001, 973; BAG, Urt. v. 18.03.2003 – 9 AZR 126/02 AP Nr. 2 zu § 15b BAT)	Pauschaler Hinweis auf die Unteilbarkeit von Leitungspositionen (BAG, Urt. v. 29.11.1995 – 5 AZR 753/94, AP Nr. 62 zu § 315 BGB)
Der AG darf Teilzeit ablehnen, wenn der geltend gemachte Teilzeitanspruch die vom AG gem. Tarifvertrag durchzuführenden Arbeitszeitmodelle erheblich stört. (BAG, Urt. v. 13.11.2007 – 9 AZR 36/07, NZA 2008, 314)	Pauschaler Hinweis auf die Verschlechterung der Arbeitsleistung durch die Teilzeit (ArbG Frankfurt an der Oder, Urt. v. 14.09.2000 – 2 Ca 560/00, ZTR 2001, 39)
Konkret dargelegtes unternehmerisches Konzept, wonach Teilzeit auf dem Arbeitsplatz nicht möglich ist, z. B. wegen Projektarbeit just in time bei hochwertigen elektronischen Produkten (ArbG Freiburg, Urt. v. 04.09.2001 – 7 Ca 143/01, NZA 2002, 216)	Organisationskonzept gegen Teilzeit (ArbG Stuttgart, 05.07.2001, AuA 2001, S. 517) Das Organisationskonzept »ein Kunde – ein Mitarbeiter« stellt grds. keinen Ablehnungsgrund für Teilzeit dar. Das gilt insb. für AN einer Bank im Schalterdienst. (LAG Köln, Urt. v. 03.02.2006 – 11 [13] Sa 1246/05, ZTR 2006, 389)
Der AG darf Teilzeit ablehnen, wenn er aufgrund einer Betriebsvereinbarung 16 unterschiedliche Teilzeitmodelle anbietet, der AN aber eine andere Teilzeitvereinbarung wünscht. (BAG, Urt. v. 15.08.2006 – 9 AZR 30/06, NZA 2007, 259 = ZTR 2007, 271)	Pauschaler Vortrag, dass Arbeitsabläufe »bestmöglich« und »effektiv« gestaltet werden müssen (BAG, Urt. v. 18.05.2004 – 9 AZR 319/03, NZA 2005, 108)
Forderung nach ständiger Ansprechbarkeit (ArbG Freiburg, Urt. v. 04.09.2001 – 7 Ca 143/01, NZA 2002, 216)	Forderung nach ständiger Ansprechbarkeit eines Kundenmitarbeiters, die auch in Vollzeit nicht möglich ist (BAG, Urt. v. 30.09.2003 – 9 AZR 665/02, NZA 2004, 382)
Keine Ersatzkraft (ArbG Arnsberg, Urt. v. 22.01.2002 – 1 Ca 804/01, NZA 2002, 564)	
Kollidierende Wünsche anderer AN (ArbG Stuttgart, Urt. v. 23.11.2001 – 26 Ca 1324/01, NZA-RR 2002, 183)	

XI. Ablehnung Beurlaubung (§ 42 Buchst. k), 2. Alt. MVG.EKD) L.

Unzumutbare Relation zwischen Personalaufwand und Wertschöpfung des AN (LAG Düsseldorf, Urt. v. 19.04.2002 – 9 [12] Sa 11/02, b+p 2002, 565)	Zumutbare Mehrkosten durch Teilzeit (ArbG Mönchengladbach, Urt. v. 30.05.2001 – 5 Ca 1157/01, NZA 2001, 970)
Betriebsvereinbarung (BAG, Urt. v. 16.03.2004 – 9 AZR 323/03, NZA 2004, 1047)	»Kontingentierung« durch Betriebsvereinbarung (BAG, Urt. v. 24.06.2008 – 9 AZR 313/07, NZA 2008, 1309)
Der AG ist »überbesetzt« (BAG, Urt. v. 15.04.2008 – 9 AZR 380/07, NZA 2008, 998)	
Der AG ist zu bestimmten Zeiten doppelt besetzt (LAG Hamm, Urt. v. 25.06.2008 – 10 Sa 415/08)	
Der AN kann nicht verlangen, während der Elternzeit 6,6 Std/Woche zu arbeiten. Die Teilzeit muss zwischen 30 und 15 Std/Woche liegen. Durch die Untergrenze soll verhindert werden, dass geringfügige Beschäftigungsverhältnisses entstehen. (LAG SLH, Urt. v. 18.06.2008 – 6 Sa 43/08)	Der AG kann den Wunsch von Teilzeit eines AN verweigern, wenn diesem dem Organisationskonzept widerspricht. Wurde während der Elternzeit der Arbeitsplatz geteilt, hat der der AG darzulegen, aufgrund welcher Tatsachen sein Organisationskonzept in dieser Zeit beeinträchtigt wurde. (BAG, Urt. v. 13.10.2009 – 9 AZR 910/08, NZA 2010, 339 = ZTR 2010, 210)
Berücksichtigung der Kundenströme	

(vgl. *Richter/Gamisch* TV-L, S. 143 ff.)

Zustimmungsverweigerung 1422

Kein Zustimmungsverweigerungsgrund	Zustimmungsverweigerungsgrund
Die MAV darf die Zustimmung aber nicht verweigern, wenn der Arbeitgeber nach billigen Ermessen über die Gewährung entscheiden darf (KGH.EKD, Beschl. v. 10.11.2008 – I-0124/P37-08), z. B. bei Altersteilzeit.	

XI. Ablehnung Beurlaubung (§ 42 Buchst. k), 2. Alt. MVG.EKD)

Das zur Ablehnung von Teilzeit Gesagte gilt entsprechend im Fall der Ablehnung einer Beurlaubung. Auch bei Mitbestimmungsrecht des § 42 Buchst. k), 2. Alt. MVG.EKD überwacht die MAV den Maßstab. 1423

L. Personelle Einzelmaßnahmen der Arbeitnehmer – ohne Kündigung

1424 Besteht ein Soll-Anspruch auf Sonderurlaub, d. h. unbezahlte Arbeitsbefreiung, gilt die Formel: »Soll heißt müssen, wenn man kann.« Existiert lediglich ein Kann-Anspruch (z. B. § 29 Abs. 3 AVR.Diakonie, § 28 TVöD/TV-L), muss der Arbeitgeber sein Ermessen gem. § 315 BGB sehen und prüfen.

1425 ▶ Praxistipp:

Unter bestimmten Gründen gilt eine sog. Ermessensreduzierung auf Null.

1426 Kann sich der Mitarbeiter auf einen über die Grundrechte des GG geschützten Grund berufen und hat der Arbeitgeber keinen erheblichen Verweigerungsgrund, muss er die Beurlaubung vereinbaren, obwohl der Tarif(vertrag) nur einen sog. Kann-Anspruch einräumt.

1427 Rechtsprechung bei Kann-Anspruch

Anspruch auf Sonderurlaub	Kein Anspruch auf Sonderurlaub
Abgeordnetentätigkeit	Aufnahme Studium zur Selbstverwirklichung
	(ArbG Erfurt 14.04.1998 – 8 Ga 11/98, NZA-RR 1998, 429)
Betreuung eines Kindes	Betreuung im Ausland lebender Kinder
(BAG, Urt. v. 12.01.1989 – 8 AZR 251/88, AP Nr. 14 zu § 50 BAT)	(LAG Frankfurt am Main, Urt. v. 14.12.1990 – 13 SaGa 1248/90, ZTR 1991, 424)
Aufnahme Studium (Zweiter Bildungsweg, beruflicher Aufstieg usw.)	Fortbildungsmaßnahme, die auch in Abendkursen absolviert werden kann
(BAG, Urt. v. 25.01.1994 – 9 AZR 540/91, AP Nr. 16 zu § 50 BAT; BAG, Urt. v. 30.10.2001 – 9 AZR 426/00, AP Nr. 1 zu § 55 MTArb)	(ArbG Hamburg, Urt. v. 04.11.1987 – 9 Ca 230/87, zit. nach *Breier/Dassau/Kiefer* Rn. 18)
Teilnahme Gewerkschaftstag	
Übernahme Oberbürgermeisteramt	
(BAG, Urt. v. 08.05.2001 – 9 AZR 179/00, NZA 2002, 160)	
Umschulung	
(LAG Bremen, Urt. v. 15.08.2000 – 1 Sa 94/00, ZTR 2001, 83)	
Türkischer Kurzwehrdienst	Wehrdienst für zwölf Monate in Jugoslawien
(BAG, Urt. v. 22.12.1982 – 2 AZR 282/82, AP Nr. 23 zu § 123 BGB; BAG, Urt. v. 20.05.1988 – 2 AZR 682/87, AP Nr. 9 zu § 1 KSchG Personenbedingte Kündigung)	(BAG, Urt. v. 20.05.1988 – 2 AZR 682/87, NZA 1989, 464)

(vgl. *Richter/Gamisch* TV-L, S. 165)

M. Kündigung (§ 42 Buchst. b), § 46 Buchst. b), c) MVG.EKD)

I. Mitberatung und Mitbestimmung

Die Beteiligungsrechte der MAV bei Kündigungen sind im MVG.EKD ggü. dem BetrVG und BPersV viel stärker ausgebaut. Hinsichtlich des Unterrichtungsumfangs kann auf die Rechtsprechung der staatlichen ArbG zu § 102 BetrVG zurückgegriffen werden. Für die Kündigung bestimmt das MVG.EKD: **1428**

§ 42 MVG.EKD **1429**

»Die Mitarbeitervertretung hat ... ein eingeschränktes Mitbestimmungsrecht

...

b) ordentliche Kündigung nach Ablauf der Probezeit ...«

»Die Mitarbeitervertretung hat ... ein Mitberatungsrecht

...

b) außerordentliche Kündigung
c) ordentliche Kündigung innerhalb der Probezeit ...«

§ 21 Abs. 2 und 3 MVG.EKD

»...

(2) Einem Mitglied der Mitarbeitervertretung darf nur gekündigt werden, wenn Tatsachen vorliegen, die den Dienstgeber zur außerordentlichen Kündigung berechtigen. Die außerordentliche Kündigung bedarf der Zustimmung der Mitarbeitervertretung oder der Zustimmung des Ersatzmitgliedes, falls die Mitarbeitervertretung nur aus einer Person besteht.

(3) Wird die Dienststelle ganz oder zu einem wesentlichen Teil aufgelöst, ist eine Kündigung frühestens zum Zeitpunkt der Auflösung zulässig, es sei denn, dass wegen zwingender betrieblicher Gründe zu einem früheren Zeitpunkt gekündigt werden muss. Die Kündigung bedarf der Zustimmung der Mitarbeitervertretung, oder, falls die Mitarbeitervertretung nur aus einer Person besteht, die Zustimmung des Ersatzmitgliedes; Absatz 2 gilt entsprechend.«

§ 13 Abs. 3 MVG.EKD **1430**

»(3) Die Kündigung eines Mitgliedes des Wahlvorstandes ist vom Zeitpunkt seiner Bestellung an, die Kündigung eines Wahlbewerbers oder einer Wahlbewerberin vom Zeitpunkt der Aufstellung des Wahlvorschlags an nur zulässig, wenn Tatsachen vorliegen, die den Dienstgeber zur außerordentlichen Kündigung berechtigen. Satz 1 gilt für eine Dauer von sechs Monaten nach Bekanntgabe des Wahlergebnisses entsprechend. Die außerordentliche Kündigung bedarf der Zustimmung der Mitarbeitervertretung. ...«

▶ **Praxistipp:** **1431**

Diese Vorschriften gelten gem. § 49 Abs. 4 MVG.EKD für die Vertretung der Jugendlichen und der Auszubildenden und gem. § 52 Abs. 1 MVG.EKD für die Vertrauensperson der schwerbehinderten Mitarbeiter entsprechend.

II. Ordentliche Kündigung während der Probezeit

1432 Der Wortlaut des MVG.EKD sieht bei Kündigungen zwei Beteiligungsformen vor: für die Kündigung während der Probezeit und für die außerordentliche Kündigung die »**Mitberatung**« (vgl. *Richter* 2009, S. 36 ff. m. w. N.).

1433 Kündigungen während der Probezeit unterliegen gem. § 46 Buchst. c) MVG.EKD der Mitberatung.

1434 ▶ Praxistipp:

Die Probezeit wird nur im Berufsbildungsrecht gesetzlich geregelt (vgl. § 20 BBiG; § 13 KrPflG). Das MVG.EKD trifft keine Regelung über die Dauer der Probezeit. Diese folgt vielmehr aus dem Arbeitsvertrag (vgl. *Richardi* NZA 1998, 113, 114).

1435 Das VerwG.EKD hat entschieden, dass die Mitbestimmung unabhängig von der Dauer der Erprobung nicht schon vor ihrem Ende eingreifen soll. Der MAV steht bis zur Beendigung der Probezeit nur ein Mitberatungsrecht zu (vgl. VerwG.EKD, Beschl. v. 21.07.1998 – 0124/C7-98).

1436 ▶ Praxistipp:

Probe- und Wartezeit werden von Praktikern zuweilen gleichgesetzt oder verwechselt. Es kommt aber alleine auf die Probezeit an!

1437 Übersicht Probezeit/Wartezeit

Probezeit	Wartezeit
Vor dem Hintergrund des KSchG darf eine Probezeit sechs Monate grds. nicht überschreiten. Nur in Ausnahmefällen ist eine Probezeit von über sechs Monaten zulässig. Das KSchG gilt nach sechs Monaten unabhängig von der Vereinbarung einer Probezeit. In diesen – seltenen – Fällen besteht lediglich ein Mitberatungsrecht der MAV (VerwG.EKD, Beschl. v. 21.07.1998 – 0124/C7-98). Die Durchführung eines Mitberatungsverfahrens gem. § 46 Buchst. c) MVG.EKD hat also keinen Einfluss auf die Wartezeit im KSchG.	Von der Probezeit muss die Wartezeit gem. § 1 Abs. 1 KSchG unterschieden werden. Der allgemeine Kündigungsschutz gem. KSchG setzt voraus, dass das Arbeitsverhältnis länger als sechs Monate bestanden hat. Diese sechsmonatige Wartezeit entspricht häufig der Probezeit von sechs Monaten (§ 2 Abs. 4 TVöD; § 2 Abs. 4 BAT-KF; § 8 AVR.Diakonie; § 10 AVR.Bayern).

1438 ▶ Praxistipp:

Das ist aber nicht zwingend! Maßgeblich für die Stärke des Beteiligungsrechts der MAV ist aber die Probezeit (!), nicht die Wartezeit gem. KSchG (s. o.).

1439 Die Probezeit kann durch eine Nebenabrede verkürzt werden, z. B. auf drei Monate (vgl. *Repkewitz/Richter* Stichwort Nebenabrede).

▶ **Praxistipp:** 1440

Es ist umstritten, welche individualarbeitsrechtlichen Auswirkungen die Verkürzung oder der Verzicht auf die Probezeit für die Wartezeit hat.

Es wird die Ansicht vertreten, die Verkürzung der Probezeit führe zur vorzeitigen Geltung des KSchG. Nach herrschender Meinung besteht keine derartige Automatik (vgl. KR/*Griebeling* 2009 § 1 Rn. 98 m. w. N.). Bei einer Kündigung im vierten Monat der Beschäftigung bestünde also noch kein Kündigungsschutz gem. KSchG, gleichwohl müsste die MAV i. R. d. Mitbestimmung zur »ordentlichen Kündigung nach Ablauf der Probezeit« gem. § 42 Buchst. b) MVG.EKD beteiligt werden. Das Gleiche gilt, wenn vertraglich auf eine Probezeit verzichtet worden ist (ebenso *Baumann-Czichon/ Dembski/Germer* § 42 Rn. 25). 1441

III. Ordentliche Kündigung nach der Probezeit

Für die ordentliche Kündigung nach der Probezeit gilt die »**eingeschränkte Mitbestimmung**«, (Ungeschriebene) Besonderheiten gelten für die Kündigung von Mitgliedern der MAV. 1442

Die MAV hat eine starke Stellung: Die Zustimmungsverweigerung kann den Ausspruch einer Kündigung erheblich verzögern. Denn ohne die Zustimmung der MAV darf die Kündigung nicht ausgesprochen werden. Vielmehr muss das Mitbestimmungsverfahren abgeschlossen sein. Will die Dienststellenleitung trotz Zustimmungsverweigerung am Kündigungsentschluss festhalten, muss sie den Weg zum Kirchengericht einschlagen. Kündigungen sind keine vorläufigen Regelungen i. S. d. § 38 Abs. 5 MVG.EKD (allg. M., vgl. *Andelewski/Küfner-Schmitt/Schmitt* § 42 Rn. 41). Auch in Eilfällen ist das gesetzliche Verfahren einzuhalten. Das gilt auch für Betriebs(teil)schließungen oder Kündigungen in oder im Vorfeld einer Insolvenz. 1443

Der kirchliche Gesetzgeber räumt der MAV bei ordentlichen Kündigungen nach Ablauf der Probezeit ein weitaus stärkeres Beteiligungsrecht ein, als dies im staatlichen Arbeitsrecht bzw. dem Mitarbeitervertretungsrecht der katholischen Kirche der Fall ist. Die Beteiligung von Arbeitnehmervertretungen hat grds. zwei Aspekte: zum einen geht es um die Wahrung kollektiver Interessen (also der Interessen »der Belegschaft«), zum anderen soll der Einzelne (zusätzlich) geschützt werden. Wie auch der Betriebs- oder Personalrat soll die MAV Einfluss auf die Zusammensetzung der Mitarbeiterschaft nehmen können. Das Beteiligungsrecht korrespondiert also mit dem Mitbestimmungsrecht bei der Einstellung gem. § 42 Buchst. a) MVG.EKD. 1444

Bei der Kündigung tritt der Schutz des Einzelnen ggü. den kollektiven Interessen in den Vordergrund. Für die Kündigung bedeutet das, dass die Arbeitnehmervertretung in die Entscheidungsfindung mit einbezogen wird und ein Stück weit mitbeurteilt, ob die Kündigung notwendig bzw. sozial gerechtfertigt ist (vgl. *Richardi* NZA 1998, 113, 117). Die MAV muss in erster Hinsicht die tatsächliche Chance haben, die Willensbildung der Dienststellenleitung – noch – zu beeinflussen. Es ist aber unschädlich, dass der Arbeitgeber seinen Kündigungswillen bereits vor der Einleitung des 1445

M. Kündigung (§ 42 Buchst. b), § 46 Buchst. b), c) MVG.EKD)

Beteiligungsverfahrens abschließend gebildet hat (BAG, Urt. v. 28.09.1978 – 2 AZR 2/77, AP Nr. 19 zu § 102 BetrVG 1972).

1446 ▶ **Praxistipp:**

Die materiell-rechtliche Überprüfung der Kündigung kann deshalb eigentlich nicht das vorrangige Ziel sein. Da die MAV aber unstreitig die Zustimmung mit dem Hinweis auf die Verletzung des § 1 KSchG begründen darf, wird zwangsläufig ein Kündigungsrechtsstreit Gegenstand des Mitbestimmungsverfahrens (vgl. *Richardi* 2012 § 19 Rn. 32).

1447 ▶ **Praxistipp:**

Durch die umfassende Information der MAV soll diese in den Stand versetzt werden, sich ohne notwendige eigene Nachforschungen ein Bild des Kündigungssachverhaltes machen zu können (vgl. BAG, Urt. v. 05.12.2002 – 2 AZR 697/01, NZA 2003, 849; 854; BAG, Urt. v. 07.11.2002 – 2 AZR 599/01, AP zu § 1 KSchG 1969 Krankheit).

1448 Nach a. A. soll die MAV das Recht haben, die Rechtmäßigkeit der Kündigung »in gleich umfassender Weise zu prüfen wie das Arbeitsgericht in einem ... Kündigungsschutzverfahren« (*Baumann-Czichon/Dembski/Germer* § 42 Rn. 27; ebenso *Fey/Rehren* MVG.EKD § 41 Rn. 31).

1449 Unabhängig von dem tatsächlichen Umstand, dass eine MAV mit dieser Aufgabenstellung regelmäßig überfordert sein dürfte, kann eine derart weite Auslegung des MVG.EKD nicht vom Ziel der Mitbestimmung umfasst sein. Vielmehr bedarf es i. R. d. nach dem Wortlaut des Kirchengesetzes – auch – vorzunehmenden rechtlichen Bewertung durch die MAV immer eines Anknüpfungspunktes an die kollektiven Interessen der Mitarbeiterschaft.

1450 ▶ **Beispiel:**

Der Sache nach befürwortet die MAV ausdrücklich den Trägerwechsel einer Schule in kirchlicher Trägerschaft auf den Staat und den Übertritt einer Vielzahl von Mitarbeitern in den Staatsdienst. Sie vertritt aber ohne nähere Begründung die Ansicht, dass damit ein Betriebsübergang gem. § 613a BGB verbunden ist, der Kündigungen ausschließt.

Zweifelhaft ist, ob die MAV mittels ihrer rechtlichen Bewertung im Ergebnis eine Kündigung verhindern darf, obwohl sie dem Grunde nach mit der Beendigung der Arbeitsverhältnisse einverstanden ist.

Die ausschließlich rechtliche Bewertung der Vorgehensweise, d. h. das (Nicht-) Vorliegen eines Betriebsübergangs, dürfte vor allem Sache eines Kündigungsschutzverfahrens sein.

IV. Außerordentliche Kündigung

Bei der außerordentlichen Kündigung erfolgt grds. ein Mitberatungsverfahren. In analoger Anwendung der Vorschrift über die ordentliche Kündigung nach Ablauf der Probezeit muss die Mitbestimmung beachtet werden, wenn ggü. einem sog. unkündbaren Mitarbeiter eine außerordentliche, befristete Kündigung ausgesprochen wird. 1451

▶ Praxistipp: 1452

Abgrenzungsmerkmal ist die »rechtliche Form der Kündigung«.

▶ Praxistipp: 1453

Die unterlassene Beteiligung der MAV führt zur Unwirksamkeit der Kündigung. Das gilt sowohl für die Verletzung der Mitbestimmungs- (§ 41 Abs. 3 i. V. m. § 38 Abs. 1 Satz 2 MVG.EKD) als auch der Mitberatungsrechte (§ 45 Abs. 2 Satz 1 MVG.EKD).

▶ Praxistipp: 1454

Zu beachten ist, dass die Beteiligung »an sich« nicht ausreichend ist. Wie auch bei der Anwendung des § 102 BetrVG muss vielmehr »ordnungsgemäß« beteiligt werden.

▶ Praxistipp: 1455

Für die Zustimmungsverweigerung ist es ausreichend, dass die MAV die nachvollziehbare Möglichkeit eines Verstoßes gegen das Kündigungsschutzgesetz vorträgt.

Ziel ist 1456

ein »präventiver, kollektivrechtlicher Kündigungsschutz«,

(*Andelewski/Küfner-Schmitt/Schmitt* § 42 Rn. 42)

die Verbindung des individual- und kollektivrechtlichen Kündigungsschutzes

(*Fitting* BetrVG § 102 Rn. 1) bzw.

»Kündigungsschutz durch Verfahren«.

(*Berkowsky*, § 1 Rn. 9).

Der individualrechtliche Kündigungsschutz wird also kollektivrechtlich gestärkt. 1457

▶ Praxistipp: 1458

Deshalb sind pauschale, schlag- oder stichwortartige Begründungen der Dienststellenleitung ggü. der MAV nicht ausreichend (vgl. *Joussen* ZMV 2006, 116, 118 m. w. N.).

Denn die MAV soll insb. beurteilen, ob es nicht die Zweckmäßigkeit gebietet, aus sozialen Gründen von der Kündigung Abstand zu nehmen (vgl. BAG 18.09.1975, EzA 1459

M.   Kündigung (§ 42 Buchst. b), § 46 Buchst. b), c) MVG.EKD)

§ 102 BetrVG 1972 Nr. 17). Das gilt insb. vor dem Hintergrund der Dienstgemeinschaft (s. o.).

1460 ▶ **Praxistipp:**

Die kirchliche und staatliche Rechtsprechung stellt z. T. erhebliche Anforderungen an die Unterrichtung der Arbeitnehmervertretung. Es geht deshalb nicht nur um die Beteiligung an sich, sondern die ordnungsgemäße Durchführung des Verfahrens.

1461 «Das LAG ist mit der ständigen Senatsrechtsprechung (BAG vom 28. 2. 1974 - 2 AZR 455/73 - AP Nr. 2 zu § 102 BetrVG 1972 = BAG 26, 27; vom 22. 9. 1994 - 2 AZR 31/94 - AP Nr. 68 zu § 102 BetrVG 1972 = BAG 78, 39, jeweils m. w. N.) davon ausgegangen, dass eine Kündigung nach § 102 Abs. 1 Satz 3 BetrVG **nicht nur dann unwirksam ist, wenn der Arbeitgeber gekündigt hat, ohne den Betriebsrat zuvor überhaupt beteiligt zu haben, sondern auch dann, wenn der Arbeitgeber seiner Unterrichtungspflicht nach § 102 Abs. 1 BetrVG nicht richtig, insbesondere nicht ausführlich genug nachkommt.** Die Einschaltung des Betriebsrats im Rahmen des Anhörungsverfahrens vor einer Kündigung hat über die reine Unterrichtung hinaus den Sinn, ihm Gelegenheit zu geben, seine Überlegungen zu der Kündigungsabsicht aus der Sicht der Arbeitnehmervertretung zur Kenntnis zu bringen. Die Anhörung soll in geeigneten Fällen dazu beitragen, dass es gar nicht zum Ausspruch einer Kündigung kommt (BAG vom 2. 11. 1983 - 7 AZR 65/82 - AP Nr. 29 zu § 102 BetrVG 1972 = BAG 44, 201, 206). **Aus diesem Sinn und Zweck der Anhörung folgt für den Arbeitgeber die Verpflichtung, die Gründe für seine Kündigungsabsicht derart mitzuteilen, dass er dem Betriebsrat eine nähere Umschreibung des für die Kündigung maßgeblichen Sachverhalts gibt. Diese Kennzeichnung des Sachverhalts muss so genau und umfassend sein, dass der Betriebsrat ohne zusätzliche eigene Nachforschungen in der Lage ist, selbst die Stichhaltigkeit der Kündigungsgründe zu prüfen und sich ein Bild zu machen. Der Arbeitgeber genügt der ihm obliegenden Mitteilungspflicht nicht, wenn er den Kündigungssachverhalt nur pauschal, schlagwort- oder stichwortartig umschreibt, ohne die für seine Bewertung maßgeblichen Tatsachen mitzuteilen** (BAG 22. 9. 1994, AP Nr. 68 zu § 102 BetrVG 1972).»

(BAG, Urt. v. 17.02.2000 – 2 AZR 913/98, AP Nr. 113 zu § 102 BetrVG 1972; Hervorhebungen durch den Verfasser)

1462 ▶ **Praxistipp:**

- Fehler der Dienststellenleitung in der Beteiligung der MAV führen im Zweifel zur Unwirksamkeit der Kündigung. Das gilt auch für »kleinere« oder offensichtliche Fehler.
- Diese können nicht durch die Zustimmung der MAV im Mitbestimmungs- bzw. Mitberatungsverfahren geheilt werden.
- Auf ein Verschulden der Dienststellenleitung kommt es nicht an.
- In einem Kündigungsschutzverfahren vor dem staatlichen ArbG muss der Arbeitgeber die ordnungsgemäße Beteiligung der MAV ggf. darlegen und beweisen.

1463 Im BetrVG hat der staatliche Gesetzgeber bewusst auf ein Zustimmungserfordernis verzichtet. Anderenfalls wäre ein kollektivrechtlich gestalteter Kündigungsschutz (vgl. *Richardi* NZA 1998, 113, 117) entstanden. Das Kündigungsschutzverfahren wäre zweistufig, zunächst das kollektivrechtliche Verfahren im Betrieb, danach das individualarbeitsrechtliche Kündigungsschutzverfahren beim ArbG.

Im Anwendungsbereich des MVG.EKD werden aber beide Elemente miteinander verbunden (s. o.). 1464

Denn in der Praxis prüft die MAV – zumindest summarisch – die Wirksamkeit der Kündigung, sodass insb. deren soziale Rechtfertigung gem. § 1 KSchG zum Gegenstand des Mitbestimmungsverfahrens gemacht wird (vgl. *Andelewski/Küfner-Schmitt/ Schmitt* § 42 Rn. 42 m. w. N.). Die Beteiligung der MAV bei Kündigung hat vor allem einen präventiven Charakter (vgl. *Richardi* NZA 1998, 113, 117): Der Arbeitgeber soll sich noch einmal prüfen, ob die Kündigung tatsächlich geboten bzw. erforderlich ist. In einem späteren Gerichtsverfahren kann er sich nur auf diejenigen Kündigungsgründe stützen, die er zuvor der Arbeitnehmervertretung mitgeteilt hatte (sog. subjektive Determination bzw. Determinierung). 1465

▶ **Praxistipp:** 1466

Diese Vorgaben muss auch der kirchliche Arbeitgeber beachten: Denn die staatlichen ArbG prüfen im (individualarbeitsrechtlichen) Kündigungsschutzverfahren auch die Einhaltung kirchlichen Rechts (vgl. BAG, Urt. v. 10.12.1992 – 2 AZR 271/92, AP Nr. 41 zu Art. 140 GG):

«1. Die ArbG sind gemäß § 2 Abs. 1 Nr. 3 ArbGG für bürgerl. Rechtsstreitigkeiten zwischen Arbeitgeber und Arbeitnehmer aus dem Arbeitsverhältnis zuständig. Soweit sich die Kirchen der Privatautonomie zur Begründung von Arbeitsverhältnissen bedienen, findet das staatl. Arbeitsrecht Anwendung (vgl. Urt. vom 21. 10. 1982 - 2 AZR 591/80 - AP Nr. 14 zu Art. 140 GG [B I 1 der Gründe]; BAG 45, 250, 253 f. = AP Nr. 16 zu Art. 140 GG [I 3c der Gründe]; BAG 51, 238, 241 f. = AP Nr. 25 zu Art. 140 GG [B I der Gründe]). **Macht dabei ein kirchlicher Arbeitnehmer geltend, eine Kündigung des kirchlichen Arbeitgebers sei unwirksam, weil er die kirchliche Mitarbeitervertretung nicht ordnungsgemäß beteiligt habe, so hat das ArbG auch dies zu überprüfen** (vgl. BAG Urt. vom 19. 1. 1983 - 7 AZR 60/81 - [nicht veröffentlicht]; Urt. vom 4. 7. 1991 - 2 AZR 16/91 - [nicht veröffentlicht]; Richardi, Arbeitsrecht in der Kirche, 1. Aufl., § 14 IV 2, S. 193 f.; Duhnenkamp, Das Mitarbeitervertretungsrecht im Bereich der evangelischen Kirche 1985, S. 36 ff.; Dütz, Aktuelle kollektivrechtliche Fragen des kirchlichen Dienstes in: Essener Gespräche zum Thema Staat und Kirche, Bd. 18, S. 67, 105).» 1467

(BAG, Urt. v. 10.12.1992 – 2 AZR 271/92, AP Nr. 41 zu Art. 140 GG; Hervorhebungen durch den Verfasser)

Weder die MAV noch der Mitarbeiter können wirksam auf die Beteiligung der MAV verzichten. 1468

V. Kündigung des Unkündbaren

Liegt kein Grund für eine außerordentliche, fristlose Kündigung vor, wohl aber für eine außerordentliche, befristete Kündigung, gilt mitarbeitervertretungsrechtlich eine Besonderheit: Es muss eine außerordentliche Kündigung ausgesprochen werden, bei der 1469 eine Auslauffrist (= fiktive Kündigungsfrist) einzuräumen ist, wobei die MAV wie bei einer ordentlichen Kündigung (= zwei Wochen Frist zur Stellungnahme) beteiligt wird.

VI. Kündigung von MAV-Mitgliedern

1470 Die Mitglieder von Arbeitnehmervertretungen benötigen einen verlässlichen (Kündigung) Schutz, um ihr Amt im Sinne aller Beteiligter ausüben zu können. Das MVG.EKD trifft eine von § 15 KSchG unabhängige Regelung, die inhaltlich dem Schutz für Betriebs- und Personalräte gleicht.

1471 **§ 21 Abs. 2 MVG.EKD**

»...

(2) Einem Mitglied der Mitarbeitervertretung darf nur gekündigt werden, wenn Tatsachen vorliegen, die den Dienstgeber zur außerordentlichen Kündigung berechtigten. Die außerordentliche Kündigung bedarf der Zustimmung der Mitarbeitervertretung oder der Zustimmung des Ersatzmitgliedes, falls die Mitarbeitervertretung nur aus einer Person besteht.

...«

1472 Mit dieser Regelung wird dem Umstand Rechnung getragen, dass auch MAV-Mitglieder in Interessenkonflikte verstrickt sind bzw. sein können. Der Schutz ist zweistufig: Kündigungen sind nur aus wichtigem Grund möglich und erfordern die ausdrückliche Zustimmung der MAV.

1473 ▶ **Praxistipp:**

Die Vorschriften über die Mitberatung gelten nicht (vgl. SchlSt.EKD, Beschl. v. 16.09.1999 – 2708/D36, ZMV 2000, 84).

1474 Dieser besondere Kündigungsschutz gilt sowohl für die Beendigungs- als auch für die Änderungskündigung. Die Dienststellenleitung ist in jedem Fall verpflichtet, der MAV den wichtigen Grund und den Kündigungsgrund mitzuteilen (vgl. SchlSt.EKD, 30.10.2003 – II-2708/H4-03, ZMV 2004, 196).

1475 ▶ **Praxistipp:**

Die außerordentliche Kündigung setzt einen Verstoß gegen Haupt- bzw. Nebenpflichten des Arbeitsvertrages voraus. Davon ist zu unterscheiden, dass Pflichten aus dem MVG.EKD verletzt werden. Dieser Fall wird in § 17 MVG.EKD gesondert geregelt.

1476 Die Abgrenzung kann im Einzelfall schwierig sein. Der Verstoß gegen die Schweigepflicht des § 22 MVG.EKD ist nicht automatisch ein Verstoß gegen die (tarif-)vertragliche Verpflichtung (gem. § 3 Abs. 1 TVöD; § 3 Abs. 1 BAT-KF; § 3 Abs. 1 AVR.Diakonie; § 5 Abs. 1 AVR.Bayern). Der Verstoß gegen die kirchengesetzliche Schweigepflicht kann nur abgemahnt werden, wenn der Mitarbeiter zugleich seinen Arbeitsvertrag verletzt hat (vgl. LAG Köln, Urt. v. 26.11.2001 – 4 Sa 700/01).

VII. Das ordnungsgemäße Verfahren   M.

Eine Kündigung ist nur möglich, wenn ein wichtiger Grund i. S. d. § 626 BGB exis- 1477
tiert. Das ist der Fall, wenn eine auf Tatsachen beruhende Störung des Vertragsver-
hältnisses vorliegt, die dem Arbeitgeber dessen Fortsetzung bis zum nächstmöglichen
ordentlichen Beendigungstermin unzumutbar macht. Die Tatsachen müssen also auch
in der Zukunft vertragsstörend sein. Darüber hinaus muss eine Interessenabwägung
ergeben, dass die Arbeitgeberinteressen überwiegen. Entscheidend sind die jeweiligen
Umstände des Einzelfalls.

Der KGH.EKD hat ausgeführt: 1478

> »... Bei der außerordentlichen Kündigung gegenüber einem Mitglied der Mitarbeitervertre-
> tung müssen kündigungserhebliche Tatsachen vorliegen, die »an sich« zur außerordentlichen
> Kündigung berechtigen. Außerdem muss aufgrund der an sich kündigungsrelevanten Tatsa-
> chen der Dienststelle unter Berücksichtigung der Umstände des Einzelfalles und unter Ab-
> wägung der Interessen beider Vertragsteile die Fortsetzung des Arbeitsverhältnisses bis zum
> Ablauf der Kündigungsfrist nicht zumutbar sein, § 626 BGB. Bei einem Mitglied der Mit-
> arbeitervertretung, das den besonderen Kündigungsschutz nach § 22 Abs. 2 MVG.K genießt,
> kommt es darauf an, ob der Dienststellenleitung die Weiterbeschäftigung ebenso unzumut-
> bar wäre wie bei einem »normalen« Mitarbeiter, also einem solchen, der nicht Mitglied der
> Mitarbeitervertretung ist, bei identischem Kündigungsgrund (vgl. für den staatlichen Bereich
> BAG, 27. September 2001 - 2 AZR 487/00 - EzA § 15 nF KSchG Nr. 54).«

(KGH.EKD, Beschl. v. 29.05.2006 – II-0124/M22-06)

VII. Das ordnungsgemäße Verfahren

Die Mitbestimmung gem. § 42 Buchst. b) MVG.EKD und Mitberatung gem. § 46 1479
Buchst. b) und c) MVG.EKD setzen den beabsichtigten Ausspruch einer Kündigung
eines Arbeitsverhältnisses durch den Arbeitgeber voraus.

1. Arbeitsverhältnis

Das MVG.EKD unterscheidet die Mitbestimmung der MAV bei öffentlich-rechtli- 1480
chen Dienstverhältnissen gem. § 43 MVG.EKD und in »Personalangelegenheiten der
privatrechtlich angestellten Mitarbeiter« gem. § 42 MVG.EKD. Demgegenüber erfassen die Mitberatungsfälle des § 46 MVG.EKD alle Mitarbeiter.

Die Mitbestimmung bzw. Mitberatung bei Kündigungen setzt das Bestehen eines 1481
Arbeitsverhältnisses bzw. Arbeitsvertrages voraus. In kirchlichen Arbeitsrechtsregelungen, die auf dem Dritten Weg zustande gekommen sind, wird demgegenüber vom
Dienstvertrag bzw. Dienstverhältnis gesprochen (vgl. § 5 Abs. 4 AVR.Diakonie; § 9
Abs. 4 AVR.Bayern). Gleichwohl liegt kein Dienstvertrag i. S. d. § 611 BGB, sondern
ein Arbeitsvertrag bzw. Arbeitsverhältnis vor (vgl. *Diakonisches Werk* § 5; *Richter/Ga-
misch/Henseleit*, S. 26 ff.).

Das Arbeitsverhältnis wird durch den Arbeitsvertrag begründet. Dieser ist ein privat- 1482
rechtlicher, gegenseitiger Austauschvertrag, durch den sich der Arbeitnehmer gem.
§ 613 BGB zur persönlichen Leistung von fremdbestimmter, abhängiger oder un-
selbstständiger Arbeit unter Leitung und Weisung des Arbeitgebers verpflichtet. Der

M. Kündigung (§ 42 Buchst. b), § 46 Buchst. b), c) MVG.EKD)

Arbeitsvertrag kann mündlich vereinbart werden. Im kirchlichen Bereich werden regelmäßig schriftliche Arbeitsverträge ausgefertigt (vgl. § 2 Abs. 1 TVöD; § 2 Abs. 1 BAT-KF; § 5 Abs. 4 AVR.Diakonie; § 9 Abs. 4 Diakonie.Bayern). Das Vorliegen eines schriftlichen Arbeitsvertrages ist keine Voraussetzung für das Beteiligungsrecht der MAV gem. MVG.EKD. Auch die Kündigung eines mündlich geschlossenen Arbeitsvertrages ist mitbestimmungs- bzw. mitberatungspflichtig.

1483 ▶ Praxistipp:

Das gilt auch für geringfügige Beschäftigungsverhältnisse, für die die tariflichen Regelungen des BAT-KF bzw. der AVR.Diakonie uneingeschränkt gelten. Aus dem Geltungsbereich herausgenommen sind im TVöD bzw. den AVR.Bayern nur die kurzfristig geringfügig Beschäftigten i. S. d. § 8 Abs. 1 Nr. 2 SGB IV (vgl. § 1 Abs. 3 Buchst. m) TVöD; § 3 Buchst. a) AVR.Bayern; die Rechtmäßigkeit dieser Ausnahme ist umstritten, *Richter/Gamisch/Henseleit*, S. 23 m. w. N.).

1484 ▶ Praxistipp:

Freie Mitarbeiter bzw. sog. Honorarkräfte sind keine Arbeitnehmer und auch keine Mitarbeiter i. S. d. § 4 MVG.EKD. Die Kündigung eines Freien-Mitarbeiter-Vertrages (Dienstvertrag gem. §§ 611 ff. oder Werkvertrag gem. §§ 631 ff. BGB) unterliegt nicht der Mitbestimmung bzw. Mitberatung.

1485 Keine Kündigung eines Arbeitsverhältnisses liegt vor, wenn ein Eingliederungsvertrag gem. § 231 SGB III durch die Erklärung des Scheiterns gelöst wird (vgl. LAG Köln, Urt. v. 26.01.2000 – 3 Sa 1272/99, NZA-RR 2001, 265).

2. Kündigungserklärung

1486 Die Kündigung ist eine privatrechtliche, einseitige, empfangsbedürftige, rechtsgestaltende Willenserklärung, durch die das Arbeitsverhältnis für die Zukunft aufgelöst werden soll.

1487 Das MVG.EKD erfasst jede Form der arbeitgeberseitigen Kündigung:
– die Kündigung ...
– innerhalb und außerhalb der Probezeit,
– des allgemeinen bzw. besonderen Kündigungsschutzes (Wartezeit),
– die verhaltens-, personen- und betriebsbedingte Kündigung,
– die Änderungskündigung und
– besonderen Konstellationen wie die Druck- oder Verdachtskündigung.

1488 Das gilt auch, wenn bei einer insolvenzfähigen Dienststelle der Insolvenzverwalter die Kündigung ausspricht (vgl. BAG, Urt. v. 20.05.1999 – 2 AZR 148/99, NZA 1999, 1039).

1489 ▶ Praxistipp:

Die MAV ist vor jeder arbeitgeberseitigen (!) Kündigung zu beteiligen. Bei einer (Eigen-) Kündigung durch den Arbeitnehmer besteht keine Zuständigkeit.

VII. Das ordnungsgemäße Verfahren   M.

Unerheblich ist, ob der Mitarbeiter dem allgemeinen Kündigungsschutz gem. KSchG   **1490**
oder besonderen Kündigungsschutz aus Spezialgesetzen unterliegt. Ausgenommen ist
lediglich die Teilkündigung, z. B. die Kündigung von Nebenabreden (s. u.).

3. Allgemeiner Kündigungsschutz

Auch für Arbeitsverhältnisse mit kirchlichen Arbeitgebern gilt das staatliche Kündi-   **1491**
gungsschutzrecht, insb. das KSchG (s. o.). Es sind aber Besonderheiten zu beachten:
Der kirchliche Arbeitgeber hat das Recht, seinen Mitarbeitern für deren Lebensführung und Verhalten Loyalitätsobliegenheiten aufzuerlegen (vgl. BAG 04.06.1985, AP
Nr. 24 zu Art. 140 GG; s. *Dütz* NZA 2006, 65 ff.).

▶ **Praxistipp:**   **1492**

Es existieren kirchenspezifische Kündigungsgründe, z. B. der Kirchenaustritt.

4. Besonderer Kündigungsschutz

Der besondere Kündigungsschutz kann sich aus unterschiedlichen Rechtsgrundlagen   **1493**
ergeben.

Dieser wird vor allem durch staatliche Schutzgesetze eingeräumt, insb.:   **1494**
- § 2 ArbPlSchG
- § 18 BEEG
- § 9 MuSchG
- § 5 PflegeZG
- §§ 85 ff. SGB IX.

Im kirchlichen Arbeitsrecht folgt der Kündigungsschutz zum einen aus Kirchengeset-   **1495**
zen, insb. § 21 Abs. 2 MVG.EKD, zum anderen aus Tarifverträgen bzw. Tarifwerken.

Bestimmte Funktionsträger fallen in den besonderen Kündigungsschutz des Kirchen-   **1496**
gesetzes.

M. Kündigung (§ 42 Buchst. b), § 46 Buchst. b), c) MVG.EKD)

1497 Schaubild Besonderer Kündigungsschutz gem. MVG.EKD:

		Uneingeschränkte Mitbestimmung	Keine uneingeschränkte Mitbestimmung
Mitglied der MAV	§ 21 Abs. 2 Satz 1-3 MVG.EKD	während der Amtszeit und ein Jahr nach Beendigung der Amtszeit	§ 21 Abs. 2 Satz 3 Halbs. 2 Beendigung der Amtszeit durch Beschluss gem. § 17 MVG.EKD
Mitglied Wahlvorstand	§ 13 Abs. 2 Satz 1, 1. Alt. MVG.EKD	§ 13 Abs. 2 Satz 2 MVG.EKD bis sechs Monate nach Bekanntgabe des Wahlergebnisses	
Wahlbewerber	§ 13 Abs. 2 Satz 1, 2. Alt. MVG.EKD	§ 13 Abs. 2 Satz 2 MVG.EKD bis sechs Monate nach Bekanntgabe des Wahlergebnisses	
			§ 13 Abs. 2 Satz 5 MVG.EKD bei Abberufung durch Beschluss des Kirchengerichts
Vertreter der Jugendlichen und Auszubildenden	§ 49 Abs. 4 MVG.EKD	Während der Amtszeit und ein Jahr nach Beendigung der Amtszeit	dito
Vertrauensperson der schwerbehinderten Mitarbeiter	§ 51 Abs. 1 MVG.EKD	während der Amtszeit und ein Jahr nach Beendigung der Amtszeit	dito

1498 ▶ Praxistipp:

- Für die Abberufung von Wahlvorständen gilt § 17 MVG.EKD entsprechend (allg. M.).
- Auch Mitglieder eines Kirchengerichts haben einen besonderen Kündigungsschutz gem. § 59 i. V. m. § 21 MVG.EKD.

1499 Die Kündigung von Funktionsträgern kommt in der Praxis selten vor und wird im Kirchengesetz nur lückenhaft geregelt.

1500 ▶ Praxistipp:

Die Beteiligung der MAV bei der außerordentlichen Kündigung eines Funktionsträgers richtet sich nach § 21 Abs. 2 i. V. m. § 38 MVG.EKD. Die Regelungen über die eingeschränkte Mitbestimmung werden von diesen speziellen Vorschriften verdrängt und finden keine Anwendung.

Die Tarife von Kirche und Diakonie folg(t)en weitgehend den Tarifverträgen des öffentlichen Dienstes. Nach wie vor räumen sie unter bestimmten Voraussetzungen einen besonderen (tarif)vertraglichen Kündigungsschutz ein. Ab einer bestimmten Beschäftigungszeit und Lebensalter kann nur aus wichtigem Grund gekündigt werden. Beim tarif(vertrag)lichen Kündigungsschutz (s. § 34 Abs. 2 TVöD, § 33 Abs. 3 BAT-KF; § 30 Abs. 3 AVR.Diakonie; § 13 Abs. 7 AVR.Bayern) ist die Rechtsprechung des BAG (und des KGH.EKD) zu beachten. 1501

Liegt kein Grund für eine außerordentliche, fristlose Kündigung vor, wohl aber für eine außerordentliche, befristete Kündigung, gilt mitarbeitervertretungsrechtlich eine Besonderheit: 1502

▶ Praxistipp: 1503

– Es muss eine außerordentliche Kündigung ausgesprochen werden,
– bei der eine Auslauffrist (= fiktive Kündigungsfrist) einzuräumen ist,
– wobei die MAV wie bei einer ordentlichen Kündigung (= zwei Wochen Frist zur Stellungnahme) beteiligt wird (s. u.).

Die außerordentliche Kündigung mit Auslauffrist eines Mitarbeiters mit tariflichem Kündigungsschutz unterliegt also der Mitbestimmung gem. § 42 Buchst. b) MVG.EKD analog. Erteilt die MAV keine Zustimmung, muss die Dienststellenleitung von der beabsichtigten Maßnahme Abstand halten oder das Kirchengericht anrufen. 1504

5. Ordentliche Kündigung

Die ordentliche Kündigung ist eine fristgemäße Kündigung. Die Frist ergibt sich aus dem Tarif- bzw. Arbeitsvertrag (s. § 33 TVöD; § 33 BAT-KF; § 30 Abs. 1 und 2 AVR. Diakonie; § 13 AVR.Bayern). 1505

▶ Praxistipp: 1506

Zu beachten ist, dass die tariflichen Kündigungsfristen von § 622 BGB abweichen und sich die Fristen z. T. bei befristeten und unbefristeten Arbeitsverhältnissen unterscheiden. Die falsche Berechnung der Kündigungsfrist gibt der MAV das Recht auf Zustimmungsverweigerung.

6. Außerordentliche Kündigung

Bei der außerordentlichen Kündigung gilt das Mitberatungsverfahren gem. §§ 46 Buchst. b), 45 MVG.EKD. Diese Kündigung setzt gem. § 626 BGB voraus, das ein wichtiger Grund besteht. Das Arbeitsverhältnis kann ohne Einhaltung einer Kündigungsfrist gekündigt werden, ... 1507

M.   Kündigung (§ 42 Buchst. b), § 46 Buchst. b), c) MVG.EKD)

1508   § 626 Abs. 2 BGB

» ... wenn Tatsachen vorliegen, auf Grund derer dem Kündigenden unter Berücksichtigung aller Umstände des Einzelfalls und unter Abwägung der Interessen beider Vertragsteile die Fortsetzung des Dienstverhältnisses bis zum Ablauf der Kündigungsfrist oder bis zu der vereinbarten Beendigung des Dienstverhältnisses nicht zugemutet werden kann.«

1509   Regelmäßig liegt also eine außerordentliche und fristlose Kündigung vor, wenn dem Arbeitgeber die Beschäftigung unter Einhaltung der Kündigungsfrist nicht zugemutet werden kann.

1510   Möglich ist aber auch eine außerordentliche Kündigung mit Auslauffrist (außerordentliche, befristete Kündigung). Diese Frist entspricht der fiktiven Kündigungsfrist. Eine Kündigung kommt nur in Betracht, wenn das Arbeitsverhältnis sinnentleert ist. So kann der Arbeitsplatz des tariflich Unkündbaren wegfallen, ohne dass irgendeine Weiterbeschäftigung möglich ist. Oder eine Krankheit kann zu einer nicht mehr zumutbaren Störung des Austauschverhältnisses führen.

1511   Zur Vermeidung eines Wertungswiderspruchs muss ein Mitbestimmungsverfahren gem. § 42 Buchst. b) i. V. m. § 38 MVG.EKD analog durchgeführt werden. Anderenfalls ist die Kündigung unwirksam. Das gilt auch für die Änderungskündigung.

1512   Der KGH.EKD (Beschl. v. 12.09.2005 – II-0124/L42-05) hat ausgeführt:

»1. Eine gegenüber einem tarifvertraglich unkündbaren Mitarbeiter in Aussicht genommene außerordentliche betriebsbedingte Änderungskündigung mit sozialer Auslauffrist unterliegt der eingeschränkten Mitbestimmung der Mitarbeitervertretung nach § 42 Buchst. b i. V. m. § 41 Abs. 2 MVG.EKD; § 46 Buchst. b MVG.EKD ist nicht anwendbar. ....

I. Die Dienststellenleitung begehrt die Feststellung, dass die Mitarbeitervertretung keinen Grund zur Verweigerung der Zustimmung zur außerordentlichen betriebsbedingten Änderungskündigung gegenüber dem Mitarbeiter C hat.

Die beteiligte Dienststellenleitung nimmt in Aussicht, gegenüber dem Mitarbeiter C eine außerordentliche betriebsbedingte Änderungskündigung mit sozialer Auslauffrist des Inhalts auszubringen, dass die zwischen den Arbeitsvertragsparteien vereinbarte Arbeitszeit von wöchentlich 38,5 Stunden auf 14 Stunden verringert wird, die er als Hausmeister tätig sein soll für die von der Kirchengemeinde vermieteten Gebäudeteile, nachdem der Mitarbeiter eine einvernehmliche entsprechende Änderung des Arbeitsvertrages abgelehnt hatte.

Der verheiratete, als schwerbehinderter Mensch anerkannte, tarifvertraglich ordentlich nicht kündbare Mitarbeiter C ist in der Kirchengemeinde als Küster und Hausmeister tätig.

Die Kirchengemeinde hatte im Einzelnen ausgeführt, dass und warum »Raum für die Tätigkeit des Herrn C im Küsterbereich nicht mehr vorhanden ist«.

Mit Schreiben vom 26. Januar 2005 beantragte die Kirchengemeinde beim zuständigen Integrationsamt die Zustimmung zur außerordentlichen betriebsbedingten Änderungskündigung gegenüber dem Mitarbeiter C. Die Zustimmung wurde mit Bescheid vom 11. Februar 2005 erteilt. Einen Widerspruch hat der Mitarbeiter C nach Vortrag der Dienststellenleitung nicht eingelegt.

Die gleichermaßen um Zustimmung zu der außerordentlichen betriebsbedingten Änderungskündigung mit sozialer Auslauffrist ersuchte Mitarbeitervertretung im Kirchenkreis widersprach mit Schreiben vom 10. Februar 2005 der in Aussicht genommenen außerordentlichen betriebsbedingten Änderungskündigung mit sozialer Auslauffrist unter Hinweis auf § 53 KAT-NEK. ...

II. Die Beschwerde ist begründet. Der Mitarbeitervertretung steht kein Grund zur Verweigerung der Zustimmung zur außerordentlichen betriebsbedingten Änderungskündigung gegenüber dem Mitarbeiter C zu, was in Abänderung des Beschlusses des Kirchengerichts festzustellen war mit der Folge, dass die Zustimmung der Mitarbeitervertretung als erteilt gilt. ...«

▶ **Praxistipp:** 1513

Es muss ein Wertungswiderspruch vermieden werden.

»2. Ist eine ordentliche Kündigung im konkreten Fall wegen tarifvertraglicher Bestimmungen 1514 nicht möglich - wie hier im Hinblick auf §§ 53, 55 KAT-NEK -, und stellt sich deshalb die Frage einer außerordentlichen Kündigung mit sozialer Auslauffrist, ist die Mitbestimmung nach § 42 Buchst. b MVG.EKD abweichend von § 46 Buchst. b MVG.EKD gegeben. Andernfalls käme es zu einem Wertungswiderspruch: Die Rechte der Mitarbeitervertretung wären bei »unkündbaren« Mitarbeitern/Mitarbeiterinnen schwächer ausgestaltet als bei kündbaren (vgl. nur Fey/Rehren MVG.EKD, Stand: Januar 2005, § 42 RdNr. 21, § 46 RdNr. 15a; aus dem staatlichen Recht: BAG 5. Februar 1998 - 2 AZR 227/97 - AP BGB § 626 Nr. 143 [zu II 5. der Gründe]).«

(KGH.EKD, Beschl. v. 12.09.2005 - II-0124/L42-05)

7. Außerordentliche, hilfsweise ordentliche Kündigung

Im Fall einer außerordentlichen, fristlosen Kündigung ist es im Hinblick auf ein Kündigungsschutzverfahren vor dem staatlichen ArbG ratsam, grds. hilfsweise eine ordentliche Kündigung auszusprechen. Sollte das Gericht einen wichtigen Grund verneinen, kann die Kündigung in eine ordentliche Kündigung umgedeutet werden. 1515

▶ **Praxistipp:** 1516

Voraussetzung ist aber, dass das kollektive Arbeitsrecht beachtet worden ist. Das gilt auch im Fall der Umdeutung einer außerordentlichen, fristlosen in eine außerordentliche, fristgerechte Kündigung (vgl. BAG, Urt. v. 18.10.2000 - 2 AZR 627/99, NZA 2001, 219).

Bei der Kombination beider Kündigungen müssen zwei Beteiligungsverfahren durchgeführt, werden: die Mitberatung gem. § 46 Buchst. b) MVG.EKD hinsichtlich der außerordentlichen Kündigung, das Mitbestimmungsverfahren gem. § 42 Buchst. b) MVG.EKD für die ordentliche Kündigung (vgl. BAG, Urt. v. 20.09.1984 - 2 AZR, Nr. 80 zu § 626 BGB). 1517

Das gilt entsprechend, wenn einem tariflich unkündbaren Mitarbeiter außerordentlich, fristlos und hilfsweise außerordentlich, fristgemäß gekündigt werden soll. 1518

M. Kündigung (§ 42 Buchst. b), § 46 Buchst. b), c) MVG.EKD)

1519 ▶ Praxistipp:

Eine hilfsweise fristgemäße Kündigung ist nur dann entbehrlich, wenn die MAV vorbehaltlos der fristlosen Kündigung zugestimmt hat und einer fristgerechten Kündigung erkennbar nicht entgegen getreten wäre (vgl. BAG, Urt. v. 20.09.1984 – 2 AZR 633/82, NZA 1985, 286; BAG, 16.03.1978, AP Nr. 15 zu § 102 BetrVG 1972).

1520 ▶ Praxistipp:

Da die ordentliche und die außerordentliche Kündigung im MVG.EKD unterschiedlichen Regeln folgen, können die Kündigungen nur in einem Schriftstück ausgesprochen werden, wenn die MAV zeitgleich ihre Zustimmung gibt. Regelmäßig muss der Arbeitgeber nach Abschluss des Mitberatungsverfahrens zunächst die außerordentliche Kündigung aussprechen, um dann nach Abschluss des Mitbestimmungsverfahrens die hilfsweise ordentliche Kündigung zu erklären.

8. Änderungskündigung

1521 Eine Änderungskündigung liegt gem. § 2 KSchG vor, wenn der Arbeitgeber das Arbeitsverhältnis kündigt und dem Arbeitnehmer gleichzeitig im Zusammenhang mit der Kündigung die Fortsetzung des Arbeitsverhältnisses zu geänderten Arbeitsbedingungen anbietet.

1522 ▶ Praxistipp:

Werden zusätzlich andere beteiligungspflichtige Maßnahmen beabsichtigt, sind ggf. gesonderte Beteiligungsverfahren einzuleiten, z. B.
- einer Umgruppierung gem. § 42 Buchst. c) MVG.EKD
- Umsetzung innerhalb der Dienststelle unter gleichzeitigem Ortswechsel gem. § 42 Buchst. f) MVG.EKD
- Versetzung gem. § 42 Buchst. g) bzw. § 46 Buchst. d) MVG.EKD usw. (s. KGH. EKD, Beschl. v. 22.02.2008 – II-0124/N31-07)

9. Andere Beendigungsgründe

1523 In anderen Fällen hat die MAV keine Beteiligungsrechte, etwa wenn die Kündigung durch den Arbeitnehmer (sog. Eigenkündigung) ausgesprochen wird. Die Anfechtung des Arbeitsvertrages wegen Täuschung oder Drohung gem. § 123 BGB oder Irrtums gem. § 119 BGB unterliegt nicht der Beteiligung der MAV. Auch die Beendigung des Arbeitsverhältnisses durch das Auslaufen einer Befristung oder das Eintreten einer auflösenden Bedingung ist beteiligungsfrei. Das gilt insb. bei der vertragsgemäßen Beendigung eines Berufsausbildungsverhältnisses gem. § 21 BBiG bzw. § 14 KrPflG. Ein Unterfall ist das Erreichen der tariflichen Altersgrenze, z. B. § 33 Abs. 1 Buchst. a) TVöD; § 32 Abs. 1 Buchst. a) BAT-KF; § 36 AVR.Diakonie; § 15 AVR.Bayern oder die Beendigung wegen verminderter Erwerbsfähigkeit (vgl. § 33 Abs. 2 TVöD; § 32 Abs. 2 BAT-KF; § 35 AVR.Diakonie; § 15 Abs. 3 AVR.Bayern), bei denen die MAV nicht beteiligt wird. Kein Beteiligungsrecht der MAV besteht bei Aufhebungs- bzw.

VII. Das ordnungsgemäße Verfahren M.

Auflösungsverträgen (vgl. § 33 Abs. 1 Buchst. b) TVöD; § 32 Abs. 1 Buchst. b) BAT-KF; § 34 AVR.Diakonie), weil es an einer Kündigung fehlt.

Gleiches gilt für die Auflösung des Arbeitsverhältnisses durch das ArbG gem. §§ 9, 10 KSchG sowie die Beendigung eines faktischen Arbeitsverhältnisses. **1524**

Etwas anderes gilt, wenn im Wege eines Abwicklungsvertrages zwischen Arbeitgeber und Arbeitnehmer eine vom Arbeitgeber auszusprechende Kündigung verabredet wird (sog. verabredete Kündigung). In diesem Fall bleibt das Beteiligungsrecht der MAV hinsichtlich der Kündigung (vgl. BAG, Beschl. v. 28.06.2005 – 1 ABR 25/04, AP Nr. 146 zu § 102 BetrVG 1972). Liegt ein Betriebsübergang vor, würde eine Kündigung grds. gegen § 613a Abs. 4 BGB verstoßen. Deshalb scheidet eine Beteiligung wegen einer Kündigung meistens aus. Kündigt der Arbeitgeber trotzdem, ist die MAV entsprechend zu beteiligen (vgl. ArbG Berlin 25.01.2002, NZA-RR 2003, 85). **1525**

Die einseitige oder einvernehmliche Freistellung (Suspendierung) von der Arbeit ist nicht beteiligungspflichtig (vgl. BAG, Urt. v. 22.01.1998 – 2 AZR 267/97, NZA 1998, 699, 701). Gleiches gilt, wenn der Arbeitsvertrag wegen Verstoßes gegen ein Gesetz gem. § 134 BGB oder Sittenwidrigkeit gem. § 138 BGB nichtig ist. Eine Teilkündigung ist die einseitige Änderung der Vertragsbedingungen gegen den Willen einer Vertragspartei dar. Teilkündigungen sind grds. rechtswidrig. Zulässig sind sie nur in Ausnahmefällen, die durch ein Gesetz oder einen (Tarif-) Vertrag geregelt sind: **1526**

- So gestatten die (kirchlichen) Tarife bzw. Tarifverträge die Kündigung von Nebenabreden (§ 2 Abs. 3 Satz 2 TVöD; § 2 Abs. 3 Satz 3 BAT-KF; § 5 Abs. 4 Satz 4 AVR. Diakonie; § 9 Abs. 4 Satz 3 AVR.Bayern).
- Bei der Abberufung des betrieblichen Datenschutzbeauftragten (bzw. Betriebsbeauftragten für Datenschutz gem. § 22 DSG.EKD) ist der datenschutzrechtliche vom arbeitsrechtlichen Vorgang zu unterscheiden: Bei Arbeitnehmern, die diese Aufgabe zusätzlich übernommen haben und bei deren Arbeitsverhältnis keine andere Änderung vorgenommen werden soll, muss neben dem Widerruf der Bestellung eine Teilkündigung hinsichtlich der Tätigkeit als Datenschutzbeauftragter ausgesprochen werden (vgl. BAG, Urt. v. 13.03.2007 – 9 AZR 612/05, NZA 2007, 563).

▶ **Praxistipp:** **1527**

Bei einer Teilkündigung muss die MAV nicht beteiligt werden (vgl. BAG, Urt. v. 07.10.1982 – 2 AZR 455/80, AP Nr. 5 zu § 620 BGB Teilkündigung).

▶ **Praxistipp:** **1528**

Denkbar ist, dass eine mitbestimmungspflichtige Umsetzung gem. § 42 Buchst. f) MVG.EKD oder Versetzung gem. § 42 Buchst. g) bzw. § 46 Buchst. d) MVG.EKD oder ein anderer Beteiligungstatbestand des § 42 MVG.EKD vorliegt.

M. Kündigung (§ 42 Buchst. b), § 46 Buchst. b), c) MVG.EKD)

10. Abmahnung

1529   Im Fall einer Kündigung muss die MAV über die der Kündigung zugrunde liegende Abmahnung informiert werden. Dabei ist die Information, »dass« abgemahnt worden ist, nicht ausreichend. Vielmehr muss der MAV mitgeteilt werden, »warum« seinerzeit eine Abmahnung ausgesprochen worden ist. Dazu gehört auch die Mitteilung, ob der Arbeitnehmer eine Gegendarstellung abgegeben hat (vgl. LAG Düsseldorf, Urt. v. 03.06.2005 – 7 Sa 230/05, ZMV 2006, 104; BAG, Urt. v. 31.08.1989 – 2 AZR 453/88, NZA 1990, 658).

1530   ▶ Praxistipp:

Das MVG.EKD kennt, anders als einzelne Personalvertretungsgesetze der Länder, kein eigenständiges Beteiligungsrecht der MAV bei Abmahnungen.

11. Besondere Kündigungssachverhalte

a) Betriebsbedingte Kündigung: Keine Auswahlrichtlinie im MVG.EKD

1531   Das KSchG sieht in § 1 Abs. 4 KSchG ausdrücklich vor, dass in einer Betriebsvereinbarung gem. § 95 BetrVG oder einer Auswahlrichtlinie nach den Personalvertretungsgesetzen festgelegt werden kann, wie die sozialen Gesichtspunkte nach § 1 Abs. 3 Satz 1 KSchG zu bewerten sind. Eine derartige Auswahlrichtlinie führt dazu, dass die Sozialauswahl nur auf grobe Fehlerhaftigkeit überprüfen werden kann.

1532   ▶ Praxistipp:

Im Mitarbeitervertretungsrecht der evangelischen und katholischen Kirche besteht die Besonderheit, dass die – wie im staatlichen Personalvertretungsrecht und anders als im BetrVG – abschließende Beteiligungskataloge derartige Auswahlrichtlinien nicht vorsehen.

1533   Für das MVG.EKD wird die Ansicht vertreten, dass trotzdem eine entsprechende Dienstvereinbarung geschlossen werden darf (so *Andelewski/Küfner-Schmitt/Schmitt* § 42 Rn. 75; *Fey/Rehren* MVG.EKD § 42 Rn. 38).

1534   Diese Meinung ist abzulehnen, weil die Beteiligungsrechte der MAV von der Systematik abschließend geregelt sind (zum Grundsatz *Andelewski/Küfner-Schmitt/Schmitt* § 36 Rn. 17, 26). Es kann auch nicht von einer planwidrigen Lücke des Kirchengesetzes gesprochen werden, weil dem kirchlichen Gesetzgeber die Vorschrift des § 1 Abs. 4 KSchG bekannt ist bzw. sein muss, er aber gleichwohl kein entsprechendes Beteiligungsrecht verankert hat. Erklärte man eine derartige Dienstvereinbarung gleichwohl für zulässig, würden unzulässig Arbeitnehmerrechte verkürzt (ebenso zur vergleichbaren Rechtslage in der katholischen MAVO *Froning/Simon*, S. 125). Eine vergleichbare Interessenlage (so *Andelewski/Küfner-Schmitt/Schmitt* § 36 Rn. 17, 26) kann eine solch weite Auslegung des MVG.EKD nicht rechtfertigen; zumal bei dieser Auslegung vor allem die Interessen des Arbeitgebers berücksichtigt würden.

▶ **Praxistipp:** 1535

Es ist sinnvoll, dass sich Dienststellenleitung und MAV über die Gewichtung der sozialen Kriterien verständigt. Die Wirkung des § 1 Abs. 4 KSchG kann aber nicht erreicht werden.

b) Betriebsbedingte Druckkündigung

Eine betriebsbedingte Druckkündigung liegt vor, wenn Dritte – z. B. Kollegen, Kunden oder Lieferanten – unter Androhung von Nachteilen für den Arbeitgeber von diesem die Kündigung eines bestimmten Arbeitnehmers fordern. Eine Drucksituation kann unabhängig von der Frage entstehen, ob ein Kündigungsgrund vorliegt oder nicht. 1536

▶ **Beispiel:** 1537

Mitarbeiter einer Kindertagesstätte verweigern die weitere Zusammenarbeit mit einer weiteren Mitarbeiterin und drohen allesamt mit einer Eigenkündigung.

Führt der Arbeitgeber eine Drucksituation als Kündigungsgrund an, ist die Kündigung alternativ als verhaltens-, personen- oder betriebsbedingte Lösung des Arbeitsverhältnisses zu prüfen. Dabei sind zwei Fallgruppen möglich:

Das Verhalten des Dritten kann ggü. dem Arbeitgeber durch ein Verhalten des Mitarbeiters oder durch einen in dessen Person liegenden Grund objektiv gerechtfertigt sein (sog. unechte Druckkündigung). Hier liegt es im Ermessen des Arbeitgebers, ob er eine personen- bzw. verhaltensbedingte Kündigung ausspricht. Fehlt es aber an einer objektiven Rechtfertigung, kommt eine betriebsbedingte Kündigung in Betracht (echte Druckkündigung).

Ausgangspunkt für eine Druckkündigung können insb. Teamstörungen sein, insb. bei verleugneten Konflikten. Der Druck kann auch von der Arbeitnehmervertretung ausgehen. So kann ein Betriebsrat gem. § 104 BetrVG die Entfernung betriebsstörender Arbeitnehmer verlangen. Eine vergleichbare Vorschrift existiert im MVG.EKD nicht. Die Druckkündigung kann als ordentliche oder außerordentliche Kündigung ausgesprochen werden. 1538

Wichtig ist, dass das bloße Verlangen Dritter, einem bestimmten Arbeitnehmer zu kündigen, nicht ohne Weiteres die Kündigung rechtfertigt. Nach Auffassung des BAG kommt eine echte Druckkündigung als ordentliche betriebsbedingte Kündigung in Betracht, wenn der Druck so stark ist, dass vom Arbeitgeber vernünftigerweise ein Widerstand gegen diesen Druck nicht verlangt und nicht erwartet werden kann. Der Arbeitgeber muss alles ihm Mögliche unternommen haben, den Druck abzuwenden. Ihn trifft die Fürsorgepflicht, sich schützend vor seinen Mitarbeiter zu stellen, mit anderen Worten »Partei für ihn ergreifen«. Diese Verpflichtung ergibt sich direkt aus der dem Arbeitgeber obliegenden Fürsorgepflicht gem. § 241 Abs. 2 BGB. Verletzt der Arbeitgeber diese Schutzpflicht oder genügt das Verhalten nicht den Anforderungen, ist die Kündigung unwirksam (vgl. BAG, Urt. v. 04.10.1990 – 2 AZR 201/90, AP 1539

M. Kündigung (§ 42 Buchst. b), § 46 Buchst. b), c) MVG.EKD)

Nr. 12 zu § 626 BGB Druckkündigung; BAG, Urt. v. 19.06.1986 – 2 AZR 563/85, AP Nr. 33 zu § 1 KSchG 1969 Betriebsbedingte Kündigung).

1540 ▶ Praxistipp:

Die MAV muss darüber informiert werden, auf welchem Weg der Arbeitgeber seiner Fürsorgepflicht nachgekommen ist.

1541 Vor diesem Hintergrund ist es ratsam, sowohl den Mitarbeiter als auch den Dritten anzuhören. Diese Anhörung ist aber im Unterschied zur Verdachtskündigung grds. keine Wirksamkeitsvoraussetzung für die Kündigung (vgl. BAG, 04.10.1990, AP Nr. 12 zu § 626 BGB Druckkündigung).

1542 ▶ Praxistipp:

Etwas anderes gilt, wenn der kirchliche Arbeitgeber zur Durchführung eines klärenden Gesprächs verpflichtet ist.

1543 Im Verlangen der MAV, einen Mitarbeiter zu kündigen, liegt zugleich die Zustimmung zur Kündigung, sodass kein Beteiligungsverfahren mehr durchgeführt werden muss (vgl. BAG, Urt. v. 15.05.1997 – 519/96, AP Nr. 1 zu § 104 BetrVG 1972; *Schmitz* ZMV 2006, 121, 122).

c) Personenbedingte Verdachtskündigung

1544 Bei einer Verdachtskündigung handelt es sich um eine personenbedingte Kündigung wegen des Verdachtes einer Straftat oder einer schweren Vertragsverletzung. Sie liegt vor, wenn es gerade der Verdacht ist, der das für die Fortsetzung des Arbeitsverhältnisses notwendige Vertrauen des Arbeitgebers in die Redlichkeit des Arbeitnehmers zerstört oder zu einer unerträglichen Belastung des Arbeitsverhältnisses führt. Eine Verdachtskündigung ist nur wirksam, wenn der Arbeitgeber eine Anhörung durchgeführt hat (vgl. BAG, Urt. v. 13.03.2008 – 2 AZR 961/06, NZA 2008, 809; BAG, Urt. v. 28.11.2007 – 5 AZR 952/06, NZA-RR 2008, 344).

1545 Bei der Verdachtskündigung werden besonders strenge Anforderungen gestellt, um der Gefahr vorzubeugen, dass sie einen Unschuldigen trifft. Der Arbeitgeber hat alles ihm Zumutbare zur Aufklärung des Sachverhaltes zu unternehmen. Das Fehlverhalten, dessen der Beschäftigte verdächtigt wird, muss derart schwerwiegend sein, dass es im Streitfall eine Kündigung rechtfertigen kann, sofern es bewiesen wäre. Der Verdacht muss durch bestimmte Tatsachen objektiv begründet sein und sich auf konkrete Umstände stützen, die einen verständig und gerecht abwägenden Arbeitgeber zum Ausspruch der Kündigung veranlassen könnten. Notwendig ist ein dringender Verdacht von erheblichem Gewicht, aus dem eine auf Indizien gestützte große Wahrscheinlichkeit folgt, dass der Mitarbeiter die Straftat bzw. Vertragsverletzung begangen hat. Kündigt etwa der Arbeitgeber nach rechtskräftiger Verurteilung des Arbeitnehmers mit der Begründung, dieser habe die ihm vorgeworfene Straftat verübt, ist die Wirksamkeit der Kündigung regelmäßig nicht nach den Grundsätzen der Verdachtskündigung zu beurteilen. Bestreitet der Arbeitnehmer trotz rechtskräftiger Verurteilung durch das

VII. Das ordnungsgemäße Verfahren M.

Strafgericht weiterhin die Tat, hat das ArbG ohne Bindung an das strafgerichtliche Urteil die erforderlichen Feststellungen selbst zu treffen.

Nach ständiger Rechtsprechung des BAG ist der Arbeitgeber zur Anhörung des Arbeitnehmers verpflichtet. Die Anhörung ist eine formelle Wirksamkeitsvoraussetzung der Verdachtskündigung. Deren Fehlen führt zur Unwirksamkeit der Kündigung (vgl. BAG, Urt. v. 13.03.2008 – 2 AZR 961/06, NZA 2008, 809; BAG, Urt. v. 28.11.2007 – 5 AZR 952/06, NZA-RR 2008, 344). 1546

▶ **Praxistipp:** 1547

Deshalb muss die MAV ausdrücklich über das Vorliegen einer Verdachtskündigung informiert werden, damit sie die Durchführung einer Anhörung überprüfen und deren Ergebnis bewerten kann.

Nur ausnahmsweise ist die Anhörung entbehrlich, wenn der Arbeitnehmer von vornherein nicht dazu bereit ist, sich substantiiert zu den Verdachtsgründen zu äußern und nach seinen Kräften an der Aufklärung mitzuwirken (vgl. LAG Köln, Urt. v. 15.04.1997 – 13 [2] Sa 812/96). 1548

▶ **Praxistipp:** 1549

Der Arbeitgeber sollte diese fehlende Kooperationsbereitschaft dokumentieren, indem er z. B. bei Gesprächen Zeugen hinzuzieht, und die MAV über diesen Umstand ausdrücklich informieren.

Für den Arbeitnehmer eröffnet sich in der Anhörung die Möglichkeit, den bestehenden Verdacht auszuräumen und somit die drohende Kündigung abzuwenden. Im Kündigungsschutzprozess überprüft das ArbG das gesamte Vorbringen, mit dem sich der Arbeitnehmer von dem Verdacht »reinigen« will, durch eine vollständige Aufklärung des Sachverhaltes. Der Arbeitnehmer muss die Möglichkeit haben, »bestimmte, zeitlich und räumlich eingegrenzte Tatsachen zu bestreiten oder den Verdacht entkräftende Tatsachen zu bezeichnen und so zur Aufhellung der für den Arbeitgeber im Dunkeln liegenden Geschehnisse beizutragen« (vgl. BAG, 13.03.2008, NZA 2008, 809, 810). Die Anhörung wird nicht an den Anforderungen gemessen, wie sie an die Information der Arbeitnehmervertretung gestellt werden. Es ist aber nicht ausreichend, dass der Mitarbeiter lediglich mit einer völlig unsubstantiierten Wertung konfrontiert wird. Vielmehr muss der Arbeitgeber dem Arbeitnehmer einen konkreten Sachverhalt vorhalten. Dabei darf er grds. keine Erkenntnisse vorenthalten, die er im Zeitpunkt der Anhörung bereits gewonnen hat. Anderenfalls könnte sich der Mitarbeiter nicht Erfolg versprechend verteidigen. 1550

Ergeben sich im Verlauf der Anhörung entlastende Aspekte, die sich aus der Sicht des Arbeitgebers letztendlich nicht bewahrheiten, sollte vorsorglich eine erneute Anhörung durchgeführt werden. Der Mitarbeiter muss stets die Möglichkeit haben, sich zum aktuellen Vorwurf zu erklären. 1551

Richter

M.   Kündigung (§ 42 Buchst. b), § 46 Buchst. b), c) MVG.EKD)

1552 Die Verdachtskündigung erfolgt praktisch stets in Form der außerordentlichen Kündigung. Der Arbeitgeber muss in diesem Fall die Zwei-Wochen-Frist des § 626 Abs. 2 BGB beachten.

d) Korrektur von Eingruppierungen

1553 Kündigungen können auch aus (falschen) Eingruppierungen folgen. Diese richtet sich nach der auszuübenden Tätigkeit (vgl. § 22 Bundes-Angestelltentarifvertrag; TVöD i. V. m. § 22 Bundes-Angestelltentarifvertrag; § 10 BAT-KF; § 12 AVR.Diakonie; § 32 AVR.Bayern).

1554 Damit wird der Grundsatz der Tarifautomatik verankert: Der Arbeitnehmer »wird« nicht, vielmehr »ist« er in eine Entgeltgruppe eingruppiert. Es erfolgt also kein »Eingruppierungsakt«, sondern eine »automatische« Eingruppierung. In diesem Zusammenhang spricht man von einem »Akt der Rechtsanwendung«, mit dem die Äußerung einer Rechtsansicht durch den Arbeitgeber verbunden ist (vgl. BAG, Beschl. v. 27.07.1993 – 1 ABR 11/93, AP Nr. 110 zu § 99 BetrVG 1972).

1555 ▶ **Praxistipp:**

Nach diesem Modell kann es folglich keine falsche Eingruppierung geben; sie ist stets korrekt. Es ist eine andere Frage, ob der Arbeitgeber bzw. die Dienststellenleitung das tarifgerechte Ergebnis erkannt hat: Irrtümer bei der Eingruppierung können folglich grds. im Wege einer sog. korrigierenden Herabgruppierung beseitigt werden.

1556 Da die Tarifwerke auf die aus-zu-übenden Tätigkeit/en abstellt bzw. abstellen, kommt es auf die aus-ge-übte Tätigkeit nicht an. Für die Eingruppierung ist nur die Tätigkeit maßgeblich, die dem Arbeitnehmer vom Arbeitgeber übertragen worden ist. Die Übertragung erfolgt auf der Grundlage einer Stellenbeschreibung, ohne die im kirchlichen Bereich nicht sachgerecht eingruppiert werden kann (vgl. *Richter/Gamisch* 2008, S. 21 f.).

1557 Dementsprechend sind folgende Aspekte ohne Bedeutung für die Eingruppierung: die Angabe der Entgeltgruppe im Arbeitsvertrag, Beschlüsse der Dienststellenleitung, Bewertungen von Stellenbewertungskommissionen, die Einarbeitungszeit, Eingruppierung vergleichbarer (ausgeschiedener) Mitarbeiter, Eingruppierungsrichtlinien von Dienstgeberverbänden, die Qualität oder Quantität der geleisteten Arbeit, Schlüsselqualifikationen (z. B. Kontaktfähigkeit, Fantasie, Eigeninitiative, Verhandlungsgeschick) und Stellenanzeigen und Ausschreibungstexte.

1558 ▶ **Praxistipp:**

Korrigierende Herabgruppierungen erfolgen grds. über das Direktionsrecht gem. § 106 GewO. Nur in Ausnahmefällen ist eine Änderungskündigung erforderlich. Voraussetzung ist aber, dass der Arbeitgeber einen Irrtum bei der Anwendung der tariflichen Eingruppierungsvorschriften darlegen und beweisen kann. Es gelten die Grundsätze, die die Rechtsprechung zum BAT entwickelt hat.

M.

> **Praxistipp:** 1559
> In anderen Fällen ist eine betriebsbedingte Änderungskündigung erforderlich, für die das KSchG und die Vorschriften über den besonderen tariflichen Kündigungsschutz gelten.

Abgrenzung: Korrektur über Direktionsrecht oder Änderungskündigung 1560
Korrigierende Herabgruppierung

1. Grundsatz der Tariftreue

2. Problem: Zu hohe Eingruppierung

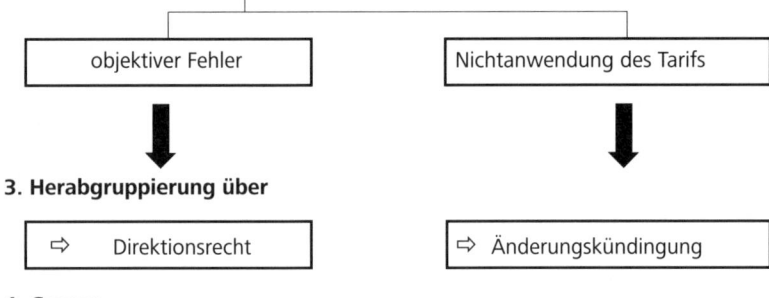

| objektiver Fehler | Nichtanwendung des Tarifs |

3. Herabgruppierung über

| ⇨ Direktionsrecht | ⇨ Änderungskündingung |

4. Grenze

⇨ § 315 BGB   ⇨ § 2 KSchG
⇨ § 242 BGB

vgl. z.B. BAG 16.02.2000, AP Nr. 3 zu § 2 NachwG

Quelle: IPW – Institut für PersonalWirtschaft GmbH

VIII. Fehler bei der Unterrichtung

Wie auch bei der Anwendung des § 102 BetrVG muss daher »ordnungsgemäß« beteiligt werden (*Richardi* NZA 1998, 113, 115). In einer viel zitierten Entscheidung hat das BAG (Urt. v. 16.09.1993 – 2 AZR 267/93, AP Nr. 62 zu § 102 BetrVG 1972) Maßstäbe hinsichtlich der Anforderungen aufgestellt, die allgemein anerkannt sind: 1561

> »(1) Entgegen den Ausführungen des Berufungsgerichtes **ist eine Kündigung nicht nur dann unwirksam gem. § 102 Abs. 1 Satz 3 BetrVG, wenn eine Anhörung des Betriebsrates zu der beabsichtigten Kündigung überhaupt nicht erfolgt ist, sondern auch dann, wenn die Anhörung des Betriebsrates nicht ordnungsgemäß ist.** Das entspricht im Grundsatz der einhelligen Auffassung in Rechtsprechung und Literatur (BAG seit Grundsatzurteil vom 28. 2. 1974 - 2 AZR 455/73 - BAG 26, 27 = AP Nr. 2 zu § 102 BetrVG 1972 bis Senatsurteil vom 29. 8. 1991 - 2 AZR 59/91 - AP Nr. 58 zu § 102 BetrVG 1972; ...«

(Hervorhebungen durch den Verfasser)

M.   Kündigung (§ 42 Buchst. b), § 46 Buchst. b), c) MVG.EKD)

1562 ▶ **Praxistipp:**

Sogar im BetrVG ist die Anhörung mehr als eine »Information« über die Kündigungsabsicht«. Das gilt erst recht, wenn das Gesetz ausdrücklich ein »Mitbestimmungs-« bzw. »Mitberatungsverfahren« vorsieht.

1563 «Insoweit ist zu berücksichtigen, dass die vom Gesetz verlangte Anhörung in der Rangordnung der Beteiligungsrechte mehr ist als die bloße Mitteilung über eine bevorstehende Kündigung, wie sie in § 105 BetrVG 1972 vorgesehen ist. Sinn und Zweck des Anhörungsverfahrens gem. § 102 Abs. 1 Satz 1 BetrVG ist es, dem Betriebsrat Gelegenheit zu geben, auf den Kündigungsentschluss des Arbeitgebers Einfluss zu nehmen. Um diesem Sinn und Zweck der Anhörung des Betriebsrates vor einer Kündigung zu entsprechen, hat der Arbeitgeber dem Betriebsrat seine Absicht, einen Arbeitnehmer zu kündigen, rechtzeitig vorher mitzuteilen und ihn dabei so zu informieren, dass er sich über die Person des Arbeitnehmers und über die Kündigungsgründe für seine Stellungnahme ein eigenes Bild machen kann. Daher hat der Arbeitgeber dem Betriebsrat insbesondere die Personalien des zu kündigenden Arbeitnehmers, die Kündigungsabsicht, die Kündigungsart (z. B. ordentliche oder außerordentliche Kündigung), ggf. auch den Kündigungstermin und die Kündigungsfristen sowie deutlich genug die Kündigungsgründe mitzuteilen. Nur bei Mitteilung dieser Tatsachen kann nach der ständiger Rechtsprechung des BAG (a. a. O.) von einer wirksamen Anhörung des Betriebsrates gem. § 102 Abs. 1 Satz 1 BetrVG ausgegangen werden (vgl. hierzu die zusammenfassende Darstellung bei Stahlhacke/Preis, a. a. O., Rz 259 ff., m. w. N.). Bei der Anwendung des § 102 Abs. 1 Satz 3 BetrVG bei »nicht ordnungsgemäßer« Anhörung handelt es sich um eine analoge Anwendung dieser Vorschrift, die zunächst die Sanktion der Unwirksamkeit der Kündigung nur ausspricht, falls überhaupt keine Anhörung des Betriebsrates erfolgt. Die Sanktion der Unwirksamkeit der personellen Einzelmaßnahme für den Fall der Kündigung ist erst durch das BetrVG 1972 eingeführt worden (vgl. dazu im einzelnen Dietz/Richardi, BetrVG, 6. Aufl., § 102 Rz 7, 8, 9). Sie verfolgt den Zweck, den Arbeitgebern zu veranlassen, vor jeder Kündigung den Betriebsrat zu hören, will er nicht Gefahr laufen, dass die Kündigung von vornherein unwirksam ist (amtl. Begründung BR-Drucks. 715/70, S. 52). Wenn dies Sinn und Zweck der Vorschrift des § 102 BetrVG ist, (siehe auch oben), so ist es folgerichtig, wenn in der nachfolgenden Rechtsprechung diese Vorschrift auch auf die Fälle angewendet worden ist, in denen eine nicht ordnungsgemäße Anhörung des Betriebsrates vorlag. Aufgrund einer teleologischen Auslegung war daher die vorhandene Gesetzeslücke dahin auszufüllen, dass die vorstehend genannten Umstände zur (ordnungsgemäßen) Anhörung des Betriebsrates gehören und deshalb z. B. eine (bewusste) Fehlinformation des Betriebsrates so behandelt wurde wie eine Nichtinformation des Betriebsrates (siehe dazu Bitter, Zum Umfang und Inhalt der Informationspflicht des Arbeitgebers gegenüber dem Betriebsrat bei der betriebsbedingten Kündigung insbesondere bei der Sozialauswahl, NZA Beilage 3/1991 S. 16, 20, 21). Es handelt sich also um eine ausdehnende Interpretation des Begriffs »Anhörung«, bei der für rechtsähnliche Tatbestände unter Einpassung in die Gesamtrechtsordnung eine sachgerechte Minimallösung anzustreben ist. Deshalb ist u. a. entschieden worden (vgl. BAG Urt. vom 24. 5. 1989 - 2 AZR 399/88 - [nicht veröffentlicht]; vom 31. 8. 1989 - 2 AZR 453/88 - AP Nr. 1 zu § 77 LPVG Schleswig-Holstein; vom 31. 5. 1990 - 2 AZR 78/89 - [nicht veröffentlicht]), der Sanktionscharakter des § 102 Abs. 1 Satz 3 BetrVG erfordere es dagegen nicht, eine unbewusste Fehlinformation des Betriebsrates in gleichem Sinne zu behandeln.«

(Hervorhebungen durch den Verfasser)

VIII. Fehler bei der Unterrichtung   M.

▶ **Praxistipp:** 1564

Die Arbeitnehmervertretung hat zunächst den Anspruch, über die betroffene Person und deren Verhältnisses unterrichtet zu werden.

«(2) Nicht ordnungsgemäß war die Anhörung vom 14.10.1991, weil dem Betriebsrat weder 1565
die Personalien der zu entlassenden Mitarbeiter (einschließl. Schwerbehinderteneigenschaft) noch die Kündigungsfristen mitgeteilt worden sind. Ferner hatte sich auch der Sachverhalt bei der späteren Kündigung vom 15.11.1991 insoweit verändert, als nunmehr der Konkurs über das Vermögen der Gemeinschuldnerin eröffnet und der Beklagte, der vorher nur als Sequester tätig war, zum Konkursverwalter bestellt war.

3. Nach der ständiger Rechtsprechung des BAG (vgl. BAG Urt. vom 28. 2. 1974 - 2 AZR 455/73 - BAG 26, 27 = AP Nr. 2 zu § 102 BetrVG 1972) setzt eine wirksame Anhörung des Betriebsrates nach Maßgabe des § 102 Abs. 1 BetrVG mindestens voraus, dass der Arbeitgeber dem Betriebsrat die Personalien des Arbeitnehmers, der gekündigt werden soll, bezeichnet.

Der Arbeitgeber muss den Betriebsrat eindeutig wissen lassen, wen er zu kündigen beabsichtigt. Dafür genügt es nicht, dass der Arbeitgeber dem Betriebsrat bei einer Massenentlassung nach § 17 KSchG die Anzahl der zu berücksichtigenden Arbeitnehmer mitteilt, ohne die Arbeitnehmer näher zu bezeichnen (vgl. KR-Etzel, a. a. O., § 102 BetrVG Rz 58, m. w. N.). So hat der Arbeitgeber vielmehr auch bei einer Massenentlassung dem Betriebsrat insbesondere Alter, Familienstand, Betriebszugehörigkeit und besondere soziale Umstände (z. B. Schwerbehinderteneigenschaft) des zu kündigenden Arbeitnehmers mitzuteilen.«

(BAG, Urt. v. 16.09.1993 – 2 AZR 267/93, AP Nr. 62 zu § 102 BetrVG 1972)

Diese Vorgaben müssen auch Arbeitgeber beachten, die anstelle des BetrVG das Personal- oder Mitarbeitervertretungsrecht anwenden. 1566

Das LAG Köln (Urt. v. 18.01.1995 – 8 Sa 1167/94, AP Nr. 1 MitarbeitervertretungsG 1567
EK Rheinland § 42d) hat im Rahmen eines Kündigungsschutzverfahrens entschieden, dass bei der Prüfung der ordnungsgemäßen Beteiligung der MAV bei einer ordentlichen Kündigung die vom BAG entwickelten Grundsätze zum Anhörungsverfahren des § 102 BetrVG entsprechend gelten:

»Die gegenüber der Kl. ausgesprochene Änderungskündigung ist schon deshalb gemäß § 38 Abs. 1 MVG-EKiR unwirksam, weil die bei dem Bekl. bestehende Mitarbeitervertretung nicht ordnungsgemäß beteiligt worden ist.

Der Mitarbeitervertretung steht gemäß § 42b MVG-EKiR bei Ausspruch einer ordentl. Kündigung nach Ablauf der Probezeit ein eingeschränktes Mitbestimmungsrecht zu. Gemäß § 41 Abs. 3 MVG-EKiR gilt § 38 MVG-EKiR für das Verfahren bei der eingeschränkten Mitbestimmung entsprechend. Nach § 38 Abs. 2 MVG-EKiR hat die Dienststellenleitung die Mitarbeitervertretung von der beabsichtigten Maßnahme zu unterrichten und deren Zustimmung zu beantragen.

Eine ausreichende Unterrichtung liegt nur vor, wenn die Dienststellenleitung der Mitarbeitervertretung die Person des für die Entlassung vorgesehenen Arbeitnehmers, die Art der Kündigung, den Kündigungstermin sowie die Kündigungsgründe mitteilt. Dabei ist der Sachverhalt so genau und umfassend darzulegen, dass die Mitarbeitervertretung ohne zusätzliche eigenen Nachforschungen in der Lage ist, die Stichhaltigkeit der Kündigungsgründe zu prüfen und sich über ihre Stellungnahme schlüssig zu werden. Deshalb genügt

M. Kündigung (§ 42 Buchst. b), § 46 Buchst. b), c) MVG.EKD)

der Arbeitgeber mit einer nur pauschalen, schlagwort- oder stichwortartigen Bezeichnung des Kündigungsgrundes seiner Begründungspflicht in der Regel nicht. Auch reicht es nicht aus, wenn er der Mitarbeitervertretung gegenüber ein Werturteil abgibt, ohne die für seine Bewertung maßgeblichen Tatsachen mitzuteilen. Das gilt auch für die Begründung der Sozialauswahl, die bei einer mit betriebsbedingten Gründen begründeten Kündigung als wesentliches Element mit zur Kündigungsbegründung gehört. Bei einer beabsichtigten Änderungskündigung ist der Mitarbeitervertretung neben den Gründen zur Kündigung auch das Änderungsangebot mitzuteilen, da nur bei Kenntnis dieses Angebots die Tragweite der Kündigung beurteilt und geprüft werden kann.«

(Hervorhebungen durch den Verfasser)

1568 ▶ Praxistipp:

Die Rechtsprechung der staatlichen ArbG zum BetrVG gilt auch als Maßstab für kirchliche Arbeitgeber.

1569 «Es gelten insoweit dieselben Grundsätze, wie sie das BAG für die in den Verantwortungsbereich des Arbeitgebers fallende Einleitung des Anhörungsverfahrens nach § 102 BetrVG entwickelt hat. Zwar ist im MVG-EKiR im Unterschied zu § 102 Abs. 1 Satz 2 BetrVG keine ausdrückliche Verpflichtung des Dienstherrn zur Mitteilung der Kündigungsgründe festgelegt. Eine dahingehende Verpflichtung ergibt sich aber nicht nur im Hinblick auf das Gebot zur vertrauensvollen Zusammenarbeit, sondern auch aus dem in § 34 MVG-EKiR dem Dienstherrn auferlegten Gebot, die Mitarbeitervertretung zur Durchführung ihrer Aufgaben rechtzeitig und umfassend zu unterrichten. Auch aus dem Sinn und Zweck des in §§ 38, 41 MVG-EKiR geregelten Mitwirkungsverfahren folgt eine entsprechende Verpflichtung des Dienstherrn, der Mitarbeitervertretung die Gründe für die beabsichtigte Kündigung genau und umfassend darzulegen. Diese Begründungspflicht ist deshalb notwendig, weil die Mitarbeitervertretung nur dann in die Lage versetzt wird, Einwendungen nach § 41 Abs. 2 MVG-EKiR ordnungsgemäß zu erheben (vgl. auch Grote/Krah/Kruska/Olechnowitz/Schwarz, Mitarbeitervertretungsgesetz für den Bereich der Evangelischen Kirchen und Diakonischen Werke in Rheinland, Westfalen und Lippe, 2. Aufl. zu § 32 Rz. 4.5 und BAG, AP Nr. 1 zu § 77 LPVG Baden-Württemberg und AP Nr. 1 zu § 72 LPVG NW zur entsprechenden Rechtslage nach den im Wortlaut ähnlichen Vorschriften der Landespersonalvertretungsgesetze).

Ausgehend von diesen Grundsätzen hat der Beklagte weder im erstinstanzlichen Verfahren noch in der BerInst. ausreichend dargelegt, dass die Mitarbeitervertretung ordnungsgemäß unterrichtet worden ist. Im Schriftsatz vom 16. 6. 1994 hat er lediglich unter Hinweis auf ein Schreiben vom 9. 5. 1994 vorgetragen, daß die Mitarbeitervertretung gehört worden sei und ihre Zustimmung erteilt habe. Im Schriftsatz vom 30. 8. 1994 ist »für die ordnungsgemäße Anhörung der Mitarbeitervertretung« Beweis angetreten worden durch Zeugnis der Vorsitzenden. Dass dieser Vortrag den Voraussetzungen einer ordnungsgemäßen Unterrichtung nicht entspricht, hat das ArbG zutreffend ausgeführt.«

(LAG Köln, Urt. v. 18.01.1995 – 8 Sa 1167/94, AP Nr. 1 MitarbeitervertretungsG EK Rheinland § 42d = NZA 1995, 1200 = ZMV 1996, 201; LAG Köln, Urt. v. 22.03.2005 – 9 Sa 1296/04, BeckRS 2005, Nr. 42320; Hervorhebungen durch den Verfasser).

IX. Checklisten   M.

▶ **Praxistipp:**   1570

Ein nicht ordnungsgemäß durchgeführtes Verfahren, insb. eine fehlende oder gar falsche Information der MAV, führt zur Unwirksamkeit der Kündigung wegen Verletzung der §§ 38, 41 Abs. 3, 42 Buchst. b) MVG.EKD bzw. §§ 45, 46 Buchst. b), c) MVG.EKD. Die Rechtslage gleicht also der im staatlichen Betriebsverfassungs- und Personalvertretungsrecht.

IX. Checklisten

▶ **Angaben zur Person (P)**   1571

- Name, Vorname (ggf. Personalnummer)
- Alter
- Familienstand
- Zahl der unterhaltsberechtigten Kinder (Grundsatz: ausreichend: laut Steuerkarte; Ausnahme: der Arbeitgeber hat die Sozialdaten gesondert abgefragt)
- Dauer der Betriebszugehörigkeit und Beschäftigungszeit
- Arbeitsplatz und Arbeitsbereich, in dem der Mitarbeiter eingesetzt ist (nicht erforderlich: Vorlage Stellenbeschreibung)
- Lohn-, Vergütungs- bzw. Entgeltgruppe
- Ausbildung und ggf. frühere Tätigkeiten
- Sonderkündigungsschutz (MuSchG, MVG.EKD, PflegeZG, SGB IX usw.)

Ist die Rechtmäßigkeit der Kündigung von der Zustimmung einer staatlichen oder kirchlichen Behörde (z. B. § 85 SGB IX, Art. 68 KO.EKiR) abhängig, über die im Zeitpunkt der Antrags an die MAV noch nicht entschieden worden ist, sollte ein ausdrücklicher Hinweis erfolgen, dass die Kündigung erst nach Vorliegen der Zustimmung der Behörde erklärt wird.

▶ **Angaben zur Kündigung (K)**   1572

- Kennzeichnung der Kündigung
- Beendigungs- oder Änderungskündigung
- außer- oder ordentliche Kündigung
- innerhalb oder nach Ablauf der Probezeit
- ggf. die Kombination der außerordentlichen und ordentlichen Kündigung
- Kündigungsfrist (streitig)
- Geplanter Zeitpunkt des Kündigungsausspruchs

▶ **Änderungskündigung (ÄK)**   1573

Checkliste P

Checkliste K

Checkliste V, KK, KA, B

M. Kündigung (§ 42 Buchst. b), § 46 Buchst. b), c) MVG.EKD)

Zusätzlich:
- Information über das Änderungsangebot mit
  - neuem Arbeitsvertrag
  - neuem Arbeitsentgelt
  - Stellenbeschreibung
  - ggf. deutlicher Hinweis, dass bei vorbehaltloser Ablehnung zur Beendigungskündigung angehört wird
- bei betriebsbedingter Kündigung: Sozialauswahl
- bei anderen Kündigungsgründen: Klärendes Gespräch
- bei Umsetzung mit Dienstortwechsel, Versetzung oder Änderung der Eingruppierung usw. Antrag auf Zustimmung gem. § 42 Buchst. c), d), e), f), g) oder § 46 Buchst. d) MVG.EKD
- bei Mitbestimmungsrecht in organisatorischen und sozialen Angelegenheit Antrag auf Zustimmung gem. § 40 MVG.EKD

1574 ▶ **Prüfung Weiterbeschäftigungsmöglichkeit (WB)**

- Keine Weiterbeschäftigungsmöglichkeit
- ... auch nicht durch eine Umorganisation
- ... oder das Freimachen anderer Arbeitsplätze
- in derselben Einrichtung an demselben Ort
- ... oder einer anderen Einrichtung mit demselben Arbeitsgebiet an einem anderen Ort
- ... oder einer Einrichtung mit einem anderen Aufgabengebiet an demselben Ort
- ... oder einer Einrichtung mit einem anderen Aufgabengebiet an einem anderen Ort.
- Keine zumutbare Fortbildungs- bzw. Umschulungsmöglichkeit
- Keine Vermittlungsmöglichkeit bei andern Arbeitgebern des
  - diakonischen
  - kirchlichen
  - öffentlichen Dienstes
  - in demselben Land- oder Stadtkreis

1575 ▶ **Verhaltensbedingte Kündigung (V)**

Checkliste P

Checkliste K

Zusätzlich:
- Umstände der Vertragsverletzung
- detaillierte Sachverhaltsdarstellung
- Angabe von Beweismitteln
- Mitteilung entlastender Tatsachen
- Verschulden des Arbeitnehmers
- Eintritt einer Störung mit nachteiligen Auswirkungen für den Arbeitgeber
- Betriebsablaufstörungen, Imageschädigung, wirtschaftliche Schäden

- nachteilige Auswirkungen für Kunden, Mitarbeiter
- Mitteilung der negativen Zukunftsprognose (Wiederholungsgefahr)
- Vorliegen von Abmahnung/en
- Ergebnis des klärenden Gesprächs
- Ausführungen zum Ultima-Ratio-Prinzip
- keine zumutbare Weiterbeschäftigungsmöglichkeit
- Umfassende Interessenabwägung

▶ **Kündigung wegen Kirchenaustritts** 1576

Checkliste P

Checkliste K

Zusätzlich:
- Unterrichtung über die Loyalitätsverletzung
- Negative Prognose
- Erhebliche Beeinträchtigung betrieblicher Interessen
- Umfassende Interessenabwägung
- ggf. Ergebnis des klärenden Gesprächs
- Darstellung, warum die Vertragsverletzung eine Gefahr für die Homogenität der Außendarstellung der Dienststelle darstellt

▶ **Kündigung wegen Krankheit** 1577

Checkliste A

Checkliste K

Zusätzlich:
- Stufe 1: Begründete Fehlzeitenprognose
  - häufige Kurzzeiterkrankungen
  - lang anhaltende Erkrankung
  - dauerhafte Leistungsminderung
  - dauerhafte Leistungsunmöglichkeit
  - Aufschlüsselung der Fehlzeiten (Arbeits- oder Kalendertage)
  - Ergebnis einer vertrauensärztlichen Untersuchung
  - Ergebnis des betrieblichen Eingliederungsmanagements gem. § 84 Abs. 2 SGB IX
  - ggf. (fehlende) Therapiebereitschaft
  - Ergebnis klärendes Gespräch
- Stufe 2: Erhebliche Beeinträchtigung betrieblicher Interessen
  - Betriebsablaufstörungen
  - wirtschaftliche Belastung
- Stufe 3: Umfassende Interessenabwägung

M.   Kündigung (§ 42 Buchst. b), § 46 Buchst. b), c) MVG.EKD)

1578 ▶ **Betriebsbedingte Kündigung (B)**

Checkliste A

Checkliste K

Zusätzlich:
- dringende betriebliche Gründe, die zum Wegfall des Arbeitsplatzes führen (Unternehmerentscheidung)
- außerbetriebliche Gründe
  - mit deren konkreten Auswirkungen auf den Arbeitsplatz,
  - mit Angabe von betriebswirtschaftlichen Zahlen
- innerbetriebliche Gründe
  - die neue Organisationsentscheidung des Arbeitgebers,
  - mit konkreten Auswirkungen auf den Arbeitsplatz
- Kombination der außer- und innerbetrieblichen Gründe
- (Teil-) Stilllegungsabsicht
- fehlende Weiterbeschäftigungsmöglichkeit
  - Grund für die fehlende Weiterbeschäftigungsmöglichkeit
  - ggf. Hinweis auf das Mitberatungsverfahren gem. § 46 Buchst. a), h) MVG.EKD
- Sozialauswahl
  - Information über die Auswahlkriterien und deren Gewichtung
  - Namen der vergleichbaren Arbeitnehmer
  - Tätigkeit
  - Alter
  - Dauer der Betriebszugehörigkeit
  - Unterhaltspflichten
  - Schwerbehinderung bzw. besonderer Kündigungsschutz
  - Begründung der Sozialauswahl
  - Gründe für die Durchbrechung der Sozialauswahl gem. § 1 Abs. 3 Satz 2 KSchG

1579 ▶ **Echte Druckkündigung**

Checkliste A

Checkliste K

Zusätzlich:
- Darstellung der konkreten Drucksituation
  (Drohungen, wirtschaftliche und/oder rechtliche Nachteile für den Arbeitgeber)
- Ausübung der Fürsorgepflicht durch den Arbeitgeber
- Umfassende Interessenabwägung

▶ **Verdachtskündigung** 1580

Checkliste P

Checkliste K

Zusätzlich:
- Umstände, aus denen sich ein dringender Verdacht ergibt für das Vorliegen einer
  - Straftat oder
  - schweren Vertragsverletzung;
  - mit detaillierter Sachverhaltsdarstellung
  - und Ermittlungsergebnissen sowie
  - ausdrücklichen Hinweisen auf die (personenbedingte) Verdachtskündigung;
  - außerdem entlastende Tatsachen sowie
  - Ergebnisse der Anhörung bzw. des klärenden Gesprächs
- Darstellung der Ermittlungsbemühungen
- Fehlende Weiterbeschäftigungsmöglichkeit

▶ **Korrektur einer Eingruppierung** 1581

Checkliste P

Checkliste K

Checkliste B

Zusätzlich:
- Alte Eingruppierung und ...
- ... neue Eingruppierung jeweils mit tarifkonformer Stellenbeschreibung
- Unterrichtung, warum die Änderung nicht über das Direktionsrecht möglich ist
- Einleitung des Mitbestimmungsverfahrens zur Umgruppierung gem. § 42 Buchst. c) MVG.EKD

N. Fälle der eingeschränkten Mitbestimmung in Personalangelegenheiten der Mitarbeiter in öffentlich-rechtlichen Dienstverhältnissen (§ 43 MVG.EKD)

1582 Die MAV hat in den folgenden Personalangelegenheiten der Mitarbeiter in öffentlich-rechtlichen Dienstverhältnissen ein eingeschränktes Mitbestimmungsrecht:
a) Einstellung,
b) Anstellung,
c) Umwandlung des Kirchenbeamtenverhältnisses in ein solches anderer Art,
d) Ablehnung eines Antrages auf Ermäßigung der Arbeitszeit oder Beurlaubung in besonderen Fällen,
e) Verlängerung der Probezeit,
f) Beförderung,
g) Übertragung eines anderen Amtes, das mit einer Zulage ausgestattet ist,
h) Übertragung eines anderen Amtes mit höherem Endgrundgehalt ohne Änderung der Amtsbezeichnung oder Übertragung eines anderen Amtes mit gleichem Endgrundgehalt mit Änderung der Amtsbezeichnung,
i) Zulassung zum Aufstiegsverfahren, Verleihung eines anderen Amtes mit anderer Amtsbezeichnung beim Wechsel der Laufbahngruppe,
j) dauernde Übertragung eines höher oder niedriger bewerteten Dienstpostens,
k) Umsetzung innerhalb der Dienststelle bei gleichzeitigem Ortswechsel,
l) Versetzung, Zuweisung oder Abordnung von mehr als 3 Monaten Dauer zu einer anderen Dienststelle oder einem anderen Dienstherrn im Geltungsbereich dieses Kirchengesetzes, wobei in diesen Fällen die MAV der aufnehmenden Dienststelle unbeschadet des Mitberatungsrechts nach § 46 Buchst. d) mitbestimmt,
m) Hinausschieben des Eintritts in den Ruhestand wegen Erreichens der Altersgrenze,
n) Anordnungen, welche die Freiheit in der Wahl der Wohnung beschränken,
o) Versagung sowie Widerruf der Genehmigung einer Nebentätigkeit,
p) Entlassung aus dem Kirchenbeamtenverhältnis auf Probe oder auf Widerruf, wenn die Entlassung nicht beantragt worden ist,
q) vorzeitige Versetzung in den Ruhestand gegen den Willen des Kirchenbeamten oder der Kirchenbeamtin,
r) Versetzung in den Wartestand oder einstweiligen Ruhestand gegen den Willen der Kirchenbeamtin oder des Kirchenbeamten.

I. Die Einstellung von Beamten (§ 43 Buchst. a) MVG.EKD)

1583 Die Einstellung ist die Begründung eines Beamtenverhältnisses. Die Ernennung ist ein rechtsgestaltender, rechtsbegründender Verwaltungsakt. Kraft der ihm innewohnenden Rechtsgestaltungswirkung begründet oder verändert die Ernennung das Beamtenverhältnis.

1584 ▶ Praxistipp:

Die Ernennung ist bedingungs- und auflagenfeindlich.

I. Die Einstellung von Beamten (§ 43 Buchst. a) MVG.EKD) N.

Existent wird die Ernennung erst durch Aushändigung der Ernennungsurkunde. Die Rechtsstellung des Beamten ergibt sich allein aus der Ernennungsurkunde. Hierdurch soll ausgeschlossen werden, dass im Einzelfall unklar ist, welchen Status der Beamte hat. 1585

Die Ernennung ist überdies ein sog. **mitwirkungsbedürftiger** Verwaltungsakt, d. h. der Beamte muss der Ernennung zustimmen. 1586

▶ Praxistipp: 1587

Die Zustimmung ist eine empfangsbedürftige Willenserklärung, die ihrem Inhalt nach mindestens konkludent zum Ausdruck bringen muss, dass der Bewerber mit der Ernennung zum Beamten einverstanden ist, sei es durch seinen vorangegangenen Antrag auf Übernahme in das Beamtenverhältnis, sei es durch vorbehaltlose Entgegennahme der Ernennungsurkunde.

Wirksam wird die Ernennung mit dem Tage der Aushändigung der Urkunde oder dem darin bestimmten zukünftigen Zeitpunkt. 1588

1. Einstellung im mitarbeitervertretungsrechtlichen Sinn

Einstellung im personalvertretungsrechtlichen Sinn ist ebenso wie die Einstellung nach § 43 Buchst. a) MVG.EKD grds. die **Eingliederung** einer Person in die Dienststelle. Bei den Beamten erfolgt sie regelmäßig durch eine Ernennung zur Begründung des Beamtenverhältnisses und durch die Aufnahme der vorgesehenen Tätigkeit. 1589

Von § 43 Buchst. a) MVG.EKD werden nicht nur die erstmalige Begründung eines Beamtenverhältnisses erfasst, sondern auch die Begründung eines weiteren Beamtenverhältnisses zu demselben Dienstherrn oder einem anderen Dienstherrn und die Fälle einer erneuten Berufung in das Beamtenverhältnis, so z. B. bei Wiederherstellung der Dienstfähigkeit. 1590

▶ Praxistipp: 1591

Wird ein Arbeitnehmer in ein Beamtenverhältnis berufen, so handelt es sich auch hier um einen Fall der Einstellung i. S. v. § 43 Buchst. a) MVG.EKD, weil eine Konkurrenzsituation zu anderen Arbeitnehmern der Dienststelle entstehen kann, da auch diese ein Interesse an einer derartigen Übernahme haben können. Das Gleiche gilt auch im umgekehrten Fall für die Annahme einer Beteiligung nach § 42 Buchst. a) MVG.EKD.

2. Keine Einstellung

Keine Einstellung i. S. v. § 43 Buchst. a) MVG.EKD liegt vor, wenn ein Beamter nach beendeter Beurlaubung wieder Dienstaufgaben als Beamter übertragen bekommt. 1592

Beabsichtigt die Dienststelle eine Einstellung im dargestellten Sinne, hat sie der MAV mit dem Antrag auf Zustimmung sämtliche **Unterlagen** zur Verfügung zu stellen, die sie für ihre Entscheidung herangezogen hat. Die MAV muss gem. § 34 Abs. 3 1593

N. Eingeschränkte Mitbestimmung in Personalangelegenheiten (§ 43 MVG.EKD)

MVG.EKD die Bewerbungsunterlagen aller Bewerber erhalten. Sofern **Auswahlgespräche** stattgefunden haben, etwa in Form eines Assessmentcenters, an denen die MAV **nicht** teilgenommen hat oder nicht teilnehmen durfte, sind ihr die Zusammenfassungen, Protokolle etc. ebenfalls vorzulegen. Sofern darüber hinaus Eignungstests durchgeführt wurden, sind die Testergebnisse ebenfalls der MAV vorzulegen. Das Informationsrecht der MAV erfasst auch Bewerbungsunterlagen von Bewerbern, die in keinem Fall in die engere Wahl gekommen sind bzw. kommen werden. Es ist die Aufgabe der MAV, zu prüfen, ob einzelne (künftige) Beschäftigte oder Beschäftigtengruppen im Verhältnis zu anderen Beschäftigten bzw. Beschäftigtengruppen benachteiligt werden.

1594 ▶ Praxistipp:

Unabhängig davon müssen Bewerbungen von schwerbehinderten Beamten gem. § 51 MVG.EKD i. V. m. § 95 Abs. 1 SGB IX der Schwerbehindertenvertretung vorgelegt werden.

3. Keine Mitbestimmung bei einer Auswahlentscheidung

1595 Ein Mitbestimmungsrecht der MAV bei einer **Auswahlentscheidung** besteht aber nicht, diese liegt vielmehr im pflichtgemäßen Ermessen des Dienststellenleiters. Eine Zustimmungsverweigerung kann unter Bezugnahme auf § 77 **Abs. 4 Nr. 1** auch aus dem Verstoß etwa gegen eine bestehende Dienstvereinbarung zu Grundsätzen des Verfahrens bei **Stellenausschreibungen** oder bei Verstößen gegen eine **Auswahlrichtlinie** i. S. v. § 77 Abs. 2 hergeleitet werden.

1596 ▶ Praxistipp:

Bei der Bestimmung von Anforderungsprofilen entscheidet die Dienststellenleitung alleine, es bestehen keine Beteiligungsrechte der MAV.

1597 Inwieweit die Zustimmungsverweigerung auf zwischen der Dienstherren- und der Personalratsseite unterschiedlich gewichtete Qualifikationsmerkmale gestützt werden kann, ist eine Frage des Einzelfalls. Verweigert der Personalrat die Zustimmung zur Einstellung eines Bewerbers mit dem Hinweis darauf, er strebe eine Erhöhung des Anteils von Frauen am Personal an, genügt diese Begründung nicht den Anforderungen des § 69 Abs. 2 Satz 4, sodass die Maßnahme als gebilligt gilt (Zustimmungsfiktion).

1598 Der Mitbestimmung unterliegt die nicht nur vorübergehende Aufstockung eines Teilzeitbeschäftigungsverhältnisses zu einer Vollzeitbeschäftigung. Dies gilt jedoch nicht für die Umwandlung eines bestehenden Vollzeitbeschäftigungsverhältnisses in ein Altersteilzeitverhältnis.

II. Anstellung (§ 43 Buchst. b) MVG.EKD)

1599 Unter »Anstellung« i. S. d. § 43 Buchst. b) MVG.EKD versteht man eine besondere Form der Ernennung, nämlich die Ernennung unter erstmaliger Verleihung eines

IV. Antrag auf Ermäßigung der Arbeitszeit ... (§ 43 Buchst. d) MVG.EKD) N.

Amts. Erst mit der Übernahme in ein Beamtenverhältnis auf Lebenszeit wird dem Beamten im Wege der förmlichen Anstellung erstmals ein Amt verliehen.

Vergleichbare Regelungen befanden sich etwa in § 76 Abs. 1 Nr. 1 BPersVG. Das Institut der Anstellung wurde durch das DNeuG vom 05.02.2009 (BGBl. I, S. 160) ersatzlos gestrichen. Gleiches gilt auch für die Personalvertretungsgesetze der Länder. Die erstmalige Einweisung in ein Amt findet dort automatisch bereits mit der Ernennung zum Beamten auf Probe statt (vgl. § 10 Abs. 3 BBG). 1600

1. Anstellung nur im Eingangsamt zulässig

Die Anstellung der Beamten ist grds. nur im Eingangsamt ihrer Laufbahn zulässig. Wird ein früherer Beamter, der bereits angestellt war, erneut in das Beamtenverhältnis berufen, so wird ihm zwar erneut ein Amt verliehen; da dies jedoch begrifflich keine Anstellung ist, hat die MAV unter dem Aspekt der Einstellung mitzubestimmen. 1601

III. Umwandlung des Kirchenbeamtenverhältnisses in ein solches anderer Art (§ 43 Buchst. c) MVG.EKD)

Einer Beteiligung der MAV bedarf es auch bei der Umwandlung eines Kirchenbeamtenverhältnisses in ein solches anderer Art. Gemeint ist nur die Umwandlung in ein anderes Beamtenverhältnis. Auch hier gilt es für die MAV, zu prüfen, ob aus Anlass dieser Umwandlung verbeamteten Beschäftigten Nachteile entstehen oder sie ggü. anderen Beschäftigten oder Beschäftigtengruppen benachteiligt werden. 1602

▶ Praxistipp: 1603

Das Beteiligungsrecht der MAV besteht unabhängig davon, ob der Beamte die Umwandlung selbst befürwortet.

IV. Ablehnung eines Antrags auf Ermäßigung der Arbeitszeit oder Beurlaubung in besonderen Fällen (§ 43 Buchst. d) MVG.EKD)

1. Ablehnung von Teilzeit

Beamte, die Anspruch auf Besoldung haben, haben nach § 91 Abs. 1 BBG Anspruch auf Teilzeitbeschäftigung bis zur Hälfte der regelmäßigen Arbeitszeit und bis zur jeweils beantragten Dauer, soweit dienstliche Belange dem nicht entgegenstehen. Die Ablehnung eines solchen Antrags auf Ermäßigung der Arbeitszeit, d.h. Teilzeit, unterliegt gem. § 43 d), 1. Alt. MVG.EKD der Mitbestimmung der MAV. Die MAV prüft die Beachtung des Rechts bei der Ablehnung durch die Dienststellenleitung. 1604

Denn der kirchliche Arbeitgeber muss auch seinen verbeamteten Mitarbeitern grds. Teilzeit ermöglichen. 1605

Eine ohne wirksame Beteiligung der MAV vorgenommene Ablehnung eines Antrags ist unwirksam. 1606

N. Eingeschränkte Mitbestimmung in Personalangelegenheiten (§ 43 MVG.EKD)

1607 Literaturhinweis:

Zur Teilzeitarbeit der Arbeitnehmer s. *Sievers*, Kommentar zum Teilzeit- und Befristungsgesetz, 3. Aufl. Köln 2010; vgl. zum Beamtenrecht *Lenders/Peters/Weber*, Das neue Dienstrecht des Bundes, Köln 2009, § 91 BBG Rn. 643 ff.

2. Ablehnung von Teildienst

1608 Kirchenbeamten kann nach Vorgabe des § 50 Abs. 1 KBG.EKD aus familiären Gründen Teildienst gewährt werden, wenn sie:
1. mindestens ein Kind unter 18 Jahren oder
2. nach ärztlichen Gutachten pflegebedürftige sonstige Angehörige tatsächlich betreuen oder pflegen.

1609 Weiterhin kann Kirchenbeamten aus anderen Gründen nach § 51 Abs. 2 KBG.EKD Teildienst gewährt werden, soweit kirchliche oder dienstliche Interessen nicht entgegenstehen. Der Teildienst kann der Dauer und dem Umfang nach nachträglich beschränkt werden, soweit besondere dienstliche oder kirchliche Interessen dies erfordern.

1610 ▶ **Praxistipp:**

Der Teildienst nach §§ 50, 51 KBG.EKD soll auf Antrag widerrufen oder abgewendet werden, wenn sie dem Kirchenbeamten nicht mehr zugemutet werden kann und dienstliche Gründe nicht entgegenstehen, §§ 50 Abs. 3 sowie 51 Abs. 3 KBG. EKD

1611 Soweit der Teildienst beantragt wird, so sind die Beamten schriftlich auf die sich daraus ergebenden Rechtsfolgen hinzuweisen (§ 52 KBG.EKD).

1612 ▶ **Praxistipp:**

Teildienst darf das berufliche Fortkommen nicht beeinträchtigen; eine unterschiedliche Behandlung von Kirchenbeamten im Teildienst ggü. solchen mit regelmäßiger Arbeitszeit ist nur zulässig, wenn zwingende sachliche Gründe sie rechtfertigen (§ 52 Abs. 2 KBG.EKD).

1613 Ein Antrag auf Verlängerung eines Teildienstes ist spätestens sechs Monate vor Ablauf der Freistellung nach § 55 Abs. 3 KBG.EKD zu stellen.

1614 Die Mitbestimmung nach § 40 d), 1. Alt. MVG.EKD erstreckt sich ausschließlich auf die Ablehnung eines Antrags auf Ermäßigung der Arbeitszeit (Dienstzeit).

V. Ablehnung Beurlaubung in besonderen Fällen (§ 43 Buchst. d), 2. Alt. MVG.EKD)

1615 Das zur Ablehnung von Teilzeit Dargestellte gilt entsprechend im Fall der Ablehnung einer Beurlaubung. Auch bei dem Mitbestimmungsrecht des § 43 Buchst. d), 2. Alt. MVG.EKD überwacht die MAV den Maßstab.

V. Ablehnung Beurlaubung in besonderen Fällen (§ 43 Buchst. d), 2. Alt. MVG.EKD) **N.**

	§ 50 KBG.EKD	§ 51 KBG.EKD
Antrag des Beamten	Schriftform	Schriftform
Begründung des Antrags	Mindestens ein Kind unter 18 Jahren oder Betreuung und Pflege von pflegebedürftigen Angehörigen	Beurlaubung dürfen kirchliche oder dienstliche Interessen nicht entgegenstehen
Ablehnung durch den AG	Wenn besondere kirchliche oder dienstliche Interessen dem Antrag entgegenstehen	Wenn besondere kirchliche oder dienstliche Interessen entgegenstehen
Form	Schriftform	Schriftform

1616

Unter denselben Voraussetzungen wie unter §§ 50, 51 KBG.EKD kann auch beantragter Teildienst gewährt werden. 1617

▶ Praxistipp: 1618

Wird eine Beurlaubung oder ein Teildienst beantragt, so sind die Kirchenbeamten schriftlich auf die sich daraus ergebenden Rechtsfolgen hinzuweisen, § 52 Abs. 1 KBG.EKD.

Mitbestimmungspflichtig ist nach § 43 Buchst. d), 2. Alt. MVG.EKD nur die Ablehnung des Antrags auf Beurlaubung in besonderen Fällen. 1619

1. Rechtsfolgen einer Beurlaubung

Mit dem Beginn einer Beurlaubung verlieren die Kirchenbeamten die mit dem ihnen verliehenen Amt verbundenen oder persönlich übertragenen Aufgaben. Das Dienstverhältnis dauert gem. § 54 Abs. 1 KBG.EKD fort. Alle Anwartschaften, die im Zeitpunkt der Beurlaubung erworben waren, bleiben gewahrt. Die besoldungs- und versorgungsrechtlichen Vorschriften über die Berücksichtigung von Zeiten einer Beurlaubung ohne Dienstbezüge bleiben unberührt. 1620

▶ Praxistipp: 1621

Über eine Beurlaubung oder einen Teildienst und die damit verbundenen Regelungen entscheidet die oberste Dienstbehörde oder die von ihr bestimmte Stelle, § 55 Abs. 1 KBG.EKD.

2. Beginn der Beurlaubung oder des Teildienstes

Die Beurlaubung oder der Teildienst beginnen, wenn kein anderer Tag festgesetzt wird, mit dem Ablauf des Monats, in dem dem Kirchenbeamten die Entscheidung mitgeteilt wird. Bei Kirchenbeamten im Schul- und Hochschuldienst sollen der Beginn und das Ende einer Freistellung oder eine Änderung derselben jeweils auf den Beginn und das Ende eines Schulhalbjahres oder eines Semesters festgesetzt werden (§ 55 Abs. 2 KBG.EKD). 1622

N. Eingeschränkte Mitbestimmung in Personalangelegenheiten (§ 43 MVG.EKD)

VI. Beteiligung der MAV bei Verlängerung der Probezeit (§ 43 Buchst. e) MVG.EKD)

1. Umfang der Mitbestimmung

1623 Ein Kirchenbeamtenverhältnis kann gem. § 6 Abs. 1 Nr. 2 KBG.EKD auf Probe begründet werden, wenn zur späteren Verwendung im Kirchenbeamtenverhältnis auf Lebenszeit eine Probezeit abzuleisten ist. Die Probezeit dient zur Feststellung der Bewährung des Probebeamten für die Begründung eines Kirchenbeamtenverhältnisses »auf Lebenszeit«. Kann die Bewährung nicht festgestellt werden, so sind die Beamten auf Probe, soweit nicht durch Rechtsvorschrift der Evangelischen Kirche in Deutschland, der Gliedkirchen und gliedkirchlichen Zusammenschlüsse nicht etwas anderes bestimmt ist, zu entlassen (§ 82 Abs. 2 Nr. 1 KBG.EKD).

1624 Eine Verlängerung der Probezeit kommt etwa in Betracht, wenn mit Ablauf der Probezeit noch nicht endgültig festgestellt werden kann, ob der Probebeamte sich für eine Verbeamtung auf Lebenszeit bewährt hat. Maßgeblich hierfür können sein Inanspruchnahme von Mutterschutz, Elternzeit oder vorübergehende Erkrankung (§ 39 KBG.EKD).

1625 Die Beteiligungspflicht nach § 43 Buchst. e) MVG.EKD hat gemäß dem Wortlaut der Regelung bei der Verlängerung der Probezeit zu erfolgen und – entsprechend dem Sinngehalt der Regelung – auch bei der Nichtverlängerung der Probezeit. Gerade hier bedarf es des ausdrücklichen Schutzes der Beschäftigten durch die MAV.

1626 ▶ **Praxistipp:**

Strenger Maßstab bei der Feststellung der Bewährung.

Auf Lebenszeit kann nur ernannt werden, wer sich in einer Probezeit in vollem Umfang bewährt hat. Für die Feststellung der Bewährung gilt nach § 8 Abs. 4 KBG. EKD ein strenger Maßstab.

1627 ▶ **Praxistipp:**

Von dem Erfordernis der Probezeit kann abgesehen werden, wenn dieses im kirchlichen Interesse liegt.

1628 Spätestens nach 5 Jahren ist ein Kirchenbeamtenverhältnis auf Probe in ein solches auf Lebenszeit umzuwandeln, wenn die kirchenbeamtenrechtlichen Voraussetzungen hierfür erfüllt sind (§ 8 Abs. 5 KBG.EKD).

1629 ▶ **Praxistipp:**

Die Frist verlängert sich etwa um die Zeit einer Beurlaubung ohne Dienstbezüge.

2. Strenger Maßstab bei der Feststellung der Bewährung

1629a Auf Lebenszeit kann nur ernannt werden, wer sich in einer Probezeit in vollem Umfang bewährt hat. Für die Feststellung der Bewährung gilt nach § 8 Abs. 4 KBG.EKD

VI. Beteiligung der MAV bei Verlängerung der Probezeit (§ 43 Buchst. e) MVG.EKD) **N.**

ein strenger Maßstab. Sinn und Zweck der Probezeit ist es, dass der Dienstherr den Beamten intensiv kennenlernen und sich ein **Urteil über die Persönlichkeit** bilden kann. Dafür hat er Eignung, Befähigung und fachliche Leistung einzeln, aber auch gemeinsam zu bewerten, um die »Bewährung« feststellen zu können.

▶ Praxistipp: 1629b

Bei der Feststellung der »Bewährung« steht dem Dienstherrn ein Beurteilungsspielraum zu, der gerichtlich begrenzt nachprüfbar ist.

Nur bei einem **positiven Votum**, das das in Art. 33 Abs. 2 GG enthaltene Leistungs- 1629c prinzip realisiert, darf eine Ernennung auf Lebenszeit erfolgen. In Zweifelsfällen ist die Probezeit zu verlängern oder von einer Lebenszeitverbeamtung abzusehen mit der Konsequenz, dass der Beamte zu entlassen ist. Es ist **nicht ausreichend**, wenn der Probebeamte den Anforderungen nur mit Einschränkungen entspricht und lediglich die Prognose ergibt, dass bestehende Mängel behoben werden können. Die Leistungen müssen grundsätzlich den Anforderungen entsprechen, die üblicherweise an einen Probezeitbeamten in dem entsprechenden Amt gestellt werden.

▶ Praxistipp: 1629d

Von dem Erfordernis der Probezeit kann abgesehen werden, wenn dieses im kirchlichen Interesse liegt.

Spätestens nach fünf Jahren ist ein Kirchenbeamtenverhältnis auf Probe in ein solches 1629e auf Lebenszeit umzuwandeln, wenn die kirchenbeamtenrechtlichen Voraussetzungen hierfür erfüllt sind (§ 8 Abs. 5 KBG.EKD).

3. Bewährung

Bewährung ist ein unbestimmter Rechtsbegriff, der für den Einzelfall anzuwenden 1629f und auszulegen ist. Mit den Ergänzungen »im vollen Umfang« und der Feststellung der Bewährung »unter Anlegung eines strengen Maßstabs« werden hierfür zusätzliche qualitative Anforderungen festgelegt, die der Dienstherr bei seiner Beurteilung der Bewährungszeit berücksichtigen muss.

▶ Praxistipp: 1629g

Letztlich kann eine Bewährung »in vollem Umfang« nur dann verlässlich festgestellt werden, wenn ein Probebeamter in mehreren und unterschiedlichen Aufgabengebieten eingesetzt wird und jede dieser Tätigkeiten beurteilt wird.

Die **Kriterien** und **das Verfahren** für diesen »strengen Maßstab« ergeben sich aus dem 1629h Laufbahnrecht. Hierbei ist zu berücksichtigen, dass in der Probezeit nicht nur die Erledigung übertragener Aufgaben zu bewerten ist, sondern besonders auch die erforderliche Fach-, Methoden- und Sozialkompetenz. Das erfordert eine stärkere **Strukturierung der Probezeit**, die dem Betreffenden die Chance gibt, die unterschiedlichen Fähigkeiten und Kompetenzen unter Beweis zu stellen. Der Probebeamte darf nie während der Probezeit in ein und demselben Aufgabengebiet eingesetzt werden.

VII. Beförderung (§ 43 Buchst. f) MVG.EKD)

1. Mitbestimmung

1630 Die Beförderung ist die Ernennung eines Beamten, durch die ihm ein anderes statusrechtliches Amt mit höherem Endgrundgehalt und anderer Amtsbezeichnung verliehen wird. Keine Beförderung oder gleichgestellte Maßnahme sind die Festsetzung einer Leistungsstufe bzw. Prämie oder Zulage.

1631 Literaturtipp:
Einführend zum BeamtStG *Lenders*, Beamtenstatusgesetz, Siegburg 2012, zum BBG *Lenders/Peters/Weber*, Das neue Dienstrecht des Bundes, Köln 2009

1632 ▶ Praxistipp:
Noch keine Beförderung ist die bloße Übertragung eines höher bewerteten Dienstpostens, die jedoch nach § 43 Buchst. j) MVG.EKD mitbestimmungspflichtig sein kann.

1633 I. R. d. Mitbestimmung nach § 43 Buchst. f) MVG.EKD ist von der MAV zu prüfen, ob die konkrete Beförderungsabsicht gegen gesetzliche Bestimmungen, Verwaltungsanordnungen usw. verstößt, andere Beschäftigte benachteiligen kann oder ob die Gefahr besteht, dass der ausgewählte Bewerber durch sein Verhalten den Frieden in einer Dienststelle gefährden werde.

1634 ▶ Praxistipp:
Gegenstände des Mitbestimmungsverfahrens sind nicht die Fragen der Planstellenverteilung, der Zuordnung von Planstellen zu einzelnen Arbeitsgebieten oder die Entwicklung darauf bezogener Ausschreibungstexte oder Anforderungsprofile (VG Frankfurt am Main, 23.08.2010 – 22 K 1665/10.F.PF, PersR 2011, 265).

1635 Beförderungsauswahlentscheidungen erfolgen gem. Art. 33 Abs. 2 GG, § 7 Nr. 4 BeamtStG nach dem stets zu beachtenden **Prinzip der Bestenauslese**. Nach Art. 33 Abs. 2 GG hat jeder Deutsche nach Eignung, Befähigung und fachlicher Leistung gleichen Zugang zu jedem öffentlichen Amt. Ein Bewerber um ein öffentliches Amt kann verlangen, dass seine Bewerbung nur aus Gründen zurückgewiesen wird, die durch den Leistungsgrundsatz gedeckt sind (sog. **Bewerbungsverfahrensanspruch**). Der Bewerberauswahl dürfen nur Gesichtspunkte zugrunde gelegt werden, die den von Art. 33 Abs. 2 GG geforderten Leistungsbezug aufweisen. In Bezug auf die Vergabe höherer Ämter einer Laufbahn durch Beförderungen handelt es sich um Kriterien, die darüber Aufschluss geben, in welchem Maße der Beamte den Anforderungen seines Amtes genügt und sich in dem höheren Amt voraussichtlich bewähren wird. Dies gilt auch für die **Einreihung** in eine **Beförderungsrangliste**, wenn allein aufgrund des Listenplatzes ohne nochmalige Auswahlentscheidung befördert werden soll. Der von Art. 33 Abs. 2 GG geforderte Leistungsvergleich der Bewerber um ein Beförderungsamt muss anhand **aussagekräftiger**, d. h. **aktueller, hinreichend differenzierter** und auf **gleichen**

VIII. Übertragung eines anderen Amts mit einer Zulage (§ 43 Buchst. g) MVG.EKD)   N.

Bewertungsmaßstäben beruhender **dienstlicher Beurteilungen** vorgenommen werden.

Maßgebend für den Leistungsvergleich ist in erster Linie das abschließende Gesamturteil einer dienstlichen Beurteilung, das durch eine Würdigung, Gewichtung und Abwägung der einzelnen leistungsbezogenen Gesichtspunkte zu bilden ist. Sind danach mehrere Bewerber als im Wesentlichen gleich geeignet einzustufen, kann der Dienstherr auf einzelne Gesichtspunkte abstellen, wobei er deren besondere Bedeutung begründen muss. So kann er der dienstlichen Erfahrung, der Verwendungsbreite oder der Leistungsentwicklung, wie sie sich aus dem Vergleich der aktuellen mit früheren Beurteilungen ergibt, Vorrang einräumen. Die Entscheidung des Dienstherrn, welche Bedeutung er den einzelnen Gesichtspunkten für das **abschließende Gesamturteil** und für die Auswahl zwischen im Wesentlichen gleich geeigneten Bewerbern beimisst, unterliegt nur einer eingeschränkten **gerichtlichen Nachprüfung**. Daraus folgt, dass der Dienstherr bei gleichem Gesamturteil zunächst die Beurteilungen umfassend inhaltlich auszuwerten und Differenzierungen in der Bewertung einzelner Leistungskriterien oder in der verbalen Gesamtwürdigung zur Kenntnis zu nehmen hat. Bei einer solchen Auswertung ist darauf zu achten, dass gleiche Maßstäbe angelegt werden (*Lenders* HPVG § 77 Rn. 21).   1636

2. Umfassende und rechtzeitige Information der MAV

Durch eine umfassende und rechtzeitige Information muss die MAV in der Lage sein, die mangelnde Beachtung des Prinzips der Bestenauslese durch eine auf die Vorschriften der MVG.EKD gestützten Zustimmungsverweigerung geltend zu machen.   1637

Rügen kann die MAV auch einen Verstoß gegen Art. 33 Abs. 2 GG, der etwa darin liegt, dass zum Zeitpunkt der getroffenen Beförderungsentscheidung keine hinreichend aussagekräftigen, weil nicht mehr aktuellen dienstlichen Beurteilungen zugrunde lagen. Nach der Rspr. des BVerwG ist ein Zeitablauf von rund anderthalb Jahren jedenfalls dann zu lang, wenn der Bewerber nach dem Beurteilungsstichtag andere Aufgaben wahrgenommen hat.   1638

VIII. Übertragung eines anderen Amts, das mit einer Zulage ausgestattet ist (§ 43 Buchst. g) MVG.EKD)

1. Umfang der Mitbestimmung

Mitbestimmungspflichtig nach § 43 Buchst. g) MVG.EKD ist auch die Übertragung eines anderen Amts, welches mit einer Zulage ausgestattet ist. Auch die Zuordnung zu ein und derselben Besoldungsgruppe, aber mit und ohne Amtszulage (z. B. A 9 bzw. A 9 m. Z.) kennzeichnet zwei gleich benannte, aber statusrechtlich verschiedene Ämter. Amtszulagen i. S. v. § 42 Abs. 1, 2 BBesG sind unwiderruflich und ruhegehaltsfähig und gelten als Bestandteile des Grundgehalts.   1639

Bei der Übertragung eines anderen Amts mit Zulage (Amtszulage) handelt es sich um eine beförderungsähnliche Personalmaßnahme, die mitbestimmungspflichtig ist.   1640

N. Eingeschränkte Mitbestimmung in Personalangelegenheiten (§ 43 MVG.EKD)

1641   Im Übrigen gilt das zur Beförderung Gesagte.

1642   ▶ **Praxistipp:**

> Für die MAV ist es schwerlich, eine Zustimmung bei einer Beförderung oder beförderungsähnlichen Maßnahme zu versagen, da sie Beschäftigten einen Vorteil bringt. Gleichwohl besteht die Verpflichtung der MAV zu prüfen, ob andere Beschäftigte etwa wegen des Verstoßes gegen Verfahrensvorschriften oder gegen den Grundsatz der Bestenauslese gem. Art. 33 Abs. 2 GG benachteiligt wurden.

2. Checkliste

1643   Verweigerungsgründe bei Beförderung bzw. Übertragung eines Amts mit Zulage

Verweigerungsgrund	Kein Verweigerungsgrund
Verstoß gegen Grundsatz der Bestenauslese	MAV hält andere Beamte für besser geeignet
Verstoß gegen Vereinbarungen, die zum Beförderungsverfahren zwischen der MAV und der Dienststellenleitung aufgestellt wurden	Keine vorrangige Berücksichtigung von Beamtinnen vor Ausschöpfung der Leistungsgrundsätze
Fehlerhafte Eingabe von Beurteilungsnoten in Rangfolgelisten etc.	Keine vorrangige Berücksichtigung von schwerbehinderten Menschen vor Ausschöpfung der Leistungskriterien
Nichtkorrektur von Rangfolgelisten, obgleich Beurteilungsnoten auf Beschwerden der Beamten verbessert wurden	

IX. Übertragung eines anderen Amts mit höherem Endgrundgehalt ohne Änderung der Amtsbezeichnung oder Übertragung eines anderen Amts mit gleichem Endgrundgehalt mit Änderung der Amtsbezeichnung (§ 43 Buchst. h) MVG.EKD)

1. Umfang der Mitbestimmung

1644   Grds. gilt das zu § 43 Buchst. f), g) MVG.EKD Ausgeführte.

1645   – Beispiel für die Übertragung eines anderen Amts mit höherem Endgrundgehalt ohne Änderung der Amtsbezeichnung

Die neben der Beförderung besonders erwähnte Übertragung eines anderen Amts mit höherem Endgrundgehalt ohne Änderung der Amtsbezeichnung ist grds. nach Änderung des beamtenrechtlichen Beförderungsbegriffs obsolet geworden (*Fischer/Goeres/Gronimus* § 76 Rn. 12; *Altvater/Baden/Kröll* § 76 Rn. 22)

1646   – Übertragung eines anderen Amts mit gleichem Endgrundgehalt mit Änderung der Amtsbezeichnung

Die Verleihung eines anderen Amts mit anderer Amtsbezeichnung kommt etwa zur Vermeidung der vorzeitigen Zuruhesetzung wegen Dienstunfähigkeit im Rahmen einer anderweitigen Verwendung i. S. v. § 68 Abs. 2 KBG.EKD in Betracht.

X. Aufstiegsverfahren, Wechsel der Laufbahngruppe (§ 43 Buchst. i) MVG.EKD) **N.**

▶ **Praxistipp:** 1647

Eine förmliche Ernennung erfolgt des Weiteren bei der Verleihung eines anderen Amts mit anderem Endgrundgehalt und anderer Amtsbezeichnung.

X. Zulassung zum Aufstiegsverfahren, Verleihung eines anderen Amts mit anderer Amtsbezeichnung beim Wechsel der Laufbahngruppe (§ 43 Buchst. i) MVG.EKD)

1. Beteiligung bei Zulassung zum Aufstiegsverfahren, § 43 Buchst. i), 1. Alt. MVG.EKD

Es besteht eine Mitbestimmungspflicht hinsichtlich der Zulassung zum Aufstiegsverfahren. Dieser Zulassung zum Aufstiegsverfahren geht in aller Regel eine Personalauswahlentscheidung voraus. Soweit für derartige Personalauswahlentscheidungen für die Auswahl zur Zulassung zum Aufstiegsverfahren Verfahrensregelungen bestehen, hat die MAV auf die Einhaltung dieser Form- und Verfahrensvorschriften zu achten. 1648

Im Wesentlichen geht es bei der Ausübung dieses Mitbestimmungsrechts wiederum darum, zu prüfen, ob einzelne Beschäftigte oder Beschäftigtengruppen ggü. anderen Beschäftigten oder Beschäftigtengruppen benachteiligt werden und hierfür keine sich der MAV aufdrängenden Rechtfertigungsgründe ergeben. 1649

2. Beteiligung beim Wechsel der Laufbahngruppe, § 43 Buchst. i), 2. Alt. MVG.EKD

Mitbestimmungspflichtig ist auch die Verleihung eines anderen Amts mit anderer Amtsbezeichnung beim Wechsel der Laufbahngruppe. 1650

Auch bei der Verleihung eines anderen Amts mit anderer Amtsbezeichnung beim Wechsel der Laufbahngruppe bedarf es einer Ernennung. Das Kirchenbeamtenrecht kennt weiterhin die Laufbahngruppen des einfachen, des mittleren, des gehobenen und des höheren Dienstes. 1651

▶ **Praxistipp:** 1652

Regelungen zum Laufbahnrecht können die Evangelische Kirche in Deutschland, die Gliedkirchen und die gliedkirchlichen Zusammenschlüsse durch Rechtsverordnung je für ihren Bereich regeln. Ansonsten gelten die Vorschriften der Bundeslaufbahnverordnung entsprechend.

Ein Wechsel der Laufbahngruppe findet insb. beim Aufstieg in die nächsthöhere Laufbahn statt. Sind die Laufbahnen so miteinander verzahnt, dass das Spitzenamt der niedrigeren Laufbahngruppe mit dem Eingangsamt der nächsthöheren Laufbahngruppe gleichwertig ist und erfolgt der Aufstieg aus dem Spitzenamt, so ändert sich durch die Verleihung des Eingangsamts der nächsthöheren Laufbahngruppe nicht das Endgrundgehalt, sondern nur die Amtsbezeichnung. Auch dieser Vorgang ist, obwohl 1653

N. Eingeschränkte Mitbestimmung in Personalangelegenheiten (§ 43 MVG.EKD)

keine Änderung des Endgrundgehalts erfolgt und damit keine Beförderung i. S. v. § 43 Buchst. f) MVG.EKD vorliegt, mitbestimmungspflichtig.

XI. Beteiligung der MAV bei dauernder Übertragung eines höher oder niedriger bewerteten Dienstpostens (§ 43 Buchst. j) MVG.EKD)

1. Umfang der Mitbestimmung

1654 Die Bewertung einer Tätigkeit kann bei Beamten nur auf der Grundlage ihres Statusamts erfolgen. Nach § 18 Satz 1 BBesG muss eine Ämterbewertung stattfinden (»Die Funktionen sind zu bewerten«). Satz 2 legt als Kriterium für diese Bewertung die »Wertigkeit« der Ämter (Funktionen) fest. Es ist das (typische) Aufgabenprofil der Ämter im konkret-funktionellen Sinn (Dienstposten) zu ermitteln. Weiterhin fordern beide Sätze des § 18 BBesG, dass die Funktionen nach ihrer Wertigkeit Ämtern, d. h. Ämtern im statusrechtlichen Sinne und damit Besoldungsgruppen, zugeordnet werden. Dies bedeutet, dass die Anforderungen, die sich aus dem Aufgabenprofil einer Funktion ergeben, mit den Anforderungen anderer Funktionen zu vergleichen sind. Je höher die Anforderungen gewichtet werden, desto höher die Besoldungsgruppe, der die Funktion zuzuordnen ist. Damit trägt die **Ämterbewertung** nach § 18 BBesG der hergebrachten **Grundsätze des Leistungsprinzips**, des **Alimentationsprinzips** und vor allem dem hergebrachten Grundsatz der amtsangemessenen Beschäftigung Rechnung.

1655 ▶ **Praxistipp:**

Ein Beamter hat einen in **Art. 33 Abs. 5 GG** verankerten Anspruch darauf, dass ihm ein Aufgabenbereich übertragen wird, dessen Wertigkeit seinem Amt im statusrechtlichen Sinne entspricht. Ob dieser Anspruch erfüllt ist, kann ohne Dienstpostenbewertung nicht beurteilt werden.

2. Niedriger zu bewertende Tätigkeit

1656 Insoweit bedeutet die Übertragung insb. einer niedriger zu bewertenden Tätigkeit einen Eingriff in das Recht der Beamten auf amtsangemessene Beschäftigung. Beamte werden unabhängig von ihrer Tätigkeit alimentiert. Wird ihnen gemessen an ihrem Statusamt eine niedriger zu bewertende Tätigkeit (Beamter nach A 9 nimmt Aufgaben nach A 8 wahr) übertragen, so ändert sich hierdurch seine Alimentierung nicht. Dies bedeutet aber auch, dass der Beamte im Fall der Wahrnehmung einer höher zu bewertenden Tätigkeit keine höhere Besoldung erhält. Es bleibt für einen Beamten der Besoldungsgruppe A 8 bei seinen bisherigen Bezügen, auch wenn er Tätigkeiten nach A 9 wahrnimmt. Eine Ausnahme hiervon bilden die kaum erfüllbaren Vorschriften zur Zahlung einer Zulage wegen Wahrnehmung einer höherwertigen Tätigkeit gem. §§ 45, 46 BBesG.

3. Höher zu bewertende Tätigkeit

1657 In der Praxis häufig anzufinden ist die Übertragung einer höher zu bewertenden Tätigkeit als Feststellung der **Bewährung** für eine später vorgesehene Beförderung. Innerhalb

XII. Umsetzung innerhalb der Dienststelle mit Ortswechsel (§ 43 Buchst. k) MVG.EKD) N.

der Erprobungszeit erhält der ausgewählte Bewerber die Gelegenheit, sich für eine Beförderung zu bewähren. Damit wird aber die Beförderungsauswahlentscheidung vorweggenommen. Denn der einmal ausgewählte Bewerber erlangt infolge der Erprobungsphase in aller Regel einen **Bewährungsvorsprung**, den andere Bewerber später nicht mehr ausgleichen können. Hat sich der ausgewählte Bewerber bewährt, so wird er in aller Regel befördert, wenngleich er hierauf keinen Rechtsanspruch hat. Auch auf diese Fälle erstreckt sich die Mitbestimmung nach § 43 Buchst. j) MVG.EKD.

4. Topfwirtschaft/gebündelte Bewertung von Dienstposten

Im Fall der Anwendung einer »**Topfwirtschaft**« bzw. im Fall einer **gebündelten Bewertung** von Dienstposten wird der Beteiligungstatbestand quasi unterlaufen. Denn werden mehrere Besoldungsgruppen einem Dienstposten zugeordnet (etwa die Besoldungsgruppen A 10 bis A 12), so gibt es jedenfalls innerhalb dieser Besoldungsgruppen keine niedriger oder höher zu bewertende Tätigkeit. Allerdings ist eine solche Ämterbewertung mit höherrangigem Recht unvereinbar. Die Funktionen (Dienstposten) dürfen **nicht** ohne sachlichen Grund gebündelt, d. h. mehreren Statusämtern einer Laufbahngruppe zugeordnet werden. Die Einrichtung gebündelter Dienstposten bedarf einer besonderen sachlichen Rechtfertigung, die sich nur aus den Besonderheiten der jeweiligen Verwaltung ergeben kann. Werden in der Verwaltung gebündelte Dienstposten geschaffen, **die drei Besoldungsgruppen zugeordnet werden**, gibt es kein höher bewertetes Amt, an dessen Anforderungen die einzelnen Beförderungsbewerber bei dem Leistungsvergleich zu messen wären. Ein gebündelter Dienstposten ist für einen Beamten im niedrigeren Statusamt kein höher bewerteter Dienstposten. 1658

Insoweit kann die bislang praktizierte Bewertungsbündelung **nicht** weiterhin praktiziert werden. Die bis dato erfolgte »faktische Entwertung und Aushöhlung der Mitbestimmungsrechte« dürfte damit ein Ende finden. 1659

▶ Praxistipp: 1660

Mitbestimmungspflichtig ist auch die **vorübergehende** oder **vertretungsweise** Übertragung einer höher oder niedriger zu bewertenden Tätigkeit.

XII. Umsetzung innerhalb der Dienststelle bei gleichzeitigem Ortswechsel (§ 43 Buchst. k) MVG.EKD)

1. Begriff

Das Beamtenrecht der Kirche sowie das BBG und das BeamtStG enthalten keine Definition des Begriffs der Umsetzung. Die in der personalwirtschaftlichen Praxis häufig angewandte Umsetzung eines Beamten drückt sich darin aus, dass ihm ein anderer Dienstposten und damit ein anderes funktionelles Amt im konkreten Sinne innerhalb der Behörde ohne und mit Dienstortwechsel zugewiesen wird. Die Umsetzung lässt das statusrechtliche Amt und das funktionelle Amt im abstrakten Sinn unberührt. Insoweit liegt kein Eingriff in die Rechtsstellung des Kirchenbeamten vor, der eine gesetzliche Regelung erfordert. 1661

N.   Eingeschränkte Mitbestimmung in Personalangelegenheiten (§ 43 MVG.EKD)

1662 Unabdingbare Voraussetzung der Umsetzung ist die Übertragung eines anderen Dienstpostens.

1663 ▶ **Keine Umsetzungen**
- sind daher z. B. Austausch lediglich eines Teils der bisher zugewiesenen Aufgaben ohne Dienstpostenwechsel,
- sind daher Zuweisung anderer Diensträume innerhalb derselben Behörde ohne Änderung des Aufgabenbereichs,
- sind Übertragungen eines zusätzlichen Aufgabenbereichs.

1664 Grds. versteht man unter einer Umsetzung den Wechsel des Arbeitsplatzes bzw. des Dienstpostens. Das VerwG.EKD hat es wie folgt ausgedrückt:

»Die auf Dauer angelegte Übertragung einer anderen Beschäftigung in derselben Dienststelle ohne gleichzeitigen Ortswechsel unterliegt als Umsetzung nicht dem Mitbestimmungsrecht der Mitarbeitervertretung.« (VerwG.EKD, Beschl. v. 19.02.1998 – 0124/B27-97).

2. Dienstortwechsel

1665 Die **Umsetzung ohne Dienstortwechsel** ist mitbestimmungsfrei. Ein **Dienstortwechsel** liegt vor, wenn der Dienstposten des Beamten in einer anderen politischen Gemeinde liegt, also eine »Grenze« überschritten wird. Anders als im staatlichen Personalvertretungsrecht kommt es auch bei Beamten nicht darauf an, ob der neue Dienstort noch vom Reisekostenrecht erfasst wird. Denn das MVG.EKD trifft ggü. dem § 76 Abs. 1 Nr. 4 BPersVG abweichende Regelungen. Der Ortsbegriff wird nicht erweitert (SchlSt.Pfalz, 11.10.1999 – 1/99, ZMV 2000, 83).

3. Befristete Umsetzung

1666 Nach herrschender Meinung muss die Umsetzung auf Dauer angelegt sein; deshalb sei die befristete Umsetzung mitbestimmungsfrei (vgl. Kapitel L. V. 3.: »befristete Umsetzung«).

1667 Andererseits ist festzustellen, dass der Wortlaut der Norm in § 43 Buchst. k) MVG.EKD für diese Auslegung offen ist. Eine Einengung der Begriffsbestimmung auf eine nur auf Dauer gerichtete Übertragung eines gleichwertigen Dienstpostens/Arbeitsplatzes ist nicht zwingend. Auch ist die Interessenlage bei einer Umsetzung mit Dienstortwechsel derjenigen bei einer Versetzung ähnlich. In beiden Fällen ändert sich für den betroffenen Beschäftigten die personelle Umgebung. Auch sind die Interessen der übrigen Beschäftigten der abgebenden Stelle in dem einen wie dem anderen Fall in gleicher Weise dadurch berührt, dass durch den Weggang des Mitarbeiters Mehrarbeit anfallen kann, wie sich für die Beschäftigten der aufnehmenden Stelle jeweils gleichartig das Problem der Eingliederung des neuen Mitarbeiters stellt. Zwar fällt für den Betroffenen bei der Versetzung zusätzlich ins Gewicht, dass anders als bei der Umsetzung zu dem Wechsel des Arbeitsplatzes begriffsnotwendig ein Wechsel der Dienststelle im organisationsrechtlichen Sinne hinzutritt; andererseits ist mit der Umsetzung i. S. d. § 43 Buchst. k)

XII. Umsetzung innerhalb der Dienststelle mit Ortswechsel (§ 43 Buchst. k) MVG.EKD) N.

MVG.EKD stets ein Wechsel des Dienstortes verbunden, was bei der Versetzung nicht zwangsläufig der Fall ist.

▶ **Praxistipp:** 1668

Im Fall einer länger als drei Monate befristeten Umsetzung von Beamten mit Dienstortwechsel zum Zwecke der Einarbeitung mit dem Ziel einer dauerhaften Umsetzung besteht ein Mitbestimmungsrecht (OVG Berlin-Brandenburg, Beschl. v. 23.09.2010 – OVG 62 PV 1.09, zitiert nach juris).

4. Zweck der Mitbestimmung

Zweck der Mitbestimmung bei der Umsetzung ist neben dem Schutz des betroffenen 1669 Beschäftigten, der allerdings bei einer Umsetzung auf dessen eigenen Antrag zurücktritt, vor allem der kollektivrechtliche Schutz der Beschäftigten in der abgebenden und der aufnehmenden Dienststelle (im mitarbeitervertretungsrechtlichen Sinne). Dabei mag es für den Regelfall der befristeten Umsetzung hinzunehmen sein, dass für einen absehbaren Zeitraum das Interesse der Beschäftigten in der abgebenden Stelle an der Vermeidung einer durch die Umsetzung verursachten Mehrarbeit wie das Interesse der Beschäftigten in der aufnehmenden Stelle an einer reibungslosen Eingliederung des umgesetzten Beschäftigten nicht in einem Mitbestimmungsverfahren zur Geltung gebracht werden können. Eine Umsetzung kann aber geeignet sein, dem beruflichen Fortkommen des Beschäftigten zu dienen, wenn sich z. B. am neuen Arbeitsplatz aufgrund der größeren Zahl von höher dotierten Arbeitsplätzen oder auch nur allein aufgrund der Nähe zur Dienststellenleitung mehr Beförderungschancen eröffnen.

▶ **Praxistipp:** 1670

Auch kann die Umsetzung die persönliche Stellung eines Beschäftigten verbessern, indem sie etwa die Tätigkeit an einem beliebteren Dienstort ermöglicht. In diesen Fällen ist die Frage aufgeworfen, ob die schützenswerten Belange etwaiger Mitbewerber um diesen Arbeitsplatz, sei es bei der abgebenden oder der aufnehmenden Stelle, hinreichend Beachtung gefunden haben.

Würde man die Mitbestimmung im Fall einer befristeten Umsetzung zum Zwecke der 1671 Einarbeitung erst nach erfolgreichem Verlauf der Probezeit sehen, so würde die MAV insoweit vor vollendete Tatsachen gestellt, weil der Betroffene bei erfolgreicher Einarbeitung einen nicht mehr zu kompensierenden Vorsprung ggü. etwaigen Mitbewerbern erzielt hätte.

Richtig ist zwar, dass die der endgültigen Umsetzung vorgeschaltete Probezeit die Mög- 1672 lichkeit des Scheiterns beinhaltet. Es reicht jedoch für die Vorverlagerung der Mitbestimmung aus, dass einem Bewerber auf einen Arbeitsplatz die Chance auf einen »**Bewährungsvorsprung**« eingeräumt wird.

Das möglicherweise für den Ausschluss der Mitbestimmung in Fällen der kurzfristigen 1673 Umsetzung sprechende Interesse der Dienststellenleitung, zur Erhaltung der Funktionsfähigkeit der Dienststelle kurzfristig personelle Dispositionen treffen zu können,

Lenders

N. Eingeschränkte Mitbestimmung in Personalangelegenheiten (§ 43 MVG.EKD)

ohne zuvor die nicht immer unverzüglich zu erreichende Zustimmung der MAV einholen zu müssen, steht dem nicht entgegen. Denn diese Option bleibt dem Dienststellenleiter bei anders als durch eine Einarbeitungsprobe motivierten Befristungen der Umsetzung erhalten, z. B. zu Zwecken der Urlaubsvertretung oder in anderen Aushilfsfällen, die, wenn sie drei Monate nicht überschreiten, in jedem Fall mitbestimmungsfrei bleiben.

XIII. Mitbestimmung bei Versetzung, Zuweisung oder Abordnung von mehr als drei Monaten Dauer (§ 43 Buchst. l) MVG.EKD)

1. Versetzung

1674 Nach § 58 Abs. 1 KBG.EKD können Kirchenbeamte versetzt werden,
– wenn sie dies beantragen oder
– wenn ein dienstliches Interesse besteht.

1675 Vor einer Versetzung aufgrund eines dienstlichen Interesses sind sie zu hören. Eine Versetzung bedarf nicht ihrer Einwilligung, wenn das neue Amt
1. zum Bereich desselben Dienstherrn gehört und
2. derselben oder einer gleichwertigen Laufbahn angehört wie das bisherige Amt und
3. mit mindestens demselben Endgrundgehalt verbunden ist; Stellenzulagen gelten dabei nicht als Bestandteil des Grundgehalts.

1676 ▶ Praxistipp:

> Einer Einwilligung bedarf es im Fall einer Versetzung im Bereich desselben Dienstherrn auch nicht bei der Auflösung einer kirchlichen Körperschaft oder einer wesentlichen Änderung des Aufbaus oder der Aufgaben einer kirchlichen Körperschaft (§ 58 Abs. 2 KBG.EKD).

1677 Liegt der Dienstposten im Zuständigkeitsbereich einer anderen MAV, liegt eine mitbestimmungspflichtige Versetzung und keine Umsetzung vor.

1678 «Versetzung im mitarbeitervertretungsrechtlichen Sinne ist die auf Dauer angelegte Übertragung einer anderen Beschäftigung in einer anderen Dienststelle».
(VerwG.EKD, Beschl. v. 19.02.1998 – 0124/B 27-97).

2. Zuständige MAV

1679 Das staatliche Personalvertretungsrecht räumt bei Versetzungen sowohl dem Personalrat der **abgebenden Dienststelle** als auch dem Personalrat der **aufnehmenden Dienststelle** ein Mitbestimmungsrecht ein.

1680 ▶ Praxistipp:

> Nach § 43 l) MVG.EKD hat die MAV der abgebenden Dienststelle nur ein Mitbestimmungsrecht gem. § 46 d) MVG.EKD. Das Mitbestimmungsrecht wird von der MAV der aufnehmenden Dienststelle ausgeübt.

XIII. Versetzung, Zuweisung oder Abordnung (§ 43 Buchst. l) MVG.EKD) N.

3. Schutz von MAV-Mitgliedern

§ 21 Abs. 1 MVG.EKD schützt die Mitglieder der MAV vor einer Abordnung oder Versetzung ohne ihre Zustimmung. Ohne ihre Zustimmung kann eine Abordnung oder Versetzung nur erfolgen, wenn diese aus **wichtigen dienstlichen Gründen unvermeidbar** ist und die MAV der Maßnahme zustimmt. 1681

Keine Anwendung findet die Regelung in § 21 Abs. 1 MVG.EKD auf die Umsetzung (s. Ausführungen in Kapitel L. VI. 3.: »Schutz von MAV-Mitgliedern«). 1682

4. Abordnung

Abordnung ist die vorübergehende Übertragung einer dem Amt des Beamten entsprechenden Tätigkeit bei einer anderen Dienststelle desselben oder eines anderen Dienstherrn unter Beibehaltung der Zugehörigkeit zur bisherigen Dienststelle. 1683

Die Dauer der Abordnung richtet sich nach den Umständen des Einzelfalls. Sie braucht nicht von vornherein bestimmt zu sein. Es darf jedoch kein Zweifel daran bestehen, dass es sich um eine vorübergehende Maßnahme handelt. Die Angabe eines Endtermins ist jedoch nicht notwendig. Die Abordnung kann dabei einmalig oder mehrfach verlängert werden. Sie kann auch mit dem **Ziel der Versetzung** angeordnet werden. 1684

▶ Praxistipp: 1685

Abordnungszeiten von zwei bis fünf Jahren schließen den vorübergehenden Charakter der Maßnahme nicht aus.

Eine mehrjährige Trennung von der Stammbehörde kann jedoch eine gewisse Entfremdung verursachen. Die Dienstvorgesetzten der Stammbehörde sind aus Gründen der Fürsorge gehalten, die statusrechtlichen und beamtenrechtlichen Belange der abgeordneten Beamten genauso stark zu berücksichtigen wie die in der Stammbehörde tätigen Beamten. Doch im Hinblick auf den Entfremdungsprozess erscheint eine Abordnung über einen Zeitraum von mehr als acht Jahren mit der Regelung in § 56 KBG.EKD kaum mehr vereinbar. Bei derart langen Abordnungen besteht jedenfalls die Gefahr des Missbrauchs, da sich dann eine Versetzung anbietet. 1686

▶ Praxistipp: 1687

Wird eine Abordnung von ursprünglich geringerer Dauer über drei Monate hinaus verlängert, ist die Verlängerung unabhängig von ihrer Dauer stets mitbestimmungspflichtig.

▶ Praxistipp: 1688

Wird ein Beamter durch Kettenabordnungen für eine ununterbrochene Dauer von mehr als drei Monaten abgeordnet, unterliegen alle Abordnungen, die den Drei-Monatszeitraum überschreiten, der Mitbestimmung. Dabei spielt es keine Rolle, ob die Kettenabordnungen nacheinander zu verschiedenen Dienststellen erfolgen; ebenso unbeachtlich ist, ob zwischen ihnen ein Feiertag oder ein arbeitsfreies

N. Eingeschränkte Mitbestimmung in Personalangelegenheiten (§ 43 MVG.EKD)

Wochenende oder ein Urlaub liegt (VGH Hessen, Beschl. v. 17.11.2005 – 22 TL 807/05, PersR 2006, 311).

5. Zuweisung

1689 Gem. § 57 Abs. 1 KBG.EKD können Kirchenbeamte im kirchlichen Interesse mit ihrer Einwilligung ganz oder teilweise befristet oder unbefristet einer Einrichtung oder einem Dienstherrn außerhalb des Geltungsbereichs dieses Kirchengesetzes zugewiesen werden. Wie sich aus § 57 Abs. 2 KBG.EKD richtigerweise ergibt, wird nicht der Kirchenbeamte einer anderen Institution oder einem anderen Dienstherrn zugewiesen. Vielmehr wird ihm dort eine konkrete **Tätigkeit zugewiesen.**

1690 ▶ Praxistipp:

Bei der Zuweisung nach § 57 KBG.EKD handelt es sich um eine sog. Tätigkeitszuweisung. Die Rechtsstellung des Kirchenbeamten bleibt unberührt.

1691 Bei der Zuweisung ist zu unterscheiden, ob die der Kirchenbeamte die Planstelle verliert. Im Fall der Zuweisung unter Verlust der Planstelle erfolgt nach Beendigung der Zuweisung eine Einweisung in eine der früheren entsprechenden Planstelle (§ 57 Abs. 4 KBG.EKD).

1692 Das Beteiligungsrecht nach § 43 Buchst. l) MVG.EKD besteht bei dauerhaften Zuweisungen sowie bei befristeten Zuweisungen von mehr als drei Monaten Dauer.

1693 ▶ Praxistipp:

Bei einer Zuweisung i. S. v. § 57 KBG.EKD wird dem Beamten bei einer Einrichtung oder einem Dienstherrn außerhalb des Geltungsbereichs dieses Kirchengesetzes eine Tätigkeit zugewiesen. Es wird somit nicht der Beamte zugewiesen. Bei § 57 KBG.EKD handelt es sich somit um eine Tätigkeitszuweisung.

XIV. Beteiligung der MAV bei dem Hinausschieben des Eintritts in den Ruhestand (§ 43 Buchst. m) MVG.EKD)

1. Umfang der Mitbestimmung

1694 Nach § 43 Buchst. m) MVG.EKD besteht eine Beteiligungspflicht der MAV bei dem Hinausschieben des Eintritts in den Ruhestand wegen Erreichens der Altersgrenze. Einen vergleichbaren Mitbestimmungstatbestand kennt die Vorschrift des § 76 Abs. 1 Nr. 9 BPersVG.

1695 Der Beamte auf Lebenszeit tritt mit dem Ende des Monats in den Ruhestand, in dem er die für ihn geltende Regelaltersgrenze erreicht. Sie erreichen gem. § 66 Abs. 1 KBG. EKD die Regelaltersgrenze mit Vollendung des 67. Lebensjahres.

XV. Beschränkung der Wahl der Wohnung (§ 43 Buchst. n) MVG.EKD)   N.

▶ **Praxistipp:** 1696

Nach § 66 Abs. 5 KBG.EKD kann die oberste Dienstbehörde den Eintritt in den Ruhestand mit Zustimmung des Kirchenbeamten um jeweils längstens ein Jahr bis zu insgesamt drei Jahren hinausschieben, wenn es im dienstlichen Interesse liegt.

Bei Kirchenbeamten im Schul- und Hochschuldienst geschieht dies unter Berücksichtigung des Ablaufs des Schulhalbjahres oder des Semesters. 1697

Der Eintritt in den Ruhestand kann somit gem. § 66 Abs. 5 KBG.EKD auf Antrag des Beamten hinausgeschoben werden. 1698

2. Gegenstand der Mitbestimmung

Gegenstand der Mitbestimmung ist in den Fällen des § 43 Buchst. m) MVG.EKD die Entscheidung der zuständigen Dienstbehörde über den Antrag des Beamten. 1699

▶ **Praxistipp:** 1700

Bei mehrmaligem Hinausschieben ist die MAV jedes Mal zu beteiligen.

▶ **Praxistipp:** 1701

Soll ein in den Ruhestand getretener Beamter als Arbeitnehmer in der Dienststelle weiterbeschäftigt werden, so hat die MAV nach § 42 Buchst. a) MVG.EKD (Einstellung) sowie nach § 42 Buchst. c) MVG.EKD (Eingruppierung) mitzubestimmen. Das gilt auch dann, wenn der Ruhestandsbeamte aufgrund eines Werk- oder Dienstvertrags weiterhin für die Dienststelle tätig sein und dabei wie ein eigener Arbeitnehmer der Dienststelle eingesetzt werden soll (vgl. *Altvater/Baden/Kröll* § 76 Rn. 77).

XV. Beteiligung bei Anordnungen, welche die Freiheit in der Wahl der Wohnung beschränken (§ 43 Buchst. n) MVG.EKD)

§ 43 Buchst. n) MVG.EKD gibt der MAV ein Mitbestimmungsrecht, falls ggü. einem Beamten die Anordnung erfolgt, welche seine Freiheit in der Wahl der Wohnung beschränkt. 1702

Grds. kann der Kirchenbeamte seine Wohnung so wählen, dass er in der ordnungsgemäßen Wahrnehmung seiner Dienstgeschäfte nicht beeinträchtigt wird. Allein dadurch wird nicht in die Freiheit der Wohnungswahl eingegriffen, sondern lediglich die Pflicht des Beamten klargestellt, seine Wohnung so zu nehmen, dass er seine Dienstpflicht ungehindert erfüllen kann. Erfolgt jedoch eine Anordnung der Dienststellenleitung, der Beamte solle seine Wohnung innerhalb einer bestimmten Entfernung von der Dienststelle nehmen oder eine Dienstwohnung beziehen, weil die dienstlichen Verhältnisse dies erfordern, so besteht die Beteiligungspflicht der MAV. 1703

N. Eingeschränkte Mitbestimmung in Personalangelegenheiten (§ 43 MVG.EKD)

1704 Zeitgemäße Auslegung der Anordnung:

Im Hinblick auf die moderne Nachrichten- und Verkehrsmittel ist die dienstliche Erforderlichkeit zum Beziehen einer Dienstwohnung heute wohl nur noch in ganz besonders gelagerten Ausnahmefällen gegeben, so z. B. bei einem Hausmeister einer Dienststelle.

XVI. Beteiligung bei der Versagung sowie Widerruf der Genehmigung einer Nebentätigkeit (§ 43 Buchst. o) MVG.EKD)

1705 Das Nebentätigkeitsrecht der Kirchenbeamten ist in Kap. 4 und dort in den §§ 43 bis 48 KBG.EKD geregelt.

1706 ▶ Praxistipp:

Kirchenbeamte dürfen eine Nebentätigkeit nur übernehmen, wenn dies mit ihrem Amt und mit der gewissenhaften Erfüllung ihrer Dienstpflichten vereinbar ist und kirchliche Interessen nicht entgegenstehen.

1. Einwilligungsbedürftige Nebentätigkeiten

1707 Die Übernahme einer Nebentätigkeit bedarf der Einwilligung durch die oberste Dienstbehörde oder die von ihr bestimmte Stelle. Diese Einwilligung kann bedingt, befristet, widerruflich oder mit Auflagen versehen erteilt werden.

1708 ▶ Praxistipp:

Die Einwilligung ist zu versagen oder zu widerrufen, wenn die Voraussetzungen des § 43 KBG.EKD nicht oder nicht mehr vorliegen.

1709 Ein Versagungs- oder Widerrufsgrund liegt insb. vor, wenn zu besorgen ist, dass die Nebentätigkeit
1. nach Art und Umfang die Arbeitskraft des Kirchenbeamten so stark in Anspruch nimmt, dass die gewissenhafte Erfüllung der Dienstpflichten behindert werden kann,
2. den Kirchenbeamten in einen Widerstreit mit den Dienstpflichten bringen kann,
3. geeignet ist, dem Ansehen der Kirche und der Glaubwürdigkeit ihres Dienstes zu schaden.

2. Nicht einwilligungsbedürftige Nebentätigkeiten

1710 Darüber hinaus kennt das KBG.EKD aufgelistet in § 47 Abs. 1 nicht bewilligungsbedürftige Nebentätigkeiten, wie etwa die unentgeltliche Vormundschaft, Betreuung oder Pflegschaft bei Angehörigen oder bei einer nur gelegentlich ausgeübten schriftstellerischen, wissenschaftlichen oder künstlerischen oder Vortragstätigkeit.

1711 Die Mitbestimmung der MAV kommt zum einen in Betracht, wenn die von dem Beamten beantragte Genehmigung einer Nebentätigkeit von vornherein versagt wird.

XVII. Entlassung von Beamten auf Probe/Widerruf (§ 43 Buchst. p) MVG.EKD)   **N.**

Darüber hinaus kommt eine Beteiligung auch in Betracht, wenn die ursprünglich er- 1712
teilte Genehmigung widerrufen wird.

XVII. Beteiligung bei der Entlassung von Beamten aus dem Kirchenbeamtenverhältnis auf Probe oder auf Widerruf (§ 43 Buchst. p) MVG.EKD)

1. Umfang der Mitbestimmung

Die Beteiligung der MAV bei der Entlassung aus dem Kirchenbeamtenverhältnis auf 1713
Probe bzw. auf Widerruf erfolgt nur dann, wenn die Entlassung von den Beamten nicht
selbst beantragt worden ist.

2. Kirchenbeamte auf Probe

Beamte auf Probe sind aus dem Kirchenbeamtenverhältnis auf Probe nach § 82 Abs. 1 1714
und Abs. 2 KBG.EKD zu entlassen, wenn
1. sie sich in der Probezeit nicht bewähren;
2. sie eine Amtspflichtverletzung begehen, für die eine Maßnahme unzureichend ist, auf die durch Disziplinarverfügung erkannt werden kann;
3. sie dienstunfähig sind und nicht mehr in den Ruhestand versetzt werden.

3. Kirchenbeamte auf Widerruf

Gem. § 83 Abs. 1 und Abs. 2 KBG.EKD können Kirchenbeamte jederzeit entlassen 1715
werden. Vorher soll ihnen Gelegenheit gegeben werden, den Vorbereitungsdienst abzuleisten und die für ihre Laufbahn vorgeschriebene Prüfung abzulegen. Mit der Ablegung der Prüfung endet dann das Kirchenbeamtenverhältnis, soweit nichts anderes bestimmt ist.

4. Beteiligung der MAV

Die MAV hat im Zuge des Beteiligungstatbestands darauf zu achten, dass die Voraus- 1716
setzungen für die Entlassung aus dem Kirchenbeamtenverhältnis auf Probe und auf
Widerruf gegeben sind. Dies gilt insb. bei der Entlassung aus dem Kirchenbeamtenverhältnis auf Probe nach § 82 Abs. 2 KBG.EKD.

▶ **Praxistipp:** 1717

Die Aufgabe der MAV besteht auch darin, eine nachvollziehende Richtigkeitskontrolle der beabsichtigten Entlassung auszuüben.

Eine Entlassungsverfügung ist anfechtbar, wenn das Beteiligungsverfahren nicht oder 1718
nicht ordnungsgemäß durchgeführt worden ist. Auf eventuelle Klagen der Beamten
muss das Gericht die Entlassungsverfügung schon wegen des formellen Mangels der
unterbliebenen oder fehlerhaften Beteiligung der MAV aufheben, ohne dass es auf die
sachliche Richtigkeit der Entlassungsgründe ankommt.

N. Eingeschränkte Mitbestimmung in Personalangelegenheiten (§ 43 MVG.EKD)

XVIII. Beteiligung bei vorzeitiger Versetzung in den Ruhestand gegen den Willen des Kirchenbeamten (§ 43 Buchst. q) MVG.EKD)

1. Umfang der Mitbestimmung

1719 Eine vorzeitige Versetzung in den Ruhestand kommt bei Kirchenbeamten auf Lebenszeit etwa wegen festgestellter Dienstunfähigkeit in Betracht.

> **§ 68 Abs. 1 KBG.EKD**
>
> Kirchenbeamtinnen und Kirchenbeamte auf Lebenszeit oder auf Zeit sind in den Ruhestand zu versetzen, wenn sie infolge ihres körperlichen Zustands oder aus gesundheitlichen Gründen zur Erfüllung ihrer Dienstpflichten dauernd unfähig (dienstunfähig) sind. Dienstunfähigkeit kann auch dann angenommen werden, wenn wegen Krankheit innerhalb von sechs Monaten mehr als drei Monate kein Dienst geleistet wurde und keine Aussicht besteht, dass innerhalb weiterer sechs Monate wieder volle Dienstfähigkeit erlangt wird.

1720 Eine vorzeitige Versetzung in den Ruhestand kann nach dem Grundsatz »Rehabilitation vor Versorgung« nur vorgenommen werden, wenn eine »anderweitige Verwendung« des Beamten ausscheidet. Von der MAV ist daher zu prüfen,
– ob eine anderweitige Einsatzmöglichkeit für den Beamten besteht und
– ob die Dienststellenleitung ihrer Suchpflicht nach einer anderweitigen Beschäftigung nachgekommen ist.

1721 In § 68 Abs. 2 KBG.EKD ist ausgeführt, wann von einer Versetzung in den Ruhestand abgesehen werden soll.

1722 Dies ist der Fall, wenn
– ein anderes Amt derselben oder einer gleichwertigen Laufbahn mit mindestens demselben Endgrundgehalt übertragen werden kann (der Beamte muss den gesundheitlichen Anforderungen des neuen Amts genügen);
– dem Beamten eine geringerwertige Tätigkeit innerhalb derselben Laufbahngruppe übertragen werden kann (unter Beibehaltung des Amts und der bisherigen Amtsbezüge).

2. Begrenzte Dienstfähigkeit

1723 Nach § 70 KBG.EKD soll von der Versetzung in den Ruhestand wegen Dienstunfähigkeit auch abgesehen werden, wenn der Kirchenbeamte unter Beibehaltung des Amts seine Dienstpflichten noch während mindestens der Hälfte der regelmäßigen Arbeitszeit erfüllen kann (sog. begrenzte Dienstfähigkeit).

1724 ▶ **Praxistipp:**

> Von einer begrenzten Dienstfähigkeit soll abgesehen werden, wenn nach § 68 Abs. 2 KBG.EKD ein anderes Amt oder eine geringerwertige Tätigkeit übertragen werden kann.

XIX. Wartestand oder einstweiliger Ruhestand (§ 43 Buchst. r) MVG.EKD) N.

▶ **Praxistipp:** 1725

Bei der begrenzten Dienstfähigkeit ist die Arbeitszeit herabzusetzen. Es erfolgt auch eine Reduzierung der Bezüge.

3. Gegenstand der Mitbestimmung

Die Beteiligung der MAV erfolgt nur dann, wenn die vorzeitige Versetzung in den Ruhestand gegen den Willen des Beamten erfolgt. 1726

XIX. Beteiligung bei der Versetzung in den Wartestand oder einstweiligen Ruhestand gegen den Willen des Kirchenbeamten (§ 43 Buchst. r) MVG.EKD)

1. Versetzung in den Wartestand

Nach § 60 Abs. 1 KBG.EKD können Kirchenbeamte auf Lebenszeit oder auf Zeit in den Wartestand versetzt werden, 1727
– wenn kirchliche Körperschaften oder Dienststellen aufgelöst,
– in ihrem Aufbau oder in ihren Aufgaben wesentlich geändert oder
– mit anderen zusammengelegt werden
– und der Kirchenbeamte weder weiterverwendet
– noch nach § 58 Abs. 2 KBG.EKD versetzt werden kann.

▶ **Praxistipp:** 1728

Die oberste Dienstbehörde oder die von ihr bestimmte Stelle kann Beamten im Wartestand jederzeit einen Auftrag zur Wahrnehmung dienstlicher Aufgaben, die ihrer Vorbildung entsprechen, erteilen. Der Beamte ist verpflichtet, diesem Antrag Folge zu leisten.

Bleiben sie entgegen einer solchen Verpflichtung schuldhaft dem Dienst fern, so verlieren sie für die Zeit des Fernbleibens den Anspruch auf etwaige Bezüge aus diesem Dienst und auf Wartestandsbezüge (§ 62 Abs. 2 KBG.EKD). 1729

2. Versetzung in den einstweiligen Ruhestand

Kirchenbeamte auf Lebenszeit im Wartestand können mit ihrer Zustimmung jederzeit in den Ruhestand versetzt werden. Bei einer Versetzung in den Wartestand können sie mit Ablauf des Monats, in dem eine dreijährige Wartestandszeit endet, auch gegen ihren Willen in den Ruhestand versetzt werden. 1730

§ 60 Abs. 3 KBG.EKD 1731

»Das Recht der Evangelischen Kirche in Deutschland, der Gliedkirchen und der gliedkirchlichen Zusammenschlüsse kann vorsehen, dass Kirchenbeamtinnen und Kirchenbeamte auf Lebenszeit oder auf Zeit in den Wartestand versetzt werden können, wenn ein gedeihliches Wirken in dem bisherigen Amt nicht gewährleistet ist und sie weder weiterverwendet noch versetzt werden können.«

N. Eingeschränkte Mitbestimmung in Personalangelegenheiten (§ 43 MVG.EKD)

1732 In diesen Fällen des § 60 Abs. 3 KBG.EKD sind die Beamten mit dem Ablauf des Monats, in dem eine dreijährige Wartestandszeit endet, in den Ruhestand zu versetzen.

O. Mitberatung (§ 46 MVG.EKD)

I. Organisation und Outsourcing

Die einzelnen Maßnahmen, in denen der MAV ein Mitberatungsrecht zusteht, sind in § 46 MVG.EKD abschließend geregelt. Das rechtliche Verfahren der Beteiligung der MAV richtet sich nach § 45 MVG.EKD. 1733

Die MAV hat ein Mitberatungsrecht bei der Auflösung, Einschränkung, Zerlegung und Zusammenlegung von Dienststellen oder erheblichen Teilen von ihnen (§ 46 Buchst. a) MVG.EKD) sowie bei der dauerhaften Vergabe von Arbeitsbereichen an Dritte, die bisher von Mitarbeitern der Dienststelle wahrgenommen werden (§ 46 Buchst. h) MVG.EKD). 1734

Die **Auflösung der Dienststelle** beinhaltet die Aufgabe des Zwecks und die Auflösung ihrer Organisation. Der Übergang auf einen anderen Rechtsträger bedeutet keine Auflösung. 1735

▶ Praxistipp: 1736

Bei einem Rechtsträgerwechsel (Betriebsübergang) gilt für alle kirchlichen und diakonischen Dienststellen § 613a BGB, der nicht abbedungen werden kann (*Fey/Rehren* MVG.EKD § 46 Rn. 3).

Die Fortführung der Dienststelle an einem anderen Ort mit den bisherigen Mitarbeitern ist ebenfalls keine Auflösung, sondern eine Verlegung der Dienststelle. 1737

Die **Einschränkung einer Dienststelle** liegt dann vor, wenn deren Leistungsfähigkeit herabgesetzt wird, aber ein Teil der Organisation und die diesem Teil zugewiesenen Aufgaben bestehen bleibt. Diese Einschränkung der Dienststelle kann sowohl durch Einschränkung der Zahl der Mitarbeiter erfolgen als auch durch Reduzierung der benötigen sachlichen Betriebsmittel. Auch die Übertragung eines wesentlichen Dienststellenteils auf einen anderen Rechtsträger ist eine mitberatungspflichtige Einschränkung (VerwG.EKD, Beschl. v. 05.11.1998 – 0124/C16-98, ZMV 1999, 42). Es muss sich dabei um eine auf Dauer gerichtete Maßnahme handeln. Eine zeitweilige Reduzierung der Aufgabenwahrnehmung der Dienststelle ist keine Einschränkung. Das bedeutet die geringere Aufnahme von Bewohnern, also die unvollständige Ausschöpfung der Kapazität einer Dienststelle ist keine Einschränkung, wenn diese nur vorübergehend erfolgt (*Andelewski/Küfner-Schmitt/Schmitt* § 46 Rn. 5, 6). 1738

Verlegung ist jede wesentliche Änderung der örtlichen Lage der Dienststelle und der Weiterbeschäftigung des größten Teils der Mitarbeiterschaft. 1739

Die **Zusammenlegung von Betrieben** kann in der Weise erfolgen, dass aus zwei Dienststellen eine neue gebildet wird oder aber in der Weise, dass eine Dienststelle eine andere Dienststelle aufnimmt (*Baumann-Czichon/Dembski/Germer* § 46 Rn. 10). Eine Zusammenlegung liegt jedoch nicht vor, wenn ein rechtlich selbstständiger Dienststellenteil i. S. v. § 3 Abs. 2 MVG.EKD seine Voraussetzungen für die Bildung einer eigenen MAV verliert (*Fey/Rehren* MVG.EKD § 46 Rn. 6). 1740

O. Mitberatung (§ 46 MVG.EKD)

1741 Ein **erheblicher Teil einer Dienststelle** wird von den Änderungen betroffen, wenn sich die Änderungen auf einen erheblichen Teil der Mitarbeiterschaft auswirken. Maßstab für die Festlegung der Erheblichkeit ist § 17 Abs. 1 KSchG (VerwG.EKD, Beschl. v. 11.09.1997 – 0124/B9-97, ZMV 1998, 33; 05.11.1998 – 0124/C16-98, ZMV 1999, 42; Schiedsstelle DW Hannover v. 17.12.1993; EKA Mitwirkung Betriebseinschränkung Nr. 1).

1742 ▶ Praxistipp:

In § 17 Abs. 1 KSchG sind die Zahlen und Prozentangaben für die Anzeige bei Massenentlassungen geregelt. Änderungen sind erheblich, wenn sie:
- in Dienststellen mit i. d. R. mehr als 20 und weniger als 60 Beschäftigten, mehr als fünf Beschäftigten,
- in Dienststellen mit i. d. R. mindestens 60 und weniger als 500 Beschäftigten, 10 % der in Betrieb regelmäßig Beschäftigten oder aber mehr als 25 Beschäftigte,
- in Dienststellen i. d. R. mindestens 500 Beschäftigten, mindestens 30 Beschäftigte beträfe.

(*Andelewski/Küfner-Schmitt/Schmitt* § 46 Rn. 9)

1743 Fasst die Dienststellenleitung jedoch ohne Vorliegen eines einheitlichen Planes mehrere Beschlüsse nacheinander, die in ihrer Gesamtheit betrachtet zur Überschreitung des Zahlenwertes des § 17 KSchG führen, liegt keine Einschränkung eines erheblichen Teils einer Dienststelle vor (LAG Köln, Urt. v. 21.02.1997 – 11 Sa 271/96, NZA–RR 1998, 24). Ein erheblicher Teil einer Dienststelle kann auch betroffen sein, wenn der Dienststellenteil aufgrund seiner Bedeutung für die Dienststelle gleichwohl erheblich ist. Das kann dann der Fall sein, wenn dieser Teil innerhalb der Gesamtorganisation eine entscheidende wirtschaftliche oder sonstige Bedeutung hat (Schlichtungsstelle – MAVO Köln v. 14.03.1996 – MAVO 6/96, ZMV 1996, 304) (*Baumann-Czichon/Dembski/Germer* § 46 Rn. 11).

1744 Auch die **dauerhafte Vergabe von Arbeitsbereichen an Dritte** ist nach § 46 Buchst. h) MVG.EKD mitberatungspflichtig. Dieses Mitberatungsrecht der MAV betrifft die Entscheidung der Dienststellenleitung zur dauerhaften Vergabe von Arbeitsbereichen. Im Gegensatz zu dem Mitberatungsfall zu § 46 Buchst. a) MVG.EKD muss der durch die Vergabe an Dritte wegfallende Arbeitsbereich keinen erheblichen Teil der Dienststelle oder Einrichtung darstellen.

1745 ▶ Beispiel:

- Wird der Arbeitsplatz eines Pförtners mit einem Mitarbeiter eines Bewachungsunternehmens besetzt, ist § 46 Buchst. h) MVG.EKD gegeben.
- Werden Reinigungstätigkeiten, welche bisher von dienststelleneigenen Reinigungskräften vorgenommen wurde, auf ein externes Reinigungsunternehmen übertragen.
- Wird die gesamte Hauswirtschaft z. B. Küche und Reinigung auf ein gewerbliches Unternehmen übertragen, handelt es sich um einen erheblichen Teil der

I. Organisation und Outsourcing O.

Dienststelle, sodass nach § 46 Buchst. a) MVG.EKD die MAV mit zu beraten hat.

Das bedeutet, der Arbeitsbereich wird an Dritte vergeben, wenn ein Dritter, d. h. jemand, der nicht in der Dienststelle nach § 3 Abs. 1 MVG.EKD tätig ist, die Aufgaben des Arbeitsbereiches wahrnehmen soll. Die Übertragung der Aufgabe darf dabei nicht nur kurzfristig wahrgenommen werden. Nicht Voraussetzung ist, dass z. B. ein Teilbetriebsübergang i. S. v. § 613a Abs. 1 Satz 1 BGB vorliegt (*Baumann-Czichon/Dembski/Germer* § 46 Rn. 23). 1746

I. d. R. liegt jedoch ein **Betriebsübergang nach § 613a BGB** vor. § 613a BGB regelt die kollektivrechtlichen und die individualrechtlichen Folgen eines Betriebsübergangs. Bei einem Betriebsübergang gehen alle an den übergebenden Betrieb hängenden Arbeitsplätze auf den neuen Betriebsinhaber über. Die Arbeitsverhältnisse gehen in dem Zustand über, in dem sie sich zum Zeitpunkt des Betriebsübergangs befinden, d. h. der neue Arbeitgeber tritt in die Rechte und Pflichten des bisherigen Arbeitgebers ein. Weder der bisherige noch der neue Betriebsinhaber können die Arbeitsverhältnisse wegen eines Betriebsübergangs kündigen. Andere Gründe für eine Kündigung, auch als betriebsbedingte Kündigung, sind jedoch möglich. Der Betriebserwerber ist zur Erfüllung sämtlicher sich aus dem Arbeitsverhältnis ergebenden Ansprüche verpflichtet, d. h. es besteht weiterhin z. B. die Verpflichtung der Gewährung der kirchlichen Zusatzversorgung sowie sämtlicher bisheriger Ansprüche der übergehenden Mitarbeiter (*Baumann-Czichon/Dembski/Germer* § 46 Rn. 24 ff.). 1747

Ein **Teilbetriebsübergang** liegt vor, wenn der Dienstgeber eine selbstständige abtrennbare organisatorische bzw. wirtschaftliche Einheit personeller, wirtschaftlicher oder immaterieller Mittel, mit der innerhalb des betrieblichen Gesamtzweckes ein Teilzweck verfolgt wird (BAG, Urt. v. 17.04.2003 – 8 AZR 253/02, AP Nr. 253 zu § 613a BGB), an einen Dritten durch Rechtsgeschäft überträgt und der Dritte diese organisatorische Einheit fortführt (BAG, Urt. v. 22.07.2004 – 8 AZR 350/03, AP Nr. 274 zu § 613a BGB). 1748

▶ **Praxistipp:** 1749

Ein Übernehmer eines Betriebes kann sich von seinen Pflichten nur durch Änderungsvertrag oder Änderungskündigung befreien.

Tarifverträge oder Dienstvereinbarungen gelten im Fall eines Betriebsübergangs gem. § 613a Abs. 1 Satz 2–4 BGB entweder kollektivrechtlich fort oder werden in individualrechtlich weiterhin fortgeltenden Arbeitsverträge transformiert oder sie werden bei dem Betriebsübernehmer geltenden Tarifverträge bzw. Betriebsvereinbarung oder Dienstvereinbarungen abgelöst. 1750

▶ **Praxistipp:** 1751

Der einzelne Mitarbeiter kann dem Übergang seines Dienstverhältnisses, nicht jedoch dem Betriebsübergang widersprechen. Die Ausübung dieses Widerspruchsrechtes

Schwarz-Seeberger 333

ist jedoch für den einzelnen Mitarbeiter mit dem Risiko behaftet, dass er eventuell gekündigt wird.

1752 Selbst wenn noch Beschäftigungsmöglichkeiten beim bisherigen Arbeitgeber verbleiben, wird der widersprechende Mitarbeiter nur dann in eine ggf. durchzuführende Sozialauswahl einbezogen, wenn er für seinen Widerspruch einen sachlichen Grund hat (BAG, Urt. v. 07.04.1993 – 2 AZR 449/91 [B], NZA 1993, 795) (*Baumann-Czichon/ Dembski/Germer* § 46 Rn. 27, 28).

1753 Sollte die dauerhafte Vergabe von Arbeitsbereichen an Dritte keinen Teilbetriebsübergang i. S. v. § 613a BGB darstellen, kann es zum Ausspruch von betriebsbedingten Kündigungen kommen, da die Arbeitsplätze durch Fremdvergabe wegfallen. In einem solchen Fall ist dann die MAV zu den betriebsbedingten Kündigungen zu beteiligen.

II. Personalbemessung

1754 Nach § 46 Buchst. e) MVG.EKD hat die MAV bei der Aufstellung von Grundsätzen für die Bemessung des Personalbedarfs ein Mitberatungsrecht.

1755 Dazu gehören alle Maßnahmen, durch die ermittelt werden kann, wie viele und welche Mitarbeiter die Dienststelle zur Erfüllung ihrer Aufgaben benötigt (*Fey/Rehren* MVG.EKD § 46 Rn. 23). Das Mitberatungsrecht der MAV besteht somit in einem Bereich der Planung, der für die Arbeit in der Dienststelle und damit für ihre Mitarbeiterschaft besonders bedeutungsvoll ist. Hierzu zählt z. B. die Frage, ob Arbeiten mit Teilzeit- oder Vollzeitbeschäftigten ausgeführt werden sollen, nicht jedoch die Frage, ob befristete oder unbefristete Arbeitsverträge abgeschlossen werden. Voraussetzung für die Ausübung des Mitberatungsrechtes nach § 46 Buchst. e) MVG.EKD durch die MAV ist, dass in diesem Zusammenhang die Dienststellenleitung über die wirtschaftliche Lage der Dienststelle, geplante Investitionen, Rationalisierungsmaßnahmen usw. informiert, da diese Informationen unmittelbare Auswirkungen auf die Bemessung des Personalbedarfes haben (*Andelewski/Küfner-Schmitt/Schmitt* § 46 Rn. 48).

III. Stellenplanentwurf

1756 Der Stellenplan ist als Anlage zum Haushaltsplan der Teil des öffentlichen Haushaltes, der die bewilligten Planstellen enthält.

1757 Stellenpläne sind somit in der öffentlichen Verwaltung gegeben. Im Bereich der Diakonie besteht keine Verpflichtung zur Aufstellung eines Stellenplanes bzw. eines Stellenplanentwurfes. Soweit die Dienststelle keinen Stellenplan hat, besteht auch kein Mitberatungsrecht. Das Mitberatungsrecht bezieht sich dann im Einzelnen auf die Änderung des Stellenplanes; selbst bei einem unveränderten Stellenplan, der für jedes Haushaltsjahr neu zu beschließen ist, ist die MAV an dem entsprechenden Entwurf zu beteiligen (KGH.EKD, Beschl. v. 24.01.2005 – I-0124/K19-04, ZMV 2005, 198).

1758 Im Bereich der Verfassten Kirche wird der Stellenplan, der Bestandteil des Haushaltsplanes ist, von der Synode verabschiedet.

IV. Schadensersatzansprüche

Schadensersatzansprüche ggü. Mitarbeitern setzen ein schuldhaftes Verhalten voraus, welches zu einem Sach- oder Vermögensschaden führt. 1759

▶ **Praxistipp:** 1760

Macht der Dienstgeber Schadensersatzansprüche geltend, so besteht dann ein Mitberatungsrecht der MAV, wenn der betroffene Mitarbeiter dies verlangt.

Der Arbeitgeber hat über die Beteiligung der MAV den Mitarbeiter zu informieren. 1761

Der Mitarbeiter ist bei Vorliegen der Voraussetzungen der §§ 280, 823 Abs. 1 und 2, 826 BGB zu Schadensersatz verpflichtet. **Die Rechtsprechung hat hierzu folgendes Haftungssystem entwickelt:** 1762

Ein aufgrund **leichter Fahrlässigkeit** verursachter Schaden begründet keine Haftung des Mitarbeiters. Im Fall der Verursachung des Schadens aufgrund sog. **mittlerer Fahrlässigkeit** findet eine Aufteilung des Schadensersatzanspruches zwischen Mitarbeiter und Dienstgeber statt, je nachdem in welchem Verhältnis der verursachte Schaden im Einzelfall zuzurechnen ist. Verursacht der Mitarbeiter einen Schaden aufgrund **grober Fahrlässigkeit**, hat er diesen Schaden dem Dienstgeber zu ersetzen. 1763

Leichte Fahrlässigkeit ist dann anzunehmen, wenn ein sehr geringes Verschulden des Mitarbeiters vorliegt z. B. in Fällen in denen man unterstellen kann, dass eine Schadensverursachung jedem einmal passieren kann. Eine grobe Fahrlässigkeit wird nach der herrschenden Meinung dann angenommen, wenn eine besonders schwere Sorgfaltspflichtverletzung vorliegt, also, dass nicht beachtet wird, was im konkreten Fall jedem oder jeder Beschäftigen hätte einleuchten müssen und schon einfachste, ganz naheliegende Überlegungen nicht angestellt wurden (*Andelewski/Küfner-Schmitt/Schmitt* § 46 Rn. 55 ff.). 1764

Das Mitberatungsrecht der MAV besteht nach § 46 Buchst. g) MVG.EKD nur im Fall der Geltendmachung von Schadensersatzansprüchen ggü. dem Mitarbeiter, nicht jedoch z. B. im Fall der Geltendmachung von anderen Ansprüchen. Verlangt z. B. der Dienstgeber von einem Mitarbeiter die Rückzahlung überzahlter Entgeltbestandteile, so handelt es sich um einen Anspruch aus sog. ungerechtfertigter Bereicherung nach § 812 Abs. 1 BGB. Das Mitberatungsrecht besteht u. a. auch dann nicht, wenn andere Mitarbeiter oder Dritte Schadensersatzansprüche ggü. einem Mitarbeiter geltend machen. Nach § 45 Abs. 2 AVR-DW-EKD und den Vorschriften von TVöD und TV-L sind bei der Geltendmachung von Schadensersatzansprüchen die jeweiligen Ausschlussfristen zu beachten (*Fey/Rehren* MVG.EKD § 46 Rn. 30 ff.). 1765

(unbelegt) 1766

O. Mitberatung (§ 46 MVG.EKD)

V. Außerordentliche Kündigung sowie ordentliche Kündigung innerhalb der Probezeit

1767 Nach § 46 Buchst. b) MVG.EKD hat die MAV vor Ausspruch einer außerordentlichen Kündigung ein Mitberatungsrecht. Dieses findet auch Anwendung bei einer sog. außerordentlichen Änderungskündigung (KGH.EKD, Beschl. v. 12.09.2009 – II-0124/L42-05, ZMV 2006, 31).

1768 Ein **Arbeitsverhältnis** kann nach § 626 Abs. 1 BGB **aus wichtigem Grund** ohne Einhaltung einer Kündigungsfrist **gekündigt werden**, wenn Tatsachen vorliegen, aufgrund derer dem Kündigenden unter Berücksichtigung aller Umstände des Einzelfalls und unter Abwicklung der Interessen beider Vertragsteile die Fortsetzung des Arbeitsverhältnisses bis zum Ablauf der Kündigungsfrist oder bis zu einer vereinbarten Beendigung des Dienstverhältnisses nicht zugemutet werden kann.

1769 Nach § 626 Abs. 2 BGB ist die Kündigung innerhalb von **zwei Wochen** auszusprechen.

1770 Die Frist beginnt mit dem Zeitpunkt, in dem der Kündigungsberechtigte von den für die Kündigung maßgebenden Tatsachen Kenntnis erlangt. Der Kündigende muss dem anderen Teil, d. h. dem Mitarbeiter, auf Verlangen den **Kündigungsgrund unverzüglich schriftlich mitteilen**.

1771 Die Prüfung, ob der Ausspruch einer außerordentlichen Kündigung nach § 626 BGB möglich ist, vollzieht sich in zwei Stufen. Zunächst muss geprüft werden, ob ein bestimmter Sachverhalt geeignet ist, einen wichtigen Kündigungsgrund darzustellen. Dieser Sachverhalt muss dann unter Abwägung der konkret getroffenen Interessen die Kündigung rechtfertigen.

1772 Die außerordentliche Kündigung ist die härteste Maßnahme, die dem Dienstgeber zur Verfügung steht. Sie kann nur bei erheblichen Verstößen gegen arbeitsvertragliche Pflichten ausgesprochen werden (*Fey/Rehren* MVG.EKD § 46 Rn. 9, 10).

1773 Der Austritt aus der evangelischen Kirche ist ein Bruch mit der Glaubensgemeinschaft und infolgedessen ein schwerwiegender Verstoß gegen die arbeitsvertraglichen Loyalitätspflichten ggü. dem kirchlichen Arbeitgeber. In diesem Fall ist unter Berücksichtigung der Umstände des Einzelfalles und unter Abwägung der Interessen beider Arbeitsvertragsparteien eine außerordentliche Kündigung wirksam, wenn die Einhaltung der Kündigungsfrist für den Arbeitgeber unzumutbar ist (LAG Rheinland-Pfalz, Urt. v. 09.01.1997 – 11 Sa 428/96, ZMV 1998, 39).

1774 Vor Ausspruch einer Kündigung ist in den meisten Fällen eine Abmahnung erforderlich, in der der Dienstgeber dem Mitarbeiter die Art der Pflichtverletzung darstellt und darauf hinweist, dass im Wiederholungsfall der Ausspruch einer Kündigung erfolgt. Bei besonders schweren Verstößen bedarf es keiner Abmahnung. Dies ist dann der Fall, wenn der Ausspruch einer Kündigung ein Vermögensdelikt zugrunde liegt (oberhalb des Bagatellbereiches) sowie schwere Loyalitätspflichtverletzungen zulasten des kirchlichen Arbeitgebers (Kirchenaustritt oder Ehebruch) (*Andelewski/Küfner-Schmitt/ Schmitt* § 46 Rn. 19).

V. Außerordentliche Kündigung, ordentliche Kündigung innerhalb der Probezeit O.

In der zweiten Stufe ist die umfassende Interessenabwägung vorzunehmen. Die Interessen des Dienstgebers an der Auflösung und die Interessen des Mitarbeiters an der Aufrechterhaltung des Arbeitsverhältnisses sind gegeneinander abzuwägen. Zu berücksichtigen sind dabei die Dauer der Betriebszugehörigkeit, Unterhaltsverpflichtungen des Mitarbeiters sowie auch die Schwere des Pflichtverstoßes. 1775

Nach § 626 Abs. 2 BGB ist die Kündigung innerhalb von zwei Wochen auszusprechen. Beim Verstreichen lassen der Frist wird unwiderlegbar vermutet, dass dem Arbeitgeber zuzumuten ist, den Mitarbeiter weiter zu beschäftigen. Diese Ausschlussfrist beginnt, wenn der Kündigungsberechtigte eine vollständige Kenntnis der für die Kündigung maßgebenden Tatsachen hat. 1776

Die Dienststellenleitung muss die MAV vor Ausspruch der Kündigung schriftlich, zu Händen des Vorsitzenden der MAV oder des Vorsitzenden eines nach § 23a MVG.EKD gebildeten Personalausschusses oder mündlich über die beabsichtigte außerordentliche Kündigung unterrichten. Es sind die Kündigungsgründe mitzuteilen und der Name sowie die Sozialdaten des zu kündigenden Mitarbeiters. Die Dienststellenleitung muss somit aus ihrer Sicht die maßgeblichen Aspekte so genau und umfassend darstellen, dass die MAV ihr Mitberatungsrecht ordnungsgemäß ausüben kann. 1777

Erfährt der Dienstgeber nach Ausspruch der Kündigung weitere Kündigungsgründe, die sich zeitlich vor Ausspruch der Kündigung ereignet haben, muss er diese, damit er diese im Kündigungsschutzprozess einbringen kann, zuvor der MAV mitteilen (*Andelewski/Küfner-Schmitt/Schmitt* § 46 Rn. 22-25). 1778

Eine außerordentliche Kündigung kann in eine ordentliche Kündigung umgeändert werden. Hier ist zu beachten, dass wegen des Mitbestimmungsrechtes nach § 42 Buchst. b) MVG.EKD die MAV dann sowohl bei der außerordentlichen Kündigung beteiligt wurde als auch bei der ordentlichen Kündigung ihre Zustimmung erteilen muss. 1779

▶ Praxistipp: 1780

In der Praxis wird somit in den meisten Fällen eine außerordentliche Kündigung ausgesprochen und hilfsweise eine ordentliche Kündigung, wobei die MAV zur außerordentlichen Kündigung nach § 46 Buchst. b) MVG.EKD zu beteiligen ist und zur ordentlichen Kündigung nach § 42 Buchst. b) MVG.EKD.

Da der Dienstgeber innerhalb der Frist nach § 626 Abs. 2 BGB die Kündigung aussprechen muss, wird in der Praxis der MAV gem. § 45 Abs. 1 Satz 3 MVG.EKD eine Fristverkürzung auf drei Arbeitstage unterbreitet. Im Fall der Nichteinigung kann die Kündigung nach Erklärung der Beendigung der Beratung und der schriftlichen Begründung der Entscheidung der Dienststellenleitung erklärt werden. Sollte der Dienststellenleitung die Einhaltung der Frist nicht möglich sein, ist es zulässig, nach Beendigung der Erörterung mit der MAV die Kündigung auszusprechen und die Begründung unverzüglich nachzuholen (VerwG.EKD, Beschl. v. 27.04.1995 – 0124/5-95, ZMV 1996, 38). 1781

VI. Ordentliche Kündigung innerhalb der Probezeit

1782 Eine ordentliche Kündigung des Dienstverhältnisses innerhalb der Probezeit, ebenso die Änderungskündigung, ist gem. § 46 Buchst. c) MVG.EKD mitberatungspflichtig.

1783 ▶ **Praxistipp:**

> Eine ordentliche Kündigung während der Probezeit ist unwirksam, wenn diese ohne vorherige Mitberatung der MAV erklärt wurde.

1784 Ob innerhalb der Probezeit eine Kündigung ausgesprochen wird, liegt im Ermessen des Dienstgebers. Solche Kündigungen sind i. d. R. personen- oder verhaltensbedingt. Die Probezeit dient dazu, das bisherige Verhalten und die bisherige Leistung zu beurteilen.

1785 ▶ **Praxistipp:**

> Dem Mitarbeiter muss nicht mitgeteilt werden, warum das Dienstverhältnis nicht über die Probezeit hinaus fortbestehen soll.

1786 Eine Probezeitkündigung kann nur dann ausgesprochen werden, wenn bei dem jeweiligen Dienstverhältnis eine Probezeit vereinbart wurde. Diese beträgt i. d. R. sechs Monate (§ 8 AVR-DW-EKD, § 2 Abs. 2 TVöD, § 2 Abs. 4 TV-L). Während der ersten sechs Monate des Bestehens des Arbeitsverhältnisses ist das Kündigungsschutzgesetz nach § 1 Abs. 1 KSchG nicht anwendbar.

1787 ▶ **Praxistipp:**

> Die Mitberatung der MAV nach § 45 MVG.EKD setzt voraus, dass der MAV die beabsichtigte Maßnahme rechtzeitig, vor Durchführung, bekannt geben wird und auf Verlangen mit ihr zu erörtern ist.

1788 Das Mitberatungsverfahren muss vor Ausspruch der Kündigung abgeschlossen und die Kündigung muss innerhalb der Probezeit in den »Machtbereich« des Mitarbeiters gelangt sein. Somit sollte unter Beachtung der Frist des § 45 Abs. 1 Satz 2 MVG.EKD das Mitberatungsverfahren spätestens am 15. Tag vor Beendigung der Probezeit eingeleitet werden, um die Erörterung nach § 45 Abs. 1 Satz 4 MVG.EKD noch rechtzeitig beenden zu können, damit die Kündigung dem Mitarbeiter noch am letzten Tag der Probezeit zugestellt werden kann (*Andelewski/Küfner-Schmitt/Schmitt* § 46 Rn. 41 ff.).

VII. Versetzung und Abordnung

1789 Nach § 46 Buchst. d) MVG.EKD hat die MAV der abgehenden Dienststelle im Fall der Versetzung, Abordnung von mehr als drei Monaten Dauer ein Mitberatungsrecht. Die aufnehmende Dienststelle hat dabei jedoch ein volles Mitbestimmungsrecht nach § 42 Buchst. g) MVG.EKD.

VII. Versetzung und Abordnung — O.

§ 46 Fälle der Mitberatung

»Die Mitarbeitervertretung hat in den folgenden Fällen ein Mitberatungsrecht:
a) Auflösung, Einschränkung, Verlegung und Zusammenlegung von Dienststellen oder erheblichen Teilen von ihnen,
b) außerordentliche Kündigung,
c) ordentliche Kündigung innerhalb der Probezeit,
d) Versetzung und Abordnung von mehr als drei Monaten Dauer, wobei das Mitberatungsrecht hier für die Mitarbeitervertretung der abgebenden Dienststelle besteht,
e) Aufstellung von Grundsätzen für die Bemessung des Personalbedarfs,
f) Aufstellung und Änderung des Stellenplanentwurfs,
g) Geltendmachung von Schadenersatzansprüchen auf Verlangen der in Anspruch genommenen Mitarbeiter und Mitarbeiterinnen,
h) dauerhafte Vergabe von Arbeitsbereichen an Dritte, die bisher von Mitarbeitern und Mitarbeiterinnen der Dienststelle wahrgenommen werden.«

P. Kirchengerichte

I. Die Zuständigkeit der Kirchengerichte

1. Kirchengerichtlicher Rechtsschutz

1791 Die staatlichen Arbeits- bzw. Verwaltungsgerichte sind für Streitigkeiten, die sich aus der Anwendung des MVG.EKD ergeben, nicht zuständig (vgl. BAG, Urt. v. 11.11.2008 – 1 AZR 646/07, ZMV 2009, 168; *Bader/Creutzfeldt/Friedrich* ArbGG § 1 Rn. 13 m. w. N. auf die Rechtsprechung des BAG; vgl. *Belling* NZA 2006, 1132 ff.; *Richardi* NZA 2000, 1305; *Schliemann* NJW 2005, 392 ff.). Der Rechtsstreit zwischen dem Arbeitnehmer und Arbeitgeber wird vor dem staatlichen ArbG geführt. Für Rechtsstreitigkeiten zwischen der Dienststellenleitung und der MAV sind nur die evangelischen Kirchengerichte zuständig. Dieser kirchengerichtliche Rechtsschutz wird in §§ 56 ff. MVG.EKD geregelt: Einigen sich Dienststellenleitung und MAV nicht oder geht es um die (vermeintliche) Verletzung von Rechten und Pflichten aus dem MVG.EKD, kann ein mitarbeitervertretungsrechtliches Beschlussverfahren durchgeführt werden.

1792 Bei Streitigkeiten aus dem MVG.EKD entscheidet das Kirchengericht. Die Bezeichnung der Kirchengerichte erster Instanz können die Gliedkirchen abweichend regeln (§ 56 MVG.EKD; z. B. Schiedsstelle, Schlichtungsstelle).

1793 ▶ **Praxistipp:**

Die Anschriften der evangelischen Kirchengerichte befinden sich im Anhang.

1794 Gegen den Beschluss findet gem. § 63 MVG.EKD als Rechtsmittel die Beschwerde an den KGH.EKD statt. Diese muss vom KGH.EKD angenommen werden. In § 63 MVG.EKD sind die Fälle geregelt, in denen die Annahme erfolgen muss (vgl. *Fey/Rehren* MVG.EKD § 63 Rn. 1 ff.). Der KGH.EKD ist an Tatsachenfeststellungen, die das Kirchengericht in der ersten Instanz vornimmt, nicht gebunden. Er ist demzufolge eine volle zweite Tatsachen-, keine Revisionsinstanz (vgl. *Fey/Rehren* MVG.EKD § 56 Rn. 6).

1795 ▶ **Praxistipp:**

Die Beschlüsse des KGH.EKD werden im Volltext ins Internet eingestellt (s. www.kirchenrecht-ekd.de).

2. Die Vorgaben des Grundgesetzes

1796 Die Kirchengerichte müssen den Mindestanforderungen gerecht werden, die an die Unparteilichkeit der Richter zu stellen sind. Der kirchliche Gesetzgeber hat insb. sicherzustellen, dass die Mitwirkung von Beisitzern ausgeschlossen ist, die einer Beteiligtenseite angehören oder zuvor mit dem Gegenstand des Verfahrens dienstlich befasst gewesen sind (vgl. VerwG.EKD, Beschl. 11.09.1997 – 0124/B6-97, ZMV 1998, 186 = NZA-RR 1998, 671).

3. Das Kirchengericht

Das MVG.EKD regelt in ...	... die/den ...
§ 56	Kirchengerichtlicher Rechtsschutz (s. Kapitel P. I. 1.)
§ 57	Bildung von Kirchengerichten
§ 57a	Zuständigkeitsbereich: – Bereich der EKD, – Diakonisches Werk der EKD und die unmittelbar angeschlossenen rechtlich selbstständigen Einrichtungen, – Gliedkirchen der EKD und deren Zusammenschlüsse, die eine Zuständigkeit begründen, – (frei-) kirchliche Einrichtungen, Werke und Dienste, für die eine Zuständigkeit begründet wird, – Mitgliedseinrichtungen der gliedkirchlichen diakonischen Werke, die das MVG.EKD aufgrund einer Befreiung vom gliedkirchlichen Mitarbeitervertretungsrecht anwenden.
§ 58	Bildung und Zusammensetzung der Kammern (s. www.kirchenrecht-ekd.de)
§ 59	Rechtsstellung der Mitglieder des KG
§ 59a	Besonderen Vorschriften über die Berufung der Richter des KGH.EKD

1797

Im Fall des § 57a Nr. 5 MVG.EKD ist das KG.EKD zuständig (vgl. KGH.EKD, Beschl. v. 21.08.2010 – I-0124/S21-10). 1798

Das MVG.EKD regelt in ...	... die/den ...
§ 60	Zuständigkeit: – Alle Streitigkeiten, die sich aus der Anwendung des MVG.EKD ergeben, – Ersetzung des Einvernehmens, wenn das KG wegen der Frage der Geltung von Dienststellenteilen und Einrichtungen der Diakonie als Dienststellen angerufen wird, – Vermittlungsvorschlag für den Abschluss von Dienstvereinbarungen gem. § 36 MVG.EKD, – Feststellung, ob die Mitberatung gem. § 46 MVG.EKD erfolgt ist, – Feststellung, ob bei der eingeschränkten Mitbestimmung gem. §§ 42, 43 MVG.EKD ein Grund für die Verweigerung der Zustimmung gem. § 41 MVG.EKD vorliegt, – Ersetzung der Zustimmung der MAV bei Fällen der Mitbestimmung, – Bei Nichteinigung über Initiativen der MAV gem. § 47 MVG.EKD Feststellung, ob die Weigerung der Dienststellenleitung rechtswidrig ist.

II. Das Verfahrensrecht

1. Beteiligte

1799 Von den Kirchengerichten wurde früher nach Maßgabe der Verwaltungsgerichtsordnung verhandelt, obwohl das Verfahren gem. ArbGG sachlich und rechtlich näher gelegen hätte. Auch stammen die meisten ehrenamtlichen Richter aus der Arbeitsgerichtsbarkeit.

1800 ▶ **Praxistipp:**

Das kirchengerichtliche Verfahren richtet sich nunmehr nach §§ 60 ff. MVG.EKD, § 62 KiGG.EKD und §§ 80 ff. ArbGG (mit eingeschränkten Verweisungen auf die ZPO; zum ArbGG s. *Bader/Creutzfeld/Friedrich* ArbGG).

1801 Allerdings sind gem. § 62 Satz 2 MVG.EKD die Vorschriften über Zwangsmaßnahmen nicht anwendbar.

1802 **Das Verfahren kennt den Antragsteller in der ersten Instanz** und den Beschwerdeführer in der zweiten Instanz. I. Ü. wird von den Beteiligten gesprochen. Beteiligte sind:

1803 **Übersicht:** Beteiligte im mitarbeitervertretungsrechtlichen Beschlussverfahren

Beteiligter	Kein Beteiligter
MAV	Der Mitarbeiter der Dienststelle hat keine Beteiligtenfähigkeit. Für die Unterlassung von Mitbestimmungshandlungen weist ihm das MVG.EKD keine eigene Rechtsposition zu (vgl. KGH.EKD, Beschl. v. 30.12.2010 – I-0124/S45-10). Das gilt auch für das Verfahren gem. § 21 MVG.EKD (vgl. KGH.EKD, Beschl. v. 30.06.2006 – I-0124/M21-06). Das gilt für Vergütungsansprüche und den Anspruch auf Entfernung einer Abmahnung aus der Personalakte (vgl. LAG BW, Beschl. v. 06.07.2011 – 13 TaBV 4/11, NZA-RR 2011, 528).
Gesamt-MAV	
Gesamt-MAV im DV	
Gesamtausschuss	
MAV-Mitglieder	
Gruppen von MAV-Mitgliedern	
Gruppen von Wahlberechtigten	
Vertrauensperson gem. §§ 49 ff. MVG.EKD	
Wahlvorstand	
Wahlbewerber	
Dienststellenleitung	

Der Vorsitzende der MAV kann nur als Vertreter der MAV auftreten, wenn die MAV Beteiligte ist. Die weiteren Mitglieder der MAV können als Zeugen gehört werden (vgl. KGH.EKD, Beschl. v. 24.01.2005 – II 0124/K56-04). Die Beteiligtenfähigkeit einer MAV entfällt, wen ihre rechtliche Existenz beendet ist (vgl. VerwG.EKD, Beschl. v. 23.08.2001 – I-0124/F10-01, ZMV 2002, 76; s. § 15 Abs. 4 MVG.EKD). Kein Antragsrecht haben Gesamtausschüsse gem. §§ 54 ff. MVG.EKD, weil diese auf die Funktion der Beratung und des Meinungsaustausches beschränkt sind (vgl. VerwG.EKD, Beschl. v. 14.03.1996 – 0124/13-95, ZMV 1996, 193). 1804

2. Die Rolle des Kirchengerichts

Das Kirchengericht entscheidet auf Antrag. An dessen Wortlaut ist es nicht gebunden. Dieser muss aber so klar formuliert sein, dass er geeignet ist, für das Kirchengericht den Umfang der Nachprüfung zu bestimmen (vgl. *Fey/Rehren* MVG.EKD, § 60 Rn. 3 m. w. N.). 1805

Das Kirchengericht muss wie ein ArbG vorgehen hat und ggf. eine Beweisaufnahme vorzunehmen (vgl. VerwG.EKD, Beschl. v. 27.11.1997 – 0124/B19-97, ZMV 1998, 134 = NZA 1998, 1357 [Ls.]). In die Individualrechtsposition des Mitarbeiters kann 1806 nicht eingegriffen werden. Im Detail herrscht aber Uneinigkeit über die Rolle des Kirchengerichts, was im Fall der Kündigung deutlich wird (vgl. *Richter* 2009).

1807 So wird vertreten, dass das Kirchengericht den (individualarbeitsrechtlichen) Kündigungsschutzprozess (vor dem staatlichen ArbG) nicht in vollem Umfang vorwegnehmen kann und soll. Es müsse sich auf die Tatsachen stützen, über die die Dienststellenleitung die MAV informiert hat. Unzulässig seien eigene Ermittlungen des Kirchengerichts in der Dienststelle. Es erfolge lediglich eine summarische Prüfung der Schlüssigkeit und Plausibilität der beabsichtigten Kündigung. Dabei sei auch eine Interessenabwägung vorzunehmen (vgl. *Baumann-Czichon/Dembski/Germer* § 42 Rn. 49). Dementsprechend hat die KgSchlSt.Baden entschieden, dass bei einem Rechtsstreit über die Ersetzung der Zustimmung der MAV zur Kündigung zu einer ordentlichen Kündigung der Sachverhalt maßgeblich ist, der von der Dienststellenleitung der MAV vorgetragen wird. Das Kirchengericht ist nicht gehalten, eine Beweisaufnahme vorzunehmen (vgl. KgSchlSt.Baden, 23.08.2006 – 2 Sch 19/2006, ZMV 2007, 36).

1808 Zu beachten ist aber, dass § 61 Abs. 5 Satz 1 MVG.EKD ausdrücklich vorsieht, dass der Vorsitzende der Kammer den Beteiligten aufgeben kann,

> »... ihr Vorbringen schriftlich vorzubereiten und Beweise anzutreten.«

1809 Vor diesem Hintergrund wird darauf hingewiesen, dass das Kirchengericht den gestellten Beweisanträgen zu folgen hat. Ist der Sachverhalt umstritten, dürfe nicht automatisch der Darstellung der Dienststellenleitung gefolgt werden (vgl. *Fey/Rehren* MVG.EKD § 61 Rn. 6a), anderenfalls entstehe eine »Prüfungskompetenz light« (*Fey*, Anmerkung zu KgSchlSt.Baden, 23.08.2006 – 2 Sch 19/2006, ZMV 2007, 37).

1810 Der letztgenannten Ansicht ist zu folgen, denn § 61 Abs. 5 MVG.EKD trifft eine ausdrückliche Regelung über den Antritt von Beweisen. Zu beachten ist auch, dass die Kirchengerichte den Rechtsschutz durch staatliche Gerichte ersetzen, insb. in Fällen des § 15 KSchG.

1811 ▶ **Praxistipp:**

Für den betrieblichen Praktiker bedeutet dies, dass eine (zunehmende) Verrechtlichung des Verfahrens eingetreten ist. Beabsichtigt der Arbeitgeber z. B. eine mitbestimmungspflichtige Kündigung auszusprechen, muss er sich auf zwei Gerichtsverfahren einstellen, für die vergleichbare Verfahrensregelungen gelten.

3. Feststellungsinteresse

1812 Voraussetzung ist ein Feststellungsinteresse. Diese fehlt, wenn der Antrag lediglich vergangenheitsbezogen gestellt wird und von der Entscheidung keine befriedigende Wirkung für die Zukunft zu erwarten ist (vgl. KGH.EKD, Beschl. v. 05.08.2004 – I-0124/H35-03, ZMV 2004, 307). Das Feststellungsinteresse muss im Zeitpunkt der letzten mündlichen Verhandlung noch vorliegen (vgl. VerwG.EKD, Beschl. v. 07.03.2002 – II-0124/F42-01, ZMV 2004, 237).

Macht die MAV geltend, dass für die Zukunft eine Wiederholung einer Rechtsverletzung auftreten kann, muss sie ein hierauf gerichtetes Klärungsinteresse mit einem gesonderten Feststellungsantrag gem. § 256 ZPO verfolgen (vgl. VerwG.EKD, Beschl. v. 23.06.2003 – II-0124/H12-03, ZMV 2004, 140). In diesem Zusammenhang muss keine konkrete Wiederholungsgefahr bestehen (vgl. KGH.EKD, Beschl. v. 05.08.2004 – I-0124/H35-03, ZMV 2005, 36). Ausreichend ist, dass die angestrebte Klärung als Richtschnur für das künftige Verhalten von Bedeutung ist und eine Rechtsfrage grds. geklärt werden kann (vgl. VerwG.EKD, Beschl. v. 23.06.2003 – I-0124/H35-03, ZMV 2004, 34). 1813

III. Mitarbeitervertretungsrechtliches Beschlussverfahren

1. Die Vorschriften

Die Durchführung des mitarbeitervertretungsrechtlichen Beschlussverfahrens wird in §§ 61 ff. MVG.EKD geregelt. Trifft das kirchliche Recht keine besondere Regelung wird gem. § 62 MVG.EKD nach den Vorschriften des ArbGG über das Beschlussverfahren verhandelt. Das ArbGG wiederum wird durch die ZPO ergänzt (vgl. *Bader/Creutzfeldt/Friedrich* ArbGG). 1814

2. Die Bedeutung des staatlichen Rechts

Die Rechtsprechung der staatlichen ArbG hat mittelbar eine große Bedeutung. Zum einen wird in den Kommentierungen zum MVG.EKD sehr viel Rückgriff auf die Entscheidungen staatlicher Gerichte, vor allem die des BAG, genommen. Zum anderen nimmt das Kirchengesetz ausdrücklich Bezug auf die Rechtsprechung der staatlichen Gerichte. Der KGH.EKD hat eine Beschwerde gem. § 63 Abs. 2 Nr. 3 MVG.EKD anzunehmen, wenn ... 1815

... 3. der Beschluss von einer Entscheidung des Kirchengerichtshofes der Evangelischen Kirche in Deutschland, einer Entscheidung eines Obersten Landesgerichts oder eines Bundesgerichts abweicht und auf dieser Abweichung beruht ... 1816

3. Abgeschlossenes Beteiligungsverfahren

Die Dienststellenleitung beteiligt die MAV nach Maßgabe des MVG.EKD. Für die Unterrichtung der MAV gelten die gleichen Maßstäbe wie im BetrVG (s. o.). Der Maßstab ist vor allem im Fall der Kündigung sehr streng (zur Kündigung s. *Richter* 2009). Bei anderen Mitbestimmungsrechten herrscht zuweilen Großzügigkeit: Der KGH.EKD hat für die AVR.Bayern (die den AVR.Diakonie gleichen) ausgeführt (KGH.EKD, Beschl. v. 10.03.2011 – II-0124/P65-08): 1817

»1. Eine Unterrichtung durch Mitteilung eines berufs- oder tätigkeitsbezeichnenden Schlagwortes kann dem Unterrichtsrecht der Mitarbeitervertretung nach § 34 Abs. 1, § 38 Abs. 1 MVG.EKD wie auch dem - für den Inhalt des Arbeitsvertrags (›übertragene Tätigkeit‹) maßgeblichen - § 32 Abs. 1 AVR.DW.Bayern bei geläufigen Tätigkeiten ohne Besonderheiten genügen. Dies ist insbesondere dann möglich, wenn die übertragene Tätigkeit die eines Richtbeispiels in den Entgeltregelungen der AVR.DW.Bayern - hier: EG 8 AVR.DW.Bayern - ist. ...«

1818 Im Übrigen wird wie auch für das BetrVG entschieden, dass eine »unvollständige Unterrichtung der Mitarbeitervertretung ... bei Streitigkeiten über die zutreffende Eingruppierung nach § 42 Buchstabe c) MVG.EKD auch noch im Laufe des Verfahrens vor den kirchlichen Gerichten für mitarbeitervertretungsrechtliche Streitigkeiten nachgeholt werden (kann), weil hierfür die Frist des § 38 Abs. 4 MVG.EKD nicht gilt ...« (KGH.EKD, Beschl. v. 08.08.2005 – I-0124/L22-05, ZMV 2006, 199).

4. Fristen

1819 Für die Anrufung des Kirchengerichts gelten Fristen, die mit der Kenntnis einer Maßnahme oder eines Rechtsverstoßes beginnen:
1. Grds. ist eine Frist von zwei Monaten gem. § 61 Abs. 1 MVG.EKD zu beachten, es sei denn, es gilt eine besondere Frist.
2. Mit dem Zugang der schriftlichen und begründeten Zustimmungsverweigerung bei der Dienststellenleitung beginnt die Frist es § 38 Abs. 4 MVG.EKD, die zwei Wochen beträgt.
3. Diese Frist gilt nicht, wenn es um die verweigerte Zustimmung zu einer Eingruppierung geht.

1820 ▶ **Praxistipp:**

Der KGH.EKD hat entschieden (Beschl. v. 22.06.2009 – I-0124/P89-08):

»Die zweiwöchige Frist zur Anrufung des Kirchengerichts (§ 38 Abs. 4 MVG.EKD) gilt nicht für Fälle der Mitbestimmung bei der Eingruppierung (Bestätigung von KGH.EKD, Beschl. v. 08.082005 – I-0124/L22-05 n. v.).«

1821 Anderenfalls würde die Fristversäumnis dazu führen, dass eine der Tarifautomatik (s. *Richter/Gamisch*, Grundlagen; *Richter/Gamisch* 2008; *Richter/Gamisch/Henseleit*) widersprechende Eingruppierung kirchengerichtlich nicht mehr korrigiert werden könnte.

1822 Andere Fristen sind:

Besondere Fristen i. S. d. § 61 Abs. 1 MVG.EKD

Vorschrift des MVG.EKD	Inhalt
§ 14 Abs. 1	Wahlanfechtung
§ 38 Abs. 4	Zustimmungsverweigerung Mitbestimmung
§ 45 Abs. 2	Fehlerhafte Beteiligung bei der Mitberatung
§ 47 Abs. 2	Streitigkeiten über das Initiativrecht
§ 61 Abs. 8	Beantragung mündlicher Verhandlung der Kammer

1823 Bei den Fristen handelt um eine materiell-rechtliche Ausschlussfrist. Die Fristberechnung erfolgt gem. § 222 ZPO i. V. m. §§ 187 ff. BGB. Die Dienststellenleitung kann diese Frist nicht mit der Bitte um Überprüfung der Entscheidung an die MAV umgehen (vgl. SchlSt.EKD, 10.10.1994 – 01/94, ZMV 1995, 37). Ebenso verlängert sie sich nicht durch einen Einigungsversuch durch Aussprache gem. § 33 Abs. 3 MVG.EKD (vgl. KGH.EKD, Beschl. v. 07.04.2008 – I-0124/N75-07, ZMV 2008, 257). Die Möglichkeit der Wiedereinsetzung in den vorherigen Stand existiert nicht (vgl. *Schliemann* NZA 2000, 1311, a. A. *Andelewski/Küfner-Schmitt/Schmitt* § 61 Rn. 6).

5. Prüfungsumfang bei der Mitbestimmung

Das Kirchengericht prüft bei der (eingeschränkten) Mitbestimmung, ob das Mitbestimmungsverfahren ordnungsgemäß eingehalten worden ist: 1824

Im Fall der eingeschränkten Mitbestimmung beschränkt sich die Prüfung auf die Frage, ob für die MAV ein Grund für die Zustimmungsverweigerung gegeben ist. 1825

Bei der uneingeschränkten Mitbestimmung besteht diese Einschränkung nicht. 1826

In § 60 Abs. 6 Satz 2 MVG.EKD wird aber klargestellt, dass sich die Entscheidung i. R. d. geltenden Rechtsvorschriften und Anträge der MAV bzw. Dienststellenleitung halten muss. Auf dieser Grundlage entscheidet das Kirchengericht nach eigenem Ermessen. Die Anträge der Beteiligten umschreiben die Angelegenheit und Lösungsvorschläge, ohne dass das Kirchengericht an den genauen Wortlaut der Anträge gebunden ist (vgl. *Fey/Rehren* MVG.EKD § 60 Rn. 10). 1827

6. Der Gang des Verfahrens

a) Kosten

Beim Kirchengericht entstehen gem. § 61 Abs. 9 MVG.EKD keine Verfahrenskosten. Auch der evangelische Dienststellenleiter muss gem. § 30 MVG.EKD die erforderlichen Kosten der MAV tragen, die i. R. d. mitarbeitervertretungsrechtlichen Beschlussverfahrens entstehen (s. o.; *Fey/Rehren* MVG.EKD § 61 Rn. 15). 1828

Die Beteiligten können das Verfahren am Kirchengericht selber führen. 1829

▶ **Praxistipp:** 1830

> Das Verfahren ist mit den Jahren zunehmend verrechtlicht worden. Es hat nichts mit einer Schlichtung i. S. d. AVR gemein. (Vertiefte) Kenntnisse des kirchlichen Arbeits- und Verfahrensrechts sind für den Erfolg unerlässlich.

Ein beauftragter Rechtsanwalt muss gem. § 61 Abs. 4 MVG.EKD Mitglied einer Kirche sein, die der Arbeitsgemeinschaft christlicher Kirchen (ACK) angehört. Die Vorschrift ist umstritten (vgl. *Fey/Rehren* MVG.EKD § 61 Rn. 5 m. w. N.). Das katholische Mitarbeitervertretungsrecht kennt diese Vorgabe nicht. Das VerwG.EKD hat entschieden, dass nur über die kirchliche Bindung der Besonderheit des kirchlichen Dienstes Rechnung getragen werden kann (vgl. VerwG.EKD, Beschl. v. 10.07.1997 – 0124/A16-96, NZA 1997, 1303, zit. nach *Fey/Rehren* MVG.EKD § 61 Rn. 5). In der Sache unterscheidet das MVG.EKD die Begriffe Beistand und Rechtsanwalt nicht (vgl. *Fey/Rehren* MVG.EKD § 61 Rn. 5). 1831

1832 Mehrkosten für einen auswärtigen Rechtsanwalt sind nur dann erforderlich, wenn die MAV nach objektiver Abwägung zu dem Ergebnis kommt, dass diese vertretbar und sachlich gerechtfertigt sind. Erst wenn die MAV – insb. unter den Fachanwälten für Arbeitsrecht – keinen Vertreter findet, dem zugetraut werden kann, sich ins kirchliche Arbeitsrecht einzuarbeiten und der auch Mitglied einer ACK-Kirche ist, darf ein auswärtiger Rechtsanwalt beauftragt werden (vgl. KGH.EKD, Beschl. v. 08.08.2007 – I-0124/N25-07, ZMV 2008, 31).

b) Gütetermin

1833 Im Unterschied zum Verfahren bei staatlichen ArbG findet gem. § 61 Abs. 2, 3 MVG.EKD das Einigungsgespräch (Gütetermin) vor dem Vorsitzenden der Kammer unter Ausschluss der Öffentlichkeit statt.

1834 Der Vorsitzende kann gem. § 61 Abs. 5 Satz 1 MVG.EKD schriftlichen Vortrag verlangen. Es müssen Beweise angetreten werden: Die Beteiligten müssen Beweismittel benennen. Das sind (Merkformel: SPAUZ oder SAPUZ): Sachverständige, Augenschein, Parteivernehmung, Urkunde, Zeuge.

c) Kammertermin

1835 Die Sitzung der Kammer, in der die Anträge gestellt werden, ist dann gem. § 61 Abs. 5 MVG.EKD öffentlich.

1836 Es gilt der Amtsermittlungsgrundsatz, d. h. das Kirchengericht ermittelt unabhängig vom Vortrag der Beteiligten. Es darf den Vortrag der Dienststellenleitung nicht als richtig unterstellen (so auch *Fey/Rehren* MVG.EKD § 61 Rn. 6a; a. A. SchlSt.Baden, 23.08.2006 – 2 Sch19/206, ZMV 2007, 36).

1837 Eine Darlegungs- und Beweislast kennt das Beschlussverfahren – anders als das Urteilsverfahren beim staatlichen ArbG – eigentlich nicht. Denn das Gericht hat ja gerade von Amts wegen zu ermitteln. Ihm steht aber kein Ermittlungsapparat zur Seite. Deshalb kommt es im Ergebnis doch auf eine Art Darlegungs- und Beweislast an: Der Antragsteller muss ggf. seine Antragsbegründung ergänzen und sich durch Sachvortrag an der Aufklärung des Sachverhalts beteiligen.

1838 ▶ **Praxistipp:**

Unterlässt er diese Mitwirkung, riskiert er eine für ihn nachteilige Entscheidung.

1839 Hinsichtlich der Ermittlung des Sachverhaltes durch das Gericht bzw. der Darlegungs- und Beweislast hat der KGH.EKD (Beschl. v. 28.11.2011 – I-0124/T30-11) für den Streit über eine Eingruppierung ausgeführt:

»Will die Mitarbeitervertretung ihre Zustimmung zur Eingruppierung mit der Begründung verweigern, es treffe die Eingruppierung in eine höhere als von der Dienststellenleitung für zutreffend gehaltene Entgeltgruppe zu, so müssen im Streit darüber, ob die Zustimmung zu Recht verweigert worden ist (§ 41 Abs. 1, § 42 Buchstabe c) MVG.EKD) alle Tatsachen dargelegt und ggf. bewiesen werden, aus denen folgt, dass die Merkmale der von

III. Mitarbeitervertretungsrechtliches Beschlussverfahren

der Mitarbeitervertretung für richtig gehaltenen Entgeltgruppe vorliegen. Anderenfalls muss festgestellt werden, dass die Zustimmungsverweigerung ohne rechtfertigenden Grund erfolgt ist.«

Ein substantiierter Vortrag kann nicht durch das Angebot eines Sachverständigengutachtens ersetzt werden (KGH.EKD, Beschl. v. 29.04.2011 – I-0124/S80-10).   1840

Für das Verfahren gilt gem. § 61 Abs. 5 Satz 2 MVG.EKD der Mündlichkeitsgrundsatz.   1841
Gem. § 61 Abs. 5 Satz 6 MVG.EKD kann im Einvernehmen mit den Beteiligten ausnahmsweise von einer mündlichen Verhandlung abgesehen werden und ein Beschluss im schriftlichen Umlaufverfahren gefasst werden.

▶ **Praxistipp:**   1842

Auf dieses fragwürdige und zweifelhafte Verfahren sollte sich kein Beteiligter einlassen.

d) Beispiele für Anträge

Bei der Stellung des Antrages ist § 60 Abs. 5, 6 MVG.EKD zu beachten: 1843

§ 60 Abs. 5 MVG.EKD

»In den Fällen, die einem eingeschränkten Mitbestimmungsrecht unterliegen (§§ 42 und 43), haben die Kirchengerichte lediglich zu prüfen und festzustellen, ob für die Mitarbeitervertretung ein Grund zur Verweigerung der Zustimmung nach § 41 vorliegt. Wird festgestellt, dass für die Mitarbeitervertretung kein Grund zur Verweigerung der Zustimmung nach § 41 vorliegt, gilt die Zustimmung der Mitarbeitervertretung als ersetzt.«

Der Antrag in Fällen der eingeschränkten Mitbestimmung lautet auf Feststellung, dass für die MAV kein Grund zur Zustimmungsverweigerung vorliegt, z. B.:   1844

▶ **Formulierungsvorschlag:**   1845

Die Antragstellerin beantragt festzustellen, dass die Mitarbeitervertretung keinen Grund hatte, die Zustimmung zur Kündigung ..... zu verweigern.

Demgegenüber richtet sich der Antrag in Fällen der unbeschränkten Mitbestimmung gem. §§ 39, 40 MVG.EKD auf Ersetzung der von der MAV verweigerten Zustimmung: 1846

§ 60 Abs. 6 MVG.EKD

»In den Fällen der Mitbestimmung entscheiden die Kirchengerichte über die Ersetzung der Zustimmung der Mitarbeitervertretung. Die Entscheidung muss sich im Rahmen der geltenden Rechtsvorschriften und im Rahmen der Anträge von Mitarbeitervertretung und Dienststellenleitung halten.«

Das gilt für alle Fälle der Mitbestimmung, also auch bei der außerordentlichen Kündigung gem. § 21 Abs. 2 MVG.EKD (vgl. SchlSt.EKD, 16.09.1999 – 2708/D 36-99, ZMV 2000, 84; vgl. *Baumann-Czichon/Dembski/Germer* § 60 Rn. 10; *Fey/Rehren* MVG.EKD § 60 Rn. 9; *Richter* 2009).   1847

1848 ▶ **Formulierungsvorschlag:**

Die Zustimmung zur Kündigung des Herrn ..... wird ersetzt.

1849 ▶ **Praxistipp:**

Auf der Seite www.kirchenrecht-ekd.de können aus den veröffentlichten Entscheidungen Beispiele für Anträge entnommen werden.

7. Der Beschluss

1850 Der rechtskräftige Beschluss des Kirchengerichts ist verbindlich. Der kirchliche Gesetzgeber geht davon aus, dass sich eine evangelische Dienststelle an den Beschluss hält. I. Ü. ermöglicht § 60 Abs. 8 Satz 2 MVG.EKD den Gliedkirchen die Umsetzung der kirchengerichtlichen Entscheidung im Wege der Ersatzvornahme durch ein Aufsichtsorgan, z. B. ein Landeskirchenamt.

1851 Die Entscheidung des Kirchengerichts ist kein Präjudiz für das staatliche ArbG. Dieses prüft vielmehr eigenständig, ob die Vorgaben des MVG.EKD beachtet worden sind. In diesem Zusammenhang nehmen sie eine eigene Auslegung des kirchlichen Rechts vor (vgl. BAG, Urt. v. 11.11.2008 – 1 AZR 646/07, ZMV 2009, 168).

1852 In der Praxis ist (leider) festzustellen, dass nicht wenigen staatlichen Arbeitsrichtern die Existenz und das Verfahren der (evangelischen) Kirchengerichte nicht oder kaum bekannt sind.

1853 ▶ **Praxistipp:**

Das Kirchengericht muss eine Rechtsmittelbelehrung vornehmen:

Die Beteiligten können dieser entnehmen, ob eine Beschwerde beim KGH.EKD stattfindet.

IV. Beschwerde zum KGH.EKD

1854 Gegen Beschlüsse des Kirchengerichts findet gem. § 63 MVG.EKD die Beschwerde an den KGH.EKD statt. Zu beachten sind abweichende Regelungen der Gliedkirchen (vgl. *Fey/Rehren* MVG.EKD § 63 Rn. 19). Die Beschwerde bedarf der Annahme durch den KGH.EKD. In § 63 MVG.EKD sind die Fälle geregelt, in denen die Annahme erfolgen muss (vgl. *Fey/Rehren* MVG.EKD § 63 Rn. 1 ff.).

1855 ▶ **Praxistipp:**

Die Beschlüsse des KGH.EKD werden im Volltext ins Internet eingestellt (s. www.kirchenrecht-ekd.de).

1856 Der KGH.EKD ist an Tatsachenfeststellungen, die das Kirchengericht in der ersten Instanz vornimmt, nicht gebunden. Er ist demzufolge eine volle zweite Tatsachen-, keine Revisionsinstanz (vgl. *Fey/Rehren* MVG.EKD § 56 Rn. 6).

V. Einstweilige Verfügungen P.

▶ **Praxistipp:** 1857

Für das Beschwerdeverfahren besteht Anwaltszwang. Die Beschwerdeschrift muss gem. § 63 Abs. 7 MVG.EKD i. V. m. § 89 Abs. 1 ArbGG von einem Rechtsanwalt eingereicht werden. Dieser muss Mitglied einer christlichen Kirche sein (s. o.).

▶ **Praxistipp:** 1858

Die Frist für die Einlegung der Beschwerde beträgt einen Monat,

die Frist für die Begründung der Beschwerde 2 Monate ab Zustellung der Entscheidung § 65 Abs. 7 MVG.EKD i. V. m. §§ 87 Abs. 2, 66 Abs. 1 ArbGG).

V. Einstweilige Verfügungen

Kann in Eilfällen die Kammer nicht rechtzeitig zusammentreten, trifft der Vorsitzende 1859
gem. § 61 Abs. 10 MVG.EKD auf Antrag einstweilige Verfügungen.

Der Erlass einstweiliger Verfügungen (nach alter Rechtslage: einstweiliger Anordnun- 1860
gen) richtet sich nach § 62 MVG.EKD i. V. m. § 85 Abs. 2 ArbGG, §§ 935, 940 ZPO.
Dem Vorsitzenden steht ein weiter Beurteilungsspielraum zu (vgl. KGH.EKD, Beschl.
v. 17.07.2009 – I-0124/R42-09, ZMV 2009, 320). Gegen diese Entscheidung ist der
Widerspruch an das Kirchengericht möglich (vgl. KGH.EKD, Beschl. v. 09.07.2007 –
I-0124/N31-07, ZMV 2007, 257).

Folgende Voraussetzungen müssen vorliegen: 1861

Einstweilige Verfügung 1862
– Die Eilbedürftigkeit
– ... bei Unmöglichkeit des rechtzeitigen Zusammentretens der Kammer und ...
– das Vorliegen eines Antrages,
– ... mit dem ein Verfügungsanspruch und ...
– Verfügungsgrund
– ... glaubhaft gemacht werden.

Droht die Verletzung von Beteiligungsrechten der MAV, darf diese ihren Anspruch 1863
auf ein Handeln, Dulden oder Unterlassen im Verfahren der einstweiligen Verfügung
verfolgen (vgl. VerwG.EKD, Beschl. v. 29.12.1997 – 0124/C1-98, ZMV 1998, 188,
zit. nach *Fey/Rehren* MVG.EKD § 61 Rn. 20). Man spricht vom Verfügungsanspruch.
Hinzutreten muss der Verfügungsgrund, d. h. das Bedürfnis nach einer vorläufigen
Regelung (vgl. *Bader/Creutzfeldt/Friedrich* § 62 Rn. 96 ff.).

VI. Muster Antragsschrift

1864 An das

Kirchengericht .....

Antrag

auf Einleitung eines mitarbeitervertretungsrechtlichen Beschlussverfahrens mit den Beteiligten

Dienststellenleitung der .....

- Antragstellerin -

gegen

Mitarbeitervertretung der .....

- Antragsgegnerin -

wegen: Antrag auf Zustimmungsersetzung zur ordentlichen Kündigung .....

.....

Es wird beantragt, wie folgt zu erkennen:

.....

Gründe:

.....

VII. Anschriften der Kirchengerichte

1865	1	Gemeinsames Kirchengericht der Bremischen Ev. Kirche und des Diakonischen Werkes Bremen e. V. Franziuseck 2-4 28199 Bremen Tel.: 0421/5597-234 Fax: 0421/5597-265
	2	Gemeinsame Schlichtungsstelle der Ev. Kirche im Rheinland und des Diakonischen Werkes der Ev. Kirche im Rheinland e. V. Hans-Böckler-Str. 7 40476 Düsseldorf Tel.: 0211/4562-359 Fax: 0211/4562-556

3	Kirchengericht des Diakonischen Werkes – Landesverband – in der Pommerschen Ev. Kirche e. V.
	Grimmerstraße 11-14
	17489 Greifswald
	Tel.: 03834/8899-11
	Fax: 03834/8899-33
4	Kirchengericht der Evangelischen Kirche in Deutschland (EKD)
	Kammern für mitarbeitervertretungsrechtliche Streitigkeiten
	Herrenhäuser Str. 12
	30419 Hannover
	Tel.: 0511/2796-0
	Fax: 0511/2796-750
5	Kirchengericht der Ev.-Luth. Kirche in Bayern für mitarbeitervertretungsrechtliche Streitigkeiten
	Postfach 200751
	80007 München
	Tel.: 089/5595-378
	Fax: 089/5595-326
6	Kirchengericht für mitarbeitervertretungsrechtliche Streitigkeiten der Nordkirche
	Shanghaiallee 14
	20457 Hamburg
	Tel.: 040/369002-50
	Fax: 040/369002-59
7	Kirchengericht für mitarbeitervertretungsrechtliche Streitigkeiten der Ev. Kirche in Mitteldeutschland
	– Erste und Zweite Kammer –
	Am Dom 2
	39104 Magdeburg
	Tel.: 0391/5346-238
	Fax: 0391/5346-145

8	Kirchengericht für mitarbeitervertretungsrechtliche Streitigkeiten im Diakonischen Werk Ev. Kirchen in Mitteldeutschland e. V.
	Merseburger Str. 44
	06110 Halle (Saale)
	Tel.: 0345/12299-0
	Fax: 0345/12299-199
9	Kirchengerichtliche Schlichtungsstelle der Ev. Landeskirche in Baden und des Diakonischen Werkes der Ev. Landeskirche in Baden e. V.
	Blumenstr. 1
	76133 Karlsruhe
	Tel.: 0721/9175-612
	Fax: 0721/9175-565
10	Kirchliche Gerichte der Ev.-Luth. Landeskirche Sachsens
	– Schlichtungsstelle für MV-rechtliche Streitigkeiten –
	1. Kammer und 2. Kammer
	Lukasstr. 6
	01069 Dresden
	Tel.:0351/4692-115
	Fax: 0351/4692-116
11	Schiedsstelle der Ev. Kirche in Berlin-Brandenburg-schlesische Oberlausitz
	Georgenkirchstraße 69/70
	10249 Berlin
	Tel.: 030/24344-316
	Fax: 030/24344-315
12	Schiedsstelle der Konföderation ev. Kirchen in Niedersachsen und der Diakonischen Werke Braunschweig, Hannover, Oldenburg und Schaumburg-Lippe –
	Kammern der Kirchen
	Rote Reihe 6
	30169 Hannover
	Tel.: 0511/1241-608
	Fax: 0511/1241-266

13	Schiedsstelle der Konföderation ev. Kirchen in Niedersachsen und der Diakonischen Werke Braunschweig, Hannover und Oldenburg – Kammer Diakonisches Werk Braunschweig –
	Ebhardtstr. 3A
	30159 Hannover
	Tel.: 0511/3604-0
	Fax: 0511/3604-105
14	Schiedsstelle der Konföderation ev. Kirchen in Niedersachsen und der Diakonischen Werke Braunschweig, Hannover und Oldenburg –
	Kammer Diakonisches Werk Oldenburg
	Kastanienallee 9-11
	26121 Oldenburg
	Tel.: 0441/21001-0
	Fax: 0441/21001-59
15	Schiedsstelle der Konföderation ev. Kirchen in Niedersachsen und der Diakonischen Werke Braunschweig, Hannover und Oldenburg –
	Kammer Diakonisches Werk Hannovers
	Ebhardtstr. 3A
	30159 Hannover
	Tel.: 0511/3604-0
	Fax: 0511/3604-105
16	Schieds- und Schlichtungsstelle des Diakonischen Werkes Berlin-Brandenburg-schlesische Oberlausitz e. V.
	Paulsenstr. 55-56
	12163 Berlin
	Tel.: 030/82097-255
	Fax: 030/82097-282
17	Schlichtungsstelle der Ev. Kirche der Pfalz
	Domplatz 5
	67346 Speyer
	Tel.: 06232/667-158
	Fax: 06232/667-234

18	Schlichtungsstelle der Ev. Kirche in Hessen und Nassau
	c/o Ev. Akademie Arnoldshain
	Am Eichwaldsfeld 3
	61389 Schmitten
	Tel.: 06084/9598-0
	Fax: 06084/9598-135
19	Kirchengericht für mitarbeitervertretungsrechtliche Streitigkeiten der Ev. Kirche von Kurhessen-Waldeck –
	Kammer für den kirchlichen Bereich
	Wilhelmshöher Allee 330
	34131 Kassel
	Tel.: 0561/9378-277
	Fax: 0561/9378-410
20	Kirchengericht der Evangelischen Kirche in Deutschland (EKD) Kammern für mitarbeitervertretungsrechtliche Streitigkeiten
	Herrenhäuser Str. 12
	30419 Hannover
	Tel.: 0511/2796-260
	Fax: 0511/2796-750
22	Schlichtungsstelle des Diakonischen Werkes der Ev. Kirche der Pfalz
	Karmeliterstr. 20
	67346 Speyer
	Tel.: 06232/664-0
	Fax: 06232/664-130
23	Schlichtungsstelle des Diakonischen Werkes in Hessen und Nassau e. V.
	Ederstraße 12
	60486 Frankfurt am Main
	Tel.: 069/7947-259
	Fax: 069/7947-130

VII. Anschriften der Kirchengerichte P.

24	Schlichtungsstelle für Mitarbeitervertretungsrecht – MVG – beim Diakonischen Werk in Kurhessen-Waldeck e. V. Kölnische Str. 136 34119 Kassel Tel.: 0561/1095-213 Fax: 0561/103936
25	Schlichtungsstelle für mitarbeitervertretungsrechtliche Streitigkeiten der Ev.-Luth. Landeskirche Mecklenburgs und des Diakonischen Werkes der Ev.-Luth. Landeskirche Mecklenburgs e. V. Münzstr. 8/Postfach 111063 19010 Schwerin Tel.: 0385/5185-171 Fax: 0385/5185-170
26	Schlichtungsstelle nach dem MVG der Ev. Kirche von Westfalen Altstädter Kirchplatz 5 33602 Bielefeld Tel.: 0521/594-142 Fax: 0521/594-467
27	Schlichtungsstelle nach dem MVG der Ev. Kirche von Westfalen – 2.Kammer – c/o Diakonisches Werk der Ev. Kirche von Westfalen e. V. Friesenring 32/34 48147 Münster Tel.: 0251/2709-111 Fax: 0251/2709-113
27	Schlichtungsstelle nach dem MVG der Ev. Landeskirche in Württemberg Gänsheidestr. 4 70184 Stuttgart Tel.: 0711/2149-528 Fax: 0711/2149-236

Q. Anhang

I. Werkstättenmitwirkungsverordnung

Anhang:

Diakonie-Werkstättenmitwirkungsverordnung (DWMV)

Vom 04.06.2004 (ABl.EKD S. 529)

Aufgrund des § 52 a des Kirchengesetzes über Mitarbeitervertretungen der Evangelischen Kirche in Deutschland (i. d. F. der Neubekanntmachung vom 01.01.2004, ABl. EKD S. 7) verordnet der Rat der Evangelischen Kirche in Deutschland

Inhaltsübersicht

Abschnitt 1 Anwendungsbereich, Errichtung, Zusammensetzung und Aufgaben des Werkstattrates

§ 1 Anwendungsbereich

§ 2 Errichtung von Werkstatträten

§ 3 Gesamtwerkstattrat

§ 4 Zahl der Mitglieder des Werkstattrates

§ 5 Allgemeine Aufgaben des Werkstattrates

§ 6 Verfahren der Beteiligung des Werkstattrates

§ 7 Mitbestimmungsrechte des Werkstattrates

§ 8 Fälle der Mitbestimmung des Werkstattrates

§ 9 Mitwirkungsrechte des Werkstattrates

§ 10 Fälle der Mitwirkung des Werkstattrates

§ 11 Vermittlungsstelle

§ 12 Unterrichtsrecht des Werkstattrates

§ 13 Zusammenarbeit

§ 14 Werkstattversammlung

Abschnitt 2 Wahl des Werkstattrates

Unterabschnitt 1 Wahlberechtigung und Wählbarkeit; Zeitpunkt der Wahlen

§ 15 Wahlberechtigung

§ 16 Wählbarkeit

§ 17 Zeitpunkt der Wahlen zum Werkstattrat

Unterabschnitt 2 Wahlverfahren und Vorbereitung der Wahl

§ 18 Wahlverfahren

§ 19 Bestellung des Wahlvorstandes

§ 20 Aufgaben des Wahlvorstandes

§ 21 Erstellung der Liste der Wahlberechtigten

§ 22 Bekanntmachung der Liste der Wahlberechtigten

§ 23 Einspruch gegen die Liste der Wahlberechtigten

§ 24 Wahlausschreiben

§ 25 Wahlvorschläge

§ 26 Bekanntmachung der Bewerber und Bewerberinnen

Unterabschnitt 3 Durchführung der Wahl

§ 27 Stimmabgabe

§ 28 Wahlvorgang

§ 29 Feststellung des Wahlergebnisses

§ 30 Benachrichtigung der Gewählten und Annahme der Wahl

§ 31 Bekanntmachung der Gewählten

§ 32 Aufbewahrung der Wahlunterlagen

§ 33 Wahlanfechtung

§ 34 Wahlschutz und Wahlkosten

Abschnitt 3 Amtszeit des Werkstattrates

§ 35 Amtszeit des Werkstattrates

§ 36 Erlöschen der Mitgliedschaft im Werkstattrat, Ersatzmitglieder

Abschnitt 4 Geschäftsführung des Werkstattrates

§ 37 Vorsitz des Werkstattrates

§ 38 Einberufung der Sitzungen

§ 39 Sitzungen des Werkstattrates

§ 40 Beschlüsse des Werkstattrates

§ 41 Sitzungsniederschrift

§ 42 Geschäftsordnung

Q. Anhang

§ 43 Ehrenamt, persönliche Rechte und Pflichten der Mitglieder des Werkstattrates

§ 44 Freistellung

§ 45 Sprechstunden

§ 46 Sachbedarf, Kosten der Geschäftsführung des Werkstattrates

§ 47 Vertrauensperson

§ 48 Schweigepflicht

Abschnitt 5 Zuständigkeit für Streitigkeiten und Schlussvorschriften

§ 49 Zuständigkeit für Streitigkeiten

§ 50 Übergangsbestimmungen, Amtszeit der bestehenden Werkstatträte

§ 51 In – Kraft – Treten

Abschnitt 1

Anwendungsbereich, Errichtung, Zusammensetzung und Aufgaben des Werkstattrates

§ 1

Anwendungsbereich

(1) Für behinderte Menschen, die wegen Art oder Schwere ihrer Behinderung nicht, noch nicht oder noch nicht wieder auf dem allgemeinen Arbeitsmarkt beschäftigt werden können und zu ihrer Eingliederung in das Arbeitsleben im Arbeitsbereich anerkannter Werkstätten für behinderte Menschen oder vergleichbarer sonstiger Beschäftigungsstätten als Einrichtungen zur Teilhabe behinderter Menschen am Arbeitsleben und Eingliederung in das Arbeitsleben in einem besonderen arbeitnehmerähnlichen Rechtsverhältnis in der Regel auf der Grundlage eines Sozialleistungsverhältnisses (§ 138 Abs. 1 des SGB IX) beschäftigt werden (Werkstattbeschäftigte), bestimmt sich die Beteiligung durch Werkstatträte in Werkstattangelegenheiten auf der Grundlage des § 139 des Neunten Buches Sozialgesetzbuch, unabhängig von der Geschäftsfähigkeit der behinderten Menschen im Einzelnen nach den folgenden Regelungen.

(2) Diese Verordnung gilt für Werkstätten für behinderte Menschen in Trägerschaft kirchlicher Körperschaften, Anstalten und Stiftungen der Ev. Kirche in Deutschland, der Gliedkirchen sowie ihrer Zusammenschlüsse und der rechtlich selbständigen Einrichtungen der Diakonie. Einrichtungen der Diakonie sind das Diakonische Werk der Ev. Kirche in Deutschland sowie die gliedkirchlichen Diakonischen Werke und die ihnen angeschlossenen selbständigen Werke und Einrichtungen. Andere kirchliche und freikirchliche Einrichtungen, Werke und Dienste im Bereich der Ev. Kirche können diese Verordnung aufgrund von Beschlüssen ihrer zuständigen Gremien anwenden.

I. Werkstättenmitwirkungsverordnung

§ 2
Errichtung von Werkstatträten

(1) Ein Werkstattrat wird in anerkannten Werkstätten gem. § 142 SGB IX und in Betriebsstätten gewählt, die

eine eigene Organisation und Leitung haben oder

räumlich weit entfernt von der Werkstatt sind oder

in denen ein eigenständiger besonderer Personenkreis betreut wird.

(2) Rechte und Pflichten der Werkstatt sind solche des Trägers der Werkstatt.

§ 3
Gesamtwerkstattrat

(1) Bestehen bei einem Werkstattträger mehrere Werkstatträte, ist auf Antrag wenigstens der Hälfte dieser Werkstatträte ein Gesamtwerkstattrat zu bilden. Betreibt ein Werkstattträger mehrere anerkannte Werkstätten, so wird ein Gesamtwerkstattrat aus den Werkstatträten dieser Werkstätten und Betriebsstätten gebildet.

(2) In den Gesamtwerkstattrat wird je ein Mitglied aller beteiligten Werkstatträte entsandt. Die Zahl der Mitglieder des Gesamtwerkstattrates kann abweichend von Satz 1 durch eine Vereinbarung zwischen den beteiligten Werkstatträten und dem Werkstattträger geregelt werden. In der Vereinbarung können auch Regelungen über die Zusammensetzung und Arbeitsweise des Gesamtwerkstattrates getroffen werden.

(3) Zur ersten Sitzung des Gesamtwerkstattrates lädt der Werkstattrat der Werkstatt mit der größten Zahl der Wahlberechtigten ein. Der Vorsitzende oder die Vorsitzende dieses Werkstattrates leitet die Sitzung, bis der Gesamtwerkstattrat über den Vorsitz entschieden hat.

(4) Der Gesamtwerkstattrat ist zuständig für die Aufgaben des Werkstattrates, soweit sie behinderte Menschen aus mehreren oder allen Werkstätten oder Betriebsstätten gem. § 2 Abs. 1 betreffen. Darüber hinaus übernimmt der Gesamtwerkstattrat die Aufgaben eines Werkstattrates, wenn vorübergehend ein Werkstattrat oder ein Wahlvorstand nicht vorhanden ist.

(5) Die §§ 5 bis 13, 36 bis 42 sowie § 45 gelten für den Gesamtwerkstattrat sinngemäß.

§ 4

Zahl der Mitglieder des Werkstattrates

(1) Der Werkstattrat besteht in Werkstätten und Betriebsstätten mit

bis	zu	60	Beschäftigten aus 1 Person
		61	- 200 Beschäftigten aus 3 Mitgliedern
201	-	400	Beschäftigten aus 5 Mitgliedern
401	-	600	Beschäftigen aus 7 Mitgliedern.

Eine höhere Anzahl von Mitgliedern des Werkstattrates kann abweichend von Satz 1 durch eine Vereinbarung zwischen dem Werkstattrat und der Werkstatt festgelegt werden.

(2) In Werkstätten mit über 600 Beschäftigten ist eine Vereinbarung zwischen dem Werkstattrat und der Werkstatt über die Anzahl der Werkstatträte anzustreben.

(3) Die Geschlechter sollen entsprechend ihrem zahlenmäßigen Verhältnis vertreten sein.

(4) Veränderungen in der Zahl der Wahlberechtigten während der Amtszeit haben keinen Einfluss auf die Zahl der Mitglieder des Werkstattrates.

§ 5

Allgemeine Aufgaben des Werkstattrates

(1) Der Werkstattrat hat folgende allgemeine Aufgaben:

1. darüber zu wachen, dass die zugunsten der Werkstattbeschäftigten geltenden Gesetze, Verordnungen, Unfallverhütungsvorschriften und mit der Werkstatt getroffenen Vereinbarungen durchgeführt werden, vor allem, dass

a) die auf das besondere arbeitnehmerähnliche Rechtsverhältnis zwischen den Werkstattbeschäftigten und der Werkstatt anzuwendenden arbeitsrechtlichen Vorschriften und Grundsätze, insbesondere über Beschäftigungszeit einschließlich Teilzeitbeschäftigung sowie der Erholungspausen und Teilnahme an Maßnahmen zur Erhaltung und Erhöhung der Leistungsfähigkeit und zur Weiterentwicklung der Persönlichkeit des Werkstattbeschäftigten, Urlaub, Entgeltfortzahlung im Krankheitsfall, Entgeltzahlung an Feiertagen, Mutterschutz, Elternzeit, Persönlichkeitsschutz und Haftungsbeschränkung,

die in dem Besonderen arbeitnehmerähnlichen Rechtsverhältnis aufgrund der Fürsorgepflicht geltenden Mitwirkungs- und Beschwerderechte und

die Werkstattverträge

von der Werkstatt beachtet werden;

2. Maßnahmen, die dem Betrieb, der Werkstatt und den Werkstattbeschäftigten dienen, bei der Werkstatt zu beantragen;
3. Anregungen und Beschwerden von Werkstattbeschäftigten entgegen zu nehmen und – falls sie berechtigt erscheinen – durch Verhandlungen mit der Werkstatt auf Erledigung hinzuwirken; er hat die betreffenden Werkstattbeschäftigten über den Stand und das Ergebnis der Verhandlungen zu unterrichten.

Dabei hat der Werkstattrat vor allem die Interessen besonders betreuungs- und förderungsbedürftiger Werkstattbeschäftigter zu wahren und die Durchsetzung der tatsächlichen Gleichstellung von Frauen und Männern zu fördern.

(2) Werden in Abs. 1 Nr. 1 genannte Angelegenheiten zwischen der Werkstatt und einem oder einer Werkstattbeschäftigten erörtert, so nimmt auf dessen oder deren Wunsch ein Mitglied des Werkstattrates an der Erörterung teil. Es gilt § 48 Abs. 1 soweit das Mitglied des Werkstattrates nicht von dem oder der Werkstattbeschäftigten im Einzelfall von dieser Verpflichtung entbunden wird.

(3) Der Werkstattrat berücksichtigt die Interessen der im Eingangsverfahren und im Berufsbildungsbereich tätigen behinderten Menschen in angemessener und geeigneter Weise, solange für diese eine Vertretung nach § 36 des Neunten Buches Sozialgesetzbuch nicht besteht.

§ 6

Verfahren der Beteiligung des Werkstattrates

(1) Werkstattrat und Werkstatt sind verpflichtet, sich gegenseitig bei der Erfüllung ihrer Aufgaben zu unterstützen und arbeiten vertrauensvoll und partnerschaftlich zusammen. Der Werkstattrat wird insbesondere in den Verfahren der Mitbestimmung und der Mitwirkung beteiligt.

(2) Soweit Angelegenheiten der §§ 8 und 10 nur einheitlich für Mitarbeiter und Mitarbeiterinnen sowie Werkstattbeschäftigte geregelt werden können und soweit sie Gegenstand einer Vereinbarung mit der Mitarbeitervertretung sind oder sein sollen, haben die Beteiligten in einem gemeinsamen Gespräch auf eine einvernehmliche Regelung hinzuwirken. Der Werkstattrat hat das Recht, zu diesem Gespräch eine Vertrauensperson (§ 47) hinzu zu ziehen.

§ 7

Mitbestimmungsrechte des Werkstattrates

(1) Soweit eine Maßnahme der Mitbestimmung des Werkstattrates unterliegt, darf sie erst vollzogen werden, wenn die Zustimmung des Werkstattrates vorliegt oder durch das Kirchengericht gem. § 57 MVG.EKD nach Durchführung eines Verfahrens von der Vermittlungsstelle (§ 11) ersetzt worden ist. Eine der Mitbestimmung unterliegende Maßnahme ist unwirksam, wenn der Werkstattrat nicht beteiligt worden ist.

(2) Die Werkstatt unterrichtet den Werkstattrat von der beabsichtigten Maßnahme und beantragt seine Zustimmung. Auf Verlangen des Werkstattrates ist die beabsichtigte Maßnahme mit ihm zu erörtern. Der Werkstattrat hat das Recht, zu diesem Gespräch eine Vertrauensperson (§ 47) hinzuzuziehen.

(3) Die Maßnahme gilt als gebilligt, wenn der Werkstattrat nicht innerhalb von zwei Wochen die Zustimmung schriftlich verweigert oder eine mündliche Erörterung beantragt. Die Werkstatt kann die Frist in dringenden Fällen angemessen abkürzen oder verlängern. Der Werkstattrat hat die Verweigerung der Zustimmung gegenüber der Werkstatt schriftlich zu begründen.

(4) Kommt in den Fällen der Mitbestimmung keine Einigung zustande, kann die Werkstatt innerhalb von zwei Wochen nach Abschluss der Erörterung oder nach Eingang der schriftlichen Weigerung die Vermittlungsstelle gem. § 11 anrufen. Findet der Einigungsvorschlag nicht die Zustimmung der Werkstatt oder des Werkstattrates, kann die Werkstatt das Kirchengericht (§ 49) anrufen. Die Werkstatt kann bei Maßnahmen, die keinen Aufschub dulden, bis zur endgültigen Entscheidung vorläufige Regelungen treffen. Vorläufige Regelungen dürfen die Durchführung einer anderen endgültigen Entscheidung nicht hindern. Die Werkstatt hat dem Werkstattrat eine beabsichtigte vorläufige Maßnahme mitzuteilen, zu begründen und unverzüglich das Mitbestimmungsverfahren einzuleiten oder fortzusetzen.

§ 8

Fälle der Mitbestimmung des Werkstattrates

Der Werkstattrat hat in folgenden Angelegenheiten mitzubestimmen:
a) Fragen der Ordnung im Arbeitsbereich der Werkstatt und des Verhaltens der Werkstattbeschäftigten, einschließlich der Aufstellung und Änderung einer sogenannten Werkstattordnung,
b) Beginn und Ende der täglichen Beschäftigungszeit, der Pausen und der Zeiten für begleitende Maßnahmen sowie Verteilung der Arbeitszeit auf die einzelnen Wochentage und vorübergehende Verkürzung oder Verlängerung der üblichen Beschäftigungszeit,
c) Aufstellung von Grundsätzen für den Urlaubsplan,
d) Fragen der Gestaltung der Arbeitsentgelte, insbesondere die Aufstellung von Entlohnungsgrundsätzen und die Einführung und Anwendung von neuen Entlohnungsmethoden sowie deren Änderung, Festsetzung der Grund- und der Steigerungsbeträge und vergleichbarer leistungsbezogener Entgelte, Zeit, Ort und Art der Auszahlung der Arbeitsentgelte sowie Gestaltung der Arbeitsentgeltbescheinigungen,
e) Anwendung von technischen Einrichtungen, die dazu bestimmt sind, das Verhalten oder die Leistung der Werkstattbeschäftigten zu überwachen,
f) Aufstellung von Grundsätzen für die Fort- und Weiterbildung, der begleitenden Maßnahmen,
g) Gestaltung von Sanitär- und Aufenthaltsräumen,
Fragen der Verpflegung,

I. Werkstättenmitwirkungsverordnung   Q.

Planung und Mitgestaltung sozialer Aktivitäten für die Werkstattbeschäftigten.

§ 9
Mitwirkungsrechte des Werkstattrates

(1) Die Werkstatt unterrichtet den Werkstattrat in Angelegenheiten, in denen er ein Mitwirkungsrecht hat, rechtzeitig, umfassend und in angemessener Weise. Er ist vor Durchführung einer Maßnahme anzuhören. Werkstattrat und Werkstatt haben darauf hinzuwirken, dass Einvernehmen erreicht wird. Lässt sich ein Einvernehmen nicht herbeiführen, so kann der Werkstattrat bzw. die Werkstatt die Vermittlungsstelle anrufen.

(2) Weitergehende, einvernehmlich vereinbarte Formen der Beteiligung in Angelegenheiten, bei denen der Werkstattrat ein Mitwirkungsrecht hat, bleiben unberührt.

§ 10
Fälle der Mitwirkung des Werkstattrates

Der Werkstattrat hat in folgenden Angelegenheiten mitzuwirken:
a) Grundlegende Änderungen der Werkstattorganisation und des Werkstattzwecks,
b) Darstellung und Verwendung des Arbeitsergebnisses unter Darlegung der dafür maßgeblichen wirtschaftlichen Verhältnisse im Rahmen der gesetzlichen Bestimmungen,
c) Gestaltung von Arbeitsplätzen, Arbeitsabläufen und Arbeitsumgebung,
d) Einführung grundlegend neuer Arbeitsmethoden,
e) Maßnahmen zur Erleichterung des Arbeitsablaufs,
f) Regelungen über die Verhütung von Arbeitsunfällen und Berufskrankheiten sowie über den Gesundheitsschutz im Rahmen der gesetzlichen Vorschriften oder der Unfallverhütungsvorschriften,
g) Planung von Neu-, Um- und Erweiterungsbauten sowie von neuen technischen Anlagen,
h) Einschränkung, Stilllegung und Verlegung der Werkstatt oder wesentlicher Teile der Werkstatt,
i) Fragen der Regelung des Fahrdienstes,
Fragen zu Maßnahmen zur Weiterentwicklung der Persönlichkeit sowie zur Förderung des Übergangs auf den allgemeinen Arbeitsmarkt,

Auf Wunsch der Betroffenen bei der dauerhaften Umsetzung von Beschäftigten im Arbeitsbereich auf einen anderen Arbeitsplatz.

§ 11
Vermittlungsstelle

(1) Bei Streitigkeiten zwischen dem Werkstattrat und der Werkstatt in den Fällen der §§ 8 und 10 sowie bei schweren oder wiederholten Verstößen der Werkstatt oder des Werkstattrates gegen die Bestimmungen der §§ 12 bis 14, kann jede Seite die Vermittlungsstelle anrufen.

(2) Die Vermittlungsstelle besteht aus drei Personen, von denen je eine von dem Werkstattrat und von der Werkstatt benannt wird. Die vorsitzende Person wird von Werkstattrat und Werkstatt gemeinsam benannt. Sie muss Glied einer christlichen Kirche oder Gemeinschaft sein, die der Arbeitsgemeinschaft Christlicher Kirchen in Deutschland angeschlossen ist. Sie soll unparteiisch und in Werkstattangelegenheiten erfahren sein. Kommt eine Einigung über den Vorsitz nicht zustande, so schlagen die Werkstatt und der Werkstattrat je eine Person vor; durch Los wird entschieden, wer von diesen beiden den Vorsitz übernimmt.

(3) Die Vermittlungsstelle hört beide Seiten an und fasst ihren Beschluss für einen Einigungsvorschlag innerhalb von zwölf Kalendertagen. Sie entscheidet nach mündlicher Beratung mit Stimmenmehrheit. Stimmenthaltung ist unzulässig. Die Beschlüsse der Vermittlungsstelle sind schriftlich niederzulegen und von der vorsitzenden Person zu unterzeichnen. Werkstatt und Werkstattrat können weitere Einzelheiten des Verfahrens vor der Vermittlungsstelle vereinbaren.

(4) Der Einigungsvorschlag der Vermittlungsstelle ersetzt nicht die Entscheidung der Werkstatt. Die Werkstatt hat unter Berücksichtigung des Einigungsvorschlages endgültig zu entscheiden. Bis dahin ist die Durchführung der Maßnahme auszusetzen. Fasst die Vermittlungsstelle innerhalb der in Abs. 3 genannten Frist keinen Beschluss für einen Einigungsvorschlag, gilt die Entscheidung der Werkstatt.

§ 12

Unterrichtungsrecht des Werkstattrates

(1) In Angelegenheiten, in denen der Werkstattrat ein Unterrichtungsrecht hat, hat die Werkstatt den Werkstattrat rechtzeitig und umfassend unter Vorlage der erforderlichen Unterlagen in geeigneter Form zu unterrichten. Die in den Fällen des Abs. 2 Buchstabe a) einzuholende Stellungnahme des Fachausschusses und die in diesem Rahmen erforderliche Anhörung der oder des Werkstattbeschäftigten, bleiben unberührt.

(2) Der Werkstattrat ist in folgenden Angelegenheiten zu unterrichten:
a) Beendigung des arbeitnehmerähnlichen Rechtsverhältnisses,
b) Verlauf und Ergebnis der Eltern- und Betreuerversammlung,
c) Einstellung, Versetzung und Umsetzung des Fachpersonals (Angehörige der begleitenden Dienste und Fachkräfte zur Arbeits- und Berufsförderung) und des sonstigen Personals der Werkstatt.

§ 13

Zusammenarbeit

(1) Die Werkstatt, die zuständige Mitarbeitervertretung sowie die Vertrauensperson der Schwerbehinderten, die Vertretung der Teilnehmer und Teilnehmerinnen an Maßnahmen im Eingangsverfahren und im Berufsbildungsbereich, sonstige Gremien und der Werkstattrat arbeiten im Interesse der Werkstattbeschäftigten vertrauensvoll zusammen. Die Werkstatt und der Werkstattrat können hierbei die Unterstützung der

in der Einrichtung vertretenen Behindertenverbände und der Verbände, denen die Werkstatt angehört sowie von einer Vertrauensperson (§ 47) in Anspruch nehmen.

(2) Werkstatt und Werkstattrat sollen regelmäßig, mindestens einmal im Monat, zu einer Besprechung zusammentreten. Sie haben über strittige Fragen mit dem ernsten Willen zur Einigung zu verhandeln und Vorschläge für die Beilegung von Meinungsverschiedenheiten zu machen.

§ 14

Werkstattversammlung

Der Werkstattrat führt mindestens einmal in jedem Jahr seiner Amtszeit eine Versammlung der Werkstattbeschäftigten durch. Die nach § 31 MVG.EKD für Mitarbeiterversammlungen geltenden Vorschriften finden entsprechende Anwendung. Der Werkstattrat kann im Einvernehmen mit der Werkstatt in Werkstattangelegenheiten erfahrene Personen sowie behinderte Menschen, die an Maßnahmen im Eingangsverfahren oder im Berufsbildungsbereich teilnehmen, einladen.

Abschnitt 2

Wahl des Werkstattrates

Unterabschnitt 1

Wahlberechtigung und Wählbarkeit, Zeitpunkt der Wahlen

§ 15

Wahlberechtigung

Wahlberechtigt sind alle Werkstattbeschäftigten, soweit sie keine Mitarbeiter und Mitarbeiterinnen gem. § 2 MVG.EKD sind.

§ 16

Wählbarkeit

Wählbar sind alle Wahlberechtigten, die am Wahltag seit mindestens sechs Monaten in der Werkstatt beschäftigt sind. Zeiten des Eingangsverfahrens und der Teilnahme an Maßnahmen im Berufsbildungsbereich werden angerechnet. Besteht die Werkstatt bei Erlass des Wahlausschreibens noch nicht länger als sechs Monate, so sind auch diejenigen wählbar, die zu diesem Zeitpunkt in der Werkstatt beschäftigt sind.

§ 17

Zeitpunkt der Wahlen zum Werkstattrat

(1) Die regelmäßigen Wahlen zum Werkstattrat finden alle vier Jahre in der Zeit vom 1. Oktober bis 30. November statt.

(2) Findet außerhalb der allgemeinen Wahlzeit eine Wahl statt, so ist – unabhängig von der Amtszeit des Werkstattrates – in der nächsten allgemeinen Wahlzeit erneut zu

wählen. Ist ein Werkstattrat am 30. November des Jahres der regelmäßigen Wahl des Werkstattrates noch nicht ein Jahr im Amt, so ist er nicht neu zu wählen; die Amtszeit verlängert sich um die nächste regelmäßige Amtszeit.

(3) Außerhalb der allgemeinen Wahlzeit finden Wahlen zum Werkstattrat statt, wenn:
1. die Gesamtzahl der Mitglieder nach Eintreten sämtlicher Ersatzmitglieder unter die vorgeschriebene Zahl der Werkstattratmitglieder gesunken ist,
2. der Werkstattrat mit der Mehrheit seiner Mitglieder seinen Rücktritt beschlossen hat,
3. die Wahl des Werkstattrates mit Erfolg angefochten worden ist,
4. ein Werkstattrat noch nicht gewählt ist.

Unterabschnitt 2

Wahlverfahren und Vorbereitung der Wahl

§ 18

Wahlverfahren

Die Mitglieder des Werkstattrates werden in gleicher, freier, geheimer und unmittelbarer Wahl gemeinsam und nach den Grundsätzen der Mehrheitswahl (Persönlichkeitswahl) gewählt.

§ 19

Bestellung des Wahlvorstandes

(1) Spätestens zehn Wochen vor Ablauf seiner Amtszeit bestellt der Werkstattrat einen Wahlvorstand aus drei Wahlberechtigten oder sonstigen der Werkstatt angehörigen Personen und einen oder eine von ihnen als Vorsitzenden oder Vorsitzende.

(2) Ist in der Werkstatt ein Werkstattrat nicht vorhanden, werden der Wahlvorstand und dessen Vorsitzender oder Vorsitzende in einer Versammlung der Wahlberechtigten gewählt. Die Werkstatt oder die zuständige Mitarbeitervertretung lädt zu dieser Versammlung ein.

§ 20

Aufgaben des Wahlvorstandes

(1) Der Wahlvorstand bereitet die Wahl vor und führt sie durch. Die Werkstatt hat dem Wahlvorstand auf dessen Wunsch aus den Angehörigen des Fachpersonals eine Person seines Vertrauens zur Verfügung zu stellen, die ihn bei der Vorbereitung und Durchführung der Wahl unterstützt. Der Wahlvorstand kann in der Werkstatt Beschäftigte als Wahlhelfer oder Wahlhelferinnen zu seiner Unterstützung bei der Durchführung der Stimmabgabe und bei der Stimmenzählung bestellen. Die Mitglieder des Wahlvorstandes, die Vertrauensperson sowie die Wahlhelfer und Wahlhelferinnen haben die gleichen persönlichen Rechte und Pflichten wie die Mitglieder des Werkstattrates (§ 43). Die Vertrauensperson nimmt ihre Aufgabe unabhängig von Weisungen der Werkstatt wahr.

(2) Die Beschlüsse des Wahlvorstandes werden mit Stimmenmehrheit seiner Mitglieder gefasst. Über jede Sitzung des Wahlvorstandes ist eine Niederschrift aufzunehmen, die mindestens den Wortlaut der gefassten Beschlüsse enthält. Die Niederschrift ist von dem Vorsitzenden oder der Vorsitzenden und einem weiteren Mitglied des Wahlvorstandes oder der Vertrauensperson zu unterzeichnen.

(3) Der Wahlvorstand hat die Wahl unverzüglich einzuleiten; sie soll spätestens eine Woche vor dem Tag stattfinden, an dem die Amtszeit des Werkstattrates abläuft.

(4) Die Werkstatt unterstützt den Wahlvorstand bei der Erfüllung seiner Aufgaben. Sie gibt ihm insbesondere alle für die Anfertigung der Listen der Wahlberechtigten und der Wählbaren erforderlichen Auskünfte und stellt die notwendigen Unterlagen zur Verfügung.

§ 21
Erstellung der Liste der Wahlberechtigten

Der Wahlvorstand stellt jeweils eine Liste der Wahlberechtigten und der Wählbaren auf. Die Wahlberechtigten sollen mit dem Familiennamen und dem Vornamen, erforderlichenfalls mit dem Geburtsdatum, in alphabetischer Reihenfolge aufgeführt werden.

§ 22
Bekanntmachung der Liste der Wahlberechtigten

Die Listen der Wahlberechtigten und der Wählbaren oder eine Abschrift ist unverzüglich nach Einleitung der Wahl bis zum Abschluss der Stimmabgabe an geeigneter Stelle zur Einsicht auszulegen.

§ 23
Einspruch gegen die Liste der Wahlberechtigten

(1) Wahlberechtigte und sonstige Beschäftigte, die ein berechtigtes Interesse an einer ordnungsgemäßen Wahl glaubhaft machen, können innerhalb von zwei Wochen seit Erlass des Wahlausschreibens (§ 24) beim Wahlvorstand Einspruch gegen die Richtigkeit der Listen der Wahlberechtigten und der Wählbaren einlegen.

(2) Über Einsprüche nach Absatz 1 entscheidet der Wahlvorstand unverzüglich. Hält er den Einspruch für begründet, berichtigt er die Liste. Der Person, die den Einspruch eingelegt hat, wird die Entscheidung unverzüglich mitgeteilt; die Entscheidung muss ihr spätestens am Tage vor der Stimmabgabe zugehen.

(3) Nach Ablauf der Einspruchsfrist soll der Wahlvorstand die Listen der Wahlberechtigten und der Wählbaren nochmals auf ihre Vollständigkeit hin überprüfen. Im Übrigen kann nach Ablauf der Einspruchsfrist die Liste der Wahlberechtigten nur bei Schreibfehlern, offenbaren Unrichtigkeiten, in Erledigung rechtzeitig eingelegter Einsprüche oder bei Eintritt oder Ausscheiden eines Wahlberechtigten oder einer

Wahlberechtigten bis zum Tage vor dem Beginn der Stimmabgabe berichtigt oder ergänzt werden.

§ 24

Wahlausschreiben

(1) Spätestens sechs Wochen vor dem Wahltag erlässt der Wahlvorstand ein Wahlausschreiben, das von dem oder der Vorsitzenden und mindestens einem weiteren Mitglied des Wahlvorstandes zu unterschreiben ist. Es muss enthalten:
1. das Datum seines Erlasses,
2. die Namen und Fotos der Mitglieder des Wahlvorstandes,
3. die Voraussetzungen der Wählbarkeit zum Werkstattrat,
4. den Hinweis, wo und wann die Liste der Wahlberechtigten und diese Verordnung zur Einsicht ausliegen,
5. den Hinweis, dass nur wählen kann, wer in die Liste der Wahlberechtigten eingetragen ist, und dass Einsprüche gegen die Liste der Wahlberechtigten nur vor Ablauf von zwei Wochen seit dem Erlass des Wahlausschreibens beim Wahlvorstand schriftlich oder zur Niederschrift eingelegt werden können; der letzte Tag der Frist ist anzugeben,
6. die Aufforderung, Wahlvorschläge innerhalb von zwei Wochen nach Erlass des Wahlausschreibens beim Wahlvorstand einzureichen; der letzte Tag der Frist ist anzugeben,
7. die Mindestzahl von Wahlberechtigten, von denen ein Wahlvorschlag unterstützt werden muss (§ 25 Satz 2),
8. den Hinweis, dass die Stimmabgabe an die Wahlvorschläge gebunden ist und dass nur solche Wahlvorschläge berücksichtigt werden dürfen, die fristgerecht (Nummer 6) eingereicht sind,
9. die Bestimmung des Ortes, an dem die Wahlvorschläge bis zum Abschluss der Stimmabgabe durch Aushang oder in sonst geeigneter Weise bekannt gegeben werden,
10. Ort, Tag und Zeit der Stimmabgabe,
11. den Ort und die Zeit der Stimmauszählung und der Sitzung des Wahlvorstandes, in der das Wahlergebnis abschließend festgestellt wird,
12. den Ort, an dem Einsprüche, Wahlvorschläge und sonstige Erklärungen gegenüber dem Wahlvorstand abzugeben sind.

(2) Eine Abschrift oder ein Abdruck des Wahlausschreibens ist vom Tage seines Erlasses bis zum Wahltag an einer oder mehreren geeigneten, den Wahlberechtigten zugänglichen Stellen vom Wahlvorstand auszuhängen oder in anderer geeigneter Weise bekannt zu machen.

§ 25

Wahlvorschläge

Die Wahlberechtigten können innerhalb von zwei Wochen seit Erlass des Wahlausschreibens Vorschläge beim Wahlvorstand einreichen. Jeder Wahlvorschlag muss von mindestens drei Wahlberechtigten unterstützt werden. Der Wahlvorschlag bedarf der Zustimmung des Vorgeschlagenen oder der Vorgeschlagenen. Der Wahlvorstand entscheidet über die Zulassung zur Wahl. § 6 Abs. 2 der Wahlordnung zum MVG.EKD gilt entsprechend.

§ 26
Bekanntmachung der Bewerber und Bewerberinnen

Spätestens eine Woche vor Beginn der Stimmabgabe und bis zum Abschluss der Stimmabgabe macht der Wahlvorstand die Namen und Fotos oder anderes Bildmaterial der Bewerber und Bewerberinnen aus zugelassenen Wahlvorschlägen in alphabetischer Reihenfolge in gleicher Weise bekannt wie das Wahlausschreiben (§ 24 Abs. 2).

Unterabschnitt 3

Durchführung der Wahl

§ 27
Stimmabgabe

(1) Der Werkstattrat wird in geheimer und unmittelbarer Wahl nach den Grundsätzen der Mehrheitswahl gewählt.

(2) Wer wahlberechtigt ist, kann seine Stimme nur für rechtswirksam vorgeschlagene Bewerber oder Bewerberinnen abgeben. Jeder Wahlberechtigte und jede Wahlberechtigte hat so viele Stimmen, wie Mitglieder des Werkstattrates gewählt werden. Der Stimmzettel muss einen Hinweis darauf enthalten, wie viele Bewerber im Höchstfall gewählt werden dürfen. Für jeden Bewerber oder jede Bewerberin kann nur eine Stimme abgegeben werden.

(3) Das Wahlrecht wird durch Abgabe eines Stimmzettels in einem Wahlumschlag ausgeübt. Auf dem Stimmzettel sind die Bewerber in alphabetischer Reihenfolge unter Angabe von Familienname und Vorname, erforderlichenfalls des Geburtsdatums, sowie mit Foto oder anderem Bildmaterial aufzuführen. Die Stimmzettel müssen sämtlich die gleiche Größe, Farbe, Beschaffenheit und Beschriftung haben. Das Gleiche gilt für die Wahlumschläge.

(4) Bei der Stimmabgabe wird durch Ankreuzen an der im Stimmzettel jeweils vorgesehenen Stelle die von dem Wählenden oder von der Wählenden gewählte Person gekennzeichnet. Stimmzettel, auf denen mehr als die zulässige Anzahl der Bewerber oder Bewerberinnen gekennzeichnet ist oder aus denen sich der Wille des Wählenden oder der Wählerin nicht zweifelsfrei ergibt, sind ungültig.

(5) Ist für mehr als die Hälfte der Wahlberechtigten infolge ihrer Behinderung eine Stimmabgabe durch Abgabe eines Stimmzettels nach den Absätzen 3 und 4 überwiegend nicht möglich, kann der Wahlvorstand eine andere Form der Ausübung des Wahlrechts beschließen.

§ 28

Wahlvorgang

(1) Der Wahlvorstand hat geeignete Vorkehrungen für die unbeobachtete Kennzeichnung der Stimmzettel im Wahlraum zu treffen und für die Bereitstellung einer Wahlurne zu sorgen. Die Wahlurne muss vom Wahlvorstand verschlossen und so eingerichtet sein, dass die eingeworfenen Stimmzettel nicht herausgenommen werden können, ohne dass die Urne geöffnet wird.

(2) Während der Wahl müssen immer mindestens zwei Mitglieder des Wahlvorstandes im Wahlraum anwesend sein. Sind Wahlhelfer oder Wahlhelferinnen bestellt (§ 20 Abs. 1 Satz 3), genügt die Anwesenheit eines Mitgliedes des Wahlvorstandes und eines Wahlhelfers oder einer Wahlhelferin.

(3) Der gekennzeichnete und in den Wahlumschlag gelegte Stimmzettel ist in die hierfür bereitgestellte Wahlurne einzuwerfen, nachdem die Stimmabgabe von einem Mitglied des Wahlvorstandes oder einem Wahlhelfer oder einer Wahlhelferin in der Liste der Wahlberechtigten vermerkt worden ist.

(4) Wer infolge seiner Behinderung bei der Stimmabgabe beeinträchtigt ist, bestimmt eine Person seines Vertrauens, die ihm bei der Stimmabgabe behilflich sein soll, und teilt dies einem Mitglied des Wahlvorstandes mit. Personen, die sich bei der Wahl bewerben, Mitglieder des Wahlvorstandes, Vertrauenspersonen im Sinne des § 20 Abs. 1 Satz 2 sowie Wahlhelfer und Wahlhelferinnen dürfen nicht zur Hilfeleistung herangezogen werden. Die Hilfeleistung beschränkt sich auf die Erfüllung der Wünsche des Wählers oder der Wählerin zur Stimmabgabe; die Vertrauensperson darf gemeinsam mit dem Wähler oder der Wählerin die Wahlkabine aufsuchen. Die Vertrauensperson ist zur Geheimhaltung der Kenntnisse von der Wahl einer anderen Person verpflichtet, die sie bei der Hilfeleistung erlangt hat. Die Sätze 1 bis 4 gelten entsprechend für Wähler und Wählerinnen, die des Lesens unkundig sind.

(5) Nach Abschluss der Wahl ist die Wahlurne zu versiegeln, wenn die Stimmenauszählung nicht unmittelbar nach der Beendigung der Wahl durchgeführt wird.

§ 29

Feststellung des Wahlergebnisses

(1) Unverzüglich nach Abschluss der Wahl nimmt der Wahlvorstand öffentlich die Auszählung der Stimmen vor und stellt das Ergebnis fest.

(2) Gewählt sind die Bewerber und Bewerberinnen, die die meisten Stimmen erhalten haben. Bei Stimmengleichheit entscheidet das Los.

(3) Der Wahlvorstand fertigt über das Ergebnis eine Niederschrift, die von dem Vorsitzenden oder der Vorsitzenden und mindestens einem weiteren Mitglied des Wahlvorstandes unterschrieben wird. Die Niederschrift muss die Zahl der abgegebenen gültigen und ungültigen Stimmzettel, die auf jeden Bewerber oder jede Bewerberin

entfallenen Stimmenzahlen sowie die Namen der gewählten Bewerber und Bewerberinnen enthalten.

§ 30
Benachrichtigung der Gewählten und Annahme der Wahl

(1) Der Wahlvorstand benachrichtigt die zum Werkstattrat Gewählten unverzüglich von ihrer Wahl. Erklärt eine gewählte Person nicht innerhalb von drei Arbeitstagen nach Zugang der Benachrichtigung dem Wahlvorstand ihre Ablehnung der Wahl, ist sie angenommen.

(2) Lehnt eine gewählte Person die Wahl ab, tritt an ihre Stelle der Bewerber oder die Bewerberin mit der nächsthöchsten Stimmenzahl.

§ 31
Bekanntmachung der Gewählten

Sobald die Namen der Mitglieder des Werkstattrates endgültig feststehen, macht der Wahlvorstand sie durch zweiwöchigen Aushang in gleicher Weise wie das Wahlausschreiben bekannt (§ 24 Abs. 2) und teilt sie unverzüglich der Werkstatt mit.

§ 32
Aufbewahrung der Wahlunterlagen

Die Wahlunterlagen, insbesondere die Niederschriften, Bekanntmachungen und Stimmzettel, werden vom Werkstattrat mindestens bis zum Ende der Wahlperiode aufbewahrt.

§ 33
Wahlanfechtung

(1) Die Wahl kann innerhalb von zwei Wochen, vom Tag der Bekanntgabe des Wahlergebnisses an gerechnet, von mindestens drei Wahlberechtigten oder der Werkstatt bei dem zuständigen Kirchengericht (§ 49) schriftlich angefochten werden, wenn geltend gemacht wird, dass gegen wesentliche Bestimmungen über die Wahlberechtigung, die Wählbarkeit oder das Wahlverfahren verstoßen und der Verstoß nicht behoben worden ist. Die Wahlanfechtung hat aufschiebende Wirkung.

(2) Stellt das Kirchengericht fest, dass durch den Verstoß das Wahlergebnis beeinflusst oder geändert werden konnte, so hat sie das Wahlergebnis für ungültig zu erklären und die Wiederholung der Wahl anzuordnen.

§ 34
Wahlschutz und Wahlkosten

(1) Niemand darf die Wahl des Werkstattrates behindern. Insbesondere dürfen Werkstattbeschäftigte in der Ausübung des aktiven und passiven Wahlrechts nicht beschränkt werden.

(2) Niemand darf die Wahl des Werkstattrates durch Zufügung oder Androhung von Nachteilen oder durch Gewährung oder Versprechen von Vorteilen beeinflussen.

(3) Die Kosten der Wahl trägt die Werkstatt. Versäumnis von Beschäftigungszeit, die zur

Ausübung des Wahlrechts, zur Betätigung im Wahlvorstand oder zur Tätigkeit als Wahlhelfer oder Wahlhelferin erforderlich ist, berechtigt die Werkstatt nicht zur Minderung des Arbeitsentgeltes. Die Ausübung der genannten Tätigkeiten steht der Beschäftigung als Werkstattbeschäftigter gleich.

Abschnitt 3

Amtszeit des Werkstattrates

§ 35

Amtszeit des Werkstattrates

(1) Die Amtszeit des Werkstattrates beträgt vier Jahre. Die Amtszeit des Werkstattrates beginnt mit Bestandskraft der Wahl und endet in der Regel am 30. November. Der bisherige Werkstattrat führt die Geschäfte bis zu deren Übernahme durch den neu gewählten Werkstattrat weiter, längstens jedoch sechs Monate über den Ablauf seiner Amtszeit hinaus.

(2) In den Fällen des § 17 Abs. 3 ist unverzüglich das Verfahren für die Neuwahl einzuleiten. In den Fällen des § 17 Abs. 3 Nr. 2, 3 und 4, nimmt der Wahlvorstand die dem Werkstattrat nach dieser Verordnung obliegenden Aufgaben wahr, längstens jedoch für einen Zeitraum von sechs Monaten.

§ 36

Erlöschen der Mitgliedschaft im Werkstattrat, Ersatzmitglieder

(1) Die Mitgliedschaft im Werkstattrat erlischt durch:
a) Ablauf der Amtszeit,
b) Niederlegung des Amtes,
c) Ausscheiden aus der Werkstatt,
d) Beendigung des arbeitnehmerähnlichen Rechtsverhältnisses,
e) Verlust der Wählbarkeit.

(2) Scheidet ein Mitglied aus dem Werkstattrat aus, so rückt ein Ersatzmitglied nach. Dies gilt entsprechend für die Stellvertretung eines Mitglieds des Werkstattrates, welches voraussichtlich länger als drei Monate an der Wahrnehmung seiner Geschäfte oder seines Amtes gehindert ist.

(3) Die Ersatzmitglieder werden der Reihe nach aus den nicht gewählten Bewerbern und Bewerberinnen der Wahlvorschlagsliste entnommen. Die Reihenfolge bestimmt sich nach der Höhe der erreichten Stimmenzahl. Bei Stimmengleichheit entscheidet das Los.

Abschnitt 4
Geschäftsführung des Werkstattrates

§ 37
Vorsitz des Werkstattrates

(1) Der Werkstattrat wählt aus seiner Mitte den Vorsitzenden bzw. die Vorsitzende und eine Stellvertretung.

(2) Der bzw. die Vorsitzende vertritt den Werkstattrat im Rahmen der von diesem gefassten Beschlüsse und ist zur Entgegennahme von Erklärungen, die dem Werkstattrat gegenüber abzugeben sind, befugt.

(3) Im Falle der Verhinderung wird der bzw. die Vorsitzende durch den Stellvertreter bzw. die Stellvertreterin vertreten.

(4) Soweit der Werkstattrat nur aus einer Person besteht, übernimmt die Stellvertretung der Wahlbewerber oder die Wahlbewerberin mit der nächstniedrigeren Stimmenzahl, mit der alle Angelegenheiten des Werkstattrates beraten werden können.

§ 38
Einberufung der Sitzungen

(1) Nach Bestandskraft der Wahl hat der Wahlvorstand innerhalb einer Woche die Mitglieder des neu gewählten Werkstattrates zur Vornahme der nach § 37 Abs. 1 vorgeschriebenen Wahlen einzuberufen und die Sitzung zu leiten, bis der Werkstattrat über seinen Vorsitz entschieden hat.

(2) Der oder die Vorsitzende beraumt unter Festsetzung der Tagesordnung die weiteren Sitzungen des Werkstattrates an und leitet diese. Die Mitglieder des Werkstattrates sind rechtzeitig unter Mitteilung der Tagesordnung zu laden.

(3) Die Werkstatt nimmt an den Sitzungen teil, die auf ihr Verlangen anberaumt worden sind und an den Sitzungen, zu denen sie ausdrücklich eingeladen wurde.

§ 39
Sitzungen des Werkstattrates

(1) Die Sitzungen des Werkstattrates finden in der Regel während der Beschäftigungszeit statt. Der Werkstattrat hat bei der Einberufung von Sitzungen die Arbeitsabläufe in der Werkstatt zu berücksichtigen. Die Werkstatt soll vom Zeitpunkt und Ort der Sitzungen vorher verständigt werden. Die Sitzungen sind nicht öffentlich.

(2) Der Werkstattrat kann die Vertrauensperson gem. § 47, ein Mitglied der Mitarbeitervertretung, die Vertrauensperson der Schwerbehinderten, eine Schreibkraft oder nach Vereinbarung mit der Werkstatt sonstige Dritte zu seinen Sitzungen hinzuziehen. Für alle Personen, die an den Sitzungen des Werkstattrates teilnehmen, gilt die Schweigepflicht gem. § 48. Sie sind ausdrücklich darauf hinzuweisen.

§ 40

Beschlüsse des Werkstattrates

(1) Der Werkstattrat ist beschlussfähig, wenn die Mehrheit der Mitglieder anwesend ist. Zur Erlangung der Beschlussfähigkeit kann in Einzelfällen ein Ersatzmitglied gem. § 36 Abs. 2 an der Sitzung des Werkstattrates teilnehmen. Für die Reihenfolge der Ersatzmitglieder gilt § 36 Abs. 3 entsprechend.

(2) Der Werkstattrat fasst seine Beschlüsse mit der Mehrheit der bei der Abstimmung anwesenden Mitglieder. Bei Stimmengleichheit ist ein Antrag abgelehnt.

§ 41

Sitzungsniederschrift

(1) Über jede Sitzung des Werkstattrates ist eine Niederschrift anzufertigen, die mindestens die Namen der An- oder Abwesenden, die Tagesordnung, den Wortlaut der gefassten Beschlüsse, die Wahlergebnisse und die jeweiligen Stimmenverhältnisse enthalten muss. Die Niederschrift ist von dem oder der Vorsitzenden des Werkstattrates oder einem weiteren Mitglied und der protokollführenden Person zu unterzeichnen.

(2) Hat die Werkstatt an der Sitzung teilgenommen, so ist ihr ein Auszug aus der Niederschrift über die Verhandlungspunkte zuzuleiten, die in ihrem Beisein verhandelt worden sind.

§ 42

Geschäftsordnung

Einzelheiten der Geschäftsführung kann der Werkstattrat in einer schriftlich niedergelegten Geschäftsordnung regeln, die vom Werkstattrat verabschiedet wurde.

§ 43

Ehrenamt, persönliche Rechte und Pflichten der Mitglieder des Werkstattrates

(1) Die Mitglieder des Werkstattrates üben ihr Amt ohne zusätzliche Vergütung aus. Sie dürfen weder in der Ausübung ihrer Aufgaben oder Befugnisse noch wegen ihrer Tätigkeit benachteiligt oder begünstigt werden; dies gilt auch für ihre berufliche Entwicklung.

(2) Sie sind von ihrer Tätigkeit ohne Minderung des Arbeitsentgelts zu befreien, wenn und soweit es zur Durchführung ihrer Aufgaben erforderlich ist. Die Werkstattrattätigkeit steht der Werkstattbeschäftigung gleich.

§ 44

Freistellung

(1) In Werkstätten mit 201 oder mehr Wahlberechtigten ist auf Verlangen des Werkstattrates der oder die Vorsitzende des Werkstattrates und – wenn der Werkstattrat es verlangt – ein weiteres Mitglied des Werkstattrates freizustellen. Die Freistellung erfolgt

I. Werkstättenmitwirkungsverordnung

höchstens bis zur Hälfte der üblichen Beschäftigungszeit. Mit der Werkstatt kann eine andere Regelung innerhalb dieses Rahmens vereinbart werden.

(2) Die Befreiung nach Absatz 1 und nach § 43 erstreckt sich nicht auf Maßnahmen nach § 5 Abs. 3 der Werkstättenverordnung.

(3) Für die Teilnahme an Schulungs- und Bildungsveranstaltungen gilt § 43 entsprechend, soweit diese Kenntnisse vermitteln, die für die Arbeit des Werkstattrates erforderlich sind. Unbeschadet von Satz 1 hat jedes Mitglied des Werkstattrates während seiner regelmäßigen Amtszeit Anspruch auf Freistellung ohne Minderung des Arbeitsentgeltes für insgesamt 10 Tage zur Teilnahme an solchen Schulungs- und Bildungsveranstaltungen; der Anspruch erhöht sich für Wahlberechtigte, die erstmals das Amt eines Mitglieds des Werkstattrates übernehmen, auf 20 Tage.

(4) Bei Streitigkeiten in Angelegenheiten der Absätze 1 bis 3 kann die Vermittlungsstelle angerufen werden. § 11 Abs. 3 und Abs. 4 gilt entsprechend. Der Rechtsweg zum Kirchengericht gem. § 49 bleibt unberührt.

§ 45
Sprechstunden

(1) Der Werkstattrat kann Sprechstunden während der Beschäftigungszeit einrichten. Ort und Zeit bestimmt er im Einvernehmen mit der Werkstatt.

(2) Versäumnis von Beschäftigungszeit, die für den Besuch von Sprechstunden oder durch sonstige Inanspruchnahme des Werkstattrates erforderlich ist, hat keine Minderung des Arbeitsentgelts zur Folge. Diese Zeit steht der Werkstattbeschäftigung gleich.

§ 46
Sachbedarf, Kosten der Geschäftsführung des Werkstattrates

(1) Die durch die Tätigkeit des Werkstattrates entstehenden erforderlichen Kosten trägt die Werkstatt. Das Gleiche gilt für die durch die Teilnahme an Schulungs- und Bildungsveranstaltungen gem. § 44 entstehenden Kosten.

(2) Für die Sitzungen, die Sprechstunden und die laufende Geschäftsführung des Werkstattrates hat die Werkstatt in erforderlichem Umfang Räume, sachliche Mittel, werkstattübliche technische Ausstattung und Büropersonal zur Verfügung zu stellen.

§ 47
Vertrauensperson

Die Werkstatt hat dem Werkstattrat auf dessen Wunsch aus dem Fachpersonal eine Person seines Vertrauens zur Verfügung zu stellen, die ihn bei seiner Tätigkeit unterstützt. Die Vertrauensperson nimmt ihre Aufgabe unabhängig von Weisungen der Werkstatt wahr. Die Werkstatt hat sie bei der Erfüllung ihrer Aufgaben zu fördern. Für die Vertrauensperson gelten die §§ 43, 44 Abs. 3 und 46 Abs. 1 entsprechend.

§ 48

Schweigepflicht

(1) Personen, die Aufgaben oder Befugnisse nach dieser Verordnung wahrnehmen oder wahrgenommen haben, sind verpflichtet, über die ihnen dabei bekannt gewordenen Angelegenheit und Tatsachen Stillschweigen zu bewahren. Diese Schweigepflicht besteht nicht für Angelegenheiten oder Tatsachen, die offenkundig sind oder ihrer Bedeutung nach keiner Geheimhaltung bedürfen. Die Schweigepflicht besteht auch nach dem Ausscheiden aus dem Werkstattrat oder aus dem Beschäftigungsverhältnis. Die Schweigepflicht erstreckt sich auch auf die Verhandlungsführung und das Verhalten der an der Sitzung Teilnehmenden.

(2) Die Schweigepflicht besteht nicht gegenüber anderen Mitgliedern des Werkstattrates und der Vertrauensperson. Sie entfällt auf Beschluss des Werkstattrates auch gegenüber der Werkstatt, gegenüber der Mitarbeitervertretung und gegenüber der Vertrauensperson der Schwerbehinderten sowie im Verfahren vor der Vermittlungsstelle.

Abschnitt 5
Zuständigkeit für Streitigkeiten und Schlussvorschriften

§ 49

Zuständigkeit für Streitigkeiten

Zu abschließenden gerichtlichen Entscheidungen sind die Kirchengerichte gem. §§ 56 ff. MVG.EKD anzurufen. Die Bestimmungen des XI. Abschnitt des MVG.EKD finden entsprechend Anwendung.

§ 50

Übergangsbestimmungen, Amtszeit der bestehenden Werkstatträte

(1) Die ersten allgemeinen Wahlen im Geltungsbereich dieser Verordnung finden im Zeitraum 1. Oktober bis 30. November 2005 statt.

(2) Bestehende Werkstatträte bleiben, abweichend von § 17 Abs.2 bis zum Zeitpunkt der ersten allgemeinen Wahlen gem. Abs.1 im Amt. In allen anderen Werkstätten und Betriebsstätten sind nach In-Kraft-Treten dieser Verordnung Neuwahlen durchzuführen.

§ 51

In-Kraft-Treten

Diese Verordnung tritt am 1. Juli 2004 in Kraft.

Begründung zur Diakonie-Werkstättenmitwirkungsverordnung (DWMV)

Entstehungsgeschichte der Diakonie-Werkstätten-Mitwirkungsverordnung

I. Werkstättenmitwirkungsverordnung   Q.

Schon in der Werkstättenverordnung (WVO) aus dem Jahr 1980 war vorgesehen, dass die Werkstatt für behinderte Menschen (WfBM) »den Behinderten eine angemessene Mitwirkung in den ihre Interessen berührenden Angelegenheiten« ermöglichen soll. Hierauf basierend wurden in vielen Einrichtungen in den Werkstätten auf freiwilliger Basis Werkstatträte eingerichtet. Die WVO regelte jedoch nur die fachlichen Anforderungen an die Werkstatt. Ein Rechtsanspruch auf Mitwirkung konnte hieraus nicht entstehen. Erst im Jahr 1996 wurde i. R. d. Reform des Schwerbehindertengesetzes (SchwbG) vorgesehen, dass »den behinderten Beschäftigen in Werkstätten für Behinderte unabhängig von ihrer Geschäftsfähigkeit durch Werkstatträte in den ihre Interessen berührenden Angelegenheiten Mitwirkungsrechte eingeräumt« wurden. Das Bundesministerium für Arbeit und Sozialordnung ist dazu ermächtigt, eine Verordnung zu erlassen, die die Arbeit und die Befugnisse der Werkstatträte regelt. Diese Verordnung wurde mit dem SGB IX zum 01.07.2001 als Werkstättenmitwirkungsverordnung (WMVO) verabschiedet.

Aufgrund der Tatsache, dass es sich bei den Beschäftigten in den Werkstätten nicht um Arbeitnehmer oder um arbeitnehmerähnliche Personen handelt und umso stärker, weil hier eine Materie betroffen ist, die unter das Selbstordnungsrecht der Kirchen fällt, ist erforderlich geworden, vergleichbar der Ausnahmeregelung zum Betriebsverfassungsrecht, die Möglichkeit vorzusehen, dass gem. Art. 140 GG i. V. m. § 137 Abs. 3 der Weimarer Rechtsverfassung die Kirchen die Möglichkeit zu eigenen Regelungen haben. Wie bei § 118 BetrVG ist hier nicht eine Ausnahme geschaffen worden, die die arbeitsrechtliche Stellung der Mitarbeitenden betrifft, sondern es ist die »Verfasstheit«, also die innere Ordnung des Betriebes betroffen. Gem. § 1 Abs. 2 der Werkstätten-Mitwirkungsverordnung (WMVO) findet diese Verordnung keine Anwendung auf die Religionsgemeinschaften und ihre Einrichtungen, soweit sie eine eigene gleichwertige Regelung getroffen haben. Zur Ausfüllung dieser Öffnungsklausel ist beim Diakonischen Werk der EKD auf Veranlassung des Kirchenamts der EKD eine Arbeitsgruppe eingesetzt worden, um eine eigene Werkstätten-Mitwirkungsverordnung zu erarbeiten. Teilgenommen haben an der Arbeitsgruppe Vertreter/innen von Werkstätten, eines Werkstattrates, Vertreter/innen des zuständigen Fachverbandes des Diakonischen Werkes der EKD und Mitarbeiter/innen des Diakonischen Werkes sowie Mitarbeitervertreter/innen.

Zur rechtlichen Anbindung an das Kirchengesetz über die Mitarbeitervertretungen in der Evangelischen Kirche in Deutschland (MVG.EKD) vom 06.11.1992 wurde i. R. d. Novellierung vom 07.11.2002 durch die Einfügung des § 52a MVG.EKD die Möglichkeit geschaffen, dass die Mitwirkungsrechte behinderter Menschen in Werkstätten durch eine Rechtsverordnung des Rates der EKD geregelt werden. Die Diakonie-Werkstättenmitwirkungsverordnung wurde nach mehrmaliger Überarbeitung durch die Geschäftsführung des Diakonischen Werkes der EKD und dem zuständigen Fachverband – Bundesverband Evangelische Behindertenhilfe (BEB) – als eine sachgerechte Grundlage für die Ausgestaltung von Mitbestimmung und Mitwirkung durch Werkstatträte in Werkstätten für behinderte Menschen genehmigt und begrüßt. Diakonische Werkstätten praktizieren seit vielen Jahren die Mitbestimmung und Mitwirkung von Werkstatträten; die Diakonie-Werkstättenmitwirkungsverordnung mache

Q. Anhang

von der Möglichkeit der kirchlichen Rechtsetzungsautonomie in diesem Bereich positiv Gebrauch. Sie weicht insb. in einigen wichtigen Punkten und z.T. hinsichtlich der Struktur von der Werkstätten-Mitwirkungsverordnung ab.

Inhalt der Diakonie-Werkstätten-Mitwirkungsverordnung:

Die Diakonie-Werkstättenmitwirkungsverordnung gliedert sich in fünf Abschnitte. Der erste Abschnitt enthält Bestimmungen über den Anwendungsbereich sowie die Errichtung, Zusammensetzung und die Aufgaben des Werkstattrates. § 139 des Neunten Buches Sozialgesetzbuch räumt den in Werkstätten beschäftigten behinderten Menschen durch den Werkstattrat das Recht zur Beteiligung in den ihre Interessen berührenden Angelegenheiten ein. Gem. § 6 Abs. 1 der Diakonie-Werkstättenmitwirkungsverordnung wird der Werkstattrat insb. in den Verfahren der Mitbestimmung und der Mitwirkung beteiligt. Das Verfahren und die Fälle der Mitbestimmung und Mitwirkung sind einerseits an die Regelungen des MVG.EKD, andererseits an die Bestimmungen der Werkstättenmitwirkungsverordnung angelehnt. Kommt es bei Streitigkeiten zwischen dem Werkstattrat und der Werkstatt zu keiner Einigung, so kann jede Seite gem. § 11 WMVO die kirchliche Vermittlungsstelle anrufen. Findet deren Einigungsvorschlag keine Zustimmung oder im Fall der Notwendigkeit einer abschließenden gerichtlichen Entscheidung, können gem. § 49 WMVO die Kirchengerichte nach §§ 56 ff. MVG.EKD angerufen werden. Statt der Zuständigkeit des AG in der staatlichen Werkstättenmitwirkungsverordnung wird hierdurch der Weg zu kirchengerichtlichen Entscheidungen eröffnet.

Im zweiten Abschnitt wird die Wahl des Werkstattrates (Wahlberechtigung, Wählbarkeit, Zeitpunkt, Wahlverfahren und Vorbereitung der Wahl) geregelt. Auch diese Bestimmungen entsprechen größtenteils den Regelungen des MVG.EKD bzw. der Werkstätten-Mitwirkungsverordnung.

Der dritte Abschnitt bestimmt die Amtszeit des Werkstattrates; der vierte Abschnitt regelt die Geschäftsführung des Werkstattrates. Der fünfte Abschnitt enthält Schlussvorschriften und eine Übergangsbestimmung. Hiernach bleiben bestehende Werkstatträte bis zum Zeitpunkt der ersten allgemeinen Wahlen, d.h. bis spätestens 30.11.2005 im Amt, ungeachtet der Tatsache, dass ihre Wahl auf einer nunmehr entfallenen Rechtsgrundlage basiert. In allen anderen Werkstätten und Betriebsstätten, in denen es bisher keinen Werkstattrat gab oder wenn die Werkstatträte durch gemeinsamen Rücktritt den Weg dazu freimachen wollen, sind nach Inkrafttreten der Verordnung Neuwahlen durchzuführen.

Da die Regelungen des zweiten bis vierten Abschnitts in Anlehnung an die Werkstätten-Mitwirkungsverordnung und die Vorgaben des Mitarbeitervertretungsgesetzes der EKD gefasst wurden, entsprechen sie auch weitestgehend den Vorschriften des Teils II des Neunten Buches Sozialgesetzbuch und der Wahlordnung Schwerbehindertenvertretung und somit z.T. auch den Bestimmungen des Betriebsverfassungsgesetzes. Im Hinblick auf den Personenkreis der Werkstattbeschäftigten waren jedoch Modifikationen in bestimmten Bereichen erforderlich.

II. Checkliste – Vereinfachte Wahl nach § 12 EKD-Wahlordnung

1. Die vereinfachte Wahl kann durchgeführt werden
– in Dienststellen mit bis zu 100 Wahlberechtigten

es sei denn:
– in Dienststellen mit mehr als 15 wahlberechtigten Mitarbeitern wird beschlossen, keine vereinfachte Wahl durchzuführen; dann erfolgt die Wahl eines Wahlvorstandes in der Wahlversammlung.

2. Einberufung der Wahlversammlung

Spätestens drei Monate vor Ablauf der regelmäßigen Amtszeit der Mitarbeitervertretung beruft die amtierende Mitarbeitervertretung die Wahlversammlung ein.

Besteht keine Mitarbeitervertretung, ist die Einberufung der Wahlversammlung nach § 7 MVG.EKD Pflicht der Dienststellenleitung. Die Dienststellenleitung nimmt an der Versammlung nicht teil. Die Einberufung muss schriftlich erfolgen, z. B. Aushang am »schwarzen Brett«. In der Einberufung sind die wahlberechtigten und wählbaren Mitarbeiter namentlich zu nennen und die Anzahl der zu wählenden MAV-Mitglieder. In der Einladung zur Mitarbeiterversammlung, wobei diese Einladung nach § 31 Abs. 1 Satz 3 MVG.EKD unter Angabe der Tagesordnung mindestens eine Woche vor dem Termin erfolgen soll, wird auf die Möglichkeit der Abgabe der Wahlvorschläge hingewiesen.

Aus den mündlichen und eventuell schriftlich eingereichten Wahlvorschlägen stellt der Versammlungsleiter in der Mitarbeiterversammlung einen Gesamtvorschlag auf. Darin werden alle Kandidaten, die damit einverstanden sind, in alphabetischer Reihenfolge aufgelistet. Bei Einsprüchen über die Eintragung oder Nichteintragung entscheidet die bisherige Mitarbeitervertretung, hilfsweise eine vorhandene Gesamt-MAV oder die Dienststellenleitung.

3. Die Wahlversammlung ist ohne Rücksicht auf die Zahl der Teilnehmenden beschlussfähig

4. Wahl eines Versammlungsleiters aus der Mitte der Versammlung durch Zuruf

Dieser übernimmt die Aufgaben des Wahlvorstandes. Er erläutert die Voraussetzungen und die Form des vereinfachten Wahlverfahrens nach § 12 EKD-Wahlordnung.

5. Abgabe von mündlichen oder schriftlichen Wahlvorschlägen

6. Über die Wahlvorschläge wird in geheimer Wahl abgestimmt

Die Versammlungsleitung hat zu prüfen, ob die Vorgeschlagenen das passive Wahlrecht nach § 10 MVG.EKD haben

In der Versammlung werden an die Wahlberechtigten Stimmzettel mit den Namen der Vorgeschlagenen, die ihre Zustimmung gegeben haben, in alphabetischer Reihenfolge ausgegeben. Jede wahlberechtigte Person wählt durch Abgabe eines Stimmzettels. Der Stimmzettel wird zusammengefaltet in eine verschlossene Wahlurne gelegt. Es können auch Wahlumschläge für die Wahlzettel ausgegeben werden. Vor der Aushändigung des Stimmzettels ist die Wahlberechtigung festzustellen (§ 8 Abs. 2 EKD-Wahlordnung). Die ausgefüllten und gefalteten Stimmzettel werden eingesammelt und vom Versammlungsleiter sofort ausgezählt.

Das **aktive Wahlrecht (Wahlberechtigung)** besitzen nach § 9 Abs. 1 MVG.EKD diejenigen Mitarbeiter, die das 18. Lebensjahr vollendet haben.

Nicht wahlberechtigt sind gem. § 9 Abs. 3 MVG.EKD die Personen, die
- am Wahltag aufgrund einer Altersteilzeitvereinbarung freigestellt oder seit mehr als drei Monaten beurlaubt sind
- Personen der Dienststellenleitung sowie Personen mit vergleichbaren Aufgaben bzw. Entscheidungsbefugnissen (§ 4 Abs. 2 MVG.EKD).

Das **passive Wahlrecht (Wählbarkeit)** nach § 10 Abs. 1 MVG.EKD besitzen alle vollgeschäftsfähigen und gem. § 9 MVG.EKD wahlberechtigten Mitarbeiter, die am Wahltag
- der Dienststelle seit mindestens sechs Monaten angehören und
- einer der Arbeitsgemeinschaft christlicher Kirchen in Deutschland angehörigen Religionsgemeinschaften angehören.

Nicht wählbar sind nach § 10 Abs. 2 MVG.EKD wahlberechtigte Mitarbeiter, die
- infolge Richterspruchs die Fähigkeit, Rechte aus öffentlichen Wahlen zu erhalten, nicht besitzen;
- am Wahltag noch für einen Zeitraum von mehr als sechs Monaten beurlaubt sind;
- zu ihrer Berufsausbildung beschäftigt werden oder
- als Vertretung der Mitarbeiter in das kirchengemeindliche Leitungsorgan gewählt worden sind.

7. Wahlverfahren

Es findet § 11 MVG.EKD sowie § 8 EKD-Wahlordnung Anwendung sowie die Verpflichtung zur geheimen Wahl. Bei der Stimmauszählung wird neben dem Versammlungsleiter noch ein anderer Mitarbeiter hinzugezogen. Wählbar ist derjenige, der nach § 10 MVG.EKD die Wählbarkeit besitzt. Die Stimmauszählung erfolgt direkt in der Wahlversammlung.

Jede wahlberechtigte Person hat für den Wahlvorschlag so viele Stimmen, wie Mitglieder insgesamt in die Mitarbeitervertretung zu wählen sind (§ 8 Abs. 1 MVG.EKD). Die Kennzeichnung soll durch ein Kreuz an der dafür vorgesehenen Stelle geschehen.

Als Mitarbeitervertreter sind die Vorgeschlagenen gewählt, welche die meisten Stimmen haben. Bei Stimmengleichheit entscheidet das Los. Ersatzmitglieder sind die Vorgeschlagenen, auf welche die in der Reihenfolge nächst niedrige Zahl der Stimmen entfällt.

Der Versammlungsleiter gibt das Wahlergebnis unverzüglich in geeigneter Weise bekannt.

II. Checkliste – Vereinfachte Wahl nach § 12 EKD-Wahlordnung   Q.

Die Erklärung über die Annahme der Wahl kann sofort mündlich abgegeben werden.

Wird die Wahl abgelehnt, so tritt an die Stelle der gewählten Person der Mitarbeiter mit der nächst niedrigen Stimmenzahl.

Über die Wahlhandlung und über die Bekanntgabe des Wahlergebnisses ist eine Niederschrift anzufertigen und vom Versammlungsleiter zu unterzeichnen. Diese werden Teil der Wahlakte.

Ein Wortprotokoll ist nicht erforderlich, ein Verlaufsprotokoll reicht aus. In der Niederschrift sind die Teilnehmer der Versammlung aufzuführen. Dies kann dadurch geschehen, dass die Anwesenheitsliste Bestandteil des Protokolls wird. Es ist zu vermerken, welche Teilnehmer einen Stimmzettel erhalten haben.

8. Gesetzestext:

§ 12 EKD-Wahlordnung – Vereinfachte Wahl:

»(1) In Dienststellen mit in der Regel nicht mehr als 100 Wahlberechtigten wird die Mitarbeitvertretung in einem vereinfachten Wahlverfahren gewählt, es sei denn ein Beschluss gemäß Absatz 3 wird gefasst. Die Wahl erfolgt in einer Versammlung der Waldberechtigten, für die Einberufung gilt § 2 entsprechend. Die Einberufung muss schriftlich oder durch Aushang erfolgen und die Namen der Wahlberechtigten und der Wählbaren enthalten sowie die Anzahl der zu wählenden Mitglieder der Mitarbeitervertretung. Es ist darauf hinzuweisen, dass Wahlvorschläge schon vor der Versammlung vorbereitet und dann in ihr eingebracht werden können.

(2) Die Versammlung wählt durch Zuruf aus ihrer Mitte einen Versammlungsleiter oder eine Versammlungsleiterin, welcher oder welche die Aufgaben des Wahlvorstandes übernimmt. Er oder sie erläutert die Voraussetzungen und die Form des vereinfachten Wahlverfahrens. Danach fordert der Versammlungsleiter oder die Versammlungsleiterin der Versammlung auf, durch Zuruf oder schriftlich Wahlvorschläge, abzugeben. § 1 Absatz 3 ist entsprechend anzuwenden. Über die Wahlvorschläge wird in geheimer Wahl abgestimmt. Für die Wahl gelten die allgemeinen Grundsätze über die Durchführung von Wahlen nach § 8 entsprechend. Eine Briefwahl findet nicht statt. Für die Stimmauszählung hat der Versammlungsleiter oder die Versammlungsleiterin einen Mitarbeiter oder eine Mitarbeiterin aus der Versammlung hinzuziehen, § 1 Absatz 3 gilt entsprechend. Für die Feststellung und Bekanntgabe des Wahlergebnisses gelten die §§ 10 und 11 entsprechend.

(3) in Dienststellen mit mehr als 15 wahlberechtigten Mitarbeitern und Mitarbeiterinnen kann die Versammlung beschließen, dass das vereinfachte Wahlverfahren nicht stattfindet. In diesem Fall wählt die Versammlung einen Wahlvorstand, der die Wahl in nicht vereinfachter Weise vorbereitet und durchführt.«

III. Muster 1-13

Muster 1a

......................, den .... 20..

Der Wahlvorstand
für die Mitarbeitervertretungswahl 20..
in ....

Wählerliste

der in der/den Dienststelle/n .... **wahlberechtigten (§ 9 MVG.EKD) Mitarbeiter und Mitarbeiterinnen** (jeweils in alphabetischer Reihenfolge, bei mehreren Dienststellen zusätzlich nach Dienststellen geordnet).

1. ....
   (Name der Dienststelle)

   <u>Name, Vorname</u>
   A............,
   B............,
   D............,
   E............,
   F............,
   G............,
   H............,
   M............,
   N............,
   R............,
   S............,
   U............,
   Z............,

2. ....
   (Name der Dienststelle)

   <u>Name, Vorname</u>
   C............,
   H............,
   L............,
   R............,
   S............,
   S............,
   T............,

....	....	....
(Unterschrift)	(Unterschrift)	(Unterschrift)
– Vorsitzende/r –	– Schriftführer/in –	– Drittes Wahlvorstandsmitglied –

III. Muster 1-13   **Q.**

Muster 1b

........................, den .... 20..

Der Wahlvorstand
für die Mitarbeitervertretungswahl 20..
in ....

Liste der wählbaren Mitarbeiter/-innen

der in der/den Dienststelle/n .... **wählbaren (§ 10 MVG.EKD) Mitarbeiter und Mitarbeiterinnen** (jeweils in alphabetischer Reihenfolge, bei mehreren Dienststellen zusätzlich nach Dienststellen geordnet).

1. ....
   (Name der Dienststelle)

   <u>Name, Vorname</u>
   A............,
   B............,
   D............,
   E............,
   F............,
   G............,
   H............,
   M............,
   N............,
   R............,
   S............,
   U............,
   Z............,

2. ....
   (Name der Dienststelle)

   <u>Name, Vorname</u>
   C............,
   H............,
   L............,
   R............,
   S............,
   S............,
   T............,

....	....	....
(Unterschrift)	(Unterschrift)	(Unterschrift)
– Vorsitzende/r –	– Schriftführer/in –	– Drittes Wahlvorstandsmitglied –

Q. Anhang

Muster 2 Seite 1

........................, den .... 20..

Der Wahlvorstand
für die Mitarbeitervertretungswahl 20..
in ....

An alle
Mitarbeiter und Mitarbeiterinnen
in der(den) Dienststelle(n) ....

**Betreff: Wahl der Mitarbeitervertretung
hier: Wahlausschreiben**

Anlagen: Formblatt für Wahlvorschlag
Antrag auf Briefwahlunterlagen

Sehr geehrte Mitarbeiter und Mitarbeiterinnen,

in der Zeit vom 1. Januar bis 30. April 20.. finden in allen Dienststellen unserer Landeskirche sowie in den Einrichtungen der Diakonie die allgemeinen Wahlen zu den Mitarbeitervertretungen statt. Alle Mitarbeiter und Mitarbeiterinnen sind eingeladen, sich an der Wahl ihrer Mitarbeitervertretung zu beteiligen und ihr Wahlrecht auszuüben. Der Ablauf der Wahlen bestimmt sich nach den Vorschriften des Mitarbeitervertretungsgesetzes der EKD und der Wahlordnung der EKD. Die entsprechenden Rechtsvorschriften sind von der EKD unter „http://www.kirchenrecht-ekd.de/welcome" ins Internet gestellt worden; hierzu wird im Einzelnen Folgendes mitgeteilt:

Ort, Tag und Zeit der Wahl

Die Wahl der Mitarbeitervertretung für die Dienststelle/n ....
findet am ...., den .... 20.. in der Zeit von .... bis .... Uhr
in .... (Wahllokal) statt.

Wählerlisten

Die Wählerlisten (§ 4 Abs. 1 EKD-Wahlordnung) werden in der Zeit vom .... bis
.... 20.. in den Dienstgebäuden..
jeweils am "Schwarzen Brett" zur Einsicht ausgehängt. Darüber hinaus können die Wählerlisten bei den Mitgliedern des Wahlvorstandes eingesehen werden.
In den Wählerlisten sind alle Mitarbeiter und Mitarbeiterinnen aufgeführt, die für die Wahl der Mitarbeitervertretung wahlberechtigt bzw. wählbar sind.
Jeder Mitarbeiter und jede Mitarbeiterin sowie die Dienststellenleitung kann innerhalb einer Frist von zwei Wochen nach Auslegung oder Zurverfügungstellung der Listen gegen die Eintragung oder Nichteintragung von Mitarbeitern oder Mitarbeiterinnen beim Wahlvorstand Einspruch einlegen. Dieser entscheidet unverzüglich über den Einspruch und erteilt darüber einen schriftlichen Bescheid (§ 4 Abs. 2 EKD-Wahlordnung).

Zahl der zu wählenden Mitglieder der Mitarbeitervertretung

In die Mitarbeitervertretung für die Dienststelle/n .... sind
nach § 8 Abs. 1 MVG.EKD insgesamt.......................... Mitglieder zu wählen.

III. Muster 1-13 Q.

noch Muster 2 Seite 2

Briefwahl

Wahlberechtigte, die im Zeitpunkt der Wahl verhindert sind, ihre Stimme persönlich abzugeben (z. B. Dienstreise, Urlaub, Krankheit), können ihr Wahlrecht im Wege der Briefwahl ausüben. Der Antrag muss dem Wahlvorstand eine Woche vor der Wahl vorliegen. Wer den Antrag für einen anderen Wahlberechtigten stellt, muss nachweisen, dass er dazu berechtigt ist. Eine Ablehnung ist dem Antragsteller unverzüglich mitzuteilen. Im Wege der Briefwahl abgegebene Stimmen können nur berücksichtigt werden, wenn sie bis zum Ende der Wahlhandlung beim Wahlvorstand eingegangen sind. Ein Wahlbrief ist ungültig, wenn er erst nach Beendigung der Wahlhandlung eingegangen ist (§ 9 EKD-Wahlordnung).

Wahlvorschlag

Die Mitarbeiter und Mitarbeiterinnen werden hiermit aufgefordert, binnen drei Wochen nach Auslegung oder Zurverfügungstellung des Wahlausschreibens einen Wahlvorschlag beim Wahlvorstand einreichen, der von mindestens drei Wahlberechtigten unterzeichnet sein muss (§ 6 Abs. 1 EKD-Wahlordnung).

Bei den Wahlvorschlägen soll angestrebt werden, Frauen und Männer sowie Mitarbeiterinnen und Mitarbeiter der verschiedenen in der Dienststelle vertretenen Berufsgruppen und Arbeitsbereiche entsprechend ihren Anteilen in der Dienststelle angemessen zu berücksichtigen (§ 12 MVG.EKD).

Hinweise zum weiteren Wahlverfahren

Der Wahlvorstand stellt alle gültigen Wahlvorschläge zu einem Gesamtvorschlag zusammen und führt darin die Namen der Vorgeschlagenen in alphabetischer Reihenfolge auf. Art und Ort der Tätigkeit der Wahlbewerber sind anzugeben. Der Gesamtvorschlag soll mindestens doppelt soviel Namen enthalten wie Mitglieder der Mitarbeitervertretung zu wählen sind. Er ist den Wahlberechtigten spätestens eine Woche vor der Wahl durch Aushang oder schriftliche Mitteilung bekannt zu geben (§ 7 Abs. 1, 2 EKD-Wahlordnung).

Dabei ist gem. § 8 Abs. 4 EKD-Wahlordnung Folgendes zu beachten:

Jede/r Wahlberechtigte hat.................................... Stimmen.

Stimmenhäufung (Kumulieren von Stimmen) ist nicht zulässig. Werden mehr Stimmen als zulässig angegeben oder erhält ein Name mehr als eine Stimme, führt dies zur Ungültigkeit des Stimmzettels insgesamt.

Mit freundlichen Grüßen

....	....	....
(Unterschrift)	(Unterschrift)	(Unterschrift)
– Vorsitzende/r –	– Schriftführer/in –	– Drittes Wahlvorstandsmitglied –

Hinweis: Wird das Wahlausschreiben versandt, sind Vordrucke für die Wahlvorschläge beizufügen.
Wird das Wahlausschreiben ausgehängt, können die Vordrucke für die Wahlvorschläge beim Wahlvorstand angefordert werden.

Muster 3

An den Wahlvorstand
für die Mitarbeitervertretungswahl 20..
in ....

**Betreff: Wahl der Mitarbeitervertretung für die Dienststelle/n........................
hier: Wahlvorschlag**

Für die Mitarbeitervertretung schlagen wir folgende gem. § 10 MVG.EKD wählbare Personen vor:

1. ....
2. ....
3. ....
4. ....
5. ....

................................, den. .... 20..

....
(Unterschrift)   (Unterschrift)   (Unterschrift)

Hinweis: Der Wahlvorschlag darf nicht mehr als................ **Namen enthalten.
Der Wahlvorschlag muß bis zum** .... **20.. beim Wahlvorstand eingereicht werden.**

III. Muster 1-13   Q.

Muster 4

An den Wahlvorstand
für die Mitarbeitervertretungswahl 20..
in..

**Betreff: Wahl der Vertrauensperson der schwerbehinderten Mitarbeiter und
             Mitarbeiterinnen und deren Stellvertreter bzw. Stellvertreterinnen
             für die Dienststelle ....
             hier: Wahlvorschlag**

Für die Schwerbehindertenvertretung schlage ich folgende nach § 50 Abs. 4 MVG.EKD
wählbare Personen vor:

1. als Vertrauensperson: ....
2. als Stellvertreter/in: ....
3. als weitere Stellvertreter/innen: ....

Ich, ..., bin Wahlberechtigte/r gemäß § 50 Abs. 3 MVG.EKD.
          (Name)

............................, den........................20..

....
          (Unterschrift)

**Hinweis: Der Wahlvorschlag muß bis zum .... 20.. beim
             Wahlvorstand eingereicht werden.**

Muster 5

An den Wahlvorstand
für die Mitarbeitervertretungswahl 20..
in ....

Betreff: Wahl der Vertretung der Jugendlichen und der Auszubildenden für die Dienststelle ....
hier: Wahlvorschlag

Ich schlage folgende nach § 49 Abs. 1 Satz 2 MVG.EKD wählbare Person/en*) für die Vertretung der Jugendlichen und der Auszubildenden vor

....

Ich, ..., bin Wahlberechtigte(r) gemäß § 49 Abs. 1
       (Name)
Satz 1 MVG.EKD.

.................................., den .... 20..

....
(Unterschrift)

Hinweis: Der Wahlvorschlag muss bis zum .... 20.. beim Wahlvorstand eingereicht werden.

*) Sind nach § 49 Abs. 1 Satz 3 MVG.EKD drei Personen zu wählen, können bis zu drei Namen genannt werden.

Muster 6

Absender: ....
Adresse: ....

An den Wahlvorstand
für die Mitarbeitervertretungswahl 20..
in ....

Betreff: Wahl der Mitarbeitervertretung für die Dienststelle/n ....
             hier: Briefwahl

Ich erbitte die Zuleitung von Briefwahlunterlagen.
....
....
....

...., den ....20..

....
(Unterschrift)

Muster 7

Der Wahlvorstand
für die Mitarbeitervertretungswahl 20..
in ....

Betreff: **Wahl der Mitarbeitervertretung für die Dienststelle/n** ....
hier: Kandidatur

Lieber Mitarbeiter, Liebe Mitarbeiterin,

Sie sind für das Amt eines Mitgliedes der Mitarbeitervertretung der Dienststelle/n ....
....
vorgeschlagen worden.

Wir fragen hiermit an, ob Sie bereit sind, für das vorgeschlagene Amt zu kandidieren.

Bitte äußern Sie sich spätestens bis ...., den .... 20.., ob Sie mit der vorgeschlagenen Aufstellung als Wahlbewerber/in einverstanden sind (§ 6 Abs. 2 Satz 2 Wahlordnung).

...., den .... 20..

Mit freundlichen Grüßen

....	....	....
(Unterschrift)	(Unterschrift)	(Unterschrift)
– Vorsitzende/r –	– Schriftführer/in –	– Drittes Wahlvorstandsmitglied –

Muster 8

Der Wahlvorstand
für die Mitarbeitervertretungswahl 20..
in ....

**Gesamtwahlvorschlag
zur Wahl der Mitarbeitervertretung
für die Dienststelle/n** ....

Die Vorgeschlagenen sind in alphabetischer Reihenfolge aufgeführt.

Name, Vorname	Art der Tätigkeit	Ort der Tätigkeit
B............,	....	....
C............,	....	....
E............,	....	....
H............,	....	....
N............,	....	....
R............,	....	....
R............,	....	....
S............,	....	....

...., den .... 20..

....	....	....
(Unterschrift)	(Unterschrift)	(Unterschrift)
– Vorsitzende/r –	– Schriftführer/in –	– Drittes Wahlvorstandsmitglied –

Q. Anhang

Muster 9

**Stimmzettel
zur Wahl der Mitarbeitervertretung im Jahr 20.. für die Dienststelle/n**
....

Die Vorgeschlagenen sind in alphabetischer Reihenfolge aufgeführt.

Es dürfen nur bis zu .... **Namen angekreuzt werden, andernfalls ist der Stimmzettel ungültig!**

Name, Vorname	Art der Tätigkeit	Ort der Tätigkeit::	
B...........,	....	....	( )
C...........,	....	....	( )
E...........,	....	....	( )
H...........,	....	....	( )
N...........,	....	....	( )
R...........,	....	....	( )
R...........,	....	....	( )
S...........,	....	....	( )

III. Muster 1-13 Q.

Muster 10

Stimmzettel
zur Wahl der Vertrauensperson der schwerbehinderten Mitarbeiter und Mitarbeiterinnen sowie deren Stellvertreter bzw. Stellvertreterinnen im Jahr 20..
für die Dienststelle ....
(Dieser Stimmzettel wird nur an Wahlberechtigte gemäß § 50 Abs. 3 MVG.EKD ausgegeben!)

Die Vorgeschlagenen sind in alphabetischer Reihenfolge aufgeführt.

Es dürfen nur ein Name für die Vertrauensperson und .... Name/n für den/die Stellvertreter bzw. die Stellvertreterin/nen angekreuzt werden, andernfalls ist der Stimmzettel ungültig!

Vertrauensperson

Name, Vorname	Art der Tätigkeit	Ort der Tätigkeit	
D........,	....	....	( )
U........,	....	....	( )

Stellvertreter/innen

Name, Vorname	Art der Tätigkeit	Ort der Tätigkeit	
D........,	....	....	( )
G........,	....	....	( )
U........,	....	....	( )

395

Muster 11

Stimmzettel
für die Wahl der Vertretung der Jugendlichen und der Auszubildenden im Jahr 20.. für die Dienststelle ....

(Dieser Stimmzettel wird nur an Wahlberechtigte
gemäß § 49 Abs. 1 Satz 1 MVG.EKD ausgegeben!)

Die Vorgeschlagenen sind in alphabetischer Reihenfolge aufgeführt.

Es darf nur ein Name angekreuzt werden *), andernfalls ist der Stimmzettel ungültig!

Name, Vorname	Art der Tätigkeit	Ort der Tätigkeit	
L...........,	....	....	( )
N...........,	....	....	( )
P...........,	....	....	( )
Z...........,	....	....	( )

*) Sind nach § 49 Abs. 1 Satz 3 MVG.EKD drei Personen zu wählen, ist der folgende Text zu verwenden: „Es dürfen höchstens drei Namen angekreuzt werden; andernfalls ist der Stimmzettel ungültig!"

III. Muster 1-13 Q.

Muster 12

Der Wahlvorstand
für die Mitarbeitervertretungswahl 20..
in ....

Protokoll
über das Ergebnis der Wahl der Mitarbeitervertretung für die Dienststelle/n
....

Wahlberechtigt: .... Mitarbeiter und Mitarbeiterinnen
Wahlrecht ausgeübt: .... Mitarbeiter und Mitarbeiterinnen (...........%)
Ungültige Stimmzettel: ....

Zu Mitgliedern der Mitarbeitervertretung wurden folgende, im Gesamtwahlvorschlag aufgeführte Wahlbewerber/innen in der Reihenfolge der auf sie entfallenden Stimmen gewählt. Bei Stimmengleichheit entschied das Los.

1. .... mit .... Stimmen
2. .... mit .... Stimmen
3. .... mit .... Stimmen
4. .... mit .... Stimmen
5. .... mit .... Stimmen

Ersatzmitglieder sind folgende, im Gesamtwahlvorschlag aufgeführte Wahlbewerber/innen, auf die die in der Reihenfolge nächstniedrigere Zahl der Stimmen entfallen ist oder die bei der Feststellung der gewählten Mitglieder der Mitarbeitervertretung durch Los ausgeschieden sind. Bei Stimmengleichheit entschied das Los.

6. .... mit .... Stimmen
7. .... mit .... Stimmen
8. .... mit .... Stimmen
9. .... mit .... Stimmen
10. .... mit .... Stimmen

........................, den .... 20..

....	....	....
(Unterschrift)	(Unterschrift)	(Unterschrift)
– Vorsitzende/r –	– Schriftführer/in –	– Drittes Wahlvorstandsmitglied –

Muster 13

.................................., den .... 20..

Der Wahlvorstand
für die Mitarbeitervertretungswahl 20..
in ....

**Betreff: Wahl der Mitarbeitervertretung für die Dienststelle/n ....
             hier: Annahme der Wahl**

Liebe Mitarbeiterin, lieber Mitarbeiter,

Sie sind als Mitglied/Ersatzmitglied der Mitarbeitervertretung gewählt worden.

Wir fragen hiermit an, ob Sie die Wahl annehmen. Wenn Sie nicht innerhalb einer Woche nach Erhalt dieses Schreibens die Annahme der Wahl schriftlich ablehnen, **gilt die Wahl als angenommen.**

Mit freundlichen Grüßen

....
   (Unterschrift)   (Unterschrift)   (Unterschrift)
  – Vorsitzende/r –   – Schriftführer/in –   – Drittes Wahlvorstandsmitglied –

Schlussbetrachtung

Das kirchliche Arbeitsrecht ist weiterhin in Bewegung: Die sich rasant ändernden wirtschaftlichen Rahmenbedingungen zwingen kirchliche Behörden und Unternehmen, flexibel zu reagieren. Das führt dazu, dass auch Kündigungen nicht mehr auszuschließen sind.

Zugleich hat sich der kirchliche Rechtsschutz verändert: An die Stelle »interner Schlichtungen« treten kirchengerichtliche Verfahren, die sich in zunehmender Weise verrechtlichen.

Der betriebliche Praktiker muss dieser Entwicklung Rechnung tragen, die man sowohl als Belastung ablehnen als auch als Professionalisierung begrüßen kann.

Autor und Verlag hoffen, mit diesem Buch dem Rechtanwender in der Praxis eine Orientierungshilfe an die Hand gegeben zu haben. Für direktes Feedback, seien es kritische Anregungen, Nachfragen oder Erfahrungsberichte sind die Autoren dankbar. Sie erreichen uns über die Kanzlei Brüggemann & Richter

www.brueggemann-richter.de

die Kanzlei Lenders

www.rechtsanwalt-lenders.de/das IPW – Institut für PersonalWirtschaft GmbH

www.ipw-fulda.de

oder den Luchterhand Verlag!

Stichwortverzeichnis

Die Zahlen beziehen sich auf die Randnummern.

Ablehnung Beurlaubung 1423 ff.
Ablehnung Beurlaubung in besonderen Fällen
- Beginn der Beurlaubung oder des Teildienstes 1622
- Rechtsfolgen einer Beurlaubung 1620

Ablehnung eines Antrags auf Ermäßigung der Arbeitszeit oder Beurlaubung in besonderen Fällen
- Ablehnung von Teildienst 1608
- Ablehnung von Teilzeit 1604

Ablehnung Teilzeit 1417 ff.
Abordnung 1405 ff.
Abschluss des Mitberatungsverfahrens
- Bindende Entscheidung 913
- Einigung 910
Abwesenheitsvertreter 71
Alleine Rechte der MAV 687
Alleinige Rechte des Arbeitgebers/der Dienststellenleitung 631 ff.
Allgemeine Zuständigkeiten 478 ff.
Allgemeiner Kündigungsschutz 1491 f.
Analogie 628 f.
Änderungskündigung 1521 f.
Anfechtung
- Anfechtungstatbestände 78 ff.
- bei Bargeschäften 48 ff.
- Berechtigte 60 ff.
- des Arbeitsvertrages 1523
- Fristen 29 ff.
- Gegner 63 ff.
- bei Gläubigerbenachteiligung 32 ff.
- nahestehende Personen 63 ff.
- Rechtsnachfolge 63 ff.
- Rechtsnatur 8 ff.
- Verjährung des Anfechtungsanspruchs 136 ff.
- bei vollstreckbarem Schuldtitel 59
- Voraussetzungen 13 ff.
- Zeitpunkt 25 ff.
- Zweck 5 ff.
Anfechtung der Wahl
- Anfechtungsberechtigung 307
- Anfechtungsgründe

- Einspruch gegen die Wählerliste 316
- Feststellung der Nichtigkeit 317, 310
Anfechtung, Rechtsfolgen
- Gegenansprüche des Anfechtungsgegners 133 ff.
- Rückgewähr, Wertersatz, Nutzungsersatz 125 ff.
Anfechtungstatbestände
- anfechtbare Rechtshandlungen des Erben 124
- inkongruente Deckung 85 ff., 94 ff.
- kapitalersetzende Darlehen 117 ff.
- kongruente Deckung 81 ff.
- unentgeltliche Leistungen 111 ff.
- unmittelbar nachteilige Rechtshandlungen 99 ff.
- vorsätzliche Benachteiligung 108 f.
Anforderungsprofil 1283
Anhörung
- des Mitarbeiters 718 ff.
- Personalaktenrechtliche ~ 740 ff., 673
Anhörung durch die Mitarbeitervertretung 739
Anpassungsqualifizierung 1090
Anstellung
- Anstellung nur im Eingangsamt zulässig 1601
Arbeitsrecht
- Kollektives ~ 30, 50
Arbeitsrecht in der Insolvenz 1 ff.
ArbG 79
ArbGG 1799
Arztpraxis
- Eigenverwaltung und Insolvenzplan 38 ff.
Aufsicht des Insolvenzgerichts
- Sachwalter 14 f.
Aus-, Fort- und Weiterbildung 1087 ff.
Ausbildung 1088
Auslegung 614 ff.
Auslegungsschritte 618
Ausschüsse
- Aufgabenübertragung an Ausschüsse 472

401

Stichwortverzeichnis

- Ausschuss für Wirtschaftsfragen 476
- Bestand des Ausschusses 474

Außerordentliche Kündigung 1451 ff., 1507 ff.

Außerordentliche Kündigung sowie ordentliche Kündigung innerhalb der Probezeit
- Aus wichtigem Grund 1768
- Frist 1781
- Kündigungsgrund 1770

Auswahlrichtlinie 1531 ff.
AVR.Bayern 52
AVR.Diakonie 52
Bargeschäfte 48 ff.
BAT-KF 52
Beendigung des Mitbestimmungsverfahrens
- Einigung 937
- Zustimmungsfiktion nach Ablauf der Äußerungsfrist 938
- Zustimmungsverweigerung 939

Beförderung
- Beförderungsauswahlentscheidung 1635
- Gesamturteil 1636
- Mitbestimmung 1630
- Umfassende und rechtzeitige Information der Mitarbeiterversammlung 1637

Befristete Umsetzung 1392 ff.
Befristung 1523
Beraten 674 ff.
Beschlagnahme eines Grundstücks 328 ff.

Beschlussfassung
- Ausschluss von der ~ 518
- Umlaufverfahren oder fernmündliche Absprache 513

Beschlussverfahren 1814 ff.
Beschwerde 1854 ff., 25

Besondere Mitarbeitergruppen
- Vertrauensperson der Schwerbehinderten 171
- Vertretung der Jugendlichen und der Auszubildenden 155

Besonderer Kündigungsschutz 1493 ff.
Besonderer Schutz
- Abordnungs- und Versetzungsverbot 445
- Kündigungsschutz 450

Bestenauslese 1281

Beteiligung bei Anordnungen, welche die Freiheit in der Wahl der Wohnung beschränken
- Umfang der Mitbestimmung 1702

Beteiligung bei der Entlassung und Beamten aus dem Kirchenbeamtenverhältnis auf Probe oder auf Widerruf
- Beteiligung der Mitarbeiterversammlung 1716
- Kirchenbeamte auf Probe 1714
- Kirchenbeamte auf Widerruf 1715
- Umfang der Mitbestimmung 1713

Beteiligung bei der Versagung sowie Widerruf der Genehmigung einer Nebentätigkeit
- Einwilligungsbedürftige Nebentätigkeiten 1707
- Nicht einwilligungsbedürftige Nebentätigkeiten 1710

Beteiligung bei der Versetzung in den Wartestand oder einstweiligen Ruhestand gegen den Willen des Kirchenbeamten
- Versetzung in den einstweiligen Ruhestand 1730
- Versetzung in den Wartestand 1727

Beteiligung bei vorzeitiger Versetzung in den Ruhestand gegen den Willen des Kirchenbeamten
- Begrenzte Dienstfähigkeit 1723
- Gegenstand der Mitbestimmung 1726
- Umfang der Mitbestimmung 1719

Beteiligung der Mitarbeiterversammlung bei dauernder Übertragung eines höher oder niedriger bewerteten Dienstpostens
- Gebündelte Bewertung von Dienstposten 1658
- Höher zu bewertende Tätigkeit 1657
- Niedriger zu bewertende Tätigkeit 1656
- Umfang der Mitbestimmung 1654

Beteiligung der Mitarbeiterversammlung bei dem Hinausschieben des Eintritts in den Ruhestand
- Gegenstand der Mitbestimmung 1699
- Umfang der Mitbestimmung 1694

Beteiligung der Mitarbeiterversammlung bei Verlängerung der Probezeit
- Bewährung 1629f
- Feststellung der Bewährung 1629a

Stichwortverzeichnis

- Kriterien und Verfahren der Bewährung 1629h
- Umfang der Mitbestimmung 1623
Beteiligungsrechte 613, 630 ff.
Betriebsverfassung 6
BetrVG 9, 45, 628
Beurteilung 1042 ff.
Bewerbungsunterlagen 1284 ff.
Bildung der Gesamtmitarbeitervertretung
- Anwendung anderer Bestimmungen 126
- Arbeitsweise 121
- Konstituierende Sitzung 122
- Streitigkeiten über Zuständigkeiten 127
- Teilnahme anderer Interessenvertretungen an den Sitzungen 123
- Zahl der Mitglieder 118
Bildung der Mitarbeitervertretung
- Aufgaben und Bildung des Wahlvorstandes 265
- Bildung von gemeinsamen Mitarbeitervertretungen auf Antrag 239
- Gemeinsame Mitarbeitervertretungen kraft Gesetzes 240
- Keine Mitarbeitervertretung 241
- Mitarbeiterbegriff 243
- Vorverfahren 232
- Wahlberechtigung und Wählbarkeit 244
- Zusammensetzung der Mitarbeitervertretung 242
Botschaften 770
BPersVG 9, 47
Bundesgericht 26
Das Amt der Mitarbeitervertretung
- Amtszeit der Mitarbeitervertretung 339
- Arbeitsbefreiung 401
- Arbeitsbefreiung zur Teilnahme an Tagungen und Lehrgängen 411
- Begünstigungs-, Benachteiligungs- und Behinderungsverbot 394
- Besonderer Schutz 444
- Die Geschäftsführung 456
- Ersatzmitgliedschaft 343
- Freistellung der Mitglieder der Mitarbeitervertretung 428
- Kostenantrag 421
- Rechte und Pflichten der Mitarbeitervertretung 361

- Zeitaufwand außerhalb der Arbeitszeit 418, 338
Diakonie-Werkstättenmitwirkungsverordnung 60
Die Geschäftsführung
- Ausschüsse 467
- Beschlussfähigkeit 508
- Beschlussfassung 506
- Der Vorsitz 456
- Geschäftsordnung 532
- Sitzungen 489
- Sitzungsniederschrift 525
Die Kosten der Mitarbeitervertretungsarbeit
- Kosten der Tätigkeit der Mitarbeitervertretung
- Persönliche Aufwendungen 562
- - Reisekosten 563, 561
- Laufende Geschäftsführung, Sachbedarf, Büropersonal 546
- Voraussetzungen für die Pflicht der Kostenübernahme 539
Die Mitarbeiterversammlung
- Antragsrecht 607
- Berücksichtigung der Arbeitszeit 592
- Durchführung der ~ 602
- Kosten der ~ 601
- Nichtöffentlichkeit der ~ 580
- Ordentliche und außerordentliche ~ 582
- Sachkundige Personen 590
- Teilnahme der Dienststellenleitung 595
- Teilversammlung 599
- Vorbereitungen 571
Die Wahl der Mitarbeitervertretung
- Amtszeit 231
- Anfechtung der Wahl 304
- Ausschluss eines Mitgliedes oder Auflösung der Mitarbeitervertretung
- Rechtsfolge 336
- - Voraussetzung 329, 327
- Die Kosten der Mitarbeitervertretungsarbeit 538
- Einzelmitarbeitervertretungen 224
- Gemeinsame Mitarbeitervertretungen 225
- Mitarbeitervertretungswahl 273
- Neu- und Nachwahl der Mitarbeiter vor Ablauf der Amtszeit
- Rücktrittsbeschluss , 319
- Wahlschutz und Wahlkosten 294

Stichwortverzeichnis

- Wahltermin 227
- Wahlverfahren 270
- Wahlvorstand 226, 221

Dienstgemeinschaft 12, 52 ff.
Dienstliche Beurteilung 1071 ff.
Dienstortwechsel 1391
Dienststellenleitung 65, 70, 689 ff.
Dienstvereinbarungen
- Betriebsübergang 1038
- Formelle Erfordernisse 1009
- Gegenstand 1013
- Kündigung 1025
- Nachwirkung 1031
- Öffnungsklauseln 1018
- Räumlicher Geltungsbereich 1007
- Regelung über Angelegenheiten und Rechte der Mitarbeitervertretung 1014
- Regelung von Arbeitsentgelten und sonstigen Arbeitsbedingungen 1016
- Regelungsabreden 1036
- Streitigkeiten 1040

Direktionsrecht 634 ff.
Druckkündigung 1536
DSG.EKD 1053
Eigenkündigung 1523
Eigenverwaltung
- Aufhebung 42 ff.
- Aufhebung auf Antrag der Gläubigerversammlung 48 f.
- Aufhebung auf Antrag des Schuldners 54 f.
- Aufhebung auf Antrag eines Gläubigers 50 ff.
- Aufhebung, sofortige Beschwerde 58 f.
- Aufhebungsbeschluss 56 f.
- Folgen der Aufhebung 60
- unter Aufsicht eines Sachwalters 1 ff.

Eignung 1281 ff.
Eingliederungstheorie 1294 ff.
Eingruppierung 1317 ff.
Einstellung 1275 ff.
Einstellung von Beamten
- Einstellung im mitarbeitervertretungsrechtlichen Sinn 1589
- Keine Einstellung 1592
- Keine Mitbestimmung bei einer Auswahlentscheidung 1595

Einstweilige Verfügungen 1859 ff.
Erlöschen der Mitgliedschaft
- **Ablauf der Amtszeit** 344
- Ausscheiden aus der Dienststelle 347
- Beendigung des Dienst- oder Arbeitsverhältnisses 346
- Beschluss 351
- Niederlegung des Amtes 345
- Verlust der Wählbarkeit 348

Ersatzmitgliedschaft
- Das Nachrücken von Ersatzmitgliedern 355
- Erlöschen der Mitgliedschaft 344
- Rückgabe von Unterlagen 359
- Ruhen der Mitgliedschaft 352

Exemtion 17, 45 ff.
Fälle der eingeschränkten Mitbestimmung in Personalangelegenheiten der Mitarbeiter in öffentlich-rechtlichen Dienstverhältnissen
- Ablehnung Beurlaubung in besonderen Fällen 1615
- Ablehnung eines Antrags auf Ermäßigung der Arbeitszeit oder Beurlaubung in besonderen Fällen 1604
- Anstellung 1599
- Beförderung 1630
- Beteiligung der Mitarbeiterversammlung bei Verlängerung der Probezeit 1623
- Einstellung von Beamten 1583
- Übertragung eines anderen Amts mit höherem Endgrundgehalt ohne Änderung der Amtsbezeichnung oder Übertragung eines anderen Amts mit gleichem Endgrundgehalt mit Änderung der Amtsbezeichnung 1644
- Übertragung eines anderen Amts, das mit einer Zulage ausgestattet ist 1639
- Umwandlung des Kirchenbeamtenverhältnisses in ein solches anderer Art 1602
- Zulassung zum Aufstiegsverfahren, Verleihung eines anderen Amts mit anderer Amtsbezeichnung beim Wechsel der Laufbahngruppe 1648, 1582

Fallgruppe 1327 ff.
Feststellungsinteresse 1812 f.
Forderungen
- Verwertung von ~ 304 ff.

Formen und Verfahren der Mitbestimmung und Mitberatung

Stichwortverzeichnis

– Ausnahmen von der Beteiligung in Personalangelegenheiten 954
– Ausübung des Initiativrechts 995
– Das Initiativrecht in sozialen und organisatorischen Angelegenheiten 998
– Dienstvereinbarungen 1006
– Grundsatz der vertrauensvollen Zusammenarbeit 880
– Inhalte und Grenzen des Initiativrechts der Mitarbeitervertretung 989
– Initiativrechte in Personalangelegenheit von Mitarbeitern in öffentlich-rechtlichen Dienstverhältnissen 1002
– Initiativrechte in Personalangelegenheiten der privatrechtlich beschäftigen Mitarbeiter 1001
– Mitbestimmung bei allgemeinen personellen Angelegenheiten 997
– Rechtsschutz 1003
– Verfahren der Mitberatung 891
– Zustimmungsverweigerungsgründe der Mitarbeitervertretung 958
Fortbildung 1088
Freiberufler
– Insolvenz von ~ 37 ff.
– Massebeschlag 40 f.
Freiberufliche Praxis
– Verwertung einer ~ 285 ff.
Freie Mitarbeiter 1310 ff.
Freiheit der Wahl der Wohnung 1407 f.
Freistellung der Mitglieder der Mitarbeitervertretung
– Auswahl der freizustellenden Mitarbeiter
– Begünstigungsverbot 439, 435
– Dienstvereinbarung 431
– Freistellung nach der Staffel 433
Gemeinsame Mitarbeitervertretung
– Antrag auf Bildung 91
– Beteiligungsrechte 98
– Bildung der ~ 102
– Dienststelle 93
– Gliedkirchen 100
– Mehrheit 95
– Widerruf 97
Gesamtausschuss
– Kirchengericht 210, 219
– Rechtsstellung der Mitglieder des Gesamtausschusses 209
Gesamtmitarbeitervertretung

– Antragstellung 106
– Bildung der ~ 117
– Gesamtmitarbeitervertretung im Dienststellenverbund 129
– Zuständigkeit und Aufgaben der ~ Dienststelle 116
– – Neuwahl 113, 109, 104
Gesamtmitarbeitervertretung im Dienststellenverbund
– Bildung der ~ 133
– Dienststellenverbund 131, 129
Gesellschaftsrechte
– Verwertung von ~ 292 ff.
Gestellungsvertrag 61
Gläubigerbenachteiligung 32 ff.
Grundgesetz 16 ff.
Grundsatz der vertrauensvollen Zusammenarbeit
– Einigung und Aussprache 888
– Gewährleistungs- und Überwachungsauftrag 883
– Zugangsrecht 885
Gütetermin 1833 f.
Haftung des Sachwalters 16 ff.
Herabgruppierung
– korrigierende 1560, 1322 ff.
Höhergruppierung 1322 ff.
Individualarbeitsrecht 28 f.
Informationsrechte 667 ff.
Initiativrecht
– Allgemeines ~ 684
– Echtes ~ 685, 683 ff.
Innerkirchl. Amt 12
Insolvenz der Freiberufler 37 ff.
Insolvenzanfechtung
– s.a. Anfechtung , 1 ff.
Internet 625
Interview-Verfahren 1339
Kammertermin 1835 ff.
Katholische Kirche 20, 624
Kirchenbeamte 80
Kirchengericht 25
Kirchengerichte 1791 ff., 81 f
Kirchengesetze 77 ff.
Kirchenvorstand 74
Kirchlicher Arbeitgeber 37
Kirchliches Amt 49
Klärendes Gespräch 723 ff.
Kollektives Arbeitsrecht 30, 50

405

Stichwortverzeichnis

Kommentare 622
Kommunikation 711 ff., 757 ff.
Korrektur von Eingruppierungen 1553 ff.
Korrigierende Herabgruppierung 1560
Kündigung
- Betriebsbedingte - 1531 ff.
- durch Insolvenzverwalter 1 ff.
- Sonderkündigungsschutz 21 ff., 1428 ff.
Kündigung der unkündbaren 1469
Kündigung von MAV-Mitgliedern 1470 ff.
Kündigungsschutz
- Ordentliche Kündigung bei Auflösung der Dienststelle 454
- Voraussetzungen einer außerordentlichen Kündigung 451
Landeskirchen 36
Leiharbeitnehmer 61
Leistungsbewertung 1071 ff.
Leistungskontrolle 1082
Leistungsorientierte Vergütung 1081
Leitende Mitarbeiter 64 ff.
Manipulation 843 ff.
Markt 5
Massebestandteile
- Freigabe von - 236 ff.
- Verwertungszeitpunkt 243 ff.
Maßnahme 689
MAVO 624
Mehrpersonenverhandlung 861 ff.
Mitarbeiter 58
Mitarbeitergespräch 714 ff., 876 ff.
Mitarbeiterinformation 667 ff.
Mitarbeiterkontrolle 1258 ff.
Mitarbeiterversammlung
- Besondere Konstellation der Neubildung einer Mitarbeitervertretung
- Restmandat 140
- Besondere Mitarbeitergruppen 155
- Gesamtausschuss 206
- Zusammensetzung der - 146
Mitarbeitervertretung
- Besondere Konstellation der Neubildung einer Mitarbeitervertretung
- Übergangsmandat 139, 137
- Bildung der - 83
- Gemeinsame - 89
Mitberatung

- Außerordentliche Kündigung sowie ordentliche Kündigung innerhalb der Probezeit 1767
- Ordentliche Kündigung innerhalb der Probezeit 1782
- Organisation und Outsourcing 1733
- Personalbemessung 1754
- Schadensersatzansprüche 1759
- Stellenplanentwurf 1756
- Versetzung und Abordnung 1789, 674 ff.
Mitberatungsverfahren 677
Mitbestimmung
- Bei allgemeinen personellen Maßnahmen 1042 ff.
- Eingeschränkte - 679
- Uneingeschränkte - 680, 678 ff.
Mitbestimmung bei Versetzung, Zuweisung oder Abordnung vom mehr als drei Monaten Dauer
- Abordnung 1683
- Schutz von Mitarbeiterversammlungsmitgliedern 1681
- Versetzung 1674
- Zuständige Mitarbeiterversammlung 1679
- Zuweisung 1689
Mitbestimmungsverfahren 681
Mobilien
- Verwertung von - 300 ff.
Nachrichten 769
Oberstes Landesgericht 26
Ordentliche Kündigung
- Hilfsweise - 1515 ff., 1505 f.
Ordentliche Kündigung nach der Probezeit 1442 ff.
Ordentliche Kündigung während der Probezeit 1423 ff.
Ordnung in der Dienststelle 1264 ff., 634 ff.
Organisation und Outsourcing
- Auflösung der Dienststelle 1735
- Dauerhafte Vergabe von Arbeitsbereichen an Dritte 1744
- Einschränkung einer Dienststelle 1738
- Teilbetriebsübergang 1748
- Verlegung 1739
- Zusammenlegung von Betrieben 1740
Organisationsentwicklung 1087, 1275
Patronatserklärung

Stichwortverzeichnis

– Einziehung des Anspruchs aus – 279 ff.
Personalentwicklung 1087, 1275
Personalfragebogen 1048 ff., 1067
Personalplanung 1277
Personelle Einzelmaßnahmen der Arbeitnehmer 1275 ff.
Präambel 52
Qualitätsmanagement 1042 ff.
Rechte und Pflichten der Mitarbeitervertretung
– Aufsuchen am Arbeitsplatz 385
– Schweigepflicht
– Verstoß 380, 361
– Sprechstunden 384
– Versäumnis von Arbeitszeit, keine Minderung der Bezüge 386
Rechtsweg 79 ff.
Richtlinie des Rates der EKD über die Anforderungen der privatrechtlich beruflichen Mitarbeit in der EKD und ihrer Diakonie vom 01.07.2005 726
Sachwalter
– Anzeigepflichten 33 f.
– Aufsicht des Insolvenzgerichts 14 f.
– Auskunfts- und Mitwirkungspflichten des Schuldners 30 f.
– Bestellung 9 ff.
– Durchsetzung der Auskunfts- und Mitwirkungspflichten des Schuldners 32
– Einsichtsrechte 29
– Entlassung des – 15
– Haftung 16 ff.
– Prüfung der wirtschaftlichen Lage 23 ff.
– Rechte und Pflichten, sonstige 35 f.
– Rechtsstellung des – 6 ff.
– Überwachung des Schuldners 23 ff.
– Vergütung 22
– Zugangsrechte des – 27 f.
Schlichtung 79
Schuldner
– Auskunfts- und Mitwirkungspflichten des – gegenüber Sachwalter 30 ff.
Sitzungen
– Einberufung der weiteren Sitzungen 489
– Sitzungen während der Arbeitszeit 498
– Teilnahme an Sitzungen der Mitarbeitervertretung 501
Sofortige Beschwerde

– gegen Aufhebung der Eigenverwaltung 58 f.
Sonderkündigungsschutz
– Auszubildender 27
– Betriebsratsmitglieder 27
– Mutterschutz- und Elternzeit 22 ff.
– Schwerbehinderter 24 ff., 21 ff.
Sprecherausschussgesetz 16
Stammeinlage
– Verwertung der – 251 ff.
Stellenbeschreibung 1060, 1334 ff.
Stellenbewertungskommission 1345 ff.
Stelleninterview 1060
Steuern 357 ff.
Stufe 1348 ff.
Systematische Leistungsbewertungen 1073
Tarifautomatik 1318
Tarifliche Altersgrenze 1523
Teilnahmerecht Dritter 735 ff.
Teilnehmerauswahl 1095 f.
Übertragung
– einer höher oder niedriger bewerteten Tätigkeit 1360 ff.
– einer höher zu bewertenden Tätigkeit 1364 ff.
– einer niedriger zu bewertenden Tätigkeit 1374 ff.
Übertragung eines anderen Amts mit höherem Endgrundgehalt ohne Änderung der Amtsbezeichnung oder Übertragung eines anderen Amts mit gleichem Endgrundgehalt mit Änderung der Amtsbezeichnung
– Umfang der Mitbestimmung 1644
Übertragung eines anderen Amts, das mit einer Zulage ausgestattet ist
– Checkliste 1643
– Umfang der Mitbestimmung 1639
Umsetzung 1387 ff.
Umsetzung innerhalb der Dienststelle bei gleichzeitigem Ortswechsel
– Befristete Umsetzung 1666
– Begriff 1661
– Dienstortwechsel 1665
– Keine Umsetzungen 1663
– Zweck der Mitbestimmung 1669
Unbewegliche Gegenstände
– Verwertung von – 310 ff.
Unterlassungsanspruch 686

Stichwortverzeichnis

Unternehmerische Entscheidung 631 ff.
Unterrichtung
- Form der ~ 701 ff.
- Rechtzeitige ~ 696 ff.
- Umfassende ~ 699 f., 1561 ff.

Verdachtskündigung 1544 ff.

Verfahren der Mitberatung
- Abschluss des Mitberatungsverfahrens 908
- Erörterung der beabsichtigen Maßnahme mit der Mitarbeitervertretung 896
- Verkürzung der Frist
- Arbeitstage 902, 900
- Verlängerung der Frist
- Fristbeginn 905, 904

Verfahren der Mitbestimmung
- Anrufung des Kirchengerichts
- Antrag 946, 944
- Beendigung des Mitbestimmungsverfahrens 936
- Beschluss der beabsichtigten Maßnahme der Dienststellenleitung und Unterrichtung über die Maßnahme und Antrag auf ihre Zustimmung 916
- Fristbeginn 931
- Mitarbeitervertretung beantragt die mündliche Erörterung 922
- Reaktionen der Mitarbeitervertretung auf den Antrag der Dienststellenleitung 921
- Sonderfall Arbeitsvertrag 952
- Verkürzung der Frist 926
- Verlängerung der Frist 929
- Vorläufige Regelungen 948, 915

Vergütung des Sachwalters 22
Verhandlung 757 ff.
Verhandlungsgrundsätze 822 ff.
Verhandlungstechniken 858
Verkündungsauftrag 5
Versagung und Widerruf Nebentätigkeit 1409 ff.
Versetzung 1398 ff.
Verteilungsverfahren 355 f.

Vertrauensperson der Schwerbehinderten
- Die Aufgaben der Vertrauensperson der schwerbehinderten Mitarbeiter 177
- Die Rechtsstellung der Vertrauensperson der schwerbehinderten Mitarbeiter 190
- Die Wahl der Vertrauensperson sowie des Stellvertreters 174

- Einsicht in die Personalakte 185
- Recht der Teilnahme an der Sitzung der Mitarbeitervertretung 186
- Stellvertretung 182
- Unterrichtung und Anhörung 183
- Versammlung der schwerbehinderten Mitarbeiter 188
- Werkstätten 195

Vertretung der Jugendlichen und der Auszubildenden
- Ablehnung des Antrages auf Weiterbeschäftigung und Zustimmung der Mitarbeitervertretung 169
- Voraussetzungen für die Wahl 158
- Wahlberechtigte und Wählbarkeit 161
- Weiterbeschäftigungsanspruch 164

Verwaltungsgerichtsordnung 1799
Verwertung von Forderungen 304 ff.
- einer freiberuflichen Praxis 285 ff.
- von Gesellschaftsrechten 292 ff.
- von Mobilien 300 ff.
- von unbeweglichen Gegenständen 310 ff.

Verwertungszeitpunkt 243 ff.
Vollstreckungserwerb 92 f.
Vollstreckungsschutz 331 ff.
Vorstellungsgespräch 1055, 1289 ff.
Vorübergehende Übertragung 1368 ff.

Wahlberechtigung und Wählbarkeit
- Aktives Wahlrecht 244
- Passives Wahlrecht
- Ausnahmen 264, 253

Weimarer Reichsverfassung 16
Weisungsrecht 1360 ff.
Weiterbeschäftigung über die Altersgrenze hinaus 1313 ff.
Weiterbildung 1088
Wirtschaftsausschuss 8, 1278
Zeugnis 1085
Zielvereinbarung 1073
Zulagen 1382 ff.
Zulassung zum Aufstiegsverfahren, Verleihung eines anderen Amts mit anderer Amtsbezeichnung beim Wechsel der Laufbahngruppe
- Beteiligung bei Zulassung zum Aufstiegsverfahren 1648
- Beteiligung beim Wechsel der Laufbahngruppe 1650

Stichwortverzeichnis

Zustimmungsverweigerungsgründe der Mitarbeitervertretung
- Begründung der Zustimmungsverweigerung 966
- Eingeschränkte Mitbestimmung 959
- Mitberatung 959
- Volle Mitbestimmung 959
- Zustimmungsverweigerungsgründe 970

Zwangsversteigerung
- Anordnung 324 ff.
- einstweilige Einstellung 331 ff.
- geringstes Gebot 350 ff.
- Termin 348 f.

Zwangsversteigerungsanträge
- nach Eröffnung des Insolvenzverfahrens 320 ff.

Zwangsversteigerungsverfahren
- laufendes, bei Eröffnung des Insolvenzverfahrens 316 ff.
- Vollstreckungsschutz 331 ff.

Zwangsverwaltung
- einstweilige Einstellung 345 ff.